上城年鉴

2024
SHANGCHENG
YEARBOOK

中共杭州市上城区委党史研究室
（杭州市上城区地方志编纂研究室）
编

方志出版社
Publishing House of Local Records

编辑说明

一、《上城年鉴（2024）》以马克思列宁主义、毛泽东思想、邓小平理论、“三个代表”重要思想、科学发展观、习近平新时代中国特色社会主义思想为指导，坚持辩证唯物主义和历史唯物主义的立场、观点和方法，全面反映2023年上城区在加快建设独具韵味的国际化现代化共同富裕典范城区，全面展现“最杭州、新上城”风采，奋力谱写中国式现代化上城新篇章过程中的基本情况及重大事件。

二、《上城年鉴》是中共杭州市上城区委员会、杭州市上城区人民政府主办，中共杭州市上城区委党史研究室（杭州市上城区地方志编纂研究室）承编的地方综合年鉴，系逐年记述上城区自然、政治、经济、文化、社会和生态等方面的基本情况，为社会各界了解和研究上城区提供丰富、翔实的信息资料。

三、《上城年鉴（2024）》对照《浙江省综合年鉴编纂出版规范（试行）》，在编排上，采用分类法，主体内容由类目、分目、条目3个层次构成；在框架上，对部分内容设置进行适当调整，将原“附录”部分的先进荣誉进行调整，将其与“人物”类目合并设置为“人物与荣誉”，将分目“电信服务”“移动服务”合并为“通信服务”；在体裁上，将“专记”内容记叙形式由条目体改为文章体。全书在专记中特设“学习贯彻习近平新时代中国特色社会主义思想主题教育”“亚运会、亚残运会服务保障”“楼宇经济”“营商环境优化”“宋韵文化传承”分目。卷首刊有“美丽上城”“共迎亚运”“创新·发展”“社会·民生”“文化·体育”等照片。

四、《上城年鉴（2024）》记载时限为2023年1月1日至12月31日，特载部分提前收录2024年2月3日政府工作报告，以保持内容的完整性。

五、全书内文中，除“民主党派与工商联”类目外，“党员”均指“中共党员”，“党建”均指“中国共产党建设工作”。“省”“市”“区”分别指“浙江省”“杭州市”“上城区”。

六、全书内文中数字用法、标点符号用法分别采用国家标准《出版物上数字用法》（GB/T 15835—2011）、《标点符号用法》（GB/T 15834—2011），计量单位用法采用国家技术监督局1993年12月发布的《量和单位》系列国家标准。全书涉及的主要数据以区统计局数据为准。区统计局未统计的数据由各业务部门及各承编单位提供。因统计范围、统计口径的调整，部分数据与往年不具可比性，部分单位提供的数据也会与区统计部门提供的数据不尽相同，引用时请注意。

七、文中“特载”“附录”中内容照原文登载，不作编辑规范方面的处理。

2023 数字上城

综合

全区区域面积122平方千米

地区生产总值2668.48亿元

人均生产总值（按常住人口）19.33万元

人口

常住人口139万人

户籍人口90.31万人

财政

财政总收入460.82亿元

一般公共预算收入244.94亿元

一般公共预算支出155.32亿元

人民生活和社会保障

居民人均可支配收入8.27万元

职工基本养老保险参保人数66.29万人

城镇职工基本医疗保险户籍人口参保人数67.37万人

行业发展

工业增加值494.81亿元

建筑业增加值127.34亿元

金融业增加值637.18亿元

固定资产投资增长11.05%

房地产业增加值174.88亿元

批发和零售业增加值441.46亿元

住宿和餐饮业增加值49.85亿元

商业贸易

社会消费品零售总额1106.95亿元

货物进出口总额654.54亿元

实际利用外资11.93亿美元

社会事业

新增国家高新技术企业161家

有各类学校（幼儿园）207所

有文化馆（含省、市）1个，公共图书馆（含省、市）3个

有各类医疗卫生机构795个

建成嵌入式体育场地设施127处

钱塘江（摄于2023年）

（吴静　摄）

美丽上城

◆ 拥江、揽湖、走运，上城区是杭州市委、市政府所在地，是“人间新天堂、国际大都市”的城市封面，是“诗画江南、活力浙江”的时代窗口，也是“独特韵味、别样精彩”的时尚高地。

钱江新城（摄于2023年）　　（马西锋　摄）

华家池（摄于2023年）　（徐舜阶　摄）

河坊街（摄于2023年）　（徐舜阶　摄）

玉皇飞云（摄于2023年） （徐舜阶 摄）

玉皇山南鸟瞰图（摄于2023年）

贴沙河（摄于2023年）　　（徐舜阶　摄）

（区委宣传部　供稿）

共迎亚运

◆ 2023年，上城区贯彻“简约、安全、精彩”的办赛要求，确保杭州第十九届亚运会和杭州第四届亚残运会赛事运行平稳、服务保障圆满，展现“韵味客厅、好客主人”的良好形象和使命担当。

湖滨“最美人墙”护航亚运平安出行（摄于2023年） （区委宣传部　供稿）

2023年9月18日，杭州东站志愿者开展亚运会抵离服务　　　　（杭州东站枢纽管委会　供稿）

2023年9月28日，区公安分局组织警力在沪杭甬高速杭州入城口进行亚运会安保检查

（区公安分局　供稿）

亚运快闪活动在湖滨步行街举行（摄于2023年）　　（吴海平　摄）

亚运会期间，外国友人参观南宋德寿宫遗址博物馆（摄于2023年）（吴海平　摄）

上城区体育中心（摄于2023年） （吴海平 摄）

2023年9月20日，杭州第十九届亚运会火炬传递杭州站起跑仪式举行
（区委宣传部 供稿）

2023年9月13日，上城区亚运会场馆运行团队决战动员大会召开　　　　（区委宣传部　供稿）

2023年12月5日，“爱杭城‘益’起来 后亚运续精彩”——上城区亚运城市志愿服务最美典型交流分享活动举行
（区委宣传部　供稿）

创新·发展

◆ 2023年，上城区全力推动产业能级提升，坚定推进创新改革开放，持续优化营商环境，以扎实的举措攻难点出亮点，诠释“最杭州、新上城”的首位风采。

2023年1月30日，上城区2023年重大项目推进现场会签约仪式举行　（区投资促进局　供稿）

2023年3月3日，以“上城因您而精彩”为主题的上城区都市经济高质量发展暨营商环境建设大会召开
（区发改经信局　供稿）

2023年11月21日，中国元谷·杭港科技大厦开园　　（上城资本集团　供稿）

2023年5月20日，上城区元宇宙产业发展论坛召开　　（区科技局　供稿）

浙江元宇宙产业基地（摄于2023年）　　（区委宣传部　供稿）

2023年10月21日，杭州时尚中心开园（组图） （区商务局 供稿）

2023年8月4日，杭州市暨上城区第五次全国经济普查单位清查工作启动仪式在湖滨步行街举行
（区委宣传部　供稿）

2023年7月19日，上城区第二届“金靴奔跑”创新创业大赛启动
（区委宣传部　供稿）

2023年12月9日，钱塘智慧城“数字能源港”启动仪式暨飞地蝶变腾飞发展大会举行
（钱塘智慧城　供稿）

2023年7月26日，“数智赋能 阳光交易”上城区交易“一键达”发布会暨助企交流会召开
（区审管办　供稿）

社会·民生

◆ 2023年，上城区坚持在发展中不断保障和改善民生，深化社会治理，持续提升百姓幸福感和获得感。

2023年12月19日，上城区“牢记殷切嘱托 把社区建设得更加美好”座谈会召开

（区委组织部　供稿）

2023年5月18—19日，融创课堂全国教学联盟暨第三届融创课堂教学研讨会举行

（区教育局　供稿）

彭埠街道红五月社区回迁房（摄于2023年）　（徐舜阶　摄）

笕桥街道天新社区举办百家宴（摄于2023年）　（李忠　摄）

2023年12月4日，2023年国家宪法日教育系统“宪法晨读”浙江省分会场活动暨全省中小学法治副校长工作推进会在杭州市澎博小学举行。图为全体参会人员共读《中华人民共和国宪法》部分条款

（区委宣传部　供稿）

文化·体育

◆ 2023年，上城区坚持文脉赓续、文体惠民、文旅融合，打造“人文魅力中心城区”。

2023年6月21日，“2023文旅市集·杭州奇妙夜”主会场活动在南宋德寿宫遗址博物馆开幕　（吴海平　摄）

2023年11月17—19日，“宋韵美学·风雅吴山”美好生活大集在吴山广场开市

（上城文商旅集团　供稿）

2023年1月22—26日，“御兔迎春，赢在开门”2023年吴山庙会新春年俗活动在清河坊历史街区举行

（区委宣传部　供稿）

2023年11月3—6日，2023年上城区中小学生体育“双百赛事”暨上城区第二届中小学生运动会在上城区体育中心举行。图为男子跨栏比赛 （区教育局 供稿）

2023年4月27日，上城区职工乐跑赛于钱塘江边开跑 （区总工会 供稿）

总 目

目　录

中国共产党上城区委员会

上城区人民代表大会

上城区人民政府

中国人民政治协商会议上城区委员会

中国共产党上城区纪律检查委员会 上城区监察委员会

民主党派与工商联

群众团体

法　治

军 事

主导产业

工　业

现代产业生态圈选介

经济贸易与区域合作

综合经济监管与服务

人力资源与社会保障

城区建设

城区管理

环境保护

科学技术

教　育

文 化

体　育

社会生活

街　道

人物与荣誉

附　录

索　引

《上城年鉴（2024）》部分组织机构全称、简称对照

全　称	简　称
中共杭州市上城区委办公室	区委办公室
杭州市上城区人民代表大会常务委员会办公室	区人大常委会办公室
杭州市上城区人民政府办公室	区政府办公室
政协杭州市上城区委员会办公室	区政协办公室
中共杭州市上城区纪律检查委员会　上城区监察委员会	区纪委区监委
杭州市上城区人民法院	区法院
杭州市上城区人民检察院	区检察院
中国人民解放军杭州市上城区人民武装部	区人武部
中共杭州市上城区委组织部	区委组织部
中共杭州市上城区委宣传部	区委宣传部
中共杭州市上城区委统一战线工作部	区委统战部
中共杭州市上城区委政法委员会	区委政法委
中共杭州市上城区委全面深化改革委员会办公室	区委改革办
中共杭州市上城区委机构编制委员会办公室	区委编办
中共杭州市上城区委直属机关工作委员会	区委直属机关工委
中共杭州市上城区委巡察办公室	区委巡察办
中共杭州市上城区委、上城区人民政府信访局	区信访局
中共杭州市上城区委老干部局	区委老干部局
杭州市上城区档案馆	区档案馆
杭州市上城区党群服务中心	区党群服务中心
中共杭州市上城区委党史研究室（杭州市上城区地方志编纂研究室）	区委党史研究室
杭州市上城区发展改革和经济信息化局	区发改经信局
杭州市上城区教育局	区教育局
杭州市上城区科学技术局	区科技局
杭州市公安局上城区分局	区公安分局
杭州市上城区民族宗教事务局	区民族宗教事务局
杭州市上城区民政局	区民政局
杭州市上城区司法局	区司法局

续表

全　称	简　称
杭州市上城区财政局	区财政局
杭州市上城区人力资源和社会保障局	区人力社保局
杭州市上城区住房和城市建设局	区住建局
杭州市上城区商务局	区商务局
杭州市上城区文化和广电旅游体育局	区文广旅体局
杭州市上城区卫生健康局	区卫生健康局
杭州市上城区退役军人事务局	区退役军人事务局
杭州市上城区应急管理局	区应急管理局
杭州市上城区审计局	区审计局
杭州市上城区市场监督管理局	区市场监管局
杭州市上城区人民政府金融工作办公室	区金融办
杭州市上城区统计局	区统计局
杭州市上城区综合行政执法局	区综合行政执法局
杭州市上城区数据资源管理局	区数据资源局
杭州市上城区投资促进局	区投资促进局
杭州市上城区行政审批服务管理办公室	区审管办
杭州市上城区机关事务中心	区机关事务中心
杭州市南宋皇城小镇管理委员会	南宋皇城小镇管委会
杭州钱塘智慧城管理委员会	钱塘智慧城管委会
杭州市城站广场管理委员会	城站广场管委会
杭州市东站枢纽管理委员会	杭州东站枢纽管委会
杭州市玉皇山南基金小镇管理委员会	玉皇山南基金小镇管委会
杭州上城区国有资本运营集团有限公司	上城资本集团
杭州上城区文商旅投资控股集团有限公司	上城文商旅集团
杭州上城区城市建设投资集团有限公司	上城城投集团
杭州上城区城市建设发展集团有限公司	上城城发集团
杭州上城区市政工程集团有限公司	上城市政集团
杭州市上城区总工会	区总工会
中国共产主义青年团上城区委员会	团区委
杭州市上城区妇女联合会	区妇联
杭州市上城区科学技术协会	区科协
杭州市上城区残疾人联合会	区残联

续表

全　称	简　称
杭州市上城区工商业联合会	区工商联
杭州市上城区红十字会	区红十字会
杭州市上城区关心下一代工作委员会	区关工委
杭州市上城区社会科学界联合会	区社科联
杭州市上城区文学艺术届联合会	区文联
杭州市上城区归国华侨联合会	区侨联
杭州市上城区人民政府湖滨街道办事处	湖滨街道
杭州市上城区人民政府清波街道办事处	清波街道
杭州市上城区人民政府小营街道办事处	小营街道
杭州市上城区人民政府望江街道办事处	望江街道
杭州市上城区人民政府南星街道办事处	南星街道
杭州市上城区人民政府紫阳街道办事处	紫阳街道
杭州市上城区人民政府闸弄口街道办事处	闸弄口街道
杭州市上城区人民政府凯旋街道办事处	凯旋街道
杭州市上城区人民政府采荷街道办事处	采荷街道
杭州市上城区人民政府四季青街道办事处	四季青街道
杭州市上城区人民政府笕桥街道办事处	笕桥街道
杭州市上城区人民政府彭埠街道办事处	彭埠街道
杭州市上城区人民政府九堡街道办事处	九堡街道
杭州市上城区人民政府丁兰街道办事处	丁兰街道
国家税务总局杭州市上城区税务局	区税务局
杭州市规划和自然资源局上城分局	上城规划资源分局
杭州市生态环境局上城分局	上城生态环境分局
杭州市公安局交通警察支队上城大队	上城交警大队
杭州市消防救援大队上城区大队	上城消防救援大队
杭州市交通运输行政执法队上城执法大队	上城交通执法大队
中国邮政集团公司杭州市上城区分公司	邮政上城区分公司
中国移动通信集团浙江有限公司上城分公司	移动上城分公司
中国电信股份有限公司杭州分公司上城分局	电信上城分局

政府工作报告

——在杭州市上城区第一届人民代表大会第三次会议上

（2024年2月3日）

一、2023年工作回顾

2023年是极不平凡、至关重要的一年，是见证盛事、担当大事、成就要事的一年。面对国际国内形势的深刻复杂变化，我们坚持以习近平新时代中国特色社会主义思想为指导，深入学习贯彻党的二十大精神和习近平总书记考察浙江重要讲话精神，忠实践行“八八战略”，在市委、市政府和区委坚强领导下，在区人大、区政协监督支持下，坚决贯彻落实三个“一号工程”“十项重大工程”和“两场硬仗”部署要求，推动全区各项事业实现新进展、取得新成效。

我们以一流的标准提品质强保障，共同参与了“史上最成功的亚运会”。投入10万余人次保障力量，高质量完成城市品质提升、赛事安全、外事礼宾、抵离交通、食品医疗、志愿服务和城市运行等亚运会、亚残运会保障任务。动员15万余户居民打造“阳台花海”，营造“花满上城”靓丽风景线。发动2.4万余人次倾情奉献，实现火炬传递精彩亮相。顺利保障8场亚运会足球比赛，服务观众7.5万余人次。组织开闭幕式观众地铁接驳3.3万余人次，城市阳台、湖滨步行街等大人流区域疏导管控平稳有序，外国运动员组团城市观光火爆出圈，镌刻了属于上城的独特亚运记忆。

我们以昂扬的状态拼经济谋发展，共同推动了杭州经济总量“冲刺两万亿”的跨越进程。面对后疫情时代经济恢复发展新挑战，年初第一时间出台“打赢修复战、勇夺开门红”28条政策，科学调度、精准施策，推进经济运行稳进向好。全年实现地区生产总值2668.5亿元，增长4.3%。其中，服务业增加值2046.5亿元，增长6.4%；固定资产投资增长11.1%；社会消费品零售总额1107亿元，增长3.2%；完成财政总收入460.8亿元，增长13.6%，其中一般公共预算收入244.9亿元，增长16.3%。

我们以扎实的举措攻难点出亮点，共同诠释了“最杭州、新上城”的首位风采。历经15

年之久的城东区块所有建设用地征迁实现“清零”。历时10年之久的庆春广场地下空间建设项目历史遗留问题圆满解决、实现复工。群众反映强烈的安置房办证难问题在多方努力下得到有效破解，累计办证3349套，完成国有经营性房产办证21.1万平方米。荣获国家级荣誉8项、省级荣誉45项。经济稳进提质、高质量就业2项工作获省政府督查激励。承办全国社会救助工作会议等国家级现场会3场。公安大部门大警种制改革等8项工作在全国会议作经验交流。“金玉上城”“大湖滨商圈”入选全省服务业创新发展区。上城经验、上城范例不断涌现。

一年来，我们主要做了以下工作：

（一）全力推动产业能级提升，高质量发展态势更加稳固。总部经济提质增效。引进东方电气集团光伏全球总部、中兴新集团长三角总部等总部项目46个。一汽奥迪全国销售总部等59家企业被认定为全市首批总部企业，新增上市企业3家。实现税收亿元楼宇64个、税收10亿元楼宇10个，获评中国楼宇经济标准引领示范城区。高端服务业加速集聚。新增省级以上持牌金融机构7家、投资总部企业9家，落地全市首单合格境外有限合伙人（QFLP）基金。全国首发元宇宙消费场景“滨次元”，成功举办“汉帛奖”时装作品大赛，杭州时尚中心顺利开园，新增品牌首店、旗舰店80家。落地新加坡必博人力资源等专业服务企业36家，营利性服务业营收突破500亿元，增长16.7%。大宗贸易额达1.4万亿元。都市工业优化升级。启动钱塘智慧城城北园区改造提升三年行动计划，盘活工业用地600亩，出让工业用地4宗95亩，拓展空间30万平方米，新增国家级“小巨人”企业3家、省级专精特新企业43家、市级“未来工厂”培育企业7家。重点项目有序推进。引进亿元以上项目226个、10亿元以上项目10个，落地注册资金250亿元的杭州盈德气体科技有限公司、港交所上市的浙江沪杭甬高速公路股份有限公司等一批优质项目。浙江农商联合银行金融总部、信创控股全国总部、毛戈平化妆品全国总部等成功摘地，国家（杭州）短视频基地、白石会展中心等重大项目顺利开工。

（二）坚定推进创新改革开放，发展内生动力更加强劲。科技创新活力加速迸发。中国元谷·杭港科技大厦顺利开园，落地内地首个Web3Hub、全省首个元宇宙产业基地、杭州5.5元宇宙科创园，“一核多点”未来产业矩阵初步成型。新增国家高新技术企业161家、省科技型中小企业601家，入选独角兽、准独角兽企业14家。首次承办全国颠覆性技术创新大赛总决赛，新增市级以上领军人才22人、市级高层次人才2458人，引进35岁以下大学生4.7万人。重点领域改革持续推进。出台营商环境优化提升二十条政策，推出企业接待日等创新举措，解决问题1.3万个，兑现资金21.4亿元，惠及企业3.4万家次。设立区企业综合服务中心，迭代“五找一提”政企互通平台，182个增值服务事项、16个“一类事”场景一键直达。推进“大综合一体化”行政执法改革，“综合查一次”实施率不断提升。新增市场主体3.8万户，增长40.9%，要素环境、政务环境、市场环境位居全省万家民营企业评营商环境前列。改组设立区文商旅集团，五大区属国企业绩实现稳步增长，总资产突破1800亿元。对外开放水平有效提升。深化“双百双千”拓市场行动，货物贸易出口额占全国份额提升至1.8‰。西子洁能等6家企业获评省内外贸一体化领跑者，中航国际、同富特美刻入选省自贸试验区制度创新标杆企业。实际利用外资11.9亿美元，总量创全区历年之最。成功举办长三角主要城市中心城区高质量发展联盟大会。对口帮扶合作力度持续加大。

（三）持续优化城区功能环境，窗口形象风貌更加靓丽。发展空间有效拓展。钱江新城二期完成控规优化调整，形成五堡、六堡两大总部超核，新增产业空间22万平方米。推进国土空间分区规划和九堡、笕桥单元控规修编，新增建设用地2635亩，优化利用低效土地2536亩，收储土地51宗1937亩，出让土地34宗1099亩。城市更新持续推进。改造老旧小区210万平方米，旧改社区配套用房办证模式全市推广。创建未来社区17个、风貌样板区4个，打造“美好家园”示范小区16个。开工安置房25.5万平方米、竣工174万平方米，3个项目获评全市最美安置房。治理危房14处，拆除处置违法建筑38.9万平方米。开工公租房8.1万平方米，销售人才共有产权房902套。基础建设全面提速。完成地铁四期征迁任务130项，“清零”征迁项目21个。新建道路42条、雨污管网8.9公里，打通“断头路”3条。完成交通精准化治堵10处，片区单元式公交治理模式获全市一等奖。建成公园6个，新增绿地43万平方米、绿道21.8公里，提升工地围挡230处。环境面貌焕然一新。全域实施迎亚运“三大提升”和“匠心提质绣杭城”行动，229项城市品质提升任务圆满收官，24个亚运出彩点位全新亮相。打好蓝天碧水治废宁静保卫战，淘汰“两车”9289辆，$PM_{2.5}$平均浓度30.6微克/立方米，空气优良率达85.1%，市控以上断面水质Ⅲ类以上比例达100%，引水河获评市级“美丽河湖”。创建“无废城市细胞”61个、省级垃圾分类示范小区99个。噪声敏感建筑物集中区域划定工作列入省级试点。

（四）用心办好惠民利民实事，群众幸福感获得感更加充实。公共服务提质扩面。“十分优享”公共服务体系持续完善，累计建成“幸福邻里坊”62个。深化教育综合改革，创新实施“长幼随学”，全国义务教育优质均衡发展区、国家学前教育普及普惠区通过创建评估，教育现代化发展水平监测全省第一。创新家庭医护服务模式，打造全市首家医养护驿站，改造提升社区卫生服务中心2家、服务站14个。全省首发“幸福+”养老服务体系，建成“幸福·邻里食堂”124个，配送餐实现全域覆盖，累计服务106万人次。建成国家级充分就业社区2个、零工市场3家，城镇新增就业3.9万人。“特有爱·荷湾幸福街区”顺利开街，全市首创“三统一分”救助模式，实现从“弱有所扶”到“弱有众扶”。婚俗改革持续深化，获评省AAAAA级婚姻登记服务中心。成功创建省首批双拥模范城区。文化软实力稳步提升。发布全区首批百家“星级博物馆”，106条韵味街巷全新亮相，非遗保护发展指数、文博事业发展水平全省领先。建成品质文化生活圈90个、邻里阅读空间22个、文艺赋美演出点位573个。“夏衍杯”优秀电影剧本证书颁授仪式时隔三年重回上城，宋韵文化节、“梦溪杯”宋韵文化创新大赛等品牌活动广受好评。构建“百千万”志愿服务体系，涌现出省道德模范彭清林、最美浙江人王素梅等一批最美人物。成功创建省首批赛事集聚区。区图书馆获评国家一级馆。十方面民生实事高质量完成。区政府建立全流程工作推进机制，依托数字化管理系统，实时监测、及时调度、序时推进项目建设。邀请人大、政协、审计、信访等部门共同参与民生实事项目监督，共同把好事办实、实事办好。2023年，区政府十方面民生实事31个项目全部顺利完成，其中13个超额完成，公共服务“七优享”民生实事进度始终领跑全省。

（五）常态开展除险保安行动，安全稳定基础更加牢固。风险矛盾化解有力。稳妥化解房地产领域风险，扎实开展金融、防欠薪等领域隐患治理。社会治安秩序良好。全区刑事警情、治安警情分别下降9.2%、26.4%，圆满完成杭州亚运会和亚残运会、杭州烟花大会等重大活动期间各项安保任务。守牢食品安全防线，建成阳光厨房3838家。实现平安建设“十八连创”、勇夺“二星平安金鼎”。安全生产形势平稳。建立安全生产常态化治理工作机制，加强预警叫应联动，开展建设工程、城市运行、燃气使用等领域专项整治，生产安全事故总量持续下降。完善365基层应急消防体系，完成生命安全通道整治小区26个，增设微型应急消防柜2665组。防灾减灾能力有效提升。强化极端天气灾害防御，制定防汛防台“两清单、两方案”，建成规范化避灾安置场所193个，有力应对多轮短时强降雨和台风“杜苏芮”，扎实做好极寒天气防范应对，保障城市有序运行。

过去一年，区政府高标准开展学习贯彻习近平新时代中国特色社会主义思想主题教育，深刻领悟“两个确立”的决定性意义、坚决做到“两个维护”。扎实开展“大走访大调研大服务大解题”活动，推进“理旧账、破难题、开新局”专项行动，解决旧账问题14个。自觉接受人大法律监督、政协民主监督，办理人大代表建议210件、政协委员提案146件，面商率、满意率均达100%。深入开展各类审计整改，72个问题全部整改到位。清理行政规范性文件99件，行政机关负责人出庭率达100%，行政复议纠错率下降84.6%。

同时，国防动员和后备力量建设、退役军人等工作持续加强，外事、港澳台侨事务、民族、宗教等工作深入开展，档案、地方志等工作扎实推进，慈善、红十字、爱国卫生等工作成效明显，工会、老龄、妇女儿童、青少年、关心下一代等工作亮点纷呈。

各位代表，过去一年的成绩来之不易、难能可贵。这是习近平新时代中国特色社会主义思想科学指引的结果，是市委、市政府和区委坚强领导的结果，是区人大、区政协监督支持的结果，是全区广大干部群众勠力同心、团结奋斗的结果。在此，我代表区人民政府，向在各个岗位上辛勤工作、无私奉献的上城人民，向给予区政府工作大力支持的各位人大代表、政协委员和离退休老领导、老同志，向各民主党派、工商联、人民团体、省市驻区各单位和社会各界人士，表示崇高的敬意和衷心的感谢！

在肯定成绩的同时，我们清醒认识到，当前上城发展还面临不少困难和挑战，主要体现在：产业结构优化调整还需持续攻坚，消费潜能尚需进一步激发，科技创新对高质量发展支撑还不够有力，牵引性带动力强的重大项目储备仍然不足，民生领域仍有短板弱项，金融、房地产、安全生产等领域潜在风险依然存在，政府改革创新能力和推进现代化建设本领还需进一步提高。对此，我们一定勇于面对、主动作为，以更努力的工作、更有力的举措切实加以解决。

二、2024年重点工作

2024年是中华人民共和国成立75周年，是实施“十四五”规划的关键一年，也是“最杭州、新上城”的突破之年。新一年工作的总体要求是：坚持以习近平新时代中国特色社会主义思想为指导，深入学习贯彻党的二十大精神和习近平总书记考察浙江重要讲话精神，忠实践行“八八战略”，全面贯彻落实上级党委政府和区委决策部署，紧扣“产业突破年”主题，突出科创赋能和改革提能，推动全区经济社会高质量发展，全力打造“最杭州、新上城”标志性成果，加快建设独具韵味的国际化现代化共同富裕典范城区，奋力谱写中国式现代化上城新篇章。

2024年全区经济社会发展的主要预期目标是：地区生产总值增长4%以上、力争5.5%，规上工业增加值增长3%以上、力争4%，服务业增加值增长7%以上、力争8%，一般公共预算收入增长5%，城镇新增就业3.4万人。

实现上述目标，必须牢牢把握五个方面：一是牢牢把握“稳”“进”“立”这一系统要求。坚持稳中求进、以进促稳、先立后破，以更加积极主动的姿态稳增长提质效，持续夯实稳的基础、激发进的动能、提升立的实效，通过创造性贯彻落实、创新性转化发展，抓实抓细当前经济社会发展各项任务。二是牢牢把握产业突破这一主攻方向。坚持产业为基、项目为王、企业为重，大力发展新质生产力，放大“产城人”优势，积极培育优质产业，谋深谋实产业赛道，持续强化项目牵引，做细做优为企服务，以大项目支撑大产业，推动都市经济高质量发展与城市内涵式发展良性互动。三是牢牢把握改革创新这一关键路径。坚持大处着眼、小处着手、难处攻坚，用“小切口”改革精准破解难题，以创新性思维打破路径依赖，杜绝因循守旧、守成不前，勇于塑造变革、开拓创新，充分激发“敢为、敢闯、敢干、敢首创”的干事创业热情。四是牢牢把握实干争先这一鲜明导向。坚持立足实际、干在实处、务求实效，大力倡导立说立行的工作作风，让“日清日结”成为常态，让“事不过夜”成为习惯，干就干成一流，做就做到极致，以实战实绩推动各项工作再上新台阶。五是牢牢把握为民造福这一根本追求。坚持发展富民、服务惠民、治理安民，把保障和改善民生作为一切工作的出发点和落脚点，下大力气解决群众反映强烈的共性问题、深层次问题、老大难问题，以看得见的变化回应群众期盼，努力让现代化建设成果更多更公平惠及全区人民。

具体来说，要全力抓好八个方面工作：

（一）围绕“CBD+科创”提级，在优化产业体系上实现新突破。加快产业培育和结构优化，加强总部经济、金融服务、数字时尚、未来产业四大产业引育，推动都市经济高质量发展。提升总部经济能级。围绕钱江新城二期等重点板块，启动总部经济“双百工程”，重点引育全国总部、区域总部、功能型总部、上市公司与拟上市公司总部，打造19公里黄金岸线总部经济带。深入实施总部经济“星级培育”计划，完善配套支持政策，新认定总部企业65家以上，新增境内外上市公司3家。深化“平方论英雄”理念，加快高能级企业集聚，力争实现税收亿元楼宇75个、税收10亿元楼宇10个。放大高端产业优势。统筹推进经济和金融高质量发展，发挥金融链接作用，加速数字金融、消费金融、金融科技企业集聚，促进产业链、创新链、资金链、人才链同频共振。力争实现金融业增加值总量居全省首位。大力发展时尚产业、网络营销等新商业新模式，加大供应链企业引育力度，打造品牌经济集聚地。深化杭州时尚中心建设，培育“亿元级”主理人大道。主动对接数贸会、西博会等平台，举办高能级时尚展会20场以上。实施全球服务商计划，落地高端专业服务业机构40家以上。拼抢未来产业赛道。加快数字经济二次攀登，大力培育引进数字经济新势力企业，发挥数据要素乘数效应，数字经济核心产业增加值增长8%以上。系统编制“中国元谷”发展规划，深化杭港科技联动，持续构建“一核多点”产业格局，拓展打造一批未来产业特色楼宇，招引人工智能、交互技术、XR终端等细分赛道优质企业100家以上，产业规模突破100亿元，争创省级未来产业先导区。加速推进科创赋能传统产业，

打造数字健康、数字文旅等10个可感可及的应用标杆场景。

（二）围绕重点平台提能，在强化都市经济高质量发展支撑上实现新突破。持续加强平台建设，推动各类金融要素赋能实体经济，带动科技创新，为经济转型升级提供强大动能。发挥钱塘智慧城产业主平台作用。出台支持高新区高质量发展实施意见，完善钱塘智慧城“一城四街”三年行动计划，全力创建省级信息智能高新技术产业园区。锚定工业空间和亩均效益双翻倍目标，加快城北园区“腾笼换鸟”，探索“工业上楼”模式，出让工业用地5宗181亩，推进零零壹、博达智创等低效工业用地项目改造，拓展产业空间60万平方米。聚焦数字能源、数字时尚、智能物联三个产业赛道，引进“链主”企业10家以上，力争引育省级专精特新和隐形冠军企业20家以上，力争实现营收突破1000亿元、规上工业总产值突破200亿元。推动玉皇山南基金小镇抢占产业资本高地。积极谋划尼龙山区块招商业态，推进三角地地块建设。加速优质创投机构和人才团队集聚，力争新增投资主体100家以上，其中管理规模50亿元以上机构不少于5家。协同联动国家和省市产业资本平台、行业协会等机构扩大产业资本规模，集聚各类产业基金300亿元以上。加快建设区域性股权市场，深化创投股权与私募基金份额报价转让平台建设，举办高质量金融行业论坛，支持浙商

资产等企业拓展特殊资产业务，进一步丰富产业资本集聚生态。促进平台相互融合赋能。放大杭州金融城和玉皇山南基金小镇“金玉良缘”融合效应，鼓励金融机构通过供应链金融、投贷联动、科创保险等创新方式优化资金供给结构，拓展企业筹资渠道。引导金融机构联动产业资本助力实体经济发展，全面打响“山南投融汇”品牌，常态化开展投融资路演活动，打造创投项目产业园，加速科技成果转化落地，助推钱塘智慧城、杭港高端服务业示范区、东站枢纽商务区、丁兰智慧小镇等平台内企业发展壮大。

（三）围绕双招双引提效，在激活产业发展动能上实现新突破。加大招商引资和招才引智力度，强化各类要素保障，持续招引高能级企业和高层次人才落地。全力招大引强。深化以商招商、中介招商、平台招商、链式招商模式，力争落地50亿元以上项目不少于2个、10亿元以上项目不少于20个，出让商业商务用地（含村级留用地）21宗699亩，实际利用外资不少于11亿美元。全力招新引优。因时因需调整组建“五大招商专班”，聚焦优势细分领域靶向招引，引进总部企业50家以上，持牌金融机构5家以上，金融科技公司10家以上，大宗贸易企业50家以上、新增销售额450亿元以上，品牌零售企业50家以上、新增社零额20亿元以上。实施营利性服务业攻坚行动，引育营利性服务业企业220家以上，新增营收300亿元以上。全力招才引智。实施海内外高层次人才项目引育工程，新增海内外领军人才25名以上，市级高层次人才2000名以上，金融、时尚等特色人才1000名以上，力争实现鲲鹏人才零突破。深化青年发展型城区建设，引进35岁以下大学生不少于4万人，人才资源总量和人才密度保持全市前列。强化要素保障。优化“一城一区一港一谷”产业空间布局，完善全区招商一盘棋格局，建立招商专班牵头部门、平台、街道统分结合的项目协调推进机制，全面提升资源统筹能力。迭代升级重点产业项目招引一揽子政策，进一步提高政策精准性和集成度。加强土地楼宇要素支撑，收储商业商务用地（含村级留用地）18宗575亩，新增商务楼宇面积150万平方米。发挥产业基金投招联动作用，招引落地一批高能级项目。加大双招双引赛马考核激励力度，开展“招商一件事”绩效评估，推动招商质效不断提升。

（四）围绕改革创新提速，在营造一流营商环境上实现新突破。全面深化多领域改革，大力实施创新驱动发展战略，打造营商环境标杆城区，进一步提高区域综合竞争力。推进政务服务增值化改革。高质量建设区级政务服务中心，聚焦企业全生命周期和全方位需求，完善PDCA政务服务增值化改革工作体系，推出“政银合作”等23个增值化服务场景，建强具备9大板块的企业综合服务中心，优化“五找一提”政企互通平台，全量集成各类惠企政策，推动惠企政策“免申即享”“即申即享”，实现线上线下功能集成、服务闭环。深化“两个健康”集成改革。精准高效落实“民营经济32条”，区级产业基金投向民营项目占比达到75%以上，新出让产业用地民间投资项目占比达到70%以上。推出10个“为企业办实事”项目，用好周末圆桌会、企业接待日等载体，及时协调解决企业诉求。整合各类惠企政策，安排财政资金20亿元以上，惠及企业不少于3万家次，为民营企业综合减负降本50亿元以上。落实“双百双千”拓市场行动，组织企业参加各类境外展会100个以上，新增外贸主体60家以上，货物贸易出口额占全国份额比重基本稳定。深化法治营商环境建设，加强公检法司联动，坚决打击侵犯经营主体合法权益的各类违法犯罪行为，护航企业健康发展。深入实施重点领域改革。纵深推进“大综合一体化”行政执法改革，提升基层综合执法队伍规范化建设水平，“综合查一次”实施率达到40%以上。加快国企市场化改革和现代企业制度建设，探索股权激励、项目跟投等多种激励模式，推进业务板块专业化融合，五大区属国企实现营业收入增长15%以上。完成国有经营性房产办证10万平方米。加强产权保护、公平竞争、社会信用等领域改革，完善市场准入、要素获取、权益保护等配套举措，扎实开展第五次全国经济普查工作，力争市场经营主体总量突破21万户。强化科技创新驱动。推进科技企业“双倍增”计划，推动高新企业规上化、规上企业高新化，新增国家高新技术企业100家以上、省科技型中小企业160家以上，力争引育独角兽、准独角兽企业15家以上，引进科创企业总部10家以上。支持企业围绕“三大科创高地”和15大战略领域开展技术攻关，参与新型实验室体系和新型研发机构体系建设，新增市级以上研发机构不少于15家。发挥东方电气长三角创新研究院、中兴新新材料研究院等平台作用，推进科技创新成果转化。

（五）围绕文化浸润提质，在打造人文魅力中心城区上实现新突破。厚植传统文化底蕴，促进文化事业和文化产业融合发展，推动文化优势转化为发展成果。赓续城市历史文脉。深入实施宋韵文化传世工程，持续办好“宋韵文化节”“夏衍杯”“梦溪杯”等文化活动，引进优质文博机构，加快建设博物馆群落。大力弘扬红色文化，推动郁达夫旧居等历保文保建筑保护修缮和展览展示。挖掘钱塘观潮、皋亭观桃等民俗文化，促进非遗活化利用。激活海塘文化基因，加强大运河文化保护传承。创建省级风貌样板区3个，谋划推动十三湾巷、十五奎巷、皋亭山等区块整体提升，唤醒独特城市记忆。大力发展人文经济。擦亮“宋韵今辉”文旅品牌，实施旅游景区、特色街区、韵味百巷微改精提，深挖老字号价值，推动清河坊焕新开街，打造沉浸式体验文旅新地标。构建“遗址展馆+名胜景点+时尚演艺+街头文艺”文旅服务供给体系，推广主题式城市漫步线路5条。以文商旅深度融合激发消费新活力，大力发展“四首四美经济”，落地首店、旗舰店70家以上，打造世界级地标商圈。开展杭州国际咖啡文化节、金秋购物节等促消费活动100场以上，加大对商业外摆等经营活动的支持力度，力争餐饮业、住宿业营业额均增长20%以上。以钱塘江国际冲浪挑战赛为重点，打造“钱江”“弄潮”百赛矩阵，带动全区客流量突破1亿人次。丰富精神文化生活。优化公共文体服务供给，打造杭州邻里阅读空间8家，新增嵌入式体育场地100处3.5万平方米。支持新时代文艺精品创作，培育一批市级以上“五个一工程”奖作品及爆款文化产品。持续深化“上城尚礼”文明新实践，完善“最美现象”培育选树机制，进一步提升上城“最美发源地”品牌影响力。

（六）围绕功能品质提档，在推进区域内涵式发展上实现新突破。坚持精耕细作，优化城市运行功能，用“绣花功夫”推动城市管理水平不断提升。推进城市有机更新。加快国土空间分区规划和九堡、笕桥单元控规落地，强化超大城市中心城区核心功能。序时推进五堡、六堡、海潮等TOD项目以及海塘安澜工程、清江路改造提升等基础设施项目。打赢回迁安置收官战，建设安置房项目12个124万平方米，安置2300户以上，办证3000套以上。探索拆改结合新模式，加强违法建筑防控处置，扩大“金牌管家”大物业管理覆盖面，创建未来社区22个，完工旧改小区94个，2000年底前建成的老旧小区完成全域改造，实现危房动态“清零”。持续提升居住品质，推进沿山村等城中村改造，筹建配售型保障性住房1250套、保障性租赁住房4500套，完成既有住宅加装电梯100台、二次供水设施改造小区42个，新增停车泊位2600个、新能源汽车充电桩300个。提升精细管理水平。深化大综合城管体系建设，推进内涝治理三年行动，打造精品示范养护区3个。开展交通治堵攻坚，新增绿波带30公里，新改建可变车道60处。落实全民河长制，开展入河入海排污口整治、流域综合治理等10个重点项目，力争再夺“五水共治”大禹银鼎。推进噪声敏感建筑物集中区域划定省级试点建设，打造宁静小区7个。全面推动火车东站、城站火车站一体化融合，探索形成跨站融合全国样本。打造生态和谐样板。全力创建国家生态文明建设示范区和省级“无废城市”，推进生物多样性保护友好城区省级试点工作，新建改建绿道12公里，新建公园5个，扩绿40万平方米，建设生活垃圾分类示范片区2个。持续推动“两车”淘汰，加强工地扬尘监管，$PM_{2.5}$平均浓度控制在29微克/立方米以内。扎实推进“污水零直排区”提质升级，市控以上断面水质Ⅲ类以上比例保持100%。推进低碳园区、低碳工厂建设，建成区绿色低碳循环产业中心，加快绿色生产方式转变。

（七）围绕民生福祉提标，在建设人人有感共富典范上实现新突破。深入推进公共服务“七优享”工程，构建全域片区化“十分优享”公共服务体系，打造最具幸福感城区。办好人民满意教育。全域推进教共体办学，开办新校新园6所，创建现代化学校10所。启动首届“未来名师名校长”培育计划，培养未来名师名校长50名以上。持续推进“育共体·阳光行”青少年健康成长行动，实施“科学报国”科学家精神培育计划，创新“城市版”劳动教育模式，深化“校外培训清朗环境”“父母茶座”“橄榄绿进校园”等试点工作，争创全国学校家庭社会协同育人实验区。深化健康上城建设。实施新一轮健康上城三年行动，打造全国爱国卫生运动培训基地。深入开展国家“优质服务基层行”活动，新增慢病一体化门诊3家。启动区公共卫生中心、紫阳街道社区卫生服务中心提升工程，新改建社区卫生服务中心2家、服务站8个。全面实施中医药振兴发展行动计划，打造数字中医馆及特色中医阁8个，打响“好中医在上城”品牌，争创全国基层中医药工作示范区。做优“一老一小”服务。拓展嵌入式公共服务功能，基本实现“幸福邻里坊”村社全覆盖。完善“幸福+”养老服务体系，新增医养护驿站12家。优化“四位一体”助餐服务，丰富“家庭里”“家门口”养老场景，打造“幸福颐养”上城样板。推进儿童友好型城区建设，打响“育见幸福·浙有福娃”婴幼儿成长服务品牌，提升区托育综合服务中心功能，建设儿童健康管理中心10家，幼儿园托育服务设置率达到50%以上，优质学前教育覆盖率达到98%以上。健全多层次保障体系。充分发挥“助联体+”功能，推进社会救助长效机制省级试点建设，构建“政府救助+慈善帮扶”精准救助模式。推广“特有爱·双向奔赴”品牌，实施残疾人“全龄关爱”行动，创建省级康养结合高质量助残先行区。加大西湖益联保推广力度，养老保险和医疗保险参保率达到99%以上。实施“春雨计划”“青荷计划”，构建服务点位、零工市场、陪跑空间为主体的就业创业体系，实现“零就业”家庭动态“清零”。着力办好民生实事。今年，区政府从居民群众、“两代表一委员”等层面广泛征集、初步遴选形成12件民生实事候选项目，分别是“学有优教”在上城、“幼有善育”在上城、“安心康养”在上城、“青年有为”在上城、“幸福安居”在上城、“暖心关爱”在上城、“和美宜居”在上城、“健康活力”在上城、“安全无忧”在上城、“便捷出行”在上城、“就创帮扶”在上城、“阳光成长”在上城（详见《区政府2023年度民生实事项目完成情况和2024年度民生实事候选项目情况的报告》）。待本次大会票选确定正式项目后，区政府将把民生实事纳入数字化平台，压实工作责任，强化督导闭环，抓好推进落实。

（八）围绕护航能力提升，在夯实平安基础上实现新突破。全面统筹发展和安全，以新安全格局保障新发展格局，努力实现平安建设“十九连创”。防范化解风险隐患。定期研判金融风险，严厉打击非法金融活动，坚决守住不发生系统性风险底线。完成年度政府隐性债务化解任务，密切关注社保基金、基层运行等关键环节，强化国企债务风险防范制度举措，确保区属国企债务可控。积极稳妥化解房地产风险。完善“管行业、管欠薪”机制，推动欠薪案件总量持续下降。筑牢安全生产防线。深入实施安全生产治本攻坚三年行动，加大宣传力度，拓展事故隐患发现渠道，加强建设工程、危化品、燃气安全、交通安全等重点领域风险隐患排查整治，确保各类生产安全事故起数和死亡人数“双下降”，全力争创“安全发展鼎”。加强基层消防治理体系建设，畅通消防安全“最后一公里”，完成高层建筑生命通道整治项目40个，实现老旧高层楼宇重大消防隐患动态“清零”。切实维护公共安全。坚持和发展新时代“枫桥经验”，持续完善“小脑+手脚”基层治理体系，实现信访总量下降10%以上。推进公安大部门大警种制改革，严厉打击电信网络诈骗、涉黑涉恶等突出违法犯罪，不断健全社会治安防控体系。加强社会面整体防控，做好大型活动安全监管和秩序维护。持续压实食品安全“两个责任”，打造“上城食安”品牌。建立“应急大专班”24小时三级联合值守机制，强化防灾减灾数字化实战应用，加强极端天气防范应对，提高防汛抗台、抗雪防冻、森林防火、市政安全等防控处置能力。

三、切实加强政府自身建设

面对新形势、新任务，我们将把自身建设摆在更加突出位置，高质量完成政府机构改革任务，加快推动政府治理体系和治理能力现代化，以忠诚干净担当的实际行动打造人民满意的服务型政府。

（一）全面加强政治建设。以高度政治自觉坚定捍卫“两个确立”、坚决做到“两个维护”，推动“八八战略”走深走实，巩固主题教育成果，健全完善“循迹溯源学思想促践行”常态长效机制，严格执行“第一议题”制度，坚决贯彻上级党委、政府和区委决策部署，推动各项任务不折不扣落地见效。

（二）扎实推进依法行政。深入践行习近平法治思想，落实重大行政决策程序制度，规范公正文明执法，依法接受区人大及其常委会监督，自觉接受区政协民主监督，主动接受司法、监察、舆论和社会监督，强化审计监督、统计监督。扎实推进行政复议、出庭应诉、“八五”普法等工作。健全政府信息公开制度，推动行政权力运行更阳光、更透明。

（三）深入开展调查研究。践行“四下基层”，坚持问题导向，深入实际、深入基层、深入群众，通过调查研究摸清实情、找准问题、谋实对策。完善调查研究长效机制，推动调查研究在政府系统蔚然成风、产生实效。强化基层减负，切实解决基层反映强烈的突出问题，雷厉风行抓执行落实，进一步推动作风转变、能力提升。

（四）切实做到勤政清廉。严格履行全面从严治党主体责任，深入推进政府系统党风廉政建设，锲而不舍落实中央八项规定及其实施细则精神，持续深化纠治“四风”，构建亲清政商关系，着力打造政治清明、政府清廉、干部清正、社会清朗、文化清新的良好政治生态。

新的一年，区政府将更加注重以收定支、量入为出，强化预算约束和绩效管理，建立“过紧日子”负面清单，“三公”及会议、培训、差旅等经费预算只减不增，公用经费按定额标准压减10%，对非刚性非急需的部门预算项目原则上整合统筹10%、专项资金预算原则上整合统筹10%，切实把有限的资金用到推动发展、改善民生上。

各位代表！使命如磐，唯有实践作答；重任在肩，更需实干担当。让我们更加紧密地团结在以习近平同志为核心的党中央周围，在区委的坚强领导下，牢记嘱托、感恩奋进、勇开新局，加快建设独具韵味的国际化现代化共同富裕典范城区，全面展现“最杭州、新上城”风采，奋力谱写中国式现代化上城新篇章！

《政府工作报告》有关名词解释

三个“一号工程”：指数字经济创新提质“一号发展工程”、营商环境优化提升“一号改革工程”、地瓜经济提能升级“一号开放工程”。

“十项重大工程”：指扩大有效投资“千项万亿”工程、“415X”先进制造业集群培育工程、“315”科技创新体系建设工程、服务业高质量发展“百千万”工程、世界一流强港和交通强省建设工程、县城承载能力提升和深化“千村示范、万村整治”工程、跨乡镇土地综合整治工程、文旅深度融合工程、绿色低碳发展和能源保供稳价工程、公共服务“七优享”工程。

“两场硬仗”：指经济翻身仗和亚运攻坚仗。

“滨次元”：指在湖滨商圈打造的全国首个集社交、消费、互动体验于一体的线上元宇宙消费新场景，构筑数实融合的消费新模式。

“企业接待日”：指创新“企业出题+政府答卷”服务模式建立的每月常规政企接待日活动机制，旨在收集企业家意见建议，实现企业重大诉求直达快办。

“五找一提”政企互通平台：指上城区面向企业提供的“找政策、找政务、找空间、找中介、找资金、提诉求”的政企互通服务平台。

“双百双千”拓市场行动：指杭州全年组织150个外贸团组，参加100个以上境外展会，实现出境企业3000家，年新增外贸订单1000亿元。

迎亚运“三大提升”：指全省迎亚运盛会“城市品质、城市治理、城市文明”三大提升行动。

“匠心提质绣杭城”：指亚运市运保指挥部环境提升组牵头的专项行动，主要包括“美丽家园”“杭韵街巷”“畅行交通”“花满杭城”4条风景线，重点实施43类工作任务、1400余个具体项目。

“两车”：指国四及以下柴油汽车（包括载货汽车和载客汽车）和国二及以下柴油叉车。

“无废城市细胞”：指在固定废物源头减量、资源化利用和无害化处置等工作绩效突出的社会生产生活分类组成单元。

噪声敏感建筑物集中区域划定：指将用于居住、科学研究、医疗卫生、文化教育、机关团体办公、社会福利等建筑物为主的区域划为噪声敏感建筑物集中区域。

“十分优享”公共服务体系：指以辐射1千米治理服务半径、步行10～15分钟可达为标准，以人的全生命周期公共服务优质共享为目标，全面提升养老、托育、教育、医疗、文体等公共服务覆盖面和质量，因地制宜落地服务功能形成的公共服务体系。

“长幼随学”：指上城区秉持“公平公正、同类优先、就近入学”原则，推出的“幼随长、长随幼、长幼同调”三种入园入学模式。

“三统一分”救助模式：“三统”即统一由区综合行政执法局巡查，统一由区公安分局核查身份，统一由区民政局实施救助；“一分”即根据实际情况分类处置。

“百千万”志愿服务体系：指打造百个以上志愿服务站点，成立千支以上志愿服务队伍，开展万场以上志愿服务活动。

公共服务“七优享”：指幼有善育、学有优教、劳有所得、病有良医、老有康养、住有宜居、弱有众扶七大领域。

“两清单、两方案”：指上城区防汛防台风险底数清单、重点隐患排查落实清单、应急响应人员力量安排专项方案、应急人员转移专项方案。

总部经济“双百工程”：指力争通过三年努力，实现税收亿元楼宇100个，打造第二条税收“百亿大道”。

“一城四街”三年行动计划：指聚焦数字能源、数字时尚、智能物联三大主导产业，以钱塘智慧城为主战场，联动笕桥街道、彭埠街道、九堡街道、丁兰街道实现产业集聚发展。

三角地地块：指位于虎玉路与水澄路交叉口的商业商务用地，属于玉皇山南基金小镇核心区块，是区文商旅集团打造的重点项目，地上总建筑面积3.5万平方米。

“五大招商专班”：指整合相关产业部门、街道平台等力量设立的招商工作专班，分别为总部专班、金融专班、批发零售专班、营利性服务业专班、基金专班。

“一城一区一港一谷”：指“杭州金融城、枢纽数贸区、时尚消费港、高新智慧谷”四大产业集群。

“招商一件事”：指围绕招商项目策划生成、要素保障、路径支撑、统筹调度、过程激励和评价考核“六大环节”建立的“全生命周期”管理机制。

PDCA政务服务增值化改革工作体系：指以市场主体满意度为导向，建立“感知服务需求（Plan）—构建服务闭环（Do）—评估服务成效（Check）—迭代服务清单（Act）”流程的政务服务增值化改革工作体系。

“两个健康”：指非公有制经济健康发展和非公有制经济人士健康成长。

科技企业“双倍增”计划：指到2025年实现高新技术企业和科技型中小企业数量较“十三五”规划目标增长1倍以上。

“三大科创高地”：指“互联网+”、生命健康、新材料三大科创高地。

15大战略领域：指云计算与未来网络、智能计算与人工智能、微电子与光电子、大数据与信息安全、智能控制与先进技术、结构生物学及关键生物技术、脑科学与脑机融合、组学与精准医学、新药创制与高端医疗器械、生物育种与现代农业、精细化工与复合材料、功能材料、新能源开发与利用、海洋与空天材料、双碳与环保技术15大战略领域。

“四首四美经济”：“四首”经济指首店经济、首发经济、首秀经济、首牌经济；“四美”经济指美服经济、美妆经济、美食经济、美艺经济。

“金牌管家”：指立足社区基层治理最小单元，通过引入专业物业企业实行老旧小区整体打包管理，打造“片区式划分、一体式管理、标准式服务、无缝式对接、双重式考核、竞争式淘汰、社会化运作”的老旧小区治理模式。

“四位一体”助餐服务：指“邻里食堂+助餐点+餐桌+助餐队”的老年助餐设施发展模式。

“特有爱·双向奔赴”：指整合全区优质公共服务资源，实现残障人士、健全人士双向奔赴的一种服务模式，旨在创造全社会、全维度、全人群、全域化的幸福美好生活样板。

“春雨计划”：指市委、市政府提出的4个方面16条举措，涵盖就业创业、衣食住行等方方面面，全过程、全方位、全周期保障新市民和青年群体到杭就业、创业和生活。

“青荷计划”：指涵盖“青荷游学、青荷云聘、青荷创赛、青荷乐业、青荷工程、青荷安居、青荷礼包、青荷对对”8个方面的内容，致力将杭州打造成为让青年心生向往、人生出彩、情感归属的梦想城市。

“小脑+手脚”：指以派出所综合指挥室为“小脑”，巡防中队、专业中队为“手脚”的派出所勤务机制。

食品安全“两个责任”：指食品安全属地管理责任和食品安全企业主体责任。

专 记

学习贯彻习近平新时代中国特色社会主义思想主题教育

2023年，上城区开展学习贯彻习近平新时代中国特色社会主义思想主题教育。全区区级领导班子、79家区直单位、4280个基层党组织、7.5万名在册党员、1.2万名流动党员参加主题教育。区委围绕“学思想、强党性、重实践、建新功”总要求，一体推进理论学习、调查研究、推动发展、检视整改、建章立制，把主题教育作为首要政治任务。区主题教育经验做法获中央主题教育办公室肯定，小营街道在省委主题教育领导小组第五次会议暨主题教育工作推进会上交流发言，上城区在市委主题教育领导小组第六次会议暨整改整治工作推进会上交流发言，区主题教育工作被《人民日报》、新华社等中央和省、市媒体报道50次，被省委、市委主题教育《简报》刊发8次。

深化学思践悟，通过以上率下引领学、循迹溯源现场学、丰富载体分类学，感悟思想伟力，学懂弄通伟大思想，筑牢党员干部思想根基。区四套领导班子学在前、干在前、改在前，依托“第一议题”、理论学习中心组等，专题学习习近平总书记重要指示批示精神34次，举办区委主题教育读书班2期，第一时间专题学习习近平总书记考察浙江重要讲话精神；开展践行正确政绩观检视剖析交流，围绕“牢记嘱托、感恩奋进”主题开展学习交流；开展区管领导班子专题研讨274次、基层党组织集中学习1.61万次。区委召开“牢记殷切嘱托，把社区建设得更加美好”座谈会，重温习近平总书记复信精神，组织全区79家单位到小营巷等地开展现场学习，参观“八八战略”20周年大型主题展览，开发理论学习“一图十课”，打造现场教学点，组建“循迹讲师团”，开展现场学习7万人次。深化“万场党课下基层”活动，区委主要领导带头讲专题党课，推动区四套班子领导和各级党组织书记下基层讲专题党课4300多堂；抓实“明德守法、完善自我”专项行动，落实年轻干部体系化培养“青·尚”工程20条举措，开展专题讨论1589次、廉政警示教育276次，推动3.21万名青年党员、2.01万名团员青年深学细悟笃行；在钱江新城、湖滨商圈等党群服务驿站配齐主题教育学习书目，依托175个“尚小驿”“湖上红驿”“之江红驿”服务站点，搭建“学习角”“讨论角”，开设“微党课”，有效解决1.2万名流动党员工作与学习矛盾的问题。

坚持沉到一线直面问题，推动调查研究见行见效。区四套班子领导带头制定调研计划，用好“扎根蹲点式”“案例解剖式”等调研方式，深入基层倾听呼声、了解民情，选定调研课题30个，带动区管领导干部确定调研课题518个，开展调研1412次，现场解决问题884个；迭代“网格走亲、党群融心”体系，走访76.9万户、171.78万人。建立健全信访攻坚十大机制，下访接访群众1263批、2241人次，推动化解信访积案104件。推进“千名干部助千企”工作，全年2400多名机关干部走访服务企业1.54万家次，协调解决企业诉求1.35万个，问题办结率99.9%。区四套领导班子开好调研成果交流会，围绕正反案例研讨交流，转化形成《杭州—香港Web3产业联动备忘录》《上城区老旧小区配套空间优化提升管理实施办法（试行）》等成果45个；全区各单位固化形成调研报告413份、制度成果83项，推动“解决一件事”升格为“解决一类事”。择优遴选一批调研课题典型案例，汇编形成《上城区主题教育优秀成果案例汇编》。

2023年9月22日，笕桥街道党群服务中心阅览区为流动党员提供主题教育学习书目（区委组织部 供稿）

聚焦中心大局实干争先，把主题教育焕发出来的热情转化为干事创业的实践，推动事业发展高质高效。围绕“亚运攻坚仗”，开展“红领上城、奉献亚运”大考大赛，1741个党员示范岗、1050个责任区、816支党员突击队、3.4万名在职党员投身城市侧服务保障；132名党员骨干、1400多名青年骨干组成亚运会保障最强力量，完成赛事侧服务任务；229项“迎亚运”提升任务收官，24个亚运会重点项目出新出彩。围绕“经济翻身仗”，紧盯三个“一号工程”和“十项重大工程”及“冲刺2万亿元”部署要求，坚持每周调度、每日挖潜，确保指标进位争先、数据颗粒归仓；将最核心的力量派到数字时尚、总部经济、未来产业、金融服务“四大产业”招商一线，226个亿元项目集中落地；选派304名党员干部常驻助企一线，服务兑现惠企资金超过19亿元，精准扶持企业3万余家次；整合182个增值服务事项、16个“一类事”服务场景，实现为企服务“一站获取”“一键直达”；“金玉上城”“大湖滨商圈”入选全省服务业创新发展区，中国元谷·杭港科技大厦、杭州时尚中心开园投用，“湖滨智慧商圈改革”“优化金融营商环境”获评省级最佳实践案例。围绕“共富典范”美誉度全域提升，坚持问计于民、问需于民，推进“七优享”工程和“共富福祉”行动，打造79个引领性品牌，“七优享”工程获五星评价，排名全省第一；新建成“幸福邻里坊”45个，牵引撬动18个部门下沉养老、托幼等公共服务资源40多类，受益居民49万余人次；梳理78个社区、422处配套用房并制定置换计划，新增服务空间5万余平方米；全市首推“青荷驿站”，利用10万平方米安置房剩余房源解决外来求职青年居住问题，推出新就业群体子女免费托班等暖心服务。6个社区获评省现代社区，15个社区成功创建省级、市级未来社区，6个社区服务综合体获评浙江省星级社区服务综合体，南肖埠社区获评全国示范性老年友好型社区。围绕夯实“基层基础”坚实度，研究制定“夯实基层、服务基层、关爱基层”专项行动20条举措，坚持党建引领基层治理领域打造“最美红巷”，动态优化全区网格、微网格，配强网格力量，织密上下贯通、执行有力的组织体系；全面推行“网格议事日”制度，全面铺开“金牌管家”大物业模式，实现597个小区党组织全覆盖，基层善治有效提质；实施新时代“领雁工程”，加强“选育管用爱”全链条管理，加强后备人才培养；开展基层党组织大盘点大整固大推演“七个一”专项行动，着力补齐基层组织建设短板；统合阵地资源，推动578个三级党群服务中心（驿站）功能完善，基本形成“10分钟党群服务圈”；实施流动党员“安家工程”，在206个党群服务中心设立流动党员报到点，让党员“流动”不“流失”。

深化条块联动靶向发力，推动整改整治真改实改。坚持问题导向、目标导向、效果导向，开门搞教育、联动抓整改，真正让群众看到变化、得到实惠。建立一个难题、一套方案、一名领办领导、一个牵头部门“四个一”工作机制，区四套班子领导深入基层一线现场办公，推动127个整改整治问题100%销号。运用工作提示单、进度督办单、工作调度会、项目复盘会“两单两会”工作机制，推动完成徐家埠社区地面沉降等破难项目494个，解决群众身边小事4700多件。针对群众反映强烈的安置房产权证办理难题，在全市率先制定《上城区安置房不动产登记涉及历史遗留问题安置核查细则》，完成3462户、10134套安置核查，数量居全市第1位。聚焦“表现在基层、根子在上面”和单靠基层难以解决的问题，坚持同题共答、联动破难，解决回迁难题，实现历史遗留问题“破冰”。围绕电信诈骗、治安、消防、交通等重点，开展大整治专项行动，完成6.1万个问题隐患整改，长达20多年的“黑气”问题被彻底整治，全区刑事、治安警情、命案数、交通事故死亡人数实现“四下降”，平安建设实现“十八连创”，被授予“二星平安金鼎”。

健全工作指导长效机制，推动重点举措走深走实。建立统筹调度工作机制。区委主要领导带头研究主题教育工作，区委主题教育办公室建立“周计划、周例会、周调度、周复盘”工作机制，以周保月、以月保季推进各项任务，突出针对性、差异化要求，确保工作要求一贯到底；加强对上沟通对接、对下调度指导，常态开展“四不两直”调研，走访调研街道部门和基层党组织，及时发现并纠偏问题，收集意见和建议。建立精准服务工作机制。加强联络服务工作力量调配，梳理形成《下沉服务工作要点》，从不同层级、不同领域、不同对象抓实主题教育。面向区四套领导班子，梳理4个方面19项重点任务，强化示范引领；针对街道部门，梳理15项重点任务，精准指导“学、研、干、改”；分领域制定机关、村社、学校、两新组织、团组织等主题教育任务清单10张，指导行业系统牵头部门结合行业特点，聚焦主责主业开展主题教育。建立宣传引导工作机制。健全内审把关、监测预警、快速处置工作机制，分级压实责任，在“上城发布”全媒体平台开设主题教育专栏，推送特色做法、各类信息；明确工作要求，划出红线底线，组织开展形式主义、官僚主义和“低级红”、“高级黑”现象全面排查，及时纠治苗头性、倾向性问题，确保主题教育的政治性和严肃性。

（沈　沉张　伟卢木子）

亚运会、亚残运会服务保障

2023年，上城区以“韵味客厅、好客主人”的窗口担当，由区四套班子领导挂帅成立亚（残）运会区运行保障指挥部，牵头抓总、决策交办，下设1个办公室、14个专项工作组统筹推进、协调督办。形成杭州亚运会上城区一体化运行指挥体系，确保各项亚运会保障工作落实落地。明确城市侧与赛事侧、业务领域与场馆设施互为支撑、一体筹办的推进模式。在一体化运行指挥体系内设置竞赛场馆分指挥部，抽调111名专职人员组成场馆运行团队，落实“一场两馆”（上城区体育中心体育场与上城区全民健身中心水球训练馆、杭州市全民健身中心手球训练馆）运行，统筹14个专项工作组动态支撑。梳理全区2023年亚运会筹办工作的具体项目、责任单位和时间进度，编制14个大类、164个大项清单，分阶段明确重点出彩子项目33项，火炬传递子项目129项，亚运会、亚残运会转换子项目68项。开展监督检查1052次，涉及项目1749个次，发现并落实问题整改1390个。全程引入数智赋能，保质保量完成“亚运在线”2.0任务142项。推进自主研发的“亚运E览”平台运维，实现368项任务线上闭环管理，深化“大数据+智能识别”技术运用，在绿化提升、场馆开放、文旅惠民等多场景取得实效。

高标准推进“美丽杭州迎亚运”城市环境品质提升行动，完成9类、124个项目。3.4万平方米“悠然见南山”景观、4.5万株吴山花海时花飘香等24个出彩点位成为特色“网红”打卡点。发动15万余户、37.3万人次打造“十万阳台花海”，4条精品绿道、6万平方米时花、30处特色花境、5条高空月季花廊共同营造“花满杭城”亮丽风景。坚持“亚运、宋韵”可感可及目标，打造“韵味百巷”50条、参观点线项目22个，加速形成百馆百点“没有围墙的博物馆”群落，彰显14个街道“一街一品”特色底蕴。“宋韵遇见亚运 数字云游杭州”线路入选省级亚运会主题旅游线路，南宋德寿宫遗址博物馆入选“杭州亚运人文体验点”与“杭州亚运会主题经典线路景点”，接待亚运会团队60多批次、1000多人次。以亚运会筹办为契机，提升改造24个老旧小区近167万平方米、加装电梯101台，建成投用“幸福邻里坊”15个、“幸福·邻里食堂”76个，成功创建4个省级未来社区、6个全省首批现代社区、3个全市“最美安置房”、7个杭州市亚运会相关无障碍标志性项目。组织全区社区“扮靓家园”行动15轮次，查改问题21.9万个，清理卫生死角1.5万处、楼道堆积物1600吨、杂物4600车。

吴山花海（摄于2023年）　　（徐舜阶 摄）

保障城区环境时时安全畅通。配齐配备网格力量，突出40条重点线路开展“护航亚运”守护家园行动。开展两轮入户走访“敲门行动”，出动巡防力量8万余人，发放“致市民朋友的一封信”86.8万封。针对瓶装液化气、LED屏、无人机等重点行业领域落实全领域安全生产大排查大整治，检查企业3.13万家次，发现并整改问题隐患3.87万处。25家亚运会相关官方接待饭店保障亚运会相关宾客1137人、亚运会保障人员1417人，杭州东站保障亚运会相关人员抵离服务6183人次，提供身份注册卡激活、高铁城际转运等环节服务保障1.14万人次。

营造“人人参与，人人奉献”亚运氛围。协调安装重要保障区域灯箱广告18块、户外电子屏50多块，新装入城口280平方米LED彩屏，滚动展示亚运会风采。设置交通枢纽吉祥物立体雕塑，以及倒计时牌7处，沿线景观4处、道旗3000多杆。打造亚运微小品385处，夜景灯光带14.7千米。张贴宣传海报6万余份，发放宣传折页60万余份。组织“线下快闪”“全民冲亚挑战赛”等全民迎亚运活动3000多场。挖掘“运河托举哥”“烈日下的敬礼”“暴雨中的坚守”等“最美现象”，获各级媒体报道3000多篇。“绽放十万笑脸”话题全网阅读量1.1亿次。深化“上城尚礼”文明新实践，建成市级亚运城市志愿服务站点15个、区级站点106个，打造张能庆公益服务站等1056支志愿服务队伍，招募外语志愿者380人，双语服务外宾4254人次。开展各类亚运会志愿服务活动1971次，参与2.44万人次，推送便民服务进社区活动3.4万场，“特有爱·荷湾幸福街区”获中国残疾人联合会有关领导肯定。落实全区25家亚运会相关酒店外币兑换100%支持、重点区域1360家商户外卡100%受理。亚运会及中秋、国庆假期期间，推出文旅促消费和节庆演艺活动，各景区、景点接待游客230.76万人次，酒店入住率居全市第1位。

城站广场亚运道旗（摄于2023年）　（城站广场管委会 供稿）

决战决胜发力赛事侧，保障精彩赛事。组建897人场馆运行团队，编制亚运赛事“一图、一表、一手册、一规章”及7个阶段148项任务清单，明确赛时6类运行机制、8类客户群服务流程、21项子运行计划。科学推进场馆“八大系统”巡检维护，搭建景观布置3723处，临时设施2915平方米。优质保障8场足球比赛、16日水球训练任务，服务球队23支、运动员1160人，入场观众7.6万人次，接待贵宾72批次、230人次，接待媒体记者283人次。开幕式当晚，高效完成城市阳台区域峰值达5万人次的人流疏导。组建816人亚运会相关医疗卫生驻点保障团队，派出医疗保障车辆108车次、医务人员553人次。推进竞赛场馆病媒技防设施在全市率先突破A级标准。完成1家集体供餐单位、6家亚运会相关酒店、1处比赛场馆驻点保障任务。着重对杭州洲际酒店等3家亚运大家庭酒店采用快检监管入驻模式，出动监管人员312人次，保障10.49万人次用餐洁净安全。完成食材快检4005批次，合格率99.97%。完成环境快检2615批次，合格率100%。

（李心怡）

楼宇经济

2023年，上城区聚焦载体空间，做强楼宇经济。打造全国领先“楼宇经济”示范区，全年实现亿元楼宇64幢，全区竣工楼宇超过270幢，总建筑面积超过2000万平方米。牵头制定全省首个地方标准《楼宇平方效益评价规范》，围绕党群引领、经济效益等6个模块，细化45项指标，为楼宇等级评定提供科学依据，形成可复制推广的经验模式，萧山区钱江世纪城、温州市鹿城区等均以楼宇经济“杭州标准”为样板打造各自的楼宇经济评价体系。深化跨区合作，牵头发起长三角楼宇标准合作项目，联合上海市黄浦区、南京市鼓楼区等地共同编制《长三角商务楼宇一体化评价体系》，打造楼宇经济跨省合作创新案例。

8月8日，全市首批470家总部企业认定名单公布，上城区59家企业上榜，数量居全市第2位。上城区深化统筹协调、强化宣传贯彻和动员、细化服务指导，全力推进总部企业认定工作。自5月启动总部企业认定工作后，及时解读市级政策和认定办法，搭建工作专班，倒排时间节点，梳理目标企业。全程加强与杭州市总部经济发展工作领导小组办公室对接，协同数据、共同审核，争取“能报尽报”。依托行业主管部门、街道，开展宣传贯彻，摸排走访，动员一汽奥迪销售有限责任公司、万事利集团有限公司、奥的斯机电电梯有限公司等276家有代表性、声誉度高、符合要求的大企业开展申报。采用“线下摸排+线上申报”双线推进，通过数字化系统高效细致指导企业，做好在线资料审核、业务咨询解答等工作。最终被认定的59家总部企业中，35家为存量型总部、1家为增量型总部，2家为研发型总部，12家为上市企业总部，9家为存量型总部及上市企业总部。

9月6日，在中国国际服务贸易交易会·2023年中国楼宇经济北京论坛上，上城区获全国首个且唯一的“中国楼宇经济标准引领示范城区”称号，同时获评中国“楼宇经济（总部经济）标杆城区”“商务区综合竞争力”10强。

12月6日，区投资促进局牵头召开长三角主要城市中心城区高质量发展联盟（C9联盟）第三届联盟大会工作（线上）推进会，上海市黄浦区、南京市鼓楼区、苏州市姑苏区、杭州市上城区、宁波市鄞州区、合肥市庐阳区、无锡市梁溪区和南通市崇川区9个城区楼宇经济主管部门，以及20家试点楼宇运营方、2家签约评定机构参会。

12月15日，上城区主办长三角主要城市中心城区高质量发展联盟第三届联盟大会，发布长三角楼宇等级评定成果，共20幢商务楼宇被评定为联盟首批长三角示范楼宇和新锐楼宇，区投资促进局发起共建长三角C9联盟楼宇品牌倡议，开创楼宇品牌新时代。

（赵　阳 王韧奇）

营商环境优化

2023年，上城区以年初获评2022年度浙江省“万家民营企业评营商环境”满意度综合前10强区县荣誉为动力，以政务服务增值化改革为牵引性抓手，实施营商环境优化提升“一号改革工程”，打响“更舒心政务环境、更省心市场环境、更安心法治环境、更贴心经济生态环境、更暖心人文环境”的“五心”营商环境品牌，加快打造“全国营商环境标杆城区”。制定《上城区营商环境优化提升“一号改革工程”实施方案》《上城区营商环境优化提升二十条》等政策文件，建立健全专班调度、例会推进、赛场赛马、督帮一体等改革保障机制，形成全区挂图作战、协力攻坚的工作格局。承接落地股权投资和创业投资份额转让、创新管理知识产权国际标准实施等国家试点，以及公平竞争集中审查、新型消费城市建设等23项省级试点。健全改革成果晾晒机制，探索形成一批可推介、可复制、有借鉴意义的具有上城辨识度的创新成果，其中湖滨“智慧商圈”改革获评2023年度浙江省改革突破奖铜奖，创业投资全链条服务“一类事”入选省营商环境“微改革”案例。在区县层面率先开展对标世界银行营商环境评估体系的企业调查工作，建立“感知服务需求—构建服务闭环—评估服务成效—迭代服务清单”工作体系，该经验做法在《浙里改》刊发，获省领导批示肯定。年内，上城区营商环境优化提升“一号改革工程”在第2季度、第3季度全省改革攻坚中获评“五星”；杭州东站公共服务标准化试点项目通过国家标准化委员会试点考核；《绿色直播间管理地方标准》成为省级标准，《老旧小区城市服务白皮书》《社区治理“一表通”应用规范》成为市级标准，《限额以下（小额）工程建设项目交易管理规范》被列入2023年第三批杭州市地方标准制定计划；“湖滨合伙人”探索基层社会治理新模式、紫阳邻里110社会治理与服务平台等3个案例入选全国社会治理创新案例。

上城区制定《上城区政务服务增值化改革试点工作方案》《上城区关于推进政务服务增值化改革的实施意见》，形成目标明确、分工合理、权责一致、运行高效的政务服务增值化改革工作体系。以区委“营商环境行动”为抓手，把政务服务增值化改革作为重要内容纳入考核，组建以区领导为组长的营商环境行动督查组，联动推进改革工作。8月31日，挂牌成立区企业综合服务中心，整合推出金融服务、法律服务、政策集成等16个增值服务专窗，涵盖金融服务、法律服务、兜底服务等9个增值服务板块。推进“上心办·增值服务驿站”建设，推出钱塘智慧城智能物联产业、杭港大厦未来产业、玉皇山南基金小镇金融产业、采荷街道数字时尚产业、湖滨商圈增值服务驿站五大增值服务驿站。迭代升级企业综合服务（“五找一提”）平台，集成政务服务、诉求服务、政策服务、人才服务、科创服务、空间服务、中介服务、金融服务、法治服务、资讯服务10个功能板块，归集10多万家企业数据，完成38条惠企政策、40家专业服务机构、158个金融产品集成上线，线上办理诉求6750件，服务企业4258家。推广电子营业执照下载使用，全区15万家经营主体下载企业码，170个事项实现“一码通办”。开发“尚小易”亮码展示、“河坊街‘放心消费亮码经营’”“企业综合服务平台‘企业码’登入”3个

2023年8月，上城区政务服务中心设置增值服务区，含16个增值服务专窗（区审管办供稿）

特色场景。梳理上城企业高频政务服务和增值服务事项，全量归集整合政府侧涉企服务事项，梳理出涉企服务清单182项（政府侧132项、社会侧及市场侧50项），其中132项服务事项进驻企业综合服务大厅。谋划推进16个特色服务场景建设。其中，“金融服务一类事”被纳入杭州市“一类事”试点，涵盖五大类、18个具体服务事项；“创业投资一类事”聚焦“募—投—管—退”全生命周期，有效降低融资难度、提高对接质效、拓展退出渠道。

上城区聚焦湖滨商圈决策定不准、品质消费做不强、配套服务跟不上等问题，深入实施湖滨“智慧商圈”改革。开发“智慧商圈·云上湖滨”应用，增强商圈会员服务功能。其中，“我要消费”实现消费积分在不同主体间的共享核销，“我要维权”实现消费者线上“投诉—处置—反馈”闭环流转。开发“一键办展”功能，对户外展销活动实行“一件事”并联审批，审批时间从15天压缩至2天。开发“我要停车”应用，整合商圈内10个停车场、2413个泊位，实现“抬头见泊位”和“错峰停车”。创设“客流监测分析”，以每平方米人数为参数，建立“快速响应、联动处置”的三色预警智慧治理机制。依托后台数据和算力支撑，归集人流车流、移动支付等50类数据，构建客流吸引力等指标分析模型，以大数据决策驱动商圈业态提升和结构优化。首创涵盖“消费活跃、商业供给、服务便利、公共智治、商圈贡献”5个维度、29项指标的智慧商圈评价体系，该成果被编入《智慧商圈建设与管理规范》，并全省推广。商圈运用数字技术，构建线上、线下一体化智慧消费生态体系，打造“数字赋能、服务增值、业态高端、品质优享”的时尚消费“第一街”。全年湖滨商圈客流2781.18万人次，营业额114.1亿元；商圈步行街商场店铺招租率96.2%，入驻首店旗舰店72家。至年末，“智慧商圈”应用在杭州、宁波、温州等商圈实现贯通。

上城区聚焦多元化商事纠纷化解需求，建立职能部门协同联动机制，打造“上企安”法治服务站，将增值服务延伸到法治环境领域，探索第三方专业化商事矛盾纠纷调处化解模式，构建多元化法治增值服务体系。常态化入驻涉企涉诉事项相关部门力量，引入社会力量与行业协会、律师、仲裁机构、社会组织等专业力量，聚焦企业全生命周期，提供安全宣传、专案办理、矛盾调解等法治服务。引导区司法诉源治理中心与区法院共享法庭侦防协会护企服务站共享共建，形成矛盾纠纷调解合力。组建“公检法司法律联盟”，实现社区律师全时段全区域覆盖。建立、健全相关工作规范细则，规范专业解纷组织引入、培育和行为准则等。畅通企业诉求反映渠道，打造“地瓜经济帮帮团”等载体，推出“周三会诊夜”等活动，提供企业涉法涉诉需求收集、事项流转办理、矛盾纠纷化解、司法立案指导等法治增值服务，实现工作闭环。推动涉企法治服务从“处罚为主”向“预防为主”转变，通过探索服务与监管相融合的机制模式，提升企业法治意识和维权能力。拓宽商事类纠纷化解方式和路径，发挥“诉前调解”实效。开展街道、商圈、企业园区等“上企安”基层法治服务站建设，以彭埠街道为试点，成立“上企安”彭埠法治服务站，联动全国首个基层经济犯罪侦防协会——杭州市经济犯罪侦防协会等第三方力量，推出百案讲堂、共享法庭等法治化营商环境增值服务事项，形成“一站式”社会力量商事矛盾纠纷调解机制。全年流转化解涉企矛盾纠纷226件，帮助企业完成司法确认51件。

资料

营商环境优化提升“一号改革工程”：即加快推进思想观念、体制机制、治理方式的全方位变革，系统优化提升政务环境、法治环境、市场环境、经济生态环境、人文环境，实现政府有作为、市场有效率、企业有活力，保护和发展先进生产力，最大程度激发全社会创新创业创造热情。

（傅　博）

宋韵文化传承

2023年，上城区以亚运、宋韵“两YUN”联动为抓手，整体推进文化研究、品牌塑造、文旅融合、产业赋能，推动宋韵文化传世工程落地见效。编辑出版“宋韵文化生活系列丛书”；举办宋韵文化研究传承大会，思考与践行宋韵文化建设；“关于打造‘海丝宋韵’特色文化品牌的建议”等课题获省委宣传部、市委宣传部肯定，“南宋皇城遗址保护与发展策略”入选杭州市咨询委员会委托重点课题。持续擦亮宋韵文化节品牌，举办“意造大观——宋代书法及影响”特展、“大道无极”赵无极百年画展、“宋韵今辉”艺术特展、“华灯上月故乡”宋韵沉浸式演出等活动；历史人文纪录片《定风波》亮相中央广播电视总台纪录频道。举办“爱杭州 迎亚运——宋韵贺新春 上城有意思”主题灯会、吴山庙会、2023年文旅集市·杭州奇妙夜等系列活动，在以文化人、以文惠民、以文润城、以文兴业中，提升宋韵文化的感召力、凝聚力、影响力。在全省率先打造“宋韵今辉”城市文创品牌，主动打好“梦溪杯”宋韵文化创新大赛、“宋韵今辉”文创体系展示中心、宋韵文创（人才）研修活动“三位一体”组合拳，为宋韵文化创造性转化、创新性发展注入新动力。

2023年11月29日，“梦溪杯”宋韵文化创新大赛成果展在湖滨步行街举行
（区委宣传部 供稿）

宋韵文化研究传承中心推进宋韵文化研究传承工作，获明显成效。“宋韵文化生活系列丛书”第一批书籍《诗样年华》《琼蕊风流》《清雅瓷魂》《含章蕴藻》《画境探胜》《宋人闲情》出版。举办宋韵文化研究传承大会，邀请宋韵文化研究传承中心专家胡坚、李杰、寿勤泽，浙江省社科院原副院长陈野，浙江省创意设计协会秘书长、杭州文创数字科技研究院院长李佳等从“我们为什么要研究传承宋韵文化”“宋韵：思想符号与生产”“宋画流失史的反思”“AI赋能——传承宋韵之美”“宋韵文化的设计活化与思考”等维度，思考与践行宋韵文化建设工作。

上城区持续办好宋韵文化节，发挥品牌效应。9月17日，2023年宋韵文化节在浙江美术馆开幕。文化节以“宋韵今辉”为总体理念，联合宁波市、湖州市、嘉兴市、绍兴市、台州市等地共同举行，重点突出“七大主体活动”，即“意造大观——宋代书法及影响”特展、“华灯上月故乡”宋韵主题舞蹈、“梦溪杯”宋韵文化创新大赛、悦读宋韵节、“品宋词传宋韵”浙江诗词大会、

2023年陆游文化节暨中国（绍兴）“放翁杯”全国诗词大赛颁奖典礼、第二届全国宋韵服装时尚设计大赛。文化节持续至12月，参与人数超过1000万人次，全网播放量超过2亿次。同日，2023年宋韵文化节暨“意造大观——宋代书法及影响”特展开幕式在浙江美术馆举行。展览汇集国内各博物馆珍藏的黄庭坚、米芾、蔡襄、苏轼、陆游、张即之、赵孟頫等宋、元时期的名家精品100件（组），分设“我书意造”“贞珉萃英”“布濩流衍”三大板块，系统挖掘“尚意”书风时代内涵，展示“尚意”书风艺术之美，弘扬中华传统文化，彰显文化自信。展览由省委宣传部、省文旅厅、省文联及市委、市政府主办，市委宣传部，区委、区政府，浙江广播电视集团承办，持续至10月13日，吸引15万余人次观展。

2023年，上城区打造“宋韵今辉”城市文创品牌　（区委宣传部 供稿）

上城区立足资源禀赋，打造“宋韵今辉”城市文创品牌。2023年“梦溪杯”宋韵文化创新大赛于8月25日正式启动，设置“宋·风”“宋·物”“宋·创”三大赛道，吸引来自英国、美国、日本等15个国家和地区的6496组系列作品参赛。经集体评议、投票打分，评出金奖3个、银奖11个、铜奖18个、“妙笔奖”10个、“吸睛奖”10个。通过系统化集成、精准化展销、常态化引流，推进“宋韵今辉”文创体系展示，在城市阳台、湖滨步行街等线下空间落地运维，实现宋韵文创产品转化销售金额超过3亿元。

（宋旭镠）

1月

4日 上城区案例《促消费、稳经济，上城区打造预付领域信用监管新模式》获第四届“新华信用杯”全国优秀信用案例。

5日 上城区30个项目入选2022年度浙江省旅游业“微改造、精提升”示范点名单。

6日 区委一届三次全体（扩大）会议暨区委经济工作会议召开。

同日 上城区“四季工汇”社会组织志愿服务项目入选第二批全国工会联系引导社会组织服务职工优秀项目，为杭州市主城区唯一。

7日 上城区启动2023年“暖冬志愿行 温暖回家路”春运志愿服务行动。

同日 “新韵中国潮”设计师品牌联合新品秀场发布暨2023年杭州时装周启幕大秀在清河坊历史街区举行。

10日 上城区推出“打赢修复战、勇夺开门红”政策28条。

同日 上城区成功发行全国首单经省发展和改革委员会推荐的区县级优质企业债。

同日 上城区开展“大走访大调研大服务大解题”活动，深入基层一线，为企业、群众办实事、解难题。

11日 “携暖同行，艺起迎新”——上城区迎新春文艺惠民演出暨先进表彰活动举行。

12日 上城区企业杭州义益钛迪信息技术有限公司自主研发的“基于云可编程的智能互联系统”产品入选2022年度“浙江制造精品”名单。

13日 上城区“宋韵最杭州”传统风貌样板区获评“新时代富春山居图城市样板区”。

同日 上城区企业杭州群核信息技术有限公司、杭州柯林电气股份有限公司获评首批浙江省科技领军企业科技“小巨人”企业。

同日 上城区1所省重点企业研究院、1所省级企业研究院、14个省级高新技术企业研究开发中心被新认定为省级企业研发机构。

同日 上城区万安城市花园东苑、中大吴庄、都会天际公寓、庆春御府、望江府5个小区的物业项目入选2022年度省级“红色物业”项目。

16日 上城区11所中小学（幼儿园）获评2022年浙江省现代化学校。

同日 上城区的牛春明太极拳、杭州木雕入选第六批省级非物质文化遗产代表性项目名录。

17—19日 杭州市上城区第一届人民代表大会第二次会议召开。

同日 政协第一届杭州市上城区委员会第二次会议召开。

19日 上城区6家企业入选2022年度浙江省首台（套）装备名单，其中被认定为国内首台（套）的产品3项、省内首台（套）的产品3项。

20日 上城区20家企业入选2022年度第二批省级专精特新中小企业名单。

30日 上城区举行2023年度重大项目推进现场会暨双元科技新制造业项目开工仪式。

是月 省青年工作联席会议发布浙江青年发展综合指数（2022），上城区获评优秀等次（总分列全省第四），同时获评“青年人文素养”等4个单项优秀奖。

是月 上城区“社区合伙人”项目获省级社区治理与服务创新实验区结项验收优秀评价。

是月 上城区限额以下公共资源交易制度体系获评全省数字经济系统理论制度优秀成果。

2月

1日 区纪委一届三次全体会议暨全区深化作风建设大会召开。

6日 “上城因我而精彩”2023年上城区“八大行动”部署会召开。

9日 上城区举办以“强信心 燃激情 谋发展”为主题的企业家座谈会。

14日 “浙里来消费·2023消费提振年”行动启动仪式暨欢购上城新春“赶潮”季在湖滨步行街开幕。同时，上城区启动“时尚智造局”，面向全球发布快闪品牌招募令。

18日 杭州·甘孜亚运年文化走亲巡演在吴山广场大舞台开幕。

22日 2022年全国颠覆性技术创新大赛总决赛暨颠覆性技术创新高峰论坛在上城区举行。

25日 全国唯一的以锡器为主题的公助民办市级专业博物馆江南锡器博物馆在清波街道打铜巷23号开馆。

27日 上城区召开2022年度基层党建和人才工作述职评议会。

是月 上城区入选浙江省“非遗助力共同富裕”试点地区名单。

3月

2日 上城区启动青少年“正脊工程”行动，为全区近12万名义务教育段学生开展脊柱健康筛查和康复指导。

3日 以“上城因您而精彩”为主题的都市经济高质量发展暨营商环境建设大会召开。

同日 2023年杭州时装周·国际美妆节在上城区启幕，湖滨银泰、万象城汇聚兰蔻、雅诗兰黛、毛戈平等知名美妆品牌，推出优惠福利、彩妆教学、亚运快闪等活动。活动持续至12日。

同日 杭州市助残志愿服务工作风采展示暨全国阳光助残志愿服务基地揭牌活动在荷湾共富街区举行。

4日 延安路摆渡线开通，串联武林、湖滨、吴山三大商圈，“一线直达”沿线地标。

5日 以“爱杭州·笑迎亚运”为主题的2023年上城区“3·5”学雷锋纪念日活动在吴山广场举行。

6日 杭州市政协新时代协商民主实践中心上城区分中心授牌暨“活动周”启动仪式举行。

6—17日 上城区开展“护航亚运”全区网络安全联合大检查活动。

7日 杭州市全民亚运誓师动员大会上城分会场活动在上城区体育中心举行。

同日 上城—剑阁东西部协作座谈会在上城区召开。

8日 上城区举办“巾帼她力量·促发展 迎亚运 助共富 展风采”纪念三八国际妇女节113周年主题活动。

9日 上城区企业杭州华塑科技股份有限公司在深圳证券交易所创业板上市。

同日 西湖国学馆（位于上城区劳动路65号杭州孔庙内）入选浙江省首批社科普及重点基地。

10日 上城区丁兰街道皋城村入选浙江省第三批未来乡村创建名单。

同日 上城区获评浙江省Pepper机器人教育教学应用优秀区域，为全市唯一获奖城区。

12日 2023年赛季中国足球协会女子超级联赛浙江杭州女足首个主场比赛在上城区体育中心举行。

14日 上城区推出外摆经营新政策，放宽外摆条件，完成新政发布后大井巷81号铁手咖啡的外摆审批，为全市首例。

同日 浙江省暨杭州市“3·15”消防产品宣传月启动仪式在杭州大剧院广场举行。

14—15日 全省减灾救灾工作现场会在上城区召开。全省各地市、区县应急管理局负责人参观区级临时避灾安置场所杭州李宁体育园和全国减灾示范社区红梅社区。

15日 杭州市“3·15”国际消费者权益日系列活动启动仪式暨放心消费城市创建推进会在上城区召开。上城区现场发布市场监管领域“护企稳进致远”十六条举措。

17日 浙江省国际理解·可持续发展教育联盟学术年会暨中国杭州名师名校论坛·教育国际周学术分论坛在杭州市南肖埠小学、杭州天地实验小学举行。

23日 上城区老城区传统风貌保护更新作为试点片区入选浙江省城市更新省级试点名单。

24日 上城区与中国东方电气集团有限公司签订光伏产业全球总部等3个项目合作协议。

同日 上城区青年宣讲员素质提升培训班暨“八八战略”基层理论宣讲出征仪式在小营红巷生活馆举行。

25日 “皋亭观桃FUN肆玩——杭州（上城）第十届皋亭观桃节”系列活动在千桃园景区启动。活动持续至4月中旬。

28日 亚马逊全球开店亚太区卖家培训中心在钱塘智慧城创智绿谷发展中心启用。

29日 上城区选送的党员教育电视片《凉茶不“凉”》在全国第四届“玉琮杯”清廉微电影微视频大赛中获铜奖。

30日 上城区获评“2022年度平安区”，并被授予“二星平安金鼎”，实现平安区的“十八连创”。

同日 上城区彭埠街道党群服务中心入选全省基层党建重点工作推进会暨党群服务中心建设现场会参观点，是全市入选名单内唯一街道级党群服务中心。

31日 “华硼中子”全国总部项目注册落地钱塘智慧城。该公司主要从事晚期恶性癌症的诊断治疗。

31日至4月1日 南宋德寿宫遗址博物馆首场市集“宋韵·国风礼市”——上城区国风伴手礼市集举行。

是月 上城区上线产业招引系统，打造金融招商新模式。

是月 全国妇联以女书记、女县长访谈录的方式报道基层县域治理特色，上城区作为全省唯一代表展示“小脑+手脚”整体智治等基层治理特色。

4月

1日 龙翔桥公交站回归，并启用首批线路。

7日 吴山市集回归，开启为期一个月的“吴山有好市——醒春茶集”。

同日 “我们的答卷”上城社工“心相融、迎亚运、展风采”主题活动在杭州市钱学森学校举行。

8日 浙江省第35个爱国卫生月“宜居靓家园、健康新生活、全民共参与、喜迎亚运会”现场活动在市民中心举行。

9日 2023年上城区体育嘉年华举行。

12日 上城区政府与香港贸易发展局在香港会议展览中心举办的2023年香港Web3嘉年华开幕式上签订《杭州—香港Web3产业联动备忘录》。

同日 上城区对口支援四

川雅江县工作组申报的雅江松茸产业数字化提升项目在全国首届乡村振兴品牌节上获评“乡村振兴赋能计划产业振兴典型案例”。

同日 杭州市脊髓损伤者轮椅健身跑系列活动在上城区体育中心举行。

14日 上城区首个“原拆原建”房改房居民楼莫邪塘东村5幢D级危房经改造后竣工验收。

16—18日 全国社会救助工作会议在上城区召开。

17日 上城区采荷街道青荷苑社区家长学校入选浙江省家庭教育创新实践基地。

18日 第四届中国大宗商品金融服务创新峰会在上城区召开。

同日 上城区获“2022年杭州跨境电商综试区综合评估第一档‘卓有成效’”授牌，为杭州市主城区唯一。

20日 第七届（2023）全球私募基金西湖峰会在上城区召开。

21日 “平安上城”建设暨护航亚运工作动员大会召开。

同日 2023年驻杭国际商务机构圆桌会在上城区召开，英中商业发展中心、中东欧之家等近20家机构参加。

22日 “宋·读”暨2023年上城区全民阅读节启动仪式在南宋德寿宫遗址博物馆慈福宫广场举行。

同日 上城区打造的“宋韵薪传”传统工艺工作站入选第一批省级传统工艺工作站；铜雕技艺、杭罗织造、金石篆刻、杭州刺绣4家非遗工坊入选省级第一批非遗工坊，入选数量在全省排名第一。

23日 上城区试行技术合同登记点。上城区企业可在登记点就近办理500万元以下的技术服务、技术咨询类合同登记。

24日 杭州市“护航亚运·知识产权保护杭州市场在行动”活动在上城区启动，为“专业市场知识产权联合保护点”揭牌。

25日 上城区“‘八八战略’在身边”主题宣讲暨“红巷新声”青年理论宣讲“八进”大巡讲活动首站“进校园”活动在杭州市钱学森学校举行。

26—30日 2023年浙江消费促进月暨“浙里来消费·汽车消费嘉年华”在湖滨步行街举行。

27—28日 在第九届中国资产证券化论坛（CSF）年会上，平安—上城资本停车场收费权资产支持专项计划项目获评“企业资产证券化年度新锐嘉勉”荣誉。

28日 由省委宣传部、市委宣传部主办，上城区承办的首届“梦溪杯”宋韵文化IP转化大赛颁奖典礼暨成果展在钱江新城高德置地广场举行。

同日 沪杭甬高速公路杭州市区段改建工程——彭埠大桥入选第十五届“中国钢结构金奖”（第二批）获奖项目。

5月

1日 国潮品牌“华人青年”全球线下首店在湖滨银泰in77开启试营业。

3日 上城区天杭之声交响管乐团在中华杯中国第十六届优秀管乐团展演中获“示范乐团”称号和“中国管乐发展突出贡献奖”，系全省唯一。

4日 上城区15家企业入选2023年度第一批浙江省专精特新中小企业名单。

同日 上城区五四青年节主题团日暨“青春心向党，建功新时代”沉浸式党领导下的青年运动史展开幕。

5日 2023年杭州市社会组织公益嘉年华在湖滨步行街举行。

7日 上城区在湖滨步行街举办“爱杭州·笑迎亚运”现场活动。

9日 上城区举办“亚运有我·民企争先”民企迎亚运主题活动启动仪式暨“走向吴山 点亮杭城”无人机展演活动。

11日 上城区第15个全国防灾减灾日主题宣传活动暨国家防震减灾科普示范学校授牌仪式在杭州市景华小

学举行。

14日 “韵味社科最上城”2023年度上城区社会科学普及周启动仪式在杭州孔庙举行。

同日 “全民健身 共享亚运 健康浙江 你我同行”奔跑吧杭州2023年城市定向挑战赛（上城赛区）在杭州李宁体育公园开赛。

17日 上城区在南宋德寿宫遗址博物馆发布首批“星级博物馆”。

同日 杭州市“大手牵小手，与光明同行，共赴亚残运”系列活动在上城区举行。

18日 上城区获浙江制造业领域最高荣誉“浙江制造天工鼎”，成为首批“浙江制造天工鼎”获奖单位。

同日 2023年“5·18”国际博物馆日杭州主场活动暨迎亚运誓师大会在杭州博物馆举行。

19日 上城区完成全市老旧小区改造配套用房第一本产权证办理。

同日 上城区华滋科欣孵化器入选2022年度国家科技型企业孵化器名单。

20日 上城区元宇宙产业发展论坛召开。

同日 2023年浙江省暨杭州市科技活动周开幕式在上城区举行。浙江省科技周活动持续至31日。

同日 杭州城北地区最大婚庆产业园在桃花湖公园开园。

21日 上城区南星街道与省体育旅游产业促进会、市长跑协会共同举办的“宋韵之野·2023年杭州越野赛”举行。

23日 上城区在区文化中心举办“勤廉迎亚运·清风润上城”漫画展，推进清廉上城建设。

24日 上城区举行2023年世界无烟日暨“远离烟草，喜迎亚运”巡展活动启动仪式，开启“共创无烟环境，助力绿色亚运”控烟主题宣传活动。

25日 “精彩迎亚运 小哥展风采”上城区新就业群体才艺大赛决赛在区工人文化宫举行。

同日 上城区“纪念延安双拥运动80周年”活动举行。

26—30日 2023年中国国际网络文学周在上城区举行。

28日 上城区发布“上城教育高质量发展系列丛书”。

29日 上城区钱学森科学馆（杭州市钱学森学校）入选第二批浙江省科学家精神教育基地名单。

29—30日 全省婚俗改革现场推进会在上城区召开。会后相关人员实地参观区婚姻登记中心。

30日 上城区少工委一届二次全委（扩大）会议暨庆六一主题活动举行，活动现场发布上城少先队员IP形象“尚尚”“晨晨”，表彰2023年少先队成绩突出个人和集体，举行一年级集体入队仪式。

31日 上城区开展六一儿童节慰问活动。

同日 上城区新就业群体党建主题活动暨“小哥学院”成立仪式在湖滨步行街举行，活动表彰“最暖‘新’组织”“最美小哥”等，发布助推新就业群体融入基层治理“十项举措”“十大暖心关爱礼包”。

6月

2日 2023年上城区综合考核推进会暨“八大行动”五月赛场赛马举行。

同日 2022—2023年全国啦啦操联赛（杭州站）在上城区开幕。

3日 中国田径大众达标系列赛（杭州站）在上城区开幕。

同日 第十八届杭州市“公民爱心日”活动在吴山广场启动，公益集市、舞台汇演、迎亚运万人签名等活动吸引市民参与。区弯湾托管中心等20多家（个）公益企业、志愿组织参与活动。

5日 上城区启动街道（社区、村）志和街道年鉴编纂工作。

同日 上城区引水河、丰收湖入选杭州市十大城市水上运动河道名单。其中，引水河水上运动日常活动范围为运河东路至塘工局路，丰收湖水上运动日常活动范围为丰收湖中心湖区。

6日 以“开放提升促发展 伙伴同行创未来”为主题的浙港现代专业服务合作会议在上城区召开。

同日 上城区首批匠心体验点发布暨区劳模工匠协会志愿服务队成立仪式在清河坊历史街区举行。现场揭牌清河坊工匠街，发布18个匠心体验点。

同日 上城区杭州市惠兴中学晨曦中队等7个少先队中队获评2023年度全国红领巾中队。

同日 “走进上城”浙港合作洽谈会举行，香港新鸿基、香港新世界、方远控股集团有限公司、三花控股集团有限公司等60多家企业的代表参加。

12日 上城区的杭州市采荷中学入选教育部公布的首批全国健康学校建设单位名单，为杭州市唯一入选学校。

同日 沉浸式国风音乐会在南宋德寿宫遗址博物馆拉开2023年杭州市民艺术节之“三江两岸”音乐节序幕。

14日 全球数字时尚创新大会暨元宇宙时尚峰会在上城区举行。上城区发布消费中心建设“十四五”规划概要及时尚产业地图、直播经济产业政策，成立中国（杭州）数字时尚产业联盟。

15日 “迎亚运 助发展 促就业”上城区心智障碍青年职业发展交流暨成果推广活动举行。

15—18日 “咖享生活 啡尝时尚”杭州（上城）国际咖啡节举行。

16日 上城区在紫阳街道成立杭州市首个“汇心护航”网格中心，将未成年人保护延伸至社区网格“最末梢”。

17日 第十九届中国国际动漫节彩车巡游活动在湖滨步行街举行。

19日 长三角楼宇集聚区高质量党建引领高质量发展主题研讨会在上城区召开。会上发布《上城区党建统领赋能楼宇经济高质量发展十条举措》，启动长三角楼宇集聚区C9+党建联建机制。

同日 上城区培育推荐的杭州市水务集团有限公司的《文化清流滋润企业健康建设》、上海浦东发展银行股份有限公司杭州分行的《以多元健康模式打造幸福企业》、杭州鲁能城置地有限公司的《提升健康指数发展绿色健康产业》入选全国健康企业建设特色案例。

20日 上城区举办第2季度重大项目集中签约暨数字能源发展论坛。

21—23日 由市文化广电旅游局、上城区政府主办的“2023文旅市集·杭州奇妙夜”活动在上城区举行。活动主会场位于吴山商圈，联动杭州市方志馆、鼓楼小广场等场景，设置“以灯正心”“宋韵今辉”等19个展示单元、50种互动体验项目。

25日 上城区“网格指数”应用入选全国智慧治理创新案例，《提升“基层智治”实战实效的上城实践》一文入选全国智慧治理创新论文名单。

同日 上城区经济生态环境案例《深化湖滨智慧商圈改革打造世界级地标商圈》上榜浙江省营商环境优化提升首批“最佳实践案例”名单。

同日 全省生鲜门店食品安全治理现场会暨“浙食链”运用推广推进会在上城区召开。上城区作经验交流发言，与会人员现场观摩望江生鲜门店示范街区、三桥农贸市场。

28日 山南金融服务中心成立暨金玉联盟第一次会议在玉皇山南基金小镇召开。

同日 “新中国第一个居民委员会”寻访成果发布15周年庆祝活动在紫阳街道上羊市街社区邻里舞台举行。

29—30日 浙江省城市一刻钟便民生活圈调研现场会在上城区召开。

30日 上城区举办庆祝中国共产党成立102周年主题活动。

同日 玉皇山南基金小镇上榜投中榜“2022中国最具特色基金小镇TOP10”。

是月 “尚小易”平台正式上线评审费用支付管理子场景，为全省首个实现评审劳务报酬智能计费并试行数字人民币支付的平台。

是月 杭州首个专业市场集群区域婚姻纠纷调解工作站——“尚家和”婚姻纠纷调解工作站在中国服装第一街综合服务中心成立。

7月

1—5日 第二届中国青少年足球联赛暨“韵味杭州”中国足协全国青年足球联赛（U19组）第二阶段·杭州上城赛区在上城区体育中心举行。

5日 上城区59家企业入选2023年度杭州市总部企业认定名单。

6日 由省委宣传部、市委宣传部、区委宣传部联办的“八八战略”实施20周年“星空朗读·一张蓝图绘到底”专场活动在城市阳台举行。

10日 上城区郁达夫旧居和朱智故居入选第八批省级文物保护单位名单。

11日 上城区新时代产业工人队伍建设改革推进大会暨钱塘智慧城首届“一匠两创”认定发布会举行。

同日 上城区企业杭州数创自动化控制技术有限公司的“环境感知AGV车群自主作业系统”项目入选2023年度浙江省首台（套）产品工程化攻关项目名单。

同日 上城区作为浙江省唯一代表参加民政部基层社会救助能力建设座谈会，专题介绍创新模式实现救助全覆盖的工作做法。

12日 上城区获评全省上半年服务业高质量发展“百千万”工程五星级单位，“金玉上城”和湖滨商圈入选省第三批创新发展区。

同日 杭州市2023年全国低碳日活动在南星街道举行，推出位于南星街道的全市首批“迎亚运低碳绿色游线”，包含越野跑线、骑行线、步行线等。

14日 全市迎亚运社区“三大提升行动”现场推进会在上城区召开。

同日 上城区在弯湾·爱生活社会融合共享体举行亚残运会倒计时100天主题活动暨“喜迎亚残运·文体艺术节”开幕式。

同日 上城区的浙江中杭电子有限公司、杭州千石科技有限公司、蒲惠智造科技股份有限公司3家企业入围国家级第五批专精特新“小巨人”企业。

同日 亚残运会倒计时100天活动暨区文体艺术节活动举行，组建15支志愿服务队，编印《助残志愿服务手册》，发布《盲人乘坐地铁指导手册》。

15日 浙江省元宇宙产业协会成立并落户笕桥街道。

16日 上城区召开“走遍杭州的博物馆”暨“走遍上城博物馆，我是百馆体验官”文博推荐官培训会。

17—21日 2023年全省行政执法队伍暨行政执法类公务员“提能力、转作风、促发展”专题培训班上城区分课堂活动举行。

18日 京杭运河杭州段二通道建成通航。全长26.4千米，由新开挖航道段和八堡船闸段组成，起自博陆，终于八堡。

同日 上城区开展“喜迎亚运·FUN飞创想”科学家精神教育基地联盟研学活动。

同日 全省县级公安机关系统性重塑整体性变革暨大部门大警种制改革现场会在上城区召开。

18—20日 上城区《探索“就业群落”新模式，构建高质量就业创业体系》获全省优秀就业服务成果一等奖。

19日 2023年上城区第二届“金靴奔跑”创新创业大赛启动。

同日 上城区基金产品“杭州上城创领聚源股权投资合伙企业（有限合伙）”在中国证券投资基金业协会成功备案。

25日 上城区10个项目成功入围浙江省第三批城镇

社区“一老一小”服务场景名单。

26日 上城交易“一键达”发布会暨助企交流会召开。

同日 上城区举办“八大行动”半年度赛场赛马活动。

29日 创新采用预制拼装技术的九堡大桥慢行交通系统通车。

31日 上城区委一届四次全体（扩大）会议召开。会议审议通过《中国共产党杭州市上城区第一届委员会第四次全体（扩大）会议关于牢记嘱托、勇担使命，在坚定不移深入实施“八八战略”中奋力展现“最杭州、新上城”风采的决议》。

同日 上城区志愿服务项目——杭州市“九哥九姐”融合与创新志愿服务项目获评2022年全国学雷锋志愿服务“四个100”先进典型最佳志愿服务项目。

同日 上城区首个楼宇退役军人服务站在四季青街道西子国际大厦成立。

是月 上城区慈善总会获评全省慈善山海协作先进单位，为全市唯一。

8月

1日 丁兰第二幼儿园融合教育案例《让特殊儿童得到更适更优的发展 幼儿园“深融模式”的推进式研究》入选首届全国融合教育优秀教育教学案例，为全省唯一。

同日 2023年上城区庆祝中国人民解放军建立96周年暨“兵妈妈”志愿服务品牌发布仪式举行。

同日 全区个体户事项开启全量“就近办”模式。

3日 上城区举行第一届“青尚学堂”结业典礼暨第二届“青尚学堂”开班仪式。仪式上，推出“年轻干部体系化培养青尚工程二十条”，聚焦年轻干部政治素养、教育引导、储备链条、蹲苗锻炼、考核管理、保障机制6个方面。

同日 “爱杭城‘益’起来”亚运城市志愿服务站点启动仪式在上城区举行。

4日 杭州市暨上城区第五次全国经济普查单位清查工作启动仪式在湖滨步行街举行，标志上城区第五次全国经济普查单位清查工作全面启动。

5日 “我爱杭州 奉献亚运”2023年杭州市全民健身日全市大联动（上城赛区）在杭州李宁体育园举行。

7日 上城区企业浙江凌迪数字科技有限公司的产品“基于3D柔性仿真的大型商业化服装设计工业软件及平台”入选“浙江省先进（未来）技术创新成果”。

8日 “我爱杭州 奉献亚运”2023年杭州市全民健身日全市大联动主会场活动暨健康浙江全民健身行动主题活动启动仪式在上城区全民健身中心（杭州第十九届亚运会水球训练馆）举行。

同日 上城区元宇宙产业推介会在上海举行。

10日 上城区试点的以远程视频核查代替到企业现场检查的“零见面”审批举措在全省推广。

14日 由联合国儿童基金会驻华办事处、中国助残志愿者协会、中国残疾人事业新闻宣传促进会联合主办的“融合无障爱 携手向未来”残障融合主题儿童青少年摄影作品巡展在上城区弯湾·爱生活社会融合共享体举行。

15日 上城区首个生物多样性体验地开馆仪式在皋亭山景区举行。

18日 上城区举办“健康护航 喜迎亚运”——“最杭州、新上城”中国医师节活动。活动中，表彰先进个人55人，命名“名中医工作室”11个，启动上城区“医养护驿站”暨健康“加油站”。

同日 由上城区推出的全国首个文博“百馆云地图”小程序上线。

同日 上城区首个行政复议“5S”（Service、Settlement、Support、Survey、Spread）助企工作站挂牌设立，在企业一线服务、解决纠纷、法治支撑、调研分析和宣传推广等方面提供涉企执法多维服务，助力优化法治化营商环境。

20日 上城区启动70岁以上老年人免费接种流感疫苗民生实事项目。

21日 “青年向上”上城区青年发展型城区建设推进仪式暨“山南之yeah”青年人才迎亚运主题活动举行，成立上城区青年学子工作站，发布“青年互助伙伴”招募令。

同日 杭州市（上城区）医疗美容机构规范化星级评价动员部署大会召开。上城区参与标准制定并作为全省首个试点率先全域覆盖医美机构星级评价工作。

22日 上城区小哥风“上”日首发仪式在庆春广场四季青爱心驿家微站举行。

25日 上城区离退休干部区情通报会召开。

同日 上城企业出品的8个影、视、歌作品获评浙江省第十五届精神文明建设“五个一工程”优秀奖。

同日 2023年上城区网约配送员技能大比武在区工人文化宫举行。

25—27日 上城区举办清河坊首届国潮文化体验节。

27日 “我爱上城·奉献亚运”2023年杭州市百姓运动会（上城站）暨笕桥文体中心落成仪式举行。

28日 全市首个乡镇（街道）社工站深度督导赋能项目启动仪式在南星街道举行。

31日 上城区企业综合服务中心挂牌成立。

同日 上城区社区学院紫阳分院“阳光艺术，匠心助残”项目上榜2023年全国新时代“终身学习品牌项目”宣传推介名单，并被推介为“特别受百姓喜爱的终身学习品牌项目”，系全省唯一。

同日 上城宋韵文化体验共富风貌游线入选浙江省2023年度第一批共富风貌游线名单。

同日 上城区志愿共享联动服务启动仪式暨校地区域共享联盟成立活动在闸弄口街道举行。

是月 上城区首个专注于短视频制作的创业陪跑空间——望江创业陪跑空间启用。

9月

3—4日 全国非物质文化遗产馆建设工作座谈会在上城区召开。

6日 上城区获评“中国楼宇经济标准引领示范城区”，为全国首个获该荣誉的城区。同时获评“中国楼宇经济（总部经济）标杆城区”“中国商务区综合竞争力”两项前10强，系全省唯一获评城区、中央商务区。

7日 中国国家队×毛戈平美妆签约新闻发布会召开，上城区美妆品牌毛戈平与象征中国最高运动水平的TEAM CHINA签约，成为中国国家队官方美妆服务供应商。

8日 杭州第十九届亚洲运动会火炬传递启动仪式在杭州涌金公园广场举行。上城区曹琛、王素梅、陈敏、王荣栋、王水福、周其刚、汪瑾等基层干部、企业家、劳模代表作为火炬手展示上城风采。

同日 上城区召开庆祝第39个教师节表彰大会。

9日 “益启迎亚运·点亮星星路”公益活动暨全国首个蹦床运动干预孤独症项目启动仪式在丁兰街道西子智慧产业园举行，蹦床运动干预孤独症儿童项目实验基地揭牌。

12日 上城区获奖作品《谁是最可爱的人》受邀在省第二十六届全国推广普通话宣传周启动仪式上展演。

13日 上城区召开亚运场馆运行团队决战动员大会。

同日 2023年全国科普日暨“喜迎亚运·科普同行”杭州上城区科普宣传周启动仪式在杭州采荷第二小学教育集团（景和校区）举行。

同日 上城—拱墅“杭儿风”特色文商旅品质风貌区入选浙江省2023年度第二批城乡风貌样板区名单，并于12月18日入选2023年度浙江省第二批新时代富春山居图样板区名单。

14日 上城区召开学习贯彻习近平新时代中国特色

社会主义思想主题教育动员大会。

15日 上城区2023年下半年新兵入伍欢送大会在上城区体育中心举行。

同日 全省“味美浙江·百县千碗”进饭店宣传推广暨饭店美食亚运消费季活动在上城区开幕。

17日 2023年宋韵文化节启动暨“意造大观——宋代书法及影响”特展开展仪式在浙江美术馆举行。

20日 杭州第十九届亚洲运动会火炬传递杭州站起跑仪式在城市阳台举行。

同日 上城区入选第一批浙江省新型消费城市建设试点名单，为全市唯一入选区县。

同日 上城区南宋御街“宋韵集无界”市集获评“100个全省首批重点培育文旅市集”。

同日 上城区“五治五化”河湖长制标准化体系入选省典型案例，系主城区唯一。

26日 上城区与中兴新通讯有限公司签署项目合作协议。

同日 上城区钱塘第一井、相国井、龙山闸遗址、钱塘江古海塘、大运河等7处遗产入选浙江省重要水利工程遗产资源名录，入选数量居全省第1位。

同日 上城区入选全国第二批“央馆虚拟实验”规模化应用试点区（校）名单，5所学校入选试点学校。

同日 2023年“上城工匠”认定发布暨第二批上城区匠心体验点发布会举行。

27日 上城区举办“杭州人才日”上城区专场活动——“星聚上城 才话未来”座谈会。

同日 近100名亚奥理事会成员集体游览上城区知名宋韵景点——南宋德寿宫遗址博物馆、清河坊历史街区。

29日 “知味宋韵·亚运团圆”德寿宫夜宴举行。活动以传统中秋文化为背景，邀请亚洲多国驻华大使、亚奥理事会官员、杭州亚运会组委会相关负责人、奥运冠军等共品中秋“家宴”。

10月

8日 上城区红梅社区服务综合体、近江东园社区服务综合体、花园社区服务综合体、南白塔岭社区服务综合体、姚园寺巷社区服务综合体、钱塘社区服务综合体6个社区服务综合体上榜2023年浙江省星级社区服务综合体名单。

9日 上城区委学习贯彻习近平新时代中国特色社会主义思想主题教育读书班开班。

11日 上城区委学习贯彻习近平新时代中国特色社会主义思想主题教育读书班召开研讨交流会。

12日 杭州第四届亚残运会火种欢迎仪式在杭州东站举行。火种由G1302次高铁列车运送至站台，系亚残运会历史上首次使用高速列车运输火种。

13日 由亚运会组委会主办的“喜迎亚残运·盛会添光彩”杭州市欢聚亚残运会主题活动在上城区“特有爱·荷湾幸福街区”举行。

同日 全省首个商圈增值服务驿站在湖滨步行街上亮相，位于东坡路7号，可自助办理16个大类、150个高频事项。

13—16日 由北京大学、浙江大学区块链协会主办的Web3技能大赛“黑客松”在杭港科技大厦举行，为未来产业基地试运行招商预热。

19日 杭州上城—雅江2023年对口支援就业帮扶专场招聘会在四川省甘孜州雅江县木雅广场举行。

20—21日 孔庙书市活动在杭州孔庙碑林举行。

21日 杭州时尚中心在上城区开园。

同日 “汉帛奖”第三十一届中国国际青年设计师时装作品大赛总决赛在南宋德寿宫遗址博物馆举行。

22日 亚洲群体协会执委会会议在上城区召开，国家体育总局相关领导和来自9个国家及地区的10名执委参会。

23日 上城区“直播电

商产业合规指引”项目被纳入第一批省级重点产业合规指引目录名单。

25日 市城管局联合上城区举办杭州市庆祝浙江省第二十七个环卫工人节活动。

26日 第十一届暨2023年中国（浙江）人力资源服务博览会在上城区举行。

同日 红巷·同心筑——健康彩虹“营”健康基地揭牌仪式在杭州彩虹鱼康复护理有限公司举行。

同日 上城区政务服务中心与贵州省铜仁市玉屏侗族自治县人民政府政务服务中心签订《政务服务“跨省通办”合作协议》，标志两地达成政务服务“跨省通办”合作。

同日 上城区凯旋街道南肖埠社区被评为全国示范性老年友好社区。

31日 上城区浙江凌迪数字科技有限公司的《纺织服装国产3D数字化全产业链服务平台》案例入围2023年数字经济创新提质“一号发展工程”优秀案例名单。

11月

2日 杭州市全过程人民民主实践中心（杭州市人大代表联络总站）启用。中心（总站）位于上城区小营红巷区块，分为陈列展览、数字交互、联络协商、学习研究4个区域，主要承担推动全市各级人大代表联络站迭代升级、服务市级以上国家机关吸纳民意汇集民智、实现全市代表联络站的数字化交互、展示人民代表大会制度在杭州的生动实践、推进全过程人民民主在杭州的学习实践与研究等功能。

8日 上城区的杭州四季青服装市场、杭州九意法女装城在第十三届中国商品市场峰会上分别获“功勋市场”和“时尚市场”荣誉。

同日 第五届世界杭商大会暨钱江新城二期高质量建设高端交流会在上城区召开。全区15家企业入围“2023年杭州市民营企业100强”，其中6家入围制造业50强，9家入围服务业50强。

9日 上城区委学习贯彻习近平新时代中国特色社会主义思想主题教育读书班召开研讨交流会。

同日 由上城区协办的2023年“创客天下”大赛留学人员创新创业专场数字经济组决赛在上城区举行。

10日 上城区和恩施市召开对口合作工作座谈会，深入贯彻习近平总书记关于对口合作的重要讲话和指示精神，共商对口支援之策，共谋交流合作之计。

同日 2023年上城区全民终身学习活动周暨第二十届终身教育节开幕式在杭州市职工文化中心举行。

13日 2023年杭州国际人才交流与项目合作大会上城区分会场活动——第二届“金靴奔跑”创新创业大赛决赛举行。

14日 上城区“医养护驿站”普惠家庭医养新实践案例成功入选杭州市争当浙江高质量发展建设共同富裕示范区城市范例最佳实践（第二批）名单。

同日 上城区8家企业上榜2023年度浙江省民营企业百强榜单。

15日 “河畔人家 亲水杭城”杭州市城市河道第四届垂钓大赛暨上城区“幸福河湖”成果展在上城区举行。

17—19日 潮新闻首届长三角美好生活分会场活动——宋韵美学·风雅吴山美好生活大集在吴山广场举行，现场设置汉服游园会、非遗技艺体验、宋韵集章游戏等。

18日 首场红墙数字文化文物展览在南宋德寿宫遗址博物馆举行。

20日 上城区委主题教育领导小组第二次会议暨主题教育工作推进会召开。

21日 “遇上未来·智链全球”浙江省人工智能产业发展报告发布会在中国元谷·杭港科技大厦举行，启用元宇宙应用场景体验馆。

同日 杭州庆祝第五个“9·26”工匠日暨第七届“杭州工匠”认定发布会在杭州市职工文化中心举行。

22日 上城区杭州方回

春堂河坊街馆入选2023年浙江省中医药文化养生旅游示范基地名单，为杭州市主城区唯一。

23日 上城区新增2所省重点企业研究院、2所省企业研究院、7个省高新技术企业研究开发中心。

24日 集社交、消费、互动、体验于一体的“BinGo滨次元线上元宇宙虚拟街区”在湖滨步行街上线。

同日 上城里·数字时尚产业园项目在第二届全球数字贸易博览会首次公开亮相。

同日 上城区弯湾·爱生活社会融合共享体项目获全国首批无障碍环境认证最高等级三星级证书。

25日 上城区举办“漫游桃花园”杭州（上城）第九届登皋节活动，发布“四季皋亭”文旅品牌。

26日 以“御见德寿宫，宋韵最上城”为主题的第十一届南宋斗茶会暨“点茶”新书发布会活动在南宋德寿宫遗址博物馆举行。

27日 上城区艮北雅淳名府获取预售证，为上城区国有企业首个获取预售证共有产权房项目。

28日 “医校携手，护航健康”“医教结合”项目合作暨笕桥小学学生健康管理中心启动仪式在杭州市笕桥小学举行。该中心是上城区首个学生健康管理中心。

29日 上城区入选首批省级建设校外培训清朗环境试点县（市、区）名单。

同日 2023年“梦溪杯”宋韵文化创新大赛颁奖典礼在湖滨步行街举行，大赛成果展同步开启。活动首次发布宋韵文化“基因库”，签约授权宋韵IP，展出参赛作品300多件，邀请中央、省、市等18家主流媒体参与报道。

同日 上城区申报的杭州胡庆余堂国药号有限公司（胡庆余堂中药博物馆）获评第二批浙江省药品科普基地。

是月 上城区自主研发的“内部审计智治管理系统”上线运行。

12月

1日 杭州胡庆余堂国药号有限公司“蒋玲霞技能大师工作室”入选国家级技能大师工作室名单，上城区实现国家级技能大师工作室“零突破”。

同日 杭州市首个医保基层服务先行试点暨小营街道“医保小屋”授牌仪式在“‘姚缘’幸福邻里坊”广场举行。

4日 上城区委学习贯彻习近平新时代中国特色社会主义思想主题教育专题党课在区行政中心举行。

5日 上城区有11所学校入选浙江省“亚运姐妹校”名单，数量居全市第1位。

同日 上城区举办亚运城市志愿服务最美典型交流分享活动。

同日 上城区作为全省唯一县（市、区），就食品经营许可“互联网+核查”举措在全国食品安全宣传周浙江主场活动中作交流发言。

5日 浙江图书馆大学路馆历时4年馆舍修缮后，面向公众重新开放。

6日 由中共中央宣传部、中国夏衍电影学会等单位共同主办的第十八届夏衍杯优秀电影剧本征集活动证书颁授仪式暨夏衍论坛在上城区举行。

同日 上城区的中天控股集团有限公司、杭州娃哈哈集团有限公司、西子联合控股有限公司、嘉悦物产集团有限公司4家企业上榜长三角企业100强榜单。

同日 中国短视频大会颁奖典礼在上城区举行，上城区被授予“央广短视频创作点”称号，2个项目签约落地，80名创作者入驻央视频创作基地。

同日 上城区发起并牵头全国4个省份的15家同类单位共同编纂的《城市步行街综合运维规程》获中国市政工程协会批准发布。

7日 上城“南宋·都·市”传统风貌区获评“浙江省2023年度第三批城乡风貌样板区”。

同日 上城区28家企业入围2023年度第二批浙江省

专精特新中小企业名单。

8日 上城区“没有围墙的博物馆”获评全省第二批文化基因转化活化创新项目。

9日 杭州钱塘智慧城“数字能源港”启动仪式暨飞地蝶变腾飞发展大会举行。

12日 上城区申报的四季青街道钱江新城中央商务区职工书屋被命名为“2023年全国工会职工书屋示范点”。

同日 上城吴山风情街区和钱江新城中央商务区获评2023年度浙江省“高品质示范街区”。

13日 上城区委召开学习贯彻习近平新时代中国特色社会主义思想主题教育调研成果交流会。

13—16日 中国体育场馆协会——“行亚运场馆·体亚运风采·品杭州韵味”活动在上城区举行，全国500多家单位参加。

14—15日 长三角主要城市中心城区高质量发展联盟第三届联盟大会在上城区召开。

15日 上城区10个社区成功入选浙江省第四批未来社区创建名单。

同日 以“遇上未来，元启世界”为主题的2023年浙江元宇宙产业大会在上城区召开。当天，浙江元宇宙产业基地开园，发布元宇宙产业园区建设与运营规范。

15—17日 “老字号中华行”进街区系列活动——国潮秘境（上城站）在清河坊历史街区开幕。

16日 “2023领袖之夜——东方美，让世界更精彩”盛典在上城区举行。

17日 全市“家庭日”启动仪式在五福社区“幸福邻里坊”举行。

18日 上城区九堡街道宣家埠村、三村村获评浙江省卫生村。

同日 上城区“数字化绿色环保印染新技术助力纺织产业绿色转型”志愿服务项目获评2023年浙江省劳模工匠志愿服务优秀案例。

19日 结合学习贯彻习近平新时代中国特色社会主义思想主题教育，上城区召开“牢记殷切嘱托 把社区建设得更加美好”座谈会。

同日 上城区“劳模工匠进校园”暨青少年关爱教育示范基地授牌仪式在杭州市笕桥小学举行。

22日 上城区消费帮扶展示中心暨上城区消费帮扶帮帮店开业仪式在中山南路的体验馆举行。

25日 共青团上城区第一次代表大会召开，选举产生团区委新一届领导班子。

同日 上城区举办数字人民币场景应用项目发布会暨培训会。

26日 上城区委议军会暨党管武装工作会议在杭州陆军某部召开，并组织军事日活动，参观烟台峰英雄连队及现役主战装备。

27日 全省首个“全国化妆品个性化服务试点”揭牌仪式在上城区举行，上城区兰树化妆品有限公司杭州心清堂一部成为全国第3家试点单位。

28日 杭州市上城区欧美同学会（杭州市上城区留学人员联谊会）第一次全体会员代表大会召开，选举产生第一届理事会班子。

29日 上城区委一届五次全体（扩大）会议暨区委经济工作会议召开。

同日 上城区与浙江省国际贸易集团有限公司进行战略合作签约。

同日 《上城年鉴（2022）》获评第九届全国地方志优秀成果（年鉴类）二等年鉴。

地情概貌

【建置沿革】 春秋时，今上城区境域初属越。周敬王二十六年（前494）属吴，周敬王三十年（前490）复属越，周显王三十五年（前334）属楚。秦王政二十五年（前222），于今杭州地置钱唐县，属会稽郡。今上城区境域属钱唐县。

西汉高帝五年（前202），钱唐县先后属楚王国、荆王国、吴王国。西汉前元四年（前153），钱唐县复属会稽郡，隶江都国。西汉元始四年（4），改钱唐县为泉亭县。东汉初，复钱唐县旧名。东汉建武六年（30），钱唐县并入余杭县。东汉光和二年（179），钱唐县复置（一说107—125年钱唐县已复置）。今上城区境域先属钱唐县，后为泉亭县，复为钱唐县。三国时，钱唐县属吴国。

两晋，钱唐县仍属吴郡。南朝宋大明三年（459），以扬州所统六郡为王畿，吴郡属之，钱唐县隶王畿。南朝梁太清三年（549），以吴郡置吴州。是年，侯景升钱唐县为临江郡，隶吴州，此为钱唐设置郡级行政建制之始。今上城区域属临江郡。南朝陈祯明元年（587），置钱唐郡，隶吴州，郡治钱唐县，今上城区域属钱唐县。

隋开皇九年（589），废钱唐郡，置杭州，州治始设余杭县，次年迁至钱唐县，杭州之名始于此。今上城境域属钱唐县，隶杭州。隋大业三年（607），改杭州为余杭郡，郡治钱唐县。

唐武德四年（621），改余杭郡置杭州。至唐末，今上城区均为杭州之钱塘县辖地。

五代后梁开平元年（907），封钱镠为吴越王，次年升杭州为大都督府。后梁龙德二年（922），置钱江县，与钱塘县同城设治，同为杭州州治。龙德三年（923），吴越国建都杭州。今上城区境域为钱塘、钱江两县辖地。

北宋太平兴国三年（978），吴越王钱俶纳土归宋，杭州复降为州，次年改钱江县为仁和县。今上城区境域属钱塘、仁和两县。

南宋建炎三年（1129），宋高宗赵构为避金兵，自扬州南渡至杭州，以州治为行宫，升杭州为临安府。南宋绍兴八年（1138），南宋正式定都临安，临安府治所在钱塘、仁和两县升赤县，今上城区境域为赤县所辖地。

元至元十三年（1276），元军攻占临安府，次年改临安府为杭州。至元十五年（1278）又改为杭州路。至元二十一年（1284），自扬州迁江淮行省治于杭州，次年改称江浙行省，杭州为省治始此。杭州路治钱塘、仁和两县。今上城区境域属钱塘、仁和两县。

元至正二十六年（1366），朱元璋攻占杭州，改杭州路为杭州府。是年，置浙江等处行中书省，治杭州府。明洪武九年（1376），改浙江行中书省为浙江承宣布政使司。今上城区境域属杭州府治钱塘、仁和两县。

清顺治二年（1645），置浙江巡抚，驻杭州。清康熙元年（1662），浙江承宣布政使司改为浙江行省。清宣统三年（1911），钱塘、仁和两县撤裁，由杭州府直辖。今上城区境域为杭州府直辖。

民国元年（1912），废杭州府，以原钱塘、仁和县地并置杭县，直属浙江省，并为省会所在地。今上城区境域属杭县辖地。民国16年（1927），划杭县所属城区等地设杭州市，杭州置市始此。是年10月，杭州市设城区、西湖、江干、会堡、湖墅、皋塘6个区，杭州置区始此，今上城区境域分属城区、江干区、会堡区。

民国19年（1930）8月，杭州市改设为13个区（第一区至第十三区）。民国23年（1934），杭州市13个区合并为8个区（第一区至第八区）。今上城区境域分属第一区、第二区和第五区。

1949年5月3日，杭州解放，杭州市为浙江省会城市。原杭州市第一至第八区依次改为上城区、中城区、下城区、西湖区、江干区、艮山区、笕桥区、拱墅区。1950年6月，上城、中城、下城3个区撤销，由市直辖。1952年11月，杭州市复置上城、中城、下城3个区。1957年5月，杭州市撤销中城区，中城区所属岳王路等5个街道划归上城区。

1996年12月，江干区紫阳、望江、南星、闸口4个街道和四季青镇的近江、望江、玉皇3个村归上城区管辖。

2021年3月15日，杭州市政府印发《杭州市人民政府关于调整杭州市部分行政区划的通知》，撤销上城区、江干区，设立新的上城区，以原上城区、江干区的行政区域（不含下沙街道、白杨街道）为新的上城区行政区域。4月9日，杭州召开部分行政区划调整实施动员部署会议，宣布启动实施部分行政区划调整。

（刘　毅）

【位置与面积】 上城区东与钱塘区为邻，西与西湖区、拱墅区接壤，南濒钱塘江，与萧山、滨江两区隔江相望，北靠黄鹤山、皋亭山，与临平区相接。2023年，上城区区域面积为122平方千米，包括耕地、园地、林地、草地、湿地、城镇村及工矿用地、交通运输用地和水域、水利设施用地。

（陈苏瑶）

【行政区划】 2023年，上城区有街道14个，下辖社区199个、村4个。其中，湖滨街道有社区6个，清波街道有社区5个，小营街道有社区12个，望江街道有社区11个，南星街道有社区8个，紫阳街道有社区12个，闸弄口街道有社区17个，凯旋街道有社区15个，采荷街道有社区16个，四季青街道有社区11个，笕桥街道有社区20个，彭埠街道有社区21个，九堡街道有社区21个、村2个，丁兰街道有社区24个、村2个。

（金　德）

表1　　2023年上城区行政区划一览表

街道	所辖社区（村）
湖滨	涌金门、青年路、东平巷、岳王路、东坡路、吴山路
清波	清河坊、定安路、劳动路、清波门、柳翠井巷
小营	小营巷、金钱巷、西牌楼、紫金、马市街、大学路、葵巷、老浙大、长明寺巷、茅廊巷、梅花碑、姚园寺巷
望江	大通桥、始版桥、兴隆、莫邪塘、清泰门、婺江、耀华、近江东园、近江西园、在水一方、徐家埠
南星	美政桥、海月桥、馒头山、玉皇山、紫花埠、复兴街、水澄桥、白塔岭
紫阳	上羊市街、彩霞岭、十五奎巷、太庙、候潮门、北落马营、新工、海潮、木场巷、凤凰、春江、甬江
闸弄口	春晖、红梅、天仙、京惠、闸弄口、闻皇庙、万家花园、蓝天、天运、兰苑、麦苗、天杭、董家、三里亭、濮家、机神、天城
凯旋	景昙、景芳、景华、景秀、景新、景湖、凯西、景苑、庆和、南肖埠、金兰池、庆春门、金秋花园、华家池、凯华
采荷	静怡、江汀、夕照、绿茗、健风、红菱、洁莲、芙蓉、双菱、人民、常青苑、青荷苑、商教苑、荷花塘、新凯苑、钱杭
四季青	钱塘、城星、运新、钱江苑、江锦、三叉、五福、水湘、三堡、钱运、钱景
笕桥	笕桥、机场、省农科院、枸桔弄、天新、东港、明桂、范家、同心、黄家、浜河、草庄、白石、花园、俞章、横塘、黎明、水墩、笕新、金色黎明
彭埠	普新、王家井、明月桥、杨家桥、茶亭苑、六堡、七堡、云峰、普福、章家坝、御道、建华、新风、红五月、兴隆、皋塘、新塘、五堡、建和、杨柳郡、建隆
九堡	九塘、金海、丽江、兴安、九华、魅力城、红苹果、和华、江涛、相江、新江花园、金雅苑、景蓝、蓝桥、蚕桑、八堡、牛田、格畈、三卫、九堡、杨公，三村村、宣家埠村
丁兰	丁兰、勤丰、河西、蕙兰、明珠、美辰、长虹、枫景园、东林桥、白马庄、华鹤、华亭、三义苑、后珠苑、丁桥苑、大唐苑、长睦苑、建塘苑、赵家苑、五会港、同协苑、华睦、桃花湖、兰茵，沿山村、皋城村

（资料来源：区民政局）

【人口】2023年末，上城区户籍家庭29.85万户，常住人口90.31万人，户籍家庭和常住人口分别比2022年增加6970户、2.03万人，户均家庭人口3.02人。其中，男性43.99万人，女性46.32万人。从年龄结构看，18岁以下、18～34岁、35～59岁和60岁以上人口分别占总人口的18.5%、17.4%、36.5%、27.6%。全年出生人口6539人，按户籍人口计算，出生率7.24‰，下降0.38‰；死亡人口6577人，死亡率7.28‰，上升0.44‰。人口自然增长率为-0.04‰，下降0.82‰。全区暂住人口81.75万人，上升6%。全区有少数民族人口1.14万人，分属44个少数民族。其中，回族2770人，满族2471人，畲族1411人，土家族989人，蒙古族814人，壮族643人，苗族530人，朝鲜族419人，侗族250人，瑶族174人，布依族134人，彝族113人，白族89人，黎族60人，藏族59人，达斡尔族62人，锡伯族47人，纳西族10人，其他少数民族326人。

（蔡　勤）

表2　　2023年上城区人口分布一览表

地区	户籍人口（人）	流动人口（人）
湖滨街道	27518	10740
清波街道	29589	6423
小营街道	70191	27904
望江街道	68244	41342
南星街道	34439	20711
紫阳街道	85457	33303
闸弄口街道	63439	44813
凯旋街道	44346	33897
采荷街道	80190	34225
四季青街道	67974	58407
笕桥街道	76056	126365
彭埠街道	84683	115207
九堡街道	77754	170859
丁兰街道	93205	92358
全区	903085	816554

（资料来源：区公安分局）

【地形地貌】 上城区地形以平原、丘陵为主，地势西南和北部高、中部和东部低。区内西南侧有玉皇山、白塔山、乌龟山、金家山、将军山等低山丘陵，北部有皋亭山，最高海拔为361.1米，其他区域均为低丘和平原，高程集中在5～8米，整体自然坡度较小，在3%以下。系石灰岩构成，地势低矮，岩溶地貌。吴山、凤凰山、紫阳山、玉皇山、皋亭山等林木覆盖、郁郁葱葱，平地以柳浪闻莺、望江公园、城东公园为代表的各大公园分布于辖区。

【气候】 2023年，上城区气候变暖趋势持续，年平均气温偏高，降水量偏少，日照充足。全年有11个月平均气温高于常年（指1991—2020年30年的平均气候状况），另一个月与常年持平。年平均气温18.8℃，比常年（17.5℃）偏高1.3℃，全年出现高温日数39天，比常年多6天，比2022年少20天。高温日数出现早，4月17日出现35.1℃高温天气，打破高温日出现的最早纪录；秋末气温创新高，而后气温骤降入冬。极端最高气温为39.5℃，出现在7月11日；极端最低气温为－5.4℃，出现在12月22日，西湖湖面、钱塘江面部分结冰。年雨日数140天，比常年均值（147天）少7天。年日照时数2095.1小时，比常年（1642.5小时）偏多27.6%。全年霾日数46天，比2022年少1天。平均能见度1.37万米，其中大于10千米的高能见度天气超过60%，是近13年中最多的年份，“蓝天白云”增加。出入梅时间均比常年偏晚，于6月17日入梅，7月11日出梅，梅雨期24天，较常年偏少6天。梅雨不典型，以过程性降水为主，其间出现3次暴雨过程。梅中有伏，梅雨期有9天出现高温。7—8月强对流天气多发、重发，受台风影响不明显。7月15—23日连续9天出现局地短时强降雨天气。　　（年鉴编辑部）

【森林植被】 2023年末，根据年度“林草湿”（森林、草原、湿地）资源监测数据，上城区有森林面积2632.47公顷，森林覆盖率21.98%。森林蓄积量29.6万立方米。全区有国家级重点公益林（地）

面积85.73公顷、省级重点公益林（地）面积160.27公顷。全区有名木古树89株，其中一级古树8株、二级古树5株、三级古树76株。

上城区植物资源总计128科、367属、607种。按照乔木、灌木、草本、藤本、竹类五大植物类型划分，有乔木树种179种、灌木植物126种、草本植物245种、藤本植物48种、竹类植物9种；按照蕨类植物、裸子植物、被子植物划分，有蕨类植物6种、裸子植物20种、被子植物571种。全区树种基本为乡土树种，依堤、依渠、依路、依房种植。乔木树种主要有樟、刺槐、柳树、水杉、枫香、苦楝、乌桕、泡桐、悬铃木、枫杨、意杨、青冈、栎类、杜英、乐昌含笑、樱花、桂花、广玉兰等。经济树种主要有杨梅、枇杷、柚、柑橘、茶叶等。灌木树种主要有檵木、白栎、乌饭、杜鹃、红叶石楠、紫薇、红叶李、夹竹桃、黄杨、小叶栀子、十大功劳等。竹类主要以毛竹为主，少量分布哺鸡竹、雷竹、石竹等。随着城市化推进，区内原有植被逐步被城市绿化植被取代，在已建设区内主要由道路绿化、河渠绿化、企业绿化及区内公园绿化等组成。

【湿地】 2023年，根据《上城区湿地保护“十四五”规划》调查编制结果，上城区湿地总面积为1322.91公顷，湿地率为11.05%。根据全区第三次全国国土调查（简称“三调”）数据对接融合情况，全区湿地初步划分为近海及海岸湿地、河流湿地和人工湿地三大类型。其中，自然湿地1242.92公顷，占93.95%；人工湿地79.99公顷，占6.05%。自然湿地中，近海及海岸湿地面积1114.51公顷，占全区湿地面积的84.25%；河流湿地面积128.41公顷，占全区湿地面积的9.71%。人工湿地中，库塘湿地面积20.71公顷，占全区湿地面积的1.57%；运河、输水河湿地面积59.28公顷，占全区湿地面积的4.48%。

表3　2023年上城区湿地类型一览表

分类类别	湿地类型	面积（公顷）	比例（%）
“三调”湿地地类	森林沼泽	—	—
	灌丛沼泽	—	—
	沼泽草地	—	—
	其他沼泽地	—	—
	沿海滩涂	—	—
	内陆滩涂	13.09	0.99
	红树林地	—	—
	小计	13.09	0.99
“三调”非湿地地类，但属于《关于特别是作为水禽栖息地的国际重要湿地公约》口径的湿地地类归类	盐田	—	—
	河流水面	1286.97	97.28
	湖泊水面	2.14	0.16
	水库水面	—	—
	坑塘水面	20.71	1.57
	沟渠	—	—
	干渠	—	—
	低潮位至-6米浅海水域	—	—
	小计	1309.82	99.01
合计		1322.91	100

（资料来源：上城规划资源分局）

【野生动物】2023年末，根据野外调查统计，并结合历史资料记录，上城区有记录动物资源136种，隶属34目、64科、136种。其中，鸟类15目、33科、75种，爬行类4目、8科、11种，两栖类2目、2科、5种，哺乳类6目、10科、12种，鱼类7目、11科、33种。国家二级以上保护动物有14种，有赤腹鹰、红隼、凤头鹰、普通鵟、穿山甲、雀鹰、雕鸮、红角鸮、卷羽鹈鹕等。浙江省重点保护鸟类有11种，有白鹭、夜鹭、大斑啄木鸟、红嘴相思鸟、棕背伯劳、喜鹊、牛头伯劳、红尾伯劳等。

（陈苏瑶）

经济建设

【概况】2023年，上城区实施经济攻坚行动，区域经济运行保持稳进向好态势，发展质量不断提升。全区全年实现地区生产总值2668.48亿元，比2022年增长4.3%，居全省第4位、全市第2位。其中，服务业增加值2046.53亿元，增长6.4%；固定资产投资增长11.1%；社会消费品零售总额1107亿元，增长3.2%。完成财政总收入460.82亿元，增长13.6%；其中一般公共预算收入244.94亿元，增长16.3%。引进总部项目46个，59家企业被认定为全市首批总部企业。实现税收亿元楼宇64幢、税收10亿元楼宇10幢。全国首发元宇宙消费场景“滨次元”，成功举办“汉帛奖”时装作品大赛，杭州时尚中心顺利开园，新增品牌首店、旗舰店80家。落地专业服务企业36家，全年营利性服务业实现营业收入508.1亿元（核算口径按1—11月错月数据），居全市第5位，增长16.7%，增速居全市第6位、主城区第1位。其中，软件信息服务业营业收入75.5亿元，增长17.5%，居全市第7位。全区有营利性服务业年营业收入10亿元以上的龙头企业6家。全年引进中宏人寿保险有限公司浙江分公司、宁波银行股份有限公司杭州分行等省级以上持牌金融机构7家，浙江之江交通控股有限公司、杭州艾旭股权投资有限公司等投资总部企业9家，新增杭州华塑科技股份有限公司、浙江双元科技股份有限公司等境内外上市企业3家。引进东方电气光伏全球总部等亿元以上项目226个、10亿元以上项目10个。新增浙江科泰检测认证有限公司等国家高新技术企业161家、浙江新澄宇环境科技有限公司等省科技型中小企业601家，入选“独角兽”“准独角兽”企业14家；新认定浙江省新型电力系统数智感知技术重点企业研究院等省重点企业研究院2所、浙江省高泰昊能智慧储能应用技术企业研究院等省企业研究院2所、瑞士Lista Holding AG智能存储箱柜有限公司省企业海外研发机构1家、浙江省广川低碳水利高新技术企业研究开发中心等市级以上企业研发中心27个；新认定九知拾光产业园等市级以上孵化器4个、聚梦未来众创空间市级众创空间1个。新增市级以上领军人才22人、市级高层次人才2458人，引进35岁以下大学生4.7万人。货物贸易出口额占全国份额提升至1.8‰。实际利用外资11.9亿美元，总量创全区历年最高。

（金　磊 王韧奇 杨绍临）

【产业经济提档升级】2023年，上城区产业经济态势良好。总部（楼宇）经济集聚引领，一汽奥迪全国销售总部等59家企业被认定为杭州市首批总部企业，东方电气集团光伏全球总部等46个总部项目成功落户；培育税收亿元楼宇64幢、税收10亿元楼宇10幢，获评中国楼宇经济标准引领示范城区、中国楼宇经济（总部经济）标杆城区。高端服务业稳步发展，新认定中航国际矿产资源有限公司、永安期货股份有限公司等省服务业领军企业19家；引进品牌首店、旗舰店80家，落地杭州必博人力资源服务有限公司等专业服务企业36家；引进百亿规模杭州城投基金——杭州城投产业发展投资合伙企业（百亿基金），落地全市首单合格境外有限合伙人（QFLP）基金——杭州安丰圆顺创业投资合伙企业（有限合伙）。数字经济加速发展，新认定浙江中杭电子有限公司等国家级“小巨人”企业3家、杭州中港地铁装备维护有限公司等省级专精特新企业43家，新增浙江博时新能源技术有限公司等市级“未来工厂”培育企业7家。都市工业腾挪拓展，出让工业用地4宗、6.33万平方米，存量改（扩）建12宗。

【产业平台建设推进】 2023年，上城区全面推动重点产业平台能级稳健跃升。钱塘江金融港湾核心区引领发展，玉皇山南基金小镇创业投资服务场景获批国家级试点，第四届中国大宗商品金融服务创新峰会、第七届全球私募基金西湖峰会、新财富券商研究年会成功举行。钱塘智慧城集聚发展，数字能源、数字时尚、智能物联三大产业高地建设稳健起步，引进产业链项目178个；城北园区低效用地改造提升稳步推进，首个改造项目零零壹地块（祥符东单元GS0801-04地块工业用房项目）开工；盘活工业用地40万平方米，拓展空间30万平方米。丁兰智慧小镇特色化发展，西子智慧产业园获评浙江省五星级小微企业园。杭港高端服务业示范区创新发展，中国元谷·杭港科技大厦顺利开园，内地首个Web3 Hub成功落地。

（金　磊）

政治建设

【概况】 2023年，上城区坚持以习近平新时代中国特色社会主义思想为指导，深入贯彻中共二十大精神，落实中央和省委、市委重大决策部署，一以贯之推进全面从严治党，良好政治生态不断巩固。全区上下把牢政治方向，践行“两个维护”，深化“四责”协同，有效落实管党治党责任，推进正风肃纪反腐工作，护航中心大局工作，加快建设独具韵味的国际化现代化共同富裕典范城区，全面展现“最杭州、新上城”风采，奋力谱写中国式现代化上城新篇章。

【“两个维护”践行】 2023年，上城区严格落实“第一议题”制度，学习领会、贯彻落实习近平总书记考察浙江重要讲话和重要指示批示精神，锚定“窗口”标准，开展主题教育，迭代升级“八大行动”工作体系，围绕三个“一号工程”，聚焦创新、改革、开放一体推进，落实都市经济发展、亚运会筹办与赛事保障、宋韵文化传承等重点工作，以实际行动捍卫“两个确立”、做到“两个维护”。

【管党治党责任落实】 2023年，上城区深化“四责”（党委主体责任、纪委监督责任、党委书记第一责任人责任和班子成员“一岗双责”）协同，有效落实管党治党责任。深化清廉“365”闭环机制，细化区委、区政府领导“一人一单”责任清单。区委书记召开专题会议研究部署党风廉政建设工作12次，做到重要工作亲自部署、重大问题亲自过问、重点环节亲自协调、重要案件亲自督办“四个亲自”。区委常委会专题听取班子成员履行“一岗双责”情况汇报，区委、区纪委面对面听取下级党委（党组）履行主体责任情况汇报，反馈问题9项，向区领导发出廉政抄告单21份，下发落实党风廉政建设建议书22份。分层分类全覆盖推进领导干部政治家访，开展政治家访1822人次。围绕“一把手”和领导班子及重点岗位干部，创新开展“八小时外”视频直连监督，视频连线调度241人次，对6名干部作出需进一步跟踪了解的处理，对1名区管干部进行谈话提醒。

资料

“365”闭环机制： 以“365”闭环机制为抓手，加强对“一把手”和领导班子监督。厘清责任清单、任务清单和风险清单“3张清单”强化目标管理，完善定期研判、数字监督、线索传递、动态评估、廉政抄告、挂号督改6项举措强化过程管控，推进政治生态自查自评、主体责任汇报、班子作风状况评价、党风廉政建设评议、政治监督报告5项评议深化结果运用。

【正风肃纪反腐】 2023年，上城区一体推进不敢腐、不能腐、不想腐，深化正风肃纪反腐。围绕重要时间节点，聚焦违规吃喝、公车私用等易发、多发问题，推进正风肃纪。全年查处违反中央八项规定精神问题38起39人、“不担当、不作为、不落实”问题44起61人。坚持高压反腐，处置问题线索635件，立案193件，给予党纪政务处分182人。制定清廉建设高地系列活动方案，建立健全清廉建设联席会议、双周工作动态报送等工作机制，推动完善清廉工程评价体系，编制清廉小区责任事项清单48项，拓展深化清廉上城建设。创作“名家话宋廉”首期微作品，开展系列主题活动，“宋韵颂廉”平台用户访问量26万余人次，“宋韵颂廉”廉洁文化品牌影响力持续提升。

【为民办实事】 2023年，上城区围绕省委三个“一号工程”、市委冲刺“两场硬仗”等中心工作，推进“红领上城·奉献亚运”7项先锋行动，调配3.4万人次党员干部服务亚运会保障，新建成“幸福邻里坊”45个，解决居民和企业问题诉求1.46万个。结合学习贯彻习近平新时代中国特色社会主义思想主题教育，抓实为民服务、整改整治，区四套班子成员和区管领导干部带头领办民生实事项目，结合“网格走亲，党群融心”活动实现全覆盖走访，解决群众身边小事4700多件。

（季玳弘）

南宋德寿宫遗址博物馆全景（摄于2023年）　（区文广旅体局 供稿）

文化建设

【概况】 上城区文化资源丰富，辖区内有区文化中心、区文化馆、区文化馆惠民馆、区图书馆、区非遗展示馆、区非遗展示馆艺术分馆暨刘江艺术馆、南宋德寿宫遗址博物馆、杭州海塘遗址博物馆、龚自珍纪念馆、夏衍旧居、大华书场等文化场所。2023年，上城区推进宋韵文化传世工程，南宋德寿宫遗址博物馆受关注度提升，“宋韵今辉”文化品牌不断擦亮，文化软实力稳步提升。全国非遗馆建设工作现场会在上城召开，上城区入选浙江省“非遗助力共同富裕”试点区，非遗保护发展指数居全省第3位。发布全区首批百个“星级博物馆”，文博事业发展水平全省领先。至年末，建成品质文化生活圈90个、邻里阅读空间22个、文艺赋美演出点位573个。开展“韵味百巷”创建，柳营路等韵味街巷建成。坚持文体惠民，打造百姓“家门口”嵌入式体育场地127处、开展惠民活动3200多场。“夏衍杯”优秀电影剧本证书颁授仪式时隔3年重回上城，宋韵文化节、“梦溪杯”宋韵文化创新大赛等品牌活动受到好评，成功举办“汉帛奖”“中国短视频大会”颁奖典礼等重点活动，“打造新时代宋韵文化高地”经验全省推广。构建“百千万”志愿服务体系，打造100个以上志愿服务站点，成立1000支以上志愿服务队伍，开展1万场以上志愿服务活动。完善全域文明创建机制，挖掘生活中的“最美”现象，“最美凉茶摊”“最美小哥”等一批具有代表性的“最美”标志深入人心，涌现出省道德模范彭清林、“最美浙江人”王素梅等一批“最美”人物，“上城尚礼”成为居民的共同价值追求。成功创建省首批赛事集聚区。区图书馆获评国家一级图书馆。

（杨绍临 季玳弘 郑仕奇）

【影视文艺精品创作生产】 2023年，上城区推进文艺创作攀峰行动，深化影视文艺精品创作生产。年内，乡村振兴主题电视剧《富春山居》、纪念抗美援朝战争胜利70周年重点剧目电视剧《冰雪尖刀连》、历史人文纪录片《定风波》、国内首部系统完整的菌物纪录片《菌生万物》在中央广播电视总台播出，亚运会主题电影《热烈》在全国院线上映，票房超过9亿元。电视剧《扫黑铁证》、动画电影《济公之临安除魔》等12个项目分别入选浙江省文化艺术发展基金、杭州市文艺精品工程扶持项目，电视剧《运河边的人们》入选中央文化产业发展专项资金（推动影视产业发展）项目。越剧现代戏《钱塘里》获第十五届浙江省戏剧节兰花奖·新剧目大奖，纪录片《让蜂行》获浙江省纪录片丹桂奖，电影《热烈》获浙江电影凤凰奖优秀故事片、优秀导演、优秀男主角、优秀音乐4个奖项。

（丁剑宇）

2023年，上城居民通过“视频办”办理医保业务

（区人力社保局 供稿）

社会建设

【概况】 2023年，上城区公共服务持续提质扩面。“十分优享”公共服务体系不断完善，建成的“幸福邻里坊”增至62个。深化教育综合改革，创新实施“长幼随学”，全国义务教育优质均衡发展区通过创建评估，上城区获评国家学前教育普及普惠区，教育现代化发展水平监测全省第一。创新家庭医护服务模式，打造全市首个医养护驿站，改造提升社区卫生服务中心2个、服务站14个。在全省首发“幸福+”养老服务体系，建成“幸福·邻里食堂”124个，配送餐实现全域覆盖，服务106万人次。以高质量就业社区（村）建设为重点，提升社区就业创业服务效能，新增市级高质量就业社区14个，建成国家级充分就业社区2个、省级高质量就业社区15个、市级高质量就业社区69个、零工市场3个，新增城镇就业

3.93万人。依托街道便民服务中心和社银合作、医银合作网点，实现常规社保医保业务就近可办，与浙江大学医学院附属邵逸夫医院等医疗机构开展“医医合作”，建成首批省级“互联网+医保”移动支付医院、全市首个医疗机构“视频办”服务点、首个社区医疗机构医保政策宣传专区。“特有爱·荷湾幸福街区”开街，在全市首创“三统一分”救助模式，实现从“弱有所扶”到“弱有众扶”。婚俗改革持续深化，区婚姻登记中心获评省AAAAA级婚姻登记服务中心，创建为省首批双拥模范城区。

（杨　文 杨绍临）

【民生服务全龄优享】 2023年，上城区坚持以人民为中心的发展思想，深化“十分优享”高质量公共服务体系建设。新建成校园9所，建成的“幸福邻里坊”增至62个、“幸福·邻里食堂”助餐点位增至124个、居家养老服务照料中心增至193个，“悠悠托”婴幼儿照护平台实现全域覆盖，望江街道社区卫生服务中心投入使用，教育、医疗、养老、托育等优质公共服务资源持续提质扩面，全省“七优享”工程获评五星。全域推进共富现代化基本单元建设，成功创建14个省级未来社区、6个现代社区，老旧小区改造实现开工全覆盖，安置房竣工面积174万平方米、回迁安置4881户。持续完善全人群保障，“特有爱·荷湾幸福街区”获中央领导视察肯定，救助工作、家庭教育指导服务体系等建设经验在全国推广。

（季玳弘）

【“五社联动”基层社会治理模式】 2023年，上城区推进基层治理体系和治理能力现代化建设，构建完善“区—街—社”三级社会工作服务体系，打造社区、社会组织、社会工作者“五社联动”深耕基层社会治理的上城模式。深化全省首个“持证社工进街道社工站”项目。提升社工持证率，注重社会工作督导和社区工作领军人才等人才培养，形成社会工作人才梯度发展序列，至年末，培养国家、省、市级领军人才17人，高级社会工作师2人，市、区两级社会工作督导46人。探索“项目社工”培养机制，鼓励各街道选树优秀社会工作项目和优秀社工，按规定表彰激励项目人才团队。完成上城区社会工作创新学院场地建设和挂牌，开展工作督导、外出参观等活动25次。持续完善街道社会工作站和社区工作室建设，年内，3个街道社会工作站获评浙江省首批五星级社会工作站。深化老年、儿童、青少年、家庭、学校、司法等社会工作领域发展，打造特色鲜明、社会认可、群众满意的品牌服务项目56个。开展全区街道社会工作站、社区社会工作室社会工作好故事演讲比赛，扩大示范效应，宣传优秀案例20多个。

（赵雨静）

【“一老一小”服务提质扩面】 2023年，上城区推进“一老一小”服务提质扩面。向全区相关老年人发放养老服务电子津贴（重阳分）3347.01万分、高龄津贴3265.21万元，分别受益42.97万人次、45.61万人次；发放“智慧型”老人手机，提供紧急救助、特殊助急、生活服务等服务，惠及5.37万人。全覆盖运营“上城颐养”智慧养老服务平台，服务27.4万人次。通过改造提升或新建食堂、助餐服务点，合作挂靠社会餐饮资源等途径，打造“幸福·邻里食堂+幸福助餐点+幸福餐桌+幸福助餐队”的“四位一体”老年助餐服务新模式，全区124个老年助餐服务点投入运营。推进“幸福忆家”认知障碍照护专区建设，在10家养老机构改建完成22个专区、430张床位，入住老人225人。新建康养联合体7个，增至14个，服务老人12万余人次。围绕老年人如厕、洗澡、行走、智慧监测等需求与服务，完成适老化改造455户。做好困境儿童及未成年人保护工作，向全区607名困境儿童发放补贴7493人次、485.6万元。构建“家—校—社”未成年人保护服务体系，完成区级未成年人保护中心和街道未成年人保护站提升建设，推进未成年人关爱保护中心、未成年人关爱保护站、未成年人关爱保护岗“区—街—社”三级联动体系建设。深化儿童福利工作改革创新，实现全区未成年人保护站档案资料统一化、标准化、规范化设置和电子化制作。加强儿童类服务社会组织培育，新增5个，增至55个，开展品牌特色服务项目17个，购买儿童类关爱服务支出80多万元。

（王炎筠 李海龙）

生态文明建设

【概况】 2023年，上城区全域实施迎亚运“三大提升”和“匠心提质绣杭城”行动，229项城市品质提升任务圆满收官，24个亚运出彩点位建成。全年淘汰“两车”9289辆，$PM_{2.5}$平均浓度30.6微克/立方米，空气优良率85.1%，市控以上断面水质Ⅲ类以上比例100%，引水河获评市级“美丽河湖”。创建“无废城市细胞”61个、省级垃圾分类示范小区99个。噪声敏感建筑物集中区域划定工作列入省级试点。建成公园6个，新增绿地43万平方米、绿道21.8千米，提升工地围挡230处。

（杨绍临）

【生态文明目标责任落实】 2023年，上城区践行“绿水青山就是金山银山”理念，围绕加快建设独具韵味的国际化现代化共同富裕典范城区战略目标，聚力亚运会环境质量保障，推进国家生态文明建设示范区创建。通过区“八大行动”（匠心营城）考核载体，细化“美丽浙江”“美丽杭州”建设考核任务，压实责任，推进全区生态环境质量持续改善，筑牢高质量发展根基。完成2022年度创建工作情况报告和省级示范区年度自评，制定巩固提升方案，为国家生态文明建设示范区申报打好基础。

【低（零）碳建设与减污降碳】 2023年，上城生态环境分局通过邀请低碳技术专家开展低碳专题座谈、培训、调研等方式，指导街道、企业挖掘低碳工作亮点，形成南星街道产业低碳转型、四季青街道建筑低碳楼宇两大低碳特色，促进企业加快减污降碳协同增效提质工作。南星、清波2个街道，以及南星街道美政桥社区、四季青街道城星社区、丁兰街道丁兰社区、望江街道始版桥社区、九堡街道三卫社区、小营街道老浙大社区、清波街道清河坊社区和笕桥街道浜河社区8个社区入选省级第三批低（零）碳街道（社区）建设试点，钱塘智慧城（城北园区）入选省级减污降碳协同试点，千岛湖配供水工程入选浙江省减污降碳协同标杆项目。全年创建杭州海兴电力科技股份有限公司为省级“绿色工厂”，创建杭州水表有限公司、浙江威星智能仪表股份有限公司为市级“绿色工厂”。

（吕淑萍）

中国共产党上城区委员会

综述

【共同富裕典范城区建设】2023年，中共上城区委学习贯彻中共二十大精神及习近平总书记考察浙江重要讲话精神，严格执行“第一议题”制度，推动理论创新不断转化为实践力量。高质量开展学习贯彻习近平新时代中国特色社会主义思想主题教育，经验做法获中央主题教育办公室肯定。全域推进“八八战略”实施20周年系列活动，深入开展“循迹溯源学思想促践行”“大走访大调研大服务大解题”。深化迭代“八大行动”，开展“红领上城、奉献亚运”“扛旗争先·金靴奔跑”等行动，激发全员力量一线攻坚。持续纠治腐败和作风突出问题，制定政治监督专项方案，推进34个监督项目，政治生态进一步净化、优化。聚力都市经济可持续高质量发展，全年地区生产总值2668.48亿元，比2022年增长4.3%，完成财政总收入460.82亿元，增长13.6%。蓄势赋能推进产业升级，聚焦数字时尚、总部经济、未来产业、金融服务。引进东方电气光伏全球总部、杭州盈德气体科技有限公司等亿元以上产业项目226个，实现税收亿元楼宇64幢、税收10亿元楼宇10幢，上城区获评中国楼宇经济标准引领示范城区。中国大宗商品金融服务创新峰会、全球私募基金西湖峰会两大品牌重启，“金玉上城”“大湖滨商圈”入选省级服务业创新发展区，中国元谷·杭港科技大厦、杭州时尚中心、数字能源港启用。优化营商环境，发挥政务服务增值化改革牵引性作用，制定“打赢修复战、勇夺开门红”28条、“五心”营商环境优化提升20条等系列政策，全年兑现惠企资金超过20亿元。“智慧商圈改革”“优化金融营商环境”等获评全省最佳实践案例。

【党建引领加强】2023年，上城区深化理论武装、激励担当作为、夯实基层基础、坚决正风肃纪，努力开创党建工作新局面。落实党风廉政建设责任制，制定《2023年度全面从严治党责任清单》，听取各街道、部门落实全面从严治党主体责任报告和“第一责任人”履责报告，常态化开展政治巡察，推动党风廉政建设向纵深发展。完善“1+14+N”清单管理体系，把意识形态工作作为基层党建述职的单列内容，推动各项工作落实落细。策划“八八战略”实施20周年、宋韵文化、共同富裕等重大主题活动，讲好新时代的

“上城故事”。系统重构统一战线工作领导小组组织体系，推动区委统战工作议事协调机制健全，谋划实施统战创新实践，马叙伦公园、“同心荟”精品工程等工作获民进中央领导、中共中央统战部等调研肯定。落实选人用人高质量发展指标体系，深化年轻干部体系化培养“青尚工程”，组织开展干部教育监督管理，推进干部能上能下、澄清保护，打好激励担当组合拳。在人才引育方面，全方位打造一流人才生态，升级人才政策体系和工作运行机制，高规格举办“金靴奔跑”创新创业大赛等活动，全年国家、省、市级海外引才有效申报178人，入选国家级人才4人、市级人才6人。

【基层治理创新赋能】 2023年，上城区聚焦基层治理创新赋能，推进基层首创，以精细治理作战体系推动基层智治持续走在前列。“大型综合交通枢纽多跨协同智治体系”获浙江省改革突破奖，“大综合一体化”行政执法改革综合评价指数居全省前列，成功创建国家级“创新管理知识产权国际标准”实施试点，公安大部门大警种制改革、共青团城市基层组织改革成为全国样板，基层治理效能提升。以护航亚运为主线，持续深化“枫桥经验”探索实践，完成全国两会、杭州烟花大会等重大活动安保任务，“小脑+手脚”“公检法司”护企联盟等基层实践创新不断迭代，“党建统领网格智治”“服装特色街区矛盾纠纷化解”等成为全省典型，网格治理体系不断建强，平安建设实现“十八连创”，被授予“二星平安金鼎”。

（季玳弘）

【区委理论学习中心组学习】 2023年，上城区开展区委理论学习中心组学习23次，其中交流研讨10次，实现理论学习中心组成员交流研讨全覆盖。学习内容涵盖中共二十大精神、习近平文化思想、习近平法治思想、习近平经济思想、“八八战略”20周年、党纪学习教育、习近平总书记考察浙江重要讲话精神等。加快完善理论学习中心组制度化、规范化建设，实施党委（党组）理论学习中心组学习巡听旁听制度和党委（党组）重大决策前专题学习制度，汇编区两级理论学习中心组学习资料15期。

（何嘉成）

表4　　2023年中共上城区委重要文件一览表

发文字号	发文日期	文件名称
上委〔2023〕1号	2023-01-09	中共杭州市上城区委关于全面学习贯彻党的二十大精神奋力谱写中国式现代化上城篇章的决定
上委〔2023〕11号	2023-04-19	关于印发深化红领上城奉献亚运大考大赛进一步发挥全区基层党组织和共产党员战斗堡垒作用与先锋模范作用的意见
上委〔2023〕24号	2023-08-04	中共杭州市委上城区委关于区委一届四次全体（扩大）会议情况的报告
上委〔2023〕26号	2023-09-02	中共杭州市上城区委关于印发《杭州市上城区共青团城市基层组织改革试点实施方案》的通知
上委办〔2023〕1号	2023-01-09	中共杭州市上城区委办公室关于印发章燕同志在区委一届三次全体（扩大）会议上暨区委经济工作会议上的报告和全会小结会上的讲话的通知
上委办〔2023〕2号	2023-01-18	关于印发《关于开展清廉上城行动加强年轻干部教育管理监督的实施方案》的通知
上委办〔2023〕3号	2023-02-17	中共杭州市上城区委办公室杭州市上城区人民政府办公室关于调整四季青街道三堡社区回迁安置工作指挥部等议事协调机构通知

续表4

发文字号	发文日期	文件名称
上委办〔2023〕7号	2023-03-01	中共杭州市上城区委办公室杭州市上城区人民政府办公室印发《关于杭州市上城区全面加强和改进新时代学校体育美育劳育工作的实施意见》
上委办〔2023〕8号	2023-03-08	中共杭州市上城区委办公室杭州市上城区人民政府办公室关于印发上城区2023年度“八大行动”实施方案的通知
上委办〔2023〕12号	2023-04-07	关于印发《上城区政协2023年度政治协商、民主监督、参政议政计划》的通知
上委办〔2023〕14号	2023-04-20	中共杭州市上城区委办公室杭州市上城区人民政府办公室关于印发《上城区倡导推行“家庭日”实施方案（试行）的通知》
上委办〔2023〕15号	2023-04-20	关于印发《关于调整2022年亚（残）运会上城区一体化运行保障指挥架构工作职责的方案》的通知
上委办〔2023〕16号	2023-05-04	关于印发《上城区人口均衡发展领导小组组成人员及成员单位工作职责》的通知
上委办〔2023〕22号	2023-05-21	关于优化上城区一体化运行保障指挥架构并调整部分工作组牵头单位和工作职责的通知
上委办〔2023〕26号	2023-06-13	关于成立上城区迎亚运三大提升行动工作领导小组的通知
上委办〔2023〕27号	2023-06-20	关于成立上城区重点产业引育工作领导小组的通知
上委办〔2023〕29号	2023-08-01	中共杭州市上城区委办公室关于印发章燕同志在区委一届四次全体（扩大）会议上的报告和全会小结会上的讲话的通知
上委办〔2023〕38号	2023-10-20	关于印发《2023年度全面从严治党责任清单》的通知
上委办〔2023〕44号	2023-12-29	中共杭州市上城区委办公室杭州市上城区人民政府办公室关于印发《上城区优化生育政策促进人口长期均衡发展若干措施（试行）的通知》

（资料来源：区委办公室）

区委重要会议

【区委全体(扩大)会议】 2023年，区委召开全体（扩大）会议2次。7月31日，区委一届四次全体（扩大）会议召开。会议坚持以习近平新时代中国特色社会主义思想为指导，深入学习贯彻中共二十大精神，全面贯彻习近平总书记指示精神，认真落实省委十五届三次全会、市委十三届四次全会部署，听取和讨论区委常委会工作报告，审议通过《中国共产党杭州市上城区第一届委员会第四次全体（扩大）会议关于牢记嘱托 勇担使命 在坚定不移深入实施“八八战略”中奋力展现“最杭州、新上城”风采的决议》。12月29日，中共杭州市上城区委一届五次全体（扩大）会议暨区委经济工作会议召开。会议坚持以习近平新时代中国特色社会主义思想为指导，深入学习贯彻习近平总书记考察浙江重要讲话精神，贯彻落实省委、市委全会及经济工作会议精神，总结2023年工作，部署2024年任务，动员全区上下坚定信心、实干争先，以“产业突破年”实战实效为“最杭州、新上城”勇开新局，奋力谱写中国式现代化上城新篇章。

【区委常委会会议】 2023年，区委召开常委会会议27次。区委深入学习贯彻中共二十大精神和习近平总书记考察浙江重要讲话精神，浙江省委十五届四次全会、市委十三届六次全体（扩大）会议暨市委经济工作会议精神，聚焦“最杭州、新上城”新使命新目标，发挥辖区党组织的领导核心作用，就落实三个“一号工程”“十项重大工程”和“两场硬仗”等事关经济社会发展的重大问题进行研究。

（季玳弘）

重要活动

【庆祝中国共产党成立102周年主题活动】 2023年6月30日，上城区在区行政中心三楼大礼堂举办庆祝中国共产党成立102周年主题活动。活动以序曲“‘八八战略’上城印记”开幕，分为“循迹溯源 守根护脉”“实干至上 精彩有我”“奋楫争先 勇立潮头”3个篇章，安排《追寻足迹》《护航有我》《最杭州 新上城》等节目。活动现场，为党龄达到50周年，并一直奋斗奉献的老党员代表颁发“光荣在党50年”纪念章，为区“担当作为好支书”颁发证书。活动当天还发布上城区“红色地图”，举行新老党员集体宣誓仪式。

2023年6月30日，上城区举办庆祝中国共产党成立102周年主题活动

（区委组织部 供稿）

【长三角楼宇集聚区高质量党建引领高质量发展主题研讨会】 2023年6月19日，以“红色天际线 携手创未来”为主题的长三角楼宇集聚区高质量党建引领高质量发展主题研讨会在钱江新城中央商务区召开。杭州市上城区四季青街道、上海市闵行区梅陇镇、南京市秦淮区新街口商务街区、合肥市蜀山区天鹅湖文化商务区及宁波市海曙区天一商圈5个楼宇集聚区及商圈党组织分别聚焦各自探索作经验交流分享。来自温州市瓯海区、上海市黄浦区豫园商圈、南京市鼓楼区金陵汇红色街区、合肥市庐阳区财富广场、杭州市上城区湖滨步行街、中天控股集团有限公司的相关负责人围绕楼宇党建的“实”与“新”展开对话，探讨楼宇商圈发展背后的“红色动力”。与会专家结合会议主题，就长三角楼宇集聚区如何实现高质量党建引领经济高质量发展作交流点评。会上，启动长三角楼宇集聚区C9+党建联建机制，发布《党建统领赋能楼宇经济高质量发展十条举措》。

（沈　沉 张　伟 卢木子）

【“金靴奔跑”创新创业大赛】 2023年7月19日，上城区第二届“金靴奔跑”创新创业大赛启动仪式在杭州洲际酒店举行。大赛以“智荟上城·创享未来”为主题，旨在加快实施创新驱动发展战略，集聚海内外高层次人才到上城创新创业，更好地助力打造上城高端产业新高地。大赛聚焦电子信息、生命健康、新能源材料、金融科技、高端服务、元宇宙（人工智能、区块链等）六大产业领域，面向全球征集优秀创新创业项目。启动仪式上，创业人才、企业家代表分享上城与各领域人才双向奔赴、互相成就的故事。2022年首届大赛落地的9个项目与各街道集中签约，促进大赛成果转化。上城区政府与杭州银行、杭州联合银行、江苏银行建立“金靴奔跑”人才贷战略合作，为人才项目提供全方位金融服务，为优秀项目的落地提供更广阔的融资渠道。大赛遵循公开、公平、公正、择优的原则开展评选，最终选出12个项目进入决赛，分别决出一等奖1个、二等奖4个、三等奖7个，获奖项目落地后将给予最高1500万元的资金资助及相关配套扶持。大赛还特别设置伯乐奖，鼓励各大风投机构、中介机构、国际平台为大赛推荐优秀项目。

【先锋行动擂台赛暨村社党组织书记大比武】 2023年8月15日，上城区开展“美丽环境·匠心提质”先锋行动擂台赛暨村社党组织书记大比武活动。活动回顾盘点迎亚运7项先锋行动和社区“三大提升行动”，通报“美丽杭州”环境整治上半年成绩。青年路社区、姚园寺巷社区、在水一方社区、复兴街社区、春晖社区、景昙社区、钱塘社区、枸桔弄社区、王家井社区、兴安社区的10名社区书记上台开展“擂台比武”。通过现场打分的方式，评选出一等奖1人、二等奖2人、三等奖3人、最佳风采奖4人。

（沈　沉 盛鹤山 卢木子）

【“红领上城、奉献亚运”大考大赛】 2023年，上城区聚焦“办好一个会、提升一座城”目标，开展“红领上城、奉献亚运”大考大赛，以“岗位建功·精彩有我”“志愿服务·笑迎亚运”等7项先锋行动为牵引，全面推动区、街道、社区三级联动全员比武。开展大比武7场，有7个（名）集体和个人获市级群英榜通报表扬，144个（名）集体和个人获区级群英榜通报表扬。建立亚运会相关项目临时党支部38个、党员示范岗1741个、党员突击队816支，3.4万名在职党员到社区报到助力“三大提升行动”，1400多名“一场两馆”团队成员、2万余人次党员干部力量高效保障亚运会和亚残运会火炬传递、开幕式、闭幕式、场馆赛事等活动。推进“一街一品”工作，打造“明显可见变化”的精彩点位、空间和场景，形成各具韵味、可感可及的“一街一品”体验点位和路线，助推城市品质、城市治理、城市文明不断提升。

（沈　沉 张　伟 卢木子）

2023年8月15日，上城区开展“美丽环境·匠心提质”先锋行动擂台赛暨村社党组织书记大比武活动　（区委组织部 供稿）

综合考核工作

【概况】 2023年，上城区获省级以上通报表彰85项、工作经验推广25项、试点验收17项、承办活动5次、领导批示肯定88项，在杭州市综合考核中获评综合考核第一等次、领导班子考核优秀，被评定为2023年度综合考核先进单位。上城区围绕市、区两级目标任务，完善考核机制，精简指标体系，强化过程管理，以“八大行动”为牵引，依托“绩效e考通”平台，聚焦每月任务清单，以月赛、季赛、排名晒绩等方式督考联动，加速推进各项工作落实落地，打赢“经济翻身仗”“亚运攻坚仗”两场硬仗，高质量发展步伐更加坚实。

【综合考核体制改革】 2023年是全省综合考核改革第一年。省委、省政府第一次开展“1+5”综合考核（一项综合考核和五大领域），将县（市、区）一并纳入省级综合考核。省委考核办公室设在省委组织部，实行党的建设、高质量发展绩效、满意度评价“三张考卷”，考核贯通全省各县（市、区）、省直部门、省属企业、公办高校、开发区（园区）5个领域单位，考核52个相关监测指标直接贯通县（市、区）。市委考核办公室设在市委组织部，与省级综合考核贯通，“三张考卷”组成4个维度，考核13个县（市、区）。上城区根据省、市考核精神，区委考核办公室设在区委组织部，负责全区综合考核工作，其中党的建设由区委组织部牵头，高质量发展绩效由区发改经信局牵头，满意度评价由区统计局牵头。上城区坚持省、市、区三级联考，严格按照“三变”（标准要变、内容要变、规则要变）和“三不变”（目标不变，市对区考核第一等次、全省指标晾晒第一方阵；载体不变，以“八大行动”承接、分解、落实；团队不变，以“党委政府统筹主抓、人大政协督导助力、包干领导全面负责、部门街道组团执行”为工作体系）要求，由区领导领衔挂包，确定9家牵头单位，成立8个由区人大常委会、区政协领导组成的督查组，通过“一周一例会，一月一晾晒，双月一调度，半年一赛马”工作机制，对全区74家单位实施综合考核。

2023年6月2日，上城区召开综合考评大会　　（区委组织部 供稿）

【综合考核通报表彰】 2023年6月2日，上城区召开综合考核大会，通报区2022年度综合考核结果，部署2023年度综合考核工作。对全区获评优秀单位的10家区直单位、1个市属垂直部门、4个街道及获评良好单位的13家区直单位、1个市属垂直部门、6个街道进行授牌表彰。2022年度上城区市对区综合考核得分92.93分，居全市第4位。其中，重要经济指标小组排名全市第1位，晋档为优秀等次；“亚运筹办”排名全市第1位；“全面深化改革”“民生实事项目”“文化繁荣兴盛”均排名全市前3位；满意度评价排名全市第2位；市县评议排名全市第1位。上城区获“亚运筹办”“全面深化改革”“民生实事项目”“文化繁荣兴盛”4个单项奖。

【数智考核优化完善】 2023年，上城区推进数智考核工作。优化完善“绩效e考通”应用场景，优化“两端一系统”（电脑端、手机端、业务采集系统），实时在线展示“主要经济指标”“对标区县”“街道数据”“上城概览”等内容，以及重点攻坚任务绩效清单、任务进展、排名等情况，区领导和各单位可实时掌控、精准研判，推进工作重点落地落实。新增“八大行动”“1+8”看板，涵盖“省、市指标”“行动晾晒”“考核资讯”等内容，确保实时更新，增强部门数据共享融通、多跨协同，有效减轻基层负担。打造“干部比拼晾晒”等场景，综合研判干部考核履职表现情况，实现“红黑榜”与“四榜一单”（干部比拼晾晒榜、干部干事状态评议榜、干部季度履职榜、干部实绩之星榜和干部负面情况扣分单）智联互动。手机端开发“一键督办”功能，建立“红黄绿”省、市指标排名分级预警，区领导和“八大行动”督查组一旦发现问题，可通过手机端驾驶舱点对点督办任务。

（沈 沉 余琴珠 卢木子）

组织工作

【概况】 2023年末，上城区有基层党组织4464个，其中党委301个、党总支143个、党支部4020个。有党员7.68万人，其中新发展491人。年内，学习贯彻习近平新时代中国特色社会主义思想主题教育工作获中央主题教育办公室肯定，小营街道在全省主题教育领导小组会议交流发言；“临上兰星”党建联建等做法获市委主要领导批示肯定，并列入第一批党建联建省级典型案例名单；机关党建保障亚运会工作在全省县级机关党建工作交流会发言；全力打造产才融合赋能“两个先行”高地等做法获市委领导肯定。干部队伍持续优化，干事创业精气神进一步提振。小营巷等6个社区入选省现代社区，8个村社入选市五星示范村社，8个村社入选市争先晋位村社。全区组织工作经验做法在《中国组织人事报》等主流媒体头版刊发19次，获《人民日报》《浙江信息》等省级以上主流媒体、内参信息刊载261篇次。

【干部队伍优化】 2023年，上城区加强干部队伍分析研判，注重加强专业化干部和老中青梯次配备，在区管干部和全区中层干部选拔任用工作中，注重优先考虑全日制大学以上学历和专业型干部。开展省、市“担当作为好干部”推选，推动树立和践行正确政绩观，2名干部获评省级“担当作为好干部”。激发干部干事创业热情，探索实施常态化干部交流制度，12名年轻干部进行部门、街道双向交流。制定“年轻干部体系化培养青尚工程‘二十条’”，开展“扛旗竞跑 青尚争锋”十项争锋行动。启动“青尚学堂”2.0，优选培养116名全区各领域“85后”优秀年轻干部，定期开展“揭榜挂帅”、桌面推演、岗位练兵等实训活动，建立“月度研学、季度晾晒、半年度比拼”培训机制，组织理论研学和实践教学31次，组团走访调研46次，参与服务解题27次，形成调研报告29篇。综合考虑学历背景、单位部门、年龄梯度等因素，组建9支青春建功先锋队，开展重点项目攻坚，选派优秀年轻干部117人次，到信访、经济招商、亚运会保障等一线岗位蹲苗锻炼，提升干事能力。

【干部担当作为激励】 2023年，上城区坚持考人考事相贯通，实施“扛旗争先 金靴奔跑”干部大比拼，把考核指标任务分解到人、“红黑榜单”晾晒到人、问题解决落实到人，定期梳理汇总形成“四榜一单”，通过月分析、专项考、重点察，积累干部干事状态、考核评议等方面数据1.2万条，亮出榜单280个，亮榜单位58家，上榜干部216人，收集干事状态评议榜单389份，参与评议干部1561人次，收集干部履职表1248份、履职信息3712条、负面清单67条，撰写月度分析报告3万余字。推进干部大调研大走访，专题开展全区年轻干部摸底调研，收集汇总75家单位推优名单并逐一听取工作汇报；到驻沪专班、亚运会场馆一线走访调研，了解干部一线干事创业表现；开展全区干部政治素质调研及自查自评，推进区管干部开展政治素质自我剖析；聚焦部门工作“苦乐不均”，探索建立编制“动态调整”，将编制资源向工作绩效好、干部状态佳、承担任务重的单位倾斜。

【网格治理底座夯实】 2023年，上城区聚焦最小组织单元引领保障最小作战单元，动态优化全区网格、微网格，配强网格力量；完善网格事项准入机制，将原180多项网格工作优化缩减为30项具体任务。深化“网格走亲、党群融心”大走访行动，做实基层基础大排查工作，全覆盖组建631支小区巡逻队，运行红黄绿“三色”分级走访机制，全年走访76.89万户、171.78万人，排查化解矛盾1031个。上城区“网格指数”应用入选2023年全国政法展“智慧治理”优秀案例。全面推行“网格议事日”制度，制定议事规范指引，推动电梯加装等一批“关键小事”妥善解决。

【两新组织党的建设】 2023年，上城区全面推进两新党建。参与中共中央组织部“增强社会组织党支部政治功能和组织功能研究”课题调研，就社会组织党建工作在全市推进会上作交流发言。举办“凝新聚力 驿路同行”新就业群体党建主题活动，成立“小哥学院”，培训提升近200人；发布《助推新就业群体融入基层治理十项举措》，涌现出“凯旋红骑士”“望小哥”等18支志愿服务队，以及何力、吴宪明等一批优秀新就业群体党员，表彰先进集体和个人40个（人）；迭代升级十大暖心关爱礼包，帮助“小哥”解决停车、租房等实际问题110多个。承办第二届小哥节（中国·浙江）启动暨“小哥之家”揭幕仪式，挂牌全省首批“小哥之家”10个。举办长三角楼宇集聚区高质量党建引领高质量发展主题研讨会，发布《党建统领赋能

2023年7月26日，湖滨街道东坡路社区组织“小哥”参与网格议事

（区委组织部 供稿）

楼宇经济高质量发展十条举措》，获《中国组织人事报》《经济日报》等中央媒体报道，获评全市组织工作最佳创新案例。开展全国商圈党建联建活动，为商圈高质量发展携手赋能；钱江新城中央商务区党群服务中心、湖滨商圈党群服务中心获评省级示范区域性两新组织党群服务中心。

（沈　沉 张　伟 卢木子）

宣传工作

【概况】 2023年，上城区围绕亚运会、拼经济、宋韵文化等主题在中央、省、市主流媒体推出一系列报道。全年原创发稿1.3万篇，其中刊发在中央媒体1940篇、省级媒体6776篇。其中《以“幸福邻里坊”为载体，为老年人解决就餐问题》《德寿宫巧用数字化手段让文物会说话》《上城区体育中心发挥亚运场馆的红利，造福于全民健身活动》《家门口就能享受优质便捷的卫生健康服务》等被《新华每日电讯》、《人民日报》、中央广播电视总台等中央媒体点赞肯定。推进海外传播，《touch上城》系列短视频中的《十项全能王勇闯李宁体育公园》获由中国外文局主办的“第三只眼看中国”国际短视频大赛优秀作品奖。区融媒体中心加强“上城发布”App、抖音、微信3个平台建设。开展“韵味上城”抖音平台内容策划运营，有63条抖音作品播放量超过100万次。“上城发布”全媒体平台报道图文、视频2万余条，阅读量超过4亿次。围绕全区中心工作及

“八八战略”20周年、打赢“两场硬仗”等重大主题，推出“‘八八战略’上城实践”等30多个专题，推出“外卖小哥彭清林跳江救人”“小女孩为交警送水”等一批热门作品。聚焦亚运会，以“爱杭州 笑迎亚运”主题活动为“最美”牵引，征集“笑脸”2.5万张，14个街道全域开展“笑迎”活动近1000场，“爱杭州 笑迎亚运”话题在全平台阅读量1.2亿次。

（吕　啸）

【意识形态工作】 2023年，上城区完善区委全面履行意识形态工作主体责任机制，定期研判分析意识形态领域形势，以上率下推动“两个责任制”落实。完善全区“1+14+N”各级党委（党组）意识形态工作责任制清单管理体系，组织全区意识形态专题培训，推进意识形态工作责任制考核管理、督查检查等制度化、常态化。高质量完成市委意识形态工作责任制落实情况综合检查，在21家单位开展区委意识形态工作责任制综合检查，在区委巡察、年度检查中完成35家单位意识形态专项检查，进一步推动全区党委（党组）明责尽责，构建分级负责、齐抓共管、责至末梢的意识形态工作体系。

（杨　帆）

【主题教育报道】 2023年，上城区自学习贯彻习近平新时代中国特色社会主义思想主题教育开展后，组织系列报道。在中央、省、市各级主流媒体刊发报道300多篇，其中中央媒体31篇、省级媒体44篇。其中，《人民日报》客户端、《浙江日报》、《杭州日报》头版报道上城区在小营巷社区召开“牢记殷切嘱托，把社区建设得更加美好”座谈会，围绕“把社区建设得更加美好”主题，深入探讨党建引领基层治理的新路径和新方法。《杭州日报》7个头版报道上城区开展“持正确政绩观、建为民新业绩”专项行动，深化“网格走亲 党群融心”民情联系机制，通过区领导包街道、街道班子成员包村社、机关干部包网格的“三级包保”机制，用心用情为居民办实事、解难题。

【亚运会主题报道】 2023年，上城区围绕亚运会主题，以城市侧和场馆侧双线联动，开展宣传报道。城市侧推出“行走上城 笑迎亚运”“宋韵亚运见”“英语角上新了”等系列报道，营造浓厚亚运会氛围。打造“浙风宋韵”城市采访线，串联起南宋德寿宫遗址博物馆、河坊街、胡庆余堂等点位，融入杭州文化IP，通过“上城之窗”展示“杭州之韵”。该线路成为全省10条国外媒体采访线路之一。承接9家国内媒体酒店、4家国外媒体酒店的媒体服务保障任务，《为儿子首次亚运辗转6000多千米，杭州酒店暖心相助让巴基斯坦父亲走进赛场》新闻报道获亚运会组委会宣传部及媒体的点赞。场馆侧推出的《中国香港队“真的爱你”》《国庆节MC小哥激情喊麦》《许仙和白娘子两口子都来了》等短视频作品登上微博、抖音等网络平台热搜榜，全网播放（阅读）量超过4亿次。

【经济主题报道】 2023年，上城区围绕经济主题，做好“上城区营商环境优化提升二十条”等相关政策的解读和发布，挖掘典型人物、典型企业，弘扬浙商“勇立潮头，创业创新”的精神，营造亲商、安商的良好环境，从双招双引、产业平台打造、产业能级提升等多维度持续做好全区经济工作宣传报道。全年在中央、省、市各级媒体刊发报道3000多篇，联合人民网、《浙江日报》、杭州电视台等主流媒体策划推出“全力拼经济”“乘势而上 奋力开门红”“强信心 开新局 营在环境 赢在上城”等专题报道。

（李凌婧）

统战工作

【概况】2023年，上城区统战工作聚焦“六个城市之窗”建设，统筹谋划，协商制定支持区各民主党派、无党派人士和党外知识分子、新的社会阶层人士开展“凝心铸魂强根基、团结奋进新征程”主题教育的指导意见，支持开展座谈、研讨、学习等活动200多次。在新的社会阶层人士中开展“寻美中国·最韵上城”主题系列活动150多场，2部寻美主题宣传片被省委统战部分别评为一等奖、二等奖。在宗教界开展“三学两推”主题活动，开设“清明追思”“端午敬老”“中秋团圆”传统文化讲堂。在民营企业家中开展理想信念教育，牵头开展营商人文环境优化提升工作，创新“同心大讲堂·企话”“民企活动日”品牌活动，小营红巷获评首批杭州市民营经济人士理想信念教育基地。在民主党派基层组织中推动规范化、标准化建设，完成7个民主党派“党派之家”全覆盖。深化新联会（新的社会阶层人士联谊会）组织建设，实现街道覆盖，新打造蓝天、时尚荟客厅等同心荟4个。

资料

“六个城市之窗”： 即彰显中国新型政党制度优势城市之窗、民营经济“两个健康”发展城市之窗、新的社会阶层人士统战工作创新实践城市之窗、铸牢中华民族共同体意识城市之窗、宗教中国化和宗教事务治理现代化城市之窗、新侨创新创业城市之窗。

“三学两推”： “三学”即学理论政策、学法律法规、学中华文化；“两推”即推进宗教中国化，推进全面从严治教。

【新阶层领域同心荟建设】2023年，区委统战部围绕“组织覆盖强、思想引领强、活动品牌强、作用发挥强、工作机制强、运行保障强”的“六强”标准，夯实同心荟平台基础，推进同心荟标准化建设，强化线上数智同心荟系统和线下同心荟阵地深度融合，进一步提升和完善功能和作用。聚焦重点领域、新兴业态，新打造蓝天、彭友、时尚荟客厅、智汇丁兰4个同心荟，重点提升清河·同心坊、智·同心荟，其中蓝天·同心荟、清河·同心坊获评2023年度市级同心荟精品工程。全年区委统战部接待省委统战部、市委统战部主要领导及中央统战部综合局、中央社会主义学院，以及广州、晋城、哈尔滨等各地各级统战部40多批次调研团考察调研同心荟建设，全年开展各类活动超过2000场。

【新乡贤领域尚贤汇平台建设】2023年，区委统战部围绕全省新乡贤共富实践基地打造要求，结合上城特色和实际，创新推出上城新乡贤共富实践基地品牌——尚贤汇，为新乡贤群体聚焦属地特色领域，参与共同富裕提供阵地保障。全年培育各类尚贤汇平台22个，其中重点在笕桥、采荷2个街道打造社网联动、邻聚笕力、荷湾共富3个“尚贤汇”新乡贤领域实践基地，其中“荷湾共富·尚贤汇”获评首批市级新乡贤共富基地。依托尚贤汇阵地，紧扣亚运助力、宋韵传播等主题，开展迎亚运篆刻展、夏日运河音乐节等特色活动120多场。其中，收集体现宋韵文化与亚运文化的画作100幅，巡回展出3场，吸引2万余人次参观；开展专题协商调研，收集建议120多条，协调处理问题件170多件，常态化开展政策宣讲84次，化解矛盾58个。

【多党合作效能提升】2023年，上城区围绕市委“彰显新型政党制度优势城市之窗”工作要求，推进多党合作效能提升工作。年内，推出《上城区民主协商计划》，组织开展区政府工作报告征求意见座谈会、区法院和区检察院工作情况通报会、党风廉政建设和反腐败工作情况通报会、重要人事事项协商会等协商会议6次。区委组织部、区委统战部召开两部联席会议，研究制定《贯彻落实〈细化落实《杭州打造彰显我国新型政党制度优势城市之窗实施方案》十六条措施〉的措施》，明确党建统领机制、联席会议制度、“三方协商”机制、人才储备机制、培养锻炼机制、联合调训机制、任用沟通机制等18条举措。畅通“上策·建言直通车”，区各民主党派向区委、区政府提交意见和建议14件，其中《关于进一步加快中小企业数字化转型的建议》《改革新形势下营商环境之政务服务建设现状与优化建议》等10件建议获区委领导批示。围绕区委重点课题，各民主党派和无党派人士开展调研20多次，形成调研报告26篇。各民主党派向各级提交社情民意、意见和建议419篇（被全国政协录用3篇）。其中，致公党上城区基层委员会提交的《以数字农业建设加快农业智慧化转型的建议》作为提交中共中央的党派专报，获国务院批示；农工党上城区基层委员会的《建议通过数字化建设提升大型交通枢纽应急管理能力》获省委主要负责人批示。落实《2023年度上城区政府有关部门同民主党派、工商联、知联会对口联系暨专项民监督工作计划》，开展对口联系活动18次，开展“科技企业培育专项民主监督”“亚运食品安全、公园环境建设”等民主监督活动11次。

【党外知识分子工作】 2023年末，全区有区、街道（企业）党外知识分子联谊会（简称知联会）组织16个，理事298人，其中新发展理事13人。年内，区、街道两级知联会积极搭建理论学习平台，开展“凝心铸魂强根基、团结奋进新征程”主题教育活动20多次。发挥“重温红色记忆、弘扬爱国奋斗精神”省级“同心之旅”党外知识分子研学路线作用，到杭州钱学森故居、温州郑振铎纪念馆、泰顺卢梨红色小镇参观游学，传承红色精神，激发干事创业热情。围绕区委中心工作履行建言献策、课题调研、专项监督等本职工作。发挥区知联会理事代表作用，形成调研报告《关于打造“营商环境第一区”，聚焦经济生态，提升品牌辨识度的若干建议》。落实对口联系工作，对接区住建局、区审计局，围绕园林绿化、国有企业发展开展专项民主监督活动，听取相关工作情况通报，提出意见和建议15条。开展社会服务，先后走访中国移动终端公司浙江分公司、杭州特美刻实业有限公司等理事企业20多家，为理事企业发展建言献策、提供服务。举办“之江同心、联动亚运”上城区党外知识分子运动嘉年华，130多名理事参加，展现知联会凝聚力。亚运会期间，知联会理事在亚运场馆建设、竞赛技术运行、法律顾问、志愿服务等方面做出贡献。

（严　琰）

机构编制管理

【概况】 2023年，上城区机构编制工作围绕“深化改革、服务发展、提质增效”三大行动，做好党政机构改革前瞻性研究，推进“大综合一体化”行政执法改革，深化重点领域关键环节体制创新，优化机构编制资源配置，精准服务全区社会经济发展大局，推动机构编制工作向“整体最优”目标迈进。区委编办被省委编办评为全省机构编制监督检查工作成绩突出单位。

【党政机构改革基础调研和前瞻分析】 2023年，区委编办坚持思考在先、谋划在前，与省委编办、市委编办保持沟通，确保改革准备工作稳步推进。学习研究《党和国家机构改革方案》，以难点问题为切入口，研究金融、科技、数据等重点改革领域，梳理涉改部门主要职责、履职情况及内设机构、人员编制配备等情况，开展针对性分析。结合上城区实际，提出新一轮机构改革中急需上级明确和指导的5个方面、10多条问题和建议，并主动对接省委编办、市委编办，逐一研究解决。完成《杭州市上城区机构改革方案（初稿）》，为后续开展机构改革工作奠定基础。按照上级关于议事协调机构精简规范及优化调整的要求，结合党政机构改革，对接并会同区委办公室、区政府办公室、区委组织部等部门，联动推进议事协调机构统计梳理工作。通过查找文件、梳理档案、部门申报等方式，全面梳理全区现有议事协调机构及工作专班设置情况、运转情况及有关管理制度。经梳理，区级设置议事协调机构216家。其中，重大议事协调机构8家，经区委、区政府发文设立的议事协调机构6家，经区委办公室、区政府办公室发文设立的议事协调机构202家。另设有跨部门、跨层级抽调人员组建的工作专班12个，涉及抽调人员140人。

【体制机制优化调整】 2023年，区委编办围绕区级重点平台运行、部门履职等关键领域和重点环节，推进体制机制优化调整，服务保障全区中心工作有序推进。按照《市县“大综合一体化”行政执法改革综合评价指标体系》要求，以考核评价为突破口，督促各执法部门及时做好监管事项认领和动态调整维护工作，全年事项认领考核指标成绩列全市前列。主动联系发改、住建部门，推动人防监管事项划转工作，在全市率先完成事项划转。结合街道“一支队伍管执法”推进过程中的堵点、难点问题，核增指导员职数，配齐配强执法队伍班子力量。按照“只增不减”原则，严格把关下沉至街道的执法人员的流转、调动。根据国有企业业务发展需要，主动与区财政局（区国资办）、区政府办公室沟通协调，采取简易调整程序，完成上城国投集团的公司架构整合优化。围绕国有企业人员管理堵点、痛点，完善控制数管理相关制度，增加进控制数的途径及限制性条件，保障国有企业高层次、高技能和紧缺专业人才引进需求。系统性重构现有考核体系，调整机构及相关人员力量配备，助力打造一整套符合上城实际的综合考核工作“1+5”体系。按照省、市营商环境优化提升“一号改革工程”决策部署，配合做好政务服务增值化改革试点，主动与相关部门沟通对接，完成区为企服务中心隶属关系及机构编制调整，推动全区营商环境优化提升。为落实区委关于杭州东站枢纽、城站管委会管理体制优化调整的有关要求，深入调查研究，开展可行性分析，创新采用主要领导兼任的方式，优化职能配置，重塑运转机制，实现东站、城站两大枢纽一体化运行，同步完成下属副处级事业机构的调整，推进两站管理“同质同标”，提升管理效能。

> **资料**
>
> **综合考核工作“1+5”体系：**是由区委组织部牵头抓总，区委办公室、区发改经信局、区财政局（区国资办）、区教育局、区卫生健康局分别负责区直部门、街道和开发区（园区）、区属国有企业、学校、社区卫生中心等领域综合考核工作的考核体系。

【机构编制资源配置】 2023年，区委编办对内努力挖潜，对上争取支持，做好超编消化，在有限的资源中做好统筹调度和结构优化。向上争取调剂编制使用权1200名，顶格保障2022学年普通中小学教职工编制，并对公办普通中小学未来6年机构编制资源配置需求趋势开展前瞻性预测分析，为区委、区委机构编制委员会决策提供参考。围绕全区中心工作，调配有限机构编制资源，保障合法性审查改革试点、部队政策性安置、双一流人才招考、优秀社区书记纳编等中心工作用编，完成随军家属、军转干部政策性安置任务。牵头拟订《配套强化干部履职尽职“六项机制”做好编制使用权“动态调整”的实施细则》，以编制“动态调整”为抓手，探索建立机构编制资源配置与干事绩效、领导班子建设相挂钩机制，通过动态调整相对稀缺的编制资源，体现干事创业、履职尽职的导向，为工作好、任务重的部门、街道提供支撑，倒逼考核排名靠后、负面清单较多的部门、街道调整工作状态，压实工作责任。至年末，第一批机构编制动态调整文件印发实施。会同区财政局、区人力社保局，检查调研全区14个街道编外聘用人员情况，重点检查核对街道编外人员计划使用、日常管理等情况。梳理街道存在的综合性用工因条线干预多，基层考评机制建立难；街面辅助人员因街道财政体制和管理模式不同差异大，全区统一测算规范难；政府购买服务与编外用工计划核定存在交叉和边界界定难等问题，为进一步规范全区编外聘用人员管理，完善相关工作制度奠定基础。

（施利君）

信访工作

【概况】2023年，区信访局贯彻《信访工作条例》，围绕平安护航重大活动主线，深入践行“枫桥经验”和“四下基层”（宣传党的路线、方针、政策下基层，调查研究下基层，信访接待下基层，现场办公下基层），进一步健全机制、聚焦重点攻坚，全面落实信访工作责任。全区信访总量（不含电话）6.37万件次。其中，省、市、区三级走访3195件，来信1542件，网上信访5.9万件。区社会治理中心接待群众2.41万批、3.28万人次，处理各类诉求2.63万件，事项办结满意率97.2%。区信访局被省信访工作联席会议办公室、省信访局授予“治重化积及依法维护信访秩序工作成绩突出集体”称号，被人民网授予“人民网网上群众工作民心汇聚单位”称号。

【信访积案“清零”】2023年，区信访局全面落实领导挂包、每日接访、责任追溯等机制，推进信访积案“清零”。严格落实“一案双交”“双包案”机制，将区领导领衔包案的108件信访件交属地街道承办，同步交事权部门协办，通过百日攻坚征迁安置类积案工作机制，提高化解率。108件信访件中，42件化解类包案件全部化解，化解量历年最高。至8月，完成国家、省、市交办积案354件，数量居全市第1位，实现动态“清零”目标。

【信访治理】2023年，区信访局以参评率、满意率、化解率提升为目标，聚焦网上来信办理质量提升、恶意重复来信治理、重点领域压控降量等重点，强化信访治理工作。优化“民呼我为”闭环办理及预警预测机制，实现社情民意全渠道收集、全天候倾听、全闭环处置。积极融入高质量发展大局，主动服务营商环境提升、共同富裕建设、基层治理现代化等关键大事，加快制定区“12345”公开电话管理办法及工作细则，推动信访热线服务更优、专业更强、质效更高。

（黄睿清）

党史工作

【概况】2023年，区委党史研究室结合党史学习教育，围绕“八八战略”实施20周年主题，通过编写城区简史、梳理党史资料、组织党史专题讲座、赠送党史书籍等形式，开展党史编研、资政研究和党史宣传教育工作，推进红色场馆新建、提升工作，通过数字赋能，加强红色资源的保护和利用，发挥党史工作存史、资政、育人作用。

【党史编研】 2023年，区委党史研究室完成《杭州市上城区改革开放简史（1978—2021）》纲目评审和资料长编整理，启动初稿撰写工作。完成《杭州市江干区改革开放简史（1978—2021）》史料校对、资料补充和两轮文稿修改，形成初稿35万字。编印完成《上城大事记（2022）》，同步推进《上城大事记（2023）》资料搜集和文字整理工作。按照市委党史研究室编纂《习近平的杭州足迹》要求，全面梳理习近平在上城区的调研考察、指示批示、复信等史料。配合区委组织部开展“循迹溯源悟嘱托·感恩奋进新征程”联动调研工作，完成阮文龙、屠红燕等5名亲历者的采访，将采访记录整理形成文字。围绕“平安浙江”主题，完成《杭州市上城区“333+X”联动式治理的实践与启示》资政课题初稿。围绕“八八战略”实施20周年主题，开展资政研究，撰写的资政课题《创新引领上城发展 韵味彰显共富品质》获评全省党史和文献系统“八八战略”实施20周年资料征集与研究工作成绩突出单位，系杭州市主城区唯一。

【党史宣传教育】 2023年，区委党史研究室以线上、线下相结合方式开展党史宣传教育。依托中国移动云MAS业务平台，向全区机关党员干部及部分区“两代表一委员”每周2次推送“党史今日”系列短信，每周1次推送“云尚史志”彩信。向“学习强国”学习平台投稿，其中《曲鸿秀：责任与奉献和我的一生紧密相连》被“学习强国”浙江学习平台录用。以“读百年党史 续红巷精神”为主题，开展党史“七进”（进社区、进农村、进机关、进学校、进军营、进企业、进网络）系列活动。组织“传承红色基因 赓续红色血脉 推动党的二十大精神在上城落地生根”“复兴之路：中国共产党百年探索和使命担当”党史专题讲座2次；开展“走红韵 迎亚运”党史主题教育活动6次，带领机关、街道、社区的党员干部到杭州市廉洁文化教育基地、临安区党史党性教育展馆等场馆开展“感悟吴越文化底蕴 重温党史革命情怀”主题活动。到区退役军人事务局、皋城村、杭州市澎博小学、杭州市笕桥小学、钱学森故居、中共杭州小组纪念馆等单位开展送党史书籍活动7次，全年赠送书籍400多册。

（郑雨奇）

【红色资源保护和利用】 2023年，区委党史研究室结合杭州第十九届亚运会召开等时间节点，推进红色场馆的新建、提升工作，通过数字赋能，加强红色资源的活化利用。厘清家底，开展全区红色资源点普查，修订编印《拥抱亚运 红游上城——上

2023年12月12日，区委党史研究室开展党史“七进”活动，向杭州市澎博小学赠送党史书籍 （区委党史研究室 供稿）

城区红色资源宣传册》（2023年版），推出“红巷印记”“领导足迹”“湖畔往事”“钱塘光影”4条红游路线；更新“守根脉 最杭州 新上城”上城区红色资源手绘地图；结合学习贯彻习近平新时代中国特色社会主义思想主题教育，制定上城区循迹溯源学习导图。加强新媒体宣传，与杭州电视台合作拍摄云游博物馆系列视频4期（《皋城村》《玉皇山南基金小镇》《夏衍旧居》《钱学森纪念馆》），并在“学习强国”杭州学习平台发布，其中《夏衍旧居》被选登在“学习强国”国家学习平台。推动红色人物事迹挖掘，系统梳理“红色连环画”系列，在“学习强国”杭州学习平台发表内容15期；撰写的史志文章《青春火焰为革命燃烧——记艮山门外“四·二六”十二烈士之邵骏奇》在《杭州史志》杂志刊登。推动场馆提升，迭代升级“红游上城”公众号，在全区33个红色资源点中开展VR全景导览和语音导览制作，实现上城区红色场馆全域云游。联合小营街道，提炼更新杭州市生动实践的展陈大纲，整理相关图片资料，保障中共杭州小组纪念馆的展陈内容实时更新。

【笕桥抗战纪念馆新馆建成开馆】 2023年8月20日，笕桥抗战纪念馆（机场路258-8号）经展馆提升改造后开馆。该纪念馆始建于2015年4月，旧馆位于机场路250号。新馆占地面积800平方米，建筑面积1280平方米，首期展览面积300平方米。纪念馆新馆分为航空救国、笕桥航校、血战长空、国际援华、空军英烈5个展区，以笕桥抗日战争历史遗迹为重点，详细介绍中国空军的抗日战争历史。年内，笕桥抗战纪念馆新馆接待参观人员2000多人次。

（江怡杰 徐雨洋）

机关党建工作

【概况】 2023年末，区委直属机关工委下辖16个机关党委、11个机关党总支、195个机关党支部，有党员3583人（含离退休党员）。区委直属机关工委以习近平新时代中国特色社会主义思想为指导，开展主题教育，助力亚运会攻坚，为“最杭州、新上城”贡献机关党建力量。引导机关党员干部读原著学原文悟原理，组织1.32万人次参与学习925次、机关区管领导班子专题研讨188次、区管党员领导干部和各级党组织书记讲专题党课437次。在区直机关设立党员示范岗503个、党员责任区310个，组建党员突击队240支，发动2000多名机关党员干部参与亚运会、亚残运会开幕式和闭幕式保障、火炬传递护航、城市阳台驻守、贵宾抵离服务等重点任务。年内，区委直属机关工委围绕亚运攻坚在全省机关党的建设工作交流会上作经验交流，组建“‘语’你在一起”机关外语服务队相关成果获新时代浙江机关党建专项比赛银奖并在全省展示，机关党建联建相关成果获评全市优秀案例、优秀课题，领衔破难的“邻动·爱立方”项目获《浙江日报》点赞，培育高素质机关军转干部队伍的做法获省委常委批示肯定。

【机关党建基础夯实】 2023年，上城区以学习贯彻习近平新时代中国特色社会主义思想主题教育为主线，多渠道巩固夯实机关党建基础。组织基层党组织分片区交叉互查，推动53个区直机关基层党组织实现主题教育学习、实践、检视、整改的工作闭环。围绕“红色根脉强基工程”，科学统筹整合党员春训和冬训、“尚领学堂”等教育资源，全年培训5500多人次。以“尚领红潮”品牌为牵引，实施“先锋品牌引领工程”三年计划。“尚领红潮”机关党建创新品牌获评市级党建品牌。全区四星级以上机关党建品牌占总数的

45%，其中五星级10个、四星级14个、三星级8个。创新推出"尚组先锋""红领筑家"等机关党建品牌，引导机关基层党组织看齐先进、对标一流，实现业务和党建工作有效融合。其中，"尚组先锋"以六大"尚组先锋"行动助推新时代城市组织工作新高地建设；"检和"以凝练升级化解矛盾方法能动促进诉源治理。依托"尚学新韵"宣讲队、"'语'你在一起"机关外语服务队等学习宣传教育品牌，传播党的创新理论的真理魅力，选拔2名优秀机关青年党员代表上城区参加"二十人讲二十大"长三角机关青年干部演说赛，2人分别获一等奖、二等奖。

【基层治理赋能】 2023年，上城区多举措推进基层治理赋能。拓宽为民（企）服务的机制和渠道，优化"百千万"［联百社（村）、进千企、访万户］民情联系、"三级包保"等工作机制，组织发动区直机关党员干部走访群众2.05万户，开展隐患排查、环境美化、文明劝导等3.1万次，解决各类问题965个。借助长三角主要城市中心城区高质量发展联盟（C9联盟）优质平台联通人民网，成立"机关党建红客厅"线上平台，集中展示各城区机关党建特色典型做法，促进各城区之间互学互鉴，联合发布九中心城区"红色文化旅游地图"。牵头创新推出长三角"C9第一方阵"红领帮帮团工作机制，互相借鉴为民服务方面的创新做法和基层治理中的先进经验，为机关党建赋能基层提升能级。

【"岗位建功·精彩有我"大比武】 2023年，上城区以破难项目推动党员干部岗位建功。开展"红领上城、奉献亚运"大考大赛，举办区直机关庆祝中国共产党成立102周年暨"岗位建功·精彩有我"大比武。通过晾晒岗位建功成果，评选出"先锋机关"10个，发布"暖心食堂""邻动·爱立方"等十佳破难案例，推动区直属各单位党组织和党员干部立足岗位做贡献、服务亚运当先锋。相关做法在全省机关党的建设工作交流会上作经验推广，并被《人民日报》、杭州电视台综合频道《新闻60分》栏目等报道。其中，在结对社区望江街道近江西园社区援建的"邻动·爱立方"项目实现运动指数发布、便民服务、健康普及、好书推荐、喜讯分享、节日共庆、生日打卡、理论宣传、社会治理、风采展示惠民十大功能做法获《浙江日报》点赞。

【清廉机关建设】 2023年，上城区多方面推进全区清廉机关建设。打造区法院基金小镇法庭、区检察院清廉机关示范点，该示范点入选市级机关"红雁清风"培树点。树选区审计局"红审"、区数据资源局"数智红方"等清廉建设优秀案例，在区级层面宣传推广。围绕清廉主题，举办上城区"清风润心"廉洁书画展，组织23家区直机关单位参加"勤廉迎亚运、清风润上城"漫画巡回展，浓厚清廉机关文化宣传氛围。常态化开展警示教育，开设机关每日廉政课堂，1150人次参与，组织75名区直机关纪检干部到区法院旁听庭审，筑牢机关党员干部拒腐防变的思想防线。联合派驻纪检组工作力量，开展日常党建检查、专项督查132次。在青年党员群体中实施"明德守法、完善自我"专项行动，1550名青年党员开展专题讨论285次、对标检视162次、廉政警示教育174次、承诺践诺956次。

【机关群团活动】 2023年，区委直属机关工委牵头开展各类群团活动，激发机关群团活力。每月为政治生日党员订制书籍和祝福，结合节日开展困难党员、老党员走访慰问等，用仪式感提升党员归属感。结合迎亚运、展宋韵民俗等主题，开展上城区体育嘉年华、健身走、"欢乐闹元宵"、"上城韵味——

2023年4月9日，上城区举办机关党员干部迎亚运体育嘉年华活动

（区委组织部 供稿）

趣味打卡”、“茶香上城”等群团活动41场，机关干部参与5000多人次。实施关爱工程，通过“职工之家”建设、系列文体活动、工会疗休养等载体，营造幸福和谐之“家”氛围。对机关45名困难党员职工、30名劳动模范开展上门走访慰问活动，发放慰问金8.74万元。

（徐　婕 陈志君）

党员干部教育培训

【概况】 2023年，区党群服务中心以学深、悟透、笃行为原则，从高质量完成年度主体班次、全链条推进赋能基层工作、全过程抓实培训纪律管理3个维度，全方位深化党员干部教育培训。聚焦“八大行动”，助力提升干部综合素养，面向区管干部、专业化干部、基层党员3个层面、9类培训对象开展专题培训，举办、承办中共二十大精神集中研讨班、“青尚学堂”等主体班12个，培训学员7900多人次。发挥培训职能优势，挖掘121名“草根名嘴”、703个优质教学资源，打造“共享蓄水池”，构建“链接优质资源—定向下沉赋能—延伸服务助力”机制，做优“名师点单”“课程订制”“共享课堂”等延伸服务项目，为机关、街道、社区、两新组织等90家单位“送学送教”124次，“量身定制”各类学习课包523个，惠及基层党员5.87万人次。制定“一书一单”，组织学员签订“守纪承诺书”，印发培训纪律清单，开展培训违规违纪警示教育。建立学风督查组，跟踪记录参训情况、守纪情况，营造“凡训必严”的氛围。

【基层党建宣传】 2023年，区党群服务中心聚焦助力共富典范，全渠道提升基层党建宣传质效。深化“小屏党建”，推进各级党群中心与120家共建单位签订“小屏党建”党建共建协议155份，依托6200多块“电子屏”宣传载体，宣传“二十大代表风采录”“浙里共富看上城”“党群活动”“亚运场馆展”等6个系列主题微视频45个。深化党建全媒体宣传，全年全区基层党建特色做法被《中国组织人事报》、人民网客户端、《浙江日报》、《西湖先锋》栏目、《杭州党建》栏目等中央、省、市全媒体平台宣传16篇。“上城党群”公众号采编、报道党群信息150期、660篇，“上城党群”视频号宣传党群主题视频1100多个。以习近平总书记视察皋城村远教站点15周年为契机，策划制作党员教育电视片《星火》，上报中共中央组织部进行优秀评选。微视频《领导干部个人有关事项填报说明》作为市、区两级专题部署会培训教材，在全市推广。党员教育电视片《“凉”茶不凉》获评省第四届“玉琮杯”清廉微视频大赛铜奖。

【党群服务阵地建设】 2023年，区党群服务中心聚焦筑基根脉的党建枢纽、助跑共富的动力枢纽、优质服务的共享枢纽、凝聚党群的连心枢纽、整体智治的前沿枢纽“五大枢纽”定位，全区域建强基层党群服务中心主阵地。

规范化推进三级党群服务阵地运维制度，制定《上城区党群服务中心运维管理实施意见》，细化功能配置、活动开展、人员配备等6个维度19项具体要求；推出《上城区党群服务中心分类评价标准》，从基础、激励、预警3类指标及热度、实力、服务等7项指数进行综合评价，标准化提升服务能级。凭借党群服务中心政治功能，推进“党课进中心”活动，依托省委党校、市委党校、省内高校师资，推送“习近平新时代中国特色社会主义思想”“推进‘八八战略’走深走实”等专题党课380多堂，惠及8300多名基层党员。开展流动党员“党群安家”专项行动，依托社区（村）党群中心，设立206个流动党员报到点，1.25万名流动党员在党群服务中心亮身份、受教育、显作用。推出“助力亚运扬文明”“星级示范树标杆”“党群直播聚服务”等十大主题活动，使活动成规模、有特色，凸显品牌效应。全年针对快递员、流动党员等人员策划“迎新春”系列活动165场次，面向小区居民开展“学雷锋”服务213场，组织开展亚运宣传、平安巡防等“心连心”志愿服务760多场。

（魏红梅）

2023年10月18日，区委直属机关工委组织党员发展对象培训班到小营红巷开展“循迹溯源学思想促践行”教学活动　（区党群服务中心 供稿）

老干部工作

【概况】 2023年末，上城区有离休干部68人，最大年龄101岁、最小年龄88岁，平均年龄93.13岁，其中抗日战争离休干部13人、易地安置离休干部19人。有副区级以上四套班子老领导71人，年龄最大的95岁，年龄最小的60岁，平均年龄为72.06岁。有省、市托管服务的离休干部118人。全区离退休干部党员2663人，离休干部党支部3个，退休干部党支部99个，离退休干部合编党支部11个。区委老干部局围绕“上城因你而精彩、银龄助力更添红”主题，做强“银字号”（银尚先锋、银亮尚城、银尚乐活）品牌，老干部典型和先进做法被各类媒体报道100多次，其中全国媒体平台报道10多次，《浙江老年报》、“潮新闻”平台等省级媒体报道20次。

【老干部“三项建设”】 2023年，上城区加强思想教育引领，推进离退休干部政治建设、思想建设和组织建设“三项建设”。区委老干部局与区委组织部联合印发《我区离退休干部党建工作的若干举措》，规范离退休党员教育管理和支部规范化建设，推动离退休党支部规范化建设全面达标。开展省级“三强六好”示范支部创建。其中，区卫生健康局、紫阳街道机关退休支部委员会等8个退休支部获评全省首批“三强六好”示范支部，望江街道机关退休支部委员会被评为省级“最美离退休干部党支部”。促成区市场监管局、区教育局退休支部与九堡街道三村村、宣家埠村及丁兰街道沿山村结对联建，助力共富，接力开展“支书讲堂”等活动420场次。开展“走读新上城”等活动4次，组织老干部调研区亚运会体育场馆、钱塘智慧城等，老领导建言献策20多条。灵活采用专场授课、“慰问+送学”等集中和分散相结合的方式，组织全区离退休干部系统学习习近平新时代中国特色社会主义思想和中共二十大精神179场次，组织各类情况通报和报告会40多场次、支部书记座谈22场次、老干部交流心得体会650人次，开展“蝶变·点赞新成就”活动2347场次，其中区级通报会2次、理论读书会1次。

【“金秋驿站”工作】 2023年，区委老干部局制定《上城区“金秋驿站”星级评定管理办法（试行）》，健全“金秋驿站”建设长效化机制，推动“金秋驿站”常态化运行。全年新创建“金秋驿站”60个，增至101个，全区覆盖率50%，助力红色根脉赓续、社会治理、亚运共富、宋韵文化传承等，全年银发队伍服务时长4万余小时，受益群众5万余人次。年内，运新社区“‘银龄管家’金秋驿站”志愿服务队被评为省级“最美银耀志愿服务团队”，“海鸥学堂”志愿服务项目被评为省级“最美银耀志愿服务项目”，东港社区、青荷苑社区被评为省级乐活驿站。评定区级四星级“金秋驿站”42个，其中十五奎巷社区“金秋驿站”被评为杭州市五星级“金秋驿站”。制定《上城区“银领·宋韵”金秋驿站精品示范带建设方案》，将劳动路、清河坊、十五奎巷、太庙、馒头山、玉皇山6个社区串珠成链，打造“‘银领·宋韵’金秋驿站”精品示范带。举办“银辉成炬·站长论坛”和站长培训班2期，筑牢离退休党建融入基层支点。

【老干部服务管理】 2023年，区委老干部局落实离退休老干部的政治待遇和生活待遇。全年走访慰问离退休干部、为老干部送学送服务987人次；为离退休干部配备助老员11人，发放“三替”服务券（家政服务券）86份、“援通”服务券（家政服务券）152份、华数电视卡86份，服务老年人流感疫苗接种32人次；开设“银龄护齿”、“眼健康”、体检报告解读、医疗保险政策讲解等专场活动。完成为12名独居老干部安装居家智能化设备等为老办实事项目8件，落实18名离退休干部丧葬事宜，资助因病致困老干部9人次、6.5万元，做好64名省、市、区级离退休干部社区医生签约服务，用于老干部居家养老服务省、市、区经费14.5万元，离退休干部社区医生签约经费3.36万元。

【老年教育工作】 2023年，区委老干部局与区教育局、区民政局、区人力社保局、区卫生健康局联合印发《关于建立上城区老年教育资源整合工作协调机制的通知》，明确主要职责、工作机制、工作任务及工作步骤。至年末，实现全区14个街道老年学校全覆盖，开办社区老年学堂112个，覆盖率55.7%，初步形成“区—街道—社区（村）”三级老年教育办学体系。年内，区老年大学（区老干部活动中心）推进“四大校园”“五个中心”建设，挂牌成立学校思政名师工作室、关工委，开设课程班次51个，有授课教师及班主任44人，在册学员1857人（含分校）。成立在职党支部，吸收学员党员379人，完善以党员学员为主体的功能性党组织管理、学习教育和作用发挥机制。申报省“云上老年大学”，完成“宋风流韵”系列讲座、“代际共融”精品课21节、近900分钟，构建全方位、多层次、多学科、多功能、开放式的老年教育立体课程体系。区委老干部局与区教育局、区民政局、区人力社保局、区卫生健康局通过联合指导新建街道老年学校、联办迎新嘉年华、绘制老年教育“浙学地图”

等形式，共同推进省、市民生实事项目落地、落实，助力区老年教育资源整合。九堡街道老年学校被评为区首批浙江省优质老年大学（学校），运新分校获评省优质社会力量办学单位，景新分校获评省优质老年学习社团。

资料

“四大校园”：立根铸魂的“红色校园”，党委放心、老干部满意、社会认可的“满意校园”，数字赋能、面向未来的“智慧校园”，具有浙江辨识度的“示范校园”。

“五个中心”：具有辨识度的党建服务中心，具有融合度的文化养老中心，具有知名度的正能量汇聚中心，具有精准度的智慧管理中心，具有满意度的服务保障中心。

（杨信可）

关心下一代工作

【概况】 2023年，区关工委秉承关心青少年发展、服务青少年所需、助力青少年成才的工作理念，发挥老干部、老战士、老专家、老教师、老劳模“五老”作用，提升战斗力、影响力、服务力、创新力，不断提高服务青少年的能力和水平。全区有关工委组织473个。其中，区级关工委组织1个（区关工委）；区关工委成员单位20家；街道部门关工委组织17个；基层关工委组织435个，其中社区关工委201个、中小学和幼儿园关工委207个（含公办和民办学校）、民营企业关工委27个。

【“五老”作用发挥】 2023年，区关工委按照年初有计划，年中抓落实，年终有考核的思路，分别提出成员单位、街道关心下一代工作及“五老”红色大讲堂授课两项任务清单。“五老”参与中小学生暑托服务，讲师团、红巷宣讲团、科技服务团、关爱团、心理健康辅导团，走进全区暑托班，为青少年送上红色党史故事、科技航模制作、法治宣传讲座、心理健康辅导等公益课程，到基层单位授课352课时。全区关工委系统举办培训班、专题研讨和交流活动120场次，参与人数2000多人。11月，区关工委举办上城区第二届“香樟树奖”评选表彰活动，评选出10名先进个人和1个先进集体，不断提升“五老”的事业心、荣誉感和向心力。年内，年度162项任务清单全部完成。

【“我在红巷学党史”爱国主义主题教育】 2023年，区关工委以“我在红巷学党史”为主题，开展爱国主义主题教育。4月3日，区关工委联合清波街道，组织辖区党员干部、驻地部队官兵和学校师生共150多人在浙江革命烈士纪念碑举行祭奠革命先烈仪式。七一前夕，区关工委以上红色党课、重温入党誓词、过集体政治生日、参与暑期校外教育、启动“银亮尚城 爱暖上城 助力亚运 我们同行”实际行动，庆祝中国共产党成立102周年，参与亚运会志愿服务。8月24日，区关工委“五老”宣讲员瞿旭平、红领巾宣讲员蒋可纳同台展演的节目《红巷薪火相传，强国复兴有我》获杭州市“游基地学党史、迎亚运展风采”活动一等奖。年内，全区各级关工委发挥“五老”讲师团、红巷宣讲团作用，举办“同心向党薪火相传，筑梦未来共创幸福”——老少一起学中共二十大报告、学习英雄致敬英雄、“扣好人生第一粒扣子”等红色报告和故事宣讲会，组织参观小营巷、钱学森纪念馆、浙江革命烈士纪念馆等红色场馆系列活动，开展红色宣讲、基地研学755场，受教育青少年21.37万人次。

【“劳模工匠进校园”活动】 2023年，区关工委推进“劳模工匠进校园”活动。8月31日，区关工委与区教育局、区总工会等部门联合以

"我与劳模面对面——劳模工匠进校园"为平台，在杭州市澎诚中学举行劳模工匠进校园"开学第一课"和"零碳校园展活力 数智科技迎新元"零碳学校揭牌仪式。11月23日，市关工委、区关工委在杭州市四季青小学联合开展"我与体育冠军、名师名校长面对面"活动，网球名将何叶聪、跳绳世界冠军黄镇龙及上城区2名名校长现场与学生面对面交流、展示。12月7日，区关工委联合浙江省农业科学院、杭州濮家小学教育集团举办"致敬最美劳动者"活动，杭州濮家小学教育集团濮家校区、万家校区四年级学生到校外少先队实践基地"阳光百亩园"开展劳动。12月19日，省、市、区三级关工委在杭州市笕新小学联合举办"致敬身边英雄暨青少年关爱教育示范基地授牌仪式"系列活动，邀请全国劳动模范孔胜东和浙江省道德模范彭清林为少先队员讲述他们的成长故事。

【青少年关爱服务】 2023年，区关工委组织开展各类服务活动，关心关爱青少年成长。5月22日，区关工委科技服务团携带50架"电动自由飞"航模飞机到上城区弯湾托管中心，为中心的孩子送上航模科普服务。暑期，区关工委协同区民政局、各街道关工委联合摸排困境青少年，上门走访调研，掌握实情，助力精准帮扶。年内，依托市区关心下一代基金会及区财政，筹集帮扶资金10.6万元，资助大学生、中学生、小学生共70人，并在9月开学前全部发放到位。

2023年3月11日，区关工委与区教育局、丁兰街道组织"同心迎亚运 共植孝心林"活动
（区关工委 供稿）

【青少年普法】 2023年，区关工委面向青少年开展普法宣传。全区各级关工委开展普法教育活动300多场次，共同保护未成年人身心健康，保障未成年人合法权益。依据《中华人民共和国未成年人保护法》，关爱团成员积极配合法治部门，以合适成年人身份，参与侦查、审查起诉、审判阶段及跟踪帮教25人次。6月5日，市检察院、市关工委与区检察院、区关工委及相关职能部门、学校联动，在杭州市澎博小学共同举办"汇爱与共 护未远航"——"关爱明天 普法先行"主题活动。8月15日，区关工委与杭州互联网法院、钱江新城实验学校、四季青街道钱塘社区联动，举办青少年网络观课堂，以案说法，100多名学生参加。该活动被新华社报道，阅读量超过220万次。

【青少年主题活动】 2023年，全区各级关工委开展"我是亚运小主人 我为亚运添光彩"等亚运会主题活动800多场次。暑期，区关工委会同区总工会，动员各街道力量，在钱江新城、湖滨、九乔等主要商圈和14个街道，开办各类假日学校、暑托班、夏令营1209场次。其中，3月11日，区关工委与区教育局、丁兰街道组织"同心迎亚运 共植孝心林"活动，10

名区第一届“小孝星”参加。4月18日，联合紫阳街道在杭州市金都天长小学举办“紫阳飘书香 悦动迎亚运”第九届全民阅读节活动。4月21日，“小书童@鸳鸯——人与自然和谐共生”首堂宣讲课在杭州市紫阳小学启动并开讲，同时成立“西湖鸳鸯护卫队——紫阳小学分队”。7月7日，联合区文广旅体局、区妇联等单位在区图书馆以“宣传亚运知识，传播亚运精神，激发迎亚热情”为主线，开展“小候鸟”潮阅读夏令营活动。

（宋晓莺）

【困境儿童及未成年人保护】 2023年，上城区向全区607名困境儿童发放补贴7493人次、485.6万元。构建“家—校—社”未成年人保护服务体系，完成区级未成年人保护中心和街道未成年人保护站提升建设，提升未成年人关爱保护中心、未成年人关爱保护站、未成年人关爱保护岗“区—街—社”三级联动体系建设。深化儿童福利工作改革创新，实现全区未成年人保护工作站档案资料统一化、标准化、规范化设置和电子化制作。南星、丁兰街道未成年人保护站获评2023年市级示范样板未成年人保护站。九堡街道三卫社区、南星街道水澄桥社区等9个社区被评为第二批杭州市儿童友好社区。开展儿童类服务社会组织培育，全年新增儿童服务社会组织5个，全区参与儿童类公益服务的社会组织增至55个，开展品牌特色服务项目17个，购买儿童类关爱服务支出80多万元。

（薛　宇）

上城区人民代表大会

综　述

【区人大常委会履职】2023年，区人大常委会深入学习贯彻中共二十大、中央人大工作会议和习近平总书记考察浙江重要讲话精神，围绕区委“八大行动”和区一届人大二次会议确定的目标任务，依法履职尽责，主动担当作为，高质量推进新时代上城人大工作，为全面建设独具韵味的国际化现代化共同富裕典范城区、奋力展现“最杭州、新上城”风采贡献人大力量。全区有各级人大代表404人。其中，区人大代表335人，省、市人大代表分别为14人和55人。全年召开常委会会议7次、主任会议13次，听取和审议区政府、区法院和区检察院专项工作报告33项，开展视察和执法检查13项，任免国家机关工作人员25人。年内，区人大常委会助力三个“一号工程”做法获评全省人大系统典型案例，《规范化高效化民主化推动街道人大工作高质量发展》入选市人大工作与时俱进优秀案例，全区人大工作获省、市人大常委会领导批示肯定39件次，街道人大工作获全国人大常委会领导视察肯定。

【区人大常委会自身建设】2023年，区人大常委会贯彻新时代党的建设总要求，以党的创新理论统揽和指导人大工作，纵深推进机关建设，为人大高效履职提供坚强组织保障。严格执行请示报告制度，向区委请示报告39项。贯彻党组工作条例，发挥党组把方向、管大局、保落实作用，构建“党组统领、党委抓实、支部创优、党员争先”的四方责任体系。推进机关党建工作和业务工作有机融合，引导机关党员干部敢担当、善作为、作表率。全面履行党风廉政建设主体责任，严格落实中央八项规定及其实施细则精神，持续纠治“四风”，推动全面从严治党落到实处。开设学法讲堂，开展警示教育，推进政治家访，加强机关人大干部思想淬炼、政治历练、实践锻炼，打造“政治坚定、服务人民、尊崇法治、发扬民主、勤勉尽责”的新时代人大工作队伍。开展意识形态、选人用人及巡视巡察共性问题自查自纠，以新风正气涵养良好政治生态。凝聚人大工作合力，坚持联系指导，落实主任会议成员分片联系制度，督查重点工作进展，帮助解决实际问题，保障街道人大工作规范有序开展。坚持上下联动，发挥人大街道工委的积极性、创造性，优化居民议事会、基层立法联系点、代表联络站等工作品牌，推动基层人大工作取得新成绩。加强人民代表大会制度宣传，讲好人大故事，传播人大声音。《上城区丰富和拓展全过程人民民主基层实践》专报获《全国人大资讯》刊登，全年在中央及省、市主流媒体刊发稿件120多篇。

（张华峰）

表5　2023年上城区人大常委会文件一览表

文　号	发文日期	文件标题
上人大〔2023〕1号	2023-01-06	关于出席杭州市上城区第一届人民代表大会第二次会议的通知
上人大〔2023〕2号	2023-01-06	关于列席杭州市上城区第一届人民代表大会第二次会议的通知
上人大〔2023〕3号	2023-01-30	关于接受郭东风辞去杭州市第十四届人民代表大会代表职务请求的决议
上人大〔2023〕4号	2023-01-30	关于补选陈国强为杭州市第十四届人民代表大会代表的报告
上人大〔2023〕5号	2023-01-30	关于调整杭州市上城区第一届人民代表大会常务委员会代表资格审查委员会组成人员的决定
上人大〔2023〕6号	2023-03-31	关于湖滨等14个街道工委工作报告的决议
上人大〔2023〕7号	2023-05-10	关于表扬2022年全区人大信息工作成绩突出的单位和个人的通报
上人大〔2023〕8号	2023-05-31	关于接受倪罡辞去区一届人大代表职务的决定
上人大〔2023〕9号	2023-06-14	关于全面落实宪法宣誓制度的决定
上人大〔2023〕10号	2023-08-10	关于批准上城区2022年度决算的决议
上人大〔2023〕11号	2023-12-12	关于批准2023年度区本级预算调整和政府债务限额调整方案的决议
上人大常干〔2023〕1号	2023-05-31	关于决定任免俞洪峰等同志职务的通知
上人大常干〔2023〕2号	2023-05-31	关于任免毛明秀等同志职务的通知
上人大常干〔2023〕3号	2023-05-31	关于免去朱勤等同志法官职务的通知
上人大常干〔2023〕4号	2023-07-28	关于任命王杨沁如等同志法官职务的通知
上人大常干〔2023〕5号	2023-09-28	关于任免王瑛等同志法律职务的通知
上人大常干〔2023〕6号	2023-12-08	关于任免丁赛男等同志法官职务的通知
上人大常干〔2023〕7号	2023-12-08	关于任免宋一翔等同志法律职务的通知
上人大常干〔2023〕8号	2023-12-08	关于任命邵迪斐等同志人民陪审员职务的通知
上人大常审议〔2023〕1号	2023-04-27	关于上城区2022年度法治政府建设情况的审议意见
上人大常审议〔2023〕2号	2023-05-09	关于政府重大投资项目2022年执行情况和2023年计划草案的审议意见
上人大常审议〔2023〕3号	2023-06-30	关于噪声污染防治“一法一条例”贯彻实施情况的审议意见
上人大常审议〔2023〕4号	2023-07-04	关于《杭州市文明行为促进条例》贯彻实施情况的审议意见
上人大常审议〔2023〕5号	2023-07-05	关于我区社会救助工作情况的审议意见
上人大常审议〔2023〕6号	2023-09-01	关于《杭州市上城区国土空间分区规划（2021—2035年）》的审议意见
上人大常审议〔2023〕7号	2023-09-01	关于上城区2022年决算和2023年上半年经济运行及审计情况的审议意见
上人大常审议〔2023〕8号	2023-09-07	关于《杭州市大型群众性活动安全管理规定》贯彻实施情况的审议意见
上人大常审议〔2023〕9号	2023-09-07	关于亚（残）运会安保工作的审议意见
上人大常审议〔2023〕10号	2023-10-30	关于上城区人民法院民商事审判工作情况的审议意见
上人大常审议〔2023〕11号	2023-10-30	关于区人民法院朱若君法官履职评议意见的反馈
上人大常审议〔2023〕12号	2023-10-30	关于区人民法院李华珺法官履职评议意见的反馈
上人大常审议〔2023〕13号	2023-10-30	关于区人民法院陶昱立法官履职评议意见的反馈
上人大常审议〔2023〕14号	2023-10-31	关于区一届人大二次会议代表建议办理情况的审议意见
上人大常审议〔2023〕15号	2023-10-31	关于2022年度国有资产管理情况的审议意见

续表5

文号	发文日期	文件标题
上人大常审议〔2023〕16号	2023-12-29	关于上城区国民经济和社会发展第十四个五年规划和二〇三五年远景目标纲要实施情况中期评估的审议意见
上人大常审议〔2023〕17号	2023-12-29	关于区商务局洪梦君局长的履职评议意见
上人大常审议〔2023〕18号	2023-12-29	关于区人力社保局朱红局长的履职评议意见

（资料来源：区人大常委会办公室）

区人大重要会议

【区第一届人民代表大会第二次会议】 2023年1月17—19日，区一届人大二次会议召开。会议应出席代表336人，实际出席代表311人。区政府各部门、机关团体负责人应列席会议110人，实际到会100人；邀请10名离退休老干部出席开幕式。会议听取和审议区人大常委会、区政府、区法院和区检察院工作报告，审查和批准2022年计划、预算执行情况和2023年计划、预算，补选5名区人大常委会委员，表决通过部分人大专委会委员名单，票决产生10项区政府2023年民生实事项目。会议期间，召开全体会议4次、主席团会议5次。

2023年1月17—19日，上城区第一届人民代表大会第二次会议召开。图为1月17日，与会人员在会议中听取区政府工作报告

（区人大常委会办公室 供稿）

【区一届人大常委会会议】 2023年，区一届人大常委会召开常委会会议7次。

1月6日，区一届人大常委会第七次会议召开。会议听取和审议区政府关于2023年度民生实事候选项目情况、贯彻执行《关于举全区之力全面建设独具韵味的国际化现代化共同富裕典范城区的决议》情况的报告，以及上城区2022年国民经济和社会发展计划执行情况与2023年国民经济和社会发展计划草案（稿）、上城区2022年预算执行情况和2023年预算草案（稿）和区人大常委会工作报告（稿）；审议区人大常委会关于补选代表资格审查的报告、区一届人大二次会议代表资格审查的报告、区一届人大二次会议列席人员名单、区人大常委会2023年工作要点和个别区人大常委会组成人员辞职事项，区一届人大二次会议筹备工作情况的报告和区一届人大二次会议议程草案、日程草案、各类建议名单草案、代表提交议案截止时间的决定草案、2023年政府民生实事项目票决办法草案，以及区一届人大财政经济委员会部分组成人员人选通过办法草案和区一届人大财政经济委员会部分组成人员名单草案。区人大常委会组成人员26人出席会议。区政府、区监委、区法院、区检察院领导，区人大常委会办事机构和工作机构负责人，区政府办公室、区委组织部、区发改经信局、区财政局负责人列席会议。

1月30日，区一届人大常委会第八次会议召开。会议传达学习中纪委第二十届二次全会，省十四届人大一次会议，全省深入实施“八八战略”强力推进创新深化、改革攻坚、开放提升大会，全市领导干部会议，市委人大工作会议等会议精神；表决通过个别市人大代表辞职、补选事项，以及区一届人大常委会代表资格审查委员会组成人员调整事项。区人大常委会组成人员32人出席会议。区政府、区监委、区法院、区检察院领导，区人大常委会办事机构和工作机构负责人列席会议。

3月31日，区一届人大常委会第九次会议召开。会议传达学习全国两会精神，听取和审议区政府关于2022年度法治政府建设情况、政府重大投资项目2022年执行情况和2023年计划草案的报告，区人大常委会各街道工委2022年度工作情况和2023年工作计划的报告；表决通过区人大常委会关于14个街道工委工作报告的决议和关于助力打赢“经济翻身仗”“亚运攻坚仗”的决议。区政府、区监委、区法院、区检察院领导，区人大常委会办事机构和工作机构负责人，区政府办公室、区发改经信局、区教育局、区司法局、区财政局、区住建局负责人列席会议。

5月31日，区一届人大常委会第十次会议召开。会议听取和审议区政府关于《杭州市文明行为促进条例》和噪声污染防治“一法一条例”（《中华人民共和国噪声污染防治法》《杭州市环境噪声管理条例》）贯彻实施情况、全区社会救助工作情况的报告，区人大常委会执法检查组关于检查《杭州市文明行为促进条例》、噪声污染防治“一法一条例”贯彻实施情况的报告；表决通过上城区人民代表大会常务委员会关于全面落实宪法宣誓制度的决定和个别区人大代表辞职事项；根据区长、区监委主任、区法院院长提请，表决通过有关人事任免事项。区人大常委会组成人员32人出席会议。区政府、区监委、区法院、区检察院领导，区人大常委会办事机构和工作机构负责人，区政府办公室、区文明办公室、区教育局、区公安分局、区民政局、区住建局、区文广旅体局、区综合行政执法局、区残联、上城交警大队、上城生态环境分局负责人列席会议。

7月28日，区一届人大常委会第十一次会议召开。会议听取和审议区政府关于2023年国民经济和社会发展计划上半年执行情况、2022年度决算（草案）和2023年预算上半年执行情况、2022年度区本级预算执行及其他财政支出审计工作情况、《杭州市大型群众性活动安全管理规定》贯彻实施情况、国土空间分区规划（2021—2035年）情况、亚（残）运会安保工作情况的报告，以及区人大常委会执法检查组关于检查《杭州市大型群众性活动安全管理规定》贯彻实施情况的报告，批准上城区2022年度决算。会议开展亚（残）运会安保工作情况专题询问。根据区法院院长提请，表决通过有关人事任命事项。区人大常委会组成人员32人出席会议。区政府、区监委、区法院、区检察院领导，区人大常委会办事机构和工作机构负责人，区政府办公室、区委网信办公室、区发改经信局、区公安分局、区财政局、区住建局、区文广旅体局、区卫生健康局、区应急管理局、区审计局、区市场监管局、区综合行政执法局、区数据资源局、区亚（残）运会运保指挥部办公室、区无障碍办公室、上城交警大队、上城规划资源分局、上城消防救援大队负责人，以及部分区人大代表、街道居民议事会成员列席会议。

9月28日，区一届人大常委会第十二次会议召开。会议传达学习习近平总书记考察浙江重要讲话精神，听取和审议区法院关于民商事审判工作情况的报告，对3名法官进行履职评议；听取和审议区政府关于国有资产管理情况的综合报告、关于区一届人大二次会议代表议案建议办理情况的报告，以及区人大常委会代表工委关于区一届人大二次会议代表议案建议处理情况的报告；根据区检察院检察长提请，表决通过有关人事任免事项。区人大常委会组成人员34人出席会议。区政府、区监委、区法院、区检察院领导，区人大常委会办事机构和工作机构负责人，区政府办公室、区发改经信局、区科技局、区财政局、区卫生健康局、区综合行政执法局负责人，区法院领导班子成员及相关庭室主要负责人等列席会议。

12月8日，区一届人大常委会第十三次会议召开。会议学习习近平总书记近期重要讲话精神及省委十五届四次全会、市委十三届五次全会精神；根据区法院院长、区检察院检察长提请，表决通过有关人事任免事项；听取和审议区政府关于上城区国民经济和社会发展“十四五”规划实施中期评估情况的报告；审议批准区级2023年度预算调整方案、关于2023年地方政府债务限额及债务预算调整支出的报告，表决通过关于批准2023年度区级预算调整和政府债务限额调整方案的决议；听取和审议区人力社保局、区商务局主要负责人履职工作报告，并开展满意度测评。区人大常委会组成人员32人出席会议。区政府、区监委、区法院、区检察院领导，区人大常委会办事机构和工作机构负责人，区政府办公室、区委组织部、区发改经信局、区财政局负责人，区人力社保局、区商务局领导班子成员，以及部分区人大代表列席会议。

（张华峰）

重大事项决定与任免

【重大事项决定】 2023年，区第一届人民代表大会第二次会议表决通过《关于上城区人民政府工作报告的决议》《关于上城区2022年国民经济和社会发展计划执行情况及2023年国民经济和社会发展计划的决议》《关于上城区2022年预算执行情况和2023年预算的决议》《关于上城区人民代表大会常务委员会工作报告的决议》《关于上城区人民法院工作报告的决议》《关于上城区人民检察院工作报告的决议》6项决议，票决产生10件2023年政府民生实事项目，以公告形式向社会发布。区人大常委会会议表决通过关于批准上城区2022年度决算的决议，批准区政府2022年度决算；根据区政府提交的报告，表决通过关于批准2023年度区本级预算调整和政府债务限额调整方案的决议，结合实际调整区政府2023年度预算及政府债务限额；表决通过关于全面落实宪法宣誓制度的决定，为进一步落实宪法宣誓制度提供支撑。

【人事任免】 2023年，区人大常委会坚持党管干部与人大依法任免相统一，规范任免程序，为任命干部举行任命书颁发仪式，并组织宪法宣誓，强化宪法意识、法治意识、责任意识。全年依法任免国家机关工作人员25人。

（张华峰）

监督工作

【财政经济监督】 2023年，区人大常委会围绕高质量发展首要任务，突出推进都市经济提质提速。听取和审议区“十四五”规划纲要实施情况中期评估、年度国民经济和社会发展计划、预算执行情况和决算的报告，督查审计查出的问题整改情况，把脉区域经济运行。关注政府重大投资项目，跟踪监督2023年重大投资项目进展，审议通过政府重大投资项目9个、总投资超过40亿元。监督国有资产管理、政府债务防范化解，批准区本级2023年度预算调整方案，保障全区经济财政安全高效。专题视察钱塘智慧城等产业平台运行情况，突出落实省民营企业发展促进条例、省促进中小微企业发展条例执法检查，助推优化营商环境各项政策落实到位。依法调研国土空间分区规划编制工作，切实增强空间规划的引领性科学性。牵头负责全区未来产业专班工作，加快杭港科技合作，助力打造“中国元谷”。元宇宙产业高质量发展案例入选全省数字经济创新提质“最佳实践”。

【法治监督】 2023年，区人大常委会深化法治监督，促进严格执法、公正司法、全民守法。做深做实法治政府建设监督，听取审议年度法治政府建设情况报告，对区人力社保局、区商务局等部门主要负责人开展依法履职评议，推进政府依法行政。开展噪声污染防治等法律法规的执法检查，发挥执法检查“法律巡视”利剑作用。加强备案审查制度和能力建设，听取年度备案审查专项工作报告，全年接收审查规范性文件8件。贯彻习近平总书记对第十个国家宪法日做出的指示精神，修改完善并全面落实宪法宣誓制度，组织宪法宣誓173人次。针对审判管理现代化要求，专题审议区法院关于民商事审判工作情况的报告，督促区法院组建案件综合考评专班，健全完善跟踪测算、动态梳理、定期会商等机制。组织法官履职评议，开展工作满意度测评，提升审判水平。专项视察特设“共享法庭”建设，重视科技与法庭深度融合，推进共享理念嵌入基层治理。听取区检察院公益诉讼情况报告，深化“人大+检察”公益诉讼联动协作机制。专题听取“八五”普法规划中期实施情况汇报，压实政府普法责任。听取打击整治网络违法犯罪情况报告，专题调研法治化营商环境、公共法律服务体系建设。优化“湖滨晴雨”工作室、闸弄口街道等省、市基层立法联系点功能，发挥立法“直通车”作用，参与104部法律法规草案的意见征集活动，报送意见和建议3526条，被采纳吸收189条。

【民生监督】 2023年，区人大常委会助力打造民生新高地，推进民生实事监督。围绕增进民生福祉，听取和审议全区社会救助、特殊群体就业服务、深化托幼一体化、基层应急能力建设等工作情况汇报，专项视察居民住宅二次供水设施改造和食品安全工作，促进完善“十分优享”公共服务圈层体系。围绕厚植宋韵文化底蕴，听取“韵味百巷”建设、“没有围墙的博物馆群落”打造和中医药传承创新发展情况汇报，助推独具韵味的人文魅力中心城区建设。围绕匠心营城行动，监督年度环境质量和环境目标任务完成情况，关注群众身边环境热点问题，推动生态文明建设决策部署落实落地。全面开展区委“八大行动”专项督查，推动全区工作争先进位、走在前列。深入贯彻“枫桥经验”，带头做好接访、下访工作，全年受理群众各类信访40件，推进信访积案化解35个，服务全区经济社会和谐发展。

【亚运会保障监督】 2023年，区人大常委会聚焦“办好一个会、提升一座城”，及时作出《关于助力打赢“经济翻身仗”“亚运攻坚仗”的决议》。联动开展“我为亚运添光彩、我为发展做贡献”主题活动，10名人大代表担任亚运会火炬手，营造“同心迎亚运、代表作表率”良好氛围。针对亚运会安全保障召开专题询问会，就治安、交通、消防等8个方面工作开展现场问询，提出意见和建议。聚力迎亚运“三大提升”行动，组织比赛训练场馆、亚运会相关酒店、通勤道路、无障碍设施配建、应急救护、志愿服务等专项监督，开展文明行为促进、大型群众性活动安全管理、全民健身等法律法规执法检查。领衔“一街一品、综合接待、医疗卫生、交通保障”等全区亚运保障工作，参与保障亚运会、亚残运会开幕式、闭幕式、火炬传递等活动300多人次。

【人大街道工委参与社会治理】2023年，区人大各街道工委结合亚运攻坚、“八大行动”、民生实事项目等，采取代表联动、集中督查、定向视察等形式开展精准监督，形成各自特色，为奋力打造全过程人民民主“上城实践”贡献力量。湖滨街道工委通过阵地融合、机制优化，深化联络站与“湖滨晴雨”基层立法联系点、晴雨监查联系点的共建共享、集成融合。清波街道工委围绕亚运安全保障中饮食安全、交通安全等方面听取群众意见和建议，对无障碍设施配建、应急救护、志愿服务等开展专项监督。小营街道工委开展“小板凳谈心”“敲门听民意”等“面对面”走访接待活动，解决浙江大学医学院附属第一医院和浙江大学医学院附属第二医院周边“黄牛”乱象、南宋德寿宫遗址博物馆周边环境秩序提升等问题。望江街道工委发挥企业家代表作用，搭建“人大代表大招商”平台，加强企业全周期联系，助推品质营商环境打造。南星街道工委推进建议办理从“有来有往”到“常来常往”，通过居民议事会成员全过程参与，助推建议办理有效落实。紫阳街道工委将代表联络中心站与邻里议事厅、“邻里110”社会治理平台等融合互动，贯通社情民意从收集研判、转交处置、进度跟进到监督评议的各个环节。闸弄口街道工委创新“联络站+邻里坊”工作模式，做深居民议事会、“相约星期五”、代表圆桌会等人大议事和民主协商机制，破解居民群众“关键小事”。凯旋街道工委以金秋花园人大代表联络站为试点，迭代升级人大代表联络站、数字赋能深化全过程人民民主实践，“街道人大工作”数字化场景在全市推广。采荷街道工委聚焦亚运攻坚、回迁安置、“特有爱·荷湾幸福街区”建设等，开展居民议事会、代表进联络站、专题视察调研等活动。四季青街道工委成立民生实事专项监督小组，运用“民生实事监督”应用场景开展动态化具体化监督。笕桥街道工委加强街道财政预算监督，从加强财源建设、规范财政支出、强化财务监管等方面提出建议。彭埠街道工委发挥云峰、七堡等社区人大代表和居民议事会成员作用，参与回迁安置房及提升改造工程专项督查。九堡街道工委组织代表参与经济提振、亚运护航、街区治理等专项活动，“深耕基层单元持续助力经济发展”工作做法入选全省100个典型案例。丁兰街道工委以讲好“人大故事”为抓手，梳理总结人大助力未来乡村建设、助推城市品质提升等经验做法。

（张华峰）

人大代表工作

【代表履职基础夯实】2023年，区人大常委会组织人大代表到全国人大北戴河培训基地集中轮训，建立代表履职档案，开展代表述职活动，提升代表履职能力。推动人大代表联络站迭代升级，打造人大践行全过程人民民主基层单元，开展“最美人大代表联络站”评选，建成运行区人大代表联络总站，构建形成区、街道、社区、网格四级线上、线下代表联络体系。湖滨、紫阳、闸弄口3个街道的人大代表联络中心站和凯旋街道金秋花园人大代表联络站获评全市“最美人大代表联络站”。常态化开展“代表进社区”活动，推行代表联络站和人大代表挂牌亮码，组织各级人大代表进站活动1500多人次，收集群众意见和建议2300多条，夯实代表履职民意基础。建立网上“互评互比”机制，实时晾晒工作进展，促进街道人大工作提能增效。

【代表政治参与扩大】 2023年，区人大常委会自觉用全过程人民民主重大理念检视、引领、提升新时代人大工作，着力创新实践路径、平台载体和制度机制，推动人大工作更好接地气、察民情、聚民智、惠民生。深化人大常委会组成人员联系代表、代表联系选民群众工作，联动代表群众参与立法、协同监督、民主决策、基层治理。推进国家机关进站、“局长·代表面对面”等活动，问需于民、问计于民，保证人民意愿充分表达、有效实现。邀请代表列席常委会会议，组织代表参与视察、执法检查、专题调研，有序拓展代表知情知政、建言献策的途径，使民情、民意、民智贯穿人大工作全过程。

【代表督推实事落地】 2023年，区人大常委会坚持民有所呼、我有所应，组建监督专班，持续跟踪推进，抓实民生实事项目全生命周期闭环管理，提升项目征集的广度、审议的深度和监督的精度。强化代表建议办理工作，完善代表建议办理“四评”机制，建立“重点督、分工督、集中督、跟踪督”全方位督办体系，依托数字化应用场景，开展建议办理“回头看”满意度测评，合力推动议案建议落到地、办得好。年内，226件建议全部办理完毕，解决率81.4%。用好小微建议办理专项资金，推动民生“关键小事”落地。

资料

“四评”机制： 指区人大常委会在督办人大代表建议过程中，对建议交办合理性进行预先评议，对建议解决进度进行跟踪评判，对“无法解决”或“留作参考”建议进行合理评估，对建议解决满意度进行分类评价的工作机制。

小微建议： 指人大代表在人民代表大会闭会期间因突发事件、群众反映强烈、需求迫切而提出的无明确责任单位、无明确资金来源、无年度财政预算却又科学合理的民生建议。

（张华峰）

上城区人民政府

综 述

【经济社会稳步发展】 2023年，区政府坚持以习近平新时代中国特色社会主义思想为指导，深入学习贯彻中共二十大精神和习近平总书记考察浙江重要讲话精神，践行“八八战略”，坚决贯彻落实三个“一号工程”、“十项重大工程”和“两场硬仗”部署要求，推动全区各项事业实现新进展，获取新成效。全年实现地区生产总值2668.48亿元，比2022年增长4.3%。其中，服务业增加值2046.53亿元，增长6.4%；固定资产投资增长11.1%；社会消费品零售总额1107亿元，增长3.2%。完成财政总收入460.82亿元，增长13.6%。引进东方电气集团光伏全球总部、中兴新集团长三角总部等总部项目46个。一汽奥迪全国销售总部等59家企业被认定为全市首批总部企业，新增上市企业3家。实现税收亿元楼宇64幢、税收10亿元楼宇10幢，上城区获评中国楼宇经济标准引领示范城区。教育、医疗、养老、托幼、文体等公共服务优质均衡水平不断提升。深化教育综合改革，全国义务教育优质均衡发展区、国家学前教育普及普惠区通过创建评估，教育现代化发展水平监测全省第一。“十分优享”公共服务体系持续完善，建成的“幸福邻里坊”增至62个。上城区成功创建省首批双拥模范城区。

【政府信息公开】 2023年，上城区以公开促落实、强规范、补短板、优服务，全面推进政府信息公开工作。全区主动公开政府信息4985条，依申请公开办件611件，转结下年度办理7件。在政府网站新开设“上城区创建全国基层中医药工作示范区”“上城亚运”等专题栏目，分领域、分板块集中公布教育、医疗、水电气、环境保护及国有企业等相关信息，实现各领域政府信息有效公开。建设以“上城发布”为主，其他政务新媒体账号为辅的区域“1+N”精品政务新媒体矩阵，全面清理脱管漏管账号和弱运营账号，提升政务新媒体的传播力、引导力、影响力和公信力。主动接受区人大及其常委会的法律监督、工作监督和区政协的民主监督，坚持人大代表、政协委员列席区政府常务会议制度。

【行政效能提升】 2023年8月31日，上城区成立区企业综合服务中心，迭代“五找一提”政企互通平台，182

个增值服务事项、16个“一类事”场景一键直达。推进“大综合一体化”行政执法改革，“综合查一次”实施率不断提升。推出营商环境优化提升二十条政策，推出企业接待日等创新举措，解决问题1.3万个，兑现资金21.4亿元，惠及企业3.4万家次。推行小额交易全流程电子化，全面取消交易文件工本费，1549个限额以下公共资源交易项目开标“云直播”，1.86万人次企业交易“不见面”，降低交易成本85%以上。

【政务督查】 2023年，上城区围绕区委、区政府重大决策部署，开展政府决策事项、民生实事、安全生产等方面的专项督查，完成各类督导检查150多次，形成各类报告通报70多篇，促进各项政府工作落实。高标准统筹民生实事项目，建设共同富裕典范城区，10项民生实事按期完成。高质量完成领导批示办理工作，344件省、市领导批示和671件区主要领导批示按期办结。

【建议提案办理】 2023年，区政府办理市人大代表建议11件、市政协提案7件、区人大代表建议231件、区政协提案169件，所有建议提案在规定时间内办理完毕。建议提案办结率、面商率、满意率均100%。

【民生实事项目完成】 2023年，区政府坚持以人民为中心的发展思想，践行“民呼我为”理念，用心、用情、用力办好民生实事。坚持统筹兼顾，围绕民生所需和既定目标任务，高标准、严要求、快速度推进民生实事开展，及时对各项目进行任务分解，明确牵头领导、责任部门，人民群众获得感、幸福感、安全感更加充实、更有保障、更可持续。年内，2023年度区政府10件民生实事项目均按期完成。

（杨绍临）

表6　　2023年上城区十项实事工程及落实情况一览表

实事项目名称	实事项目内容	实事项目完成情况
建设“美好校园”项目	建成中小学、幼儿园9所，新增学位8300个；建成老年学校2所、培育优质老年学校1所，实现老年大学街道层面全覆盖	建成中小学、幼儿园9所，新增学位数8370个；建成老年学校2所、培育优质老年学校1所
青少年“正脊工程”项目	开展脊柱侧弯脊椎骨错位、滑脱等问题危害性宣传教育，为全区近12万名义务教育段学生开展脊柱侧弯风险筛查及康复指导	完成12.54万名义务教育阶段学生脊柱健康筛查，出具报告反馈及康复指导意见
打造“幸福+”养老服务项目	新增认知障碍照护专区床位170张，安装老年人“安居守护”智慧套件500户；新增康养联合体3个；按照“十五分钟服务圈”布局“幸福食堂”系列老年助餐服务点，实现超过60%的“幸福食堂”能为上城老人提供三餐	新增认知障碍照护专区床位250张；为500户独居老年人免费安装“安居守护”智能安全监测设备；新增康养联合体3个；完成布局“幸福食堂”系列老年助餐服务点工作，新建“幸福·邻里食堂”24个、幸福助餐点13个，完成率112%；96%的“幸福·邻里食堂”实现为上城老人提供三餐
打造宜居家园项目	筹集保障性租赁住房3000套（间）；建成安置房39万平方米；完成回迁安置2100户；开工老旧小区综合改造提升项目60个、完工80个；推进老旧小区住宅加装电梯80台以上；新增停车泊位3900个以上、新能源汽车充电桩（枪）800个以上	筹集保障性租赁住房3139套（间）；建成民生实事安置房项目4个，建筑面积39.4万平方米、2261套；完成回迁安置2416户；开工老旧小区综合改造提升项目60个、完工80个；完成老旧小区住宅加装电梯82台；完成新增停车泊位3927个；建成新能源充电桩（枪）800个

续表6

实事项目名称	实事项目内容	实事项目完成情况
“幸福邻里坊”公共服务体系建设项目	启动建设“幸福邻里坊”社区共富综合体83个，建成40个	启动“幸福邻里坊”建设85个，建成45个
建设嵌入式体育设施项目	建成“家门口”的嵌入式体育设施100处	完成100处嵌入式体育设施建设
打造“没有围墙的博物馆”项目	引进5家特色型文博类机构，建成首批10条“韵味百巷”	引进特色型文博类机构7家，其中5家已向市民开放；完成首批10条“韵味百巷”建设
社区应急消防项目	在老旧小区设置应急救援与安全装备柜2000组，为群众提供随手取用防灭火工具，邻里互助把火情消灭在萌芽状态，实现微型消防站功能延伸；通过强化作训，提升社区微型消防站应急处突能力	完成重点区域“安全卫士——上城区应急消防装备柜”安装2665组；完成全区32个微型消防站组织训练、比武考核、日常督察检查、基础建设、软件推广等消防“13510”灭火力量建设
提升居民小区宜居环境项目	完成36个居民住宅小区二次供水设施改造；创建省级垃圾分类高标准示范小区10个；打造公园绿地23万平方米	完成36个居民住宅小区二次供水设施改造；完成10个省级垃圾分类高标准示范小区创建工作；打造公园绿地25.02万平方米
普惠托育服务社区全覆盖项目	新增婴幼儿照护托位600个，其中幼儿园托幼一体托位300个；推进社区成长驿站建设；建设“医、防、护”儿童健康管理中心，开展婴幼儿家长养育技能提升课堂100场	新增婴幼儿照护托位1229个；提前完成300个幼儿园托幼一体托位；建成社区成长驿站18个，完成率180%；建成“医、防、护”儿童健康管理中心4个，完成率400%；开展婴幼儿家长养育课堂141场

（资料来源：区政府办公室）

表7　2023年上城区人民政府重要文件一览表

文号	发文日期	文件标题
上政办函〔2023〕20号	2023-06-05	关于印发杭州市上城区城市燃气管道更新改造实施方案（2023—2025年）的通知
上政函〔2023〕38号	2023-06-06	关于推动经济高质量发展若干政策的通知
上政函〔2023〕70号	2023-09-14	关于印发杭州市上城区博物馆群落建设扶持办法的通知
上政办函〔2023〕27号	2023-09-21	关于印发上城区老旧小区住宅加装电梯工作实施方案的通知
上政函〔2023〕71号	2023-09-22	关于印发上城区高质量发展产业基金管理暂行办法的通知
上政办函〔2023〕29号	2023-10-13	关于印发杭州市上城区入河入海排污口排查整治实施方案的通知
上政办函〔2023〕30号	2023-10-13	关于公布区政府及区政府办公室行政规范性文件清理结果的通知
上政函〔2023〕93号	2023-12-26	关于印发杭州市上城区社区集体聚餐食品安全风险防控指导意见的通知

（资料来源：区政府办公室）

区政府重要会议

【区政府全体（扩大）会议】 2023年，区政府召开全体（扩大）会议2次。1月20日，区政府召开一届区政府第三次全体（扩大）会议。会议围绕贯彻区委一届三次全会和区两会精神，分解落实《政府工作报告》各项任务，动员政府系统狠抓全年各项工作。会上颁发重点工作任务清单和安全生产责任书。4月28日，区政府召开一届区政府第四次全体（扩大）会议。会议主题为“奋战60天、攻坚二季度、夺取半年红”，贯彻市政府有关会议和区委常委会经济形势分析会精神。会上颁发“决胜二季度打赢翻身仗”任务书，部署全区二季度经济攻坚重点工作任务。

【区政府常务会议】 2023年，区政府召开常务会议21次。

1月3日，区政府召开一届区政府第十五次常务会议，研究2023年《政府工作报告》、2022年度民生实事项目完成情况和2023年度民生实事候选项目、《上城区2022年国民经济和社会发展计划执行情况与2023年国民经济和社会发展计划草案的报告（审议稿）》等事宜。

1月16日，区政府召开一届区政府第十六次常务会议，研究2022年度上城区法治政府建设情况、《上城区进一步加强招投标领域专项整治与提升工作行动方案》等事宜。

3月2日，区政府召开一届区政府第十七次常务会议，学习公平竞争审查相关制度法规，传达省、市安全生产和消防工作会议精神，部署2023年度安全生产重点工作计划，研究《关于进一步鼓励企业在上城区购置办公楼宇的实施意见》《关于鼓励企业做大产值（营收）的实施意见》《上城区关于落实大宗贸易企业鼓励政策的实施意见》《关于推动直播电商产业高质量发展若干意见》《上城区营商环境优化提升二十条》等事宜。

3月14日，区政府召开一届区政府第十八次常务会议，研究有关事宜。

4月6日，区政府召开一届区政府第十九次常务会议，学习贯彻习近平总书记关于统计相关重要批示精神，研究开展第五次全国经济普查工作、第1季度全区消防安全工作、《上城区安置房不动产登记涉及历史遗留问题安置核查细则》等事宜。

4月27日，区政府召开一届区政府第二十次常务会议，研究有关事宜。

5月12日，区政府召开一届区政府第二十一次常务会议，研究全区建设工程领域安全生产工作、《上城区关于推动经济高质量发展的若干政策》《上城区城市燃气管道更新改造实施方案》等事宜。

5月22日，区政府召开一届区政府第二十二次常务会议，研究《上城区加快元宇宙产业创新发展的若干措施》等事宜。

6月2日，区政府召开一届区政府第二十三次常务会议，研究迎亚运城市重点区域夜景灯光提升项目建设等事宜。

6月15日，区政府召开一届区政府第二十四次常务会议，研究拟对李银蛟、彭清林两人行政奖励等事宜。

6月26日，区政府召开一届区政府第二十五次常务会议，学习《浙江省行政合法性审查工作规定》，传达中央、省、市关于防汛防台工作的指示批示精神，研究全区防汛防台和燃气安全工作、《杭州市上城区国土空间分区规划（2021—2035年）》等事宜。

7月18日，区政府召开一届区政府第二十六次常务会议，传达习近平总书记对防汛救灾工作、对宁夏银川市兴庆区富洋烧烤店燃气爆炸事故作出的重要指示，研究全省安全生产隐患大排查大整治行动工作会议精神、《浙江省生产安全事故责任认定规定（试行）》精神和上城区贯彻落实情况，研究《上城区2023年上半年国民经济和社会发展计划执行情况（审议稿）》等事宜。

7月31日，区政府召开一届区政府第二十七次常务会议，研究上城城发集团参与相关地块竞拍等事宜。

8月4日，区政府召开一届区政府第二十八次常务会议，传达学习《关于在全省开展党员干部违规吃喝问题专项整治工作方案》，研究《上城区老旧小区住宅加装电梯工作实施方案》等事宜。

8月31日，区政府召开一届区政府第二十九次常务会议，传达全省安全生产调度会精神，研究近期全区消防安全工作、《杭州市上城区突发事件总体应急预案》修订，以及《上城区人民政府关于推进博物馆群落建设的扶持办法》《关于加快上城区总部经济发展的若干意见》《上城区高质量发展产业基金管理暂行办法》等事宜。

10月7日，区政府召开一届区政府第三十次常务会议，研究2023年上半年全区垃圾分类工作、《杭州市上城区入河入海排污口排查整治实施方案》等事宜。

10月17日，区政府召开一届区政府第三十一次常务会议，研究“势起东方·时尚杭州”系列活动方案等事宜。

11月16日，区政府召开一届区政府第三十二次常务会议，研究望江单元SC0402-B1/B2/S2-15地块投资开发协议等事宜。

11月29日，区政府召开一届区政府第三十三次常务会议，研究《杭州市上城区国民经济和社会发展第十四个五年规划和二〇三五年远景目标纲要实施情况中期评估报告》、2023年城建计划调整等事宜。

12月5日，区政府召开一届区政府第三十四次常务会议，专题学习上城区大气污染成因和精细化管控对策，研究全区大气污染防治工作；学习贯彻习近平总书记关于防灾减灾和安全生产工作重要指示；传达国务院及省委、省政府相关会议精神；研究做好岁末年初安全生产工作等事宜。

12月15日，区政府召开一届区政府第三十五次常务会议，研究上城信息智能高新技术产业园区扩大管理范围等事宜。

（杨绍临）

应急管理

【概况】 2023年，上城区贯彻“安全第一、预防为主、综合治理”的工作方针，围绕杭州亚运会、亚残运会工作重心，做好应急管理保障工作。按照“统一指挥，协同作战，分级负责”的原则，统筹推进应急救援力量建设，完善各类应急预案，开展实战演练，提高应急救援实战能力，基本实现应急队伍快速响应、资源共享、协调联动，基层应急管理体系和能力建设深化拓展，在预防和处置各类突发事件中发挥作用。

【区应急指挥中心建设】 2023年，区应急指挥中心根据“一张网”和“一盘棋”的整体架构，推进区应急指挥大厅与社会治理大厅“背靠背”建设，配置500平方米大厅、43平方米大屏、会商室、机房、休息室等场所和设备，依托视联网、宝利通、卫星电话、窄带通信等通信系统及设备，打造高效、协同、科学的应急指挥调度系统，实现安全生产、自然灾害等突发事件的源头管控、过程监测、预报预警、应急处置。基于浙江省一体化数字资源系统公共数据平台资源优势，接入气象、地质、水利预警预报信息，通过推进省、市及全区15个街道（管委会）可视化联通，实现重点监控巡查、预警实时同步，做到资源信息共享共治、综合研判、整合利用，实现监测防控“看得见”、事故隐患“摸得清”、安全风险“管得住”。

【基层应急管理体系和能力建设】 2023年，区应急管理局以建立“标准统一、功能完备、上下贯通、整体联动”的高效管理责任体系为目标，结合全区实际，在全市率先推出《上城区基层应急消防管理现代化体系建设实施意见》，明确街道、社区（村）应急消防管理体制机制，推进安全生产、消防安全、自然灾害等职能融合和统筹协调，完善权责统一的基层应急消防管理责任制。按照“有站点、有人员、有器材、有战斗力”标准，采取统建、自建、合建等方式推进应急消防站规范化改造，全面提升街道应急消防管理站、区域性微型消防救援站、社区微型消防站及小区消防救援点四级基层应急消防管理体系建设，构建起“区—街道—社区—网格”一贯到底的应急力量体系。推进“安全卫士——社区应急消防装备柜”建设，统筹谋划、创新赋能，推动应急和消防工作向楼道单元延伸，打通应急消防“最后一公里”到“最后一纳米”。聚焦老旧小区单元楼道、电动自行车集中充电点、专业市场、景区街区、沿街店铺等人员密集场所，实现重点区域应急消防装备柜全覆盖。投入专项资金596万元，安装完成15个街道（管委会）、133个社区共2665组应急消防装备柜，配备灭火器、灭火毯、水枪、水带、逃生面罩、逃生绳、应急灯、绝缘手套等12种应急消防器材8.41万件。社区应急消防装备柜成为全省首个布局小区单位楼道种类最多、规格最齐的应急消防公共安全产品。年内，全区14个街道应急消防管理站100%通过市级达标验收。

【应急值守与信息分级流转】2023年，区应急管理局严格落实24小时“1+2+3”值班值守模式，即每日安排1名带班领导、2名值班员、3名保障服务人员，立足于“早发现、早报告、早控制、早解决”的工作要求，健全“值班带班明白纸、业务操作流程图、值班平台一览表、信息报告模板卡”全流程全链条操作指南，实现问题上报、研判、流转、处置全过程闭环管理。基于全区“天网工程”公共视频平台，横向联合公安、住建、城管、交警等监控资源，纵向连接省、市、区及15个街道（管委会），同时依托单兵、布控球、卫星电话、无人机等技术设备，实现“110”“119”“120”信息的互联互通和指挥调度的实时化、可视化、智能化。

【突发事件应对处置】2023年，上城区建立以区应急指挥中心为枢纽的紧急信息接收、响应、流转、处置机制，健全“1分钟接警、3分钟出动、5分钟启动处置”的“135快速应急处置圈”，实现区、街道、社区三级应急处置联动机响应机制。区应急管理局依托区及街道综合应急救援、社会应急救援、专业救援、应急救援专家等综合应急救援队伍，突出“综合融合整合”功能，将安全生产、防汛防台、防灾减灾等职责纳入日常工作巡逻范畴，与街道应急消防管理站、区域性微型消防救援站、社区（村）微型消防救援站协同，借助智能系统及全科网格，实现线上、线下全时段全域管理。全年有效处置工地施工突发事件、防汛和火灾警情等157起。

【防汛防台】2023年，上城区严格落实防汛行政首长负责制和岗位责任制，实行“区领导包街道（管委会）、街道包社区（村）、社区（村）包户到人”。推进“1833”联合指挥体系建设，系统构建一个指挥体系、两

2023年6月21日，上城区开展2023年“迎亚运、保平安”防汛防台综合应急演练
（区应急管理局 供稿）

清单两方案、三大场景、双十条要求的“12310”工作机制，完善指挥体系、责任体系、预案体系、监测预警体系、队伍和物资保障体系、基层防汛防台体系6项工作体系，通过“八张风险底数清单”“重点隐患落实清单”两清单常态风险管控、“应急救援力量联动方案”“人员转移方案”两方案物资队伍前置，全面落实防汛责任。区防汛防台抗旱指挥部办公室牵头协调各街道、部门聚焦汛期、台风期等重要时段，紧盯地下空间、城市易涝点、在建工地、危旧房、地铁站、客运中心等重点区域的防汛隐患排查督查，落实防汛问题隐患“发现、交办、整改、督查、销号”全过程闭环整改。7—8月短期临时强降雨和台风期间，全区出动检查人员1.17万人次，处置各类隐患350多个。推进省应急管理厅“城市内涝和运行安全智能协同应用”应用试点项目建设，打造“一键直达”“风险管控”“应急处置”3个应用场景，创新“清单化梳理、智能化关联、标准化处置、层级化督办”风险精准管控模式，加强气象风险预警扁平直达，将原有30分钟响应缩短至3分钟以内，实现事件处置有效联动、信息共享、统筹指挥，落实风险协同管控和事件协同处置闭环，提升防汛防台指挥体系协同作战能力。该应用接入8类16项监测预警数据，通过短信、“浙政钉”、智能语音电话智能叫应9.6万人次，协调管控风险点位6892点次，智能联动处置突发事件76起。台风“杜苏芮”“卡努”期间，向基层、社会面发送预警单7.63万人次，智能语音叫醒410次，闭环管控6892点次。年内，区基层防汛防台体系被评为省级优秀等次。

资料

“1833”联合指挥体系建设：1”指1个联合指挥部；“8”指8个风险研判小组；第一个“3”指风险提示单、预警响应单、管控指令单3张单；第二个“3”指通过一个短信、一个电话、一个视频“3个一”，叫应叫醒关键人，激活全体系。

【森林防灭火】2023年，上城区贯彻落实“预防为主、积极消灭”方针，推进森林防灭火规范化建设。区森林防灭火指挥部聚焦春节、元宵节、区两会、清明、亚运会和亚残运会关键节点，定期组织指挥部成员单位对丁兰街道和皋城村、沿山村等重点区域的森林防火工作进行形势研判与专题部署。将高空森林瞭望系统、防火热成像监控等可视化应用场景融入指挥室驾驶舱，专线接入指挥室大屏和景区游客中心监控平台，配置无人机、车载云台、单兵布控球、可视化对讲仪，开展“全时段、全覆盖”预警监测。划定防灭火责任区域7个，整合专职护林队伍及巡山护林员、景区保安员等网格力量开展常态化森林消防安全检查，实现山林防火巡视巡察全覆盖。冬季开展消防安全检查248次，制止野外用火9起。制定森林防火宣传方案，明确冬至期间森林防火宣传重点。更换游步道、公墓等重点区域、重点部位横幅20多条，发放宣传折页、宣传品6000多份，发送提示短信3万余条。常态化开展森林防灭火突发事件应急演练，培养高素质的森林火灾扑救骨干，提升队伍战斗力。12月，上城区森林防灭火指挥部与拱墅区和临平区的相关机构，以及蓝天应急救援队、上城区民安公益救援中心等救援队伍进行跨区域联合演练，提升森林消防队伍应急响应、指挥调度、协同配合和综合救援能力。

【抗雪防冻】2023年，上城区立足“保畅通、保树木、保供应、保民生”的工作目标，做好抗雪防冻各项工作。紧盯危旧房、在建工地、人行天桥、户外广告牌、外挂式设备、雨棚、地质灾害风险防范区等重点领域（场所），及时开展抗雪防冻安全隐患专项检查。抗雪防冻期间，出动巡查人员1279人次，对49个小区的户外管道、消防栓采取包裹保温棉等措施，排查出各类重点风险4759处，全部按照管控要求落实责任和应急处置措施。区抗雪防冻办公室根据抗雪防冻应急预案，做好抗寒物资的摸底排查，全区预置区、街道两级抗雪防冻应急队伍64支、2296人，各类物资储备齐全充分。12月，组织杭州上城区市政工程集团有限公司、杭州路通市政园林工程有限公司、杭州路通环境科技有限公司的6支小分队、20多辆清雪车辆设备开展抗雪防冻应急演练，提升应急保障队伍应对冬季突发性问题的处置能力与效率。

【抗震设防】 2023年，上城区开展重大基础设施地震灾害风险摸排、新建工程抗震设防工作落实督查检查、抗震设防信息采集工作。区应急管理局印发《关于做好2023年度上城区房屋设施抗震设防信息采集工作的通知》《关于开展上城区2023年新建建设工程、重大工程抗震设防要求落实情况检查工作的通知》，并发放采集操作手册，加强业务培训和监督指导工作，严格审核、复核采集数据，实地检查重大工程、新建工程抗震设防工作落实情况。全年全区完成建设项目信息采集55处376条，信息采集量居全市第1位。

【避灾安置场所规范化建设】 2023年，区应急管理局以《杭州市上城区避灾安置场所运维规范》为依据，完善避灾安置场所管理制度、日常管理办法、人员守则等9项工作制度，明确避灾安置场所工作流程、网格化协同管理、“一对一”联络机制、“周检查”制度等，与区妇联、团区委、区红十字会、区文广旅体局等部门协调合作，形成联动保障机制。全年全区设立避灾安置场所205个、临时避灾安置场所2个，建设完成19处（规范化建设14处、提升改造5处）避灾安置场所，全区有规范化避灾安置场所193个，其中区级2个、街道级14个、社区（村）级177个，规范化率94.1%。选定杭州李宁体育园临时安置场所、丁兰街道避灾安置中心（浙江师范大学附属丁蕙实验小学）分别作为千人级、百人级避灾安置场所示范工程的建设试点，及时下发工作方案，明确建设任务、时限和工作要求，细化分工，落实责任，完成避灾安置场所示范工程建设试点工作。推进减灾示范社区创建，按照“控制数量、提升质量、动态管理、激励支持”的原则，对照省级综合减灾示范社区标准和条件，严格落实方案施行、督查指导、验收评估等工作，保证综合减灾示范社区创建质量，凯旋街道景芳社区、九堡街道三卫社区被评为2023年浙江省综合减灾示范社区。

【应急宣传培训与演练】 2023年，区应急管理局开展应急宣传培训和演练，拓展居民群众参与公共安全治理渠道，提升全民安全素质和社会安全水平。开设“安全好街坊”抖音号，通过抖音、微信、微博等新媒体安全栏目，宣传用电、用气、用火等安全知识。制定《安全生产宣传教育培训工作计划》，围绕“五进”（进企业、进农村、进社区、进学校、进家庭）宣传主线，拓展全区16个三类以上应急（安全）宣传教育体验馆作用，发挥社区尚应学院宣传教育作用，结合不同群体需要，创新开展“百场宣教进社区、进企业”“开学安全课”等宣传活动，提高社区群众、企业员工和学生安全防范和自救互救能力。推进街道综合应急和消防救援队伍救援技能提升，围绕应急处置实战需要，按照“每月一科目”制定计划方案，严密组织技能竞赛、岗位练兵等活动，赛训结合、以赛促训，提升街道应急救援队伍科学处置自然灾害和突发事件能力。全年开展培训125次，培训群众4000多人；将省红十字生命教育体验馆申报为上城区应急（安全）宣传教育体验馆一类馆。

（李雪柔）

消防救援

【概况】 2023年，上城消防救援大队下辖景芳、近江、鼓楼、九堡、湖滨、笕桥、复兴、七堡、艮山、闸弄口、丁桥11个消防救援站，其中丁桥消防救援站为年内新增。全区有消防指战员119人，配备执勤消防车47辆。年内，大队围绕“奋进一流、勇当领跑”的总体工作目标，强基固本、稳中求进，压实火灾防控、狠抓队伍管理、提升后勤保障，打赢亚运消防安保攻坚战，实现队伍建设和业务建设“双丰收”。全年接警出动788起，其中火灾扑救489起、其他289起，直接财产损失414.6万元，过火面积641.2平方米，受伤7人；出动队伍2983队次、人员3.04万人次、车辆5319辆次。全年监督检查单位3200家次，发现整改隐患1495处，发出责令改正通知书931份，行政处罚411起，临时查封57起，责令停产停业150家，处罚金额421.65万元，行政拘留32人。

【生命通道整治奖励实施】 2023年，上城消防救援大队针对消防车道覆绿小区整治经费筹集困难的实际，摸清现状，争取政策支持。对接财政部门反复研究，多次组织召开协商会，经多次修改，最终拟定《上城区高层住宅小区生命通道整治奖励实施办法》。9月25日，该办法由区财经工作联席会议审议通过。根据文件要求，区财政局结合覆绿小区完成整治数量及整治计划落实情况，计划分3年拨付2000万元给予街道奖补经费，纳入次年财政预算。至年末，区财政拨付整治奖励经费690万元，完成整改覆绿小区26个。

【消防设施建设与维护】 2023年，上城消防救援大队深化消防设施建设与维护。在原有31个区域微型消防站的基础上，指导街道持续加强站点建设，提升“135”快速反应作战圈机制，年内，微型消防站迁建1个、新建8个，经业务培训、实地核查、现场验收后全部投入执勤备战。8月，丁桥消防救援站完成竣工验收并投入执勤。该救援站位于建塘路99号，总建筑面积3387平方米。12月，南星消防救援站主体完工。该救援站位于秋涛路154号，总建筑面积1209平方米。皋亭山消防救援站进入规划征地阶段。

【市级重大火灾隐患单位摘牌】 2023年11月14日，杭州市消防安全委员会发文同意杭州意法服饰城有限公司市级挂牌督办重大火灾隐患单位摘牌。杭州意法服饰城于2019年被市政府挂牌督办，由于建筑建设年代久，隐患整改涉及群体多、隐患数量多、投入资金多、涉及部门多，整治阻力较大，工作进度迟缓。年初，区政府及相关部门专门成立由区政府主要领导任组长、14个政府相关部门负责人为成员的专班，明确亚运会举行前隐患“清零”的工作目标，细化“设计、专家评审、图审、部门联合审查、施工、部门联合验收”的工作思路，倒排计划，压实责任，推进隐患督改。经各街道、各部门通力协作，杭州意法服饰城于8月完成重大火灾隐患整改。

【消防安全知识普及】 2023年，上城消防救援大队全面开展消防“五进”（进家庭、进社区、进学校、进企业、进农村）宣传活动，开展集中培训活动60多次。结合安全生产、“5·12”全国防灾减灾日、“3·15”消费者权益保护日、“11·9”消防安全月等重点时段开展宣传活动，发放资料1.5万份，普及2.5万人。劳动节、中秋节、国庆节期间，在全区8块户外大屏、50多块户内屏幕循环播放消防安全广告。依托街道消防宣传大使、社区志愿服务队和消防安全重点单位自主管理平台，发动群众、流动人口开展“消防蓝码”申领推广，全年全区申领2.4万人次。3月14日，浙江省消防救援总队联合杭州市消防救援支队在杭州大剧院广场举行浙江省暨杭州市“3·15”消防产品宣传月启动仪式。活动中展示智能感烟火灾探测器系列、安全用电系列、可燃气体探测器系列、逃生套包及消防救援机器人等消防科技产品，并操作气体灭火对比试验、机器人巡逻灭火实验和真伪产品灭火效果比对实验，以现场效果展示灭火新科技。

【亚运会消防安保】 2023年，上城消防救援大队围绕“零火情、零火警、零火灾”工作目标，推进亚运会消防安保工作走深走实。构建“1+14+37+1056+X”三级网格社会面火灾防控体系，加强分片包干责任落实和组织领导统筹协调。围绕涉会场馆“点线面”，完善基础信息“一口清”，以1个竞赛馆、7家接待酒店、2条火炬传递路线及其周边区域为重点，开展多轮系统排查，实名管控重点建筑，动态消除消防隐患。落实“不放心”对象前置驻点帮扶，开展“不放心”区域全时段巡防，大队全员出动，深入14个街道、56个不放心单位和3个不放心区域指导消防工作，派消防车对3个重点区域开展巡逻驻防。依托基层基础大排查、巡防值守“守护家园”活动，推进基层综合治理，发动全区9000多名网格员，巡防居住小区1.8万个次，检查社会单位4.5万家次，敲门守护家庭2.6万户，开展消防演练1000多场次。

资料

“1+14+37+1056+X”：指1个社会面防控、14个块状防控、37个区域微站防控、1056个重点防控、X个条线防控。

（施桢俊）

政务服务与公共资源交易

【概况】 2023年，上城区聚焦省委营商环境优化提升“一号改革工程”决策部署，加快构建智慧便捷、泛在可及的政务服务体系，打造阳光透明、公平择优的公共资源交易环境。打造“上心办”政务服务品牌，实体化运作区企业综合服务中心，推出政银合作、交易“一键达”等具有上城辨识度的改革成果。增值服务工作亮点获省、市相关领导批示肯定，专项整治相关成效获市领导肯定，企业服务、释放亚运红利等举措被中央广播电视总台、《浙江日报》等主流媒体报道。全年全区完成公共资源交易项目2772个，总成交金额70.22亿元，实现节资率12.6%。全年产权项目515个，成交额1.25亿元，溢价率18.6%，产权增值率10%，比2022年增长185.1%。年内，区审管办（区公管办）获评2023年度全国公共资源交易优秀监管机构、杭州市审管系统政务服务最佳创新争先奖；杭州市公共资源交易中心上城分中心获评2023年度全国十佳公共资源交易中心（区县级）；上城区政务服务中心获评2023年杭州市“最美窗口”。

【三级政务服务体系建设】 2023年，上城区深化区、街道、社区三级政务服务体系建设。强化品牌建设，完善“全时办”。打造“上心办”政务服务品牌，加强三级大厅标准化及人才队伍职业化建设，全区365人获政务服务办事员职业技能等级认定，覆盖范围全市第一；深化政务服务“一窗通办”，推进事项“掌上办”，迭代升级“一件事”集成服务，80%以上窗口实现业务综合办理；设置“24小时不打烊”智慧政务大厅，覆盖商事登记、税务等16个大类、150个高频事项。深化政银合作，强化就

2023年9月，区审管办发布“上心办”政务服务品牌
（区审管办 供稿）

近办。全区布局街道级线上办事大厅57个、社区级线上办事大厅200个，产生办件17.41万件，为8.26万家企业提供“一件事打包办”服务；辖区所有街道、80%以上社区设置24小时服务区，群众往返大厅时间平均减少80分钟；整合银行网点和街道便民服务中心企业事项，全区有32个银行网点提供23个涉企高频事项办理和20项金融增值服务，服务企业1144家，个体户联办事项实现所有网点可办。

【政务服务增值化改革推进】2023年，上城区聚焦企业需求，推进政务服务增值化改革。谋划上城区营商环境五年行动计划，编制《上城区优化提升具有“上城辨识度”的营商环境实施方案（2023—2027）》，推出《上城区营商环境优化提升二十条》。在区政务服务大厅二楼打造区企业综合服务中心，首批推出金玉联盟、法律服务、政策集成等16个增值服务专窗，涵盖金融、法律、兜底等9个增值服务板块，建立“前台综合受理、后台分类联办、限时办结反馈”的运行模式。制定完善涉企问题高效闭环解决机制，实现企业需求“一个口子”受理、流转、督办、反馈。依托“五找一提”平台，完成38条惠企政策、40个中介组团、108个金融产品集成上线，兑现财政扶持资金20.39亿元。以九和魅社区为试点，设置九和魅增值专窗、为企服务工作室等，实现企业服务平台的实体化运作；打造湖滨增值服务驿站，首次推出32个特色增值服务事项清单，满足商圈店铺办事需求。

【数智交易转型升级】2023年，上城区聚焦交易“电子化”“透明化”“公开化”，推进“数智交易”转型升级。推行小额交易全流程电子化，实现“不见面”交易、全程留痕。全年完成各类小额交易项目2247项，成交11.66亿元，节约资金7011万元，中小企业成交率95%以上。优化“尚小易”使用场景，新增“小额便利店”模块，259家供应商“零门槛”入驻，成交订单480笔，合同金额2059.37万元。开发和建设产权交易公开招标项目全流程电子化交易系统，完成全区首个产权全流程电子化交易公开招标项目。在公共资源交易领域先行先试数字人民币应用，在全省范围内率先完成评审费用数字人民币支付。至年末，该场景在1173个限额以下交易项目中被应用。

【公共资源交易环境优化】2023年，上城区以数字化改革为牵引，优化交易环境、提高交易效率，降低企业成本。创新“不见面开标+远程异地评标”新模式，与湖南等3个省份建立远程异地评标合作，远程异地评标范围“扩圈”，完成跨市远程异地评标项目24个（含1个主场项目）。上线“尚小易”门户网站，提供场地预约、数字人民币、电子保函等服务，为各市场主体提供最新的小额交易信息及操作指引。优化政府采购流程，依托政采云系统，实现评审专家电子签章和采购单位在线邀请评审专家、线上确认评标结果，缩减纸质材料30%，提升交易效率50%。全面取消交易文件工本费，优化第三方平台服务收费模式，降低交易成本85%以上。开辟亚运会相关项目“绿色通道”，实行专人全程跟踪服务亚运会相关项目，完成亚运会相关项目7个，成交金额2062.61万元，节约资源率13.5%。

（庄云飞）

数据资源管理

【概况】 2023年，上城区围绕“八大行动”任务，夯实数据底座，发挥赋能作用，做强数字支撑。支撑全区“幸福邻里坊”推广覆盖，配合完成16个社区“三端”（手机端、电脑端、电视端）上架，16个未来社区和智慧社区验收。协助支撑区级重要场景建设，杭州东站“大型综合交通枢纽多跨协同智治体系”获省改革突破奖。“大综合一体化行政执法大数据监督应用”“云联勘应用”被列为省级试点项目，“社会矛盾风险防范化解·专业调解项目”入选省揭榜认领项目名单。《上城区“第三方人员”安全管理案例》入选市公共数据安全典型场景白皮书。推进政务服务增值化改革“一平台”建设，推动企业办事向专区整合，实现为企服务“一站集成”。推动第三批3个重大应用省、市、区、街道、社区五级贯通落地，形成基层智治综合应用贯通准入规范，为“十分优享”公共服务体系建设提供数智支撑。年内，区数据资源局被评为省改革创新成绩突出集体，省高质量“一网通办”五星、省“之江杯”数据治理与创新利用大赛杭州赛区优秀组织奖，市护航亚运政务网络、公共数据、门户网站安全优秀单位等荣誉。基层社会治理数据底座经验先后获市委、市政府主要领导批示肯定。

【公共数据资源开发利用】 2023年，上城区迭代区一体化智能化公共数据平台，推进公共数据资源开发利用。复用IRS数据编目组件，推进数据“全量全要素”归集，全年新增归集25个应用、183张表、758.37万条数据；新增开放数据90.22万条；回流省、市数据135项、7425万条。全年调用数据接口1197万次。年内，“浙政钉”实现“单位内部审批全流程管理”等3个应用场景，入选省“浙政钉”应用优秀案例。“一表通”专题库、社会应急联动系统两大数据产品入选杭州市数据产品优秀案例集。1支队伍入围省2023年“之江杯”数据治理与创新利用大赛复赛，14支队伍入围市分赛区复赛，“公安侧城市风险预警中心”获评市分赛区二等奖、“亲清在线政策智能引擎”获评市分赛区三等奖。

【基层社会治理数据底座夯实】 2023年，上城区迭代升级“一表通2.0”版，动态治理形成全区实有人口173.56万人、居住房屋71.06万间的“人房数据”，夯实基层社会治理数据底座，支撑未来社区建设、“网格走亲·党群融心”大走访、“百日攻坚、护航亚运”等区级重点工作。全年编制形成《上城区实有人口情况分析报告》《基层社会治理数据库建设规范》《“一表通”系统建设运行应用规范白皮书》等制度规范和理论成果31项，形成更多可复制、可推广的上城“数智”经验。年内，“一表通”应用入选杭州城市大脑运营指挥中心·2050厅优秀场景，相关经验在省、市作交流发言。“区房屋身份证赋能基层治理”被列入城市大脑2.0建设首批区县应用试点清单。

资料

杭州城市大脑运营指挥中心·2050厅： 杭州城市大脑运营指挥中心位于西湖区云栖小镇，集中枢运维、指挥应用、成果展示和专班研发于一体，推动城市治理从线下转向线上与线下融合。其中2050厅为全球首个数据即时、系统在线、应用交互的城市大脑体验中心，主要通过触摸屏展示杭州城市大脑中枢系统及多领域的应用实践成果。

【数字化项目全生命周期管理】2023年，上城区秉承“集中精力办大事”原则，加强数字化项目全生命周期管理。组织召开数字化项目初审会5场、专家评审会7场，通过专家评审并立项项目13个，涉及资金4811.43万元，节约资金1461.71万元。优化数字化项目管理系统，实现项目全流程数据采集，归集时效位列全省第一。健全数字化项目全生命管理周期，建设区级绩效评价系统，实现应用数字资源、用户活跃情况无感监测，自动赋分并“一键生成”绩效评价和整改报告。“4+N+X”全流程应用绩效评价指标体系、“看板+指标池+运营数据库”工作在全省先行试点，相关经验在省、市作交流发言。

资料

“4+N+X”全流程应用绩效评价指标体系：指明确指标维度、口径、取数逻辑和计算规则等，反映和衡量政务应用系统运行成效，通过数据分析发现问题、挖掘价值、提出建议。“4”指用户注册目标达成率、活跃度目标达成率、贯通率和业务闭环率4项通用指标，反映政务应用系统运行情况；“N”指N项辅助指标，配合通用指标多维度反映政务应用系统运行成效；“X”指X项业务指标，度量核心业务目标实现。

【一网通办】2023年，上城区依托“一地创新、全省共享”机制，推进事项简表单、减材料、优流程改革，通过召开指标督查会、发布工作通知等方式助推部门提质增效。全年提交创新工单168条，被省建设厅、省民政厅等9家省级单位采纳26条创新工单。开展办事指南人工抽查21期，复查21期，抽查事项1049项，复查406项，“一网通办”平台使用率，线上和线下、大厅窗口“一网通办”率均90%以上，政务服务事项与数据目录关联率100%。监测高质量“一网通办”平台超期受理、超期办理预警信息，发布“双超”红色预警2万余条。

【“数智版”山海协作】2023年，上城区深化“数智版”山海协作，联合衢州市开化县开展数网安全“双向赋能”提升工程，协助开化县构建集指挥、制度、技术、运营、监管于一体的政务网络安全体系。双方建立线上即时沟通、线下定期走访等交流机制，加强互访互学。全年协助开化县完善管理制度15项，丰富常用安全扫描工具9个，检测重点应用13个，处置高危漏洞500多个，应用可用性处置时间平均缩短40%以上，节约经费200万余元。

【信息基础设施维护】2023年，区数据资源局保障区行政中心和区综合服务中心政务网加快融合改造，骨干网络带宽提升至20G、互联网出口带宽4.5G，信息化基础保障和服务能力增强。全年完成7500台终端、外设日常维护和网络调试等工作，服务次数7232次。全年自查发现并处置网络与数据安全隐患4867处，查杀病毒47万次，修复漏洞95万个；分析研判网络安全态势和告警25.2万条，封禁异常IP地址、域名2.4万个，防御、阻断网络攻击539.1万次。部署政务云应用67个，涉及单位42家、云主机260台，全区政务信息系统等级保护备案率95%，该等级保护三级及以上应用系统等保测评良好率100%。以政务外网链路为载体，打造区视频共享平台，打通全区公共管理和社会面视频资源，汇聚视频点位，构建区、街道、社区三级联动管控新格局，实现全区视频资源“多跨协同、共享应用”。

资料

等级保护：指信息安全等级保护，是《中华人民共和国网络安全法》规定的必须强制执行的，保障公民、社会、国家利益的重要工作。具体指对国家重要信息、法人和其他组织及公民的专有信息、公开信息和存储、传输、处理该信息的信息系统分等级实行安全保护，对信息系统中使用的信息安全产品实行按等级管理，对信息系统中发生的信息安全事件分等级响应、处置。等级保护工作包括定级、备案、建设整改、等级测评、监督检查5个阶段。

【亚运会数据网络安保】 2023年，区数据资源局联合区委网信办公室、区公安分局开展“护航亚运”大检查3次，指导15家亚运会保障企业、27家单位整改安全漏洞218个，有效化解各类安全风险。亚运会安全保障期间，围绕“网络不断、系统不停、数据不泄、页面不改”总目标，采用“2+2+N”（2名带班领导+2名值班人员+多领域技术骨干）模式，24小时落实应急值班值守，梳理编制应急响应预案25份，监测研判告警25.2万条，封禁威胁IP地址2.4万个，防御阻断攻击539.1万次，抵御恶意分布式拒绝服务攻击流量1820G，增援城市阳台指挥中心和区亚（残）运会运行保障指挥部技术保障569人次。全区政务网络、公共数据、政府门户网站无安全事件发生，完成亚运会、亚残运会数据网络安全保障任务。

（毛　勇）

侨　务

【概况】 2023年，区侨办创新活动载体和工作机制，拓展和深化侨务领域，做好侨资企业、侨界人士服务工作，积极团结海外侨胞、归侨侨眷为家乡建设添砖加瓦。发挥侨界人士积极性，组织侨界青年学习中共二十大会议精神和区委、区政府重大决策重点项目及社会热点问题，为建设“最杭州、新上城”贡献侨界力量。

【侨企服务】 2023年，区侨办发挥海外联系广泛的优势，加强与省、市对口部门的联系，探索交流合作机制，拓宽服务渠道，服务侨企发展。2月8日，开展“大走访、大调研、大服务、大解题”活动，点对点式与侨企深入交流，了解企业需求，建立问题清单，走访重点企业6家，解决实际问题2个。2月17日，开展“深度走基层，共助侨企迎新篇”走访调研。深入做好为侨服务，搭建“以侨引侨”“以侨联侨”的优质平台，打造杭州为侨服务的上城样本。全年走访侨企38家，帮助解决侨企在杭州营商环境和合法权益事项等7件。

【侨界权益维护】 2023年，上城区结合传统节假日及重要活动等节点，开展侨界人士走访慰问活动。全年走访慰问侨界代表人士120多人，发放慰问品折合金额6万余元。主动做好暖心服务，切实维护区归侨侨眷的合法权益，帮助解决实际问题，受理信访件5件，完善“最多跑一次”政务服务事项，办理“三侨生”（归侨青年、归侨子女、华侨在国内的子女）中考、高考加分初审14件，华侨、归侨、侨眷身份认定4件。

【海外侨领研习班活动】 2023年10月13日，杭州市海外侨领研习班走进上城，60多名杭州侨界人士及侨商海外侨团负责人参加。研习班在“杭州亚运人文体验点”——南宋德寿宫遗址博物馆，实地体验宋韵文化；在尚坤·

丁兰小镇实地考察数字化、互联网+等园区产业。

（楼泽华）

港澳台事务

【概况】 2023年，区委统战部贯彻落实省委、市委对港澳工作的具体要求，统筹资源，发挥杭州上城旅港同乡会的桥梁纽带作用，增进港澳青年在经贸、文化等方面的交流，加强认同感。区台办贯彻党的对台工作方针政策，及时学习领会上级有关精神，结合上城实际，开展新形势下各项对台具体工作。高标准、零差错完成亚运会保障各项任务。多次组织14个街道走访核实涉台人、企底数，全区有存续台企99家、台胞台属91人、常住台胞300多人。协调处理各类咨询求助事项30多件，涉及子女就学、创业扶持、医疗救助、困难帮扶等方面。发挥上城独特区位优势和文化特色，全面展示“宋韵文化新高地”的城市韵味，完成接待海峡两岸关系协会、中华医学会、台湾南投县、台湾桃园县及全省重要台商等涉台团组30批次、400多人次。12月14日，长三角C9联盟涉台事务合作框架协议在上城区首次签约，推动长三角一体化中心城区涉台事务跨区域合作、交流和共建。

（李玳弘 楼泽华）

【杭州上城旅港同乡会周年庆暨上城推介会】 2023年5月18日，杭州上城旅港同乡会周年庆暨上城推介会在香港举行。300名旅港乡亲、社会各界人士参加，推进两地文化、经济发展。典礼上，同乡会会长马仁德为同乡会成员、名誉会长及最美义工颁发委任状和奖励证书。推介会上，宣讲上城招商政策和营商环境，并邀请在杭州创业的香港企业家代表分享创业经历。庆典活动信息刊登在《香港商报》上。

【杭州上城旅港同乡会（扩大）会议】 2023年5月19日，杭州上城旅港同乡会（扩大）会议暨中共二十大精神宣讲会在香港举行。会议由同乡会会长马仁德主持，区委统战部相关领导及同乡会30多名骨干成员出席。会上，对中共二十大会议精神进行宣讲，对中共二十大报告进行学习、解读。同乡会班子成员对2022年的工作进行总结，提出下一步工作打算。

【浙港现代专业服务合作会议承办】 2023年6月6日，以“开放提升促发展 伙伴同行创未来”为主题的浙港现代专业服务合作会议在上城区召开。涉及制造业、金融服务、法律服务、文化服务等20多个领域的270多名浙港两地嘉宾参加。全国政协副主席、香港特别行政区第四任行政长官梁振英作视频致辞，省委统战部主要负责人参会。会上，举办“走进上城”高端服务业峰会暨钱江新城二期项目推介会，通过会前项目洽谈、会中项目签约、会后项目落地“三步走”，促成20对“深度合作伙伴”达成专业服务合作项目，签约总额60.2亿元，内容涉及文化服务、金融服务专业领域。中新网、大公网等媒体报道该合作会议。

（楼泽华）

【“健康迎亚运 幸福一家亲”亚运会主题亲子活动】 2023年4—10月，区台办以杭州第十九届亚运会举行为契机，联合区教育局，面向涉台家庭，组织“共读经典书籍，争做时代新人”“儿童运动项目、家庭健康行”等“健康迎亚运 幸福一家亲”亚运会主题亲子活动，营造全民健康、全民参与、服务亚运、奉献亚运的氛围。共同发起《“悦读”致远，行走人生的读书行动倡议》，引导台生家长与孩子共同阅读、记录阅读、分享阅读，挖掘中华优秀传统文化，传播杭台融合优秀故事。实行校社资源共享，开放教育场馆开展实践体验互动，帮助台生家庭树立科学教育理念。其中，杭州市钱江外国语实验学校在家庭教育活动周上，开展评选“‘魅力家庭’，讲好台生好家风故事”活动，评选出“淳淳家庭”“源源家庭”“润润家庭”“澜澜家庭”“清清家庭”，营造崇尚向善的社会新风尚；杭州市杭州中学举办“春放纸鸢助亚运 共绘杭中露‘筝’情”首届风筝节，让海峡两岸家庭运用美学知识，融合多元素材，设计徽标，共同在钱塘江畔放飞寄托着和平、希望、友情的风筝，致敬经典宋韵文化，传递对亚运会的热情及对祖国最美好的祝福。

（李玳弘）

【杭州市娃哈哈小学管弦乐团到香港参加活动】 2023年12月10—14日，杭州市娃哈哈小学管弦乐团到香港参加教育部中外人文交流中心与香港特别行政区政府教育局主办的主题为“童心共向·情满香江”的“人文交流小使者”展示中国香港行活动。管弦乐团在香港期间，到香港培正小学参加颁奖音乐会开幕式表演，向来自全国各地的参会嘉宾展现杭州的丰厚历史底蕴和江南特色城市的魅力，向大家发出热情邀约；到省“亚运姐妹校”香港侨港伍氏宗亲会伍时畅纪念学校，展示曲目《〈德沃夏克第九交响曲〉第四乐章节选》，并和香港小伙伴进行亲密交流；分年级进入姊妹学校班级体验计算机、美术、英语等课程。

（何 杭）

2023年4月22日，“同心迎亚运 牵手向未来” 百名港澳台青年伙伴玉皇山南（八卦田）嗨走赛举行 （区委统战部 供稿）

【港澳台青年交流活动】 2023年，上城区组织一系列港澳台青年交流活动，增进与港澳台青年的友谊，助力上城与港澳台共同发展。4月22日，由市委统战部指导、区委统战部主办的“同心迎亚运 牵手向未来”嗨走赛在八卦田遗址公园举行，100多名港澳台青年用属于年轻人的潮流“嗨走”方式，向世界展示杭州精彩魅力，发出杭州亚运会邀约。7月8日，接待澳门青年代表团，开展“杭澳携手迎亚运 同心共富向未来”暑期宋韵文化研学活动。澳门青年研学团一行先后参观学习亚运文化、运河文化宋韵文化器物展、小营红巷、钱学森故居，全方位感受杭州历史文化脉络，为促进杭澳两地交流、文化融合提供新路径。

（楼泽华）

地方志工作

【概况】 2023年，区委党史研究室立足自身职责，发挥地方志工作存史、资政、育人功能，把地方志静态的资料变成动态的信息，实现地方志信息化，促进资源共享，强化服务功能。年内，区委党史研究室完成《上城年鉴（2023）》出版工作，编纂《上城概览》，开拓“读志用志”渠道，让“大部头”志书走下书架、走近群众。强化督促指导，推动街道（社区、村）志、街道年鉴编纂工作。推进地方志成果转化应用，拍摄“城市记忆”系列短视频，在杭州电视台影视频道播出，摄制的14期视频图文分别被“学习强国”各级学习平台录用，单篇阅读量最高28.9万人次。论文《乡镇（街道）志篇目设计的若干思考》被《杭州史志》录用。

【《上城年鉴（2023）》出版】 2023年12月，《上城年鉴（2023）》由方志出版社出版。该年鉴编排采用分类法，主体内容由类目、分目、条目3个层次构成，全面反映2022年上城区在加快建设独具韵味的国际化现代化共同富裕典范城区过程中的基本情况及重大事件。全书框架结合上城区实际情况，对部分分目设置进行适当调整，将“电子机械功能区”“杭州钱塘智慧城”合并为“杭州钱塘智慧城”；在专记中特设“中共二十大精神学习宣传贯彻”“亚运会、亚残运会服务保障”“楼宇经济”“未来社区建设”等分目。全书在封面设计、内容等方面创新表现形式，首次设“数字上城2022”彩页，更加直观反映全区各项主要数据；封面设计选用南宋德寿宫遗址博物馆，封底印有“南宋古都·经典上城”图标等，凸显上城历史底蕴。全书84.4万字，设类目27个、分目209个，收入条目1300多条、随文照片100多幅、表格22张、附属资料90多篇、地图1张。卷首载有“美丽上城”“热点聚焦”“创新·发展”“社会·民生”“文化·体育”等照片。

【街道（社区、村）志、街道年鉴编纂】 2023年，区委党史研究室加强地方志工作的培训、指导、督查和考核，推动街道（社区、村）志、街道年鉴编纂工作。研究制定《上城区地方志编纂委员会关于做好新时代街道（社区、村）志、街道年鉴编纂工作的通知》，明确工作任务。7月5日，上城区街道（社区、村）志、街道年鉴编纂工作部署会在上城区行政中心召开，旨在推动街道、社区（村）志编修体系的基本建立，街道志、街道年鉴编纂工作实现全覆盖。区委党史研究室在区行政中心举办全区街道（社区、村）志、街道年鉴撰稿人员培训会2场。会上，分别围绕“地方志编纂基本流程和篇目设计”“地方志编纂中的资料工作”“如何编写街道年鉴”等主题就志鉴的基本理论、编纂流程、框架设计、资料收集、条目撰写等方面进行讲解，并对前期各街道（社区、村）志篇目制定工作进行点评和辅导，进一步提升撰稿人员业务能力。指导推进街道（社区、村）志、街道年鉴编修，至年末，各街道有序启动年鉴编纂工作，有修志任务的8个街道均初步拟定街道志篇目；皋城村、小营巷社区、馒头山社区启动社区（村）志编纂工作。

【《上城概览》编纂】 2023年，区委党史研究室致力于将志书的内容改编成简明扼要的群众读本，改变志书部头大、携带和查阅不便的状况。5月，启动《上城概览》编纂工作，在《杭州市上城区志（1993—2015）》等志书资料的基础上，将志书精编成更加贴近生活、贴近社会的简本——《上城概览》。全书1.68万字，图表近80张，围绕基本区情、区域特色、历史名人3个方面进行概述，展示上城区“自然之优美、历史之醇厚、城区之蝶变、人物之杰出”。9月，全区发放该读本1200多本，实现部门、街道、社区、学校、亚运会体育场馆等单位和场所全覆盖。

【地方志成果转化应用】 2023年，区委党史研究室深入挖掘史志资源，传播史志文化，推动地方志成果转化应用。帮助区人大常委会办公室、紫阳街道理清历史发展脉络，提供相关史实资料支撑，助推区人大代表联络总站建设和紫阳街道候潮门社区旧小区改造文化场景布置工作。发挥“浙里有志”应用在方志数字化转型中的作用，建设“浙里有志·上城区数字方志馆”网页，完成“地情概览”等7个相关栏目的内容更新、信息发布，导入《杭州市上城区志（1993—2015）》、10卷《上城年鉴》，以及《上城概览》等地情书2本。《浙江古建筑：勾山樵舍遗址》《千锤万凿成大器——杭州铜雕技艺》《从辉煌到重生——杭州最大书院万松书院的前世今生》等14期视频图文分别被“学习强国”国家、省、市学习平台录用，其中《浙江古建：六部桥》篇阅读量28.9万次，点赞量超过1.7万次。

（黎　颖）

机关事务

【概况】 2023年，区机关事务中心围绕市委办公厅、市政府办公厅《关于加快机关事务工作高质量发展、推进机关运行保障现代化先行的实施意见》文件精神，以及区委提出的“忠诚、数字、品质、集约、专业”5个机关事务要求，谋划落实机关事务各项工作，擦亮“新上城、好管家”品牌，推进机关事务工作高质量发展。

【机关事务高质量发展】 2023年，区机关事务中心以服务一体化、管理规范化、运行数智化推进机关事务高质量发展。针对2021年两区合并后机关事务服务对象增加、服务场地扩大、服务需求多样化、服务标准有差异等情况，积极统筹资源、拓展服务供给，进一步推进区行政中心、区综合服务中心就餐服务优质均衡化、会务服务标准化、办公用房及设施配置统筹化等系列措施，快速提升服务质效。修订完善公务用车、公务接待、财务集中核算等制度，建设线上、线下全覆盖的“公物仓”，至年末，入库资产3265件，固定资产原始价值322.12万元，促进全区机关公共物资的统筹调剂，节省财政资金支出。推进食堂、物业、保安等购买社会化服务全覆盖，深化垃圾分类、绿色办公等行动。年内，加快盘活存量房产，将12.5万平方米经营性房产注资国有企业。坚持数字赋能，梳理细化核心业务、应用场景，优化完善“智慧后勤”综合服务平台，搭建集人员类别、餐费补助、财物结算等于一体的“一卡通”系统，入驻用户3143人，全年完成日常维修、餐饮预订、社会化服务等订单2.93万条，平均访问量在全区政务类应用中居前3位。

【机关事务服务品牌打造】 2023年，区机关事务中心围绕展现“最杭州、新上城”风采，注重机关事务服务特色化精品化，打造“韵味上城”品牌、会务标准化品牌、“一站式”服务品牌。推进机关餐饮个性化、多样性，新改造地方特色的风味美食档口及自选称重档口，推出低油、低盐、低糖减脂餐专窗及扶贫菜专窗；参与“百县千碗”“烟火杭州”展示体验活动，推出以“探寻江南记忆·传承宋韵文化”为主题的“韵味上城”产品。从制定会务服务的规范化流程、推行信息化管理系统、提供暖心式服务等方面，推进会务服务标准化建设，通过“智慧后勤”系统查询并预订会议室，设置“暖心服务箱”，提升会务服务精细化水平，全年保障会务2291场次。升级改造区行政中心内各类生活设施，形成集健身房、洗衣房、理发室、医务室、咖啡吧、书店、超市等于一体的“一站式”服务场所，为机关干部职工提供便利条件。

（刘逸思）

中国人民政治协商会议上城区委员会

综　述

【政协党的建设】 2023年，区政协坚持把党的全面领导作为最高政治原则，以政治建设为统领，全面推进政协党的各项建设。压实党建工作、意识形态工作、党风廉政建设责任制，巩固发展具有上城辨识度的“一强三覆盖”党建工作新格局，制定《上城区政协关于打造“同心同杭·红巷尚韵”党建工作品牌 推进党建“一强三覆盖”工作的实施意见（试行）》，打造“同心同杭·红巷尚韵”工作品牌，实现党建工作向政协机关、街道委员小组、政协系统有效覆盖。探索建立党支部“堡垒指数”、党员委员“头雁指数”评价标准体系，提升政协党建的政治引领力、组织覆盖面和履职融合度。年内，区政协党建统领民生议事堂建设基层实践范例获省、市政协主要领导调研肯定；小营街道、彭埠街道委员小组履职临时党支部工作案例入选全市政协精品案例；区政协机关和4名机关干部获评杭州亚运会、亚残运会浙江省先进集体、先进个人，4名政协委员入选亚运会、亚残运会火炬手，由全体政协委员共同创作的迎亚运《文明公约》签名长卷入藏杭州亚运会博物馆；委员联系服务界别群众工作在省政协专题会议上作交流发言；43项履职成果获省、市政协领导和区委、区政府主要领导批示。

2023年9月1日，由全体区政协委员共同创作的迎亚运《文明公约》签名长卷入藏杭州亚运会博物馆。图为捐赠仪式

（区政协办公室 供稿）

【基层协商民主建设】 2023年，区政协深化基层协商民主建设，推进政协协商与基层协

商有效衔接，创新打造党建统领民生议事堂“1234”工作体系。年内，围绕传统风貌区打造、标志性产业集群、智慧养老服务建设等开展专题议事活动31场。政协清波街道委员小组建言助力南山路焕新、孔庙书市打造的做法获《人民日报》、新华社等国家级媒体报道；政协紫阳街道委员小组持续助推“邻里110”品牌建设入选全市高质量发展共同富裕示范区建设试点。协商驿站建设实现村社全覆盖，围绕城区文化活动供给、社区成长驿站建设，以及物业、居委会、业主三方协同治理等民生“关键小事”开展小微协商、公益服务267次，参与委员641人次。《释放家门口的亚运红利 体育馆里有了幸福餐桌》《“按需定制”老旧小区改出满满幸福感》等4个案例入选全市基层协商典型案例。

资料

“1234”工作体系： 把牢党建统领“一条主线”，夯实组织、制度建设“两大基础”，突出思想政治、中心大局、党员先锋“三个引领”，强化凝心聚力、履职为民、系统集成、提质增效“四大导向”。

【书香政协建设】 2023年，区政协坚持把书香政协建设作为加强思想政治引领、凝聚共识的重要工作抓手，依托“尚城书房”“钱潮书吧”等经常性线上、线下平台，推动读书活动“登堂”“入室”“进站”，提高委员读书活跃度、覆盖面和影响力。年内，开展“习近平著作选读”“学习习近平总书记考察浙江重要讲话精神”“忠实践行‘八八战略’勇谋新篇强担当”“同心同行迎亚运 翰墨书香展韵味”等主题读书活动28场，参与委员1500多人次。

（华剑波）

表8　2023年上城区政协重要文件一览表

文号	发文日期	文件标题
上政协〔2023〕1号	2023-01-03	关于潘丽华等同志职务任免的通知
上政协〔2023〕2号	2023-01-06	政协杭州市上城区委员会关于召开一届二次会议的决定
上政协〔2023〕3号	2023-01-06	中国人民政治协商会议第一届杭州市上城区委员会委员增补名单
上政协〔2023〕4号	2023-01-09	关于同意周莹等同志辞去政协第一届杭州市上城区委员会常务委员、委员职务的决定
上政协〔2023〕5号	2023-01-09	关于同意饶磊等同志辞去政协第一届杭州市上城区委员会委员职务的决定
上政协〔2023〕6号	2023-01-09	政协杭州市上城区委员会关于表彰2022年度区政协各类先进集体和先进个人的决定
上政协〔2023〕7号	2023-02-23	关于报送《上城区采荷街道创新打造民生议事堂党建标准化建设实践范例》的函
上政协〔2023〕8号	2023-02-23	关于印发《政协第一届杭州市上城区委员会界别召集人调整名单》的通知
上政协〔2023〕9号	2023-02-27	关于设立杭州市政协新时代协商民主实践中心上城区分中心的请示
上政协〔2023〕10号	2023-03-20	关于调整《政协第一届杭州市上城区委员会各专门委员会组成人员名单》的通知
上政协〔2023〕11号	2023-03-29	政协杭州市上城区委员会2023年工作要点
上政协〔2023〕12号	2023-06-07	政协杭州市上城区委员会“亚运城市文明共建行动”专项集体民主监督实施方案
上政协〔2023〕13号	2023-06-14	政协杭州市上城区委员会关于“更新焕发城市活力，匠心筑造城市品质”的建议案
上政协〔2023〕14号	2023-07-06	政协杭州市上城区委员会关于“对标一流、打响品牌，全力打造全国营商环境标杆区”的建议案

续表8

文　号	发文日期	文件标题
上政协〔2023〕15号	2023-07-06	政协杭州市上城区委员会关于“迎亚运，大力提升公民法治素养”的建议案
上政协〔2023〕16号	2023-08-16	政协杭州市上城区委员会关于“加快中医药传承创新 助力健康共富典范城区建设”的建议案
上政协〔2023〕17号	2023-08-31	政协杭州市上城区委员会关于聚焦创新驱动发展 提升产业平台能级的建议案

（资料来源：区政协办公室）

区政协重要会议

【区政协一届二次会议】 2023年2月17—19日，中国人民政治协商会议第一届杭州市上城区委员会第二次会议召开。会议听取并审议区政协常委会工作报告、提案工作报告，听取政协第一届杭州市上城区委员会第二次会议提案收集和初审情况的报告，审议通过有关人事事项。会议期间，委员列席区人大一届二次会议，听取区政府、区法院、区检察院工作报告及其他报告，并通过提案、大会发言、社情民意信息、小组讨论等形式，围绕区委、区政府中心工作建言献策、凝聚共识。

2023年2月17—19日，中国人民政治协商会议第一届杭州市上城区委员会第二次会议召开
（区政协办公室 供稿）

【区政协常委会会议】 2023年，区政协召开常委会会议6次。

1月5日，政协第一届杭州市上城区委员会第三次常委会会议召开。会议听取区政协办公室有关干部调整事项的说明和区委统战部有关区政协委员、常委调整事项的说明；协商通过2022年度政协街道委员小组组织奖、界别组织奖、“双好”（工作好，履职好）委员、优秀提案、反映社情民意信息工作先进集体和先进个人建议名单，关于召开区政协一届二次会议的决定，区政协一届二次会议议程（草案）、日程（草案），常委会工作报告（草案）及报告人，提案工作报告（草案）及报告人，以及区政协一届二次会议执行主席分组名单、大会秘书长、副秘书长名单、小组召集人名单、委员分组名单、列席人员和邀请人员名单。

1月17日，政协第一届杭州市上城区委员会第四次常委会会议召开。会议听取各组关于政协常委会工作报告、提案工作报告审议情况的汇报；协商提出选举办法（草案），政协第一届杭州市上城区委员会常务委员候选人建议名单，总监票人、副总监票人名单（草案）；协商讨论政协第一届杭州市上城区委员会第二次会议决议（草案）。

1月18日，政协第一届

杭州市上城区委员会第五次常委会会议召开。会议听取各组关于政府工作报告和法院、检察院工作报告讨论情况的汇报；协商通过选举办法（草案），政协第一届杭州市上城区委员会常务委员候选人名单（草案），总监票人、副总监票人名单（草案），确定计票人名单；听取提案委员会关于政协第一届杭州市上城区委员会第二次会议提案收集和初审情况的报告（草案）；协商通过政协第一届杭州市上城区委员会第二次会议决议（草案）。

8月25日，政协第一届杭州市上城区委员会第六次常委会会议召开。会议听取区政协课题组前期调研情况汇报，围绕“聚焦创新驱动发展 提升产业平台能级”议政建言，提出做强时尚产业、打造元宇宙生态、提升产业集群、完善科创载体、发展都市工业等建议。

11月3日，政协第一届杭州市上城区委员会第七次常委会会议召开。会议听取区委统战部关于调整部分区政协委员有关情况的说明。

12月11日，政协第一届杭州市上城区委员会第八次常委会会议召开。会议传达学习习近平总书记近期重要讲话指示精神；区政协主要负责人宣讲学习贯彻习近平新时代中国特色社会主义思想主题教育专题党课；协商通过区政协党的建设相关文件和有关人事事项。

【区政协党组会议、主席会议、主席专题会议】 2023年，区政协召开党组会议14次、主席会议5次、主席专题会议3次。

1月3日，政协第一届杭州市上城区委员会第十一次党组（扩大）会议暨第七次主席专题会议召开。会议协商通过委员调整和有关人事事项，以及2022年度政协街道委员小组组织奖、界别组织奖、“双好”委员、优秀提案、反映社情民意信息工作先进集体和先进个人建议名单；审议关于召开区政协一届二次会议的决定（草案），区政协一届二次会议议程（草案）、日程（草案），区政协一届常委会工作报告（草案）及报告人、提案工作报告（草案）及报告人，区政协一届二次会议执行主席分组名单（草案）和大会秘书长、副秘书长名单（草案），区政协一届二次会议小组召集人名单（草案）、委员分组名单（草案）、列席人员名单（草案）和邀请人员名单（草案）等。

1月5日，政协第一届杭州市上城区委员会第十二次党组（扩大）会议召开。会议研究有关人事事项和区政协一届二次会议经费等“三重一大”事项。

2月10日，政协第一届杭州市上城区委员会第六次主席（扩大）会议召开。会议传达学习省、市有关会议精神，协商通过上城区政协走进新时代协商民主实践中心系列活动方案、调整区政协界别召集人方案，研究委员经费等“三重一大”事项。

3月3日，政协第一届杭州市上城区委员会第十三次党组（扩大）会议暨第七次主席（扩大）会议召开。会议传达学习习近平总书记近期重要讲话精神和市两会精神；协商通过区政协年度工作要点，政治协商、民主监督、参政议政计划，“请你来协商”总平台协商计划，街道“民生议事堂”议事计划，区政协一届二次会议提案审查情况报告，一届区政协各专门委员会组成人员名单调整方案和委员工作室调整方案；协商确定年度重点提案等。

3月17日，政协第一届杭州市上城区委员会第八次主席专题会议召开。会议传达学习全国两会精神，部署安排下一阶段重点工作。

4月14日，政协第一届杭州市上城区委员会第十四次党组（扩大）会议召开。会议研究区政协常委读书班预算等“三重一大”事项。

5月6日，政协第一届杭州市上城区委员会第十五次党组（扩大）会议暨第八次主席（扩大）会议召开。会议传达学习习近平总书记近期重要讲话、指示精神和有关重要会议精神；听取一办六委关于3月、4月工作完成情况及5月工作计划的汇报；研究区政协一届二次会议经费、“上城活动周”氛围营造经费等“三重一大”事项。

6月25日，政协第一届杭州市上城区委员会第十六次党组（扩大）会议暨全体机关干部会议召开。会议传达学习习近平总书记近期重要讲话精神，研究部署政协创新实践案例工作。

7月14日，政协第一届杭州市上城区委员会第十七次党组（扩大）会议召开。会议传达学习习近平总书记近期重要讲话精神，研究区政协之友联谊会2023年读书会经费等“三重一大”事项。

7月28日，政协第一届杭州市上城区委员会第十八次党组（扩大）会议召开。会议传达学习习近平总书记近期重要讲话、指示精神和省委、市委全会精神；举办“道德经的智慧与运用”专题讲座。

8月11日，政协第一届杭州市上城区委员会第十九次党组（扩大）会议、第九次主席（扩大）会议暨半年度工作会议召开。会议传达学习习近平总书记近期重要讲话精神及全市政协主席暑期读书会精神；听取一办六委2023年上半年工作总结和下半年工作思路汇报等。

8月31日，政协第一届杭州市上城区委员会第二十次党组（扩大）会议暨第九次主席专题会议召开。会议传达学习习近平总书记近期重要讲话精神、全省政协主席暑期读书会精神暨市县（区）政协工作经验交流会精神。

9月19日，政协第一届杭州市上城区委员会第二十一次党组（扩大）会议召开。会议研究委员活动补贴发放等“三重一大”事项。

10月27日，政协第一届杭州市上城区委员会第二十二次党组（扩大）会议暨第十次主席（扩大）会议召开。会议传达学习习近平总书记近期重要讲话、指示精神；听取一办六委10月工作总结和11月工作思路汇报。

11月2日，政协第一届杭州市上城区委员会第二十三次党组（扩大）会议召开。会议听取区委统战部关于调整部分区政协委员有关情况的说明；研究上城“数智政协”应用项目经费、区政协之友联谊会2023年度读书会经费开支等“三重一大”事项。

11月30日，政协第一届杭州市上城区委员会第二十四次党组（扩大）会议暨2024年工作思路务虚会召开。会议传达学习习近平总书记近期重要讲话、指示精神和省委十五届四次全会、市委十三届五次全会精神；开展主题教育专题研讨；研究区政协党的建设有关制度文件；交流区政协2024年度工作思路；研究机关工会疗休养经费开支等“三重一大”事项。

【政情通报会】 2023年8月23日，上城区召开2023年“一府两院”工作政情通报会，全体区政协委员、部分市政协委员参加会议。会上，区政府通报2023年上半年经济社会发展情况、2023年区政府民生实事项目推进情况和下半年工作安排；区政协书面通报2023年上半年工作情况和下半年工作安排；区法院、区检察院分别通报2023年上半年工作情况和下半年工作安排。

（华剑波）

政治协商

【“请你来协商”专题协商】 2023年，区政协召开“请你来协商”专题协商会6次。

3月6日，“推进委员工作室工作暨打造基层协商民主实践基地”“请你来协商”专题协商会召开。9名委员围绕协商平台优化提升、履职特色品牌打造和委员作用发挥等方面协商建言。会上，对新成立的2个委员工作室进行授牌。

6月1日，“更新焕发城市活力，匠心筑造城市品质”“请你来协商”专题协商会召开。会上，区政协课题组提出“提升城区文化软实力、增强城区独特吸引力、夯实城区发展竞争力”3个方面建议。6名政协委员围绕城市建筑建管衔接、街巷业态标准制定、公共文化设施运营、低效工业用地盘活、文化消费场景塑造等方面建言献策。

6月28日，“对标一流、打响品牌，全力打造全国营商环境标杆区”“请你来协商”专题协商会召开。会上，区政协课题组提出“强化发展靠商理念、抓牢产业兴商关键、贯通生态安商链条、夯实依法护商基础、做深感情留商文章”5个方面建议。10名委员围绕政商关系、市场活力、品牌打造、政策环境、平台建设、为企服务等方面协商建言。

6月29日，“迎亚运，大力提升公民法治素养”“请你来协商”专题协商会召开。会上，区政协课题组提出“强化顶层设计，构建普法体系；顺应网络发展，提升治理效能；深化校园普法，厚植道德情怀；树立品牌意识，表彰先进典型；重视资源整合，壮大普法力量”5个方面建议。3名委员和2名九三学社社员围绕用足用好律师队伍、增强企业法治培训、规范公正文明执法、普及体育法律知识、加强校园普法等方面建言。

8月2日，“加快中医药传承创新 助力健康共富典范城区建设”“请你来协商”专题协商会召开。会上，区政协课题组提出“把准县域定位，明晰发展路径；挖掘特色优势，打响区域品牌；突出精准施策，壮大人才队伍；探索跨界融合，激活产业潜能；注重多元表达，弘扬中医文化”5个方面建议。4名委员和1名街道卫生服务中心负责人围绕推广中医药适宜技术、加强中医药科普宣传、开发中医药文创品牌、推动中医药进校园等方面建言。

8月25日，“聚焦创新驱动发展 提升产业平台能级”“请你来协商”专题协商会召开。会上，区政协课题组提出“打造高能级产业平台、培育高能级产业集群、拓展高能级承载空间、强化高能级要素支撑、壮大高能级上市公司”5个“高能级”建议。5名委员围绕做大做强时尚产业、加快推进元宇宙产业发展、智慧城产业集群建设、高端轻型制造业发展、加速科创企业园区成长等方面协商建言。该协商会在上城数字政协系统“协商云视窗”同步直播，线上参与委员148人，建言269条。

【重点提案办理协商】 2023年5月29日，区政协经济科技委员会与区发改经信局、区科技局开展“关于加快发展元宇宙产业的建议”重点提案办理协商。委员在听取区发改经信局、区科技局关于元宇宙产业发展相关情况汇报后，提出“加大推进力度、加快产业集聚、打造标杆场景、深化人才机制”等建议，助推上城区元宇宙产业高质量发展。

（华剑波）

民主监督

【专项集体民主监督】 2023年，区政协联动开展专项集体民主监督3项。

4—7月，“亚运城市文明共建行动”市区两级政协联动专项集体民主监督开展。参与委员329人次，发现问题132个，提出意见和建议155条，形成专项集体民主监督报告，提出加大市容整治力度、加强亚运氛围营造、提升市民文明素养等建议。

7月，“迎亚运盛会·助力三大提升行动”省、市、区三级联动专项集体民主监督开展。区政协组织委员实地调研点位71个，发现问题225个，提出意见和建议271条，监督整改落实225个，形成专项集体民主监督报告，提出提高政治站位，扛起使命担当；紧扣时间节点，全力压茬推进；提炼创新亮点，展现韵味特色等建议。

9—10月，营商环境优化提升“一号改革工程”专项集体民主监督开展，组织体验式微监督微调研11次，动态收集并实时反映相关意见和建议67条，形成专项集体民主监督报告，提出转变为企服务理念、强化融资服务保障、优化法治营商环境等建议。

【专题视察】 2023年，区政协组织委员开展专题视察12次。

2月17日、3月16日，区政协城建和人口资源环境委员会先后两次组织委员开展安置房建设和回迁安置民生实事项目专题视察，实地踏勘三卫社区回迁小区、五福社区安置房项目现场，与区住建局、上城规划资源分局、相关街道、社区负责人座谈交流，提出把牢质量筑安居、优化环境筑美居、提升服务筑优居等建议。

3月30日，区政协经济科技委员会组织委员以专题视察形式对“携商推进‘帮共体’协作奋进共富路”区县联动专题协商成果进行“回头看”。农业界别专家委员到淳安县现场指导茶叶蔬菜种植、农产品加工销售、乡村旅游振兴等工作，助推企村共赢、城乡共富，擦亮“新型帮共体”金名片。

4月28日，区政协经济科技委员会组织部分委员开展直播经济工作专题视察，实地走访杭州市抖音电商直播基地，听取区商务局等部门的相关情况介绍，提出关注生态建设、密切政企沟通、着力加强监管、强化政策宣传等建议。

8月1日，区政协提案委员会组织委员开展营商环境优化提升工作专题视察，实地走访杭州艾柯塞斯品牌管理有限公司、杭州老爸评测科技股份有限公司，听取钱塘智慧城管委会相关情况汇报，提出优化为企服务举措、加强企业发展保障、提升企业获得感等建议。

8月9日，区政协城建和人口资源环境委员会组织委员开展“大综合一体化”行政执法改革工作专题视察，实地考察湖滨步行街、区行政执法统一协调指挥中心、区法制保障中心，提出完善“谁执法谁普法”责任制、强化执法队员实用技能培训、拓展群众可感数字化场景应用等建议。

8月15日，区政协社会法制和港澳台侨委员会组织委员开展家庭适老化改造专题视察，实地走访红巷长青颐养园、小营巷“幸福邻里坊”、小营街道居家养老服务中心及困难老人家庭，听取区民政局、小营街道相关情况介绍，提出深化认识强化合力、增强养老服务供给能力、加强养老服务队伍建设等建议。

9月12日，区政协社会法制和港澳台侨委员会组织委员开展残疾人就业工作专题视察，实地查看“特有爱·幸福体验馆”“荷湾·特有爱·幸福街区”，听取区残联、采荷街道有关工作情况介绍，提出加强残疾人职业培训、强化残疾人就业保障、拓宽残疾人就业渠道等建议。会上，区政协领导为区政协社会福利和保障界别委员工作室揭牌。

10月23日，区政协城建和人口资源环境委员会组织委员开展“五水共治”（河长制）工作专题视察，实地查看上塘河水环境治理情况、文化绿道建设和桃花湖公园“智慧+生态”水生态系统，提出做好河道管护工作、扩大志愿护水联盟、加强河岸环境精细管理等建议。

11月3日，区政协经济科技委员会组织委员开展钱江新城二期“总部经济”建设工作专题视察，实地走访杭州市钱江新城二期建设指挥部，听取市城投集团工作介绍，提出政策落地见效、生态聚链成圈、人才招引集聚等建议。

11月16日，区政协城建

和人口资源环境委员会组织委员开展“深化老旧小区改造工作 构建长效管理体制机制”专题视察，实地走访清波街道定安路社区、紫阳街道彩霞岭社区老旧小区改造项目，与区住建局、清波街道、紫阳街道负责人开展座谈交流，并从项目可持续运营、物业服务提质提价、物业专项维修资金筹集、社区文化韵味挖掘等方面建言献策。

12月7日，区政协文史和教文卫体委员会组织委员开展“后亚运时代体育场馆利用”专题视察，实地走访上城区体育中心，与区文广旅体局负责人座谈交流，提出强化资源整合引入专业运营、坚持公益属性持续还“场”于民、聚焦“赛教”融合打造高端品牌、发挥“体育+”优势赋能产业发展等建议。

（华剑波）

参政议政

【提案工作】 2023年，区政协提案委员会收到以提案形式提交的意见和建议190件，经审查和并案处理，立案169件。其中，大会期间提案147件，闭会期间提案22件；经济科技类提案46件，城建城管类提案26件，教文卫体类提案56件，社会法治类提案41件。区委、区政府重视提案办理工作，经全体承办单位共同努力，全部提案均按期办理完毕。提案所提建议已经解决或基本解决的（A类）161件，占95.3%；正在解决或已列入计划准备解决的（B类）7件，占4.1%；因受条件限制暂不能解决的（C类）1件；委员对提案办理工作的满意率100%。区政协择优评选《关于加快发展元宇宙产业的建议》等7件提案为重点提案，《关于推进上城区知识产权高质量发展的建议》等25件提案为优秀提案（含重点提案），并在区两会期间予以表彰。

表9　2023年上城区政协一届二次会议重点提案一览表

序号	案　由	提案者	性质
1	关于加快发展元宇宙产业的建议	民建上城区基层委员会	团体
2	关于进一步优化提升上城区营商环境的建议	经济界别	团体
3	关于进一步提升“大综合一体化”行政执法改革实效的建议	童邵恩、陈军、慈玲、胡杭东、杨东	个人联名
4	关于进一步加快上城区回迁安置工作的建议	陈洁	个人
5	关于加快中医药传承创新，助力健康共富典范城区的建议	医卫界别	集体联名
6	关于进一步促进和建立律师参与公益法律服务长效机制的建议	邵瑞青	个人
7	关于同心共富，侨来建功的建议	王渊	个人

（资料来源：区政协办公室）

表10　2023年上城区政协一届二次会议优秀提案一览表

序号	案　由	提案人
1	关于加快发展元宇宙产业的建议	民建上城区基层委员会
2	关于推进上城区知识产权高质量发展的建议	章蔚郓、陈明晖、吴航通
3	关于提升数字时尚产业能级，助力全区经济高质量发展的建议	傅昕辉
4	关于促进夜间经济高质量发展的建议	胡丽亚
5	关于全区为企服务数智赋能的建议	贾元元

续表10

序号	案　由	提案人
6	关于进一步优化提升上城区营商环境的建议	经济界别
7	关于聚势赋能未来产业，打造“上城科创”新高地的建议	科技、科协界别
8	关于协同杭州本土老字号企业与国际化企业联合发展的建议	四季青街道
9	关于从人才方向持续打造杭港高端服务业示范区优化港企营商环境的建议	望江街道
10	关于进一步提升“大综合一体化”行政执法改革实效的建议［并］	童邵恩、陈军、慈玲、胡杭东、杨东
11	关于进一步加快上城区回迁安置工作的建议	陈洁
12	关于加强服务设施建设，提升钱江新城整体形象的建议	郑晓泳
13	关于聚焦“韵”字，以点带面，继续传承发扬宋韵文化的建议	郦政为、陈萍、方晓阳、马健、陶宏莉
14	关于鼓励吸引社会力量参与“15分钟品质文化生活圈”建设的建议	余丹凤
15	关于加快中医药传承创新，助力健康共富典范城区的建议	医卫界别
16	关于加强“跨代共融 养老抚幼”项目建设的建议	张瑞旭
17	关于鼓励和扶持上城区文旅产业品牌化、连锁化，打响上城文旅区域公共品牌的建议	于广滨
18	关于深入推进绿色直播间创建的建议	钱磊、陈杭闽
19	关于深化“区街一体、条抓块统”改革推进基层智治系统建设的建议	民革上城区基层委员会
20	关于深化推进建设“儿童友好型”社区的建议	陈璐
21	关于进一步促进和建立律师参与公益法律服务长效机制的建议	邵瑞青
22	关于同心共富，侨来建功的建议	王渊
23	关于进一步提升社区微型消防站应急处置能力的建议	杜向群
24	关于建立社区级片区大物业市场化经营治理机制的建议	沈琪
25	关于集聚各方力量，提升荷湾共富街区品牌，打造别样精彩的残疾人共富实践样本的建议	社会福利和保障界别

（资料来源：区政协办公室）

【调查研究】 2023年，区政协围绕“产业平台能级提升”“营商环境优化”“数字经济创新提质”“‘金玉上城’打造”“城市有机更新”“中山中路老字号一条街打造”“公民法治素养提升”“中医药传承创新”“推进教育优质均衡发展”等主题深入调研，形成调研报告46篇，为区委、区政府中心工作献计献策。其中，“数字经济创新提质”“中山中路老字号一条街打造”“推进教育优质均衡发展”为市、区联动调研课题。

【理论研究】 2023年，区政协成立课题组，组织撰写《发挥党员委员先锋模范作用实践范例研究》理论调研文章。该文全面阐述发挥党员委员先锋模范作用的重要意义，分析当前党员委员先锋模范作用发挥存在问题，提出强统领聚合力，建好党员委员“主阵地”；强融合争先锋，推动党员委员“做骨干”；强机制重引领，激发党员委员“先进性”等对策建议。

【委员工作】 2023年，区政协坚持加强教育培训、优化履职管理、做好服务保障，不断提升委员履职能力水平。4月23—27日，举办上城区政协常委培训班，区政协领导、全体区政协常委、各街道委员小组负责人及部分2022年度区政协“双好”委员参加。培训安排中共二十大精神宣讲、履职能力提升等专题讲座，以及习近平生态文明思想等现场教学。加强和改进政协界别工作，根据新时代加强和改进人民政协工作意见的原则要求，将原“农业农村界别”调整为“环境资源和农业界别”，为各专业领域委员更好发挥集体智慧和力量搭建平台、探索路径。强化委员工作室建设，新建界别委员工作室4个，评定五星级委员工作室14个、四星级委员工作室13个、三星级委员工作室4个。实行委员履职量化评分和动态管理，优化委员履职服务，定期通报区情政情，引导推动委员知责于心、担责于身、履责于行，不断提高深度协商互动、意见充分表达、广泛凝聚共识水平，委员年度履职考核得分95分以上占96.6%。

【文史工作】 2023年，区政协推动政协文史工作专起来、活起来、实起来，释放其存史、资政、团结、育人的社会功能。挖掘丰富文化资源，深耕宋韵系列丛书编撰，推出宋风三部曲之《宋风纪胜》，制作发行《宋风物语》《宋风流韵》《夜听宋韵》等系列音视频栏目。发挥区政协文史研究会、茶文化研究会等非工作性机构作用，培育“皇城根”、茶韵议事会等特色文化学研基地11个；承办杭州文史论坛和“宋人华饰美学展”“宋韵江南书画艺术特展”等宋韵系列文化雅集活动。

【社情民意信息工作】 2023年，区政协坚持把社情民意信息工作摆在突出位置整体谋划、系统推进，建强骨干队伍，突出评价激励，不断推动社情民意信息工作提质增效。召开社情民意信息工作研讨会暨特邀信息员培训会，组建区政协特邀信息员队伍，制定特邀信息员工作制度；修订完善《上城区政协反映社情民意工作先进集体和先进个人评奖表彰办法》。年内，举办社情民意信息工作座谈交流、沙龙活动3次，收集社情民意信息600多篇。

（华剑波）

中国共产党上城区纪律检查委员会 上城区监察委员会

综　述

【清廉上城打造】 2023年，区纪委区监委发挥监督保障执行、促进完善发展作用，推进全面从严治党向纵深发展，为助推上城经济社会高质量发展提供保障。全区受理检举控告量比2022年下降6.6%，实现“三年三连降”；全年立案审查调查193件；给予党纪政务处分182人，采取留置措施24人，挽回直接经济损失4201.6万元。全区党风廉政建设和反腐败工作做法及成效获省级以上主流媒体报道491篇次，“宋韵颂廉”、驻点访察等实践探索被上级部门肯定。组织参加“藕花洲杯”“玉琮杯”“钱潮杯”等国家级廉洁文化赛事，获“藕花洲杯”大奖、组织奖等奖项11个。“小营红巷”线路入围全省首批“清风廉路”；干部“能力图谱”入选纪检监察干部智能化管理平台功能建模省级试点；信访分析获全省综合分析报告二等奖；入选省、市精品廉洁文化教育基地8个，省、市优秀实践案例13个，获评公权力大数据监督应用最佳模型11个。

【主题教育与教育整顿】 2023年，区纪委区监委严格对标上级部署要求，从严从实、一体推进主题教育和纪检监察干部队伍教育整顿，开展“循迹溯源学思想促践行”活动。区纪委常委会严格落实“第一议题”制度，以上率下组织开展“第一议题”专题学习158次、交流研讨364次，建立“片组联盟”学习教育机制，通过推行“三个一”（每日一原文、每日一微课、每半月一测试）学习活动、大练兵大比武、专题警示教育等方式，组织考学2450人次。推进“实调研优作风”行动，确定重点调研课题、领办民生问题25个，深入基层、一线开展调查研究，走访群众80户，针对突出问题提出措施建议57条，形成制度机制18项，入选区级优秀成果案例2项。强化整改整肃，组织2轮全系统自查380人次、2轮谈心谈话316人次，分层分级、全员覆盖开展纪检监察干部政治家访，动态化梳理问题查摆、廉政风险清单，推进违规办案等专项整治，自加压力开展“树形象、守底线、查隐患、保安全”专项行动，对照检查问题83个，梳理风险点524个，制定防控措施494条。

【廉洁文化品牌打造】 2023年，区纪委区监委以构筑“宋韵传世”文化新高地和新时代清廉建设新高地为契机，发挥辖区作为南宋皇城遗址所在地、南宋文化发祥地和宋韵文化传承展示中心的独特优势，深挖活用清廉因子，打造“宋韵颂廉”廉洁文化品牌体系。组建“宋韵颂廉”专班，制定项目总方案和板块子清单，纵向贯通市、区、街道三级，横向联动相关职能部门和宋史研究专家，实现信息互通、资源互补、力量互融。优化“宋韵颂廉”云上平台，围绕文物古迹遗址、清官廉吏故事、廉洁制度规范、优秀家风家训等内容，设置“宋迹清风、宋贤清德、宋道清行、宋艺清心、宋脉清流”5个板块，推出“全景云游览”“云听书小样”等40多项用户体验功能，创作“名家话宋廉”首期微视频，推出二十四节气名片、“宋廉十景”手绘海报等宣传产品，立体式呈现展馆文物、景观遗迹、古籍文字。全年“宋韵颂廉”云上平台用户访问量30万余人。注重文景共建，贯通道路、公园等公共区域，推出钱塘江堤清官廉吏百米墙绘、社区清廉诗词长廊等微景观。深化文教共融，编发《宋韵颂廉》廉洁文化读本近1000册，改编《大宋官箴中的逆耳忠言》等宋朝廉洁故事70篇，谋划“彭尚清风”等主题教育馆6个。推动文娱共享，开展“走廉路、看廉景、赞廉官”群众文化活动，营造“处处见廉、人人学廉、时时倡廉”的社会氛围。相关经验做法获中央纪委官网、《人民日报》、《中国纪检监察报》、《浙江日报》等媒体报道。

【亲清政商关系构建】 2023年，区纪委区监委围绕“打造全国营商环境标杆城区”目标，推动构建新型亲清政商关系，筑牢政商交往“防火墙”。明确领导干部“必须为”正面清单和“不能为”负面清单，提出企业“建议为”倡导清单。与重点招引企业签订《清廉承诺书》，与“一把手”和领导班子签订《家庭家教家风建设责任书》，将领导干部政商交往纳入政治生态评估、主体责任检查范围，完善商事活动报告备案、监督等制度。推出发放《亲清服务企业手册》1100多份，推动解决问题97个，惠及企业651家。举办“清风汇”交流论坛，剖析12种不正当政商交往的表现形式，助力企业消除纪法盲区。组织“亲清直通车”“亲清座谈会”“圆桌对话”，全年开展活动63场，排查风险隐患37个，收集廉情建议42条。成立亲清服务督察员队伍，开展常态化监督，设立为企服务举报绿色通道，将服务作风、违纪违规等问题直接分流区纪委处置，全年接听解答电话900多次，收集企业问题及诉求2761个，协调解决2754个，解决率99.7%，企业满意率98.3%。严肃查处不担当不作为、失职失责等行为，全年查处损害营商环境问题11起、11人，其中移送司法6人、处分10人；坚持行贿受贿一起查，对8名行贿人采取留置措施并移送司法。围绕党员干部违规借贷等违纪违法行为开展专项治理，全年开展提醒谈话7人，免职处理1人，1人退回全部兼职取酬，2家单位做书面检查。试点形成全市首条亲清政商关系主题的展示体验线路“亲清山南”，剖析该领域违纪违法典型案件。

【清廉机关建设】 2023年，区纪委区监委以创建清廉机关为牵引，盘活各类清廉文化资源，依托阵地建设助力清风正气在机关蔚然成风。在机关大楼建设“清廉文化长廊”，设计“知史鉴”“听政声”“展廉效”“辨良莠”“明规矩”5个板块，以干部喜闻乐见的方式传播党风廉政建设知识。组织全区54家机关党组织2700多名在职党员干部参加“廉洁好家风”主题教育暨“我的家书”征集活动，推动“清廉楼层”“清廉服务大厅”等示范点创建和“清廉机关”“模范机关”阵地建设。推出“孝廉”主题研学路线，组织党员干部到中共杭州小组纪念馆和

2023年4月19日，区纪委区监委在景芳社区监察工作联络站，针对经合社“三资”监管问题开展监督检查（区纪委区监委 供稿）

杭州市清廉文化示范点等教育场馆参观学习，并围绕“清廉宋韵”“迎亚运”等主题，开展“清廉文化学习会”“勤廉漫画展”等党风廉政教育活动，全年组织廉政教育23场次，覆盖800多人。创新廉洁文化传播机制和载体，搭建由“上城区机关党员服务驿站”、“清廉上城”微信公众号等新媒体平台组成的宣传矩阵，开设“清廉微视频”“动漫话廉”“清廉小故事”等模块，全年发布廉政新闻100多条，推送典型案例通报65起。

【清廉经合社建设】 2023年，区纪委区监委聚焦发展壮大村级集体经济，做好规范管理、服务保障和查纠促改工作。协同职能部门制定《关于加强股份经济合作社规范管理的若干意见》及10个配套文件，并分别制定街道纪工委监察办公室、经合社监察联络员重点监督10件事，强化制度落实落地。完善经合社小微权力规范运行流程手册，细化集体“三资”（资产、资金、资源）管理、收益分配、集体产权交易等22个方面具体操作流程图。推动优化为企服务政策和流程，化解企业在招引落地、经营管理中的问题困难，助力提升集体经济组织发展“软实力”。结合日常监督、专项监督、重点监督，督促各街道梳理议事决策、岗位履职、纪律作风等6类廉政风险点176个，及时制定防控举措，压实防控责任。

【派驻（出）机构改革】 2023年，区纪委区监委探索推行“驻点访察”模式，综合派驻纪检监察组从以往“长驻”在一个单位变为“流动”到各个监督单位开展为期1个月左右的驻点办公，全方位掌握日常工作及人员管理情况。制定《驻点监督操作手册》，归集日常监督检查、问题线索处置、信访办理等10项重点业务工作流程图。入驻前，根据被监督单位廉情信息，编制“一幅政治生态画像、一套干部廉政档案库”，全面了解被监督单位中心工作、重点任务进展及政治生态、党风廉政建设等情况。梳理“派驻监督共性问题清单”，筛选突出问题，结合重点岗位、人员等明确个性化监督重点，开展靶向式访察。在“驻点访察”后，查纠问题根源，督促落实全面整改，促进问题整改闭环化、规范管理制度化、领域治理长效化。全年全区7个综合派驻纪检监察组通过“驻点访察”发现并处置问题线索65件，立案27件，党政纪处分22人。

（林均怡）

区纪委区监委重要会议

【区纪委一届三次全体会议暨全区作风建设大会】 2023年2月1日，区纪委一届三次全体会议暨全区深化作风建设大会召开。会议以习近平新时代中国特色社会主义思想为指引，贯彻落实中共二十大精神及中央和省、市纪委全会精神，以时不我待的劲头和勇当排头兵的姿态，开创全面从严治党新局面，奋力谱写中国式现代化上城篇章。会议要求，要以更高站位深化政治监督，确保中共二十大战略部署落地落实；要以更高标准深化政治巡察，增强巡察监督精准性和有效性；要以更广触角深化清廉建设，着力绘就全域清廉的上城动人画卷；要以更严要求深化作风建设，营造风清气正的良好政治生态；要以更大力度深化标本兼治，提高一体推进“三不腐”能力和水平；要以更实举措深化改革赋能，构建全面覆盖、权威高效监督体系；要以更强自觉深化自身建设，锻造忠诚干净担当的纪检监察铁军。

2023年2月1日，区纪委一届三次全体会议暨全区深化作风建设大会召开　（区纪委区监委 供稿）

【2022年度履行党风廉政建设主体责任专题汇报会】 2023年3月20日，上城区召开2022年度履行党风廉政建设主体责任专题汇报会。会议强调，要从政治和全局高度，坚持严的总基调不动摇，坚定不移将全面从严治党向纵深推进，不断取得党风廉政建设和反腐败斗争新成效，为加快建设共同富裕典范城区、奋力谱写中国式现代化上城篇章提供保障。要提高政治站位，将全面从严治党“放在心上”。从“两个维护”政治高度，坚决推进全面从严治党；从“清廉建设”全域维度，系统深化全面从严治党；从“典范城区”标准要求，靶向强化全面从严治党。要锁定工作重点，将落实落细主体责任“抓在手上”。更加突出“四责协同”，更加突出关键少数，更加突出“抓早抓小”，更加突出制度约束，更加突出清廉建设。要坚守政治定位，将巡察作用发挥“落到实处”。强化政治意识坚定不移推进政治巡察，强化标杆意识高质量高标准开展巡察，强化协同意识联动配合开展巡察。

资料

“四责协同”： 指党委主体责任、纪委监督责任、党委书记第一责任人责任和班子成员“一岗双责”统一联动、合力运行，形成主体明晰、有机协同、层层传导、问责有力的责任落实机制。

【股份经济合作社规范发展大会】 2023年3月31日，上城区召开2023年股份经济合作社规范发展大会，结合省、市农村工作会议和全面推进股份经济合作社规范化发展的要求，部署全区股份经济合作社规范化发展工作。会议指出，村社经济合作社是共同富裕现代化基本单元和全面实施乡村振兴战略的重要力量。要把加强经济合作社领域监督管理工作摆在重要位置，强化工作责任落实、制度机制执行、监督治理效能、清廉单元建设、问效追责力度5个重点方面，以更大力度、更优举措、更实作风推进清廉建设向经济合作社拓展深化，推动经济合作社规范有序健康发展。会议要求，要重点围绕集体经济组织规范化建设，高质量发展壮大集体经济组织，为打好“经济翻身仗”提供坚强保障。要把“硬杠杠”记在心上。进一步规范重大事项决策、规范资产资源管理、规范收益分配，加快股社分离、加大监督力度。要把“责任田”扛在肩上。部门要“联起来”，街道要“管起来”，经合社要“强起来”。要把“业绩表”抓在手上，让集体经济更加壮大，让产业发展更加均衡，让干部队伍更加实干。

【清廉民企建设推进会】 2023年5月11日，上城区召开清廉民企建设推进会，传达贯彻全市清廉民企建设推进会精神，总结交流建设成效和经验，研究解决存在的突出问题，部署推进各项工作，深化推进区清廉民营企业建设工作。会议指出，要多方协同，发挥民营企业主体作用，企业家要转变思想观念，主动作为，同区委、区政府多沟通交流，讲真话、说实情；发挥政府部门桥梁作用，区工商联要发挥好“联”的优势，协同多方合力，在政企之间、企企之间搭建平台；发挥商协会引导带动作用，多想办法、多做创新，为全区清廉民企建设助力添彩。要落实举措，纵深推进清廉民营企业建设。坚持党建引领，以党建工作带企业建设促清廉；健全清廉制度，以制度保障清廉民营企业建设；浓厚文化氛围，加强企业廉洁文化阵地建设；构建惩防体系，组建清廉联盟，开展清廉共建；纯洁内外关系，厘清政商交往边界，完善政企沟通联络机制。

（林均怡）

执纪审查和监察调查

【概况】 2023年，区纪委区监委坚持无禁区、全覆盖、“零容忍”，坚持严的主基调不动摇，严肃查处重点领域和关键岗位腐败案件，有效遏增量、清存量。全年处置问题线索635件，比2022年上升29.3%，了结419件，给予组织处理352人。全年立案审查调查193件，增加1件，其中委本级立案42件。结案194件，给予党纪政务处分182人。办理留置案件24件，移送检察机关18人。通过监督检查和审查调查，为国家和集体挽回经济损失4201.6万元。建立信访件办理“两制度一指引”（《关于进一步提升信访件办理质效的实施细则》《上城区纪委监委检举控告处理质量评价办法》《信访件办理操作指引》），全年受理信访件135件次，下降25.4%，其中检控类信访99件次，下降6.6%。

【问题线索发现能力提升】 2023年，区纪委健全与公安、财政、税务等部门信息传递机制，结合运用大数据监督、巡视巡察监督、审计监督等成果，提升发现问题线索的能力。强化线索研判，通过召开旬调度会、月分析会等形式，由委领导、承办部门集体研究，综合研判线索可查性和可信度，处置问题线索635件，比2022年上升29.3%。坚持多措并举，推进问题线索专项清理，根据省、市纪委长期未办结问题线索、立案件“清淤”及遗留件督办工作要求，及时制定细化全区清淤工作方案，逐件制定“清淤”计划，健全问题线索督办机制，定期召开督办会开展督办。自11月“清淤”工作开展后，完成10件遗留问题线索和5件超期未结案件的“清淤”工作。

【监督执纪“四种形态”运用】 2023年，区纪委区监委依规、依纪、依法开展工作，坚持“惩前毖后、治病救人”方针，深化运用监督执纪“四种形态”，加强“抓早抓小”预防性工作，重点督促各级党组织把握运用好“第一种形态”，使监督更加聚焦、更加精准、更加有力，强化“不敢、知止”的氛围。至年末，运用监督执纪“四种形态”处理601人次，比2022年上升29.8%。其中，运用“第一种形态”处理411人次，运用“第二种形态”处理117人次，运用“第三种形态”处理严重违纪重处分或重大职务调整37人次，运用“第四种形态”处理严重违纪涉嫌违法36人次。

【案件查办促改促治】 2023年，区纪委区监委做深做实以案促改、以案促治。制定《推进以案促改制度化常态化工作实施办法》，建立源头追溯、止损挽损一体化统筹机制，坚持随案设立“以案促改工作小组”，统筹涉案遗留项目处置、风险防范化解等工作。制发《关于规范纪检监察建议工作的实施办法》，深化完善“案件查办+纪检监察建议+专项治理+监督跟进”的工作闭环，制发纪检监察建议书46份，推动完善制度机制138项，开展提醒谈话175人次、追责问责29人，纠治苗头性倾向性问题13个。

【信访澄清正名】 2023年，区纪委区监委严格落实“三个区分开来”和“谁核实谁澄清”的要求，准确把握严明纪律、严格执纪执法与鼓励改革创新、激励担当尽责的关系，依规、依纪、依法受理办理信访举报件，在严肃查处党员、监察对象违纪违法问题的同时，深化失实信访举报澄清正名机制。完善《上城区失实检举控告澄清工作实施办法》，按照省、市纪委实施澄清正名和查处诬告提升年活动方案要求，对查明确属失实的检举控告，第一时间为被检举控告人澄清问题，为党员干部消除负面影响和思想顾虑，为干事创业者担当鼓劲，浓厚激浊扬清氛围。全年开展澄清正名21件次。

（林均怡）

党风政风监督

【概况】 2023年，区纪委区监委坚持严抓严管，加强党风廉政建设。坚持严的主基调不动摇，开展“四风”纠治。推进违规吃喝专项治理，重点围绕违规吃喝、违规出入娱乐场所等7个方面开展监督检查，全年开展各类正风肃纪明察暗访1405批次，检查单位3248家次。查处违反中央八项规定精神问题38起、39人，查处群众身边腐败和作风问题15起、16人，查处“不担当、不作为、不落实”问题44起、61人。推进专项治理、专项监督18项，推进漠视侵害群众利益问题专项治理，开展督导检查161次，发现并督促问题整改19个，处理处分41人。开展国有房产专项督查，实地核查房产1573处，发现问题135个，并督促整改落实。开展安全生产隐患大排查大整治监督，监督检查30次，

2023年7月6日，区纪委区监委在丁兰街道皋城村召开澄清正名现场会

（区纪委区监委 供稿）

督促整改问题159个。推进重点工程项目落地、工程渣土处置领域行业性腐败问题、行业协会商会不正之风和腐败问题专项整治，排查整改问题23个，联合立案查处涉及建筑垃圾领域违法案件13件。开展农村乱占耕地专项整治监督工作，开展督查检查6次，发现问题41个，并督促整改。部署推进“智慧印章”应用工作，完成全区225个村社（含股社分离经济合作社）全覆盖部署工作。

【政治监督】 2023年，区纪委区监委把握正确政治方向，全面深化政治监督。制定年度政治监督工作方案，明确12个政治监督项目及22个政治监督“小切口”项目，开展“嵌入式”“驻点式”“下沉式”监督，全年开展监督1868次，发现问题2033个，推动整改1856个。聚焦未来乡村建设、学校教育发展及廉政文化、小营红巷提升项目3个专项监督子项目，推进监督工作。围绕打赢亚运攻坚仗，制定《服务保障亚（残）运会政治监督工作方案》，建立“1+4”督查工作机制，聚焦亚运会相关酒店周边环境提升、重要道路整治、亚运氛围营造、社区“三大提升”、火炬沿线整治提升等情况重点开展监督检查，全年开展监督检查1268次，发现问题1694个，完成整改1667个。

【“一把手”和领导班子监督】 2023年，区纪委区监委严格落实省、市纪委关于加强对“一把手”和领导班子监督的实施意见，紧盯“关键少数”，探索完善具体化、常态化的监督机制。健全清廉“365”闭环机制，即通过实施责任清单、季度清单、二级清单3张清单，全程留痕、每月督查、每季研判、动态评估、廉政抄告、挂号督改6项制度，履责汇报双覆盖、履责情况双评议、评议意见双反馈、考核结果双运用、一案双查双追究5项措施，加强对“一把手”和“关键少数”的监督。协助区委召开主体责任专题汇报会，面对面点评、反馈问题9个，发出党风廉政建设建议书22份、廉政抄告单21份。分层分类开展干部政治家访1822人次。紧盯“八小时外”重点创新监督方式，针对重点岗位和年轻干部，探索开展视频连线监督387次，加强监督信息综合归集和分析研判，提出进一步跟踪了解18人，作出情况说明6人。

2023年6月6日，区纪委区监委在重点工程永安国富施工现场，推进招投标领域专项治理 （区纪委区监委 供稿）

【招投标领域专项治理】 2023年，区纪委区监委成立由区纪委常委、区监委委员任组长的跟进监督工作组，下设办公室，牵头指导、协调、推动开展各项监督工作，建立监督工作问题清单，针对工程建设项目招投标代理、开标、监管等重点环节，通过抽查资料、谈话了解等方式开展监督检查，发现问题23个，并督促完成问题整改落实。针对公职人员违规干预、先建后招、串标围标等问题，加强对重点线索的会商研判，核查问题线索42件，立案16件、16人。指导区审管办、区发改经信局、区住建局、区财政局等部门联合下发《关于加强上城区限额以下（小额）公共资源交易管理十条规定的通知》，同时结合限额以下（小额）公共资源交易领域腐败问题易发多发的实际情况，制定监督工作方案，探索推行“五四三二一”监督工作法，开展事前和事中监督。

资料

“五四三二一”监督工作法： 针对限额以下（小额）公共资源交易领域开展专项监督，对项目计划、交易方式、交易文件、交易平台、操作流程内容实施“五查五看”，对发包人、中介机构、评审人员和承包人落实“四必谈”，明确中介机构、评审人员、承包人三类主体签订承诺书，建立未进场交易项目、廉政重点监管“两张清单”，开展一次专题培训。

【“指尖上的形式主义”清理规范专项整治】 2023年，区纪委区监委开展“指尖上的形式主义”清理规范专项整治。聚焦“指尖上的形式主义”靶向发力，通过实地检查、走访调研等方式，及时收集各类加重基层负担的“指尖上的形式主义”问题与意见和建议，对贯通到街道、社区（村）使用的18个区级应用程序涉及的89个应用模块实施清理整治，削减60个模块，删减率67.4%。对街道开发、社区（村）使用的12个应用程序按照区级标准进行清理和规范，整合兼并2个，削减9个。

【清廉建设高地系列活动】 2023年，区纪委区监委制定清廉建设高地系列活动方案，探索通过联席会、推进会、现场会和群众评、专家评、媒体评的“三会三评”模式，推动“清廉单元”落实重点任务，推进重点项目，培育示范点，提升清廉建设工作质效。建立健全清廉建设联席会议制度、双周工作动态报送工作机制等制度机制，实时掌握各“清廉单元”推进情况，定期开展沟通交流、分析研判、统筹协调，强化清廉建设组织领导和工作合力。制定2023年监督推动清廉上城建设高质量发展重点工作任务表和纵深推进清廉上城建设重点清廉单元2023年度主体责任及监督责任清单，明确12个“清廉单元”与3个拓展“清廉单元”工作任务、预期目标、主要举措及完成时限。聚焦重点领域和关键环节，加强制度机制建设，刚性约束更加严格，其中在工程建设领域建立清廉工程评价标准，设置5项基础指标和16项二级指标。

（林均怡）

巡察工作

【概况】 2023年，上城区贯彻落实上级巡视、巡察工作部署要求，围绕巡察全覆盖任务，探索板块巡、专项巡、联动巡等方式，高质高效推进巡察工作开展。全年组织开展常规巡察3轮，巡察区直单位8家、街道3个、国有企业集团3个、社区（村、经济合作社）10个。开展全区安全生产领域专项巡察1次。

【巡察模式优化】 2023年，区委巡察办优化巡察模式，推进巡察工作开展。统筹推进“板块巡”，聚焦国有企业及村社、经济合作社2个重点板块，在巡察中探索共性问题及时通报共享、重点问题同步推进、问题线索集中研析等举措，发现领域共性问题22个。纵深推进“专项巡”，通过查阅资料、实地走访、联合督查、座谈调研、移交处置等措施，对区应急管理局等6家履行安全生产监管职责的单位开展安全生产领域专项巡察，助力亚运会、亚残运会保障。推进

"联动巡"，探索巡审会商、信息共享、巡前先审、巡审同步等联动形式，提升巡察实效。探索开展巡审同步巡察方式，统筹巡察和审计对象，建立巡审工作例会、信息共享、联合报告等机制，确保巡审步调一致、信息共享。

【村社巡察】2023年，区委巡察办坚持拉高标杆、坚持问题导向、坚持协同监督，高标准、高质量、高水准推进村社巡察。明确将全区全部经济合作社统一由区委巡察组直接巡察，与对区直单位巡察同谋划、同部署、同推进。全年通过直接巡方式巡察经济合作社9个。紧盯群众关注的民生实事、长期未解决的难题等重点，下发巡察工作联系单，综合协调市、区相关职能部门、街道、经济合作社开展立行立改，推动解决民生实事7项。其中，围绕经济合作社股民安置房办证进度过慢问题，牵头召开协调会4次，为58户居民的185套住房办理不动产权证书。相关经验做法在《清廉浙江》《杭州日报》刊登。针对经济合作社股民回迁安置小区地下储藏室安全管理混乱问题，推动街道对全部回迁房小区进行集中整治，清理小区地下储藏室5221间，整改隐患1565个。

【巡察整改】2023年，区委巡察办加强与区纪委、区委组织部等部门的协同联动，建立健全问题分析研判、反馈通报、日常监督等工作机制，推动巡察整改。分析8个经济合作社（社区）巡察报告，撰写形成综合情况报告，理清共性问题，以抄告单形式向有关区领导及区纪委、区委组织部、区发改经信局等职能部门进行通报，督促开展领域性整改。落实"双反馈""双抄送""双通报"机制，建立健全巡察整改考核评价细则，把巡察整改落实情况纳入街道班子年度综合考核的重要内容，压实整改主体责任。建立健全区纪委、区委组织部、区委巡察机构三方联审联督机制，严格审核把关。全年联合审核整改48次，反馈审核意见200多条。

（沈玮玮）

党风廉政宣传教育

【概况】2023年，区纪委区监委推进纪检监察宣传教育各项工作任务，在《人民日报》、中央广播电视总台新闻频道、《中国纪检监察报》、《浙江日报》等省级以上主流媒体发表党风廉政建设宣传作品491篇次，居全市第3位。拍摄警示教育片4部，组织观看47场次，开展党风廉政宣讲8场次，教育党员干部5000多人次。推动区委制订"青·廉上城"行动计划，制定年度十项任务时间表路线图，实现对全区年轻干部教育管理监督全覆盖、全贯通。举办"勤廉迎亚运、清风润上城"清廉漫画巡回展，观展3000多人次。组织创作廉洁文化精品佳作，参加国家级廉洁文化赛事评比，获最高奖、组织奖等奖项11个。提升"小营·江南红巷"线路，完成全省首批"清风廉旅"申报评估。夏衍旧居、杭州海塘遗址博物馆获评市级清廉建设优秀实践案例。

【廉政警示教育】2023年，区纪委区监委深入剖析领导干部、年轻干部、建设领域、集体经济领域违纪违法典型案件，持续开展以案说纪释法，深化廉政警示教育。围绕违纪违法问题，拍摄警示教育片4部，组织观看47场次，覆盖党员干部4000多人次。针对经济、政法、国有企业、街道社区等重点领域，开展党风廉政宣讲8场次，教育党员干部1000多人次。规范纪检监察干部外出授课机制，制定《杭州市上城区纪检监察干部参加讲课活动审批管理办法》，强化宣讲管理和教育实效。

【"青·廉上城"行动】2023年，区纪委区监委深入学习贯彻习近平总书记关于加强年轻干部教育管理监督的指示精神，推动区委实施“青·廉上城”行动，部署“上好廉政教育第一课”“开办廉政系列训练营”“传承上城青年好家风”等10项重点工作，建立全覆盖教育体系，完善全周期管理机制，提升全方位监督实效。统筹全区各相关条线推进“青·廉上城”行动，联合区委组织部、区委宣传部发布年轻干部廉政学习资料库，联合区委宣传部、区文联举办清廉巡回漫画展，指导区国资国企系统举办首届“青年论清廉”主题辩论赛，指导团区委打造“青·风颂廉”工作品牌，并举办“清廉圆桌会”，发布“青·廉齐步走”线路图，聘任“清风志愿讲解员”。“青·廉上城”行动获《中国纪检监察报》《浙江日报》等权威媒体宣传报道。

【廉洁文化建设】 2023年，区纪委区监委深挖资源，创新方式方法，创作精品佳作，丰富传播载体，推进廉洁文化建设，营造风清气正的氛围。提升“小营·江南红巷”线路，完成全省首批“清风廉旅”申报评估。深挖夏衍旧居廉洁因子，拍摄的清廉微视频《生活无贵气、工作无官气的文艺巨匠》在中央纪委网站头条播出。夏衍旧居案例《清廉品格励后世 巨匠光华映钱塘》、杭州海塘遗址博物馆案例《贯通廉洁文化脉络 打造“清风海塘”品牌》获评市级清廉建设优秀实践案例。统筹全区各单位参加国家级廉洁文化赛事，获奖项11个，其中选送的作品《一只红布包》获“藕花洲杯”大奖、《做一位好市长》获最佳传播奖，区纪委区监委获优秀组织奖。打造“宋韵颂廉”廉洁文化品牌，上线宋韵廉洁文化图文作品，线上点击量超过30万次，线下举办各类活动，提升品牌辨识度影响力。联合区委宣传部、省漫画家协会举办“勤廉迎亚运、清风润上城”清廉漫画巡回展，创作展示清廉漫画精品100幅，在区文化中心、区行政中心及10家区直单位、街道、社区、企业展出100天，参观人数超过3000人次。

（林均怡）

民革上城区基层委员会

【概况】 2023年末，民革上城区基层委员会有支部10个、党员245人，其中新发展党员16人，有考察培养对象24人（含2名博士）。年内，民革上城区基层委员会积极参政议政及撰写社情民意，服务社会，助力区中心工作发展。民革上城区基层委员会获评民革市委会2022—2023年参政议政工作先进集体特等奖、信息工作先进集体一等奖、“同心·博爱”社会服务工作先进集体、民革省委会2023年度祖国统一工作先进集体。“上城民革党员之家”获评民革省委会2023年度“示范五好民革党员之家”。民革上城二支部被评为民革省级示范支部，在民革市委会2021—2023年“双争”（争示范支部，争先进个人）评比中被评为全面示范支部；民革上城三支部被评为先进集体社会服务单项示范支部。

【参政议政及社情民意撰写】 2023年，民革上城区基层委员会各级人大代表和政协委员围绕区委、区政府中心工作，着眼社会民生实事，结合自身界别特色，积极参政议政，撰写社情民意，助力城区发展。区两会期间，提交人大建议、政协提案15件，其中集体提案1件、联名提案4件，内容涵盖优化营商环境、残疾人就业、公共服务体系建设、地下空间互联、金融领域诉源治理等方面。其中，《关于聚势赋能打造“上城智造”全新增长极的相关建议》入选区政协一届三次大会发言材料；《关于深化“区街一体、条抓块统”改革推进基层智治系统建设的建议》《关于聚焦“韵”字，以点带面，继续传承发扬宋韵文化的建议》2篇提案获评上城区政协2023年度优秀提案。全年有20篇建议信息被采用，为反映村级留用地开发建设、法治思维推动信访工作治理、基层智治系统建设、人工智能创新生态等领域的意见和建议。其中，《关于完善孤独症筛查和干预力度提高患者生活品质的建议》被民革中央委员会采用，《新生代农民工发展面临的问题及对策》《关于提升我省人工智能创新生态夯实人工智能创新高地的建议》被市委统战部录用，《关于以亚运保障为契机，扭转我市“美食荒漠”舆论倾向的建议》被市政协社情民意专报录用，《关于提升我省人工智能创新生态夯实人工智能创新高地的建议》被市政协录用。有关优化行政审批流程、加快政府公共服务供给侧改革、持续放大杭州亚运会窗口效应等建议报“上策建言直通车”，均获区领导批示。

【祖国统一工作】 2023年，民革上城区基层委员会依靠骨干党员作用发挥，开展祖国统一联谊工作。组织党员收看未来台海形势报告，组织党员参加“之江同心，两岸一家亲”元宵祖国统一沙龙活动、海峡两岸婚姻家庭论坛、海峡两岸企业家峰会及台湾南投县县长接待等海峡两岸交流活动。党员余建国被评为2023年度民革省委会祖国统一工作先进个人。

【社会服务活动】 2023年，民革上城区基层委员会持续发挥特色优势，走进基层，服务群众。各支部从实际情况出发，不断探索社会服务新形式，深化民革服务品牌。民革上城区基层委员会及各支部联合开展社会服务活动20多次，开展亚运志愿活动5次、法律咨询和普法活动30多次，实施法律援助2次、法律调解12次，进社区开展新春送福活动2次。杭州亚运会期间，组织党员为亚奥理事会、亚残奥理事会成员志愿提供英文讲解和接待服务工作。发动党员为甘肃临夏积石山县地震灾情捐物捐款，其中个人捐款1.56万元、民革党员代表公司集团捐资10万元，为四川省广元市昭化区元坝中学捐献学生高低铺2套、书籍若干。每月定期有2名律师党员在“上城民革党员之家”轮值，为周边社区居民免费提供法律咨询服务。

（王鸿佳）

民盟上城区基层委员会

【概况】 2023年末，民盟上城区基层委员会有支部16个、盟员349人，其中新发展盟员9人。民盟上城区基层委员会引导盟员提高政治站位，组织开展民盟成立日活动、全国两会精神学习会等活动，履行参政党职能。年内，组织盟员开展“凝心铸魂强根基、团结奋进新征程”主题教育活动；参加盟市委组织的“共读经典、书香润盟”主题读书活动；参加区委统战部举办的上城区党外代表人士培训及“同心同行 共筑亚运”系列活动。秉持“五一口号”精神，不忘合作初心，组织各支部多形式开展“党盟携手共奏同心曲”主题活动。民盟上城基层委员会获评民盟市委会2023年度先进基层委员会；民盟上城医卫支部、科技支部、文化支部获评民盟市委会示范性基层组织；民盟上城区医卫支部、第四支部、文化支部、第三支部、第一支部、杭州市建兰中学支部、科技支部获评民盟市委会2023年度五星级支部；民盟上城区综合支部、第五支部获评民盟市委会2023年度四星级支部；民盟杭州第十中学支部、杭州第六中学支部、杭州市江城中学支部、杭州市清河实验学校支部、杭州市惠兴中学支部获评民盟市委会2023年度三星级支部。

资料

“五一口号”：指中国共产党中央委员会于1948年4月30日发布的纪念“五一”劳动节口号，包含23条内容，号召各民主党派、各人民团体、各社会贤达迅速召开政治协商会议，讨论并实现召集人民代表大会，成立民主联合政府。

【参政献策】 2023年，民盟上城区基层委员会围绕教育、养老、交通等民生问题，通过建议提案、民主监督、调研报告、社情民意等途径，积极参政议政，为上城区社会经济发展献计献策。动员盟员撰写社情民意，关心经济发展、城市建设和改善人民生活等民生问题。全年撰写信息报道76篇、反映社情民意的文章268篇。其中，《“预制菜进校园”存在四方面问题需重视》被市政府办公室上报国务院办公厅；

《关于浙江省促进中小微企业发展条例金融层面政策具体实施的几点建议》《关于保护基层戏曲演员基本生存权益，防止戏曲工作“脸谱化”的意见建议》被市委统战部转送省委统战部；《关于修改完善〈国家标准外文版管理办法〉的建议》《被冒名监事现象频发引发社会问题亟需引起关注》《关于提高法院裁判文书公开率、深化司法阳光的建议》被盟省委、市政协、盟市委同时采用。

【社会服务】 2023年，民盟上城区基层委员会立足岗位、履职尽责，贡献智慧和力量。民盟杭州市惠兴中学支部与湖滨敬老院结对，服务老人。民盟杭州第六中学支部和民盟杭州第十中学支部对杭州市杨绫子学校开展帮扶活动。民盟杭州市建兰中学支部相关盟员参加民盟“之江同心 科教强国 乡村振兴”助力城乡教育公平化发展公益捐赠暨“农村教育烛光行动”。民盟上城文化支部教师盟员带队到帮扶学校送教，从队伍培养、管理提升、教学教研等方面开展交流指导，并接待省内桐庐、龙泉、江山、舟山等结对帮扶学校的跟岗学习教师、管理干部100多人。民盟上城区综合支部与杭州市艮山路学校、萧山特殊教育学校结对，为孤独症和唐氏综合征的患儿送去关爱与温暖，与学生互动，捐赠书籍。民盟上城区第二支部相关盟员参加省教育厅“百人千场”名师送教下乡活动，在临平农村学校——临平区天长世纪小学开设名师工作室。民盟上城区第五支部相关盟员成立导师工作室，开展系列讲座、科研指导等，帮扶上城区科研比较薄弱的民办幼儿园提升教师科研能力。民盟上城区第四支部为杭州天成教育集团50名学生运动员提供观影活动。

（曾甜甜）

民建上城区基层委员会

【概况】 2023年末，民建上城区基层委员会有支部14个、会员429人，其中新发展会员6人。民建上城区基层委员会推进“凝心铸魂强根基、团结奋进新征程”主题教育，不断增进对中国共产党领导和中国特色社会主义的政治认同、思想认同、理论认同、情感认同。组织会员到金华市施复亮故居和陈望道故居开展“循迹溯源学思想促践行”活动，追寻领袖足迹，感悟思想伟力。树牢“守正、创新、争优”目标，加强对支部工作的指导，三支部、七支部、八支部、十支部、十四支部获评市级先进支部，一支部、四支部、六支部、十二支部、十三支部获评市级鼓励支部。加强青年骨干会员的培养，推荐7名会员参加民建省委会、市委统战部民主党派中青年骨干培训班、区委统战部读书班、民建市委会新会员读书班培训。建成民建上城区七支部会员之家，推进阵地建设。全年在民建省委会、民建市委会、区委统战部网站和公众号编发各类稿件195篇，在澎湃新闻等网站刊发稿件80多篇，介绍基层委和支部工作亮点，展现党派良好形象。三支部获评民建市委会宣传工作先进集体，十支部报送的视频《我们是民建人》获民建市委会“历史回声 时代足迹”优秀短视频二等奖。

【议政建言】 2023年，民建上城区基层委员会围绕区委中心工作，报送社情民意信息155篇，其中1篇被全国政协采用、6篇被民建中央采用、13篇被民建省委会采用、39篇被民建市委会采用。在民建市委会优秀参政议政成果评选中，民建上城区基层委员会获优秀参政议政成果二等奖1篇、三等奖2篇。区两会期间，提交建议提案26篇，其中集体提案《关于加快发展元宇宙产业的建议》被列为重点提案，该提案与《关于进一步加快上城区回迁安置工作的建议》《关于促进夜间经济高质量发展的建议》《关于全区为企服务数智赋能的建议》获评区政协优秀提案，民建上城区基层委员会获评区政协社情民意先进集体。在市两会上，《关于进一步发展会展业经济引擎作用，提升杭州“国际会展之都”形象的建议》获评市人大优秀建议。全年提交调研报告5篇，其中《关于促进我区都市工业高质量发展的建议》《法治环境“第三方观察机制”在金融风险防范治理中的功能审视与实践探索》2篇调研报告获区领导批示肯定。

【“走亲连心三服务”活动】2023年，民建上城区基层委员会开展“走亲连心三服务”活动，助推企业高质量发展。助力“九和魅”共富街区开街，社会服务呈现基地化、项目化、品牌化特点。为甘肃地震灾区捐款53万余元、物资40多万元，助力灾区渡过难关和灾后重建。杭州民建会员企业家联谊会上城分会结对帮扶临安浪山村畲族民族村，认购公益米4500千克，助力共同富裕。做优“向日葵爱心助学”等品牌，开展爱心助学等公益活动。各支部常态化走访慰问老会员，开展关怀行动。会员凝聚共识、智慧、力量，在各自工作领域保障亚运，开展亚运食品安全监督活动，参与亚运法律保障、沟通保障、比赛场地保障等，参与亚运场馆平面设计。

（马平超）

民进上城区基层委员会

【概况】2023年末，民进上城区基层委员会有支部10个、会员277人，其中新发展会员7人。民进上城区基层委员会围绕党委、政府的中心工作和任务要求，不忘初心、牢记使命，开展“初心之路、正道杭行”、“凝心铸魂强根基、团结奋进新征程”、“学习新会章、奋进新征程”、走访“两馆两园”等主题教育活动。年内，民进上城区基层委员会先后获2023年度民进全省优秀基层组织、民进市委会2023年度五星示范区级组织、民进市委会2023年度参政议政调研工作先进集体等荣誉；“上城民进之家”获评民进市委会2023年度“民进之家”示范基地。民进上城区第四联合支部、第五联合支部获评民进市委会2023年度优秀支部；民进杭州第十中学支部获评民进市委会2023年度社会服务工作先进集体。

【“上城民进之家”建成】2023年7月13日，“上城民进之家”建成，位于花园社区“幸福邻里坊”二楼，面积40平方米，内设小型办公区和会议室，展示包括发展历程、同心共富实践基地、会员智库、活动集锦等内容，旨在展示宣传民进风采和多党合作事业成就。建成后，以“同心共富基地”为综合创新抓手，于8月15日开展全国生态日活动，9月12日开展民进上城区基层委员会与花园社区协商共建座谈会，11月24日开展关爱眼健康社会服务活动，推动民进会员与社区群众双向赋能。

【建言献策】2023年，民进上城区基层委员会参政议政成果丰硕，完成“加大普惠托育高质量供给，努力打造践行‘浙有善育’杭州样本”“进一步优化我市开发区（园区）建设，促进经济高质量发展”等一批高质量调研课题7个，其中调研报告《国潮老字号》《亚运宣传氛围和城市环境营造社会民意调查情况》获市政府领导批示；《关于加快出台专项意见全力打造“活力夜上城”的建议》《着力打造数字能源港，创造都市工业新标杆》通过区委统战部“建言直通车”上报，均获区政府主要领导批示并交办区有关部门。全年上报社情民意信息52篇，其中《关于烟花爆竹“禁与放”的建议》《关于对环北丝绸城及周边开展交通秩序专项整治的建议》《关于进一步完善我国现行生育鼓励政策的建议》分别被省政协、市委办公室、市委宣传部录用，《警惕私募基金机构三大风险防控隐患，建立完善风险防控机制》《建议在亚运会前全市推广应用集合点标识》《高校教师失德事件频发亟待重视》《关于构建家校社协同育人新格局的相关建议》等信息被民进市委会录用。

【文化教育与惠民服务】 2023年，民进上城区基层委员会发挥会员在文化、教育、科研等领域的专业优势，创新活动形式，彰显民进特色。发挥文化优势服务亚运，于5月、9月分别以“迎亚运 共富绘”“迎亚运·赏宋韵”为主题开展上城民进开明画师作品展及专题研讨会；7月，与民进临安区基层委员会组织书画作品联展；8月，参与“同心同行·共筑亚运”百米艺术长卷捐赠仪式。发挥教育优势助力山海协作，先后派出4名会员到临安、建德、台州、丽水、四川及新疆等地开展教育帮扶工作。到一线服务居民，打造“开明讲堂、开明议事、开明公益”等“开明”服务品牌，以同心社会服务基地为依托，以项目菜单、公益认领、集群组团的形式，定期为社区及周边居民群众提供眼科检查、心理咨询、针灸推拿、法律援助等系列惠民公益服务，服务范围延伸至全区超过50户家庭，300多人受惠。

（汪紫茗）

农工党上城区基层委员会

【概况】 2023年末，农工党上城区基层委员会有支部6个（原杭州口腔医院支部撤销）、党员219人，其中新发展党员13人，有12人进入培养教育期。农工党上城区基层委员会团结带领全区党员，完成各项工作任务。组织开展主题教育暨2023年入党初始教育培训、主题教育学习（沙龙）活动、主题教育暨人文大讲堂培训等活动，组织党员干部到市政协民主协商实践中心参观学习“八八战略实施20周年成就展”，与区卫生健康局开展对口联系暨专项民主监督活动；与区民政局开展对口联系暨“婚俗改革工作”专项民主监督活动。年内，农工党上城区基层委员会获评农工党浙江省社会服务工作先进基层组织、农工党浙江省宣传工作优秀集体、农工党市委会先进集体等荣誉。第四支部、第五支部被农工党市委会评为五星级支部，第六支部被农工党市委会评为四星级支部，第一支部、第二支部、第三支部被农工党市委会评为三星级支部；6个支部均获评农工党市委会先进支部；农工党省委会社会服务基地——杭州东站“同心实践”社会服务基地获评市委统战部“之江同心，奋楫争先”同心最美阵地。

【调查研究与建议建言】 2023年，农工党上城区基层委员会围绕省、市、区中心工作，开展调查研究与建议建言。全年向农工党杭州市委员会等上级部门报送社情民意信息106篇。其中，被农工党中央录用6篇，被农工党省委会录用8篇，被农工党市委会录用84篇，被省政协录用1篇，被省委统战部录用2篇。《完善国际非政府组织相关法规，为更积极参与全球治理做好法治准备》被农工党中央、省政协、农工党省委会、农工党市委会同时录用。参与各类民主协商会、政情通报会，全年撰写调研报告17篇。其中，《加快城东智造大走廊建设推动杭州“一体两翼”新格局发展》在市政协十二届二次会议上作大会口头和书面发言，被列为市政协十二届二次会议集体提案；《盘活低效工业用地，加快城市有机更新》以农工党省委会界别组提案名义提交省政协十三届一次会议，在市政协十二届二次会议上作大会书面发言和联组会议口头发言，被列为市政协十二届二次会议集体提案，被《杭州政务信息参阅》录用。

【社会服务工作】2023年，农工党上城区基层委员会着眼社会所需，整合党派资源，创新服务机制，拓展服务功能，延伸服务触角。深入亚运会相关酒店、亚运场馆、交通枢纽、学校社区等基层一线，开展亚运宣传、公益慈善、文明引导、法律服务等志愿活动。与农工党市委会联合开展“致敬警察节，寒日送健康”线上、线下义诊活动，把健康知识、医疗服务、温暖关爱送到基层一线民警、辅警身边。响应农工党中央号召，通过“方货出山”平台，参与“我为大方下一单”消费帮扶活动。开展“情暖望江，党群连心”志愿服务集市，设立口腔义诊、针灸等8个幸福邻里便民服务区，为辖区居民送上爱心服务。开展“9·9”国际急救日主题活动暨杭州东站枢纽健康救护服务区启动仪式，成立农工党医疗健康服务红十字志愿救护队，为海内外宾客提供健康保障，该活动被《联谊报》报道。年内，开展“为企开门红，团圆东站情”特色主题服务、“关爱新市民”系列服务、学校传染病防治健康讲座、“亚运同行，‘救’在身边”专项培训等活动。

（李亚男）

致公党上城区基层委员会

【概况】2023年末，致公党上城区基层委员会有支部6个、党员106人，其中新发展党员3人。开展结对共建，与致公党三亚市委员会天涯总支部签订“订立友好基层组织框架协议”。开展“重走致公路”主题教育活动，强化党派使命担当。举行“致公之家”揭牌仪式，举办“同心同廉”书画巡回展，推进“同心同廉”文化建设，以“同心”促“同廉”，以“同廉”筑“同心”，其中以“四重四融”（重视知识、能力、品德、健康，将其融入教育理念、教学内容、教育方法、评价系统中）为载体，纵深推进清廉学校建设的先进做法在上城区社会组织清廉建设推进会和杭州市社会组织党建和清廉建设培训会上作交流推广。年内，致公党上城区基层委员会获评2023年度杭州市参政议政工作先进集体、杭州市海外联谊工作先进集体。

【“上城致公之家”揭牌】2023年11月28日，致公党上城区基层委员会打造的“上城致公之家”揭牌成立。“上城致公之家”位于玉皇山南基金小镇兰巷106号，占地面积360平方米。“上城致公之家”以“融、汇、贯、通”工作理念，创新打造“1+2+N”的党派阵地体系。即以“上城致公之家”为总阵地，打造集展示、接待、会议、培训、活动等功能于一体的综合性致公之家；将具备侨海特色的侨胞之家、“侨见未来”委员工作室融为一体，全面摸排致公党优秀人才建立资源库，成立吴国伟书法微课工作室、法律咨询工作驿站、公益导师团工作室3个专项服务工作室，并以各个小组为单位，结合各自所长设计各项社会服务内容，罗列服务清单，上报服务计划，为各支部提供“点单式”服务；孵化“明致讲堂”“雅致送福”等品牌，促进党员内部讲师共享、互学互补，通过开展党内节日、生日慰问等形式增强凝聚力、号召力和向心力。年内，“上城致公之家”接待中央党校党的建设教研部专家组、致公党三亚市委员会调研组等调研，被市委统战部评选为“同心最美阵地”。

【提案与课题报告撰写】2023年，致公党上城区基层委员会围绕党委、政府中心工作和经济社会发展大局，发挥参政议政主力军作用，以核心力量带领团队开展调查研究，撰写提案与课题报告。全年完成致公党中央与省、市调研材料1篇，省级社情民意13篇，省人大建议1篇，市人大建议1篇，市政协提案8篇，区人大建议1篇，区政协提案12篇。其中，调研报告《以数字农业建设加速农业智慧化转型的建议》被致公党中央采纳，获国务院领导批示；《打造国际级大众体育消费金名片》提交省委、省政府；《关于放大“亚运电竞效应”推动我市电竞产业集聚发展的建议》被列为市政协重点提案；《关于推动我市会展业高质量发展的对策建议》获市政府主要领导批示。全年完成致公党市委会立项课题9个、上报社情民意13篇，完成区委统战部立项课题3个。

【社会公益服务】 2023年，致公党上城区基层委员会积极开展公益帮扶等社会服务活动。到建德航头镇航川村开展对口帮扶，助力民族乡村共同富裕实践专题活动。到贵州毕节市开展专题帮扶，推动杭州师范大学东城第二小学与贵州省毕节第十九小学签订“教育合作校际结对互助”协议，落实贵州省毕节第十九小学骨干到杭州师范大学东城第二小学跟岗学习。通过“明志大讲堂”活动，为浙江省国家大学科技园的青年创业者做普法讲座。牵头的“小手拉大手，共建美好社区”公益项目入选女性社会组织服务儿童类全国展示项目。为贵州省黔东南苗族侗族自治州从江县庆云乡安肯小学、甘肃积石山地震捐资捐物。组织各类迎亚运主题活动33场，购买亚运纪念品捐赠给湖北恩施土家族苗族自治州5所希望小学，承办市文联“同爱同在，为亚运喝彩”活动。

（韩新宇）

九三学社上城区基层委员会

【概况】 2023年末，九三学社上城区基层委员会有支社8个、社员208人，其中新发展社员9人。九三学社上城区基层委员会开展“凝心铸魂强根基，团结奋进新征程”主题教育活动，开拓创新，履职尽责，全面推进社务工作。围绕服务亚运，解决六号线地铁工程过江区间难题，为“亚运专线”全线通车贡献力量；助力健康共富，为亚运会提供医疗保障；创作亚运歌曲《诗画钱塘》，参与录制“迎亚运全民学英语”系列短视频，主持“迎亚运倒计时百天特别节目”，发出时代强音，倡议迎亚运、讲文明、树新风。年内，九三学社上城区基层委员会获评社省委2023年度宣传思想工作先进集体、社省委2023年度先进基层组织、社市委2023年度社务工作先进集体；获评社市委2023年度四星级支社3个、三星级支社4个。

【主题教育活动】 2023年，九三学社上城区基层委员会把握“凝心铸魂强根基，团结奋进新征程”主题教育“学思想、强根基、重履职、建新功”总要求，参与社市委“同心筑亚运”主题宣传、“啄木鸟捉虫随手拍”助力城市文明等相关志愿公益服务，发动社员参加“九三同心向未来 魅力滨江迎亚运”文艺晚会、九三医疗服务月、亚运外语知识及体育知识科普等助力亚运系列活动。各支社立足自身实际，围绕宋韵文化、非遗传承、亚运场馆、廉政教育、共同富裕等主题开展“循迹溯源学”。首次推出九三学社上城区基层委员会人文大讲堂活动，以“道德经的智慧与运用”开启第一讲，加强文化熏陶。全年开展各类主题教育活动30多场，参与社员350多人次，促进社员在现场学习中感悟思想伟力，坚定理想信念。

【建言议政】 2023年，九三学社上城区基层委员会聚焦党政中心大局，以人大建议、政协提案、社区民意信息、调研课题等途径持续建言献策。区两会期间，提出人大建议4件、政协提案13件、大会发言1件。制定《九三学社上城区基层委2023年度参政议政工作要求》，明确量化标准，全年获社市委立项课题11个。其中，课题报告《建议建立健全防范和化解拖欠中小企业账款长效机制》被全国政协、省政协、社省委录用；《建议对医用内窥镜系统加强质控管理》被社中央、社省委录用；《关于让政协实践中心更好赋能亚运的几点建议》获市有关领导批示；《关于亚运期间绘好古韵今辉“双面绣”的几点建议》获市人大常委会主要负责人批示肯定。连续3年承办区政协“请你来协商”专题协商会，围绕“迎亚运，大力提升公民法治素养”主题开展协商议政，提升公民法治意识和法治素养。

（华剑波）

上城区工商业联合会

【概况】 2023年末，区工商联（区总商会）有会员1979人、直属商协会33个。区工商联落实区委各项决策部署，瞄准高质量发展任务，把握非公有制经济健康发展和非公有制经济人士健康成长“两个健康”工作主题，发挥桥梁纽带作用，着力提升服务全区民营经济高质量发展工作水平。在2023年“中国民营企业500强”榜单中，全区有9家企业上榜，数量居全省并列第1位；在2023年发布的“万家民企评营商环境”调研中，上城区入选“2022年度浙江省营商环境企业满意度综合前10强榜单”，同时上榜“要素环境企业满意度前10强”和“政务环境企业满意度前10强”。

【为企服务优化】 2023年，区工商联针对企业合规服务工作不断深入、需求量增加的实际，更新调整企业合规专家库成员，对于业务内容较多的部门除落实1名专家外，还补充业务骨干1人，充实上城区企业合规服务中心专家力量。按照省工商联揭榜挂帅项目，完成“探索开展企业自主合规”和“探索开展合规理论与实践课题研究”2个项目。联合区法院在杭州金融科技中心建立“共享法庭”，并引入第三方民办非企业市场化化解调解组织。发挥杭商作用，实施“地瓜经济”提能升级“一号开放工程”，推动杭州海兴电力科技股份有限公司、北京盈科（杭州）律师事务所、浙江凌迪数字科技有限公司3家企业在海外建立杭商驿站7个。同时，借助杭州第十九届亚运会的机遇期，发布“亚运有我 民企争先”倡议书，倡导全区民营企业加入到亚运服务中。举办“上城区民企迎亚运”主题活动，设置“亚运市集”，认领民营企业助力亚运活动项目，开展无人机展演活动，扩大区民营企业品牌知名度。

【亲清新型政商关系优化】 2023年，区工商联聚焦优化营商环境“一号改革工程”，构建民营经济健康发展良好生态。利用“民企活动日”品牌项目，坚持每月组织1场活动，开展金融专场沙龙、公证助企沙龙、新生代走企互学、钱江新城二期走读、抖音营销等活动。常态化开展大走访大服务活动，全年走访企业300多家。2月1日，会同区委改革办开展“我为优化营商环境‘一号改革工程’献一计大讨论”活动，邀请12名区企业家代表参加会议，提出5个方面、10多条建议。2月9日，举办“强信心、燃激情、谋发展”上城区企业家座谈会，区主要领导、相关部门负责人与100多名企业家面对面座谈。4月7日，联合区投资促进局、区法院、区科技局举办政企恳谈会，解读法治营商环境、招商政策。10月12日，召开专题民主监督会，对区发改经信局、区审管办、钱塘智慧城管委会3家单位履职情况进行监督。11月8日，以第五届杭商大会为契机，举办杭州钱江新城二期高质量建设高端交流会，邀请近40名杭商大会各地浙江商会、杭州商会会长及知名企业代表参观钱江新城二期，助力钱江新城二期更好发展。

2023年11月8日，区工商联组织近40名杭商大会各地浙江商会、杭州商会会长及知名企业代表参观钱江新城二期　（区工商联 供稿）

推进2023年度万家民营企业评营商环境调查工作，全年开展7项调研工作，完成301份调研问卷。发挥政校合作平台作用，与杭州科技职业技术学院开展政治监督、清廉民企建设、法治营商环境等课题专项调研活动，助力民营经济健康发展。

【清廉民企建设】 2023年，区工商联总结前期工作经验，编纂完成《清廉民企建设指导手册》第二版，制作《上城区清廉民企研学手册》，以研学地图形式展示16家培育企业的建设成果。制定《上城区清廉民企示范点建设培育标准》，6家企业通过验收成为区清廉民企示范点。5月11日，召开全区清廉民企现场会，参观浙江铭品装饰工程有限公司清廉阵地建设，邀请2个基层商会代表和6家企业代表交流发言，将有基础、有意愿的12家民营企业纳入到第三批示范点培育名单中，有效构建形成培育一批、验收一批、储备一批的示范点建设循环。6月28日，召开第三批清廉民企培育现场会，组织第三批示范点培育名单中的企业参观见学，交流建设意见。年内，对第三批培育企业开展逐个走访验收，按照《上城区清廉民企建设标准范式评价指标》进行打分考核，符合条件的予以认定，不符合条件的指出问题，指导开展建设工作。华侨基金管理有限公司、博将集团有限公司、北京盈科（杭州）律师事务所、浙江杭钻机械制造股份有限公司被评为杭州市清廉民营企业建设示范单位，杭州胡庆余堂国药号有限公司被评为省级清廉民营企业建设示范单位。

（何张睿）

群众团体

上城区总工会

【概况】 2023年末，上城区有基层工会组织3789个，基层工会覆盖单位5114家，有工会会员23.38万人。年内，区总工会围绕中心、服务大局，将党的创新理论武装职工作为工会承担政治责任的首要任务，团结引领全区职工学思想、当先锋、促践行，努力干事创业、奋楫争先，为展现“最杭州、新上城”风采汇聚工会智慧和力量。弘扬劳模工匠精神，举办劳模工匠宣讲、工会干部宣讲、劳模工匠进校园等宣讲活动290场，覆盖职工1万余人次。开展“守好红色根脉·班前十分钟活动”900多场，相关案例获评全省职工思想政治工作优秀案例。推荐四季青钱江新城中央商务区职工书屋获评全国工会职工书屋示范点。升级打造“上乘文化宫”品牌，举行区工人文化宫揭牌仪式，吸引首批11名“上城工匠”入驻匠艺空间，日均接待超过300人次。发挥工会资源优势、组织优势，助力杭州亚运会，专报《上城区总工会发挥优势服务杭州亚运见行见效》获市领导批示肯定。成立上城劳模工匠、网约车司机等各类职工志愿服务队，参与杭州东站宾客抵离、亚运会开幕式和闭幕式远端集结点交通保障工作。全年开展各类职工技能培训、大师讲座、文体活动200多场，惠及职工超过6万人次。

【工会组织建设】 2023年，上城区开展全区工会组建攻坚行动，全年新建基层工会1340家，新业态单位建会41家，新发展会员1.56万人。承办杭州市总工会网约车司机集中入会暨“迎亚运 做贡献 促和谐”网约车司机志愿服务队成立仪式，建会入会工作持续扩面提质。建强网络直播行业工会联合会，打造“多能小哥”新就业形态劳动者技能培训体系等，获省领导批示肯定。完善工会工作者管理制度，开展工会工作者“赋能提质 比学赶超”培训比武，加强工会业务规范化建设，区总工会被全国总工会评为县级工会财务会计工作先进单位。深化凯旋街道基层工会改革，改革经验在杭州市总工会“一地创新 全市共享”工作例会上作经验交流。培育“四季工汇”社会组织公益服务队，该项目获评第二批全国工会联系引导社会组织服务职工优秀项目。

【劳模工匠精神弘扬】 2023年，上城区选树各级劳动模

2023年8月25日，上城区首批匠心体验点授牌仪式举行

（区总工会 供稿）

范和工匠人才，弘扬劳模精神、劳动精神、工匠精神。推荐获评“全国五一巾帼标兵岗”1个、“全国五一劳动奖章”1人；推荐获评“浙江省五一劳动奖状”1个、“浙江省五一劳动奖章”3人、“浙江省工人先锋号”3个；推荐杭州市劳模工匠创新工作室2个、“杭州市工人先锋号”6个，推荐8家公司的12项成果获评市级职工“五小”（小发明、小创造、小革新、小设计、小建议）创新成果，推荐获评首届“杭州数字工匠”及提名奖各1人、“杭州工匠”及提名奖各2人。9月26日，召开2023年“上城工匠”认定发布会，认定“上城工匠”20人、提名奖5人，命名区级工人先锋号34个。组织劳模工匠到开化县金星村参加“劳模杏下话共富，牢记嘱托建新功”主题活动，进一步弘扬劳模工匠精神。在亚运倒计时100天和“9·26”工匠日之际，先后举办两场高质量发布会，推出两批劳模工匠领衔的匠心体验点共36个，以网红导游“小黑诸鸣”体验视频形式，推广匠心体验点，全网播放超过5100万次，收获点赞量超过62万个。

【产业工人队伍建设改革】 2023年，上城区按照“政治上保证、制度上落实、素质上提高、权益上维护”总体思路，指导辖区企业重点推进街道（园区）产业工人队伍建设改革工作，培育样本试点单位，推广有效经验。召开新时代产业工人队伍建设改革推进大会，设立钱塘智慧城“创智工匠”服务中心，赋能产业工人成才成匠。选树3家企业上榜浙江省第二批“幸福共同体领头雁企业”名单，3家试点企业获评2023年杭州市构建新时代和谐劳动关系先进企业。聚焦新就业形态劳动者技能水平提升，打造“多能小哥”集聚区金名片，开设“小哥食堂”，组织技能培训，推出“工会娘家人 请你来协商”品牌，推动“社区党组织—小哥议事会—爱心驿家管理小组”三方协同，开展活动110多场，探索推行户外劳动者“城市社区观察员”机制，聘请“城市社区观察员”担任安全监督员、文明宣传员和共治行动员，有关工作在全省会议上作经验交流。

【和谐劳动关系创建】 2023年，上城区推动在新就业形态行业、劳动者集中的头部企业建立平等协商机制，创建和谐劳动关系。全年签订产业工人队伍建设改革试点企业“能级工资”专项、新就业形态领域行业企业等集体合同250份，培育各类集体协商示范企业3家，惠及职工1.25万人次。开展工会劳动法律监督检查，将劳动密集型企业、新就业形态企业等作为重点监督领域，分类施策、精准监督，排查企业726家，涉及职工6.55万人，其中外来务工人员2.93万人。强化法律宣传教育，联合区司法局、区统计局、区综合行政执法局等部门承办“12·4”国家宪法日暨“宪法与浙江”宣传月启动仪式，打造“匠心说法”——上城区法治City Walk打卡路线；联合区法院，挂牌成立“共享法庭”工会服务站，新认定区级和谐劳动关系先进单位10家，为职工提供法律宣传、调解培训、普法活动等工会法律维权服务38场，参与职工2250人次，发放宣传资料2100多份，开展劳动法律体检企业30家。

【职工技能提升活动】 2023年，上城区多举措开展职工技能提升活动。承办全市职工“十百千万”职业技能竞赛启动仪式、全市首场区块链应用操作员职业技能竞赛，举办网约配送员技能大比武等活动，激发行业比学赶超的热情，为护航亚运会提供技能支撑。全年开展区级劳动和技能竞赛6场，覆盖网络营销师、网约配送员、养老护理员、家政服务员、中式烹调师、区块链应用操作员等行业工种。开展职业技能提升培训，惠及职工1800多人次，覆盖企业50多家，满足转岗、再就业、有就业能力的困难职工和新业态劳动者的技能提升需求。补助高技能人才827人，审核并发放高技能人才补贴40.14万元。

【困难职工保障与对口帮扶】 2023年，上城区持续加强困难职工帮扶保障。全年兑现助困、助医、助学政策，帮助1名建档困难职工家庭解困脱贫。对参加第十二期“在职职工医疗互助”的单位，共补助135.48万元，惠及职工15.43万人次。帮助4477人次职工申报出险补助金456.72万元。为6户市、区两级困难职工家庭申领“春风助学”“金秋助学”助学金共1.5万元。安排1600名一线职工参加免费健康体检。投入专项资金175万元，扩面开展元旦、春节慰问及高温慰问，走访慰问企事业单位200多家，惠及新就业形态劳动者和节日坚守岗位的一线职工2万余人次，慰问人数比2022年增长40%。春节期间，发放劳动模范春节慰问金85.06万元、困难劳动模范补助款8万元。为32家小微企业返还工会经费16.13万元。持续推进对口帮扶地区东西部协作，捐助50万元，与雅江、剑阁、开化三县总工会深入开展合作，推动区级机关工会帮扶消费1000多万元。

【职工普惠服务】 2023年，上城区持续开展职工普惠服务。培育挂牌区级疗休养基地21个，全年组织疗休养活动200多批次，惠及职工1.7万人。打造户外劳动者服务站点上城样板，建成市级以上“爱心驿家”48个。其中，杭州东站枢纽管委会工会环站东路“爱心驿家”、杭州诺巢酒店管理有限公司“爱心驿家”获评全国“最美工会户外劳动者服务站点”，笕桥街道笕新社区“爱心驿家”、四季青街道钱运社区“爱心驿家”、杭州口腔医院庆春院区“爱心驿家”获评省级“最美工会户外劳动者服务站点”。全天候开通职工心理咨询服务热线，线上、

2023年6月6日，上城区网约配送员技能大比武举行（区总工会 供稿）

线下畅通职工服务保障渠道。推进“上工大篷车”品牌，每月进基层开展流动服务，组织爱心义诊、免费理发等活动，惠及职工1.5万人次。针对新业态劳动者开展小哥风“上”日、“双十一”慰问等活动，亚运会期间为网约车司机送去便民包。开展外来务工人员上大学活动，为11名毕业职工补助学费5.5万元，为117名职工发放“求学圆梦”外来务工人员学历提升补助5.35万元。开展女职工系列活动、相亲交友活动，惠及职工2000多人。开设“小候鸟”爱心托班24期，惠及“小候鸟”847人，帮助解决外来务工人员、新就业形态劳动者和双职工家庭的暑期子女看护难题。举办职工乐跑赛、沿江毅行等文体活动516场，参与职工超过2万人次。依托“上工学堂”平台，为职工提供亚运主题短视频培训、迎亚运英语口语、文明礼仪、声乐舞蹈等公益课程100场，把职工需要、企业欢迎的培训项目及时送进亚运场馆、企业车间等基层一线。

【全市首个新就业群体才艺大赛】 2023年4—5月，区总工会举办全市首场新就业群体才艺大赛，为外卖配送员、网约车司机等新业态劳动者提供展示自我、提升自信的舞台。经过视频海选、复赛、决赛比拼，决出一等奖、二等奖、三等奖、最佳人气奖、最佳台风奖、最佳形象奖等奖项。区总工会联合杭州之声为进入决赛的选手提供走进电台直播间参观交流、专业导师面对面辅导的机会。开赛后，大赛持续受到媒体关注，被人民网、中新网、潮新闻、杭州之声等各级媒体实时报道。

（戴　菁）

共青团上城区委员会

【概况】 2023年末，上城区有14～35周岁青年44万人，其中团员1.96万人。有团直属街道、机关部门、企事业单位团组织41个，所属基层团支部1442个。年内，团区委引领团员青年全域建功。上城区县域共青团基层组织改革中期评估列全省第三名、城市共青团基层组织改革试点中期评估结果为“好”，湖滨街道青年路社区入选团中央“伙伴计划”全国示范项目实施范围；团区委在团中央、团省委、团市委相关会议作专题交流发言6次，相关工作获省、市领导批示21次；接待团中央调研9次，团省委、团市委调研20多次；相关工作经验在《中国共青团杂志》《团建头条》《浙江信息》等省级以上媒体刊登50多次。区税务局太平门直街办税服务厅获评一星级“全国青年文明号”。区少先队总辅导员王超锋作为全省唯一中国共产主义青年团第十九次全国代表大会代表，参加“青春心向党 奋进新征程”团中央基层示范宣讲活动。在省青年工作联席会议发布的“浙江青年发展综合指数（2022）”中，上城区青年发展综合指数在全省县（市、区）中列第四名，获青年发展综合指数优秀等次，青年人文素养、青年职业发展、青年权益保障、青年人口业态4个一级指标均考核优秀。

【共青团上城区第一次代表大会】 2023年12月25日，共青团上城区第一次代表大会召开。团市委、区四套班子领导、区直各部门、各街道负责人及老团干代表、团员和青年代表等近400人参加。区委主要负责人寄语青年要“传承红色基因，在砥砺精神品格中彰显青春风采”，“勇担先锋之责，在服务中心大局中成就精彩人生”，“打造‘青春之地’，不断开创上城共青团工作新局面”。团市委相关负责人代表团市委肯定成绩、提出希望，团区委负责人作工作报告。大会听取共青团上城区委员会作的工作报告。审议通过《城市对青年更友好 青年在城市更有为 为奋力展现“最杭州、新上城”风采贡献青春力量》工作报告。大会选举产生共青团上城区第一届委员会领导班子、31名委员、10名候补委员。

【共青团城市基层组织改革】2023年，上城区把握共青团城市基层组织改革方向，通过构建新型组织体系、创新组织动员方式、凝聚青年工作骨干、完善项目运行机制、改进资源筹措方式，推动共青团城市基层组织改革走深走实。依托湖滨街道青年路社区保持全国试点先发优势，实现辖区非公企业团组织“应建尽建”；组建湖滨“晴雨合伙人”队伍，根据青年“需求清单”，分类型设立“爱心合伙人”“议事合伙人”“创新合伙人”“文化合伙人”四大子品牌，对应孵化共青团“伙伴计划”系列工作项目；联动团省委、省青基会创设上城区“青年共富”基金，吸纳筹措社会各领域公益资金、物资价值50多万元。激发四季青街道钱运社区省级培育试点创新动力，推深社区层面的区域化团建机制，建立社区青年工作协同机制；组建“青春筹”“青春恋”“青春创”“青春帮”四大类、8个青年小组；升级“青年之家”，设置“青春汇客厅”“青春悦读汇”“青春生活汇”等功能区块；健全志愿服务积分兑换机制，创建居民志愿者和公益单位

2023年12月25日，共青团上城区第一次代表大会召开（团区委 供稿）

公益积分账户及兑换规则。年内，推出《应急处突青年志愿服务管理规范》团体标准；“晴雨合伙人”、“社区团校”、“青年共富”基金等工作品牌入选团中央试点典型案例；青年路社区“团团活力圈”入选团中央“伙伴计划”示范项目；“平急结合”青年动员机制在浙江省青年志愿服务省级示范交流活动作主题发言；提炼形成《关于城市社区团组织标准化建设的实施意见》等实践、制度成果2个。

【青年发展型城区建设】2023年，上城区打造青年发展型城区，在优化青年全生命周期管理中展现“最杭州、新上城”风采。完善青年发展路径图，争取党政支持，连续3年将“青年发展型城区”写入区委全会报告和区政府工作报告，由区委、区政府印发《上城区青年发展型城区建设实施方案》。结合《杭州市国土空间规划公共服务设施配套规定》，以控制规划用地为底图，推动青年发展专属地图纳入区“十分优享”公共服务圈规划。织密青年联系服务网，延伸倾听青年心声、服务青年愁盼触角，团代表联络站和人大代表联络站“双站联动”做法获市人大常委会批示肯定，区、街道开展青年发展主题座谈10多场，在14个街道“青年之家”设置“青年心语”信箱，搜集青年心声。青年路社区获评全市首批“青年发展型社区”。牵头“育共体·阳光行”品牌工作，从区教育局、区卫生健康局抽调人员，组建工作专班，推动区领导专题研究6次，召开全区工作协调会3次、专题分析会20多次，点上调研50多次。通过月报、季评、年考

机制，进行统筹管理，涌现出“父母茶座”“四季花园”“慧心护航”等系列子品牌。相关工作获团中央、团省委等调研肯定，区有关负责人在全市青少年阳光成长行动部署推进会上作典型发言。

【共青团作风建设大会暨“青·风颂廉”品牌发布】 2023年2月10日，上城共青团作风建设大会暨“青·风颂廉”品牌发布仪式举行。该品牌是以区委《关于开展“青·廉上城”行动加强年轻干部教育管理监督的实施方案》为指引，全面深化上城区清廉共青团建设的一次创新实践，旨在通过进一步聚焦主责主业，加强调查研究，履行基本职责，全面激发全区共青团干部干事创业的青春活力。区纪委区监委、派驻第三纪检监察组、区直属团组织、村社、中小学和两新团组织代表等80多人参加。会议部署“大走访大调研大服务大解题”行动，全区各级团组织、团干部分为行业调研、基层服务、理论宣讲、岗位建功4支队伍，分别到基层、企业等开展调研服务，助力为企服务、破题解难，为奋力谱写中国式现代化上城篇章贡献力量。

【“3·5”学雷锋日主题活动】 2023年3月5日，“携手共迎亚运 青春志愿未来”上城区“3·5”学雷锋日主题活动举行，团市委负责人、亚组委志愿者部负责人、区领导、省青少年发展基金会会员、区相关部门人员、志愿者代表等120人参加。现场为8支亚运青年专业志愿服务队授旗，发布“亚运青年V站”地图和上城志愿者“V笑计划”，成立“青年共富”基金，发布“晴雨合伙人”品牌，锚定“办好一个会、提升一座城”目标贡献志愿力量。活动现场设有老手艺便民服务、反诈宣传、用药咨询、急救自护科普、公益义诊、公益义剪、税务知识普及、反诈宣传、口腔知识普及和趣味互动10个公益集市点位，服务群众1000多人。

【杭州全球金融青年人才中心成立】 2023年4月21日，在第七届全球私募基金西湖峰会资管行业的国际化和现代化圆桌分论坛上，由团市委、区委人才办公室、团区委、玉皇山南基金小镇共同揭牌，成立杭州全球金融青年人才中心。该中心在市委人才办公室、团市委等单位指导下成立，为杭州市人才工作提供有效载体，是服务全球青年人才的重要平台。中心立足杭州，放眼世界，结合杭州产业发展，从政策传播、人才储备、校友网络、创新创业、企业合作等全方位培育、引进、用好青年人才。年内，中心与哈佛大学、麻省理工学院、斯坦福大学、耶鲁大学、剑桥大学、牛津大学等全球知名高校建立合作联系，并在美国、英国、加拿大、澳大利亚等地建立首批杭州全球青年人才海外分中心。

【五四青年节主题团日】 2023年5月4日，上城区五四青年节主题团日暨“青春心向党，建功新时代”沉浸式党领导下的青年运动史展在小营巷举行，团省委、团市委相关领导及区有关领导、相关部门负责人、直属团组织书记、各界青年代表等80多人参加。活动通过沉浸式青年运动史展、“百校百队”红领巾志愿讲解、浙江省青少年红色基因传承基地——“小营·江南红巷”揭牌、青年宣讲等创新活动形式，引领全区青年争当“红色根脉”忠诚守护者，为典范城区建设贡献力量。

【区少工委一届二次全委（扩大）会议】 2023年5月30日，由区少工委、团区委、区教育局组织的“奋进新征程 童心向未来”——上城区少工委一届二次全委（扩大）会议暨庆六一主题活动在杭州市澎汇小学举行。区有关领导出席，全区300多名辅导员、少先队员代表参加。活动现场，区少工委负责人作工作报告，代表上城少先队员形象IP“尚尚”和“晨晨”发布。活动还表彰2023年上城区少先队成绩突出个人和集体，举行一年级集体入队仪式。会场外开设“淘你所乐”——上城区庆六一游戏集市，全区100多名少先队员共同参与。

【“委员+青年”共商“共富路”协商活动】 2023年8月10日，团区委联合区政协共青团青联界别、九堡街道政协委员小组、区青联社会服务界别，开展“委员+青年”共商“共富路”协商活动。区政协有关领导、区政协委员代表、区青联委员代表、街区青年达人等20多人出席。委员调研“‘九和魅’幸福邻里坊”及共富街区特色点位，围绕共富街区打造、青年发展型基本单元建设开展协商讨论，并对街区产业发展、社区治理、青年就业帮扶、街区公共服务等提出相关建议。

【“山南之yeah”青年人才迎亚运主题活动】 2023年8月21日，“青年向上”上城区青年发展型城区建设推进仪式暨“山南之yeah”青年人才迎亚运主题活动在玉皇山南基金小镇举行，团市委有关负责人、区有关领导、区相关部门负责人、暑期社会实践青年学生代表、区青年人才代表等50多人参加。活动围绕“城市对青年更友好 青年在城市更有为”主题，表彰2023年暑期社会实践优秀大学生14人，成立“青年向上”杭州上城学子工作站，发布“青年互助伙伴”招募令。其中，“青年向上”杭州上城学子工作站在北京、上海、合肥设立首批上城学子工作站分站，定期发布与宣传以上城区为重点的城市形象、城市特色、民生服务、人才政策和创新创业政策，增强上城区在高校学生群体中的知名度和美誉度，吸引高校学子、青年人才到上城区发展；“青年互助伙伴”招募令号召更多小伙伴加入到“互助伙伴”中来。他们通过互相之间倾听、分享，放下焦虑、释放压力，实现阅己、越己、悦己，为青年发展型城区建设提供保障。活动围绕拓宽青年社交圈层、服务青年交友需求，设置表演与互动游戏环节，增强青年人才凝聚力。

【三级青联读书会】 2023年10月24日，“书山有路 韵味上城”省、市、区三级青联读书会在玉皇山景区举行。区委有关领导及省、市、区三级青联委员30多人参加。活动通过“共登玉皇山”“好书齐分享”等环节，聚焦中国货币史、上城金融产业发展等主题开展交流研讨。区委有关负责人为青联委员介绍上城区发展环境，从“需求侧”“供给侧”双向为青年发力，共建青年发展型城区提出美好愿景。

【“青年观察家活动之青年发展型省份我来说”活动】 2023年11月28日，由团区委承办的团省委“青年观察家活动之青年发展型省份我来说”活动在彭埠街道杨柳郡社区举行。团省委、团市委、团区委相关领导，省社科院专家，来自机关、高校、企业、社会组织的代表及新兴青年代表等30多人参加。活动上，与会青年聚焦全生命周期的急、难、愁、盼问题进行交流，就教育、就业、住房、交友、婚育等青年面临的热点问题建言献策；与会专家与青年进行交流互动；团区委介绍上城区青年发展工作成效。

（华依文）

上城区妇女联合会

【概况】 2023年末，上城区有机关妇工委、区属部门妇联、区属国有企业妇联25个，街道、村社妇联214个，三新领域（新经济组织、新就业群体、新社会组织）妇联组织81个，有直属事业单位上城区妇女儿童维权服务中心1个。区妇联围绕区委中心大局，夯实基础、提优服务、强化保障，推进妇联工作取得实效，展现巾帼头雁风采。开展“巾帼心向党·她声有力量”大宣讲活动280场，服务妇女4.7万人次。组织各界妇女学习宣讲中国妇女十三大精神4场，1.2万人次参加宣讲活动。开展“岗岗迎亚运·巾帼展风采”活动，发动各级“巾帼文明岗”助力保障亚运期间杭州东站抵离志愿服务3000多人次。全年创建区级“巾帼文明岗”61个，推优省级“巾帼文明岗”12个，获评全省妇联系统先进集体（个人）7个（人）。年内，上城区家庭教育指导服务体系建设经验获全国推广；区委书记作为全省唯一区县女性“一把手”代表，接受《中国妇女报》“县域治理”栏目专访，特色经验获《中国妇女报》、“学习强国”各级学习平台刊发，阅读量超过10万次；红梅社区打造的“‘便老带小’幸福邻里坊”经验被省政府妇儿工委评为“全省儿童友好最佳实践案例”（全省10个），儿童友好城区建设特色获省、市有关领导批示肯定；“家庭日”经验获全市发文推广；区妇联获评浙江省县域社区家庭教育指导服务标准化建设试点优秀单位、浙江省平安家庭建设优秀单位、杭州市平安创建成绩突出集体等荣誉，基层妇联获评省、市先进17项。

【基层组织建设】 2023年，上城区深化妇联基层组织建设。9月，区妇联会同区科技局成立上城区科技女企业家服务中心。中心选聘巾帼科技公益大使，开展资源共享、政策指导、家庭服务等活动，服务企业48家、女性249人次，助力科创领域女性成才成长。探索成立“尚红伊家”妇建联盟，实施基层妇联“导师带徒制”，开展暖心服务、亲子阅读、女性沙龙等活动77场，提升妇女执委履职能力。做好50多名省、市妇女代表大会代表与妇联执委候选人推荐审核工作。400多名妇联执委落实“四必访四必应”机制，走访调研3358人次，开展服务活动13场，解决问题80多个。

> **资料**
>
> **“四必访四必应”机制：**创业就业困难女性必访、困难家庭必访、空巢老人及留守妇女儿童家庭必访、婚姻家庭矛盾纠纷家庭必访，并对她们的需求做到“有需必应”。

【妇儿民生建设】 2023年，区妇联牵头完成“十四五”妇女儿童发展规划中期评估监测，指标提前达标率93%。将关爱困境妇女儿童融入“十分优享”服务圈层与现代社区建设体系，开展各类关爱活动957场，3.5万人次受益。六一节走访慰问困境儿童356人。区妇联聚焦破解“小眼镜、小豆芽”等家长关注热点问题，争取中国儿童基金会“护瞳爱眼”项目（全省唯一），提供儿童友好社区及学校科普墙、护瞳书包、爱眼阅读角等12万元服务基金。围绕“尚儿优享·共富童行”目标，实施“幸福家护未来”优享工程，全区创建儿童友好社区、观察团、实践基地等基本单元60个，创建省、市示范点21个，红梅社区成为全省儿童友好现场会学习观摩点。上城区被省妇联确定为“共育未来·童心童行”儿童心理关爱项目全省首批试点区，探索组建小伢儿“童心卫明”社区工作室，项目化开展儿童心理辅导宣传与个案咨询，相关做法获中国儿童中心官方微博经验推广。全年建成巾帼“共富工坊”5家，提供民生政策扶持20多万元，相关做法获国务院妇儿工委办公室赴浙江课题组调研肯定，并在全市新领域妇女组织建设现场会上作经验推广。开展“妈妈手作温暖亚运村”行动，获亚运冠军及外国运动员点赞。组织“共富工坊”巧娘开展直播技能培训，获益妇女1000多人次。

【妇女平安维权】 2023年，上城区新培育“尚家和”婚调工作室31个，家事调解员队伍有成员285人。5月19日，区妇联联动公安、法院、检察院等部门发出全市首张《家庭教育指导令》。全年处置家暴警情2395起，排查家庭矛盾纠纷1122件，化解率99.6%；妥善处置信访妇女求助97件，做到分类关注、高效回访。建强“尚红好女儿”普法宣讲团、巾帼反诈义警队，实施“巾帼护航平安亚运”行动，联动多部门开展反诈、防拐、禁毒等普法宣传活动226场，受惠群众8.2万人次。开展平安督查56次。

2023年4月12日，区妇联承办杭州市美丽家园“送苗进万家”主题活动

（区妇联 供稿）

【家风家教家训活动】2023年，上城区重视家风、家教、家训，由区妇联牵头开展各类家风、家教、家训活动。倡导家庭陪伴成为家长与孩子共识，区妇联承办杭州市首场“家庭日”主题活动，获中央广播电视总台新闻客户端、新华网、《光明日报》等18家媒体报道。省级试点家庭教育经验在全省工作会作经验推广，22篇家庭教育优秀案例文章入选省级汇编，成功创建15个“示范社区家长学校”。增强校社融通合力，新建家庭教育社校联盟26个、亲子阅读示范点25个；实施家庭教育“双进”（进社区、进学校）等活动772场，1.6万人参加。开展杭州—阿克苏“最美家庭”走亲交流活动，获《中国日报》英文版、《人民日报》点赞关注。组织“family家庭志愿者”开展服务亚运、整治环境、文明劝导活动4900多场，参与群众4万余人次。倡导平安家庭从新婚登记抓起，指导200对新婚夫妇签订反家暴承诺书，发放“清风传家”书签。全区创评省、市“最美”等文明家庭22户，区级健康、绿色等“最美”特色家庭4400户。实施“扮靓阳台·花满上城”主题活动，承办杭州市美丽家园“送苗进万家”启动仪式，动员全区15万户家庭“扮靓阳台”迎亚运，选树创评“美丽阳台”示范户、花香小区、“花满上城”最美女主人等典型1700多个（人），开展宣传活动1000多场，发放34万份花苗（籽）及27万份养花手册，服务覆盖群众37.3万人次。“扮靓阳台”先锋行动被纳入区“八大行动”与“红领上城奉献亚运”先锋行动予以督导激励。

（张　阳）

上城区科学技术协会

【概况】2023年，区科协以弘扬科学家精神为引领，聚焦服务科学技术工作者、服务创新驱动发展、服务提高全民科学素质、服务党和政府决策“四服务”职责，做好科学普及、科技创新，在全社会弘扬科学家精神，汇聚引领发展动力。年内，全区新增1个院士工作站（杭州市钱学森学校院士工作站）、1个专家工作站（浙江省冶金研究院有限公司专家工作站），新增园区科协1

个、企业科协5个。区科协连续第8年被中国科协评为全国科普日优秀组织单位，被省科协评为2023年全国科技工作者日活动优秀组织单位。“立体式打造新时代弘扬科学家精神科普教育示范工作”被列入省科协创新示范试点。区科协被市科协确定为2023年“科学家故事众创空间”创新试点。区科协培育的杭州市钱学森学校、杭州市茅以升实验学校和杭州市蒋筑英学校获评全省“科学家故事众创空间”试点，并获评全市首批科学家精神教育基地，其中杭州市钱学森学校获评全省第二批科学家精神教育基地。杭州市惠兴中学、杭州市钱江新城实验学校入选第二批浙江院士科普基地。

【科学家精神弘扬】 2023年，区科协“立体式打造新时代弘扬科学家精神科普教育示范工作”被列为省科协创新示范试点；区科协被市科协确定为2023年“科学家故事众创空间”创新试点。上城区致力培育科学家精神教育基地。承办浙江省科学家精神宣讲活动暨科学家故事进校园启动仪式，邀请中国科学院院士杨文采和青年女科学家唐立梅开展科普大讲堂。联合市科协举办杭州市科学家精神进校园暨2023年上城区钱学森科技文化节，邀请科学家后人——钱学森之子钱永刚、桥梁专家茅以升之女茅玉麟进行微访谈。联合区教育局开展上城区青少年“创新人才”培养工程，设立上城区青少年“创新英才奖”，打造上城区科技特色品牌。年内，国家级科学家精神教育基地钱学森故居接待科技工作者、青少年等社会群体10万余人次；新培育杭州市钱学森学校等省、市、区级科学家精神教育基地9个。制作并发布弘扬科学家精神宣传片《思想铸魂 星耀上城》，增加传播实效。中国科协官方视频号“风启学林”、浙江省科协官方视频号“科技武林门”、“科学+”对该宣传片发布活动进行现场直播；中国网、《杭州日报》等主流媒体及浙江省科协、杭州市科协官方微信公众号予以报道。

【“银龄跨越数字鸿沟”科普反诈行动】 2023年，区科协启动“银龄跨越数字鸿沟”科普反诈行动，旨在通过科普宣传、技能培训、反诈案例分享等方式，提高老年人的反诈防骗意识和数字科技应用技能。7月，区科协加入上城区打击治理电信网络诈骗新型违法犯罪联席办公室，在数字化科普服务工作中进行有机探索，创新模式，通过线上、线下并举的反诈科普宣传，开展“银龄跨越数字鸿沟”科普反诈行动。线下进园区、进社区进行实地走访；线上通过公众号、微视频、反诈直播等途径进行宣传，以典型案例增强科普反诈意识。全年该行动培训老年人近47万人次，并被写入杭州市科协十一届八次常委会工作报告中，要求以上城为样板，创造性推进老年科普反诈宣传。

【全国科技工作者日活动】 2023年5月26—30日，区科协在“5·30”全国科技工作者日期间，以“弘扬科学精神，点亮精神火炬”为主题举办系列活动，致敬科技工作者。5月29日，在上城区庆祝第7个全国科技工作者日活动仪式上，对2023年上城区优秀科技工作者进行表彰，来自科研院所、高新科技企业及教育、卫生等行业的12名科技工作者展示厚植家国情怀、勇于创新争先、争做高水平自立自强排头兵风采，强化标杆引领作用，激励科技人才为上城区经济社会高质量发展贡献更大力量。设计“弘扬科学精神，点亮精神火炬”主题海报，宣传展现科技工作者风采，增强科技工作者职业荣誉感和获得感。5月26—30日，区科协联合杭州市科技传播协会，在延安路龙翔桥等地的屏幕滚动播放全国科技工作者日节日祝福，向科技工作者致敬。5月25—31日，区科协开展全国科技工作者日网络科普知识竞赛，在全社会大力弘扬科学家精神，拓宽科学知识普及面，提升公民科学素质，4.8万人次参与活动。

【科普活动】 2023年，区科协以“迎亚运”为抓手，筹划开展各类科普活动。联合区妇联开展“家庭园艺科普培训、科普展板进社区”“扮靓阳台 花满上城”等活动。联合区委政法委、区公安分局开展以“喜迎亚运 反诈同行”为主题的流动志愿宣传活动。联合区教育局以“迎亚运、讲科学、创平安校园”为主题开展校园崇尚科学宣讲活动。联合各街道、社会组织开展“喜迎亚运盛会 点亮精神火炬”系列反诈活动。在全国科普日、上城科普周期间，开展全民科学素质排位赛+双人PK赛、“安全你我，亚运同行”应急安全科普活动、“促全民健康，创共富典范”健康教育讲师团科普活动等10个系列、490多场亚运科普活动，参与单位300多家（次），线上、线下参与活动60多万人次。

【院士专家工作站建设】 2023年，区科协把院士专家工作站建设作为科协服务经济转型升级促进科技创新的主抓手，开展“千名专家进千企”活动，组织13名专家为企业“点对点”服务28场次，帮助企业解决有关技术难题。6月，区2个院士专家工作站——浙江长芯光电科技有限公司和知轮（杭州）科技有限公司通过市科协复核，考核结果为优秀。11月，新增1个院士工作站（杭州市钱学森学校院士工作站）、1个专家工作站（浙江省冶金研究院有限公司专家工作站）、2个博士创新站（杭州种业集团和杭州富硒农业技术研究院）。区科协联合相关街道，助力西子智慧产业园、浙江元宇宙产业基地开展2023年西子洁能第四届零碳高峰论坛和2023年元宇宙与数字经济创新论坛等活动。联合区委人才办公室，邀请省科协“双创”报告团专家进园区、进街道开展“数字经济时代创新创业”等专题培训。联合区教育局、市科技传播学会开展第三十八届中小学科技创新大赛和第九届大学生科技创新大赛。联合区侦防协会和相关司法单位等部门，开展助力营商环境科普宣传等活动。

【第九届杭州市大学生科技创新大赛】 2023年7月29日至11月20日，区科协联合区教育局、市科技传播学会举办第九届杭州市大学生科技创新大赛。大赛以“科技创新、无限未来”为主题，聚焦促进上城区楼宇科技企业高端制造业科创发展，以创业项目孵化助力城东智造大走廊建设，促进科技经济融合。大赛收到153个项目，涵盖生物医药、智能制造、电子信息、化工环境等领域。经过前期初评、复赛，有15个项目进入决赛。专家、评委对项目的项目技术、市场前景、运营方式等维度进行评判，并对项目可行性和创新性进行点评。最终，经过现场答辩、专家点评等环节，评出一等奖3个、二等奖5个、三等奖7个，其中有2个创业项目与企业达成合作意向并进行现场签约。

【青少年科技创新大赛】 2023年9月26日，由区科协、区教育局、区青少年活动中心共同主办的2023年上城区青少年科技创新大赛落幕。该大赛于7月5日启动，经学校申报，收到少儿科学幻想绘画、科技实践活动、科技创新项目等作品283件。经专家评审、现场答辩和主办单位评议，评选出少儿科学幻想绘画一等奖17人、二等奖34人、三等奖50人，科技实践活动一等奖3人、二等奖6人、三等奖9人，科技创新项目一等奖15人、二等奖15人、三等奖33人。

（田　恬）

2023年11月24日，杭州市科学家精神进校园暨2023年上城区钱学森科技文化节启动仪式在杭州市钱学森学校举行（区科协 供稿）

【钱学森科技文化节】 2023年11月24日，杭州市科学家精神进校园暨2023年上城区钱学森科技文化节启动仪式在杭州市钱学森学校举行。区委、省科协、市科协有关领导及各市科学技术协会相关部门、主城区科学技术协会主要负责人，市级学会、科学家精神教育基地、各学校及其他各界代表，区各街道分管负责人，学生代表共450多人参与活动。活动现场邀请钱学森之子钱永刚、茅以升之女茅玉麟进行关于“科学家精神弘扬与传承”的微访谈。钱学森科学和教育思想研究会相关负责人李雨勤受邀出席。活动现场，公布上城区科学技术协会等5家单位入选杭州市“科学家故事众创空间”试点单位；举行钱学森科学和教育思想研究会与上城区少科院联盟揭牌仪式、上城区第二批科学家精神教育基地授牌仪式、杭州市级学会进校园共建协议签署仪式。杭州市惠兴中学、杭州市建兰中学、杭州市钱江外国语实验学校等5家单位获评上城区第二批科学家精神教育基地，10个市级学会与上城区10所特色学校签署共建协议。文化节期间，区科协举办“科学筑梦 星耀上城”2023年上城区科学家精神宣讲进校园活动，邀请年轻科学家进校园，还举办科学家精神系列图书漂流、纪念钱学森诞辰112周年绘画展等弘扬科学家精神系列活动60多场。中国网、《杭州日报》等媒体予以报道。

（田 恬 何 杭）

上城区归国华侨联合会

【概况】 2023年，区侨联坚持党对侨联工作的领导，坚持以党建带侨建，推进基层组织建设，发挥基层侨联组织作用，坚持以“凝聚侨心、汇聚侨力”为群众工作重点，落实阵地建设、权益维护、建言献策、为侨服务、品牌打造等工作。全区有侨联组织219个，其中区级侨联组织1个、街道侨联组织14个、社区侨联分会（工作站）202个、园区侨联1个、企业侨联1个，有区、街道、社区三级“侨胞之家”23个、新侨创新创业基地8个（含省级基地4个）、华侨国际文化交流基地8家（含省级基地3个）。年内，1人获评中国侨界杰出人物，1人获评全国归侨侨眷先进个人。

【区侨联一届二次全委会】 2023年12月25日，区侨联一届二次全委会暨“崇智尚贤连四海 侨传薪火筑未来”活动举行。市侨联、区委统战部相关领导出席会议。会上，选举产生区侨联主席，评选尚坤·丁兰小镇、丰平健康产业园、新禾联创数字时尚产业园为上城区侨助共富实践基地，评选7人为区“最美侨联工作者”，邀请4名优秀侨界代表人士结合各自领域成就作主题分享。

【侨界品牌打造】 2023年，区侨联打造“崇智尚贤 文脉四海”品牌，针对归侨侨眷、归国留学生开展系列活动。

举办宋韵文化创新及海外发展传播研讨会，邀请相关专家、优秀侨领代表、相关职能部门代表，助力宋韵文化发展，为宋韵文化创新发展及海外传播积极建言献策。开展海外顾问恳谈会，就“如何讲好上城故事”和全面提升上城高质量发展等主题，提出创新建议。举行“侨见时光 崇智尚贤”挪威—浙江商会友好合作签约仪式，聚集更多侨商侨胞资源。

【基层侨联组织阵地建设】 2023年，上城区完善基层侨联组织阵地建设，新建、提升改造“侨胞之家”13个，均被确认为2023年度杭州市“侨胞之家”。年内，清波街道清河坊社区“侨胞之家”、凯旋街道“侨胞之家”获评浙江省五星级“侨胞之家”。培育玉皇山南基金小镇、墨西哥中国中心·海归驿站为杭州市侨界创新创业基地；浙江清华长三角研究院杭州分院获评浙江省侨界创新创业基地。培育推荐杭州博物馆、光达美术馆、杭州世界钱币博物馆获评2023年第六批杭州市华侨国际文化交流基地，为基层侨联组织建设和侨务工作开展奠定基础。

【侨界人才建言献策】 2023年，区侨联发挥侨界人才荟萃、智力密集、联系广泛的优势，多次开展侨界青年代表座谈活动。4月4日，围绕“建设独具韵味的国际化现代化共同富裕典范城区”主题，开展建言献策座谈会。侨界青年、侨界政协委员12人参加，就“如何做好海外招才引才，持续深化为侨服务的能力和水平，深入挖掘文化特色，讲好中国故事，发挥宋韵文化在海外的辐射力贡献侨界力量”提出意见和建议。11月2日，开展侨界“后亚运时代的中国美学文化传播”交流会，侨界青年20多人参加，就“如何发挥侨界人士在促进中外经济文化交流、文明互鉴等方面的作用”进行探讨。12月8日，围绕“挖掘中国传统文化、打造上城文旅新高地”主题开展研讨，就“如何发掘在地文化、如何吸引人流资源、如何打造文旅品牌”进行交流。侨界代表人士撰写的《关于同心共富 侨来建功的建议》在区两会上发言，获评区政协2023年度优秀提案。

（楼泽华）

上城区残疾人联合会

【概况】 2023年末，上城区有持证残疾人2.39万人，其中视力残疾2711人、听力残疾4959人、言语残疾206人、肢体残疾1.02万人、智力残疾2373人、精神残疾2742人、多重残疾679人。区残联以省政府、市政府民生实事项目，公共服务“七优享”工程，服务保障亚运会、亚残运会，区委“八大行动”为抓手，推进全区残疾人事业发展。年内，新创全国首批“美丽工坊”1家、全国“2023年残疾人大学生实习（见习）基地”2个、“阳光助残志愿服务基地”2个、全国首批无障碍环境认证最高等级三星级项目1个，获副省级领导批示3次、副市级领导批示3次。构建残疾人幸福美好生活圈做法获中国残疾人联合会负责人批示肯定。区残联作为全省唯一区县代表在中国残疾人第八次代表大会上作经验交流。

【残疾人综合服务】 2023年，区残疾人综合服务中心严格执行《浙江省残疾人证管理细则（试行）》，全年通过线上、线下渠道受理残疾人证业务2374人次（含上门评定693人次）。全年新办残疾人证2176人、补办844人、变更464人、迁移201人、维持原级78人、注销1685人；受理各类残疾人民生保障、就业创业、托养照护等咨询和服务事项5000多件次。

【残疾人基本补贴】 2023年，上城区推动各项民生政策在操作层面的完善优化，推进数字化精准保障，残疾人民生政策全面上线杭州市“数智残联”平台，实现线上办理、受理和审核，全程可追溯。全年发放阳光慰问金、社保补助、创业补贴等4400多万元，其中残疾人津贴1390.08万元、阳光慰问金219.01万元、住院慰问金104.94万元、残疾机动轮椅车燃油费补助145.52万元、轮椅车第三者责任险16.68万元、临时救助2000元、教育补助330.93万元、残疾人参加社会保险补助1059.21万元、卧床不起困难残疾人生活补助16.38万元、自主创业补助2万元、残疾鉴定费补助3100元、意外伤害保险234.47万元、“残疾人之家”星级和运营补贴741.53万元。

【残疾人精准康复服务】 2023年，上城区继续实施精准康复服务，残疾人基本康复服务率100%，残疾人家庭医生签约服务率超过90%。深入开展省级康养结合高质量助残先行区建设，推进康复阵地提升，为86户残疾人家庭提供居家康养服务。建立残疾人康复技术指导中心10个，建成示范型“康复之家”3个，规范提升社区康复站23个。申请残疾儿童基本康复训练326人，补助资金700多万元，“康复救助孤独症儿童项目”完成率138%。持续推广“辅具智配”平台，为全区有辅助器具需求的各类残疾人适配辅助器具2587件，残疾人辅具适配服务完成率422%。其中，完成助听器验配申请388例、假肢申请19例；补助白内障复明手术98例、人工耳蜗植入1例、人工耳蜗体外机1例、膝髋关节手术24例、肢体矫治手术1例。

【残疾人就业创业】 2023年，上城区聚焦“提低扩中”，深入推进市级残疾人高质量就业先行示范区建设，建强“1+14+N”服务网络、“常青藤”就业联盟，构建完善“365”就业支持体系，推进残疾人更充分、更高质量、更可持续就业。新增残疾人就业241人，指标完成率178%，位居全省前列。成功创建全国首批“美丽工坊”1家、全国首批残疾人大学生实习（见习）基地2个。结对帮扶地四川省广元市剑阁县推出的“帮帮摊”助残就业项目获评全国扶贫典型案例并在西部地区推广，“帮帮摊项目”“心智障碍青年就业”2个案例入选中国残疾人联合会《残疾人就业指导推广手册》优秀案例，助力心智障碍青年就业相关举措获中央广播电视总台《新闻直播间》专题报道。全区有就业意愿和劳动能力的残疾人就业率超过99%，全区残疾人整体就业率超过浙江省残疾人事业发展“十四五”规划目标（65%）。全年审核通过残疾人用人单位973家，登记2310人。审核、发放普通用人单位按比例就业补贴274.04万元，审核、发放集中就业企业超比例安排残疾人就业奖励9120元。

> **资料**
>
> **“1+14+N”服务网络**：即“区—街道—社区”三级服务网络。“1”为区级服务核心——上城区残疾人社会融合共享体，统筹“弯湾托管中心”“智慧树”“福援启智就业服务”等国家、省级示范点资源，汇聚“阳光妈妈”等爱心力量，面向各类别、全年龄段残障群体服务；“14”为14个街道级服务中枢，以“残疾人之家”“共富工坊”等为依托，增强就业服务功能，打造街道助残特色品牌；“N”为社区服务站点，以“幸福邻里坊”等为载体，实现多种形式的“家门口”就业增收。

【无障碍环境建设】 2023年，上城区持续推进无障碍环境建设。采荷街道新凯苑社区、凯旋街道景新社区成功创建省级无障碍社区，并在全市作经验交流，全区省级无障碍社区增至18个。完成辖区22个重要公共服务场所无障碍改造，完成率157%；推进“共享辅具”服务，在杭州东站、湖滨街区等15个重点公共服务场所提供便民轮椅40辆。完成残疾人家庭无障碍改造87户，区无障碍促进会参与辖区新建项目竣工验收体验66次，提出并反馈问题点位信息近400条。上城区无障碍环境建设工作获中央广播电视总台《新闻直播间》栏目专题报道；7月，中国残疾人联合会调研组到弯湾·爱生活社会融合共享体开展无障碍环境及志愿服务立法调研。12月，弯湾·爱生活社会融合共享体获全国首批无障碍环境最高等级三星级认证。

【亚残运会服务】 2023年，上城区高质量完成弯湾·爱生活社会融合共享体、“智慧树”残疾人服务社、阳光艺术中心、星巴克手语咖啡（城市之星店）4个杭州第四届亚残运会残疾人事业展示点提升改造，先后被国家、省、市等130多家媒体报道。其中，阳光艺术中心获中央广播电视总台国际频道现场采访，面向全球在线直播。承办由杭州亚残运会组委会举办的“喜迎亚残运 盛会添光彩”转段主题活动；9名残健（残疾人和健全人）火炬手参与亚残运火炬传递。区自强志愿者服务总队、残障志愿者参与亚残运会保障服务。亚残会期间，区残联组织100多名残障人士现场观摩亚残运会开幕式、闭幕式和竞赛盛况，选送的区弯湾托管中心《圆梦亚运 弯湾啦啦操》、杭州市杨绫子学校《共同的荣耀》节目在开幕式、闭幕式暖场环节亮相；运动员诸吉在亚残运会女子游泳项目中获4枚银牌。

【残疾人文体活动】 2023年，上城区发挥各残疾人专门协会桥梁纽带作用，开展各类文体活动，增强残疾人身体素质，丰富残疾人精神生活。开展特殊文化艺术进基层等活动36场次，参与人数2万余人次。开展康复体育进家庭活动，为420名重度残疾人提供康复体育服务。改造提升辖区内残疾人文化体育活动场地及设施，通过市残联等相关部门验收。区各残疾人协会深化“一协会一品牌”活动，“相约星期三”“心目影院”“聋行天下”“志愿喊潮”等品牌活动深入人心。

（程　力）

上城区红十字会

【概况】 2023年末，全区登记在册红十字成人会员2.85万人、志愿者3.42万人、志愿服务队伍27支、各类基层阵地29个，红十字服务站点在街道层面基本实现全覆盖。年内，区红十字会入选中国人体器官捐献管理中心2023年全国人体器官捐献试点单位（全国6家、全省唯一），人道宣传工作在全省红十字系统宣传传播工作会议上交流发言。区红十字会获2023年全国红十字生命教育应急救护知识竞赛一等奖、2023年度中国红十字会报刊宣传先进集体二等奖，网络公众筹资和参与人数首次进入全省前15位，在杭州各县（市、区）红十字会重点工作

2023年10月13日，“喜迎亚残运 盛会添光彩”杭州市欢聚亚残运会主题活动在“特有爱·幸福街区”举行　（区残联 供稿）

评估中获“优秀单位”等次。濮家社区“博爱先锋·救在身边”党建品牌获省委直属机关工委肯定，湖滨街道青年路社区入选市级“博爱家园”。以机关党员为主的“尚红先锋”党员志愿服务队被授予2023年度上城区“最美亚运城市志愿服务组织”称号。

【红十字楼宇组织】 2023年，区红十字会发挥“中国楼宇经济标杆城区”优势，在全省率先建立楼宇红十字会，有效提升群团组织服务企业新能级。组织协调献血车开进楼宇，号召企业员工参与无偿献血和造血干细胞入库，献血总量约30万毫升；启动“中投在浙直管企业急救能力建设联合行动”，为银河证券等7家总部在上城区的中投企业总部提供“‘一揽子’救在身边”实施方案，先后在西子国际大厦A座、钱江时代广场建成应急救护培训教室和实操体验点。高标准打造救护培训“红十字急救云端课堂”2个，3668名楼宇员工获取红十字救护员证书；在城市阳台、501大厦建成亚运城市志愿服务点，为志愿服务团队配备即时语音翻译设备2套。促成新华人寿保险股份有限公司向中国红十字基金会捐款90万元，用于全国29个省、50个点位的AED（自动体外除颤仪）设置和急救培训，四季青街道党群服务中心、区城管驿站分别获赠AED一体机2套。

【红十字服务亚运】 2023年，区红十字系统以“点、线、面”融合推进红十字阵地建设、救护培训、志愿服务等工作。完成上城区体育中心和区水球馆“红十字救护站”、亚运城市志愿服务点“红十字爱馨驿站”、杭州东站枢纽“健康救护服务区”、“亚运青年V站”5个点位的建设与改造提升工作。参与组织教育、城管、文旅等系统无偿献血49场，献血总量173万毫升。为全区约200个点位同步配备清凉防暑用品，持续90天向高温一线工作人员免费发放清凉茶。在辖区公共水域投放“一圈一杆一绳”救生设施200套。新采购51台AED用于接待酒店、公共场所、交通枢纽等重点区域配置，以“送教上门”的形式为32家酒店员工、123所学校（幼儿园）教职工、交警等群体开展“红十字救护员”持证培训，完成救护员培训1.09万人，普及培训12.07万人次，实现场馆周边、亚运会官方接待酒店等重要场所救护培训全覆盖。红十字志愿者成功处置场馆外意外事件24起。

2023年5月6日，区红十字会联合辖区楼宇红十字会启动“‘益’起迎亚运、‘救’在你身边”专项行动（区红十字会 供稿）

【红十字公益项目】 2023年，区红十字会借助腾讯公益、支付宝公益互联网平台，上线“博爱上城·共富家园”“博爱家园·上城互助”“上城防溺水专项行动”3个公益项目，邀请社会各界爱心力量共同参与，活动获2.6万人支持，筹资总额128.53万元，超额完成年度目标。

"5·8"人道公益日公众筹款额56.35万元，居全省第18位，"一块走"活动"杭州上城·尚红先锋小队@浙江"队伍前进4.45亿步，居全国第44位、全省第1位。"99公益日"公众筹款额59.58万元，居全省第14位，捐赠人次居全省第13位，筹资金额和捐赠人次首次进入全省15强。开展"情暖上城·红十字博爱送万家"活动，通过走社入户、集中发放等形式，将价值38.23万元的救助款物发放到281户因突发变故导致生活困难家庭。落实对口协作工作部署，拨付资金42万元用于四川剑阁县、雅江县等地红十字基层服务站和民生改善项目。

【红十字生命关爱】2023年，区红十字会开展造血干细胞和人体器官（遗体、组织）捐献工作，做好红十字生命关爱主题宣传。动员造血干细胞志愿者入库634人，成功捐献9人，数量居全市第1位。完成遗体器官捐献登记1455人，实施捐献37人，登记数量连续两年居全市第1位。2月25日，开展以"相约春天、相聚上城"为主题的2023年全区造血干细胞捐献志愿者联谊活动，26名红十字志愿者和家人以现场走读形式，走进钱江新城城市阳台、南宋德寿宫遗址博物馆、生命礼赞红十字文化主题公园，领略杭城韵味，汇聚尚善之光。

【红十字志愿服务】2023年，区红十字会引导志愿团队主动参与救护救援、"红十字爱心茶发放"、"关爱小候鸟"、"助老助残"、"两捐"（造血干细胞捐献、人体器官捐献）宣传等特色红十字志愿服务活动，使志愿者成为红十字事业的参与者、传播者和践行者。以"开学第一课""红十字急救进校园"等形式服务安徽绩溪县、杭州御道学校"小候鸟"4000多人。在春节、五一、端午节期间组织红十字会员、志愿服务队开展各类志愿服务17场，服务群众超过2万小时。全年红十字志愿者参与处置群众意外伤害24次，发放清凉茶、红糖姜茶1.37万包。年内，上城区"生命接力·生命教育进社区进校园"志愿服务项目入选省第六批红十字志愿服务项目"一类项目"，为全市唯一；"两捐"和"芙蓉红韵"志愿服务项目分别入选第五批"情暖浙江·红十字志愿服务项目"一类、二类支持项目。区晴雨公益红十字志愿服务队被评为全省突出贡献红十字志愿服务团队，上城区"尚红先锋"红十字党员志愿服务队、四叶草红十字公益发展中心获评2023年度上城区最美亚运城市志愿服务组织。全年全区有1人获评全国红十字志愿服务先进个人，3人获评全省突出贡献红十字志愿者。22人获评全省五星级红十字志愿者。

【红十字文化传播】2023年，区红十字会强化与主流媒体联动，开展红十字文化传播，在区级以上媒体刊发文章478篇。其中，《爱的盲盒如期开启》《情人节 他们收到来自红十字会的鲜花》《人民有需要 老兵就喊到》等新闻先后被《人民日报》、新华网等媒体刊载。区红十字会获评中国红十字会总会报刊宣传先进集体。"红十字博爱周"期间，在延安路工联大厦的"西湖天幕"循环播放省、市、区、街道红十字会主题宣传片；"5·8"人道公益日红十字主题海报和主题新闻被《上城报》刊载；区、街道、社区红十字会动态消息被"上城发布"App刊载28篇。与华语之声联合策划"生命之约·大爱传递"系列节目7期，邀请专家、器官捐献者家属、急救培训师资做客"透明直播间"，向公众传播健康知识和红十字正能量故事，场均参与收听互动人数超过5万人次，红十字价值理念进一步被认同。

（苏光旭）

政法委与综治

【概况】 2023年，区委政法委以“平安护航亚运”为主线，以“固基护航”行动为主抓手，构建“大安保、大平安”工作格局，推进“平安上城”建设，实现平安建设“十九连创”目标，为上城区高水平建设独具韵味的国际化现代化共同富裕典范城区保驾护航。

【“平安上城”创建】 2023年，区委政法委准确把握区委工作重点、阶段性大事和要事，开展固基护航专项行动，制定相关考核细则，优化比学赶超机制，抓好综合赋分。坚持问题导向，开展平安督查，坚守“瞄着问题去，盯着问题改”理念，立足上城区实际，组建并优化属地平安督查队伍，常态化开展督查，做实“查、整、访、培”工作闭环。全年开展平安督查9000多人次、平安巡防60.9万人次，排查并整改问题隐患3100多处，开展平安反诈宣传30多万人次，相关经验被《法治日报》《浙江法治报》等媒体报道。常态化开展“平安三率”宣传，发动各街道、相关部门开展平安宣讲及应急安全演练活动300多场，动员辖区群众与平安志愿者参与“平安上城”建设，提升“平安三率”宣传质效。

【新时代“枫桥经验”探索实践】 2023年，区社会治理中心锚定打造信访事项、矛盾纠纷“一站式接收、一揽子调处、全链条解决”服务平台，推动服务端、治理端“两端”建设，构建多元化解格局。全年全流程闭环处置事件2.24万件，结案率97.6%。组织基层新时代“枫桥经验”典型案例总结提炼工作，汇总区级相关典型案例30个。其中，《九堡街道构建“1+23+3N”大矛调体系》入选全省100例新时代枫桥经验标志性成果案例，“采荷街道化解服装街区矛盾纠纷工作法”入选全省100例枫桥式工作法，“望江街道预防化解征地拆迁‘三解’工作法”入选全市25例枫桥式工作法。

【市域社会治理创建】 2023年，区委政法委根据杭州市关于开展市域社会治理现代化试点评估验收的相关部署，筹划上城区试点任务迎检验收相关工作。形成以区委政法委抓总，区公安分局、区司法局等9个部门牵头11个板块，63项重点任务牵头部门统筹落实的责任体系。对照《全国市域社会治理现代化试点验收打分办法》的262项打分要点，逐项明确区级责任单位，并梳理出涉及区级以下实地检查项目49项。实行清单化管理，逐项抓好落实，并对相关市域社会治理的好经验、好做法进行总结提炼，形成市域社会治理现代化区级创新经验材料5篇。10月，市委政法委发通知明确杭州市通过市域社会治理试点城市验收。

【基层智治】2023年，上城区推进扁平高效、信息直达的基层智治“141”（1个治理中心、4个基层治理平台、1张党建统领智治网格）平战一体指挥体系建设，强化数字化基层基础。依托“上城区基层智治综合应用”建立区、街道、社区、网格四级指挥调度体系，完成95.82万条房屋走访任务。深化“数据回流+人工核查”数据治理模式，排查实有人口171.8万人、出租房屋25.2万间、人口数据准确率90%以上。做实基层网格治理，强化网格力量配备、基层力量合作配合、事件闭环处置。运用上城区综合治理视频交换共享分平台及区、街道两级对讲设备等工具，优化四级指挥调度体系，实现指挥扁平化、调度可视化、力量综合化。深化基层智治理论研究，论文《提升“基层智治”实战实效的上城实践》入选2023年全国政法展创新论文，“网格指数”应用入选2023年全国政法展“智慧治理”优秀案例。

【执法监督】2023年，区委政法委发挥党委执法监督职能，支持政法部门依法执法、促进文明执法、规范公正司法，协调开展法治化营商环境创建、案件协调、涉法涉诉信访件办理、司法救助等工作，为杭州亚运会的顺利召开营造安全稳定环境，为共同富裕典范城区建设提供法治保障。牵头成立“亲清尚法”法治化营商环境工作专班，打响上城营商环境法治品牌。制定《基层治理提质提效专项考核细则》，主动征集企业在法治化营商环境方面的高频共性问题17条，召开涉企类案件协调会12次，牵头办案单位到扬州和合肥等地，帮助区内重点企业协调相关执行案件。打造以“亲清尚法”为核心的一批具有上城辨识度的法治建设成果，打响区“百警助企”“亲清企航”“共享法庭”“法治环境观察点”“地瓜经济帮帮团”等亮点品牌。

【常态化扫黑除恶】2023年，上城区常态化推进扫黑除恶工作，深入学习贯彻《中华人民共和国反有组织犯罪法》，推进重点领域整治。严格落实线索摸排，有序推进线索核查，定期分析辖区黑恶违法犯罪形势，深入工程建设、交通运输、自然资源、新闻敲诈和假新闻等重点行业领域，以及教育、医疗、金融放贷、市场流通新四大行业领域，开展滚动式摸排，未发现自然资源领域及教育、医疗、金融放贷、市场流通新4个领域涉及黑恶案件。

【城郊接合部村社综合整治】2023年，上城区聚焦城郊接合部整治区块人居环境提升和社会发展需求，结合护航亚运城市治理大提升行动开展，通过联合攻坚、规范管理、长效巩固等举措，推动各整治区块人居环境改善，治理基础夯实。年内，彭埠街道新塘社区、皋塘社区，丁兰街道沿山村，笕桥街道横塘社区，九堡街道三村村5个整治区块全部通过市级专项整治验收。丁兰街道总结提炼“坚持靶向发力 推进城郊接合部专项整治取得实效”相关经验简报在市委政法委简报刊登并推广。

【亚运会群防群治】2023年，上城区完善社会治安防控工作体系，动员社会各方力量参与社会面群防群治，制定并下发《上城区2023年杭州亚运会和亚残运会群防群治工作暨平安巡防护航亚运行动实施方案》，明确“区平安巡防支队—街道平安巡防大队—社区平安巡防中队”三级指挥架构。印发《上城区群防群治队伍平安巡防工作手册》，做好对辖区平安巡防队开展工作的业务指引。全覆盖建立14个街道大队、1个区直属大队、203个社区中队、90个街道直属中队、666个小区巡防队。发动群防群治队伍8.6万人，加强面上巡防，落实应急处置，排查重点巡防区块920个。制作并发放红袖章、红帽子、红马甲、水杯、雨衣、手电筒等平安巡防装备3000多套。各街道自行定制并配发辖区小区物业、商业综合体保安、学校门卫、市场主体安保人员等平安志愿者力量“护航亚运”红袖章，提升街面安全感。

【亚运会基层基础环境大排查】2023年，上城区围绕“大排查、除隐患、强管控、保安全”的工作要求，落实街道、社区组织网格队伍、党员、志愿者等力量开展“拉网式”基层基础数据大排查，进一步摸清底数，确保有效管控。通过“敲门行动”开展5批次近20轮基层基础大排查，全面摸清全区实有人口、流动人口、出租房沿街店面及相关行业场所、从业单位底数，排查实有人口171.8万人、出租房屋25.2万间、“低、慢、小”等飞行器2200多个、电子屏1.3万块。发放“致市民朋友的一封信”90多万封，开展亚运一级响应期间全区“无人机”禁飞宣传，群发宣传短信67万余条，印刷宣传标示2.2万份，张贴通告1.1万张，营造护航亚运社会氛围。

（邱博涵）

法治政府建设

【概况】2023年，上城区坚持创新、为民、争先导向，更好地发挥法治固根本、稳预期、利长远的保障作用，为加快建设共同富裕典范城区提供法治保障。强化法治建设统筹，深化习近平法治思想学习宣传贯彻，开展政府常务会会前学法。加强法治研究，完善法治考核评估体系，创新法治环境观察机制。深化依法行政工作，推进区、街道两级合法性审查，实现街道行政复议驿站全覆盖，深化大综合行政执法改革。优化法治营商环境，推进预防性重点产业合规体系建设，编制的直播电商产业合规指引被纳入第一批省级重点产业合规指引目录。推出百案讲堂、亲清企航、共享法庭、尚法智库、亲商数字法治化增值服务，形成“一站式”社会力量商事矛盾纠纷调解机制。

【区、街道两级合法性审查】2023年，上城区探索推动街道合法性审查改革攻坚，被列为全省首批乡镇（街道）合法性审查改革攻坚试点地区，是杭州市主城区唯一入选城区。10月7日，杭州市上城区合法性审查服务中心设立，为区司法局下属事业机构，核定事业编制3名，其中主任1名。同时配齐配强队伍，建立合法性审查专家库，引入专家学者、执业律师等专业社会力量，为合法性审查工作提供智力支持。年内，该中心合法性审查1567件。上城区“街道合法性审查中心运行模式的探索与实践”项目入选2023年度法治建设主动融入三个“一号工程”省级揭榜挂帅培育项目；合法性审查改革工作获省委有关领导调研肯定。

【行政规范性文件和行政机关合同规范管理】2023年，上城区做好行政规范性文件和行政机关合同规范管理。全年完成拟发文的行政规范性文件合法性审核18件，提出意见110条，均被采纳；完成部门街道报送的文件备案审查17件；完成全区行政规范性文件后评估和清理工作，重点清理涉及优化营商环境支持民营经济发展等方面文件，涉及文件179件；完成区政府行政合同合法性审查10件，提出意见42条；召开

"一企一策"（一家企业一份招商引资协议）会议18次，完成提级审查相关协议文件67份，提出意见447条；完成五大区属国有企业合同检查工作，审查合同1316份。

【执法监督规范化建设】2023年，上城区推进执法监督标准化规范化建设，发挥数字化行政执法监督应用系统作用。全年区司法局组织开展行政处罚结果信息网上公开专项行政执法监督活动、涉企执法"多头检查、重复检查"专项监督活动、平台经济行政执法专项监督活动、2023年度重大行政决策源头治理专项行动、创建全国法治政府建设示范市案卷质量提升行动、综合行政执法着装规范专项监督等活动，切实提高各单位行政执法水平。推进"大综合一体化"行政执法改革，配合开展执法改革标志性成果分类创建。

【行政决策法治化建设】2023年，上城区严格贯彻落实《杭州市上城区重大行政决策程序规则》，推进行政决策法治化建设，及时完成区政府重大行政决策事项征集并部署全区各单位开展本单位事项的征集，确保决策事项"应纳尽纳"。3月25日，区政府重大行政决策事项目录发文并对外公布，2023年度有3项事项被纳入区政府重大行政决策目录，均完成合法性审查，提出意见24条。区政府2个部门和13个街道共16个事项被纳入重大行政决策目录。

【行政复议应诉案件规范办理】2023年，区行政复议局坚持行政复议化解行政争议主渠道作用，强化"两高一低"（行政诉讼败诉率高、行政复议纠错率高，行政机关负责人出庭率低）问题整治。加强与行政机关的沟通协调，提高办案质效，完善内纠机制。健全行政复议应诉工作机制落实，定期通报全区"两高一低"数据情况，促进行政机关依法行政。强化行政复议监督职能，全年制发行政复议建议书3份、行政复议意见书1份、行政复议风险预警告知书29份。完善复议便民举措，在全区各街道设立行政复议驿站，第一时间接收行政复议申请材料，就地开展行政争议协调化解工作。参与优化营商环境专项行动，在UDC时代大厦、九堡为企服务中心设立行政复议助企5S工作站，为优化营商环境赋能。全年全区一审行政诉讼案件204件，败诉11件，败诉率5.4%；行政复议纠错3件，纠错率0.8%，比2022年下降84.6%；行政争议调解280件，上升57.3%。

（耿俊霞）

公　安

【概况】2023年，区公安分局锚定最具安全感的现代城区、最具公信力的执法机关、最具幸福感的公安队伍"三最"目标，推进防风险、保安全、护稳定、促发展各项工作，完成亚运安保等任务。全年采取刑事强制措施1956人，移送审查起诉1463人，行政拘留3331人；刑事警情比2022年下降9.3%，治安警情下降26.3%。建立全体量、全要素、全流程"三全"执法监管体系，强化执法源头管理和过程监督，警情案件评查量上升23.2%，刑事案件起诉率上升4个百分点，伤害类案件办结率上升6个百分点。攻坚"清零"上级交办第一批、第二批信访积案183件，综合化解率100%。年内，有1个集体、1名个人立二等功，7个集体、22名个人立三等功，7个集体、88名个人受到嘉奖。大部门大警种制改革获中央领导肯定；紫阳"邻里110"基层治理体系入选全国社会治理创新案例、省公安厅新时代"枫桥经验"与平安建设创新优秀案例和市高质量发展建设共同富裕示范区第三批试点；护企联盟、医疗防控圈、"民转刑"案件防范、警情案件闭环管理等工作被省、市推介。全年发布宣传报道500多篇。其中，《大部门大警种改革迈出新步伐》《"薪火"相传，平安护跑》获公安部官方媒体肯定并转发，微视频《警察的样子》获评全省机关党建微视频大赛金奖。

【大部门大警种制改革】2023年，区公安分局坚持"机制改革为机构改革探路夯基"，按照"职级不变、职数不减、编制不改"，率先探索实践大部门大警种制改革。按照"一类事"相关业务和与该"一类事"相关警力连人带业务整体入驻、实体化办公的方式，在组建形成情报指挥部、维稳安保部、犯罪侦查部、执法管理部、防控治理部、政务服务部、护企安商部、队伍保障部8个"大部门"的基础上，按照实战需求，细分为不同条线运作。对综合管理机构数和人员数进行"双精简"，推动10.1%机关警力下沉基层派出所，派出所警力占区公安分局总警力的56.5%，派出所值班轮换从每班3～4天延长到每班4～5天。

【新型机构职能体系构建】2023年，区公安分局以公安业务为逻辑起点，按照"一类事项原则上由一个部门统筹，一件事情原则上由一个部门负责"，通过梳理业务"一本账"，形成涵盖974项业务事项的《上城公安业务谱系》。将分散在各警种的同质同类业务事项归并整合形成核心业务"一件事"，将多个同质的"一件事"归类重组成"一类事"，形成65个"一件事"，最终组合形成"情报指挥、犯罪侦查"等8个"一类事"，初步构建起协同高效的新型机构职能体系。

2023年10月5日，区公安分局民警在市民中心开展灯光秀安全保卫工作
（区公安分局 供稿）

【警务运行机制优化】2023年，区公安分局建立"情指行"一体化运行机制，初步构建以情报指挥部为"主脑"、其他"大部门"研判室为"副脑"的章鱼式警务运作架构，将"情指行"一体化贯穿警务运行各环节，推进公安业务、队伍全领域的"情报主导"。按照业务流、数据流"双流协同"思路，重造各类警务运行流程，由各"大部门"先行接收上级下达任务指令，开展先行研判、本级过滤；对确实需要下达派出所的指令统一下达，推动基层警务工作标准化规范化水平提升。全年梳理涵盖8个"大部门"的70项"标准化任务导引"，其中上线运行33项。

【社会安全风险防控】2023年，区公安分局落实全天候即时性警情提级响应，最大限度显性用警、屯警街面、亮灯巡逻。查处无人机"黑飞"（无人机或飞机没有取得合法身份或未经登记、不被允许的飞行）人员22人；全链条破获全省首件亚运会相关门票电信网络诈骗案、全市首件"黑气"案等典型案件。启动2个陆路、2个铁路枢纽圈层查控站点24小时高等级查控勤务，检查车辆7万辆次、人员13.79万人次。

其中，杭州检查站创新渠化导流设置举措作为样板在全市推广应用。深化“小脑+手脚”处突安保体系建设，做强警务航空队、派出所轻装防暴队等专业力量。加强重点部位巡逻防控和重要点位“护点行动”，落实“1分钟接警、3分钟出动、5分钟启动处置”的“135”快速反应机制。常态排查、掌握辖区各类活动筹备情况，出动警力和安保力量6.12万人次，完成灯光秀、钱塘江观潮等330场大型活动和335批次重大安保任务。

【治安要素管控】 2023年，区公安分局聚焦“实有人口清底明情”目标，在公安侧数据基础上，汇聚住建智慧工地、“楼小通”网格走访等政府侧数据和物业、寄递等社会侧数据，探索建设实有人口场景化管理模型，产出指令11批次，会同属地完成158万条人口数据“清洗”。全区流动人口登记率、实有人口准确率分别提升至98%、97%。关注旅馆、网吧、寄递业、治安重点单位等9类、2292个重点行业场所管理，常态开展涉枪、涉爆、易制毒等危险物品从业单位安全隐患排查整治，发现并整改安全隐患1095处。

【社会经济秩序维护】 2023年，区公安分局发挥维护良好社会经济秩序作用。推进打击涉民营企业内部贪腐和侵犯知识产权犯罪等专项行动，破获制售假烟案、合同诈骗案、敲诈勒索案等侵企案件44件，挽回直接经济损失2.1亿元。开展经济犯罪高危企业排查整治，办结涉众型经济犯罪案件11件，提前清除非法集资等风险点7处。严格执行公安部异地办案规定，落实涉企刑事案件分级审核把关制度，涉企未办结“挂案”清理率、涉企案件账户精准冻结率分别为75.8%和97.8%，最大限度降低办案对企业正常生产经营的影响。开展“百警助企”专项行动，健全重点企业“警种民警+社区民警”双警联络和涉企重大事项快速响应机制。线上搭建“11087”（意为“110帮企”）服务专区，线下建设“一街道（园区）一站点”为企服务警务联络站布局，提供安防培训、合规指导、信用修复等涉企“一站式”服务。全年走访辖区企业935家次，化解涉企矛盾纠纷45件，为企办实事233件，并通过协调事权地对口部门、提供法律咨询等方式，维护5家规模以上企业在外地的合法权益。

【“大打击”格局做强】 2023年，区公安分局完善警种或派出所发起、犯罪侦查部同步上案机制，构建起专业融合、力量整合、区域联合的“大打击”格局，提升专业打击能力。全年采取刑事强制措施1956人，移送审查起诉1463人，行政拘留3331人。以夏季治安打击整治和“打击百日攻坚”等系列行动为抓手，打击整治各类违法犯罪。依托东、中、西警务协作区勤务机制，常态开展治安热点区域集中清查整治，深挖线索、全链条破获黄赌团伙案件38件，推动黄赌警情比2022年下降6.2%。按照“最高权限、最全资源、最快速度、最简流程”标准，强化侦查中心和反诈中心建设，聚焦资金流、信息流、网络流等关键环节，提炼小案快破、涉网犯罪IP数据研判等技战法，提升警务人员深度研判和类案侦办能力。建立电子数据作战平台和数字实验室，通过分析研判，精准找到犯罪嫌疑人435人，挖掘境外电信网络诈骗犯罪嫌疑人178人、境内嫌疑人12人。培育“专家能手”，打造“郑金龙工作室”“罗培江工作室”“尚亲团圆工作室”等品牌。

【突出违法犯罪整治】 2023年，区公安分局常态推进扫黑除恶，重点攻坚疑难复杂、涉网新型、民生领域等“四类案件”，破获“黄金洗钱”案、新型房产“套路贷”诈骗案等一批大要案和1件历年命案，抓获2名命案在逃人员，其中环食药、出入境条线打击成效居全市第1位。发挥反诈联席会议制度作用，推动打击治理电信网络新型违法犯罪纳入区综合考评，提升反诈合力，采取刑事强制措施551人。电信诈骗案件破案率比2022年增长12.1%、发案下降14.3%，劝阻发案1904件，挽损1亿余元，区平安考核电信诈骗专项居全市第2位。

【公安政务服务“一窗办”“一网办”】 2023年，区公安分局围绕打造“随时随地办”公安政务服务品牌的目标，推进出入境证件、身份证、驾驶证照片“一窗通拍、全域应用”改革；完善“公安窗口统一受理、网办中心分类审批”模式，实现移动端、电脑端、自助端、窗口端无差别受理和7个警种、120项跨警种业务“一站式”办理，网办总量超过45万件，推动公安政务服务向“一窗办”“一网办”转变。优化办事咨询和导办方式，建立智能客服、网办中心、派出所窗口三级咨询体系和“文本+语音”咨询模式，打造的“直播帮办”项目入选全市政务服务创新案例。深化“放管服”改革，实现101个涉企事项本级办理，36个事项“零材料”、32个事项“减材料”、28个事项“减时间”和10个事项“减环节”办理。

【派出所标准化建设】 2023年，区公安分局制定实施《上城分局派出所工作标准化建设工作规范》，完善派出所社区警务队、案件办理队、综合指挥室“两队一室”警务运行机制，提高派出所工作标准化水平。强化社区警务团队建设，全区有社区警务室187个，社区民警占派出所民警比例为43.2%，实现203个村社“一区一警”全覆盖。发动全区社区网格力量，滚动排查采集基础信息和治安隐患。因地制宜打造“公民警校”“东哥东姐”“城隍义警”“青枫义警”“九安义警”等义警品牌，义警人数9.9万人。健全“小脑+手脚”警网协同机制2.0版本，分流非警务报警5.9万起，占总警情的28.5%，推动派出所日均少出警157起。

【“民转刑”案件防范工作室实体运作】 2023年，区公安分局实体运作“民转刑”案件防范工作室。全年研判重点警情7050起，“听风者”个人极端预警、“守夜人”婚恋纠纷预警、“觅天使”自杀意图预警等模型预警隐患信息4.8万条，化解重点矛盾纠纷522件，处置个人极端、自杀等重大线索286条，送治易肇事肇祸精神障碍患者215人次，传唤涉家暴人员301人次。全区矛盾纠纷警情比2022年下降67.5%、“民转刑”命案下降66.7%。“民转刑”案件防范工作室经验做法获省公安厅简报刊发介绍。

（蔡　勤）

【亚运会、亚残运会安保】 2023年，上城区按照省、市等级响应要求，全区抽调28名业务骨干组建亚运安保工作专班，提出“专班、专业、专报”要求，第一时间激活亚运会“战时”状态，迅速启动“区、街、社”三级指挥运转体系，动态决策、即时发令，召开全区调度会73场，编印专报20期，梳理分解任务247项，下发各类指令单17份，问题督查发现和闭环销号2200多件，做到“日事日毕、日清日结、以日保周”，发挥贯通上下和联动左右的桥梁纽带作用，保障全区亚运会安保工作快响应、快决策、快推动、快落地。构建分局“1420”（1个办公室、4个组别、20个专项组）组织架构和“1+4+17”三级指挥架构，绘制亚运会安保“鱼骨图”，科学配置安保警力，设置“固定、潮汐、可用”三色属性，精准推演用警需求，编制“模拟布警”方案汇编，并作为安保警力测算样板在全市推广应用。编制286项重点任务，清单化推进“日闭环”。投入安保警力18.5万人次，实现“两个亚运、同样安全”目标，收到亚奥理事会代主席辛格的感谢信。

资料

“1+4+17”：“1”即亚运安保指挥部，“4”即警卫现场指挥部、基地指挥部、竞赛场馆现场安保指挥部、亚奥理事会大家庭总部饭店现场安保指挥部，“17”即元首住地、训练场馆、官方接待饭店、圈层查控等17个现场指挥所（室）。

（蔡　勤　邸博涵）

检　察

【概况】 2023年，区检察院贯彻习近平法治思想和习近平总书记对政法工作、检察工作的指示精神，全面贯彻中共二十大精神和习近平考察浙江重要讲话精神。坚定不移实施“八八战略”，服务保障亚运会、亚残运会和经济发展，刑事、民事、行政、公益诉讼“四大检察”工作获新成效。年内，区检察院获全国检察新闻宣传先进单位等集体和个人荣誉68项。

【刑事检察】 2023年，区检察院受理提请批准逮捕案件584人，受理审查起诉案件2083人，审查后，批准逮捕438人，提起公诉1629人。强化刑事侦查监督，提前介入引导公安机关侦查重大敏感案件64件，立案监督后判处有期徒刑以上刑罚8人，追诉漏犯4人，发出纠正违法通知书12份。加强刑事审判监督，区检察院检察长列席审判委员会6次，3件抗诉案件获改判。深化认罪认罚从宽制度，提出量刑建议1329人，采纳率97%。加强刑事执行活动监督，对全区14个司法所开展社区矫正巡回检察69次，办理暂予监外执行案件24件。依法惩治职务犯罪，对贪污贿赂等犯罪提起公诉19人。王某等人诈骗案等2件案件获评最高人民检察院典型案例，区检察院第三检察部被评为全省法律监督成绩突出集体。

【民事检察】 2023年，区检察院办理生效裁判监督案件35件，办结34件，向区法院提出再审检察建议19件。开展民事诉讼主体适格、限制被执行人高消费、车辆查封扣押、涉企案件信用惩戒解除等专项监督行动，发出的检察建议均被法院采纳。加强与民政、妇联等部门协作配合，完善“支持起诉+护民惠民”协作机制，有效保障特殊群体合法权益。

【行政检察】 2023年，区检察院办理行政生效裁判监督案件19件，向相关行政机关、区法院发出检察建议5件，均获采纳。通过区政府和区法院联动、公开听证等方式，促进行政争议实质性化解，化解医疗、拆迁安置等领域行政争议案件44件，楼某某工伤认定检察监督案获评最高人民检察院“检察为民办实事”典型案例。加强行政执法与刑事司法双向衔接，对应受行政处罚的刑事案件被不起诉人依法提出检察意见，移送行政机关处理181人，督促某行政机关依法履职检察监督案获评最高人民检察院“维护残疾人合法权益”典型案例。区检察院行政检察办案团队获评全省检察机关优秀办案团队。

【公益诉讼检察】 2023年，区检察院办理行政公益诉讼案件32件，向行政机关发出诉前检察建议17份，开展诉前磋商15件。督促10多家网店下架禁售药品，推动全省开展药品网络销售治理专项行动，保障食品药品安全。办理产品质量安全、资源保护等领域的民事公益诉讼案件5件，其中销售有毒有害食品刑事附带民事公益诉讼案获评全市互联网检察公益诉讼典型案例，非法买卖国家二级保护植物金毛狗蕨开展异地复植案为跨地区生态修复难题提供经验样本。某行政公益诉讼案获评全省检察机关军地协作公益诉讼典型案例。弘扬英雄烈士精神，雷锋姓名公益诉讼案获评最高人民法院践行社会主义核心价值观典型案例。聘请“益心为公”志愿者42人，强化公益保护合力，进一步助推公益诉讼检察工作提质增效。

【未成年人检察保护】 2023年，区检察院从严惩处侵害未成年人犯罪43人，办理涉未成年人公益诉讼案件5件、民事支持起诉案件10件，未成年人隐私权保护案获评最高人民检察院典型案例。坚持教育、感化、挽救方针，办理未成年人犯罪案，涉及未成年人51人；对情节轻微、认罪悔罪的未成年人不起诉33人。创新在上羊市街社区成立“汇心护航”网格中心，联合“邻里110”基层治理平台，汇聚街道、教育、民政、共青团、妇联、关工委等力量，共同保护未成年人权益。深化“法治进校园”工作，由23名检察干警担任法治副校长，开展法治讲座24场，增强未成年人法治意识。

【经济发展护航】 2023年，区检察院维护市场主体合法权益，打击扰乱市场秩序犯罪36人、民营企业内部贪腐犯罪40人。维护金融市场秩序安全，打击集资诈骗、非法吸收公众存款等涉众型金融犯罪29人，打击虚拟货币交易非法金融活动犯罪20人。强化追赃挽损合力，为企业挽回损失2343万余元。制定并落实“检察护企12条意见”，打造最优法治营商环境，外籍空壳公司专项治理、“检察+行政”协同共治2件案件获评全市检察机关助力三个“一号工程”典型案事例。与区工商联深化协作配合，设立“营商环境检察e站”，组建检察官护航团，开展线上“云课堂”法治讲座10期，编发《企业刑事风险防范指南》1500多册，为企业提供更优法治服务。

【社会治理法治化】 2023年，区检察院深化新时代“枫桥经验”检察实践，在全区所有街道设立“枫桥式检察e站”，以“网格+检察”工作模式拓宽问题线索发现渠道。深化“检和工作室”品牌，以法治思维和法治方式处理信访779件，领导带头接访40多人次，开展困难群众司法救助56人。以数字赋能法律监督，在安全生产监督项目、网约车数字监督模型、社保基金守护项目等领域技术辅助案件43件。开展检察官以案释法，通过线上讲座、线下走访等途径，深入基层开展反诈、禁毒、防范非法集资等法治宣传49场。注重梳理社会治理中的共同性、普遍性问题，以检察建议、专报形式向上级建言献策，助力社会治理法治化水平提升。

【军地协作检察e站设立】 2023年12月1日，区检察院与杭州军事检察院协作，创新设立服务保障军人军属权益的“军地协作检察e站”。该站以“线上+线下”相结合模式运作，将检察服务延伸至军人军属身边，维护国防利益和军人军属合法权益。线上服务范围涉及军人权益维护、司法救助申请、优先优待落实、普法宣传等六大板块；线下在区人武部、辖区驻军部队设立联络站点，设置“一个联络站点+一名驻站检察官+一名站务员”的模式，负责线索收集、站点宣传、联络对接等。

【检察助力亚运会、亚残运会】 2023年，区检察院立足“四大检察”，制定工作方案，全面推进亚运会、亚残运会服务保障、风险排查、矛盾化解、志愿服务等环节任务。办理“伪劣电缆线涉亚运案件”获评最高人民检察院典型案例。联合交通运输管理部门，打击网约车虚增里程黑灰产业链，护航亚运会、亚残运会清朗交通环境。联合区卫生健康局加强AED规范配置管理，以检察公益诉讼助力亚运会、亚残运会应急保障体系建设，助推城市生命通道畅通，获评全市检察机关护航亚运典型案事例。

资料

伪劣电缆线涉亚运案件： 区检察院在办理一件销售伪劣电缆案过程中发现，自2015年后，被告人郑某某从外省厂家定制伪劣电缆，销往杭州各大五金市场，销售金额5500多万元。经查，郑某某下游经销商有31家、51人，有价值500多万元的伪劣电缆库存。涉案部分假冒伪劣电缆或将被用于亚运场馆临时接线通电，给亚运会安全带来隐患。案发后，区检察院迅速行动，打击犯罪，服务保障“平安亚运”建设。

（陈　赟）

法　院

【概况】 2023年，区法院受理各类案件3.02万件，办结3.11万件。发挥共享法庭作用，依托共享法庭指导调解1.27万件次，化解纠纷1.35万件，开展普法宣传、法律咨询5.44万人次，促进全区万人成讼率下降。全年通过官方微信公众号发布文章131篇，在省级以上媒体发表宣传报道62篇，其中国家级媒体报道22篇，全方位展现工作成果。强化“面对面”普法力度，开展买卖合同审查、私募基金实务问题等专题授课5次，提高企业风险防范能力。依托“尚法小达人”、法治副校长等平台，开展法治进校园、模拟法庭等活动24次，通过共青团中央“全国维护青少年权益岗”复核，加强未成年人法治宣传教育。年内，共享法庭、金融审判、“全域数字法院”建设等工作获中央领导调研、肯定，基金小镇人民法庭获评“全国法院先进集体”、全省首批“枫桥式人民法庭”荣誉。

资料

万人成讼率： 指以某一地区的常住人口、登记在册6个月以上的流动人口和市场主体总数为基数，计算每1万人或主体中法院受理的一审民商事、行政案件数。该数据反映该地区社会矛盾的激烈程度及社会治理的效果。

【刑事审判】 2023年，区法院受理刑事案件1255件，审结1276件，分别比2022年上升52.3%、57.3%。常态化开展扫黑除恶斗争，审结历时2年的以姜某某为首的恶势力犯罪集团房产套路贷系列案。审结职务类犯罪案件13件、13人，推进清廉上城建设。惩治涉众型经济犯罪，

2023年4月14日，区法院深耕“尚法小达人”法治宣传品牌，在杭州五四宪法历史资料陈列馆为杭州天成教育集团七年级师生讲解宪法诞生和发展的历程。图为活动者合影　　（区法院 供稿）

积极追赃挽损，审结非法吸收公众存款、集资诈骗类案件11件。惩治信息网络犯罪，打击电信诈骗、跨境赌博相关灰黑产业，审结案件310件、446人。维护社会管理秩序，审结涉骗取E类人才认证案、非法信访人员刘某寻衅滋事案等。审结亚运会相关合同诈骗、伪造公章案件2件，严惩扰乱办会秩序行为，维护主办城市形象。

【民事审判】 2023年，区法院受理民事案件1.65万件，审结1.74万件，分别比2022年上升0.3%、3.7%。响应家事审判改革要求，发出首份《夫妻共同财产申报令》，维护保障妇女权益。审结监护人擅自处分未成年人财产案件，发出首份《家庭教育指导令》，规范全市涉未成年人不动产登记行为，为未成年人健康成长撑起法治“护盾”。妥善审理小区连廊加装玻璃相邻权纠纷，促进当事人自动履行，作出良好物业管理示范。保障劳动者合法权益，审理劳动、人事争议案件747件，上升6.9%。审理涉31家医院、82件医疗纠纷，疏导化解医患冲突，构建和谐医患关系。区政府、区法院联动完善破产配套机制，参与现场推进会24次，争取复工续建政策支持，推动“庆春广场”重点项目处置获突破性进展，保障破产财产价值最大化。使用破产援助资金44.4万元，调动破产管理人履职积极性，促进12家无产可破企业风险出清。新获涉外商事案件管辖权，受理涉外、涉中国港澳台商事纠纷25件，审结21件，涉案标的额1亿元。编印《涉外民商事审判指引》，统一全区涉外民商事案件审理标准，服务高水平对外开放。

【行政审判】 2023年，区法院受理行政案件589件，比2022年下降8.4%；审结637件，上升13.1%。推动行政争议实质化解，全年协调撤诉率25.1%。参与组建区滥诉甄别委员会，遏制牟利性恶意投诉举报，规制滥用行政诉权行为。向区行政机关发放《行政审判白皮书》，推动构建增值式政务服务体系。组织区直部门及街道的工作人员旁听行政处罚案件庭审，提升干部依法履职能力。集中开展“法护蓝天秀水”普法宣传，建设人与自然和谐共生“美丽上城”。6月5日，区法院领导开庭审理涉基本农田保护行政复议案件，市生态环境局有关领导出庭应诉，用法槌敲响护绿警钟。

【执行工作】 2023年，区法院加强执源治理，采取“六预”措施督促义务人主动履行，办理执前督促案件2747件，执行案件比2022年下降11%，源头化解成效显著。落实有效兑现，全年发放案款1.77万笔、38.66亿元，执行到位率增长8.1%。严禁超标的查封，灵活运用“活封”“活扣”等措施，最大限度降低司法对企业正常生产经营影响。深化执行“一件事”改革，保护集资参与人合法权益，依托“涉众案件管理平台”，推动31件涉众经济犯罪案件资金清退，发放金额4.88亿元，涉及人数13.2万人。执破融合畅通困境企业救济路径，移送执行转破产案件71件。倡导遵法守信，开展打击拒执专项行动，编发《拒执案件认定移送条件及证据收集指引》，违法制裁率43%。

> **资料**
>
> **“六预”措施：** 在执前督促阶段预先向义务人释明法条，告知执行强制措施，即预纳入失信、预限制高消费、预罚款、预拘留、涉嫌拒执犯罪预告、预审计，敦促当事人自动履行。

【诉讼服务】 2023年，区法院全方位提升诉讼服务水平。提升司法服务便民度，完成紫花大楼改扩建工程，建设诉讼服务区2287平方米，提供咨询指引、立案登记、案件调解“一站式”服务。落实落细立案登记制，发挥诉讼服务大厅、在线服务平台、“12368”诉讼服务热线“三位一体”服务网作用，促进线上“一网通办”、线下“一窗通办”，经验信息获省高级人民法院领导批示。以解决群众诉求为导向，推广司法公正在线、当事人满意度评价、律师互评等应用，案件赋码率99.7%，满意度94.5%。

【法治营商环境优化】 2023年，区法院坚守“法治是最好的营商环境”理念，锚定营商环境标杆区建设目标，制定《关于优化营商环境服务经济发展的实施意见》21条，助推法治化营商环境建设。组织法官在区企业家座谈会上对“21条”作政策解读，延伸司法服务。审结涉企案件1.08万件，在案件量比2022年增长8.8%的情况下，买卖合同纠纷总用时减少62.79天。快速化解某酒店式公寓业主托管出租合同纠纷，该系列案件入选杭州法院“法护营商”最佳体验案（事）例。坚持问题导向，大兴调查研究之风，院领导带头进企业开展“大走访大调研大服务大解题”活动35次。

【全域“数字法院”建设】 2023年，区法院推进全域“数字法院”建设。“凤凰金融智审”迭代推广，获评“浙江全域数字法院”改革“好应用”，“凤凰智审”获评最高人民法院2023年度“人民法院科技成果”二等奖。承办2023年浙江法院工作现代化创建项目集中工作会，区法院就数字化项目开发介绍经验。依托“未来智能法庭”建设推进全流程智能辅助、金融借款合同全要素审判，实现业务侧和司法侧大数据互联互通。试点“预查废”证明在线申请、反馈机制，向当事人提供查询4025人次，鼓励金融机构将区法院出具的“预查废”证明作为债权核销依据，减轻当事人诉累。

（张　娜）

司法行政

【概况】 2023年，区司法局稳步推进亚运平安护航、普法依法治理、矛盾纠纷排查调解、社区矫正、法律援助、律师行业管理等工作，推动法治建设和司法行政工作高质量发展，为“在坚定不移深入实施‘八八战略’中奋力展现‘最杭州、新上城’风采”提供法治保障和法律服务。年内，街道合法性审查、营商环境等工作获省、市领导批示肯定。

【普法依法治理】 2023年，上城区推进普法依法治理工作，制定印发《2023年杭州市上城区普法依法治理工作要点》，评选公布2022年度“十佳”普法重点项目和“十佳”普法精品课，向全区各单位征集2023年度普法重点项目53个。开展“护航亚运法治同行”亚运会法治主题活动67场，在湖滨步行街等场所播放亚运会法治电子海报，覆盖辖区群众1万余人。区司法局联合区社科联打造访谈节目《宋韵+法治》，并在“上城发布”App、“华视直播”线上直播，首期节目全网观看人数超过1万人。普法短视频《面试》获2023杭州市网络普法达人秀二等奖。推进基层民主法治建设，开展“法治带头人”“法律明白人”“学法守法示范户”队伍动态调整和培训，有“法治带头人”198人，“法律明白人”589人，遵纪守法示范户504户，实现村社全覆盖，打造共建、共治、共享的基层治理新格局。年内，成功创建3个省级民主法治社区。擦亮“上城普法”品牌金名片，“上城普法”微信公众号推送文章498篇，“上城普法”视频号发布视频117个，“上城普法君”抖音号发布作品174个，“尚法云直播”播出46期。组织“City Walk尚法云地图”AR定向赛，设置公民法治素养观测点、沿江法治驿站、省级民主法治社区、省市法治宣传教育基地等打卡点79个，以打卡升级、等级徽章、

2023年12月1日，上城区在宪法宣传日活动中举行2023年上城区公民法治素养观测点授牌仪式（区司法局 供稿）

积分兑换等趣味互动形式提升普法知晓度和活跃度。

【公民法治素养提升】 2023年，上城区推进公民法治素养提升行动，打造公民法治素养观测点，构建由杭州老爸评测科技股份有限公司、浙江省杭州第十中学、基督教崇一堂、区统计驿站矩阵等37个区级点位形成的观测点矩阵。其中，省级公民法治素养观测点新禾联创数字时尚产业园被列入“全国法治媒体·浙江市域社会治理”基层采访行活动行程，接待中央驻浙新闻媒体、省内主流媒体30多家，全网刊发阅读量近100万次。打造“甲醛仪漂流”项目普法版，将2000本带有“尚小法”图案的普法日记本随着甲醛仪投入到“漂流”中，该做法被《浙江法治报》头版报道。区司法局配合区政协开展“迎亚运，提升公民法治素养”课题调研、召开“请你来协商·有事好商量”专题协商会，联动各部门对特定人群的法治素养提升建言献策，助力公民法治素养提升工程。聚焦网络直播行业从业人员的法治素养现状和主要问题，设计行业基准框架和配套题库，该方法被列入杭州市公民法治素养基准编制工作方案。

【矛盾纠纷排查化解】 2023年，上城区坚持和发展新时代“枫桥经验”，加强大调解工作机制建设，深化人民调解工作融入“重要窗口”建设。实施《杭州市上城区“礼法善调”大调解工作指导意见》，构建由区、街道、村社等构成的“1+14+N”调解组织体系，强化源头预防、多元化解、协调联动，全区238个矛盾纠纷调解委员会延伸至基层一线、重点企业和行业。推广使用“浙里调解”平台，将15个业务主管部门和14个街道设置在系统架构一级列表中，打通矛盾纠纷化解各部门各系统的壁垒，推动各类矛盾纠纷全量纳入及全流程闭环管理。组织开展“人民调解服务保障亚运会”活动，围绕赛事区、体验区、安保区等重点区域，聚焦道路交通、房产物业、医疗卫生和劳动就业等重点领域，开展大走访、大排查、大化解。全年调处矛盾纠纷2.77万件，调解成功2.76万件，调解成功率99.6%，发放以奖代补66.5万元。

【社区矫正】 2023年末，上城区未发生社区矫正对象重新犯罪和脱漏管情况。区司法局落实区智慧矫正中心实体化实战化运转，该中心获评省级智慧矫正中心，接待司法部及省、市各级领导参观调研8批次，并在2023年全国社区矫正工作会议期间作为现场教学点，被参观调研。完善社区矫正工作联席会议机制，强化与区公安分局、区检察院、区法院等单位的数据互通，构建齐抓共管的总体格局。与公安、信访等部门建立“突发快响”协同机制，开展亚运安保应急演练29场，提升应急处突能力。区司法局作为试点单位，率先破解司法系统执法执勤用车配备难问题，配备社区矫正执法执勤用车。推进社区矫正心理帮扶体系建设，由省级精品社会组织“阳光雨露”为社区矫正对象提供专业心理服务，全年开展风险评估878人次、走访谈话2092人次、心理辅导1803人次。

【法律援助】 2023年，上城区推动公共法律服务体系建设，推进省政府民生实事项目“法律援助市域内100%通办”工作，依托线下“区+街道+村社”227个法律援助站点建立“1+14+N”法律援助联动服务网，线上依托“12348”浙江法网、“浙里办”、支付宝等法律服务办理渠道开展一体化法律服务。全年区司法局受理法律援助案件2062件、法律帮助案件1536件，接待来电来访咨询8173人次，挽回经济损失2082万元。主动优化减材料、减环节、减跑动“三减”服务，打造“马上办、就近办、上门办”援助网络，受理市域通办案件137件，办件数居全市第1位。开通“绿色通道”，全面覆盖落实未成年人涉嫌刑事犯罪案件，应援尽援侵害未成年人合法权益案件。围绕企业法治需求，入驻区政务服务中心企业法治服务专区，综合提供法律咨询、信用修复、企业合规、人民调解、法律援助等涉企法律服务，为企业健康发展和营商环境优化提供法治保障。

（耿俊霞）

军　事

区人武部

【概况】 2023年，区人武部围绕政治整训、备战打仗、基层建设、安全稳定，有效落实各项工作。年内，区人武部实施办公楼库室规范化建设，聚焦练兵备战，提升应急动员，强化党管武装，加强国防教育，推进双拥共建工作，深化国防动员，提质民兵整组，落实年度征兵工作。完成上级赋予的各项任务，全区武装工作呈现不断进位的良好态势，在杭州警备区综合考评中位列第一。

【思想理论武装】 2023年，区人武部强化思想理论武装，开展学习贯彻习近平新时代中国特色社会主义思想主题教育和“学习强军思想、建功强军事业”教育实践活动，以党委理论学习中心组学习为基点，每月将中央军委主席习近平重要讲话和上级重要文件精神汇编成册，组织全体人员共同学习，确保党的创新理论深入人心；按照“规定+自选”，每月“一张表”统筹党委理论学习中心组和个人自学，融入实践抓转化。推进政治整训，提升政治工作厚度和单位政治安全性、管理规范性。推进正风肃纪，开展党的纪律教育，坚持党管干部、党管党员，提升人武干部法纪意识和自律能力。

【区委议军会暨军事日活动】 2023年12月26日，上城区召开区委议军会暨党管武装工作会议，并组织军事日活动。区四套班子领导，区法院院长、区检察院检察长，区人武部部长，区相关单位主要负责人，各街道党工委书记，全体专武干部、区人武部党委委员参加。会上，区人武部汇报全区党管武装工作；区委书记、区人武部第一书记宣读街道武装部（民兵营）政治教导员任职文件，为街道党工委书记颁发教导员任命状；区委常委、常务副区长通报2023年度党管武装工作先进单位和先进个人；区卫生健康局、望江街道、九堡街道有关负责人作党管武装工作述职。会议对全区武装工作年内取得的成绩表示肯定。会后，区相关领导到陆军某部开展军事日活动。

【党管武装】 2023年，区人武部党委坚决贯彻落实杭州警备区党委和区委决策部署要求，落实党管武装制度规定，推进共富典范城区建设，全区武装工作呈现重点突破、全面提升的良好态势。区委、区政府高度重视武装工作，区领导暖心过问武装、关心支持武装、全心建设武装，全区党管武装形成浓厚政治氛围。区人武部高质量落实年度战备训练任务，在杭州警备区岗位练兵比武中总评第一名。完成基干民兵编组任务，在杭州警备区检查考评中居第一名。要讯、报情两项工作分别居全市第2位、第3位。夯实基层建设，在4个街道武装部和3家辖区国有企业开展基层规范化、普通民兵建设试点，各街道遴选打造社区民兵连建设样板，建设成果2次在杭州警备区作经验交流。区人武部自觉接受军地双重领导和第一书记指挥，主动参与全区中心工作，参加共同富裕建设、亚运安保和应急处置等大项任务，出色完成亚运会安保、学生军训任务。主动走访慰问驻军部队，当好军地桥梁。

【练兵备战】 2023年，区人武部落实练兵备战，补充配齐各类战备物资器材。编实建强民兵队伍，落实民兵调整改革部署要求，优化民兵组织结构，编精编实基干民兵队伍，完成区属基干民兵的编组任务，接受省军区、杭州警备区年度民兵工作检查考评，其中杭州警备区考评居全市第1位，省军区考评优秀。按照以训促战的思路，组织首长机关、专武干部、民兵连长和基干民兵分队训练。高标准组织参加杭州警备区岗位练兵比武，获评总成绩第一名。重点抓好专武干部和民兵连长集训，围绕理论学习、参观见学、讨论交流3个方面开展训练。

【征兵工作】 2023年，区人武部落实“一年两征”部署，坚持“打牢服役基础、择优审定新兵、杜绝责任退兵”的工作思路，推进征兵工作。组织预征对象上站体检，择优审定新兵入伍，上城区连续3年保持“零退兵”，区卫生健康局被国防部征兵办公室、人力资源和社会保障部评为全国征兵先进单位。上半年、下半年分别围绕“赞家乡”“迎亚运”主题，在城市阳台、上城区体育中心组织新兵欢送仪式，营造全社会拥军优属的良好氛围。推进数智征兵工作，协调对接区数据资源局，结合实际提报需求，拟制完善方案，为下一步软件开发、宣传推广打好基础。

【双拥共建】 2023年，区人武部配合区退役军人事务局开展双拥共建工作，协调区委、区政府为辖区二等功和三等功立功人员送去喜报和慰问金，营造“一人立功，全家光荣”的良好氛围。积极为驻军解难帮困，用心做好随军家属安置工作，协调区委组织部、区委编办、区人力社保局、区教育局，对接相关单位，解决家属就业安置问题，以及部分现役军人和军事机关人员子女入学、入托问题。协调区委宣传部刊登“八一光荣榜”，提升军人、军属光荣感、幸福感。

【国防动员】 2023年，上城区启动国防动员体制改革。区人武部主动对接区发改经信局、区住建局，协助开展机构设置、职责厘清、场地勘察等工作，研究拟定调整方案，顺利完成工作交接，提升区国防动员工作创新发展成效。高标准完成国防动员指挥所演习，科学制定国防动员潜力调查计划，组织潜力调查业务培训，针对新域新质行业特点，邀请地方统计和行业主管部门全程参与，审验潜力数据是否存在偏差，发挥军地协调配合效能。压实责任链条，把潜力调查工作列入大党建工作考评内容，逐项逐条列出问题清单，并发出《整改通知书》，倒逼提高数据质量。

（顾　芳）

人民防空

【概况】 2023年，上城区按照中央和省、市国防动员改革要求，组建国防动员委员会。区国防动员办公室贯彻习近平总书记关于国防动员工作的重要指示要求，结合上级部署，高标准协调推进机构改革调整、职责划转，各项工作高效衔接、有序推进。12月，全区国防动员工作会议暨国动委第一次全体会议召开，印发有关文件，促进军地之间高效协同。全面深化人防教育，高要求监管、狠抓人防工程日常使用及维护管理；推行人防工作“互联网+政务服务”，高效率服务优化营商环境。年内，区国防动员办公室获评2023年度全市国防动员（人民防空）工作先进单位。

【人防工程维护管理】 2023年，区国防动员办公室结合护航亚运会安全保障行动，加强辖区人防工程监督管理。对全区结建人防工程开展全覆盖巡查检查，确保每处人防工程巡查到位、监管到位、不留死角。全面开展安全生产专项行动，落实企业安全生产主体责任年行动和护航亚运安全保障行动，研究制定专项行动实施方案，按时间节点开展专项检查，推进人防工程使用管理单位全面落实安全生产主体责任，充分保障亚运会场馆人防设施安全无隐患。常态化开展随机抽查工作，对防空地下室开展“双随机、一公开”专项行政执法检查。落实人防工程违法违规案件查处，全年查处人防违法违规行为38起，移交破坏人防工程违法案件1件。全面推广浙里人防运维在线和杭州人防工程维护管理系统，全区人防工程数字化监管率100%。

【人防数智化改革】 2023年，区国防动员办公室利用数字化、可视化、智能化技术手段，推进亚运会场馆人防设施物联感知系统建设，实现对人防设施可视化、实时化监管，杜绝各类人防违法违规行为发生，保障亚运会场馆人防设施安全可控。2月，由区国防动员办公室牵头制定的人防工程档案数字化利用场景正式上线，有效搭建档案信息查询利用平台，方便群众通过“浙里办”查询人防工程档案数据库，实现让数据线上多跑、办事群众线下不跑。

【人民防空宣传】 2023年，区国防动员办公室加强人民防空知识宣传，增强群众民防安全意识和防范能力。结合社区创建、老旧小区改造提升，融入国防等元素，配备适老适小设施设备。完成15个小区人员防护方案进小区、进楼道工作。6月25日，承办杭州市人防工程建设管理活动现场会，推广人员防护方案进小区、进楼道、进家庭相关经验做法。联合市地铁集团组织人员疏散平战转换演练，参加市级演练4次，完成市、区、街道三级人员防护疏散联动指挥演习。针对“5·12”“9·18”等特殊节点，组织开展防护疏散实战化演习等人民防空宣传教育活动。

（肖　红）

主导产业

数字经济产业

【概况】 2023年，上城区深入实施数字经济创新提质“一号发展工程”，突出重点、精准发力，强力推进数字产业化和产业数字化，全年全区实现数字经济核心产业增加值83.51亿元，比2022年增长6.9%；实现数字经济营业收入（限上）319.76亿元，增长27.2%，居全市第3位。上城区“系统性谋划、工程化推进、产业化落地，推动元宇宙产业高质量发展”入选浙江省2023年度“最佳实践”案例。上城区被纳入杭州市智能网联车辆测试与应用先行试点区域，开通全国首个中心城区高铁站智能网联汽车示范运营线路。

【数字产业化】 2023年，上城区成立数字经济创新提质“一号发展工程”工作领导小组，统筹推进全区数字经济发展。聚焦未来产业，组建未来产业专班，全面推动未来产业发展。制定《上城区践行数字经济创新提质“一号发展工程” 奋力打造“三区一地”新名片实施方案》，锚定“全国一流的数字金融先行区、数字时尚消费第一区、都市数字智造标杆区，以及数字经济总部和人才创新高地”总目标，实施“数字产业建圈强链”等八大攻坚行动，推动数字经济提质增效。强化平台支撑，加快打造省级高新技术产业园区，上半年考核居全市第三类开发区（园区）第1位。聚焦智能物联、数字能源、数字时尚三大千亿元产业，加快打造企业集聚地、技术输出地和产业标杆地，全年落地重大产业项目数26个，完成与中兴新集团合作项目签约，落地长三角管理总部、司南投资总部、之江新材料研究院、元数科技产业创新中心四大总部项目及关联项目派纳科技。智联物联产业平台实现规模以上工业和服务业企业营业收入139.76亿元，增幅15.7%。全年全区实现数字经济核心产业增加值83.51亿元，比2022年增长6.9%。

【产业数字化】 2023年，上城区围绕信息化与新型工业化融合发展目标，切实提升产业数字化服务供给能力和中小企业数字化改造水平。依托浙江省经济和信息化厅“智造在线”公共服务平台，对杭州海兴电力科技股份有限公司等重点企业开展信息化和工业化“两化融合”指数评估，数字化水平诊断评估规模以上工业企业全覆盖。加快培育壮大数字工程服务产业为数字化转型提供优质数字化资源和解决方案。新增杭州娃哈哈集团有限公司等3家企业入选2023年度省工业互联网创建平台，新增城市大数据运营有限公司等7家企业申报省级数字化服务商。鼓励企业围绕需求精准响应、要素动态配置、业务高效协同、能力开放共享等目标，开展数字化改造攻关项目建设。新增入库杭州科捷模型有限公司等6个改造攻关项目。围绕数据赋能，加快推进“数字化车间—智能工厂—未来工厂”体系建设。新增浙江中烟工业有限责任公司、杭州海兴电力科技股份有限公司2家省级智能工厂，杭州水表有限公司等3家市级“数字化车间”培育企业，浙江同富特美刻股份有限公司等4家“云端工厂”培育企业，全区培育市级“未来工厂”企业增至31家。

【元宇宙产业培育】 2023年，上城区围绕《浙江省人民政府办公厅关于培育发展未来产业的指导意见》等精神，坚持突出创新引领，培育元宇宙产业，探索打造数字经济发展新模式。强化政策引导，制定实施《上城区关于加快元宇宙产业高质量发展的若干措施》，于2023年开始每年安排5000万元专项资金，从创业扶持、办公补助、研发补助、成长激励、人才引育、金融支撑、标杆场景、生态建设8个方面给予企业扶持。强化产业集聚，以省级高新技术产业园区——上城信息智能高新技术产业园区为主平台，狠抓招商强链、招商增产。在全省率先构建“一核多点”元宇宙产业基地发展矩阵，新招引元宇宙项目30多个。强化场景示范，利用区内文旅、教育、健康等场景资源，结合数字科技，打造示范场景。依托湖滨智慧商圈，打造“滨次元”消费元宇宙创新示范应用场景。争创杭州市智能网联车辆测试与应用先行试点，打造全国首条中心城区智能网联汽车高铁站示范运行线。强化杭港联动，与香港贸易发展局签订《杭州—香港Web3产业联动备忘录》，在数字经济领域开展深度合作；与香港高锋集团签署战略合作框架协议，落地内地首个Web3 Hub，共同推动Web3领域创新企业孵化和培育。

（毛　雯）

杭州海兴电力科技股份有限公司生产车间（摄于2023年）

（区发改经信局 供稿）

【“一核多点”未来产业矩阵初步成型】 2023年，上城区聚焦人工智能、元宇宙产业赛道，创建以杭港科技大厦为核心，覆盖婺江路—富春路—望江路—钱江路区域的“中国元谷”。重点构建“一核多点”元宇宙产业基地发展矩阵，将杭港科技大厦作为上城区未来产业“一核”基地，以浙江元宇宙产业基地、顺福商务中心等作为“多点”布局。11月21日，“遇上未来·智链全球”2023年浙江省人工智能产业发展报告发布会在杭港科技大厦举行，标志中国元谷·杭港科技大厦开园。会上，市委、区委相关领导为大厦16楼的元宇宙应用场景体验馆举行启动仪式。杭港科技大厦位于杭港高端服务业示范区核心板块，总建筑面积4.9万平方米，地上面积2.9万平方米；由上城资本集团运营，聚焦区块链、数字孪生、人工智能、交互技术、高性能计算芯片、增强现实/虚拟现实/混合现实（AR/VR/XR）等元宇宙和数字经济产业，打造集产业投资、产业服务、产业孵化、产业研究等功能于一体的未来产业综合体。10—12月，杭港科技大厦先后落地浙江毫微科技有限公司、杭州Web3 Hub、安创启元（杭州）科技有限公司、杭州蓝境科技有限公司等重点企业和平台。其中，浙江毫微科技有限公司为纳斯达克上市企业，专注于区块链、人工智能领域，为Web3领域创业者提供数字解决方案；杭州Web3 Hub是由香港高诺国际加速器运营的孵化器，面积1883平方米，通过落地服务、投资加速、技术合作等方式，招揽国际Web3企业落户。至年末，上城区“一核多点”未来产业矩阵初步成型。

（陈雅会 杨元元）

金融服务业

【概况】 2023年，上城区加强金融产业招商，不断完善金融生态，优化营商环境，促进产业发展，提升服务质效，推进改革创新。全年全区实现金融业增加值637.2亿元，比2022年增长6.1%，占全区地区生产总值的23.9%，对全区地区生产总值增长贡献率33.3%，增速居主城区首位，金融业首位度持续巩固。全区有各类金融服务业企业4000多家。实现金融产业链税收219.42亿元。全区省级以上持牌金融机构162家，占全市约53%；备案私募管理人553家，占全省约32%，占全市41.3%；各类投资类、资产管理类企业2200多家。

【金融产业招商】 2023年，上城区成立金融招商专班，锚定持牌类、私募类、投资总部类、金融科技类4条赛道，加快推进全区金融招商工作。全年落地规模以上项目39个，其中持牌金融机构分支机构8家，地方金融组织1家，管理规模10亿元以上私募管理人9家，认缴出资10亿元以上私募基金9家，注册资金1亿元以上投资总部企业6家，注册资金10亿元以上投资总部企业1家，金融科技企业5家。落地杭州城投产业发展投资合伙企业（百亿基金）、杭州市首单QFLP（合格境外有限合伙人）基金——安丰圆顺外资3683万美元等标志性项目。

【第七届全球私募基金西湖峰会】 2023年4月20日，第七届（2023）全球私募基金西湖峰会在杭州洲际酒店举行。峰会以“新时代、新使命、新征程——大资管助推实体经济高质量发展”为主题，由1场主论坛、7场分论坛组成。会上，钱塘江金融港湾“金玉良缘”共创联盟成立。该联盟由浙商银行、浙江省金融研究院等12家单位共同发起，推动钱塘江金融港湾核心区范围内杭州金融城大型金融机构与玉皇山南基金小镇私募、资产管理机构的深度协同合作。主论坛上进行多项重要发布和签约，举行中国上市公司协会“上市公司与金融机构产融服务沙龙”发布及签约仪式、“十年千人”资管高层次人才培养计划启动仪式，同时发布《全球视角下的中国私募证券——2022私募证券投资基金发展报告》。

【《杭州金玉上城现代金融创新发展区建设规划》编制】 2023年，区金融办联合区发改经信局编制《杭州金玉上城现代金融创新发展区建设规划》，提出打造“沿江现代金融大走廊”，重点构建“431”现代金融生态圈，打造具有国际影响力和国际竞争力的高能级现代金融创新发展区。杭州金玉上城现代金融创新发展区以之江路为轴，分为东、西片区，总规划面积约9.6平方千米。东片区位于四季青街道辖区范围内的杭州金融城，东邻之江路，西接秋涛路，南至清江路，北至御道路—凤起东路—太平门直街，规划面积约6.6平方千米。西片区位于南星街道辖区范围内的玉皇山南基金小镇，东邻南宋皇城遗址控制范围线，西接虎跑路，南至铁路线—复兴路—之江路，北至玉皇山脚，规划面积约3平方千米。该创新发展区金融产业链完整，吸引国新国际投资有限公司、敦和资产管理有限公司、杭州凯泰资本管理有限公司、永安国富资产管理有限公司等大批行业领军企业入驻。6月7日，杭州金玉上城现代金融创新发展区入选浙江省第三批现代服务业创新发展区。11月24日，杭州金玉上城现代金融创新发展区再次入选浙江省服务业高质量发展"百千万"工程建设工作专班在全省123个现代服务业创新发展区中遴选发布的20个典型案例。

资料

"431"现代金融生态圈："4"即总部金融、财富管理、私募金融、大宗商品4个优势产业，"3"即数智金融、普惠金融、绿色金融3个新兴产业，"1"即金融服务中介1个支撑产业。

【钱塘江金融港湾综合服务中心落成】 2023年10月，钱塘江金融港湾综合服务中心落成并投入使用。该中心位于上城区三新路8号，总建筑面积1.15万平方米，一期展示陈列面积2736平方米。中心以中国特色金融发展之路在浙江的实践为主线，以钱塘江金融港湾和浙江金融为重点，整体功能定位为"一个阵地、二个中心、三个平台"，集展示、服务、招商等功能于一体，集中展示全省金融业发展成就。

钱塘江金融港湾综合服务中心（摄于2023年）
（玉皇山南基金小镇管委会 供稿）

资料

"一个阵地、二个中心、三个平台"：即党建引领阵地；投融资服务中心、规划成果展示中心；投资者教育平台、招商引智服务平台、金融动态发布平台。

【金融试点落地】 2023年，上城区作为浙江区域性股权市场所在地，深化与浙江股权服务集团合作，共建区域性股权市场创新试点示范基地。6月1日，浙江区域性股权市场开展私募股权和创业投资份额转让试点获中国证券监督管理委员会批复同意，上城区打造"创投股权与私募基金份额报价转让平台"，推动区域性股权投资和创业投资份额转让市场规范高效、信用度高、公开透明。上城区支持指导创业投资机构设立私募股权二级市场基金——S基金，推动国有基金、地方资产管理公司在浙江区域性股权市场参与股权转让，拓展接续型、重组型等交易模式，推动形成私募股权投资行业资本“投资—退出—再投资”良性循环，实现创投资本高效周转。

资料

S基金：即二手份额转让基金，是专注于私募股权二级市场的基金，投资于私募股权投资基金的二手份额或投资项目组合。“二级市场”是指私募股权基金的二次转让市场。S基金与传统私募股权基金的不同之处在于，传统基金直接收购企业股权，交易的对象是企业；S基金是从投资者手中收购企业股权或基金份额，交易对象为其他投资者。

【金融人才服务】 2023年，上城区新增杭州市高层次人才金融类102人、金融职业资格证书获补贴人员36人，杭州市高层次人才金融类增至391人，国家、省、市各级领军人才增至21人，金融职业资格证书获补贴人员增至139人。评定2022年上城区金融人才782人。组织开展上城区高端商务人才（金融类）认定，入选高端商务精英人才3人、高端商务青年人才6人；组织发动上城区金融机构参与国家级和省级海外引才计划申报，举办申报辅导培训会4场，走访对接企业100家，辅导13人参与国家级海外引才申报；开展金融人才企业大走访活动，对接金融人才企业105家。

【金融营商环境优化】 2023年，区金融办优化营商环境，解决中小企业融资难等问题。完成2022年度金融产业政策审核，涉及兑现资金6816万元。其中，规模补助132万元，基金管理机构补助5554万元，企业利用资本市场补助1130万元。开展企业贷款贴息政策申报审核，拟兑现金额45万元。开展“千名干部助千企”活动，派出助企干部7人，走访市级任务企业9家、区级任务企业24家，帮助浙江城投集团有限公司、浙江和康医疗集团有限公司、鸭鸭电子商务（杭州）有限公司、杭州宋都房地产集团有限公司、杭州绿康医院投资管理有限公司、回音必集团有限公司6家企业协调银行贷款问题，帮助浙江中杭电子有限公司等30多家中小微企业对接银行机构解决融资需求。3月，上城区企业上市服务团成立。该服务团全年组织各类活动10次，参与企业300多家次。联合区级部门及专业机构走访各类拟上市企业20家次，为企业在上市路径规划、上市架构搭建、政策解读等方面提供专业服务，帮助企业协调融资贷款、人才招引等问题。年内，全区新增杭州华塑科技股份有限公司、浙江双元科技股份有限公司、浙江沪杭甬高速公路股份有限公司3家上市企业。至年末，全区有上市企业38家，总量居杭州市第2位。案例《优化金融营商环境 助力服务业扩大开放》入选浙江省营商环境优化提升第三批“最佳实践案例”；“上城区创业投资全链条服务一类事”纳入浙江省发展和改革委员会“一类事”省级指导目录先行先试地区清单；《上城区打好金融助企“组合拳” 持续改善民营企业融资环境》专报获省领导批示。

（朱　沂　姚　俊）

现代商贸服务业

【概况】 2023年，区商务局围绕打造“数智时尚消费第一区”品牌，推进新型消费城市建设试点工作，强化指标攻坚，推动商务工作实现新发展。利用“三圈三街”（湖滨商圈、吴山商圈、钱江新城商圈和湖滨步行街、清河坊步行街、十字金街）等消费主阵地优势，协同商贸各行业共同举办“浙里来消费·2023消费提振年”行动启动仪式暨欢购上城新春赶“潮”季活动、汽车消费嘉年华、杭州（上城）国际咖啡节、国际美妆节等促消费活动139场。上城区参与第十届中国（杭州）国际电子商务博览会，在博览会设置上城馆，全方位展示最新电商发展和数智时尚消费新成果。引进361°等首店、旗舰店80家。推进高品质消费集聚区建设，大湖滨商圈现代商贸创新发展区入选第三批浙江省现代服务业创新发展区；迭代升级湖滨全国示范智慧商圈，推动吴山智慧商圈入选2023年度省级智慧商圈，运河·映巷影视文化特色街区获评省级商业特色街。全年全区实现社会消费品零售总额1107亿元，比2022年增长3.2%；实现货物出口总额436.88亿元，增长7.4%，居全市第5位。全年招引社会消费品零售、批发、直播经济项目120个；批发、餐饮业指标在杭州市商务系统四季度赛马活动中得分第一。年内，上城区入选首批浙江省新型消费城市建设试点城市、首批省级“一刻钟便民生活圈”建设试点，均为全市唯一；区商务局被评为浙江省促消费成绩突出集体、全省商务运行调查监测工作先进单位。

【促消费活动】2023年，上城区开展系列促消费活动。依托宋韵文化优势，围绕南宋德寿宫遗址博物馆等文化IP，挖掘非遗老字号等资源潜力，开展“节赛展会在上城”行动计划，鼓励引进国内外重要会议，鼓励企业参与“宋韵最上城”2023年上城区迎春系列文旅活动；支持企业开展各类节庆、展会、赛事活动，开发具有上城印记的“宋韵IP”，打造文商旅融合新业态和“爆款”项目，培育形成新的消费增长点。2—10月，举办亚洲美食季“食尚上城”黑珍珠必吃榜万味巡礼活动、“咖享生活 啡尝时尚”杭州（上城）国际咖啡节暨第三届西湖咖啡文化节等促消费活动。2月14日，“浙里来消费·2023消费提振年”行动启动仪式暨欢购上城新春“赶潮”季在湖滨步行街举行，活动期间（14—17日）湖滨商圈客流量41.2万人次，比2022年增长32.1%。区商务局指导张生记、钜丰源等106家餐厅入选《食在杭州——美食特色餐厅500家》名录，川味观、青藤茶馆等24家餐饮店入选《2023年杭州夜之味示范店名单》，指导10名名厨、9道名菜、6家名店入选杭州餐饮业“新六名”工程，指导杭州康莱德酒店、杭州柏悦酒店2家企业入选2023年黑珍珠餐厅；知味观、太兴餐厅等7家餐饮企业入选杭州亚运美食餐厅；湖滨28餐厅、杭州胡庆余堂药膳餐饮有限公司等20家餐饮企业入选“杭州米其林指南”榜单。

资料

杭州餐饮业“新六名”工程：是旨在推动杭州餐饮业高质量发展的政府支持项目，通过评定和表彰在杭帮菜领域做出杰出贡献的企业和个人，以激发整个行业的活力和创造力。该工程聚焦杭帮菜的发展，通过评选出“名厨、名服务师、名菜、名礼、名店、名街”6个方面的优秀代表，进而构建起一个完整的杭帮菜品牌体系。

【2023年浙江消费促进月启动】2023年4月26日，由省商务厅和区政府主办，区商务局和四季青街道承办的2023年浙江消费促进月暨“浙里来消费·汽车消费嘉年华”启动仪式在湖滨步行街举行。启动仪式上，上城区宣传介绍“加速向前·有意思一夏”汽车嘉年华活动。活动分设主题市集车展、“上乘的爱”时尚生活巡展、“上乘的爱”告白城市音乐节3个板块。其中，主题市集车展开展平安悦坊“动一下·有意思箱遇”、银泰百货庆春店“有意思家庭市集”、杭州大厦501城市广场“汽旅生活新方式”等活动；“上乘的爱”时尚生活巡展中，辖区7个重点综合体联合蔚来汽车开展“上

乘的爱·时尚消费抽奖活动”；在“上乘的爱”告白城市音乐节举办最终颁奖活动，带动五一期间消费金额23.88亿元，比2022年增长50.2%。

【全球数字时尚创新大会暨元宇宙时尚峰会】 2023年6月14日，由市政府主办，市商务局（杭州自贸片区管委会）、区政府、市经济和信息化局承办的全球数字时尚创新大会暨元宇宙时尚峰会在上城区举行。该活动旨在全链路搭建时尚消费、数字科技、数字贸易“三位一体”的国际交流合作平台，高质量打造国内领先、国际一流的数字时尚全球盛会，探寻产业高质量发展新未来。大会设有开幕论坛和3场分论坛（元宇宙时尚分论坛、时尚行业3D数字化分论坛、人工智能时尚分论坛），以及“人人心中时尚梦·超新星”——上城区数字时尚聚能计划发布会。其中，元宇宙时尚分论坛以“时空超越 多元融合”为主题，聚焦元宇宙时尚领域的细分赛道、前沿实践与未来方向，探索多元融合的消费零售新场景新业态；时尚行业3D数字化分论坛结合产业发展实际和技术演进趋势，分享从源头到终端的全链路数字化解决方案与落地实践；人工智能时尚分论坛以“智能无界 生成未来”为主题，围绕人工智能技术创新、场景应用、发展趋势等，进行多视角、高质量的解读和剖析，推动人工智能与时尚产业深度融合发展。论坛上，上城区发布《杭州市上城区消费中心建设“十四五”规划》，该规划以“杭州国际新型消费中心核心引领区”“都市消费型经济融合活力区”“时尚典雅智慧的首位商业区”三大功能定位为牵引，以组织、政策、人才、监督4个方面保障举措为支撑，通过打造多层消费商圈、引领新兴消费潮流、发展多元融合业态、聚集优质消费资源、完善消费基础设施、营造一流消费环境6项重点任务，聚力打造“世界级时尚消费中心”。推动直播电商产业实现能级跃升，发布《上城区关于推动直播电商产业高质量发展政策》，通过发布3个方面、16项举措，推动数字新消费和新制造融合发展。成立中国（杭州）数字时尚产业联盟，进行“滨次元”、知美集团等时尚产业项目签约。

【“汉帛奖”第三十一届中国国际青年设计师时装作品大赛总决赛】 2023年10月21日，“汉帛奖”第三十一届中国国际青年设计师时装作品大赛总决赛在南宋德寿宫遗址博物馆举行。活动由市政府、中国服装协会、中国服装设计师协会主办，区政府、市商务局、市经济和信息化局承办。省、市政府领导，省、市相关部门负责人，中国纺织工业联合会、中国服装协会等行业协会负责人，设计师，时尚企业、时尚机构和专业院校代表参加。大赛自4月启动后，在全球范围内征集稿件710份，最终28名国内外选手进入总决赛。总决赛现场，《WWD国际时尚特讯》发布“中国新时尚之都活力排行榜”，上海、杭州等9个城市入选中国新时尚之都；举行“原创力量”汉帛奖新锐设计师合作签约仪式，“汉帛奖”历届优秀获奖设计师和杭州四季青服装特色街区服装原创品牌签约合作，赋能时尚产业打造。

【城市“一刻钟便民生活圈”建设】 2023年，上城区推进“一刻钟便民生活圈”建设，通过完善社区商业布局体系，升级社区商业消费场景，补齐生活性服务业短板，为社区居民提供品质生活新体验。全年已培育杨柳郡未来社区、红梅社区、邻居中心望江店等7个“一刻钟便民生活圈”项目。6月29—30日，浙江省城市“一刻钟便民生活圈”调研现场会在上城举行，来自全省商务系统的调研组专程到南星桥街道复兴街社区、闸弄口街道京惠生活广场、彭埠街道运河·映巷影视文化特色街区、杨柳郡社区等地，调研“一刻钟便民生活圈”建设情况。交流座谈会上，区商务局围绕打造“一刻钟便民生活圈”进行经验交流。8月，杨柳郡社区《全面推进党建引领 打造社区治理新模式》入选商务部城市“一刻钟便民生活圈”典型案例集，12月，上城区入选浙江省首批“一刻钟便民生活圈”建设试点地区。

（余慧芳 范雨行 汤蔚如 方志豪）

【杭州时尚中心开园】 2023年10月21日，杭州时尚中心在上城开园。杭州时尚中心地处钱江新城核心区域，依托周边的钱江新城、中国服装第一街，围绕建设“杭州时尚中心眼”目标，以“三厅三平台”（时尚交易厅、时尚汇客厅、时尚发布厅，时尚驱动平台、成果转化平台、政企服务平台）为核心，集研发、展示、销售、订货、培训等多功能于一体，重点发展“四美经济”、数智时尚、创意设计等相关产业，推动电子商务、教育培训等配套产业协同发展，形成多业并举的产业驱动格局，打造杭州时尚产业聚集地和创新发展引领区。启幕仪式上，区商务局介绍时尚产业集聚发展等相关政策，包括针对新设企业、生态企业、首店经济、集聚发展、成长激励、品牌创新、秀展举办、人才引育等方面给予一定补助。现场成立杭州时尚创新联盟，该联盟依托汉帛国际集团有限公司、万事利集团、杭州耕香生物科技有限公司、毛戈平化妆品股份有限公司、浙江凌迪数字科技有限公司、四季青服装集团有限公司、意法商业集团有限公司、浙江九天控股集团有限公司、浙江佳宝商业集团有限公司、杭州四季青苏杭服装市场有限公司等专业市场、时尚品牌和服务机构，搭建国内国际时尚文化与时尚产业交流互鉴、研究研讨、人才培养活动平台，打造时尚产业生态圈。

（余慧芳 范雨行 汤蔚如 方志豪 潘煜戈）

文化产业

【概况】 2023年，上城区规模以上文化企业实现营业收入310.09亿元，比2022年增长6.6%；实现文化及相关产业增加值75.8亿元，增长4%。年内，国家（杭州）短视频基地、凌迪数字中心、毛戈平时尚中心开工，凤凰山南影视基地优化，经济效益和社会效益攀升。全年评审认定区级文化产业政策企业（项目）26家（个），总扶持资金981万元。全年引驻亚电数智体育（浙江）有限公司、杭州乐道网络技术有限公司等重点产业项目13个，投资额超过12亿元。启动文化人才发现和培育专项计划，成功推荐杭州爱乐乐团首席袁泉、青年导演山佳弘、杭州金星铜工程有限公司朱军岷、浙江做客文化创意有限公司罗可歌获评2023年杭州市领军人才，获评人数居全市首位。

（伍乐健）

【电视剧《白色城堡》开播】 2023年5月31日，由非凡响（浙江）影视文化有限公司出品的电视剧《白色城堡》在湖南卫视播出。该剧讲述的是以王扬鸣为代表的青年急诊科医生的故事，剧中展示他们不断精进医术，相互见证对方的成长和改变的过程，展现青年急诊科医生在救治过程中的“医者仁心”与救治过程外的“同舟共济”，以灿烂、健康的元素书写现实故事，讴歌正面形象。

【电视剧《富春山居》开播】 2023年7月21日，由浙江睿宸影视制作有限公司出品，讲述杭州践行“八八战略”，推进“千万工程”走深走实、推动乡村振兴和共同富裕电视剧《富春山居》在中央广播电视总台综合频道黄金时间播出。《富春山居》讲述以主人公许嘉富为代表的一群年轻人在新时代乡村中的不懈探索，展现乡村振兴、共同富裕的壮丽时代画卷，点亮一幅现代版《富春山居图》。

【电视剧《冰雪尖刀连》开播】2023年8月11日，由浙文影业集团股份有限公司出品的纪念抗美援朝战争胜利70周年重点剧目电视剧《冰雪尖刀连》在中央广播电视总台综合频道接档《富春山居》播出。《冰雪尖刀连》讲述抗美援朝期间，志愿军钢七连战士不畏牺牲、勇敢作战，靠强大的精神力量克服困难、战胜敌人的故事，阐述中国共产党领导的中国人民志愿军打赢该战役的胜利之道及重大历史意义。

【电影《热烈》上映】2023年7月28日，由儒意影业（杭州）有限公司出品，大鹏导演，黄渤、王一博主演的亚运主题电影《热烈》在全国院线上映，票房9.13亿元。该片时长124分钟，展示一条从“地下舞者”到“国家代表”的成长之路，让中国街舞带着独特的中国韵味、国潮青春走向世界。影片聚焦亚洲命运共同体的主题，弘扬、传承亚运会精神，展示中国青年勇于拼搏、不懈进取的青春风貌。11月7日，该片获浙江电影凤凰奖优秀故事片、优秀导演、优秀男主角、优秀音乐4个奖项。

【纪录片《定风波》开播】2023年7月31日，由浙文影业集团股份有限公司出品的历史人文纪录片《定风波》在中央广播电视总台纪录片频道播出。该片以苏东坡在杭州的故事经历为主线，从其生平事件、思想意识、生活趣闻着手，围绕诗文、书画、美食、旅游、民生等主题，多维度描绘苏东坡的精神世界，深入解读苏东坡的当代价值，并通过苏东坡展现宋代生活领域的物质之韵、生产技术领域的匠心之韵、学术思想领域的思辨之韵、文化艺术领域的审美之韵，在宋韵之美中展现民族气质，诠释中国精神，彰显文化自信。

【纪录片《菌生万物》开播】2023年11月13日，由果子传媒（杭州）有限公司出品的国内首部系统的、完整的菌物纪录片《菌生万物》在中央广播电视总台农业农村频道播出。《菌生万物》系统阐述由菌物、植物、动物共同组成的在地球上的生命体，揭示菌物在生态系统循环中不可或缺的作用。该片通过影像讲好生物多样性故事，用生物多样性讲好中国故事，传播中国生态文明和“绿水青山就是金山银山”的理念。

（丁剑宇）

休闲旅游业

【概况】2023年，上城区围绕“建设人文魅力中心城区”目标，坚持以文塑旅、以旅彰文，不断激发项目撬动、革新驱动、人才带动强力杠杆，激发文旅产业发展新动力，有效推动辖区旅游业高质量发展。全年全区接待游客4917万人次，旅游总收入264.1亿元，居全市第1位。年内，上城区成功创建省AAA级景区城区。小营、四季青、凯旋、丁兰4个街道成功创建省AAAA级景区街道，望江、采荷、笕桥、彭埠4个街道成功创建省AAA级景区街道。

【亚运城市观光】2023年，上城区成立杭州第十九届亚运会区运保指挥部城市观光工作组，贯彻上级任务要求，落实专班运作机制，牵头抓总保障全局，序时协同推进各项任务。国庆、中秋双节假期期间，上城区各景区景点接待游客230.76万人次，全区酒店入住率持续居全市第1位，各景区景点实现销售额43.02亿元，比2022年增长18.2%。实现全区25家亚运会相关酒店全部支持外币兑换，重点区域1360家商户实现外卡受理，全区重点专业市场均备足现金零钱，离境退税消费金额占全年数额的40.3%，各项指标均在全市前列。顺利完成3批次、33个国家地区的亚奥理事会大家庭宾客团官方接待任务，其中清河坊历史街区接待“浙风宋韵线”观光团队5个、外国媒体5家、国内媒体40家。非物质文化遗产展陈、体验进入上城区25家亚运会相关酒店。中国服装第一街做好金融服务工作，英语志愿服务小分队接待18个国家和地区的运动员、外宾1000多人次，现场零钱包兑换点兑换人民币20多万元，ATM等自助设备受理客户现金交易4000多笔。发布《上城旅游指南》，上线“上城区全域旅游一码通”智慧导览平台，在25家亚运会相关酒店全覆盖呈现。联合亚运竞技游戏《和平精英》开发清河坊灯会“云”场景，吸引上百万名网友体验宋“潮”生活方式。亚运会、亚残运会期间，通过融媒体宣传矩阵传播，“四季青外宾‘买买买’”“清河坊”等话题冲上热搜，被广泛传播，受到中国新闻社、《中国日报》、中央广播电视总台等20多家主流媒体及新媒体报道，总阅读量超过3亿次。

【文旅产业发展】 2023年，上城区推进文旅产业发展。重大文旅投资项目入库全国文旅项目管理系统15个，全年实际完成投资92.5亿元，年度投资完成率121.6%；“微改造、精提升”项目入库204个，实际完成投资8.49亿元，投资完成率100%。“马叙伦公园打造”“五柳巷历史街巷韵味街巷改造提升项目”“秋水轩”等25个项目入选省旅游业“微改造、精提升”示范点。杭州方回春堂河坊街馆成功创建为省中医药文化养生旅游示范基地。“朱炳仁·铜”获评省示范级文旅融合IP。杭州商旅新侨酒店管理有限公司、浙江省国际合作旅行社有限公司获评省文化和旅游骨干型企业。浙江凌迪数字科技有限公司获评省数字文化新锐型企业。南宋德寿宫遗址博物馆成功创建为杭州宋韵杭式生活体验基地，南宋胡记宋韵糕点制作体验点、江南铜屋、暄和·吴山居、西泠印社宋韵文化孤山体验点、一本堂铁器艺术馆、宋憶美学藏馆6家单位成功创建为杭州宋韵杭式生活体验点。

南宋德寿宫遗址博物馆（摄于2023年）　　（区文广旅体局 供稿）

【文旅宣传推广】 2023年，上城区相继到上海、南京、合肥、广州、郑州、西安、昆明、银川、兰州9个城市参与省、市两级牵头举办的文旅推介和旅游营销活动，重点推介宋韵文化资源特色，邀请德寿宫文创、南宋胡记等文旅企业参与展销，推广宋韵文化，放大宣传声量。开展“浙江首个入境旅游团”宣传活动，安排入境团南宋德寿宫遗址博物馆宋韵之旅，获《浙江日报》《杭州日报》等主流媒体采访报道。

【文旅融合促消费】 2023年，区文旅推广中心围绕“节展赛会”行动，抢抓亚运年契机，开展“上城有意思”迎春系列活动、吴山庙会、孔庙书市等文旅活动近100场，总参与人次1000万人次。其中，“2023文旅市集·杭州奇妙夜”主会场活动首次联动南宋德寿宫遗址博物馆、清河坊历史街区、吴山广场等地，以“宋韵今辉、奇妙文旅”为主题，吸引12个城市文旅部门、10个博物馆参展，成为市民游客浸润式体验宋韵历史文化的重要载体。6月21—23日，主会场活动吸引线下参观市民、游客95万人次，实现线上、线下销售额4511.24万元，媒体曝光量3.4亿次。

（龚靖文）

【皋亭山景区建设】 2023年，上城市政集团整合资源，将皋亭山景区打造成为集“第二课堂”、社会科普、职工疗养、廉政教育、研学实践于一体的“五重基地”，赋能文旅融合发展。举办杭州（上城）第十届皋亭观桃节、2023年斯巴达勇士儿童赛（杭州站）、杭州（上城）第九届登皋节等活动，落地上城区首个生物多样性体验地等项目，将景区打造成可看、可玩、可学、可游的综合型场地。全年景区游客接待量约60万人次，其中团队接待13万人次，占景区总接待人数的21.7%。景区廉政教育专线“清风之旅”接待参观团队150多批次；杭州孝道文化馆接待参观游客8万余人次，开办“孝廉国学”体验活动20多场、各类传统手工艺体验课15场；“第二课堂”个人刷卡2550人次、集体刷卡5431人次。年内，杭州皋亭山千桃园康养特色小镇入选成为浙江省“十佳康养目的地”、上城区生物多样性体验地、上城尚礼“有礼窗口”。

（余丽燕）

健康服务业

【概况】 2023年，上城区以区“十四五”规划为蓝图，聚焦医药产业、医疗服务、健康管理等方向，推动健康产业发展。在全省率先成立基层肿瘤早筛联盟，“放心云煎药e平台”“浙里护理”“云入院”实现基层全覆盖。开展上城区第二届“金靴奔跑”创新创业大赛，引进生命健康领域海内外高层次创业人才，组织生物医药行业领域专家对项目进行把关，为集聚高端生命健康领域人才夯实基础。全年健康产业增加值304.5亿元，比2022年增长2.6%。

【健康服务能级提升】 2023年，上城区加大力度招引大健康产业优质企业。实施双招双引突破行动，锚定牵引性、高能级项目，通过以商招商、集群招商、产业链招商、基金招商等形式，靶向推进健康产业项目引育。全面深化项目全生命周期管理和招商“一盘棋”机制，推动“空间资源”全区共享，优化绩效评估机制，明确区、街道招商分工，提升全域资源统筹和招大引强能力。新增落地杭州艾茵似坦生物科技、杭州答尔文科技、安旭生物医药总部、平安不动产大健康4个亿元项目，成功招引华硼中子生物医药全国总部项目。强化培育大健康产业存量企业，加强企业走访，优化营商环境，做好为企服务。杭州口腔医院集团有限公司、华东医药（杭州）生物制品有限公司、浙江上药新欣医药有限公司3家企业入选第三批长三角健康服务业示范培育企业名单，数量居全市第1位。

【健康服务产业集聚】 2023年末，上城区基本形成全景式产业链和四大产业集群。四大产业集群即以华硼中子生物医药全国总部、安旭生物医药总部、杭州安誉生物科技股份有限公司为龙头的生物医药产业集群，以“优健康”App、杭州联众医疗科技股份有限公司、杭州云在信息科技有限公司等为代表的健康医疗大数据分析和应用产业集群，以浙江大学医学院附属邵逸夫医院国际医疗中心、杭州彩虹鱼康复护理院、杭广宇健康管理有限公司等为代表的健康管理产业集群，以五柳巷中医街为核心，胡庆余堂、方回春堂、万承志堂等为代表的中医药产业集群。

（王韧奇）

【慧视明杭州眼谷科技产业园项目】 2023年，慧视明杭州眼谷科技产业园项目落地上城区（九堡街道—九堡中心单元JG1707-B1/B2-09地块）。东至政府储备地块，西至杭乔路，南至金禾街，北至九沙大道。该项目建设工期为2022—2025年，建设内容主要包括两幢高层及裙房，总投资9.22亿元，总用地面积1.94万平方米，总建筑面积9.33万平方米。该项目借助杭州市政策支持和区域优势，依托温州医科大学眼视光学科国家重点实验室、国家工程技术研究中心、国家临床医学研究中心3个国字号科技创新平台，汇聚全球先进理念和资源，推进以“眼健康”为核心的眼视光全链条科创和产业发展，打造国际一流的眼视光科技研发和转化体系。计划用5年时间初步建成以科技研发为主导，集科创服务、产业孵化、人才集聚和高端医疗于一体的，包含眼视光装备、视觉光学、眼用材料、眼科药物、智慧眼科等眼健康产业创新体系，搭建眼视光产业集群，实现科技对眼健康产业发展和眼视光学科发展的双向带动作用，形成特色化科技发展和转化新格局。

（冯索奇）

【为企健康服务长效机制创新】 2023年，上城区聚焦优化营商环境，创新建立为企健康服务长效机制。全区首批14个“尚医生”健康加油站投入运行。该加油站根据特定人群健康需求，叠加优化配药服务、中医保健、健康评估、健康指导及健康讲座等相关健康服务，全方位全周期保障特定签约人群的健康权益。全年开展为企健康服务活动243场、受益8145人次；支持开办杭州多和血液透析中心、杭州多和健康体检中心、杭州安旭医学检验实验室，填补辖区医疗机构血液透析中心、健康体检中心、医学检验室的空白。相关做法在《健康浙江》杂志专题刊登。

【中医药传承发展】 2023年，上城区以“基层中医化、中医特色化”为重点，打造“好中医在上城”品牌。优化“15分钟中医药服务圈”，打造“旗舰中医馆”4个（望江、笕桥、彭埠、九堡社区卫生服务中心）、“特色中医阁”5个（紫阳街道社区卫生服务中心上羊市街社区卫生服务站、四季青街道社区卫生服务中心运新社区卫生服务站、笕桥街道社区卫生服务中心东港社区卫生服务站、彭埠街道社区卫生服务中心红五月社区卫生服务站、九堡街道社区卫生服务中心九堡社区卫生服务站）。全区选树首届名中医工作室11个，命名区级名中医10人。上城区人民医院针灸科等3个科室获评首批杭州市基层医疗机构中医特色专科。清波街道社区卫生服务中心肿瘤科等6个科室被确定为2023年杭州市基层医疗机构中医特色专科（专病）建设项目。清波街道社区卫生服务中心获评浙江省中医药适宜技术示范基地。

（仲　玥）

工 业

综 述

【工业经济稳步发展】 2023年，上城区贯彻落实省、市决策部署，推进“415X”先进制造业集群培育工程等重点工作，打造“产业生态圈”，成为首批浙江省制造业领域最高荣誉“浙江制造天工鼎”获奖单位。全年全区规模以上工业总产值977.7亿元，比2022年下降2.2%；规模以上工业增加值471.82亿元，下降1.2%；规模以下工业增加值增速3.7%，居全市第3位。其中，纺织服装、服饰业和仪器仪表制造业增加值分别增长30.3%和20.6%，时尚制造业和环保制造业增加值分别增长54.1%和9.5%。全年实现亩均税收723.8万元/亩，居全省第1位；制造业投资增速11.9%，连续两年实现两位数增长。

资料

“415X”先进制造业集群培育工程：“4”即重点发展新一代信息技术、高端装备、现代消费与健康、绿色石化与新材料4个万亿级世界级先进产业群；“15”即重点培育数字安防与网络通信、集成电路、智能光伏、高端软件、节能与新能源汽车及零部件、机器人与数控机床、节能环保与新能源装备、智能电气、高端船舶与海工装备、生物医药与医疗器械、现代纺织与服装、现代家具与智能家电、炼油化工、精细化工、高端新材料15个千亿元级特色产业集群；“X”即重点培育若干高成长性百亿级“新星”产业群，使之成为特色产业集群后备军。

【规模以上工业企业】 2023年，上城区有规模以上工业企业95家，平均用工人数2.67万人。全年实现规模以上工业总产值977.7亿元，比2022年下降2.2%；出口交货值39.3亿元，下降53.5%；新产品产值82.4亿元，增长20.9%。年内，蒲惠智造科技股份有限公司、浙江中杭电子有限公司、杭州千石科技有限公司3家企业被评为国家级专精特新“小巨人”企业；杭州坤泽实业股份有限公司、杭州微宏科技有限公司、杭州瑞彼加医疗科技有限公司等43家企业被评为省级专精特新中小企业；浙江凯实激光科技股份有限公司、浙江省冶金研究院有限公司、杭州剑齿虎信息技术有限公司等204家企业被评为省级创新型中小企业。浙江威星智能仪表股份有限公司入选“浙江省2023年度生产制造

浙江中烟工业有限责任公司杭州卷烟厂鸟瞰图（摄于2023年）
（区发改经信局 供稿）

方式转型示范项目”；浙江中烟工业有限责任公司杭州卷烟厂、杭州海兴电力科技股份有限公司被评为“2023年浙江省智能工厂”；杭州科捷模型有限公司、浙江博时新能源技术有限公司、杭州水表有限公司入选杭州市“数字化车间”培育名单。

（郭卓瑜）

高端装备制造业

【概况】2023年，上城区依托省“首台（套）数字化系统”等平台，推动装备生产企业、应用客户、行业协会、科研院所等创新主体协同合作，聚集优质创新资源，搭建从用户、工程设计、设备成套研发到制造、检测等全产业链供需对接平台。全区高端装备制造业有规模以上企业53家，从业人员1.71万人。全年高端装备制造业产值181.5亿元，比2022年下降18.5%；销售产值182亿元，下降16.4%；产销率100.3%；出口交货值36.5亿元，下降54.4%。全年实现利税总额25亿元。

（冯　蕾）

【新制造业计划实施】2023年，上城区围绕《上城区新一轮“腾笼换鸟”、凤凰涅槃制造业攻坚行动方案（2022—2024）》，加速空间拓展，推动工业用地“腾笼换鸟”。启动钱塘智慧城城北园区提升改造，首个改造项目——祥符东单元GS0801-04地块工业用房项目于6月开工。全年完成新出让工业用地5宗、7.4万平方米，新增杭州意学服饰有限公司、杭州科韵诗生物科技有限公司等亿元以上制造业固定投资项目7个。

（郭卓瑜）

【首台（套）装备认定】2023年，上城区推动首台（套）装备认定。全年全区6家企业的装备获首台（套）装备认定。其中，西子清洁能源装备制造股份有限公司的新型炉排1100T/D超大容量垃圾焚烧余热锅炉被认定为国内首台（套）装备；杭州华塑科技股份有限公司的面向新基建电池能源管理系统（H3G-TS/TSC）、杭州喜马拉雅信息科技有限公司的高速大尺寸DLP 3D打印机，以及杭州数创自动化控制技术有限公司的面向软包装行业的印刷生产关键系统获省内首台（套）装备认定；奥的斯机电电梯有限公司的OH 7000数字化智联乘客电梯、浙江博时新能源技术有限公司的在役自适应控制的柔性能量立方成套设备获杭州市首台（套）装备认定。

资料

首台（套）装备认定：首台（套）是“首台（套）重大技术装备”的简称，指企业实现重大技术突破、有自主知识产权、尚未取得重大市场业绩的装备产品，包括成套设备、整机设备及核心部件、控制系统、基础材料、软件系统等。该认定有利于引导企业加大科技投入和技术创新，开发具有自主知识产权、技术含量高、经济效益好的装备产品，提高自主研制能力，促进高端装备制造业提质增效。

【威星智能实验室通过CNAS认证】 2023年6月，威星智能实验室顺利通过中国合格评定国家认可委员会（CNAS）认可。威星智能实验室依据国际《检测和校准实验室能力的通用要求》（《检测和校准实验室能力认可准则》），经过资料提交、文件评估审查、现场评审、技术评估等程序，历时1年半获CNAS认证。获认证后，浙江威星智能仪表股份有限公司在涉及燃气表、环境试验、电磁兼容3个检测领域的33个检测项目上具有独立实施相关检测验证活动能力，送外检测项目减少，至年末，检测成本降低10%，标志着公司在检测硬件、检测能力和管理水平方面均达到国际认可标准。

【西子洁能公司光热市场突破】 2023年，西子清洁能源装备制造股份有限公司（简称西子洁能公司）提升产品技术和服务能力，深耕光热发电和熔盐储能领域。全年西子洁能公司中标吉西基地鲁直流140万千瓦外送、中国电力建设股份有限公司吐鲁番市托克逊县乌斯通光热加光伏一体化、中广核新源德令哈200万千瓦光热储能一体化、国家电投河南公司新疆吐鲁番鄯善七克台100兆瓦光热发电项目4个项目的熔盐吸热系统订单，以及金塔中光太阳能“10万千瓦光热+60万千瓦光伏”、中广核新能源吉林大安吉西鲁直流490兆瓦综合能源、宝武清洁能源（西藏）有限公司扎布耶源网荷储一体化综合能源供应、中广核新能源西藏阿里150兆瓦雪域高原“零碳”光储热电示范项目4个熔盐蒸汽发生系统订单。公司的“光热+光伏（风电）”新能源基地项目，年发电量可达20亿千瓦时，每年可节约标准煤约60万吨，减少二氧化碳排放量约160万吨，具有较好的经济效益、社会效益和生态效益。

（冯　蕾）

2023年，西子洁能公司深耕光热发电和熔盐储能领域。图为公司青海共和50兆瓦熔盐塔式光热电站　（区发改经信局 供稿）

纺织服装制造业

【概况】 2023年，上城区纺织服装产业有规模以上企业4家，从业人员624人，产值5.2亿元；销售产值5.5亿元，产销率94.6%。全年利税总额9855万元。其中，杭州万事利文化股份有限公司为全区唯一一家产值亿元以上的纺织服装制造企业，坚持以高品质桑蚕丝为生产原料，产品涵盖丝巾、真丝居家产品、丝绸文创礼品、丝绸印花面料4个主营品类。高义泰丝绸（杭州）股份有限公司全年实现工业产值2894万元，销售产值3667万元。杭州定论服饰有限公司主要经营“菀草壹”品牌女装，以时尚、文艺、复古为产品风格，主要采取以加盟、线下实体店为主，兼顾电商和自营店的商业模式，全年实现工业产值2068万元。杭州天瑞服饰有限公司作为一家工贸一体的外资出口成衣制造企业，主要产品包括各类真丝或薄型化纤面料女装夹棉背心、夹克、女式上衣、衬

2023年，万事利GBART（活性免水洗数码印花）一体机亮相亚运会主媒体中心
（区发改经信局 供稿）

衫、长（短）裙、裤、套装等，其中男式衬衫、T恤衫远销欧洲、北美洲等地，全年工业产值2300万元。

【万事利丝绸服务亚运会】
2023年，杭州万事利丝绸文化股份有限公司作为杭州第十九届亚运会官方供应商、特许生产商、特许零售商，全方位为亚运会服务。在亚运会场馆现场，公司人工智能设计、数智一体化设备设计生产一条个性化丝巾仅用2小时，为200多名亚运会冠军个性化定制“夺冠时刻”纪念丝巾，8000多名中外记者深度体验AI丝巾定制，受到近1000家国内、国外媒体报道。首创的GBART（活性免水洗数码印花）一体机在数码印花加工过程中省去水洗工业，较传统数码印花降低99%污水排放，极大缩短生产时间，使个性化定制快速生产成为现实。公司紧跟以人工智能图形创意能力为研发核心的技术潮流，打造全球首个丝巾设计模型，推出多个丝绸类AI设计定制平台。

【高义泰“浙江老字号”公示】
2023年，高义泰丝绸（杭州）股份有限公司持续弘扬丝绸文化，运用独特的工艺技术和设计制造，不断推动产品迭代升级，实现“商业+文化”融合发展，更新企业形象和企业文化，研发高新项目，获多项实用性专利。公司深度挖掘品牌历史，承载品牌精神，于年内创建高义泰博物馆，馆藏100多件与品牌紧密相关的珍贵文物，该文物包含篆刻印章、古籍、字画等。12月，高义泰被公示为第七批“浙江老字号”。

（曾双双）

【凌迪数字时尚研发中心项目】
2023年11月2日，凌迪数字时尚研发中心项目开工，计划于2026年12月竣工。该项目建设单位为凌迪数字时尚研发中心，总投资11亿元，总用地面积1.12万平方米，总库容6.33万立方米。建设内容主要包括拟建商业商务用房，总建筑面积6.33万平方米。其中，地上建筑面积为4.49万平方米，地下建筑面积1.84万平方米。该项目基于“数字孪生”和“虚拟现实”技术，研发的具有自主知识产权的大型服装设计工业软件Style3D是国家“十三五”重点研发计划项目之一。Style3D作为全球首个时尚产业链3D数字化服务平台，运用3D数字建模、仿真和渲染等技术，结合服装行业的行业规律，致力为服装产业提供从设计到生产全流程的3D数字化解决方案，助力企业提升研发效率，缩短研发周期，降低研发成本，提升企业综合竞争力。至年末，该项目建设进入试桩阶段。

（冯索奇）

工业企业选介

【浙江中烟工业有限责任公司】
浙江中烟工业有限责任公司原名利群烟厂，于1949年10月创建于西子湖畔万松岭脚下。“利群”是商务部首批认定的“中华老字号”之一。公司开拓海外市场，“摩登”等品牌远销中东、南美、东南亚等地区。公司工厂先后通过ISO 9001质量、ISO 14000环境、GB/T 28001职业健康安全管理体系一体化认证和安全生产标准化一级达标验收，公司的动力、制丝、卷包3个车间获全国现场管理星级评价五星级荣誉。2023年末，浙江中烟工业有限责任公司有部门18个、卷烟厂2家和投资公司1家，在册员工3496人。全年实现税金和利润总额357.95亿元，总量居国内行业第6位，税金和利润总量居行业第4位；生产内销卷烟106.03万箱，境外销售超过20万箱，销售规模居行业第4位，其中主骨干品牌“利群”销量和市值在行业“双十五”品牌（一段时间内香烟行业商业销售额前十五名和三类以上卷烟销量前十五名的香烟品牌）中分别处于第3位和第2位。年内，公司被评为省级绿色工厂。

【杭州捷尔思阻燃化工有限公司】 杭州捷尔思阻燃化工有限公司成立于2001年，是一家专业开发、生产无卤阻燃剂和无卤阻燃材料的国家级高新技术企业。企业精耕于无卤磷氮膨胀型阻燃剂的研发、生产、应用、销售及技术解决方案服务，是全球无卤阻燃技术领域的引领者，是全球三大产品生产商之一。2023年，公司产品在电子电器行业、电线电缆行业销售收入4.5亿元。产品汽车线束专用耐高温无卤阻燃热塑性弹性体、新能源汽车线用无卤阻燃TPE/TPU材料等产品全年销售额超1亿元，占销售总额近25%。根据中国阻燃学会统计，公司产品市场占有率名列前茅。产品无卤磷氮膨胀型阻燃剂占企业全年销售总额超过70%，细分行业领域市场占有率排名全国前二、浙江省内第一。2021—2023年，公司获工业和信息化部重点“小巨人”专项奖补资金434万元，用于开展“阻燃剂绿色制备及关键技术突破”项目，其间，获国家发明专利16件，主导制定行业标准2项，参与团体标准2项。

（曾双双）

【奥的斯机电电梯有限公司】 奥的斯机电电梯有限公司成立于1997年，是奥的斯（OTIS.NYSE）在中国的重要子公司，是一家为公共设施、商业建筑、住宅、城市更新等项目提供电梯、自动扶梯产品，以及安装和维保服务整体解决方案的中美合资企业。奥的斯机电电梯有限公司助力杭州第十九届亚运会，为300多个亚运相关项目提供电扶梯设备近5000台，覆盖奥体中心、曲棍球馆、乒乓球馆、马术中心等亚运会竞赛场馆和萧山国际机场、杭州东站、9条地铁线等交通枢纽，以及酒店、景点、商场、医院等重要配套设施。为电梯配备OTIS CONNECT物联网系统，实现7×24小时监控电梯运行状况，提升应急救援效率。2023年，公司为埃及斋月十日城铁路三期项目、合肥地铁、重庆地铁、深圳地铁、重庆东站、呼和浩特机场等重量级交通枢纽项目提供电梯产品和服务；为杭州市民中心、成都双流国际机场、成都天府国际机场、上海徐汇宜家、30多个老旧小区等提供加装电梯和更新改造解决方案。公司推进OTIS CONNECT物联网解决方案和ReGen®能源再生技术，全年OTIS CONNECT连接量超过10万台；应用Regen®能源再生技术，使电梯在运行过程中能够将势能转化为电能输回电网，为绿色建筑赋能，公司旗下多个产品都有能源再生控制系统，并获节能高级TUV A级认证。连续获“2023年度政府采购电梯首选品牌”“2023年度政府采购电梯首选服务品牌”“2023年度政府采购电梯创新技术首选品牌”“2023年度政府采购电梯绿色节能优选品牌”“2023年度政府采购旧楼加装电梯首选品牌”系列大奖，并与中国建筑第五工程局有限公司、中国电建地产集团有限公司、中建科工集团有限公司等中央企业达成战略合作。公司有中国合格评定国家认可委员会认可的实验室和通过ISO 14001环境体系认证的位于杭州及重庆的两大制造基地。至年末，两大制造基地均获废弃物零填埋TRUE（总资源使用与效率）金牌认证，奥的斯机电电梯有限公司成为中国电梯行业首家有零填埋TRUE金牌认证的企业。

（杨雪娇 曾双双）

【杭州海兴电力科技股份有限公司】 杭州海兴电力科技股份有限公司创立于1992年，于2016年在上海证券交易所主板上市。公司聚焦能源转型和新型电力系统发展趋势，为全球电力客户提供数字化配用电产品和解决方案，向居民、工商业及公用事业机构提供户用储能、工商业储能、微电网、分布式水处理及售水管理等整体解决方案，助力清洁能源的普及。公司参与和引导行业技术联盟、国际标准制定，并成为Wi-SUN（无线智能公用事业网络）、STS（标准传输规范）预付费等技术联盟、国际标准唯一进入董事会的中国企业。公司全资子公司海兴泽科信息技术有限公司具有国际软件成熟度CMMI-5级（能力成熟度模型集成5级）最高等级认证，并获国家重点软件企业认定，是行业内极少数可面向全球市场提供高质量软件集成服务的企业。2023年，公司加大数字工厂建设，投入1500多万元实施智能化改造，实现三相智能表全自动化生产，通过浙江省级智能工厂、浙江省级绿色低碳工厂、浙江省级工业互联网平台认定。年内，公司获国家级知识产权优势企业、2023年浙江省本土跨国领航企业等荣誉；入选2023年杭州市制造业百强企业榜单、2023年杭州市数字经济百强企业榜单；在2023年浙江省对外承包工程“完成营业额超亿美元榜”榜单上位列第三名。全年公司实现营业总收入42亿元，比2022年增长26.9%，实现归属于上市公司股东净利润9.82亿元，增长47.9%，营业收入和净利润均创下上市后的新高。其中，智能用电业务实现主营收入35.95亿元，增长23.9%；系统软件和解决方案等电网数字化业务的营业收入占比60%；智能配电业务实现主营收入4.06亿元，增长24.2%；新能源业务实现主营收入1.63亿元，增长283.5%。

（田世英）

【杭州娃哈哈集团有限公司】 杭州娃哈哈集团有限公司成立于1987年，为中国最大、效益最好的饮料企业，饮料产量居世界前列，企业规模和效益处于行业领先地位，为中国500强企业、中国民营500强企业。“娃哈哈”为中国驰名商标、中国名牌。公司在全国29个省（自治区、直辖市）建有80多个生产基地、180多家子公司，有员工2万余人。公司坚持“生产具有真正使用价值的产品”的经营理念，走自主创新之路，产品涵盖蛋白饮料、包装饮用水、碳酸饮料、茶饮料、果蔬汁饮料、咖啡饮料、植物饮料、特殊用途饮料、罐头食品、乳制品、医药保健食品等10多类、190多个品种，其中包装饮用水、含乳饮料、八宝粥罐头产销量居全国前列。与6000多家经销商建立联销体制度，使厂商形成联合体。通过帮助经销商发展二级联销体的方法，将市场网络延伸到农村，使产品迅速送入消费者手中，将公司新品铺向全国300多万个零售终端，提高市场竞争力。公司还建有2个精密机械制造公司，并配有印刷厂、香精厂。科研实力雄厚，引进国际一流全自动生产线，从原材料进厂到成品包装出厂全部实现自动化，建有国家级企业技术中心、博士后科研工作站，国家实验室认可委员会（CNAS）认可实验室，浙江省食品生物工程重点实验室等研发机构。近年开始向菌种、酶制剂、机电等高新技术产业发展，形成自身菌种资源库，并自主开发串联、并联机器人及自动物流分拣系统等智能设备，成为食品饮料行业具备自行研发、自行设计、自行生产模具、饮料生产装备和工业机器人能力的企业。2023年，公司获浙江省政府质量奖、新时代浙江产业工人队伍建设改革成绩突出集体、“品牌价值领跑者”、“2023年度省级工业互联网平台创建”、“国家数字化转型贯标试点企业”、2023年度企业社会责任评价AAAAA级企业、“2023年春风行动爱心奖”、“第一届‘杭州慈善奖’慈善项目和慈善信托奖（娃哈哈春风助学）”等荣誉100多项；持有有效专利292件；承接工业和信息化部重大科技专项、国家“863计划”等科研项目5项。

（田芳容）

【浙江华日实业投资有限公司】 浙江华日实业投资有限公司（简称华日公司）是杭州华日家电有限公司（简称华日家电公司）的控股公司，创建于1984年。华日家电公司位于杭州富阳东洲的基地占地19.33万平方米，具备高科技生产设备、个性智能的生产管理体系和国家级测试实验室，在智能控制、无氟环保、高效节能等方面达到同行领先水平。华日公司在行业内较早发明智能化模糊控制技术，获国家科学技术委员会发明金奖，并在行业中较早掌握以无氟替代为代表的核心技术。华日公司无氟改造项目获联合国环境署“示范项目杰出贡献奖”。华日公司有100多项行业核心专利技术，主导产品华日冰箱是“中国名牌产品”，“华日电器”是“中国驰名商标”。公司富阳基地所投资的年生产200万台制冷设备项目主要从节能环保、变频技术等电冰箱行业的最新技术出发，产品形成全风冷变频无霜、环保型直冷冰箱、匀冷冰箱、冷柜4个系列产品。2023年，华日公司中高端产品融合专利智能控制、风冷无霜、零度保鲜、深冷保鲜及变频、互联网控制等技术。董事长陈励君受聘中国家用电器协会副理事长、浙江省侨商会监事长、浙江省侨联侨媛会会长、浙江省侨联终身顾问，浙江省华侨公益互助促进会永久顾问等，获浙江省侨缘公益互助促进会“浙江省侨缘会公益互助促进会贡献奖”，被授予“之江同心 奋楫争先”2022年度全市统一战线“同心最美人物”称号。

（王荣荣）

【杭州华塑科技股份有限公司】 杭州华塑科技股份有限公司成立于2005年12月，前身为杭州华塑加达网络科技有限公司，是一家集研发、生产、销售于一体，专注于电池安全监控和运行管理平台的数字能源高新技术企业。2022年，公司被评为工业和信息化部专精特新“小巨人”企业。主要产品涵盖储能电池BMS（Battery Management System，电池管理系统）、后备电池BMS、动力电池BMS、工商业储能系统及电池监控数据平台、储能管理系统平台等，应用于储能、云计算、数据中心、通信网络、轨道交通及商业和工业设施关键电源领域。自2020年后，公司响应数字化浪潮，启动数字化技术升级，建设华塑数字化工厂。2021年1月14日，建立华塑研究院，坚持BMS产品自主设计、研发与制造。至2023年末，公司实现产品标准化、模块化，SMT（Surface Mounted Technology，表面贴装技术）、产品组装、测试及包装的自动化，通过无缝连接制造企业生产过程执行系统（Manufacturing Execution System，MES）、运营管理系统（包括企业资源计划系统ERP、人力资源管理系统HRM、客户关系管理系统CRM）及供应链协同管理系统（Supply Chain Management，SCM），实现内部数据流的畅通和可视化，为决策提供精准依据，大幅提升产品品质和生产效率。2023年3月9日，杭州华塑科技股份有限公司在深圳证券交易所创业板挂牌上市。年内，公司获浙江省知识产权示范企业、国家知识产权优势企业、高工储能“2023储能产业TOP50”等荣誉。全年实现销售收入28156万元，比2022年增长13.5%，研发投入与销售收入占比超过6%。至年末，公司有发明专利35件，软件著作权24项，参与制定国家标准、国家通信行业标准共5项，主起草团体标准1项。

（许仁牛）

【浙江双元科技股份有限公司】 浙江双元科技股份有限公司成立于2006年，从事生产过程产品质量在线自动测控和机器视觉应用技术研发，助力客户实现智能化检测及自动化控制，逐步实现对国外品牌的国产替代。公司在产品生产中使用的自主研发的微波水分传感器和工业线阵相机已替代外购的进口微波水分传感器和工业线阵相机，提升产品的自主可控水平，实现从主要核心部件自主研发到智能测控装备系列产品的布局。公司产品广泛应用于新能源、薄膜、无纺布卫材、造纸、玻璃、食品等领域，客户涵盖比亚迪集团、蜂巢能源科技股份有限公司、欣旺达电子股份有限公司、惠州亿纬锂能股份有限公司、海亮集团等企业。2023年，公司加大研发投入，进行工业CT检测技术、机器视觉AI平台、基于CMOS视觉传感—光学透镜—信息处理融合技术的高精度系列传感器开发等项目研发。6月，登陆上海证券交易所科创板，证券简称为双元科技。11月，浙江双元科技股份有限公司获评浙江省科技“小巨人”企业。全年实现营业收入42921.17万元，比2022年增长15.46%，实现净利润13346.06万元，增长3697.99万元。至年末，公司获发明专利33件，实用新型专利21件，外观设计专利2件，软件著作权54项。

（泮茜茜）

现代产业生态圈选介

湖滨商圈

【概况】 湖滨商圈北至庆春路，与武林商圈相连，南到解放路，东邻中山中路，西沿湖滨路。商圈以全国示范步行街湖滨步行街为中轴核心，紧邻世界文化遗产西湖风景区，汇聚杭州湖滨国际商业发展有限公司、杭州工联大厦股份有限公司等时尚综合体，杭州解百集团股份有限公司商业分公司、杭州知味观食品有限公司等传统百货和老字号品牌，湖边邨等历史建筑，东坡大剧院、胜利剧院等文化设施。商圈占地面积46万平方米，有商业店1344家，商业总面积69.3万平方米。2023年，商圈人流量3531.26万人次，实现销售额165.9亿元。商圈推动LV、GUCCI等重奢品牌形象焕新，杭州君悦酒店等餐厅入选“杭州米其林指南”榜单。“湖滨88”购物中心以“国潮+亚运”主题定位，打造年轻人潮玩商业空间，新引进花西子、李宁等29家品牌分布式嵌入，商场店铺招租率98%，营业收入比2022年上涨160%。年内，湖滨商圈先后举办湖滨国际美妆节、Z视介交友大会非遗江湖、“东西部协作，绵阳科技杭州行”展示展销、第十九届中国国际动漫节彩车巡游等公益和商业活动66场；2次承办“浙里来消费”系列活动，其中汽车消费生活嘉年华5天时间销售汽车2200多辆，拉动销售4.4亿元。

【春节假期湖滨步行街客流复苏】 2023年1月，湖滨街道联合潮流艺术家惠唯，在湖滨步行街搭建“予杭之礼”“涟漪乐章”“逐风之塔”“踏梦长卷”“萤火寻梦”“流光溢彩”6个艺术场景，打造全新网红打卡地。“予杭之礼”采用天空与海洋、棋盘与舞台等元素相融合的设计手法，创造新年氛围；“涟漪乐章”是由黑白双色的琴键高低错落组成跳动的台阶；“逐风之塔”为“兔先生”在塔上招手问好；“踏梦长卷”为光影艺术长廊；“流光溢彩”为“兔先生”趴在如云朵般的装置之中；“萤火寻梦”为宛如萤火虫的灯光装置。携手湖滨银泰商城推出击鼓醒狮、欢喜财神巡游等系列年俗活动，传递“年味”。春节假期，湖滨步行街实现客流77.41万人次，比2022年增长119%，日客流均正向增长。

【“无废商圈”打造】 2023年，湖滨街道以打造“无废商圈”为目标，针对湖滨商圈餐厨垃圾量大特点，分层序时推进餐厨垃圾“源头减量”，使湖滨银泰、盒马鲜生等重点单位通过净菜、半成品配送实现易腐垃圾有效减产。商圈易腐垃圾日产生量比2022年减少20%，人均生活垃圾量降低10%。聚焦商圈部分餐饮企业垃圾投放清运难点，科学调度收运时间和路线，投入“八桶清运车”5辆，规划“音乐清运线”6条和“夜间无声专线”1条，同步配置3吨压缩车1台，实现“边收边压”，最大程度减少收运对商圈环境和周边居民的影响。以“湖滨合伙人”“公益盒子”为牵引，开展商圈“做1天绿色行动志愿者”行动，“RUIRUIRUI”“碧优泉”等多家品牌店收集旧衣废品，将其改造为艺术装置和生活家具，提升市民游客对固废综合利用感知度。年内，湖滨街道获评全省“第二批低（零）碳试点街道，《低碳湖滨 时尚未来》成功入选《浙江省气候变化和低碳发展蓝皮书（2022）》。

【361°全国首家亚运旗舰店落地】 2023年7月1日，361°杭州湖滨亚运旗舰店开业。361°作为杭州第十九届亚运会独家官方体育服饰供应商，湖滨街道为其提供落地选址全生命周期服务，最终推动361°全国首家亚运旗舰店落地湖滨。361°亚运旗舰店位于湖滨商圈，毗邻西湖，店铺面积超过500平方米。361°杭州亚运旗舰店的落地开业为湖滨商圈营造亚运会氛围，为消费者近距离感受亚运文化提供体验空间和场所。

（郑　欣）

【“BinGo滨次元线上元宇宙虚拟街区”打造】 2023年11月24日，以湖滨商圈为虚拟空间，集社交、消费、互动体验于一体的“BinGo滨次元线上元宇宙虚拟街区”在杭州湖滨步行街上线，商圈数字代言人“BinKOL”滨可儿发布。BinGo街区为入驻商户打造符合其品牌定位的专属元宇宙空间，并组织用户开展线下打卡、线上获取BinGo币积分、兑换品牌精品权益和数字人民币红包奖励等一系列活动，让入驻街区的商圈品牌都能利用数字虚拟技术，实现元宇宙数字化场景下的新型商业消费场景。线上链接“BinGo!”滨次元平台，通过数字分身、积分运营、优惠派券、社群互动、小程序、App、微信、支付宝等多流量入口，以及体验虚拟街区City Walk，形成潮流时尚的闭环玩法。通过运用数字虚拟技术，将线下丰富业态复刻至二次元空间，打造具备多元化入口、交互型街区、沉浸式消费的“平行商圈”，打造一个24小时不打烊的湖滨商圈。加强线下消费转化，通过湖滨步行街、全街区数字大屏、品牌门店流量联动进店，实现核销、消费、社交闭环整合。至年末，引导游客到门店消费3万余人次，销售额超过1000万元；接待全国各地政府、步行街考察团56次；日均约500人通过互动体验屏了解并加入“滨次元”。

（郑　欣　余慧芳 范雨行 汤蔚如 方志豪）

湖滨步行街元宇宙消费场景“滨次元”（摄于2023年）

（湖滨街道 供稿）

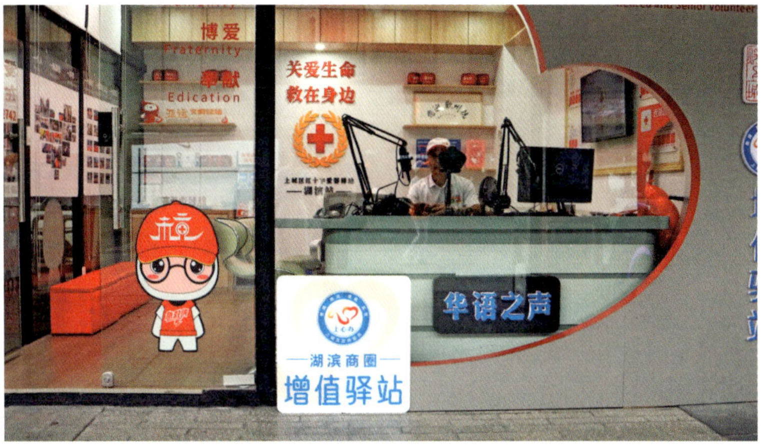

2023年10月13日，湖滨商圈增值驿站启用　　（湖滨街道 供稿）

【湖滨商圈增值驿站启用】 2023年10月13日，全省首个商圈增值驿站在湖滨步行街启用。湖滨街道针对“湖滨商圈企业多、办事需求大”的现状，会同区审管办，在湖滨步行街设置商圈增值驿站，提供“公共场所卫生行政许可、户外广告设施和招牌、非住宅房屋装修备案”等32项增值服务，并设有远程视频帮办服务、线下陪伴式服务，匹配商圈企业办事需求，优化商圈营商环境体验。

（朱　辞）

【“浙里来消费·2023消费提振年”行动暨欢购上城新春“赶潮”季】 2023年2月14日，“浙里来消费·2023消费提振年”行动启动仪式暨欢购上城新春“赶潮”季在湖滨步行街举行。活动由市政府、省商务厅主办，市商务局、区政府、浙江省商贸业联合会、浙江省老字号企业协会承办。启动仪式揭晓“浙里来消费·2023消费提振年”行动计划，开展时尚秀、启幕“时尚智造局”并发布快闪品牌招募令。欢购上城新春“赶潮”季活动持续4天，集市展销分设“四美市集”“国潮匠心”“驾驭未来”3个主题板块、38个展位，展现时尚、文创、老字号、非遗、餐饮、汽车等领域企业最新时尚潮品，推出优惠让利活动。活动现场多点位互动艺术装置和元宇宙AR秀吸引市民打卡拍照及参与互动体验，网红达人现场直播引流，打造线上、线下联动沉浸式消费新场景。

【2023年杭州时装周·国际美妆节】 2023年3月3—12日，2023年杭州时装周·国际美妆节举行。活动由区政府、市商务局主办，区委宣传部、区商务局、区综合行政执法局、区妇联、湖滨街道、清波街道、四季青街道、上城文商旅集团等单位承办。活动在湖滨步行街设置主会场，有兰蔻、雅诗兰黛等国际知名美妆品牌和毛戈平美妆等当红国潮品牌携新品及经典产品，现场开展福利放送与优惠活动，以及1万份美妆小样免费领取、彩妆秀现场教学等体验活动。钱江新城商圈、吴山商圈、庆春商圈等商圈内商家及电商平台联动，为消费者带来美妆新潮流、新场景、新体验，释放“美丽经济”新动能。

（潘煜戈）

【第十九届中国国际动漫节彩车巡游】 2023年6月17日，由中国国际动漫节执委会主办，中国国际动漫节执委会办公室、区委宣传部承办的第十九届中国国际动漫节彩车巡游活动首次在湖滨步行街举行。彩车巡游活动是中国国际动漫节的重要品牌项目，以“我爱杭州·奉献亚运”为创意主线，以“动漫&亚运 一起向未来”为主题，向社会大众彰显体育赛事的动漫表达。活动安排4辆彩车，围绕“杭州欢迎你”“亚运杭州”“动漫杭州”“唱响亚运”4个篇章开展巡游，与群众共同庆祝节日，为杭州增添活力与色彩。

（丁剑宇）

玉皇山南基金小镇

【概况】玉皇山南基金小镇位于玉皇山南地区及周边区块，东至姚江路，西至虎跑路，南至钱塘江，北至万松岭路及玉皇山。2023年，小镇围绕上城区“建设独具韵味的国际化现代化共同富裕典范城区”战略定位，主动作为、积极探索，重塑小镇发展新优势。全年小镇实现税收25.21亿元，比2022年下降28%。至年末，玉皇山南基金小镇入驻金融机构2216家，总资产管理规模12206亿元。年内，玉皇山南基金小镇获2022年度省级特色小镇综合评估优秀等级及“2022年度最佳基金小镇”、2023杭州市民日最具品质体验点、“中国十大特色基金小镇”、“2022中国最具特色基金小镇TOP10”等荣誉。

【产业发展升级】2023年，玉皇山南基金小镇落地各类投资企业主体174家，新增亿元以上项目39个，其中10亿元以上项目7个（含百亿元项目1个）。新增管理规模228亿元，落地百亿元规模城投产业发展基金、30亿元规模浙江之江交通控股有限公司等重点项目，以及80亿元规模朗玛峰创业投资管理有限公司新设投资主体杭州贝加尔湖私募基金管理有限公司、80亿元规模股权类私募浙江盈实私募基金管理合伙企业（有限合伙）、50亿元规模证券类私募太和致远私募基金管理有限公司、杭州安旭生物科技股份有限公司旗下CVC（企业风险投资）平台杭州艾旭股权投资有限公司、杭州解百集团股份有限公司旗下CVC平台杭州商旅私募基金管理有限公司等机构。在温州平阳县成立玉皇山南基金小镇浙南基地，将联动南麂基金岛，聚焦服务实体经济，支持科技创新，助推产业转型升级。

【金融企业服务实体经济】2023年，玉皇山南基金小镇机构累计投资各类实体企业1.39万家（省内3465家、市内2544家、区内455家）。其中，投资数字经济企业3429家（省内924家），专精特新企业498家（省内104家），扶持上市企业368家。参与投资2023年杭州市“独角兽企业”10家、“准独角兽企业”144家，占“2023年杭州市准独角兽榜单”总数40%。至年末，小镇在省内山区26县投资项目821个，涉及被投实体企业444家，成功培育扶持上市企业6家。

【小镇配套建设】2023年，玉皇山南基金小镇优化环境，加强配套建设。实施樱桃山公园地下停车库改造提升、水景公园及周边景观改造、安民街景观绿化提升改造等项目。新增停车泊位72个，满足企业停车等配套需求；启动大体量物业空间优化，完成白云路28号物业改造，重新布局改造匹配中型投资机构需求空间4处；强化物业服务和秩序管理，严守安全底线，完成安全培训10场次，培训小镇员工300人次，组织检查小镇企业安全生产315家次，检查整改问题300多个，更换、维修部分夜间及景观照明，处置树木倒伏、积水排除等企业应急状况12次。

【小镇产业空间拓展】2023年，玉皇山南基金小镇以上市公司CVC平台为重点的创业投资机构为主，以不良资产管理、家族办公室等财富管理机构为辅进行业态布局，辅以高端路演中心等产业配套，打造金融特色产业高能级集聚区。小镇三期尼龙山项目完成，作为打造小镇2.0版的重要产业载体，总物业面积1.25万平方米（含露台和庭院），主流户型建筑面积约350平方米。挖掘空间资源，主动对接杭州市国有资本投资运营有限公司、杭州市实业投资集团有限公司等市属国有企业，共同谋划创投（科创）项目产业园，实现“资本端、创新端、人才端”整个产业链充分串联。

【山南金融服务中心建设】 2023年，玉皇山南基金小镇与浙商银行股份有限公司、浙商总会金融服务委员会共同建设山南金融服务中心。6月28日，山南金融服务中心成立暨金玉联盟第一次会议在玉皇山南基金小镇举行。上城区联合浙商银行、永安期货等12家金融机构成立钱塘江金融港湾“金玉良缘”共创联盟，挂牌在山南金融服务中心，旨在提升钱塘江金融港湾核心区发展能级，营造“融融协同”“产融结合”生态圈。山南金融服务中心在加强企业交流对接、提高金融创新服务能力、助推长三角地区资本的深度融合、优化金融人才生态建设等方面，推动金融产业的集聚创新发展，促进金融赋能经济社会高质量发展。

【“山南投融汇”系列活动】 2023年，玉皇山南基金小镇推出“山南投融汇”系列活动。活动以“新金融引力场、科创发展加速器”为目标，聚焦智能物联、新材料、半导体、数字能源、医疗器械、数字时尚6个产业赛道及头部投资机构，联动浙江省金融控股有限公司、浙江省经济和信息化厅等单位进行母基金产业群、专精特新项目路演，并联合全区相关部门和街道建立优质项目库，扩大资金蓄水池。全年举办21期，惠及投资机构265家、对接项目58个。

（朱　沂）

南宋皇城小镇

【概况】 南宋皇城小镇位于南宋临安城遗址核心保护区，以南宋皇城遗址和清河坊国家AAAA级旅游景区为核心，北起西湖大道，南至宋城路，西接南山路，东抵建国南路，总规划面积3.1平方千米。小镇内留有南宋皇宫遗址、“三省六部”、太庙等南宋宫廷古迹10多处，有清河坊、南宋御街等开放式特色街区及南宋遗址陈列馆、紫阳书院、胡雪岩故居等文化旅游体验点40多个，有非遗项目近50项，并留存二十三坊、大井巷2处原生态市井，是国内南宋文化积淀最为深厚、保留最为完整的区域。2023年，清河坊历史街区接待游客1629.15万人次，实现经营收入1.66亿元。

【“新韵中国潮”设计师品牌联合新品秀场发布】 2023年1月7日，由上城文商旅集团、区商务局、清波街道联合主办的“新韵中国潮”设计师品牌联合新品秀场发布暨2023年杭州时装周启幕秀在清河坊历史街区举行。活动着力于挖掘、扶持、展示更多杭城本土时尚品牌，邀请5家杭州本土新生代潮流品牌，融合宋韵文化、当代科技、潮流艺术等多个维度，以新品首发、云上直播等形式，打造时尚消费新场景。

【吴山广场市集回归】 2023年，吴山广场市集回归（因地铁建设工程关闭5年）。该市集处于吴山广场和河坊街的衔接处，填补地铁口出站后的商业空白，推动吴山广场和清河坊历史街区实现片区联动。4月6日，“吴山有好市——醒春茶集”开幕。该市集为期一个月，以吴山脚下城市烟火为底图，融合江南国风的视觉呈现，开展品民俗、秀点茶活动，让市民游客沉浸在暖暖的春日中品茗闻韵。同时，联动中国美术学院“南山艺市”，引入非遗、文创、手工等体现“杭风宋韵”特色的品牌40多个，形成“眼观宋韵茶集，鼻闻茶香扑鼻，耳听琴声悠扬，舌尝酸甜美味，身感身心愉悦”的“五感满足之旅”，还推出特色夜间展演活动，邀市民游客共享春潮。

资料

“南山艺市”： 为中国美术学院自有的高品质市集，摊主大多数来自或毕业于中国美术学院，除展出原创手工艺品外，还有学生的绘画创作和互动活动。

2023年6月21—23日，“2023文旅市集·杭州奇妙夜”主会场活动举行
（上城文商旅集团 供稿）

【“茶香上城”三茶融合促消费大联展】 2023年4月20日，由市政府、中国国际茶文化研究会、中国茶叶学会、区政府联合主办的2023年杭州市“全民饮茶日”启动仪式暨“茶香上城”三茶（茶文化、茶产业、茶科技）融合促消费大联展在鼓楼小广场举行。该活动以“每天一杯茶，健康进万家”为主题，现场有中国名茶、名器、名水品鉴及宋式点茶表演等活动，“西湖龙井”“径山茶”等杭州“十大名茶”供市民品尝，还展示茶饮料、茶食品、茶提取物、茶衍生品等展现杭州当代茶饮与时俱进的新产品。推进茶文化传播，举办南宋茶诗朗诵会、“宫里喫茶去”潮乐茶会，以及茶知识“进学校”、茶健康“进机关”、茶博馆“进社区”、茶旅游“进企业”、茶非遗“进家庭”等特色活动和吃茶、饮茶、喝茶、玩茶、用茶、事茶六大“与茶共舞”玩法。

【“2023文旅市集·杭州奇妙夜”主会场活动】 2023年6月21—23日，由杭州市文化广电旅游局、区政府主办的“2023文旅市集·杭州奇妙夜”主会场活动在德寿宫—市方志馆—清河坊鼓楼小广场—杭州博物馆—吴山广场举行。活动设置“宋韵今辉”“以灯正心”“以画格物”等19个展示单元及古法雕版、古书线装体验等50个互动体验项目，并首次将宫灯夜游、宋瓷鉴赏、宋宴品尝、焚香斗茶等宋韵体验“搬”进“宫”里，集合呈现“格物致知”的宋代文人精神世界与“处处有风雅”的宋韵氛围。该活动吸引95万人次市民、游客线下参观，获媒体总曝光量3.4亿次，线上、线下商户销售总额4571.24万元。

【2023年清河坊首届国潮文化体验节】 2023年8月25日，2023年清河坊首届国潮文化体验节在清河坊历史街区启幕。活动为期3天，结合非遗、宋韵文化传承，设置古风夜游、戏剧秀场、青年守物集、沉浸式剧本游四大板块活动。其中，古风夜游中，九大国风主题巡游队、100多名汉服爱好者掌灯夜游古街；戏剧秀场以士兵换岗秀热闹开场，阳台戏曲聚光亮相；剧本游邀请游客化身李清照、苏东坡，打卡中药故事、非遗打铜、古法点香等十大任务；青年守物集汇集30多家品牌“开摆”。

【“宋韵集无界”市集入选省重点培育文旅市集】 2023年9月20日，南宋御街“宋韵集无界”市集入选浙江省首批重点培育文旅市集。该市集以“宋韵文化”为主线，融合美食小集、文创展陈、非遗体验等，同时结合特定时间节点举办不同主题活动。12月27日，河坊街“匠心市集”入选浙江省第二批重点培育文旅市集。该市集将非遗文化、文创手作、国潮IP与沉浸式体验空间相结合，在清河坊打造独具烟火气的文化长廊。（潘煜戈）

杭港高端服务业示范区

【概况】2023年，杭港高端服务业示范区重点建设区域北起清江路，南至望江路，东抵之江路，西接贴沙河。有国家（杭州）短视频基地、凌迪总部、新世界等省市重点项目和“152”省市县长工程项目；有可招商楼宇16幢，总建筑面积约65万平方米；在建项目12个，总投资超过545亿元；有待出让地块3个，即城站东广场地块、海东8号和9号地块、兴合13A地块，总面积9.07万平方米，商业商务总建筑面积近43万平方米。在建项目中，杭州新世界城市艺术中心项目（即新世界地块）总投资230亿元，是集K11、瑰丽酒店、超A写字楼等国内唯一一个汇集新世界旗下5个品牌的城市综合体项目。

【重大项目推进】2023年，杭港高端服务业示范区与香港新世界招商团队做好衔接，以专班化运营、周例会推进的方式，重点对接新世界海潮TOD项目及其物业管理、酒店管理、商场运营等独立运营企业的落户注册。推进杭州新世界城市艺术中心项目，至年末，该项目完成固定资产投资63亿元，预计于2025年末投入运营。经反复磋商，中国免税品（集团）有限责任公司对海东8号、9号地块有签约意向，待国内免税店政策落地后，该公司将进一步落实实质性推进。

【科创企业招商引育】2023年，杭港高端服务业示范区吸引金雪尚呈（杭州）科技有限公司、杭州山海寻龙体育科技有限公司入驻上城区科技创业中心。在全国颠覆性技术创新大赛中，主动从业务渠道、融资渠道、落地渠道等企业关注的痛点出击，搭建高效的沟通渠道，推介望江街道优质的营商环境，全程对接8个生物医药和芯片类项目，积极招引潜力企业。年内，培育专精特新中小企业1家、国家高新技术企业8家，新增发明专利授权5件；获批设立浙江省博士后工作站2个，入选“115”外国专家项目2个。

（王　颖）

【杭州市崇文未来学校竣工投用】2023年8月20日，由上城城投集团建设的杭州市崇文未来学校通过规划、消防、质量、绿化等专项验收及教学空间空气检测，投入使用。项目位于望江街道近江路、望北路、望清路交叉处，分为东、西2个区块。学校主体区域位于西区块，带有一个环形运动场；东区块分为学术交流中心大楼、风雨操场，通过连廊相连。校内设置专用教室、教师休息室、辅导室、共享空间、风雨操场、排球场、篮球场、食堂、图书文化中心、科技创客中心等。项目建筑风格融合新中式风格和现代元素，展现江南韵味。10月，杭州市崇文未来学校获评2023年上半年度杭州市建设工程结构优质奖。

【始版桥未来社区建设整体推进】2023年10月、11月，始版桥未来社区9号地块、4号地块安置房项目分别竣工。4号地块（东宝翠轩）东至杭州娃哈哈集团有限公司老厂房，西至海潮路，南至东宝路，北至始版桥路，占地3.27万平方米，容积率4.5，绿地率35%，建筑密度45%。总建筑面积24.17万平方米，其中地下4层、地上20层。项目由11幢主楼组成，总套数1000户，设置有68平方米、83平方米、90平方米、105平方米、125平方米5种户型，配备停车泊位1680个。4号地块（东宝翠轩）于10月获评2023年上半年度杭州市建设工程结构优质奖，于11月获评“花香小区”。9号地块（映霞璟庭）南侧紧邻秋涛路，北侧紧邻三多弄，东侧紧邻多宝路，西侧紧邻映霞街。项目总用地面积2.5万平方米，总建筑面积15.12万平方米，其中地上建筑面积8.98万平方米、地下建筑面积6.15万平方米，容积率3.5，绿地率35%。配建8幢住宅，分别为14～23层及二层裙房，总户数718户，配置85～135平方米多种户型。项目以立体市井、立体花园、立体联通为特色，形成城市公共空间、居住空间、商业空间、办公空间多层级开放复合的立体空间体系，附近有杭州市崇文未来学校、杭州市勇进实验学校，距离地铁1号线婺江路站约800米。

【望江单元15号地块出让】2023年12月29日，望江单元SC0402-B1/B2/S2-15地块由毛戈平化妆品股份有限公司以总价5.93亿元竞得，成交楼面价1.24万元/平方米。地块出让面积1.2万平方米，容积率4.0，体量4.8万平方米，限高72米，是一宗小而精致的商务金融用地，地下一层出让商业建筑面积3000平方米。项目东至新开河，西至规划道路，南至婺江路，北至规划兴隆路，紧邻地铁1号线婺江路站，区位定位与新世界城市艺术中心一致。

（曾晓蓉）

杭州钱塘智慧城

【概况】钱塘智慧城分为九堡园区和城北园区2个园区。其中，九堡园区西至沪杭甬快速路，南邻钱塘江，与钱江新城二期紧密相接，北与临平区接壤；城北园区东至余杭区良渚街道园中河，西至西塘河，南至拱墅区祥符街道新文社区，北至通运路。2023年，钱塘智慧城围绕招大引强、空间重塑、企业服务“三大蝶变”行动，以省级高新区创建为引领，加快推进指标争先、机构改革、产业升级、服务优化等工作。全年钱塘智慧城实现地区生产总值220.9亿元，规模以上工业增加值54.9亿元；服务业增加值155.8亿元，其中营利性服务业营业收入92.7亿元；固定资产投资86.9亿元，其中制造业投资9.3亿元；实际利用外资5.8亿美元；完成财政总收入60.1亿元，其中一般公共预算收入28.2亿元。年内，钱塘智慧城被授予“2023年杭州市构建新时代和谐劳动关系先进园区（开发区）”称号。

【产业空间拓展】2023年，钱塘智慧城开展城北园区城市设计，推进城北园区低效用地改造提升，西片区改造提升工程首宗地块——浙江零零壹数码通讯有限公司项目于6月19日开工建设。该项目容积率2.5，建筑面积4.4万平方米，其中地上建筑面积3.44万平方米，主要建设2幢高约50米的大楼，最高11层，计划引入数字化产业线，开展节能降碳先进技术应用。至年末，该项目已进行到地下室施工阶段。全年新出让工业用地4宗，分别被杭州安旭生物科技有限公司、杭州科韵诗生物科技有限公司、杭州巨星能源有限公司、杭州九鑫投资有限公司摘牌，共6.33万平方米；存量改建、扩建12宗，预计新增产业空间98万平方米。

【数字能源港规划发布】2023年12月9日，钱塘智慧城数字能源港启动仪式暨飞地蝶变腾飞发展大会在钱塘智慧城城北园区举行。活动上，发布数字能源港规划。数字能源港即钱塘智慧城城北园区，位于莫干山路南段，地跨拱墅、余杭两区，紧靠城西科创大走廊，是城北副中心的核心区，总占地面积61.5万平方米，是主城区稀有的工业用地。数字能源港以数字化、智能化、绿色化为主线，对标全省“415X”先进制造业集群，全市“新制造业计划”、五大产业生态圈（智能物联、生物医药、高端装备、新材料、绿色能源）建设要求，提升数字能源产业规模能级，实施四大行动，打造上城区都市工业样板。按照“前瞻布局、创新驱动、龙头带动、应用牵引”原则，构建“五大基地”——数字能源总部经济基地、数字能源产业创新基地、数字能源先进智造基地、数字能源融合应用基地和数字能源国际交流基地，提升工业化城市化耦合度，形成规模领先、龙头引领、创新驱动、融合开放的数字能源产业发展格局。围绕“1主导产业（数字能源核心零部件及智能模块制造）+1潜力产业（能源数控技术开发及应用）”体系，软硬结合，轻重并举。在软件端，将重点利用能源数字化、智能化技术，结合AI、大数据、“云”等数字技术和电力电子技术，提高能源使用效率；在硬件端，将围绕能源产业全链路，实现“发—输—配—储—用”全链路的数字化升级，优化能源供应效率；在应用端，找准切入点，推动数字能源在垂直行业的进一步融合，搭建能源物联网平台和AI控制智慧平台，实现数字能源的创新加速应用。构建以数字能源港为核心，以笕桥、彭埠、九堡、丁兰4个街道为产业协同区，全域辐射上城区的数字能源产业“一核多点”发展格局，加强城街联动，优势互补，共同构建数字能源产业生态集群。

资料

四大行动：实施产业跃升行动，巩固数字能源精密制造业、深化数字能源现代服务业、拓展数字能源前瞻领域；实施创新提质行动，加强关键核心技术攻关、布局建设产业创新载体、加快创新成果转化和产业化；实施重塑蝶变行动，高品质建设工业楼宇、推进数字能源港西片区提升改造、探索都市工业空间新模式；实施生态优化行动，推动产业人才引育、深化完善产业基金配套、谋划推广一批数字能源典型应用场景。

【产业提升】2023年，钱塘智慧城锚定数字能源、数字时尚、智能物联三大主导产业，招大引强。招引全市首个中央企业重大投资项目——东方电气全球光伏总部，设立东方电气长三角创新研究院，助力光伏技术、新型电力系统等技术成果转化。落地原初碳和环保产业发展（杭州）有限公司、浙江质达储能科技有限公司、杭州派钠能源科技有限公司等数字能源产业链项目35个，举办全省能源联合会储能分会成立大会、上城区数字能源发展论坛等活动。聚焦“全球数字时尚产业营销中心”建设，落地数字时尚产业链项目80个，推动虎牙华东区域总部等项目落地。推动中兴新集团的长三角管理总部、产业投资总部、之江新材料研究院和元数科技产业创新中心四大总部项目落地，共招引鹏瞰科技（上海）有限公司总部等优质产业项目55个，与杭实临芯科技创新（杭州）有限公司、浙江大学光与电磁波研究中心开展合作。

【“华硼中子”全国总部项目注册落地】2023年3月1日，华鹏中子科技（杭州）有限公司注册落地，该公司由著名中子科学家、西安交通大学核科学与技术学院党委书记王盛领衔，主要从事晚期恶性癌症的诊断治疗。华硼中子科技有限公司是当前全国唯一有掌握AB-BNCT（加速器硼中子俘获治疗技术）全国产化、全流程技术项目团队的企业，多年来主要聚焦AB-BNCT技术研发及产业化应用，包含载硼药物研究、加速器中子源技术研究、剂量计算及诊疗软件开发等方向。公司积累该技术全流程落地经验，所有研发生产环节完全自主可控，所需设备完全国产化。

（李　岚）

【东方电气全球光伏总部落地】2023年3月24日，上城区与中国东方电气集团有限公司签订光伏产业全球总部等3个项目合作协议，探索“光伏项目+创新研究院+创新产业基金”运营模式，努力打造绿色能源产业价值实现重要运营平台。光伏产业全球总部即东方电气集团智慧光能有限公司，由中国东方电气集团有限公司独资设立，为中央企业二级子公司，将打造为集“光伏资源获取、电站开发、产业技术研发、核心制造”于一体的专业化发展平台，预计10年形成营业收入1000亿元以上产业规模。长三角创新研究院即东方电气长三角（杭州）创新研究院有限公司，聚焦国家能源安全所涉及的重大核心装备、材料等原创性技术攻关，将建成光伏技术、新型电力系统、智能制造、节能环保应用技术4个研发中心，吸引相关产业企业集聚。共建创新产业基金，实现政府引导与市场化运作有效结合，推动东方电气产业转型升级与高质量发展，发挥东方电气战略及产业链主优势，助力高端装备、绿色能源等特色优势重点产业进一步发展。年内，东方电气集团智慧光能有限公司和东方电气长三角（杭州）创新研究院有限公司于4月11日、6月12日注册落地，注册资本分别为10亿元、1亿元。

【中兴新总部项目合作板块落地】 2023年6月20日，在上城区重大项目集中签约仪式上，钱塘智慧城与中兴新集团完成合作项目签约，签署共建中兴新集团长三角总部协议，包括中兴新集团长三角管理总部、中兴新集团产业投资总部——司南投资总部、中兴新集团之江新材料研究院和中兴新集团元数科技产业创新中心4个产业平台。以杭州司南股权投资有限公司（已注册在上城区）作为中兴新资本运营和产业链生态圈投资平台。各方拟共同设立总额不超过30亿元的产业基金，由杭州司南股权投资有限公司担任基金管理人。至年末，公司已组建基金。8月4日，中兴新集团之江新材料研究院——之江新材料研究院（杭州）有限公司完成注册，标志上城区首个中兴新总部项目合作板块落地。该公司依托中兴新集团产业链的资源禀赋和杭州市新材料的发展规划，重点布局关键战略材料领域的新能源材料、半导体材料及新型显示材料，以及重点布局新型前沿材料领域的石墨烯材料、纳米材料，量子钙钛矿材料等，形成集高端人才汇集、科技创新、创业孵化于一体的综合性新材料科技成果转化中心和产业总部中心。12月1日，中兴新集团长三角管理总部——中兴新通讯有限公司杭州分公司注册落地，至此，中兴新4个板块业务公司全部落地，同时带动其关联产业链项目——杭州派钠能源科技有限公司落地。该公司作为中兴新集团长三角职能平台和中兴新集团子公司窗口展示平台，为当前中兴新集团在长三角8个地区布局的5家子公司和未来产业孵化项目提供战略远景方向、业务经营指导和运营风险管理，统筹中兴新集团长三角发展战略，围绕“数字化、低碳化”两大战略方向推进长三角区域产业落地。

（李　岚　娄　玲）

【“杭海金座·数字时尚园”结顶】 2023年1月6日，钱塘智慧城“总部基地”项目——“杭海金座·数字时尚园”结顶。该项目于2020年10月开工建设，由6幢AAAAA甲级写字楼组成，占地面积3.41万平方米，容积率3.2，建筑面积16万平方米，位于智慧城核心位置。东至和睦港绿化带，西至杭海路，南至东城路，北接香槟湾花园，与地铁1号线九堡站无缝衔接，总投资超过20亿元。该项目作为上城城发集团下属企业杭州九鑫投资有限公司创新商业商务用地开发的首发之作，通过“国有企业自主开发、目标客户量身定制”模式，叠加开发建设优势和招商政策优势，将商业地块转化为产业用地空间，吸引浙江高幂科技有限公司、杭州老爸实业有限公司、杭州迪侃科技有限公司等知名数字时尚、头部达人机构等品牌企业和“准独角兽”企业入驻14家。

【助企纾困活动】2023年，钱塘智慧城优化营商环境，开展助企纾困活动。建立以服务“双强”企业为目标的全周期企业服务体系——“双强亲清谱”，依托“周末圆桌会”“千人联千企”“企业接待日”等活动，全年走访企业3000多家次，搜集企业问题诉求1000多个，协调解决行政审批、交通出行、场地需求等问题900多个，解决率90%。年内，杭州华塑科技股份有限公司、浙江双元科技股份有限公司上市，钱塘智慧城上市企业总量增至11家。新增浙江中杭电子有限公司国家级专精特新“小巨人”企业1家，累计11家；新增杭州坤泽实业股份有限公司、杭州微宏科技有限公司等省专精特新中小企业20家，累计37家。新引育国家级领军人才5人，认定杭州市D类以上人才68人。

【“为企服务”联勤警务站暨护企联盟成立】2023年2月，钱塘智慧城成立由区委政法委牵头、区公安分局主导、多部门参与的“为企服务”联勤警务站暨护企联盟。优化涉企服务，提升“便利指数”，打造“九潮警企沙龙”交流平台，围绕强化内控机制、提升企业防控意识，组织企业开展座谈会10多次，参与企业100多家次。为企业员工户籍办理、居住证办理、入职背景审查等开通“绿色通道”，落实“应办尽办”“急事急办”，服务保障企业员工534人次。强化风险防范，提升“安全指数”，建立“钱智安企”义警队，培养平安宣教小教员28人，入企宣教率100%，发放宣传资料9000多份，与12家金融银行建立反诈联盟。钱塘智慧城内通信网络诈骗发案、落地侵财类案件、刑事治安警情分别比2022年下降47.4%、15%和27%。深化违法打击，提升“法治指数”，落实企业报案“应受尽受”“首接责任制”等工作要求，保障企业合法权益。全年惩治侵企违法犯罪团伙4个，抓获犯罪嫌疑人53人，追回涉案资金500多万元，挽回企业损失近8000万元。

（李　岚）

钱江新城

【概况】钱江新城位于上城区西南部、钱塘江北岸，一期所辖范围东邻钱塘江，西依秋涛路，南靠复兴地区，北至钱塘江二桥、艮山西路，占地面积15.8平方千米；二期范围西至杭甬高速，东靠和睦港，北至艮山东路，南邻钱塘江，占地面积5.2平方千米。2023年，钱江新城管委会推进亚运会服务保障、钱江新城核心区品质提升、钱塘江综合保护与发展等重点工作。实施核心区城市景观亮化提能升级，完成市民公园3万平方米地铁建设归还用地绿化整治，两大公园（森林公园、世纪花园）提升绿化面积5000平方米。推进核心区土地招商，2个地块出让总价11.99亿元。探索建立产业联动机制，助力杭州临空示范区打造城东智造大走廊。江河汇汇中项目景观步行桥、西岸公园等子项目完成竣工预验收，五堡排涝泵站项目开工，景芳三堡单元2个安置房项目竣工。杭州市博奥隧道工程获评浙江省建设工程“钱江杯”。杭州国际会议中心洲际酒店完成亚运会代表团团长大会服务接待。市城投集团完成亚残奥委员会大家庭饭店活动支撑服务、第六届中国—阿拉伯国家广播电视合作论坛执行运营任务。

（施旭青 张敏华）

【钱塘江流域区县联动发展】2023年，钱江新城管委会根据市拥江发展领导小组办公室职责要求，推进钱塘江流域区县联动发展各项工作。完成市人大常委会制定的《杭州市钱塘江综合保护与发展条例》意见和建议反馈。根据《杭州市钱塘江两岸综合保护与发展实施导则》，组织对涉及的重要节点风貌管控实施评估评审，完成《钱塘江沿线景观风貌管控提升三年行动计划（2023—2025年）》编制。实施“三江两岸”景观风貌提升行动，完成沿钱塘江绿道主（支）线改造等项目11个，新建、改建绿道52千米。推进“诗路文化·三江两岸”水上黄金旅游线建设。举办第三届“拥江杯”喜迎亚运诗文吟诵大赛，传承和发扬钱塘江文化、宋韵文化。开展钱塘江学研究工作，出版《钱塘江通史》3册，完成“钱塘江丛书”选题4册。

【钱塘江博物馆竣工】 2023年12月，钱塘江博物馆（钱塘江金融港湾综合服务中心）竣工。博物馆新馆位于京杭大运河南端起始点，占地面积3386平方米，建筑面积1.15万平方米，地上4层，地下3层，总投资1.49亿元，于2019年开工建设。建设单位克服有关困难，按照新的时间节点，抓好安全、质量、进度和后续单项验收工作。2023年8月，博物馆完成展陈施工、无障碍设施体验和室外泛光照明安装。12月，该工程通过防雷设施等单项验收。

【杭州太平金融大厦落成】 2023年4月25日，杭州太平金融大厦落成。该项目位于钱江新城核心商务区，于2019年11月开工，占地面积2.2万平方米，总建筑面积15.8万平方米，总投资近30亿元，定位为国际高品质商务中心。太平金融大厦的设计灵感来源于杭州的地理特征和历史元素，采用蝶状布局和平面设计。

（施旭青）

【望江隧道获国家优质工程质量奖】 2023年12月12日，杭州望江隧道工程被中国施工企业管理协会授予“2022—2023年度国家优质工程奖”称号。望江隧道工程位于钱江三桥和四桥之间，作为横穿钱塘江的第二条城市过江隧道，是杭州实施“拥江发展”行动、服务保障亚运会的省、市双重点工程。隧道全长3240米，其中盾构段长1830米，设计双向四车道，行车时速80千米，于2015年12月开工建设，2019年12月建成通车。望江隧道工程由钱江新城开发集团负责建设，项目规模大、施工内容多、工艺复杂、专业综合性强。建设单位坚持高标准管理、高质量要求，利用创新技术手段，克服盾构掘进中的重大风险，实现4次沉降穿越钱塘江。

（张敏华）

【钱江新城亚运主题灯光秀】 2023年9月23日20时，亚运圣火在杭州奥体中心体育场点燃，钱塘江两岸灯光秀同时在钱塘江畔启幕。该灯光秀全长18.5千米，基础性景观照明楼宇数量增加到79幢。其中由钱江新城管委会策划的亚运主题灯光秀长2.6千米。钱江新城灯光秀提升项目历时1年完成，其间，经过3轮创意方案优化、20多次现场上墙测试、1000多分钟航拍素材比照，最终确定的灯光秀方案画面分为

2023年9月23日，钱江新城亚运主题灯光秀上演

（钱江新城管委会 供稿）

“中国气派”“浙江风采”“江南韵味”“多彩亚洲”4个篇章，播放时长增加到20分钟，并首次实现钱塘江两岸3千米音画同频。

【城市阳台亚运会火炬传递】 2023年9月20日上午，杭州第十九届亚洲运动会火炬传递杭州站起跑仪式在城市阳台举行。杭州站的火炬传递长度11.4千米，有203棒火炬手参与，其中城市阳台段火炬传递长度1.5千米，有27棒火炬手参与。第一棒火炬手为羽毛球运动员陈雨菲。火炬传递沿线的市民和游客为奔跑中的火炬手加油助威，表达对体育的热爱和对运动员的期待。

【“拥江杯”诗文吟诵展演暨“浙江诗词大会”吟诵选拔赛】 2023年7月8日，杭州市第三届“拥江杯”喜迎亚运诗文吟诵大赛（“浙江诗词大会”杭州选拔赛）暨诗词之乡、吟诵教学基地授牌仪式在钱江新城举行。活动由中华吟诵学会、浙江省诗词与楹联学会、杭州市文学艺术界联合会指导，钱江新城管委会、浙江诗词大会组委会主办。吟诵大赛最后15组选手获复赛入围奖，20组选手获复赛提名奖，18组选手获海选入围奖。获复赛入围奖的选手晋级“浙江诗词大会”吟诵大赛决赛等系列活动，进行吟诵赛道一等奖角逐。

（施旭青）

【杭州“晨经济”品牌发布】 2023年11月1日，“杭州‘晨经济’品牌发布暨‘我的城市邀你漫步’推广活动”在杭州启程东站旅游集散中心举行。活动由市文化广电旅游局、市城投集团等单位联合主办。活动仪式上，发布杭州“晨经济”新品牌——“晨启杭州”，推出城市漫步City Walk系列活动，开展“晨经济”品牌媒体配套宣传，旨在用文旅融合思维，构建以“晨经济”为核心的文化空间，架起消费新场景。主（承）办和支持单位负责人、市旅游业高质量发展特聘顾问、杭州文旅“千人（推广）计划”专家、旅游企业代表及媒体记者等80多人出席活动。

【中金—杭州国际会议中心资产支持专项计划发行】 2023年11月23日，中金—杭州国际会议中心二期资产支持专项计划发行，发行规模20.01亿元，发行期限18年，优先级证券票面利率2.94%，认购倍数3.16，为同类产品中最低的发行利率。该次发行是省内首单单SPV结构产品续发，得益于杭州国际会议中心（洲际酒店）的优秀业绩、市城投集团的优质增信和“亚运之城”的良好形象，民生银行、江苏银行、兴业银行、光大银行等投资机构参与和认购。

（张敏华）

【钱江新城商圈夜经济发展】 2023年，四季青街道以“国际封面 魅力四季”为主题，推进迎接杭州第十九届亚运会“一街一品”工作，立足钱江新城商圈资源，以盛会带动消费，通过细分“时尚夜购”“精品夜游”“欢乐夜娱”“美味夜食”“舒心夜宿”5个夜间经济板块，激活新“夜”态。重点招引帕尔马之水等35家高品质商家在钱江新城商圈开出首店，通过放大“首店经济”，引领消费新时尚，进一步助力打造时尚集聚地。指导商业综合体制定外摆方案，通过延长“ON街”区域商铺营业时间等举措促进夜间消费。推出香氛节、戏剧节等活动30多项，打造“十字金街”光影新地标。

（沈宣宇）

小营智慧健康产业园

【概况】 小营智慧健康产业园东至东河，西至中河路，北至庆春路，向南延伸至城站大商圈和五柳巷历史街区。2023年，小营智慧健康产业园形成以医疗服务为支柱，以医疗器械、生物医药、数字医疗为主导，以健康旅游、健康文化、健康养老、药品销售等为支撑的健康产业新体系。全年园区在册纳税大健康企业193家，财政总收入7.31亿元，比2022年增长12.6%；一般公共预算收入3.06亿元，增长11.7%。全年招引“大健康”相关项目14个，新增认定D类及以上健康人才25人，走访服务企业223家次。

（仲　玥 陈钰湉）

【2家公司落地产业园】 2023年2月，杭州妙铂生物科技有限公司落地小营智慧健康产业园。杭州妙铂生物科技有限公司是一家原代细胞及配套培养产品研发商，主要面向干细胞临床应用市场，从事神经元、神经胶质细胞、神经母细胞等类型的原代细胞的分离、培养及优化等工作，应用于美妆、医疗等领域。7月11日，上海拜思丽实业有限公司在杭州成立子公司杭州拜思丽智能科技有限公司，落地小营智慧健康产业园。该公司在上海漕江科技园设有研发基地，并有海归团队进行护肤、美妆等产品研发。

（陈钰湉）

【“智慧医谷”建设】 2023年，小营智慧健康产业园围绕区委、区政府“智慧医谷”总体建设方针，依托丰富医疗资源，按照集精准医疗、生物制药、中医养生、康复养老及总部研发于一体全面发展的具体思路，主攻医药临床试验CRO/SMO（合同研究组织／临床试验现场管理组织）、生物医药大数据平台、智能穿戴设备等细分领域，不断整合多方资源，补齐产业链短板，打造具有上城特色的现代健康服务产业体系。至年末，产业园内有健康类企业700多家，包含浙江省医疗器械检验研究院、杭州德格医疗设备有限公司、回音必集团有限公司、必正医药科技（浙江）有限公司等龙头企业及相关子公司，新增认定杭州市高层次D类及以上健康人才（医药类）4人。

（王韧奇）

经济贸易与区域合作

经济贸易

【概况】 2023年，上城区实施“地瓜经济”提能升级“一号开放工程”，推进开放提升，形成一批引领示范性项目，开展“三服务”活动，对外贸易工作向好发展。“公平竞争审查集中审查试点”省级试点项目稳步推进。招引落地总部项目46个，亿元以上项目226个。全年实现货物出口总额436.88亿元，比2022年增长7.4%。规模和增速均居全市第5位，出口份额占全国出口比重提升至0.2%，列全市第三；货物进口总额217.66亿元，下降5.7%；货物进出口总额654.54亿元，增长2.7%。全年服务贸易出口总额16.16亿美元。全年全区境外投资项目36个，投资额2.54亿美元；区商务局兑现2023年中央外经贸发展专项资金高水平“走出去”项目资金377万元。年内，上城区被评为杭州市跨境电商综试区综合评价第一档“卓有成效”，杭州巨星科技股份有限公司、湖滨商圈（商圈）、湖滨银泰（商店）、解百商业（商店）、杭州安旭生物科技股份有限公司5家企业（平台）入选杭州市“地瓜经济”提能升级“一号开放工程”首批创新实践基地。

【“三服务”活动】 2023年，区商务局深化“三服务”活动，为企业排忧解难。优化营商环境，为企业提供政策咨询、申报业务指导等增值化服务，服务对外经济贸易企业130多家。组织企业参加第六届中国国际进口博览会、第二届全球数字贸易博览会等国际性展会142场，分别组织51家、74家企业参加第133届、134届中国进出口商品交易会。全年组织“双百双千拓市场”出行团组（企业集体参展或自行出境商务洽谈5人以上）101个，参展142场，参展企业547家次，总人数1742人，预估新增意向订单81.39亿元。联合钱江海关组织杭州巨星科技股份有限公司、杭州海兴电力科技股份有限公司等17家重点进出口企业参加“关企直通车·韵味上城”活动，现场为企业解答解惑，进一步提升上城区营商环境。全年全区举办各类外贸、跨境培训及座谈会5场，培训企业200多家次，培训内容主要包括政策宣讲、出口退税、通关便利化及相关政策、出国（境）签证、外国人来华签证（邀请函）、亚太经济合作组织商旅卡办理、出口信保全球信用风险解读及政策、汇率避险、跨境电商等。

【内外贸一体化发展】 2023年，区商务局推进内外贸一体化工作，搭建平台帮助企业拓展内外市场，引导企业用好自身及上下游、境内外多种资源，从以传统外贸出口为主向内外贸一体化双向发展转型。组织企业申报内外贸一体化“领跑者”企业、改革试点产业基地培育和内外贸一体化典型案例。全年新增浙江省冶金物资有限公司、浙江爱斯基摩人科技有限公司、西子清洁能源装备制造股份有限公司、浙江东方集团供应链管理有限公司等省级内外贸一体化“领跑者”企业4家，新增杭州市陶瓷品市场为省级内外贸一体化改革试点产业基地。至年末，全区有省级内外贸一体化“领跑者”企业22家、省级内外贸一体化改革试点产业基地2个、省级改革试点产业基地培育和内外贸一体化典型案例3个，数量均在全省前列。浙江国贸云商——基于产业供应链的内外贸一体化服务平台等3个项目入围2023年度浙江省内外贸一体化高质量发展项目。全年对“一带一路”国家实现货物出口总额138.93亿元，占全区出口总额的31.8%，比2022年增长24.6%。

【“八八战略”20周年外贸高质量发展研讨会】 2023年7月18日，由省商务厅、浙江工商大学、浙江省对外贸易服务中心、区政府共同主办的“八八战略”20周年外贸高质量发展研讨会暨智库联盟专家外贸服务行（上城区站）活动在杭州联合银行总部大楼举行。省商务厅、浙江省对外贸易服务中心、浙江工商大学、区政府、区商务局、小营街道、杭州联合银行的主要领导及相关企业代表参会。会上，政府部门各级领导与专家学者现场针对对外贸企业提出的存在困难等问题进行答疑，提出可以尝试非外汇结算贸易（易货贸易）等举措，为企业提供现场服务。

【跨境电商产业发展】 2023年，上城区持续推进跨境电商产业发展。区商务局指导企业自建独立站，培育自主品牌、自有渠道、自有用户群，提升核心竞争力。浙江爱斯基摩人科技有限公司通过独立站进行品牌建设和推广，销售收入比2022年增长100%。杭州巨星科技股份有限公司通过独立站的专业化、差异化和创新性，对品牌赋能、增值、溢价，提升产品价值，增加品牌在海外市场的影响力，拓宽销售渠道，销售收入增长30%以上。杭州堡森国际物流有限公司在德国、荷兰、英国自建海外仓，匹配大件中转、存仓贴标、一件代发、退货换标等需求，为跨境电商企业品牌出海欧洲的“最后一公里”提供更好的服务和保障。至年末，海外仓面积总计3.5万平方米，服务企业1000多家。杭州阿佤思珂税务咨询有限公司长期与英国税务海关总署、英国四大银行及其他欧洲各国税务机构保持良好合作关系，为中国跨境电商5000多家企业降低税务成本，抵御跨境税收风险。年内，杭州堡森国际物流有限公司、杭州阿佤思珂税务咨询有限公司被认定为2022年度海外服务网络优秀企业。

资料

独立站：指一个完全独立的网站，由公司自主搭建和运营，包括独立的服务器、网站程序和单独的域名等，完全不依赖于任何第三方平台。它最初用于区分亚马逊、eBay、阿里等各种第三方电商平台。市面上有3种建站系统，即全自主开发、基于开源软件建设的独立站和基于SaaS系统开发的独立站。基于SaaS系统开发的独立站为当前最普遍使用的独立站。

【服务贸易】 2023年，上城区排摸、培育新入库服务贸易出口企业，发挥服务贸易骨干企业引领作用，推动服务贸易高质量发展。挖掘技术开发类领域的新兴服务贸易企业，浙江青禾新能源有限公司、杭州群核信息技术有限公司、杭州能派电池有限公司等10家企业被纳入服务贸易管理和统计系统，该10家企业年服务贸易出口增量3300万美元。区商务局聚焦医疗、汽车等领域，组织企业申报杭州市成长示范企业。年内，杭州安旭生物科技股份有限公司获评杭州市服务贸易示范型企业、杭州高浪控股股份有限公司获评杭州市服务贸易成长型企业。至年末，全区有东方电子商务园等市级服务贸易示范园区2个、杭州巨星科技股份有限公司等市级服务贸易示范企业10家、杭州蒸汽工场文化创意有限公司等市级服务贸易成长型企业9家。

（陈　莉 寿巧玲 叶切富 杨楚枭）

招商引资

【概况】 2023年，上城区优化营商环境，强化高端产业引领功能、提高区域竞争力和首位度，推动产业发展聚“链”成“圈”。全年全区完成实际利用外资11.93亿美元，规模居全市第2位；落地总投资亿元以上服务业固定资产投资项目11个，其中10亿元以上服务业固定资产投资项目5个；落地总投资亿元以上制造业固定资产投资项目4个。

【重大项目签约】 2023年1月30日，上城区2023年度重大项目推进现场会暨双元科技新制造业项目开工仪式举行。有集中签约项目24个，总投资规模313亿元，其中现场签约项目16个，总投资245亿元。签约项目涉及金融服务、时尚消费、智能制造、专业服务、数字经济等产业方向，包括国创新通实业公司总部项目、物产环能储能项目等中央企业类总部及“3+2”高端产业类项目，为强化高端产业引领功能、提高区域竞争力和首位度发挥重要作用。6月20日，由区投资促进局、钱塘智慧城承办的上城区二季度重大项目集中签约暨数字能源发展论坛举行，中国东方电气集团有限公司、杭州海兴电力科技股份有限公司、南京星能网络科技有限公司等全国120多家重点企业参会。签约落地重点招商项目37个，总投资224.81亿元，现场签约项目17个，总投资136.01亿元。会议邀请多位行业专家、企业家围绕数字能源进行主题演讲及圆桌会谈。重点签约项目有中兴新集团长三角总部项目、信创控股集团总部项目等。信创控股集团是当前全国最大的电扶梯制造商和服务商，电梯市场占有率近1/6，有西奥电梯、西子电梯、速捷电梯3个整梯品牌和富沃德、优迈科技等电梯部件品牌，有8个电梯智能制造产业园，每天运送乘客约5亿人次。该集团拟将总部落地钱江新城二期相关地块。

【土地招引】 2023年，上城区聚焦重点地块重大项目，落实“一地一专班”，确保责任到位、节点清晰、流程可控，进一步加快土地招商进度。区投资促进局更新读地手册、地图、小程序等可视化资源，发布2023年全区土地资源手册，更新“上城招商”小程序，数字化呈现区位特点、周边配套、地块现状等信息。加强融媒体推广，通过地铁站广告、自媒体宣传、短视频推广等形式推送重点地块招商信息，形成覆盖面广、影响力大、受众多的宣传矩阵，相关宣传稿全网点击量超过60万次。推进市场化招商，对接省、市工商联，举办“走进上城”浙港合作洽谈会、第五届世界杭商大会代表家乡行暨钱江新城二期高质量建设高端交流会等活动，推介上城区发展总部经济的一流营商环境和重点土地资源。全年全区出让8宗商业商务用地（不含留用地），均为市场主体拿地，实现固定投资指标与产业导入并重的双赢局面。9

月12日，景芳三堡单元JG1203-73地块成功出让，由信创控股集团有限公司竞得，成为全市首宗成功出让的总部带条件出让用地，是钱江新城二期板块出让的第二宗商办用地。该项目将在钱江新城二期板块打造全新企业总部。12月29日，望江单元SC0402-15（海东9号）地块成功出让，是总部用地带项目条件出让的地块。该地块由毛戈平化妆品股份有限公司以59269万元总价竞得，楼面价12389元/平方米，将打造全国总部（化妆品研发、销售）项目。

【浙江沪杭甬高速公路有限公司总部落户景芳三堡单元】 2023年7月7日，景芳三堡单元JG1207-43地块成功出让，由浙江沪杭甬高速公路股份有限公司竞得。浙江沪杭甬高速公路股份有限公司拟在该地块建造总部大楼，并将上市公司总部迁移至上城。该公司主营业务为高等级公路投资、开发和建设，新增清障施救子公司业务，经营浙江省境内高速公路和一级汽车专用公路。11月15日，浙江沪杭甬高速公路有限公司迁入上城。

（娄　玲）

【浙江乾业控股集团有限公司落户勾山商务中心】 2023年3月13日，浙江乾业控股集团有限公司落户勾山商务中心。勾山商务中心共26幢商务办公楼，东至荷花池头，西至南山路，南至河坊街，北至广福里，于2009年启动改造工程。建成后，园区总建筑面积约3万平方米。浙江乾业控股集团有限公司注册资金1亿元，主营粮食贸易供应链及砂石贸易等业务，为和润集团有限公司、华夏一号实业集团有限公司关联板块在杭州设立的区域总部和区域销售中心。全年该公司实现营业收入47.45亿元，税收592.28万元。

（潘煜戈）

对口帮扶与区域合作

【概况】 2023年，上城区坚持贯彻落实上级文件精神，助力巩固脱贫攻坚成果。区财政拨付四川省甘孜藏族自治州雅江县、广元市剑阁县帮扶资金8519万元，区属国有企业拨付帮扶资金400万元。多次召开全区消费帮扶工作会议，发动部门、街道、企业、行业协会、社会各界爱心人士参与消费帮扶，动员社会力量捐款捐物累计933.76万元。围绕线上、线下深化消费帮扶，拓宽产销对接渠道，帮助两地优质农产品销往杭州，全年消费帮扶4.46亿元。上城区发挥与雅江县、剑阁县的镇街、村企、学校、医院及社会组织的结对优势，基本实现帮扶领域全覆盖。全年帮助两地实施上城—剑阁东西部协作产业园等帮扶项目17个，资金项目聚焦产业合作、劳务协作、人才交流、消费帮扶、改善基础等，确保帮扶资金效益。年内，上城区与衢州市开化县、杭州市淳安县开展山海协作及区县协作工作，推进乡村振兴示范点建设，落实山海协作资金420万元、区县协作资金4200万元（含镇街结对资金700万元）。与吉林省长春市朝阳区、二道区对口合作，推进人才项目合作，推动产业协同发展。打造帮扶品牌，探索形成可借鉴、可复制的剑阁县“帮帮摊”模式，逐步推广至四川省凉山州雷波县等6个区县，帮助200多名残疾人实现就业，获新华社点赞和中国残疾人联合会副理事长批示肯定。依托浙江数字化优势，聚焦雅江县松茸产业，开发“五云一码”全链条数字化生产管理平台，实现产品品质提升、农民增收，雅江松茸产业数字化提升项目在全国首届乡村振兴品牌节上获评“乡村振兴赋能计划产业振兴典型案例”。

【互访调研对接活动】 2023年，上城区多次研究对口支援和东西部协作工作，制定并印发《2023年上城区对口支援和区域合作计划》《2023

年上城区—雅江县对口支援工作要点》《2023年上城区—剑阁县东西部协作工作要点》，明确具体任务，落实工作责任。两地党政主要领导分别进行互访。6月13—15日，区委主要领导带队到雅江县开展对口支援工作，其间，召开联席会议共商共谋对口支援工作。6月27—29日，区政府主要领导带队到剑阁县开展东西部协作工作，调研走访帮帮洗车行项目、蜀道五指山项目，并召开高层联席会议，进一步深化东西部协作工作。3月7—8日，剑阁县委主要领导带队到上城区考察。其间，召开高层联席会议，会议明确推进上城区和剑阁县进一步加强经济、旅游、工业等领域合作。7月27—28日，雅江县委主要领导带队到上城区考察。其间，该党政代表团参观考察南宋德寿宫遗址博物馆、河坊街等地，详细了解上城区历史文化、金融产业等领域发展情况。

【教育、医疗帮扶】 2023年，上城区深耕对口支援、东西部协作“智慧教育”“智慧医疗”项目，提升雅江县、剑阁县教育、医疗水平。上城区向剑阁县捐赠价值700万元远程教育设备，两地中小学校可同步开展远程课堂、专递课堂、名师在线教研，实现精品课堂、教学课程共享等服务。区援助雅江工作队卫生条线专技人员依托工作队卫生整体医疗实力，在雅江县中藏医院开设名医工作室，作为门诊带教新地点，专心促进当地专技人员医疗技术提升。接诊患者500多人，疑难病案带教50多例。每周名医工作室开诊至少3天，带教当地医师8人，其中签订师徒协议人员3人。至年末，8名带教学员都能独立出门诊。至年末，全区有12所学校、9家医院与雅江县、剑阁县的学校、医院开展结对帮扶，22家企业与两地开展村企结对。

【消费帮扶】 2023年，上城区多次召开全区消费帮扶工作会议，传达上级消费帮扶工作要求，下达全年消费帮扶任务，发动部门、街道、行业企业、社会各界爱心人士参与消费帮扶。与雅江县、剑阁县签订《消费帮扶合作协议》，依托区内大型超市、商贸企业、电商平台，与当地农产品销售企业建立长期合作关系，打通四川—杭州销售渠道。引导全区党政机关、国有企事业单位等以工会福利、节日慰问品的形式带头消费以雅江县、剑阁县为主的四川农特产品，鼓励区内民营企业、行业协会、社会团体采取“以购代捐”“以买代帮”等方式采购结对地区产品和服务，全年全区完成消费帮扶4.46亿元。

【滨江云顶桃源旅游综合体建设推进】 2023年8月，滨江云顶桃源旅游综合体二期项目对外营业。区政府坚持“政府引导、企业主体、多方合作”，于2021年9月引导区内爱心企业杭州滨江房产集团股份有限公司在淳安县王埠乡打造乡村振兴帮共体——滨江云顶桃源旅游综合体项目。其中，一期项目于2022年8月建成云顶精品酒店，含1幢主酒店（地上六层，地下一层，占地面积881.26平方米，总建筑面积4084.72平方米）和1幢附属楼（为地上三层建筑，占地面积140平方米，总建筑面积418.75平方米），配套32间客房、48张床位；二期项目为独栋别墅酒店，总投资约2亿元，室内面积6354平方米，由17幢独栋建筑组成。其中，1幢为多功能康体中心，内有棋牌室、健身房，模拟高尔夫练习场、乒乓球室和户外游泳池等设施；16幢为1～2层精品独栋别墅酒店，共有51间客房、55张床位。至年末，一期和二期项目带动就业200多人，助销农产品140多万元，胡家坪村集体总收入145.8万元，经营性收入56.8万元。

（沈佳莹）

对外交流

【概况】 2023年，上城区树立开放意识，加强对外交流合作，提升城区影响力，推动都市经济高质量发展。参与实施长三角一体化发展国家战略，举办“走进上城”浙港合作洽谈会、杭州市上城区高质量发展分享及钱江新城二期区块推介、第五届世界杭商大会代表家乡行暨杭州钱江新城二期高质量建设高端交流会等活动，参加第三届中国资本市场高质量发展峰会，向企业代表介绍上城区“天时地利、政通人和”的营商环境。

（黎　颖）

【长三角一体化推进】 2023年，上城区深度参与实施长三角一体化发展国家战略，与上海市黄浦区、南京市鼓楼区、苏州市姑苏区、宁波市鄞州区、合肥市庐阳区、合肥市蜀山区、无锡市梁溪区、南通市崇川区合作共建长三角主要城市中心城区高质量发展联盟（C9联盟）。完成年度“四大专项行动，十二项重点合作事项”合作落地；牵头推进“楼宇经济成果发布”专项行动，在联盟范围内择选外滩金融中心、华峰国际商务大厦等20幢优秀楼宇开展首轮标准评定，评选出标杆楼宇11幢、新锐楼宇9幢；推出“七个一”工程，提供“楼宇经济方案”。12月15日，长三角主要城市中心城区高质量发展联盟第三届联盟大会在上城区举行。大会以“都市经济高质量发展”为主题，旨在打造共享、共创、共赢的长三角核心都市生态圈。9个中心城区的政府、企业代表参加。会上，展示2023年联盟合作成果，开展2024年联盟重点行动计划暨深化合作项目发布。

2023年12月15日，长三角主要城市中心城区高质量发展联盟开展2024年联盟重点行动计划暨深化合作项目发布活动（区发改经信局 供稿）

资料

“七个一”工程：成立一个“C9联盟楼宇品牌专委会”、策划制定一个指导性文件——《C9联盟楼宇经济品牌建设实施办法》、推出一套“C9联盟楼宇经济品牌”标志标识、实施一系列城市楼宇互动体验活动、开展一场示范楼宇评审认定活动、策划一场楼宇品牌论坛、发布一个楼宇经济主题研究报告。

（张海琼）

【“走进上城”浙港合作洽谈会】 2023年6月6日，区投资促进局联合区委统战部在杭州洲际酒店举办“走进上城”浙港合作洽谈会，新鸿基有限公司、新世界发展有限公司、方远控股集团有限公司、三花控股集团有限公司等60多名企业家代表参加。区投资促进局聚焦杭港优势产业联动，就上城区营商环境及钱江新城二期优质土地资源作重点推荐。

【上城区参加第三届中国资本市场高质量发展峰会】 2023年9月22日，第三届中国资本市场高质量发展峰会在北京举行。区投资促进局依托峰会平台举办杭州市上城区高质量发展分享及钱江新城二期区块推介活动，中国上市企业协会会长及100多家上市企业负责人参会。会上，区投资促进局作上城区投资环境及重要资源推介，现场对接中国中材国际工程股份有限公司、隆基绿能科技股份有限公司等头部企业高管，积极邀请企业到上城考察。

【第五届世界杭商大会代表家乡行活动】 2023年11月8日，由市工商联和上城区共同主办的第五届世界杭商大会代表家乡行暨杭州钱江新城二期高质量建设高端交流会在钱江新城二期指挥部举行。上海市杭州商会、江苏省杭州商会等商会的60多名杭商代表参加活动。活动现场，区投资促进局作上城区情专题推介，向企业代表介绍上城区营商环境。区领导就钱江新城二期谋划布局总部集群的资源支撑、政策优势和发展决心作分享交流。

（娄　玲）

发展与改革

【概况】2023年，上城区持续完善规划体系，推进分区规划报批，加快钱江新城二期规划落地。统筹推进保障性安居工程建设，开工公租房8.1万平方米；筹集保障性租赁住房6753套，销售人才共有产权房902套。加速推进征迁回迁“清零”，完成21个项目、283个点位征迁“清零”；开工安置房25.5万平方米，竣工安置房174万平方米，回迁安置4881户；浜河海棠景轩、牛田东苑、晟世黎明嘉苑（三区）3个项目获评市“最美安置房”。实现老旧小区改造开工全覆盖，创建未来社区17个，打造“美好家园”示范小区16个。出口跨境品牌活力强劲，西子清洁能源装备制造股份有限公司等6家企业获评省内外贸一体化领跑者企业，浙江同富特美刻股份有限公司等2家企业入选省自贸试验区制度创新标杆企业，跨境电商自主品牌WORKPRO和美国独立站培育项目2个项目入选省跨境电商综试区重点项目。上城区实施“地瓜经济”做强总部经济巨星模式（上城联动创新区）入选2023年第一批杭州自贸片区及联动创新区优秀改革试点经验。深化推进各领域改革，落户全国首个专业市场知识产权联合保护点，承接创新管理知识产权国际标准实施、共青团城市基层组织改革等国家级试点，以及公平竞争集中审查、新型消费城市建设、信用承诺等22项省级试点。推进政务服务增值化改革，实现182个增值服务事项、16个“一类事”场景一键直达，依申请政务服务办件“一网通办”率99.7%、民生事项在街道可办率90.1%。

（金　磊）

【“十四五”规划中期评估】2023年，上城区开展“十四五”规划中期评估，重点围绕《杭州市上城区国民经济和社会发展第十四个五年规划和二〇三五年远景目标纲要》提出的主要目标和各项任务，分析存在问题，及时总结经验。该评估对2021年1月至2023年6月的实施总体情况进行客观研判评价，并预测到2025年的完成情况。评估结果显示：五大类37项指标中有29项指标达到或超过规划进度要求；全区空间格局、改革创新、高端产业、宋韵文化、城市管理、生态环境、公共服务、社会治理八大领域任务基本实现时间过半、任务过半。

（刘涵慧）

【营商环境改革创新】2023年，上城区围绕改革攻坚，编制《上城区优化提升具有“上城辨识度”的营商环境实施方案（2023—2027）》，制定《上城区营商环境优化提升二十条》，顶层布局营商环境“一号工程”改革攻坚行动，以首位战略落实营商环境建设。谋划世界银行评价新体系，开展千家企业调查，形成《上城区B-READY营商环境模拟测评报告》，撰写的《我省应对世行营商环境评估新体系（B-READY）的若干建议》入选《浙里改（专报）》，获省委主要领导专题批示。围绕世界银行十大指标领域，围绕企业高频需求和主导产业，谋划“企业新设一类事”“法律服务一类事”等16个具有上城特色的“一类事”服务场景。其中，“创业投资一类事”入选“一类事”省级指导目录先行先试地区清单，“金融服务一类事”入选市级“一类事”试点清单，推动政务服务从便捷服务向增值服务迭代升级。

（郑青丹）

财　政

【概况】2023年，区财政局实施积极财政政策，发挥财政稳增长、促改革、调结构、惠民生、防风险的作用，强化收支管理，深化财政改革，保障全区经济社会平稳健康发展。上城区全面落实防范化解债务风险主体责任，防范化解隐性债务风险，全年新增地方政府债券24.59亿元，其中一般债券1.46亿元、专项债券23.13亿元。全区财政总收入460.82亿元，比2022年增长13.6%。其中，一般公共预算收入244.94亿元，增长16.3%，占财政总收入的53.2%。一般公共预算收入中，税收收入231.87亿元。全区一般公共预算支出155.32亿元，增长2%，其中区级一般公共预算支出134.77亿元，增长4.2%。全年财政收支平衡。

【财政收入管理】2023年，区财政局科学组织财政收入，强化非税收入征管，保障财政收入稳进提质。优化财政收入结构，一般公共预算收入占地区生产总值的9.2%，其中税收收入231.87亿元，比2022年增长16.4%。强化经济部门联动协调，定期通报、数据共享、督查考核工作，形成收入组织合力，通过加强收入分析研判、向上争取免抵调额度、推进属地为企服务等举措保障财政收入。强化非税收入征收管理，加强非税收入目录清单管理，定期公开收费目录，督促执收单位依法依规征收。全年征收非税收入14.86亿元，其中纳入一般公共预算管理的非税收入13.07亿元。

【经济发展支撑】2023年，区财政局实施财政政策，支持产业发展，推动全区经济总体高质量发展。聚焦未来产业，筹措资金支持《上城区关于加快元宇宙产业创新发展的若干措施》实施。自2023年起连续5年每年安排5000万元为元宇宙企业提供政策支撑，培育杭州群核信息技术有限公司、浙江凌迪数字科技有限公司等一批元宇宙产业头部企业。支持总部经济，聚焦招大引强，落实《关于加快上城区总部经济发展的若干意见》等政策支持全域总部经济发展，引进落地中国东方电气集团有限公司光伏全球总部等总部项目46个，兑现招大引强奖励、规模成长激励、星级培育奖励、购房租房补助等奖励资金5.86亿元。优化营商环境，围绕产业转型升级、促进消费回暖、推动科技创新、支持人才培育等重点工作，加大财政扶持力度，落实《上城区营商环境优化提升二十条》等政策，推动“8+4”经济政策落地，兑现惠企政策资金21.4亿元，惠及企业超过3万家次。加大政府采购支持中小企业力度，授予中小企业合同14.88亿元。

资料

“8+4”经济政策：指扩大有效投资、科技创新、“415X”先进制造业集群培育、现代服务业高质量发展、世界一流强港和交通强省建设、扩大内需和对外开放、乡村振兴和城乡一体化发展、保障和改善民生8个重点领域政策包和财政金融、自然资源、能源、人才4张要素保障清单。

【民生支出保障】 2023年，区财政局将财政支出向民生领域和重点环节倾斜，持续提升民生福祉。全年区级民生保障和社会事业支出129.26亿元，占区级一般公共预算支出的83.2%，比2022年增长1.5%。其中，教育事业发展支出43.75亿元，推进学前教育优质普惠、义务教育优质均衡、职业教育贯通融合、终身教育普惠共享，通过全国义务教育优质均衡发展区、国家学前教育普及普惠区创建评估，教育现代化发展水平监测全市第一；卫生事业发展支出11.92亿元，支持家庭医护服务模式改革，打造全市首个“医养护驿站”，改造提升社区卫生服务中心2个、服务站14个，全域提升基本公共卫生服务水平；社会保障事业发展支出19.45亿元，加强基本民生保障，推动实施全民参保计划，全区养老保险参保率99.3%、医疗保险参保率99.9%；文化事业发展支出2.08亿元，支持打造宋韵文化核心圈，举办宋韵文化研究传承会、宋韵文化节等系列活动，建设“15分钟品质文化生活圈”90个、杭州书房22家、邻里阅读空间22个。推进“共富”试点，上城区入选全省“财金助力扩中家庭项目”试点城区，围绕助学、助医、安居、经营等场景投放“共富贷”系列产品，新增扩中（扩大中等收入群体规模）家庭各项贷款余额5024万元，助力扩中家庭（通过财政和金融政策支持，帮助家庭进入中等收入群体）278户。

【重大项目保障】 2023年，区财政局以提升居民生活品质为出发点和落脚点，提升区域整体品质，为重大项目顺利实施提供财政力量。投入财政资金18.59亿元，保障校舍提升改造、道路基础设施建设等重大项目推进。投入财政资金12.25亿元，支持生态文明建设示范区建设，创建涌金门社区等未来社区20个、“南宋·都·市”传统风貌区等风貌样板区4个，打造万科大家钱塘府等“美好家园”示范小区16个、紫阳街道十五奎巷等韵味街巷106条。投入财政资金7.20亿元，推进老旧小区提升改造，新开工城镇老旧小区改造项目60个，完工80个，完成既有住宅加装电梯123台，治理存量危旧房14处，新增停车泊位3927个、新能源充电桩800个。投入财政资金6.23亿元，保障迎亚运会“三大提升”“匠心提质绣杭城”等行动，完成城市品质提升任务229项，推出南宋德寿宫遗址博物馆等亚运会项目24个。

【财政改革深化】 2023年，区财政局深化改革创新，加强顶层设计，推进预算绩效管理、产业基金、数智财政等重点领域改革。推动预算绩效管理关口前移，选取17个项目开展事前绩效评价，涉及预算资金16.60亿元，核减率（审减额占总送审额比例）22.6%。推进产业基金改革，制定《上城区高质量发展产业基金管理暂行办法》，建立产业基金“1+3”管理模式，下设招商基金、引导基金、创新基金三大模块分类运作，总规模50亿元，初期规模18亿元，发挥产业基金带动项目招引作用，通过基金引进鹏瞰科技（上海）有限公司等落地项目15个。推进数智财政改革，推进医疗电子票据规范升级试点工作，开出全省首张规范版本医疗电子票据。全面实现公款竞争性存放（公款通过招投标方式确定某商业银行定期存放，实现保值增值）线上招标，依托政采云网上招标平台，实现线下无交易、网上全留痕。

【财政监督管理】2023年，区财政局落实政府“过紧日子”要求，深化财政监管，提升财政运行管理水平。严肃财经纪律，制定全市首个区级层面党政机关“过紧日子”负面清单，明确14项、35条负面事项，建立区级机关“过紧日子”量化指标综合评价体系，统筹压减一般性支出9230万元。强化财政监督检查，落实财政资金违规建设楼堂馆所专项整治“回头看”、地方财经纪律重点问题专项整治行动等财政监督检查事项，开展国有房产管理、城建资金管理、财政票据管理等专项检查。依托“互联网+监管”执法平台，开展重点检查62项，行政检查事项100%覆盖。加强支出管理，推动政府投资建设项目控制价审核关口前移，强化项目前期精细化管理，实施招标清单控制价项目审核，核减率12.8%。加强国有资产管理，全域推进公物仓建设，强化闲置资产循环利用，盘活车辆、办公设备家具等固定资产1007件，固定资产原始价值631万元。

（黄怡雯）

税务

【概况】2023年，上城区紧抓组织收入、落实减税降费政策、优化税费服务、深化税收征管改革等重点工作。全区组织各项税费收入725.81亿元（含工会经费），比2022年增长6.6%。其中，税收收入501.31亿元，增长7.97%；社会保险费收入204.03亿元，增长4.4%；非税收入13.72亿元，下降6.8%；其他收入6.74亿元。税收完成一般公共预算收入237.13亿元，增长8.5%。年内，区税务局获全国“青年文明号”、浙江省“工人先锋号”等集体和个人荣誉64项。

【税费政策落实】2023年，上城区落实组合式税费支持政策，持续优化运用“政策找人”机制，精准推送税费优惠政策，惠及市场主体超18万户。全年新增减税降费及退税缓费54.66亿元，办理出口退（免）税39.13亿元，平均办理出口退税时间压缩至0.82天。通过实施“快享优惠、狠打虚报、严查内错、联合外督、深化宣传”5个方面的工作举措，落实研发费加计扣除优惠政策，补缴税款及滞纳金541.37万元。

【办税缴费服务优化】2023年，上城区优化“智慧主厅、智税定制厅、共治微厅”办税服务格局，“智慧主厅”实现“咨、办、宣”一体化服务，“智税定制厅”围绕服务玉皇山南基金小镇，首个“小营街道共治微厅”带动建成覆盖14个街道的自然人“下沉式”办税缴费辅导体系。依托“智慧办税舱”设备，纳税人、缴费人可通过设备可触摸操作屏与视频语音交互技术，“一站式”办理各类信息采集、电子打印盖章等涉税业务。全年提供征纳互动智能咨询、屏对屏咨询办理服务11万余人次，23个“预约云办”事项减少进厅业务量30.5%，网办率97.1%，民生事项掌办率60.4%。开展便民办税“春风行动”，区税务局联合区行政服务中心实现不动产登记税收“一件事”、社保费缴纳“一厅联办”，二手房交易“交易税费+土地出让金”一次同征，上城区纳税服务品质常态化指标居全市税务系统第1位。年内，在玉皇山南基金小镇建成全市首个国际税收服务e站，提供跨境线上交流和个性化涉税服务，为外资企业提供线上资讯500多次，实现省域通办事项3个，集中审议疑难点问题50多个，完成国际税收情报交换4笔。

【税费征管】2023年，上城区推广全面数字化的电子发票，覆盖试点纳税人8万余户，扩围率98.5%。优化调整社会保险费申报缴纳流程，完成缴费单位年度缴费工资申报5.9万户，申报率99.96%。推动《浙江省税费服务和征管保障办法》落地，深入构建税费共治新格局。打造“山南智税管家”特色税源服务管理品牌，开展基层出口退税精准监管探索。

【亚运会税务服务】 2023年，上城区联动省、市税务局为杭州第十九届亚运会组委会提供线上汇总代开增值税普通发票服务，累计金额160多万元，服务亚运会相关企业“一站式”办理业务900多笔。协助8家商户成为“即买即退”试点，备案离境退税商店数量居全省各区县第一。区税务局集结113人次驻点商圈、机场、场馆提供一线保障。年内，区税务局被评为杭州市“最美志愿服务组织”。（徐　捷）

国有资产监管

【概况】 2023年，上城区深化国有企业改革，优化国有资产配置，强化行政事业单位与国有企业国有资产监督管理。加快国有经济布局优化和结构调整，推动国有资本和国有企业发展，提升企业核心竞争力。至年末，全区有全资、控股国有企业106家，资产总额1781.76亿元。区财政局直接监管上城资本集团、上城文商旅集团、上城市政集团、上城城投集团和上城城发集团5家国有企业。全区国有资产监管企业收入108.04亿元。

【行政事业单位国有资产监管】 2023年，上城区完善国有资产管理制度，修订《上城区行政事业单位国有资产处置管理办法》，细化资产处置审批权限、资产处置程序等规定，严把国有资产出口关。编制《上城区国有资产管理工作手册》，督促各单位逐步建立房产管理细则。坚持“过紧日子”，推动闲置资产盘活，制定《上城区区级行政事业单位公物仓管理办法》，打造线上公物云仓+实体公物仓调剂新平台，盘活车辆、办公设备家具等固定资产1007件，固定资产原始价值631万元，最大化循环利用闲置资产。强化房产等重点资产管理，开展国有房产管理督查工作，并以问题清单形式督促各责任单位反馈整改完成情况，实现以查促改。完成2023年度行政事业单位国有资产年报统计工作，至年末，全区行政事业单位独立编制机构数416个，资产总额320.93亿元。其中，行政单位资产总额61.82亿元，事业单位资产总额259.11亿元。

（方　萃　严祖英）

【国有企业改革】 2023年，区财政局围绕区委、区政府中心工作，持续深化国有企业改革，强化国有经济综合实力和效益。成立上城区国有企业发展服务中心，落实专岗专人形成实体化运作。围绕建设宋韵文化新高地发展目标，推动上城区旅游商贸服务业产业集聚和转型升级，对上城国投集团实行业务重组，组建上城文商旅集团。组建上城区高质量发展产业基金，初期规模18亿元，发挥产业基金引领撬动作用，形成上城资本集团、钱塘智慧城管委会两大主体，以及招商基金、引导基金和创新基金“三大基金”产业基金新格局，推动区域创新创业和产业转型升级。助力全区产业经济发展，全年对接项目330多个，引进生物医药、新能源、元宇宙等相关领域企业15家。区政府建设投资项目管理服务中心统筹推进指挥部注销、历史遗留问题处置、信访积案化解及国有房产办证等工作，实现国有资产保值增值，助力国有企业高质量发展。通过专班制运作，完成国有经营性房产办证21.1万平方米，增加国有账面资产60多亿元。与杭州商宇房地产开发有限公司签署解除托管协议，完成杭州市延安路南端贯通工程建设指挥部接收事宜，收回资金7146万元、房产42

处。与区委编办对接，建立问题信息底册，重新成立清算小组，解决杭州市清河坊历史街区管理办公室自2014年撤销后历时9年未完成注销涉及的债权债务处理、清算组人员变动等历史遗留问题，顺利完成注销。全年处置化解历史遗留问题2189个，协调解决涉改指挥部之间债权债务遗留问题15个，涉及资金1亿余元。完成“杭州市十大领域重点问题重复信访积案”化解目标7件，实质性化解耗时10多年的拆迁安置类历史信访积案18件。

（方　苹　严祖英　梅思婕）

【国有企业监管】2023年，区财政局紧扣“人、财、物、事”，构建国有资产国有企业统一管理格局，激发国有企业活力。健全国有企业管理机制，形成“1+N”国资国企运营监管制度体系。根据企业功能定位和行业特性，实行科学差异化考核，加强形势研判，设置经营性指标、任务落实指标、制度执行指标和综合考评指标四大类指标，发挥考核指挥棒作用，引导国有企业发展。制定《上城区区属国有企业员工流动管理实施办法》，加快形成国有企业管理人员能上能下、员工能进能出、薪酬能增能减的人员流动管理体系，激发企业内生动力和活力。优化拓展、迭代升级智慧国资平台各应用系统功能，围绕“人、财、物、事”等重点环节，完善预警指标设置，打造多维度、全视角的预警指标体系，加快实现数据关联分析，根据企业属性和行业特点，实现差异化监管，进一步提升国有资产监管效能。

资料

“1+N”国资国企运营监管制度体系：指以《区属国有企业深化改革实施方案》为“1”，经营业绩考核、薪酬管理、重大事项报告、国有房产管理、公车管理、违规经营投资责任追究等20多项配套制度为“N”的国资国企运营监管制度体系。

（方　苹　严祖英）

投资与管理

【概况】2023年，上城区围绕“打赢经济翻身仗”工作主线，促投资，抓经济，重点聚焦省、市重点项目，运用投资项目全生命周期管理平台，推动各项目有序开展。年内，开工国家（杭州）短视频基地和凌迪数字时尚研发中心项目，2个项目均为年度“152”省市县长工程项目，均已入统计库。至年末，项目慧视明杭州眼谷科技产业园完成年度投资2.48亿元，完成年度时序投资目标的165.9%。上城区拆迁安置住宅用房项目（劝业里）、丁桥单元JG0407-08地块公共租赁住房，笕桥单元JG0607-R21-01地块拆迁安置房和笕桥单元JG0607-R21-02地块共有产权保障住房4个省集中开工项目完成投资13.65亿元，完成年度时序投资目标的119.1%；34个市重点项目完成年度投资217.73亿元，完成年度目标的123%。全年全区有吴山广场地下空间、国家（杭州）短视频基地、白石国贸中心、杭州国际中心、庆春广场5个年度攻坚项目，其中国家（杭州）短视频基地、白石国贸中心、庆春广场均已施工。全年全区完成固定资产投资815.7亿元，比2022年增长11.1%，总量居全市第4位，增速居全市第6位。

（冯索奇）

【上城资本集团维持国际国内最高信用等级】2023年，上城资本集团发挥高质量信用平台资信优势，为上城城投集团、上城城发集团、上城文商旅集团、上城市政集团区属4个集团提供融资担保，为上城经济高质量发展提供支撑。发挥首评信用等级优势，积极探索融资渠道，持续扩大融资规模，在资本市场进一步扩大影响力，提升企业品牌。3月14日，经上海新世纪资信评估信用评审委员会评审，上城资本集团维持AAA级主体信用等级，为国内最高信用评级，评级展望为“稳定”。8月25日，经国际评级机构穆迪评审认定，上城资本集团维持Baa2主体信用等级（发行人评级），评级展望为“稳定”。集团全年成功发行境内债券30亿元人民币和境外2.23亿美元债。

【上城担保公司治理完善】 2023年8月，上城资本集团正式接收上城区融资担保有限公司，通过完善法人治理结构、修订相关规章制度和审批流程、多方面建立风险应对机制等举措，有效解决国资监管缺失问题，增加上城区融资担保有限公司担保能力和抗风险能力，实现管理和业务的顺利过渡。上城区融资担保有限公司作为全区唯一政府性融资担保机构，累计为各类中小微企业提供融资担保服务超过500家，累计解决就业1.2万人次，扶持人才和科技型企业130多家，为上城产业优化升级和实体经济发展添薪蓄能。

【首期20亿元优质企业债券发行】 2023年，上城资本集团有效降低上城区国有企业融资成本、优化债务结构。1月10日，上城资本集团发行集团成立后首期20亿元优质企业债券，期限7年，发行利率3.8%。上城资本集团突破申报瓶颈，在全国率先采用省发展和改革委员会推荐形式申报，强化与监管部门、发行机构的前置沟通，联动头部债券承销商、审计和律所团队，提高发行质效，于22个工作日内完成国家发展和改革委员会全额批复。该企业债券刷新2023年同类债券最短获批用时记录，并创全国同类优质企业债历史最低利率。

【40亿元非公开发行公司债获批】 2023年4月27日，上城资本集团40亿元非公开发行公司债成功获取上海证券交易所无异议函。6月8日，成功发行第一期公司债券10亿元，期限5年，票面利率3.15%，创2023年以来全国三年期及以上区县级私募公司债最低利率。集团通过强化事前沟通、优化发行方案、拓宽投债主体、降低发行成本等举措，确保该债券成功发行，进一步优化区属国有企业债务结构，提升资产价值和规模效益，助推上城经济高质量发展。

【2.23亿美元债发行】 2023年，上城资本集团在国际资本市场认可度不断提升，提供多元化专业金融服务，助力上城经济高质量发展。10月13日，上城资本集团成功发行规模为2.23亿美元、期限为364天的境外美元债。在美元债四次加息的情况下，集团与多家银行机构进行多轮定价谈判，成功将最终指导价压至6.7%，比初始指导价大幅收窄60个基点（即万分之六十），实现逆势发行。

【50亿元基金集群组建】 2023年，上城资本集团统筹全区资源，做大基金规模，做强上城基金品牌影响力。组建总规模50亿元的高质量发展基金集群。其中，产业创新基金7亿元、产业招商基金40亿元、产业引导基金3亿元。全力支撑上城产业转型升级与创新发展，计划筹建规模超过百亿元的若干专项子基金，年内，完成投资半导体集成电路、新材料、新能源、元宇宙等赛道项目近50亿元，实现产业基金规范化、规模化运作。全年对接雷达汽车直投类和普华资本等基金类项目130多个，在投杭州盛杭景晟投资管理合伙企业（有限合伙）、杭州凯泰创裕投资合伙企业（有限合伙）等基金12支，投资总规模4.13亿元。

【鹏瞰科技全国总部项目落地】 2023年，上城资本集团发挥国有资本运营平台战略投资、资本运作等功能，创新“产业基金+资本招商”模式，培育产业基金投资新生态，有效发挥促招商、扩投资、强产业作用。8月16日，集团参与投资的鹏瞰集成电路（杭州）有限公司落地上城，为鹏瞰集成电路（杭州）有限公司全国总部项目。该公司在全国首创全栈（Full-Stack，是一种解决问题域全局性技术的能力模型）光网传输控制芯片及系统，广泛应用于机器人、工业4.0、电动汽车等领域，致力解决工业控制网络新技术“卡脖子”问题，预计未来3年营业收入超过10亿元，税收超过7000万元。年内，雷达汽车等项目先后通过“产业基金+资本招商”模式落地上城。

（杨元元）

【企业债、绿色债券发行】2023年1月13日，上城城投集团发行年度第一期10亿元企业债，为7年期，发行利率3.5%，创下省内区县级同级别同期限企业债“历史最低利率”。4月13日，簿记发行第二期10亿元企业债，为纯7年期，发行利率3.49%，创近3年全国纯7年期企业债品种最低发行利率，全场认购倍数2.32倍。2月16日，发行第一期面向专业投资者非公开发行公司债券10亿元。6月5日，簿记发行第二期面向专业投资者非公开发行公司债券，发行规模8亿元，为3年期，发行利率3.20%，创年内全国3年期以上区县级私募公司债最低利率，全场认购倍数3.15倍，非银认购规模10亿元，非银认购比例超过50%，吸引到中国人寿养老保险、平安养老保险、工银瑞信基金、海富通基金等非银投资人。8月1日，簿记发行2023年第三期12亿元公司债，为3年期，发行利率3.14%，以纯市场化发行模式再次刷新年内全国3年期以上区县级私募公司债最低利率纪录，全场认购倍数3.17倍，非银认购量19亿元，吸引南方基金管理股份有限公司、富国基金管理有限公司、长江养老保险等非银投资人。10月12日，上城城投集团子公司杭州上城区城市建设综合开发有限公司获香港金融管理局绿色债券补贴，合计293.13万元港币，即273.52万元人民币。年内，该公司发行2亿美元3年期绿色境外美元债，该绿色债券为上城区发行的首单绿色债券，顺应绿色低碳发展趋势及国家“双碳”发展战略。

（曾晓蓉）

自然资源管理

【概况】2023年，上城区土地总面积为11973.4公顷（119.73平方千米）。年内，上城规划资源分局积极服务都市经济高质量发展和宋韵文化新高地建设，强化规划引领、要素统筹、征迁“清零”、高效审批、生态治理、依法行政，高标准完成各项任务。

【用地项目监管】2023年，上城规划资源分局完成竣工规划核实18宗、土地复核验收5宗；竣工规划用地核验68宗。开工、竣工延期处置13宗，超面积处置7宗，闲置土地处置1宗。完成全区面上14个集体土地征迁项目“清零”，完成笕桥、彭埠、望江、闸弄口等街道共2748户农户回迁。成立区安置房办证联席办公室，在全市率先制定安置核查细则。推动安置房核查登记“四级联审”机制，即实行社区、街道、建设主体、区联席办四级联动审核，压实各层级安置核查责任，保障回迁群众合法权益，保证国有资产安全。开拓创新模拟审核方式，实行依申请审核和模拟审核“两条腿”走路。完成安置核查3309户9983套、办证3349套，3项指标均列全市第一。

【自然资源确权登记】2023年，上城规划资源分局强化确权登记，首创杭州市不动产“一窗受理”业务办理点；深化企业专窗服务机制，实现大宗地权籍调查一日办结。

办理不动产登记1.53万件，发放不动产权证书1.36万本、证明3509张，办理不动产权籍调查127宗，其中纯土地27宗、危改项目7宗、资产处理93宗。全年主动进社区、进医院上门服务50多次，服务群众600多人次。

【自然资源保护】 2023年，上城规划资源分局通过外业监测调查和内业审查核对，全面完成对全区林草湿资源的监测和调查工作。拨付7.69万元省级重点公益林生态效益补偿资金，完善森林资源和公益林更新落界“一张图”数据库。完成新增国土绿化394亩（26.27万平方米），完成森林质量精准提升1014亩（67.6万平方米）。上城区全面推进压实林长制建设，完善区、街道、社区（村）三级“林长”组织体系，动态更新各级林长名单，夯实区级会议制度、信息公开制度、部门协作制度、工作督查制度、考核评分细则等“林长制”相关配套制度，有效解决丁兰街道森林防火规范化建设、沿山村城郊接合部专项整治等重点、难点问题。全年召开“总林长会议”1次，发布“总林长令”1次，区级“林长”巡林26次，各部门年度协同16次，森林资源保护力度不断加强。

【自然资源行政督察】 2023年，上城规划资源分局对全区自然资源开展行政督察。全年完成卫星影像图片下发图斑199宗，面积2392.29亩（159.49万平方米），其中判定为合法图斑196宗、违法3宗。完成例行督察月度监测图斑55宗、276.14亩（18.41万平方米），55宗均为合法图斑，未发现违法情况。办理信访来信、来访、来电“三来件”4353件，完成信访积案化解37件，受理答复各类政府信息依申请公开327件。推进“大综合一体化”行政执法改革，完成省自然资源行政执法局指定办理“海宁飞地”土地违法的办案。落实自然资源法律法规主题宣传活动，完成《中央宣传部、司法部关于开展法治宣传教育的第八个五年规划（2021—2025年）》和浙江省“八五”普法规划中期评估验收，举办观摩一场司法庭审、聆听一堂普法讲座、参与一期案例研讨、开设一次法律“集市”、安排一趟走亲服务“五个一”交互式普法活动。

（陈苏瑶）

市场监管

【概况】 2023年末，上城区市场主体总量19.66万家（户）。其中，国有、集体等内资企业10.77万家（含私营企业9.84万家），外资企业1867家，个体工商户8.69万户。个体工商户中，有香港居民个体户6户、澳门居民个体户2户、台湾居民个体户12户。年内，全区新设市场主体3.84万家（户），其中新设内资企业1.68万家（含私营企业1.47万家）、外资企业200家、个体工商户2.15万户。全年注销市场主体1.82万家（户）。区市场监管局优化营商环境、聚焦公平竞争、深化“质量强区”行动，强化执法效能，推进“三品一特”（食品、药品、化妆品、特种设备）安全监管，完成亚运保障任务，为全区经济社会持续健康发展保驾护航。年内，区市场监管局被评为2022年度浙江省市场监管执法工作成绩突出集体、浙江省市场监管安全保障成绩突出集体、浙江省市场监管系统政务信息工作成绩突出单位、杭州市商事制度改革10周年突出贡献集体，获创建国家食品安全示范城市工作集体嘉奖；“直播电商数字治理”项目被评为2022年度有辨识度有影响力法治建设成果和2022年度全市系统改革创新最佳实践案例。

【执照、许可登记审批】 2023年，上城区优化执照、许可登记审批工作。全年许可办件9.93万件，其中营业执照

7.53万件、食品药品类1.12万件、质监类1.28万件。全年备案办件5799件，其中营业执照184件、食品药品类5615件。协助区法院执行股权冻结（解封）886件，登记出质股权总额251.54亿元，被担保债权总额670.28亿元。探索食品经营许可远程视频“互联网+核查”新模式，依托食品经营许可远程视频“互联网+核查”、食品经营许可“全省通办”、连锁门店餐饮许可“承诺免核查”等方式，按照“异地受理、数据流转、属地审批”的模式，通过跨区域数据共享、协同协作，实现“异地受理、属地审批”和食品经营许可证全省通办，进一步提高门店开设效率。8月，该模式在全省推广应用。至年末，区市场监管局通过该模式办理食品经营许可1500多家，实现食品经营许可证30分钟内办结。

（严蔚青）

【企业年报工作】 2023年，上城区推行“多报合一”与精细年报相结合模式，在计划、服务、协同、督促等方面下功夫，持续提升企业年报公示工作质效。通过微信群沟通报、宣传倒逼报、指南引导报、短信提示报、上门帮扶报、定期电话催报等举措，持续提高企业年报公示社会认知度。制作年报指南、操作流程，畅通线上、线下年报公示和咨询渠道，借助初创企业“入市第一课”、日常监管、企业走访等途径，宣传贯彻年报公示制度，增强自主年报意识。截至6月30日，全区企业年报率91.9%，比2022年提高0.18个百分点，重点领域企业年报率100%。

【市场主体事中事后监管】 2023年，上城区推进省级试点项目——“信用承诺践诺核查监管闭环”，梳理市场监管领域许可类告知承诺事项18项，收集整理信用承诺相关法律法规、政策文件30多件，以“评审承诺制”直营连锁餐饮企业食品经营许可事项全过程为突破，制定食品经营践诺核查标准流程，探索在“互联网+监管”平台上线直营连锁餐饮企业践诺核查数字化创新应用。全年完成企业年报85967家、个体工商户年报44217家。统筹歇业备案、市场主体除名、长期未经营企业吊销、强制注销等政策，完善阶梯型出清举措，按照“唤醒一批，规范一批，出清一批”原则，力争通过“一企一策”精准分类，使长期未经营企业有效退出市场，夯实经营主体基数，激活要素循环。全年全区完成吊销长期未经营企业471家，向1182家企业发布吊销满3年未注销企业强制注销警示公告，对170家市场主体作出除名决定。规范异常名录管理，至年末，全区因地址问题被列入企业经营异常名录2794家，因年报问题被列入异常名录1.04万家，标记经营异常个体户3万余户次，按规定移出企业异常6839家次、个体户异常1.16万户次。

（陈欣逸）

【市场监管综合执法】 2023年，上城区执法工作聚焦民生关切，开展食品、药品、特种设备、产品质量、反不正当竞争、反餐饮浪费、反过度包装、反价格欺诈等专项整治行动，立案查处各类违法行为983件，其中大要案267件，查办的典型案件中被省市场监管局录用8件、市市场监管局录用8件，有2件案件在省、市市场监管局组织的案卷评查中获评优秀案卷。在打击烧烤店假牛羊肉、性保健品非法添加、传销、商标侵权等违法领域，移送公安机关刑事立案10件。查处转供电违法案件1件，惠及终端用户179户，退款551.7万元。在违法行为查处过程中，落实包容审慎监管原则，为萌芽阶段、发展时期的市场经营主体谋求容错空间，对轻微违法行为不予处罚、减轻处罚案件100多件，从轻处罚案件600多件。

（蒋琦纬）

【公平竞争审查】 2023年，上城区以全省公平竞争审查集中审查试点为契机，全力破解公平竞争政策实施难点、痛点问题，持续促进市场公平竞争，着力打造尊商、护商、亲商更优氛围。5月，上城区入选省级“公平竞争审查集中审查试点”。8月，被列入浙江省“地瓜经济”提能升级“一号开放工程”第一批创新试点项目。维护市场公平竞争秩序，全年审查增量文件300多件，增量文件审查率和公示率均100%；清理存量政策措施350多件。创新探索集中审查，率先制定《上城区公平竞争审查集中审查制度（试行）》，强化公平竞争政策刚性约束，打通公平竞争审查和合法性审查衔接堵点。持续开展会审试点，抓队伍、建机制、促联动，系统开展文件审查会审，实现“重大政策措施、产业发展政策、重点领域政策”3个全覆盖。

（胡丹丹）

【网络监管工作】 2023年，区市场监管局围绕省委数字经济“一号工程”及省、市市场监管局工作重点，构筑网络安全防线，着力推动平台经济高质量发展，营造公平竞争的网络市场环境。通过上门走访，对全区7家平台企业开展点对点帮扶指导。开展集体行政指导约谈会2次，集中培训会5次，约谈较大规模网络经营者28家次，送达经营规范告知书150份。依托上城区直播电商数字治理平台，实时更新监管数据库，对全区2332家直播企业、2749个直播间持续开展监测，分析直播视频6113个，发现涉嫌违法线索603个，均闭环处置。打造以《绿色直播间管理规范》为核心的电商管理体系，优化制度，创设全周期指引路径。年内，省级地方标准通过专家评审。

（廖涛茂）

【企业信用建设和合同监管工作】 2023年，上城区引导企业加强内部信用管理，促进企业健康持续发展，杭州海兴电力科技股份有限公司等3家企业获评浙江省信用管理示范企业，浙江威星智能仪表股份有限公司等11家企业获评杭州市信用管理示范企业。经过指导和推荐，2023年度浙江省AAA级“守合同重信用”企业首次公示12家，继续公示37家；AA级“守合同重信用”企业首次公示39家，继续公示25家；A级“守合同重信用”企业首次公示31家，继续公示12家。推广企业信用修复“一件事”改革工作，面向企业和部门做好指导和服务，全年办理区市场监管局行政处罚信用修复申请197件，其他部门行政处罚信用修复申请38件，严重违法失信名单类信用修复申请11件。根据省、市合同监管工作部署及要求，落实合同监管工作，引进第三方法律顾问服务指导，开展不公平合同格式条款整治，涉及健身娱乐、生活美容、宠物消费等新的合同监管领域，全年区市场监管局立案合同监管类案件27件。

（陈欣逸 钱丽娟）

【商品市场提升发展】 2023年，区市场监管局推动区商品市场提升发展，牵头推进“平安市场”“星级文明市场、五化（便利化、智慧化、人性化、特色化、规范化）市场”创建等工作，提升市场硬件环境、商户资源、商品品质、管理服务等方面，指导市场紧跟消费潮流提升和扩大商品交易市场品牌影响力。年内，指导丁桥供销社农贸市场通过省“五化”改造商品市场验收；指导成功创建省放心农贸市场4个，其中新创建1个、延续创建3个；指导延续创建星级市场10个。指导杭州四季青服装市场成功创建“中国商品市场功勋市场”，指导杭州九意法女装城成功创建“中国商品市场时尚市场”。

（钱丽娟）

【“动物诊疗云监管”平台推广】2023年2月1日，区市场监管局开发的专门针对动物诊疗机构管理的数字化监管平台被市农业农村局和市市场监管局联合发文推广。4月10日，市农业农村局再次发文推广。该平台将全区在册登记许可的65家动物诊疗机构全部纳入监管，简化各动物诊疗机构台账记录，将场所防疫消毒、药品采购、免疫、处方用药、诊疗废弃物无害化处理等日常工作纳入填报管理，形成基于诊疗机构的日常运维分析、药品使用追溯和分析、品种区域分布分析等决策分析平台。11月，在平台稳定运行基础上，上线公众服务平台——关联微信公众号“宠简单”，归集宠物主和动物诊疗机构于一体，将动物诊疗机构及从业人员进行频道分类，精准分析公众服务需求，实现增值服务定向送达。至年末，该平台入驻省“乡村大脑”系统，并依托“乡村大脑”向全省推广应用。

（鲍　康）

【食品安全社会共治】2023年，上城区食品药品安全委员会办公室联合各成员单位，以深化省食品安全示范区创建成效为总牵引，全面强化系统思维，创新监管，稳步提升基层食品安全治理水平。按照食品安全属地管理责任要求，全区2.13万家食品生产经营单位与1507名包保（“包”即业务分包、包干，“保”即确保落实）干部确立包保对应关系，实现包保关系确立率、承诺书签订率、包保干部培训率、督导完成率、闭环处置率100%。全区食品监督抽检工作100%实现“硬分离”（监管干部负责抽样、检测机构负责样品检测，抽样与检测实现完全分离）。开展抽检专业培训3次，参加市食品抽检技能大比武，获2023年市基层执法人员食品抽样技能比武团体三等奖。全年完成各类食品抽检6344批次，发现不合格食品132批次，通过区市场监管局微信公众号、“上城发布”App、区政府官网、农贸市场公示栏等途径进行公示，检验结果公示率、不合格食品闭环处置率均100%。精准防控社区集体聚餐风险，制定区级行政性规范文件《上城区社区集体聚餐食品安全风险防控指导意见》。开展“浙里食安·护航亚运”食品安全宣传月活动。9月19日，联合丁兰街道在皋城村村委会举办“美丽乡村话共富，食品安全乐农家”圆桌会，通过圆桌讨论皋城村近年来共同富裕情况，畅聊食品安全重要性，进一步提升农家乐食品安全管理水平。发挥“两代表一委员”食品安全共商共治效应，办理《关于进一步加强食品安全监管的建议》《关于促进放心消费，推动餐饮行业复苏的建议》等人大建议、政协提案9件。联合区食品安全监督协会，组织开展食品安全宣传文艺演出进社区活动16场次。拍摄食品安全科普短视频5个，在区市场监管局微信公众号、各社区电子屏开展宣传，成效良好。年内，全区实现四星级街道食品安全委员会办公室全覆盖，新增五星级街道食品安全委员会办公室3个。

（韩　平）

【食品生产流通监管】2023年，上城区推动食品生产企业关键控制点（简称CCP）智控集成改革，通过“浙食链”企业端用户界面改造，丰富“浙食链”公众端食品安全信息助力企业发展，全区在产食品生产企业全部实现CCP管控，并完成243款产品“一物一码”技术改造。CCP智控集成改革项目被列入杭州市“浙里食安”示范项目。创新推进“生鲜门店监管一件事”改革项目，通过建立规范提升标准，重塑分类治理模块，打造分级监管体系，实现生鲜门店食品安全风险隐患闭环管控，全力夯实基层食品安全防线。6月，全省生鲜门店食品安全治理现场会在上城区召开，相关做法获全省系统发文推广。年内，上城区“生鲜门店监管一件事”改革项目被列为杭州市“浙里食安”最佳实践项目，并获评“健康浙江”行动省级样板，是全市唯一上榜的“食品安全放心行动”项目。

（陈绍强）

【质量强区建设】 2023年，上城区以推进质量治理体系和治理能力现代化为目标，将实施“三强一制造”（质量强省、标准强省、品牌强省和“浙江制造”品牌建设）作为落实“质量强区”战略的重要抓手，通过夯实质量管理基础，提高企业产品质量水平，赋能企业提质增效，服务上城经济社会发展。推进“浙江制造”品牌建设，杭州东城电子有限公司“智能信包箱”、杭州贝特设备制造有限公司“电线连接工具手动液压压线钳”通过“浙江制造品字标”认证；杭州茶厂有限公司“龙井茶”通过“品字标浙江农产”认证，成为全区首家“品字标浙江农产”品牌企业。9月，上城区首席质量官专委会成立，推进首席质量官制度，强化质量管理，以各级质量奖创建为引擎，引导企业导入卓越绩效管理模式。杭州娃哈哈集团有限公司获“第九届浙江省人民政府质量奖”。

【丝绸产业质量提升管理】 2023年，上城区建立丝绸企业监管数据“驾驶舱”，以分类监管为抓手、以信用监管为依托、以智慧监管为支撑，建立丝绸产业分级分类闭环监管体系，进一步优化产业质量提升。逐步建立“科学监管、风险分级、全面覆盖、动态调整、提升效能”的丝绸产业分级分类监管体系，助力丝绸产业高质量发展，文化和品牌影响力持续增强。寻找产品质量差距，开展丝绸产品质量比对工作，抽检18批次，其中4批次不合格。指导万事利集团有限公司完成“人工智能花样设计应用于丝绸无水印染领域的研究”质量攻坚项目。将丝绸智能制造领域术语平台嵌入上城区丝绸产业质量基础设施“一站式”服务平台，作为平台的特色服务模块为企业提供更深层次的服务。全年平台导入企业56家，入驻专家11人、机构6家，为丝绸企业提供服务81家次，其中线上服务14次。

【产品质量监管】 2023年，上城区加快净化产品质量安全环境，精准化开展产品质量监督抽查工作。抽检燃气灶具、汽柴油、电动自行车等133批次，其中不合格16批次，合格率88%。全年受理产品生产、流通及外地移送案件201件，罚没款17万余元。完成《工业产品生产单位落实质量安全主体责任监督管理规定》和《工业产品销售单位落实质量安全主体责任监督管理规定》省级试点，选取凯旋、四季青2个街道市场监管所测试省市场监管局系统，核查企业146家，录入系统47家，及时发现并反馈系统问题12个，协助动态优化省局信息平台。根据国家市场监管总局和省、市市场监管局相关规定和通知要求，组织开展相关培训会3次，培训100多人次，核查省市场监管局下发重点单位任务120家、其他类单位任务1760家，核查中大型销售企业2817家，有369家单位被纳入“两个规定”管理，指导该369家单位配备质量安全总监、安全员并建立“日管控、周排查、月调度”工作机制。

（徐　佳）

【药品、医疗器械和化妆品监管】 2023年，区市场监管局落实药械化安全工作各项部署，开展亚运药品安全保障行动，对赛事指定医疗机构和接待酒店及场馆等重点区域周边的零售药店实施全覆盖检查，全区药店100%签订承诺书。开展酒店化妆品专项抽检49批次，发现不合格产品4批次，全部立案查处，实现药源性兴奋剂和药品安全事件“两个零发生”目标。强化药械化安全监管，全年检查药械生产经营使用单位1549家次、化妆品注册人、备案人企业27家次；开展药械化抽检287批次，监测药品不良反应2746例，其中新的、严重的1069例；医疗器械不良事件749例，其中严重报告35例；化妆品不良反应140例。开展药品安全社会共治，新建杭州华东武林大药房有限公司之江路分店、杭州九洲大药房连锁有限公司丁桥店2个四星级民生药事服务站，胡庆余堂国药号获批“全省药品科普基地”。推进特色亮点品牌建设，全国首批、全省首家“化妆品个性化服务试点”落户上城，作为杭州市唯一区县代表高分通过省级化妆品“百千万”示范项目验收，在全市率先启动植介入医疗器械零售改革试点，畅通院外器械院内合规使用渠道，满足患者个性化用械需求。深化“信用+化妆品”监管模式，创新构建化妆品注册人备案人信用体系。

（施　航）

【放心消费工作推进】 2023年，区市场监管局推进放心消费建设。创建放心消费单位6000多家，打造“标准化”放心消费商圈（街区）9个，砂之船奥特莱斯广场和银泰百货西湖店获评杭州市十大放心消费商圈，“毛戈平”“十月结晶”“老金磨坊”3个直播间入选全市首批放心消费直播间示范体验点，数量居全市第1位。在上羊市街社区创建全市首个放心消费社区，在该社区建成网络餐饮“阳光厨房”125个，覆盖率100%，指导望江路农贸市场优化消费侧体验，商户100%激活应用“浙食链”并公示等级信息，全面管理杭州市建兰中学周边22家食品商户，对风险隐患应查尽查。全年登记、处置各类投诉举报9.15万件，为消费者挽回经济损失450万元，投诉按时初查率、举报按时核查率100%，信访积案100%“清零”，重复交办信访件按时动态“清零”率100%。建成消费维权联络站25个，解决消费争议2.17万件，为消费者挽回经济损失1330多万元。落实24小时应急值班制度，形成应急执法闭环投诉，防止因处置不当而引发社会矛盾。全年公示消费投诉信息8000多条，公示率92%，保障消费者的知情权和选择权。

（杨　利）

【标准化战略推进】 2023年，上城区深入推进政府管理和社会服务等标准化项目。新增《基层社会治理数据库建设规范》等4项市级地方标准立项，杭州东城电子有限公司《冷链投递柜》浙江制造标准发布，《渠式切割装配式地下连续墙技术规程》等3项标准获“浙江标准”认定。组织浙江省农业科学院等10家单位申报2023年杭州市标准化资助项目28项，发放省、市、区资助金232万元。6月16日，在法国巴黎召开的ISSCC全球可持续发展标准化城市联盟会议上，上城区代表中国试点城市汇报ISO 37101试验区示范经验，杭州钱江新城中央商务区近年来在标准化、楼宇综合服务、物业管理、智慧平台等方面取得可复制可推广的经验成果，为中央商务区可持续发展提供上城经验。

【计量合格评定监管】 2023年，上城区通过“杭州民生计量服务平台”预约送检审核强制检定计量器具1.73万台件，合格率97%。开展燃油加油机计量准确性治理工作，对全区27个加油站的加油枪进行100%全覆盖检查，组织加油站签订“诚信经营承诺书”，并统一公示计量信息。开展小微企业质量管理认证提升行动，组织专家入企帮扶，指导企业导入养老服务管理体系，其中养老服务业质量提升项目被列入小微企业质量管理体系认证提升省级区域试点项目，组织绿康医养等养老服务机构和绿城物业等物业管理机构开展质量培训3次，共计培训企业60多家。

（千　静）

【特种设备安全提升】 2023年，区市场监管局坚持“安全第一、预防为主”原则，以平安护航亚运为主线，按照确定的核心区、重点区、外围区组织开展特种设备安全整治专项行动，压紧压实亚运会核心区、重点区238家特种设备使用单位安全主体责任，督促落细落实各项安保措施，确保亚运会、亚残运会期间核心区特种设备事故和突发事件“零发生”。开展宣传活动10多次，组织该238家重点单位相关负责人完成线上培训考核，全区46家生产单位、2351家使用单位均完成特种设备安全总监、安全员“两员”配备，完成率100%。全年区市场监管局出动执法人员1788人次，检查单位736家，发现消除隐患2189个，立案查处违法行为9起，罚没款24.5万元。推动加装电梯托管改革，新增395台加装电梯由业主自我管理向第三方管理模式转变。

（董　超）

【亚运食品安全保障】 2023年，区市场监管局组建区驻点保障领导小组，抽调70名人员成立全区亚运会相关点位监管保障队伍。对全区亚运会相关酒店开展3轮全覆盖风险评估，按照“一酒店一报告”量身定制提升方案，销号问题251个，亚运会相关酒店高标准全部通过验收。精准指导尊蓝钱江豪华精选酒店等6家酒店提升清真供餐能力，推动全区餐厅开展区域无障碍化提升。上溯一级，对175家市区内接待酒店食材供应商开展全覆盖抽检，抽检食品856批次，立即停用不合格食材供应商产品3批次。亚运会、亚残运会期间，对4家大家庭总部饭店实施24小时全天候驻点保障，以最严标准实施全过程监管。开展食材快速检测4810批次，当场监督销毁不合格产品1批，并停用该供应商食材；开展环境检测3873批次，均合格。通过局班子包干片区、局巡查队全域巡查、各所交叉检查等形式，开展全区“护航亚运”社会面食品安全集中整治，排查重点区域内餐饮经营主体9474户，发现并闭环整改问题5285个，立案30件，移送公安刑事立案3件。系统制定《上城区食品安全事故应急预案》《第19届亚运会和第4届亚残运会上城区食品安全突发事故应急预案》，建立综合协调、事故调查、危害控制、医疗救治、社会稳定、新闻宣传、专家咨询七大工作组，明确监测预警、信息报告、应急响应等应急程序。联合区卫生健康局、区公安分局等部门组织开展全区亚运食品安全事故全要素应急演练，街道、酒店、监管部门等相关人员200多人参加，全方位提升食品安全应急处置突发事件能力。

【餐饮安全】 2023年，上城区对照省民生实事项目任务，全力推动上城校园、养老机构“阳光厨房”建设。结合学校、养老机构特点，采取“日常序时推进+假期集中攻坚”模式，全力加速任务推进。至年末，建成校园“阳光厨房”200多个、养老机构“阳光厨房”24个，提前超额完成项目目标。创新“自治+慧治+共治”街区治理模式，推动清河坊历史街区餐饮商户成立“食安共治联盟”，全面规范商户经营行为。在街区49户外卖餐饮商户全覆盖安装“阳光厨房”的基础上，对优质商户加装智慧“小屏”，打通商户“小屏”与河坊街管委会大屏信息，全面提升餐饮安全管理透明度，创建清河坊“阳光餐饮”示范街区。

（周　立）

物价管理

【概况】 2023年，上城区发挥价格监测、价格咨询、政策宣传等作用，及时受理价格投诉信访，切实维护群众利益。创新价格管理思路，对纳入市级平台的监测点定期走访指导，通过实地巡查、询价，第一时间掌握重要民生商品价格变动情况。依托“民呼我为统一平台”及时受理价格投诉信访，价格案件投诉处理满意度100%达标，维护群众利益。全年收到价格政策咨询和信访162件，包括停车收费、民用电价格和物业费等方面，其中停车收费92件，占比56.8%。

【教育收费管理】 2023年，上城区协助做好教育收费调研。区发改经信局会同区教育局对全区中小学服务性收费和义务教育阶段课后服务代收费情况开展为期一周的专题调研，并形成调研报告向省、市发展和改革委员会报送。3月9日，区发改经信局陪同国家发展和改革委员会价格司和省、市发展和改革委员会对杭州娃哈哈双语学校教育收费情况开展实地走访调研，详细了解学校服务性收费、代收费和义务教育阶段课后服务收费的情况，相关数据为政府制定新一轮课后服务收费标准提供支撑。

（赵　骏）

【价格专项检查】 2023年，上城区加强物价监管，维护全区正常价格秩序，落实收费专项检查工作。2月，区发改经信局会同区民政局、区市场监管局对全区开展殡葬服务收费检查，根据省、市下发名单，实地检查珊鸿礼品店和杨华春丧葬用品店经营情况，指导店铺做好物品明码标价，区市场监管局不定期开展明码标价检查“回头看”。年内，区市场监管局围绕减轻企业负担、服务民生价格及规范收费行为等重点，开展医疗用品、药品价格检查，对辖区内127家单体药店、360家连锁药店进行全覆盖检查。开展殡葬收费检查，对辖区公墓服务收费价格经营行为进行检查。结合亚运会、亚残运会的举行，开展节日市场价格和景区价格收费专项检查，对停车场收费和旅游特色商店等进行检查。开展转供电违规加价等专项整治和教育收费、涉企收费等专项监督检查。通过各类专项整治和检查，清退金额551.7万元，惠及终端用户179户，查处价格违法案件79件，罚没款67.54万元。

【价格政策宣传】 2023年，上城区加强价格政策宣传。3月17日，区发改经信局在九堡街道格畈社区开展“迎亚运、讲诚信、促文明”主题普法公益宣传活动，向市场经营单位、商户和群众讲解《中华人民共和国价格法》、杭州市现行机动车停放收费管理办法等相关法律法规，现场发放宣传折页50多份，宣传手册35本。年内，区市场监管局保障口腔种植医疗服务价格全流程调控，强化对民营医疗机构的监管，联合区医保中心、区卫生健康局对辖区内94家口腔种植医疗机构开展上门宣传指导，督促医疗机构张贴“口腔种植医疗服务价格项目表”及《口腔种植价格承诺书》。

（赵　骏　周　兵）

金融管理

【概况】 2023年，上城区坚持金融监管与风险处置双向发力，持续加强金融风险防控，履行地方金融监管职能，完成风险线索流转核查。落实省、市要求，推进私募基金资金风险处置工作，聚焦第三方财富公司、房地产等领域开展专项行动。全年各类地方金融组织经营稳健，未有系统性金融风险发生。

【地方金融监管】 2023年，上城区指导区内地方金融企业开展新设、变更等审批备案工作。完成融资担保、小额贷款公司年度监管评级，10家融资担保机构经浙江省地方金融监督管理局复评，初评结果为A级2家、B级6家、C级2家；7家小额贷款公司初评结果为A级2家、B级2家、C级1家、D级2家。完成典当行年审工作15家，其中年审A类12家、B类3家。完成融资租赁行业分类处置工作，纳入监管融资租赁公司8家。

【金融风险防范】 2023年，上城区着力防范化解金融风险。重点聚焦网贷平台后续处置、私募基金专项整治、第三方财富公司排查整治、退市风险处置，落实重点机构风险化解。完成金融投资类企业登记注册综合研判会商，审核通过新设企业110家、迁入企业42家、变更事项453项，拦截风险企业11家。牵头开展防范非法集资宣传教育，组织线下宣传教育活动9场，参加人数3000多人。全年收到省金融风险“天罗地网”监测防控系统下发风险线索信息8条，均按时有效进行流转核查反馈。开展投融资领域信访突出问题集中治理专项行动，完成国家、省重件积案化解4件，处理办结信访件422件次，接待线下来访人员10批次、24人次，接听咨询来电452个。

（姚　俊）

农业经济管理

【概况】 2023年，上城区积极推动落实省政府办公厅《乡村振兴支持政策二十条》，深化农业“双强”（科技强农、机械强农），建设宜居宜业和美乡村，推进城乡融合发展和聚焦共同富裕大场景下的乡村振兴工作。根据市委农村工作领导小组印发《2023年度实施乡村振兴战略实绩考核办法》要求，实施科技强农，打造以现代种业为龙头的农业高质高效新态势。持续推进科研成果转化、基础设施建设等项目实施，加快特色产业创新创优。推进皋城村“未来乡村”建设，创建“观桃节”“登皋节”两大文旅品牌，成功打响皋城“杭州北游金名片”。强化“小微权力运行”等制度建设，保障村级集体经济规范化运营。持续优化滨江云顶桃源旅游综合体等项目，促动协作帮扶落地见效。全年全区村级集体资产总额467.94亿元，比2022年增长4.2%；村（社）集体经济组织年度可分配收入26.52亿元，增长15.3%。

【农业产业发展】 2023年，上城区创新推进重点产业领域发展，实施省级“双强”和现代种业项目，农作物种业研发推广在全省名列前茅。杭州种业集团等3家企业入选省级农作物种业阵型企业，居全省第1位；全年立项实施省现代种业发展项目14个，财政资金1456.1万元，资金总量居全省第一；获杭州市现代种业项目品种奖励13个，奖励金额360万元，居全市第1位；浙江勿忘农种业股份有限公司的“中浙优8号”技术示范推广应用项目获2022年浙江省农业丰收奖一等奖。推动龙头企业持续发展，全区有省市级以上农业龙头企业20家，全年农业龙头企业总体营业收入266.8亿元，实现税收50.47亿元。规范农业投入品许可审批监管服务，开展许可审批20件。

【村集体“三资”管理】 2023年，上城区有村（社）集体经济组织60个。村（社）集体资产总额467.94亿元，其中银行存款97.32亿元；可分配收入（总收入）26.52亿元，其中47个村（社）集体经济组织年度可分配收入超过1000万元，其中三叉经合社可分配收入最高，为2.69亿元；33个村（社）集体经济组织开展股份分红（股东分配），受益股东6.96万人，分红（分配）总额5.91亿元。全面落实《关于加强股份经济合作社规范管理的若干意见》，加强“浙农经管”应用推广，系统构建“1+7+N”整体格局，是全国首个省、市、县、乡、村五级联网一体化运行的农村集体经济数字管理系统，实现“村社家底一库集成、财务审批一网通办、资产管理一事一案、阳光公开一清二楚、智能统计一键生成、穿透监管一览无遗”“六个一”目标。推进村集体经济组织财务收支审计全覆盖，审计资金、资产总额452.29亿元，整改完成问题439个。持续提升集体

"三资"管理水平，对38个集体经济组织开展侵占村社集体资产资源问题集中治理专项检查，全面清查经济合同1500多份，整改问题64个。制定《上城区村社集体产权交易相关操作细则》，细化村集体经济产权交易流程，规范全区村社集体产权交易行为，维护集体产权交易秩序，明确村社产权交易应履行的内部决策和批准程序，坚持集体产权交易应进必进原则，全年进入区级平台产权交易91宗，实际成交70宗，中标价4.24亿元。组织开展全区经合社董事长、财会人员业务培训，参训180多人次。

资料

"1+7+N"整体格局：即1个浙农经管主体平台，数据归集、村级财务、资产经营、民主理财、全程监管、报表分析、村民服务7个"一件事"，村社概览、财务运行、阳光公开、预警监督、银农直联等N个功能模块。

【农产品创优和推广】 2023年，上城区深入实施优质农产品创建和推广活动。组织区内农企、农产品参加省、市农博会和各类展销推介活动，杭州茶厂有限公司的"西湖牌"龙井茶、杭州绿望农产品有限公司的"绿望"中华鳖等优质农产品获评2023年浙江省农博会金奖。全年举办"农宝惠"优质农产品进社区活动4次，浙江金年食品有限公司、祐康食品（杭州）有限公司等近20家农产品企业和火腿、肉制品、冷冻食品等100多种优质农产品参展，进社区销售额30多万元。

（陶　伟）

安全生产监督

【概况】 2023年，上城区围绕辖区安全生产实际，以有效防范各类安全生产事故为目的，聚焦责任落实、风险管控、执法检查、数字监管等关键环节，守牢安全底线。强化责任落实、细化监管举措、深化隐患整治、狠抓执法检查，确保全区安全生产形势持续平稳发展，为加快建设独具韵味的国际化现代化共同富裕典范城区提供应急管理保障。全年全区发生一般安全生产事故2起，死亡2人，未发生较大及以上安全生产事故及自然灾害事故，实现风险总体可控，形势总体平稳。

【安全生产责任落实】 2023年，上城区严格落实"党政同责、一岗双责、齐抓共管、失职追责"和"管行业必须管安全、管业务必须管安全、管生产经营必须管安全"的要求，制定《上城区安全隐患全面排查整治常态化工作方案》《上城区安全生产常态化治理工作机制》，完善"日、周、月、季、年"全时段常态化长效监管和安全防控制度，构建安全生产常态化治理机制。依托"141"基层智治平台贯通厘清底数清单，清查并确认辖区内10.59万家法人单位、产业活动单位、个体经营户、重点场所的基本信息、四方责任、经营状态、风险清单、检查频次等，强化行业部门和街道隐患排查"专业与日常双清单"全闭环，确保安全生产日常巡查检查有数可循、有据可查。重大节假日前，区四套班子领导带队开展安全检查，各安全生产专业委员会落实行业领域安全生产监管工作。督促指导各街道加强日常安全检查，设立由行政主要负责人任组长、消防应急管理站为常设办事机构的街道应急管理工作领导小组，落实行政责任人、各类责任人。发挥安全生产考核"指挥棒"作用，抓好过程考核，建立过程管理体系，对各重点工作、量化指标的完成情况实施季度通报、月度追踪、随时督办，促进安全生产责任落实。全年完成1家市级重大隐患挂牌督办企业、16家区级重大隐患挂牌督办企业的所有重大隐患的整改、验收、销号工作。

【城市运行安全风险管控】2023年，区应急管理局统筹全区安全风险管控措施，多措并举开展城市安全风险管控工作。常态化开展安全风险排查，动态掌握纳入监管的企业底数和风险底数，建立、完善企业风险“一企一档”、风险画像和清单化防控制度，提升安全风险防控能力。推进企业风险管控体系创建、完善，指导企业进行风险辨识、风险评估和分级，运用“红橙黄蓝”四色安全风险空间分布图，对设备设施、作业环境和人员行为等方面的安全风险进行全员、全方位、全过程辨别，将风险管控责任措施落实到各个点位和环节。分级分类推进企业开展安全生产标准化创建，提高企业安全管理水平。全年全区获评二级标准化达标企业29家、三级标准化达标企业123家，审核上报规模以上企业新申请标准化材料7家、免审换证13家，组织规模以下企业新申请标准化评审14家。加强达标取证后的运行监督，组织浙江省应急管理科学研究院专家对10家取证企业开展“回头看”检查，提升标准化运行质量。制定《上城区工业企业班组安全自主管理指导意见》，发挥企业班组作为安全生产的最小单位作用，增强企业落实安全生产主体责任原始驱动力，促进企业安全生产由被动接受监管向主动加强管理转变、安全风险管控由政府推动向企业自主实施转变、隐患排查治理由执法推动向企业日常自查自纠转变。

【安全生产大整治大排查行动】2023年，上城区以“1+2+15+N”工作体系为抓手，推进安全生产大整治大排查行动。结合上城区处于杭州市中心及专业市场、综合体、高层建筑、物业小区密集等特点，拓展整治范围，在紧盯“厂中厂”、动火作业、工业企业、建筑工地、医疗机构、高层建筑、有限空间作业、防汛防台等重点领域和重点环节基础上，增设专业市场、再生物资回收站、住宿业、全链条电气焊、教育整治内容，形成安全生产大排查大整治方案，落实72项措施、166项评价标准。围绕重大隐患“发现—管控—整改—销号”全闭环流程，各行业部门、属地街道以大综合一体化行政执法改革为支撑，采取“专项+网格”“条+块”模式，查清属地和行业领域安全监管底数，梳理出无生产经营企业3.3万家，建立3692家重点领域企业（场所）的安全隐患底数清单。每月召开区安委办牵头的专项执法整治联席会议，梳理底数、隐患、责任、闭环整改、执法处罚5张清单，重点攻坚建设工地、“厂中厂”、专业市场、民营医院4类重点场所，持续开展11个重点领域整治。整治期间，全区实地检查各类企业（场所）3.13万家次，发现并整改问题隐患3.88万处，其中重大隐患880处；责令停业停产950家，立案查处5400多家（个），行政拘留68人，追责问责3人。在《上城报》设立集中曝光台，曝光28期，在区级融媒体设立“一案一曝光”板块，持续发布安全生产违法行为典型案例84个，发挥舆论监督职能和教育警示作用。

资料

“1+2+15+N”工作体系：“1”指1个总方案；“2”指“厂中厂”、动火作业2个专项方案；“15”指消防、建设施工、道路交通、城市运行、危化品和工业企业（全链条电气焊）、文化旅游、商贸、医疗卫生、教育9个专委会方案及有限空间、特种设备、专业市场、再生物资回收站、住宿业、防汛6个专项方案；“N”指后续追加的成品油、瓶装燃气餐饮用户等专项方案。

【安全生产执法检查】2023年，区应急管理局聚焦建筑工地、危化品使用企业等经营单位开展专项执法检查，检查中发现的一般违法行为整改率、重违法行为立案查处率均100%。依托全省统一行政执法监管平台，落实“双随机、一公开”抽查监管要求和行政执法公示制度、重大执法决定的法制审核制度等，加大执法检查和行政处罚力度，运用一案双罚、顶格处罚、行刑衔接“铁手腕”查处一批、通报一批、警示一批。打造规范执法场景，落实完成办案区建设，完善案卷管理制度，专门配备档案室、案卷柜及执法车辆，进一步实现执法办案全流程、闭环式监督管控，提升全局规范执法水平和执法办案效能。以区安全生产综合行政执法队为主，借助15个属地街道（管委会）安全生产监管力量，通过案源线索移送的形式，对发现的违法行为进行查处，激活基层安全监管“神经末梢”。全年查处安全生产违法行为处罚案件211件，罚款344.12万元，罚款缴纳率100%。

【安全生产违法行为行刑衔接】 2023年，区应急管理局根据《关于进一步加强上城区安全生产行政执法与刑事司法衔接工作机制的意见（试行）》，推动形成各部门各司其职、相互衔接、密切配合、高效联动的工作格局，打通安全生产领域涉嫌违法犯罪案件的调查、移送、侦查、捕诉及法律监督全流程。加大“行刑衔接”及“行行衔接”执法力度，重点打击危化品无证经营及危险作业等刑事案件，利用金税系统等信息化载体，提升线索发现能力。针对涉嫌刑事犯罪的买卖、伪造特种作业证行为等特种作业领域安全生产违法行为，与区检察院联合开展打击特种作业领域违法行为专项行动。全年开展事故调查6件，办理行刑衔接案件4件，移送公安机关4人。

【安全生产社会化服务】 2023年，上城区以政府购买服务等模式引导社会力量共同开展安全生产社会化服务，提升辖区安全生产水平。通过委托第三方机构开展加工制造类企业社会化专家诊断服务、重点企业安全生产社会化服务、工业企业安全风险普查等社会化服务，建立“1+1”结对指导机制，即1名应急管理工作人员与1家中介服务机构结对，重点围绕企业安全生产责任、安全生产管理、安全设施设备、安全教育培训、隐患治理、应急处置等方面，为加油站、小微园区、267家工业企业和56家“一厂多租（厂中厂）”出租企业开展体检式隐患风险诊断指导，服务2540次，整改隐患6045个。根据《浙江省应急管理厅关于印发〈2023年浙江省安全评价机构执业行为专项检查实施方案〉的通知》，对服务机构专业能力、企业评价反馈等进行公平、公开、公正的综合评估，倒逼服务机构提升服务水平，助力安全生产工作有序开展。梳理安全评价机构5家，组织专家对涉及不同业主的6份安全评估报告实地复核，同时对辖区内2家安全评价机构开展上门检查，约谈安全评价机构1家，整改完成1家。

【安全生产数字化监管】 2023年，上城区深化全省危险化学品大数据平台、危险化学品全生命周期在线、工业企业安全在线、“一厂多租”安全管理系统、“浙里焊”等平台应用，运用数字化手段，动态掌握企业风险底数，建立完善企业风险“一企一档”、风险画像和清单化防控措施，为监管提供数字化支撑服务。制定《上城区电气焊安全监管服务“一件事”改革实施方案》，推行焊机赋码加芯，明确电气焊作业“以码管机、以机管人、以智管焊”工作目标，通过“浙里焊”应用平台进行全方位监控，以后台实时定位、远程传输数据、控制设备开关机和芯片组合拆除报警提示等，100%完成辖区焊机数字化改造798台，实现“一机一码”管理，上城区成为全市首个完成电气焊设备数字化改造的区（县）。依托工业企业安全在线平台，实现全区267家工业企业、56家“一厂多租（厂中厂）”出租企业和26个加油站服务全覆盖，严格落实30日隐患自查制度和每日安全承诺上报高风险作业模式，全年企业自查隐患8393条，整改完成8361条，整改率99.6%。

【“简案快办”工作机制】 2023年，区应急管理局以“简出效率、提质增效”为目标，将“简案快办”从局级办理基础上，延伸至街道层面，实现街道执法力量执法降负增效。按照《杭州市上城区应急管理局行政案件快速办理工作规定（试行）》，对部分案情简单、违法事实清楚、当事人自愿认错认罚的行政案件，通过优化办案流程、简化审批程序等方式，实现案件快办快裁。明确10种安全生产违法行为属于适用范围，简化调查取证、行政审批、行政处罚流程，适用案件均在立案之日起2个工作日的规定时限内完成，执法办案基本实现全程电子化，当事人实现“跑零次”，简化办案流程，提高办案效率。针对“简案快办”自由裁量和幅度比较大的实际情况，制定《执法办案十不准（试行）》，对简案办案期限、办理效果、当事人权利保障等情况，及时回访跟进、监督、通报，做到“简案提速不减质”。全年街道执法力量办理快办案件9起。

【安全生产监管群防群治】 2023年，区应急管理局发挥安全生产社会监督作用，全力构筑“群防群控、全民创安”的基层治理新格局。创建“安全好街坊”抖音号，讲述好安全小故事，宣传防灾减灾、应急救援、安全生产等基本知识。围绕电气焊作业和燃气安全实施有奖举报，在“上城发布”“上城应急管理”微信公众号设立“有奖举报”模块，系统推出“电气焊电工作业违法有奖举报”小程序，对4项电气焊违规作业、4项无证假证的违法行为实施举报奖励，组织动员社会各界和居民群众开展安全隐患举报，发挥“前端”“探头”作用，奖励金额500元~1万元。全年上报信息27条，查实违法作业举报信息18条，所有隐患均落实整改，1名当事人被行政拘留2日，1家企业被立案查处。

【亚运公共安全保障】 2023年，区应急管理局根据杭州亚运会、亚残运会安全生产保障工作要求，结合上城区实际，制定区公共安全工作部工作方案和公共场所人员聚集方案，建立“1+2+12”工作体系，即1个办公室，2个专项工作组（安全生产和自然灾害工作组、消防安全工作组），12个行业专业组的工作专班。明确行业部门牵头，国有企业专业力量、属地街道综合力量负责的职责分工，组建亚运保障协调组、区级综合应急救援队伍。严格落实“日会商、日报告、日督办、日值守”制度，为亚运会各项活动举行提供安全生产保障。围绕责任落实、检查指导、隐患整治3个方面推进杭州亚运会安全保障工作，针对亚运会相关场馆、亚运会相关酒店和重点企业（场所），持续开展动态专项检查，通过大密度、高频次的巡查和“回头看”检查，发现并整改隐患367处。亚运保障期间，全区各行业领域出动2.21万人次，排查整改隐患2159处，立案18件，罚款79.64万元。

（李雪柔）

审　计

【概况】 2023年，区审计局从审计监督职能出发，有效发挥护航经济发展、降低运行风险的“经济体检”作用。全年实施审计项目23个，反映问题439个，其中非金额计量问题（不能以货币为计量单位计量的问题）336个，发现问题金额5.93亿元，向区纪委区监委、主管部门移送线索6条，提出建议76条，被采纳76条。由区委审计委员会办公室牵头起草，会同区人大常委会办公室、区纪委区监委、区委组织部、区财政局和区统计局等部门联合印发《关于构建高效协同监督体系的实施意见》，提升审计监督和各类监督的整体效能，相关做法被《中国审计报》《浙江审计信息》（简报）等刊登。全年区审计局向区委、区政府、区委审计委员会报送审计报告、专报82篇，获区委、区政府领导批示119次；报送审计信息200多篇，被《中国审计报》等省部级公开媒体及《浙江审计》等省级机关刊物录用28篇（次）。

【高效协同监督体系构建】2023年，区委审计委员会召开会议2次，创新被审计单位在会上汇报整改情况，压实整改责任。区委审计委员会办公室会同区人大常委会办公室、区纪委区监委、区委组织部、区财政局和区统计局等部门联合印发《关于构建高效协同监督体系的实施意见》。该意见明确深化纪审协同、加强巡审联动、开展会商研判、推进专业协作，推动人大监督、纪检监督、组织监督、巡视巡察、审计监督、财政监督和统计监督等统筹衔接，促进各类监督贯通融合。制定实施《成员单位工作协调制度和审计工作重大事项督察督办制度》《区委审计委员会办公室会议制度》，深入规范审计委员会及审计委员会办公室的运作机制。

【财政审计】2023年，区审计局聚焦全面实施预算绩效管理、财政事权与支出责任划分、政府“过紧日子”等财政领域重大决策部署，围绕大政方针推进财政大格局审计，着力摸清财政运行机制、预算编制、体制结算等情况。聚焦支出预算结构优化、区域产业基金情况等重大政策措施执行情况，在2022年度区本级预算执行和决算草案情况审计中，发现预算不够精细、预算管理存在薄弱环节、国有企业债务管理体制机制待完善、产业园运营绩效未达预期等问题，提出强化预算编制管理、规范资金拨付使用等破解对策，助推政策落实到位。

【经济责任审计】2023年，上城区加强审计工作统筹，提高监督质效，促进经济责任审计“一盘棋”格局形成。3月17日，上城区首次召开领导干部经济责任审计集中进点会，要求把握审计重点，通过分散式到集中式进点的转变，系统提升经济责任审计工作质量效益，强化被审计单位和被审计对象对经济责任审计的目标性认知。以领导干部权力运行的关键环节为切入点，严格按照“五审五评”要求精准画像，规范经济责任审计结果反馈工作，坚持“当下改”“长久立”相结合原则，推进审计整改，客观评价领导干部经济责任履行情况。全年完成经济责任审计项目9个，发现指标考核贯彻落实不到位等问题196个，推动部门制度完善15项，提出各类审计建议30条。

资料

“五审五评”：审重大决策部署贯彻落实，评令行禁止的政治意识和政治执行力；审谋划推动高质量发展，评建设“重要窗口”的担当和能力；审重大经济决策管理情况，评履职用权的民主法治意识和决策管理能力；审资金资产资源管理和经济风险防控，评统筹发展和安全的驾驭能力及为民服务的宗旨意识；审党风廉政建设责任和遵守从政（从业）规定落实，评全面从严治党主体责任意识和知敬畏、守底线的规矩意识。

【投资审计】2023年，区审计局对上城区工程总承包

（EPC）项目及老旧小区综合改造提升项目进展情况开展审计，提出规范项目管理、制定完善制度、提高资金使用绩效等对策建议。老旧小区综合改造提升项目涉及16家单位、379个小区、3936幢楼房、17.14万套住宅、建筑面积1212万平方米。区审计局从为民办实事、规范实施、长效管理3个方面查找薄弱环节，为政府规范、高效使用财政资金开展民生实事工程提出合理化建议。推进亚运会审计工作，派出骨干力量参与省审计厅亚运会跟踪审计、杭州市亚运场馆建设运维情况专项审计调查项目，发现场馆景观赛后处置不到位、实物规格与采买标准不一致等问题，提出针对性整改建议。

【企业审计】 2023年，区审计局聚焦防范化解各类经营风险隐患，助力提升资金安全管控水平。统筹内部审计、社会审计等审计力量，围绕法人治理结构、资金资产管理、领导干部履职等方面对上城文商旅集团、上城城投集团等重点国有企业进行全面审计，发现国有资产保值增值、工程项目建设等方面问题53个，提出完善公司治理结构、加强资产运营监管、防范资金风险等审计建议。加强审计整改及审计服务，以问题整改为契机，加强与被审计单位的联系与沟通，于6月召开审计项目反馈会2次，于10月召开问题整改交流会1次。关注企业经营过程中制度性漏洞，促进相关国有企业制定完善“三重一大”决策等规章制度12项，指导国有企业采取举一反三、全面排查等举措，及时收回各类违约金、租金、投资款等共657万元。

【专项审计】 2023年，区审计局关注重大资金使用情况，聚焦惠企纾困促消费稳经济政策、重大招商引资企业扶持等政策执行情况。对民生政策资金的使用情况开展专项审计调查，查出政策执行不规范、监管不到位等问题，督促相关单位加强资金支出审核，多形式多角度推动政策落到实处，其中惠企纾困促消费稳经济政策审计中发现的汽车消费补贴发放不规范问题被纳入省审计厅综合报告，获省委主要负责人批示。开展产业平台运营情况专项审计调查，查出合同管理、项目监管、项目绩效等方面问题，进一步规范产业平台运营管理。

【审计督查整改】 2023年，区审计局围绕区委制定的“全市排名保5争3，全省排名前30”年度工作目标，建立常态化联系对接机制，推动完成省清单问题销号1个、市清单问题销号10个，上报省级主动发现问题8个、市级主动发现问题12个。与整改责任单位、行业主管单位深入沟通，挖掘成效，提炼做法。其中1个整改示范案例入选市委示范榜、1个案例入选省清单分榜。“重大审计问题清单”位列全市第3位、全省第6位。围绕完善协同工作机制，加大联合督查力度，针对重点问题，联合区委办公室、区政府办公室、区纪委区监委、区人大财经工委等部门，开展专题督查4次，推动问题整改落实，完善“坚持主业、协同推进”的工作格局。

【内部审计】 2023年，区审计局坚持数字赋能、整体智治理念，建成全省首个内部审计智治管理系统。该系统通过“线上+线下”的指导监督方式，实现内部审计工作和内审项目“全流程”管理，打造内审交流协作窗口，构建国家审计、内部审计、社会审计的“三审联动”机制，全面推动内审工作提质增效。该系统为全省首创，相关经验做法被审计署官方网站、“浙江审计”微信公众号、《浙江日报》刊登，并被省审计厅作为案例在2023年度全国地方审计机关内部审计指导监督工作研讨班上作交流发言。至年末，该系统覆盖杭州市13个县（市、区），有881家单位开通账户，有398个内审项目在系统中流转。加强内审队伍建设，由区委组织部与区委审计委员会办公室共同发文，组织开展第一批内审人员实训，将全区重点部门、街道、国有企业的16名内审人员编入国家审计项目，全方位打造高素质内审队伍；推动国有企业总审计师制度在上城落地，核增国有企业总审计师1人，推进国有企业治理体系和治理能力现代化建设；针对全区村社“一肩挑”干部监督工作，制定“驻街审计师”制度，建立国家审计人员与街道内审人员结对联系机制，加强对各街道内部审计工作的指导，推动发挥内审作用，助推村社监督常态化。

【大数据审计】 2023年，区审计局完善“数据分析+现场核查”数字化审计模式，创新大数据审计工作，利用先进计算机技术或方法完成各类业务电子数据采集，依托数据库实现多维度数据资源整合共享和关联分析，提高运用大数据查核问题、评价判断、宏观分析的能力，促进数据分析和审计业务双向融合。发挥“先行先试”精神，主动承担上级试点任务，承接省审计厅常态化“经济体检”贯通试点1项、财政智审子应用场景3项，均按规定完成相关工作。《数智赋能，精准分析多维度分析街道经责项目——某街道党工委书记、主任任期经济责任审计大数据审计案例》《立足政策导向，依托数据分析——做实教育领域研究型审计》2个案例均获2023年度杭州市优秀大数据审计案例二等奖。

（管好好）

统　计

【概况】 2023年，区统计局发挥统计职能，深化统计方法制度改革，坚决防范和惩治统计造假，强化统计基层基础建设，为区委、区政府决策提供高质量统计服务。开展专业数据核查和重点执法检查，核查“四上”（规模以上工业、有资质的建筑业、房地产开发经营业，限额以上批发和零售业，限额以上住宿和餐饮业，规模以上服务业）单位（项目）827家（个），执法检查121家（个）。全年实现14个街道、203个社区（村）统计法治、统计专业培训全覆盖。推荐9家企业申报2022年度杭州市统计诚信单位。

【统计服务保障】 2023年，区统计局建立全专业经济指标周监测、月分析例会机制，强化对主要经济指标监测分析。撰写各类分析报告73篇次，其中获区领导批示38篇次；向省统计局、市统计局网站报送信息126篇，被采用103篇。结合“统计联心、数为民用”主题行动开展“大走访大调研大服务大解题”活动，局班子成员带队分片包干到基层调研67次，走访居民住户110户、企业150多家，为街道、平台送“统计联心数为民用”主题活动发展报表10多次，发挥统计“智库”作用。完善“四上”企业培育和入库纳统工作体系，建立“政府领导亲自抓、行业部门分工负责、统计部门业务指导、归属街道主体实施”工作模式，形成“上规纳统”月调度机制，及时通报、预警新增“四上”企业数量、“准四上”企业储备情况，全年全区新入库“四上”企业449家（含2月21家小升规企业），比2022年增长51.2%，入库总量全市第一。全年完成2739家“四上”企业法人单位月度、季度、年度调查工作。

【统计调查研究】 2023年，区统计局按时完成各专业统计报表，开展工业、建筑业、批发零售业、住宿餐饮业、房地产业、服务业、能源、投资、劳动工资等常规统计调查，加强数据审核评估，提升全区基础数据质量。完成月度劳动力监测、城乡住户一体化等调查，数据质量均通过市统计局评估验收。

研究提升专业市场纳统准确性课题，全面梳理四季青服装市场等专业市场交易模式、经营业态、纳统情况，为市、区两级政府领导提供决策参考。参与全省“全面覆盖+精准画像”共同富裕统计监测体系基础数据库建设，《上城区新就业形态（快递人群）精准画像数据库应用研究》获浙江省统计系统“助力三个‘一号工程’全面深化统计改革最佳理论”三等奖。全年完成调研课题6个。其中，《从数据视角看上城区产业发展》《行业趋势整体稳固 薄弱环节亟待提高——上城区营利性服务业发展研究》分别获2023年度市统计局系统优秀分析报告二等奖、三等奖。区统计局在全省率先联合区妇联开展家务劳动状况调查，形成《上城区家务劳动状况调查报告》，获国务院妇儿工委办公室与国务院发展研究中心调研组肯定。

【统计现代化改革】 2023年，区统计局围绕服务内容、方法制度、工作方式等方面，加快推进统计现代化改革。推出“数据上城”平台1.0，聚焦统计核心业务，涵盖“主要经济指标”“对标区县”“街道数据”“上城概览”等模块内容，拓宽高频统计数据获取渠道，实现各项统计咨询“零上门”，体现统计数据“大服务”，为部门和街道（平台）及时了解经济形势、指标动态提供“快享直达”统计服务。探索金融业统计方式的改革路径，到宁波、南京、广州等地学习考察，详细了解各地金融业发展情况及统计方法。打造全市首个老旧小区改造项目入统（企业被列入政府统计部门的名单，并需要按时上报相关统计报表的过程）试点，凯旋街道试点经验被纳入《杭州市城镇老旧小区改造项目列入固定投资统计工作指引》。创新开展“9·20”统计开放日直播互动，通过“统计e家”直播平台“面对面”“零距离”宣传上城经济普查情况等。建立统计服务招商项目全生命周期机制，在“项目洽谈—企业落地—统计入库”全过程中及时提供统计指导服务。在全省统计系统首创统计驿站公民法治素养观测矩阵，利用统计驿站加强公民法治素养观测矩阵建设，观察、评价、研判、提升公民法治素养，发挥法治需求收集“主渠道”、法治素养评价“前沿哨”、普法效果观察“瞭望窗”、法治宣传教育“大平台”等作用，拓宽普法渠道，创新普法形式，获省统计局肯定。

【第五次全国经济普查】 2023年，区统计局根据省、市经济普查领导小组及办公室的总体部署，通过组建区、街道、社区（村）三级普查机构，利用报纸、电台、微博和微信公众号等媒体，开展经济普查宣传动员工作。4月，上城区印发《上城区人民政府关于做好第五次全国经济普查工作的通知》，正式启动全区第五次全国经济普查工作。5月，成立上城区第五次全国经济普查领导小组办公室；开展经济普查综合试点工作，选取凯旋街道庆和社区、金兰池社区作为综合试点区域，通过全面模拟普查业务流程、主要环节，重点检验普查表式、指标、组织方式和数据处理软件等的科学性、可行性，达到完善普查方案、优化数据处理软件、积累普查组织实施工作经验目的。7月，召开全区第五次全国经济普查领导小组第一次全体会议。8—11月，承办杭州市第五次全国经济普查单位清查工作启动仪式。开展单位清查业务培训9个批次，完成全区第五次全国经济普查单位清查工作，通过“地毯式”清查，普查人员对全区857个普查小区的5万余家单位和4万余家个体经营户进行清查表信息采集，全面摸清全区各类法人单位、产业活动单位以及个体经营户基本情况和分布状况，确保普查对象类型界定准确、普查单位不重不漏，为后续经济普查工作奠定基础。邀请区普法宣传IP

"尚小法"录制经济普查普法宣传视频在抖音等平台播放，播放量30多万次。12月，面向全区近2000名普查指导员和普查员，分期开展登记培训。

（屠碧岭）

中介服务业管理

【概况】 2023年，上城区进一步规范管理中介服务业，推动行业健康发展。全区中介服务业主要由律师、会计师和人力资源服务机构等构成，有律师事务所147家、会计师事务所43家、人力资源服务机构（含劳务派遣机构）278家。全年全区律师事务所业务收入29.8亿元，律师人数和业务收入1亿元以上律师事务所数量居全市第1位。加强会计人才培养，辖区内会计从业人数4332人，其中执业注册会计师1323人。全区16家人力资源服务机构入选《浙江省人力资源服务业发展白皮书（2023）》，18家人力资源服务机构入选2023年杭州人力资源服务机构招才引智"群英榜""猎手榜""风云榜"三大榜单。

（黎　颖）

【法律服务业管理】 2023年，上城区律师行业持续快速发展，律师人数和业务收入亿元以上律师事务所数量居全市第1位，为加快建设独具韵味的国际化现代化共同富裕典范城区提供法治保障。强化行业党建引领，推动律师行业规范管理水平不断提升。建立行业党委委员挂包联合党支部机制，在全市首创成立"沈向明红领工作室"。至年末，全区有律师事务所147家，其中2023年新成立19家，律师（专职+兼职）4579人，其中党员律师1765人。全年全区律师事务所业务收入29.8亿元，其中业务收入1000万元以上律师事务所33家。全年全区律师办理案件8.08万件，其中刑事案件4479件、行政案件1300件、民商事诉讼5.68万件、仲裁3487件、代书6262件、非诉案件8305件、涉外191件。服务党委、政府、企业，为2780家民营企业提供法治体检，开展法治宣传662次，开展企业清患行动、帮扶企业经营发展1467次，调处涉企矛盾纠纷203件，为企业解决问题、困难893个。依托"尚律颂"公益法律服务中心，开展"尚律青苗"法治进校园、"捐资助学·尚律同行"等活动，引导律师参与"幸福邻里坊"建设。深化"尚律颂"公益法律服务品牌，开展律师服务进社区工作，推出《"法护营商"护企6条行动》，组建"尚小律""尚律佳人100分"等公益服务团，为快递员、滴滴司机等群众提供免费法律服务和普法宣讲。制定专项律师行业扶持政策，兑付资金80万元，开展"尚律青年·逐梦向阳"青年律师培训。规范司法行政干部与法律服务工作者交往行为，编发问题党员查处情况通报。开展律师事务所规范管理提升行动，落实律师信访、投诉处理工作，处理信访、投诉案件88件，走访检查律师事务所80多家，开展全区律师执业警示教育活动2场次，常态化谈心谈话17人次。年内，全区8名律师获评全国、省优秀律师，优秀共产党员，优秀党务工作者，1名支部书记获评区级担当作为好支书。

（耿俊霞）

【会计事务管理】 2023年，上城区有会计师事务所43家，纳税1.38亿元。辖区内会计从业人数4332人，其中执业注册会计师1323人。区财政局加强会计代理记账机构管理，强化会计师事务所年度报备审核，服务会计从业人员。按照财政部《会计基础工作规范》，通过"浙江省代理记账机构管理系统"进行受理审查，完成234家代理记账机构2023年度报备工作；提高对外事项办理审批时效，实现事项即时办理，全年新增会计代理记账资格审批34件、注销22件、信息变更88件。加强代理记账行业监督管理，根据财政部、国家税务总局、国家市场监督管理总局的统一部署开展代理记账行业违法违规行为专项整治工作，对全区取得营业执照但未取得许可证书的16家企业完成整治，其中变更经营范围6家、办理许可证书10家；对需“虚假承诺”整治的10家企业按时完成专项检查工作。强化行业监管，建立会计行业高端人才库，组织区内会计人员参与申报各级会计领军人才，评审（备案）通过区级高端商务人才4人、高端服务业人才69人，授权认定杭州市高层次人才15人，推荐全省先进会计工作者3人，取得正、副高级会计师职务任职资格136人。（黄颖敏）

【人力资源服务】 2023年，上城区围绕“打造都市经济标杆区”目标，全面构建以人力资源服务业为主轴的现代服务集群，为区域经济和社会发展提供人才保障和智力支撑。全区有线上注册人力资源机构（含劳务派遣机构）278家。年内，在《浙江省人力资源服务业发展白皮书（2023）》中，上城区4家人力资源机构入选综合100强、9家入选猎头100强、2家入选人力资源服务外包100强、1家入选人力资源测评10强；在2023年杭州人力资源服务机构招才引智“群英榜”“猎手榜”“风云榜”三大榜单中，上城区入选榜单的人力资源服务机构分别为2家、1家、15家，并有2家机构获杭州市人力资源服务和产品创新创优优秀项目资助，1家机构获杭州市参与重大发展战略资助。

（周佳君）

邮政服务

【概况】 2023年，邮政上城区分公司承担国内和国际信函寄递、国内和国际包裹快递、报刊和图书等出版物发行、邮票发行、邮政汇兑、机要通信、邮政物流、电子商务、各类邮政代理等业务职责。公司推进邮政营业网点及揽投网点建设，围绕业务发展，推动网点整合，优化布局，完善营销体系建设。公司下设市场部、综合部，辖中山中路邮政支局、映霞街邮政支局、涌金门邮政所等邮政普遍服务营业网点32个，以及城站综合揽投部、笕桥特快揽投部等寄递类营业网点（揽投部）30个。全年完成业务收入3610.69万元。年内，邮政上城区分公司获2023年度杭州地区党报党刊收订先进单位、亚运项目优秀组织奖三等奖；南星桥综合揽投部获评亚运安全先进集体。

表11　　2023年邮政上城区分公司营业网点情况一览表

序号	类别	网点	地址
1	普通服务综合营业网点（含金融）	城东邮政支局	九华路与九格路交界处多立方5幢102室
2		复兴南苑邮政所	复兴南街131号
3		笕桥邮政支局	机场路240号
4		江锦路邮政支局	江锦路172号
5		金堡街邮政支局	金堡街247号
6		凯旋路邮政所	凯旋路73号
7		南星桥邮政支局	二凉亭1号
8		清泰街邮政所	清泰街489号
9		三华园邮政支局	凤起路284号
10		双菱路邮政所	双菱路72号

续表 11

序号	类别	网点	地址
11	普通服务综合营业网点（含金融）	望江门邮政所	江城路502号
12		武林路邮政所	环城北路221号
13		新塘路邮政所	新塘路220号
14		映霞街邮政支局	高银街68号
15		中山中路邮政支局	中山中路313号
1	普通服务综合营业网点（不含金融）	城站邮政支局	环城东路10号
2		丁桥邮政支局	丁群路554~560号
3		丁群街邮政所	丁群路48号
4		凤起路邮政支局	凤起路58号
5		杭玻街邮政支局	杭玻街153~155号
6		花园兜街邮政所	花园兜街221号
7		景芳邮政所	景坛路139号
8		景江花园邮政所	之江路959号
9		九堡邮政所	九堡商贸路12号
10		钱江路邮政所	钱江路566号
11		钱江四苑邮政支局	钱江四苑11幢底层
12		庆春路邮政支局	庆春路147号
13		市民之家邮政所	新业路311号
14		武林广场邮政所	体育场路354号
15		夕照新村邮政所	夕照新村41-2
16		涌金门邮政所	劳动路163号
17		浙大华家池邮政所	凯旋路268号浙大华家池校区内
1	寄递类营业网点（揽投部）	秋北特快揽投部	秋涛北路331号
2		笕桥特快揽投部	机场路306号
3		九堡特快揽投部	鑫运时代3幢底商7号
4		钱江新城特快揽投部	之江路959号
5		三堡特快揽投部	运河西路215号
6		桃花湖特快揽投部	环丁路1654号
7		凤城特快揽投部	建国北路46号
8		复兴特快揽投部	复兴东苑15-5号
9		近江特快揽投部	东宝路47~51号
10		四季星座第三揽投部	东宝路47~51号
11		景江花园特快揽投部	之江路960号
12		武林特快揽投部	环城东路10-1号
13		凤起路第四揽投部	环城东路19号
14		城站第四揽投部	环城东路19号
15		河坊街第四揽投部	环城东路19号
16		春江特快揽投部	钱江路106号
17		南星桥第四揽投部	秋涛路37号秋江雅苑
18		东宝路第四揽投部	清泰南苑15幢8号底商
19		九堡第四揽投部	商贸街12号
20		九堡第三揽投部	鑫运时代金座底商8号

续表11

序号	类别	网点	地址
21	寄递类营业网点（揽投部）	秋涛北路第四揽投部	运河西路201~213号
22		秋涛北路第三揽投部	运河西路201~213号
23		城东第三揽投部	笕新社区6区13-1
24		笕桥第四揽投部	笕新社区6区13-1
25		笕桥第三揽投部	笕新社区6区13-1
26		丁桥第四揽投部	丁群街560号
27		彭埠特快揽投部	东宁路60号
28		东站第四揽投部	东宁路60号
29		彭埠第三揽投部	东宁路60号
30		三里亭第四揽投部	东宁路60号

（资料来源：邮政上城区分公司）

【邮政业务发展】 2023年，邮政上城区分公司按照“老老实实做客户，扎扎实实做经营”理念，发挥全局员工作用，通过“全员暴风行动”、企业节日庆典定制专项开发、最小损益单元争先比拼等活动，结合线上“一对一”营销和线下巡展等方式，拓展各方面客户。做好亚运会专项活动宣传工作，同时做好亚运期间的普遍服务、安全寄递等工作，发挥“人民邮政为人民”的精神。

【邮政运营创新改革】 2023年，邮政上城区分公司持续推进优化网运端及经营端，进行运营创新改革工作。在网络运营端推进投递网改革，通过优化道段设置、推进驿站甩投工作、组建智慧投递网络，改善投递效率、提高人均投递效能。优化人员配置，通过大数据动态分析人员投递情况及投递的重点、难点，根据投递情况不断调整，进行定员定岗。激发经营活力，加强揽投部见习经理队伍建设，为揽投员提供晋升路径。建立“大轮替”制度，组建“大轮替”队伍，施行“大轮替”独有的班务制度，提升揽投部生产经营管控。

（张斯亮）

通信服务

【概况】 2023年，上城区加强区域内移动通信、互联网接入及应用、固定电话、ICT（信息和通信技术）集成等综合信息服务，系统打造以5G、算力网络、智慧中台为重点的新型信息基础设施，创新构建“连接+算力+能力”新型信息服务体系。移动上城分公司下设杭海路营业厅、吴山营业厅等23个网点，以及九堡分局、秋涛分局、望江分局等10个分局。全年全区通信用户数127万户，宽带用户数30万余户，开通5G基站2600多个，网络工程投资9200多万元，实现通信服务收入17亿余元。年内，移动上城分公司获2023年中国移动通信集团浙江有限公司亚运保障优秀团队、2023年中国移动通信集团浙江有限公司杭州分公司亚运保障突出贡献集体等荣誉；公司参与的“南宋皇城智慧小镇5G消费场景项目”获第六届“绽放杯”5G应用征集大赛全国二等奖、“深化湖滨‘智慧商圈’改革 打造世界级地标商圈”获2023年度浙江省改革突破奖铜奖。电信上城分局下设湖滨支局、景芳支局等24个综合支局，以及政务支局、大企业支局等14个政企支局和智云护航、DICT（DT云和大数据技术、IT信息技术和CT通信技术的融合）2个中心。服务区域东起彭埠街道，西至钱江一桥、玉皇山、南屏山、南山路、湖滨路、环城西路一线，南起之江中路，北至丁兰街道，服务面积123.17平方千米。全年税后业务收入7.85亿元。电信上城二分局获中国电信股份有限公司杭州分公司2023年亚运服务保障先进集体三等奖。

表12　　2023年移动上城分公司营业厅一览表

序号	网点名称	地址
1	杭海路营业厅	杭海路223号兴业大厦1楼
2	凯旋路营业厅	凯旋金牛坊5～6幢101（商业）室三号商铺
3	马市街营业厅	马市街133-6号3室、4室
4	婺江路营业厅	婺江路399号东铁大厦1楼
5	吴山营业厅	延安南路50号（吴山广场公交站旁）
6	解放路营业厅	解放路180号
7	复兴南街营业厅	复兴南街178号北（复兴农贸市场旁）
8	江城路营业厅	江城路609号
9	衢江路营业厅	衢江路26-103～104号
10	景坛路营业厅	景昙路118号
11	艮山西路营业厅	艮山西路210号
12	九堡营业厅	东方商务园九盛路9号
13	金海城营业厅	杭海路878号金海城购物中心1楼A4号
14	丁桥营业厅	丁桥镇紫丁香街136～138号
15	解放东路营业厅	解放东路19号
16	笕桥营业厅	机场路258号同心里生活广场1楼W12～13号
17	九和路营业厅	九和路杨柳郡园一区2幢底商8号
18	全福桥路营业厅	全福桥路465号
19	秋涛北路营业厅	秋涛北路296号118室底商
20	清泰街营业厅	清泰街480号
21	双菱路营业厅	双菱路77-1号
22	明石路营业厅	明石路526号
23	赵家浜路营业厅	赵家浜路100号启迪（杭州·丁兰）国际创新港4幢105室

（资料来源：移动上城分公司）

表13　　2023年电信上城分局营业网点一览表

序号	网点名称	地址
1	上城湖滨支局营业厅	将军路32～40号
2	上城惠兴路营业厅	惠兴路9-2号
3	上城昊天惠兴路华为专卖店	惠兴路9-1号
4	上城仙林支局营业厅	仙林桥直街27号
5	上城德耀延安路华为高级体验店	延安路382号
6	上城南星支局营业厅	复兴南街277～279号
7	上城越众复兴南街专营店	复兴南街157号
8	上城望江支局营业厅	近江东路16号
9	上城望江支局富春路营业厅	近江西路1号

续表13

序号	网点名称	地址
10	上城天翔万泰城华为专卖店	望江东路332号
11	上城海潮支局营业厅	东宝路29号
12	上城小营支局营业厅	河坊街27号
13	上城长庆支局营业厅	长庆街18号
14	上城庆春支局营业厅	解放路116号
15	上城江城支局营业厅	江城路96号
16	上城越众江城路专营店	江城路466号
17	上城紫阳支局营业厅	海潮雅园一园2幢3号
18	上城清波支局营业厅	中河中路159号
19	上城二分局鹏讯五福专营店	钱潮路308号
20	上城二分局天翔三里亭营业厅	三里亭路1号
21	上城二分局鑫妍清江路营业厅	清江路179号
22	上城二分局天翔丁桥华为专营店	丁群路488号
23	上城二分局悦毅相婆路天翼卖场	相婆路东黄家社区二组
24	上城二分局佳颖五星国际苹果专营店	明月桥路115号中豪五星国际4幢底座17号
25	上城二分局起航大塘苑专营店	蕙兰雅路617号
26	上城二分局笕桥支局营业厅	开创街299号
27	上城二分局闸弄口支局营业厅	天城路204-1号
28	上城二分局景芳中心营业厅	风起东路132号
29	上城二分局笕新支局营业厅	全福桥路463号
30	上城二分局向江来营业厅	严家弄向江来综合体1楼商铺
31	上城二分局丁兰支局营业厅	会林路52号商铺
32	上城二分局艮北支局营业厅	彭埠普德路28-1号
33	上城二分局明珠支局营业厅	丁群路202号
34	上城二分局长睦中旭营业厅	丁桥蕙兰雅路670号
35	上城二分局长睦支局营业厅	华鹤街628号
36	上城二分局凯旋支局营业厅	凯旋路329号
37	上城二分局彭埠支局营业厅	明月嘉苑三区19幢6~7号
38	上城二分局景芳支局营业厅	钱塘府8幢底商
39	上城二分局四季青支局营业厅	江锦路185号
40	上城二分局采荷支局营业厅	庆春东路103号
41	上城二分局天运支局营业厅	天运路79号
42	上城二分局惠佳久睦营业厅	长睦路268号
43	上城二分局起航东宸专营店	环站东路842号
44	上城二分局艮北雍泽府营业厅	艮山东路138-8

（资料来源：电信上城分局）

【移动5G网络建设】 2023年，移动上城分公司持续推进移动5G网络建设工作。聚焦质量提升和重点场景，制定超密组网方案，通过建设2.6G/4.9G频段基站，打造“双频5G精品商圈”——湖滨商圈，4.9G频段连续覆盖景点——城市阳台等精品网络感知区域。推动5G精品网建设，全年建成并开通5G基站457个，全区5G基站增至2600多个，实现全区5G全覆盖，5G分流比（区域内5G流量/5G流量+4G流量）超过

70%。开展“双亮”行动，其中，常亮行动整治室分隐性故障640个；点亮行动覆盖全区地下室124个，消除手机信号盲点。

资料

“双频5G精品商圈”： 能同时提供2.6G和4.9G两个频段的5G网络连接的商圈。

【数字化改革支撑】 2023年，移动上城分公司聚焦数字化改革赋能，结合5G算力网络优势和元宇宙等新兴技术，为城市治安、文旅消费、养老服务、安全应急等领域提供数智化解决方案，助推区域数字经济发展。参与建设上城区“天网工程”，为区公安分局完成监控设备部署和线路铺设，助力打造覆盖全面、相互衔接、纵横交织、不留盲区的城市立体感知体系。与湖滨街道共同打造湖滨商圈“滨次元”消费元宇宙项目，发挥AI、5G通信等能力，打造“滨次元”小程序，发布全国首个商圈数字代言人“BinKOL”滨可儿，建设全国首个集社交、消费、互动体验于一体的“线上元宇宙虚拟街区”，助力湖滨商圈开创元宇宙消费新模式，打造具有上城特色的数智消费新名片。联合区民政局打造智慧养老服务项目，利用网络通信数据传输基础，赋能健康检测终端，实现数据回传和系统管理，为社区服务和老人健康看护提供数据基础，推动数字化、全联动养老服务体系建设，为全区51个社区提供数字化定制养老方案，服务老人超过4万人次。与区应急管理局共建“上城区防汛防台城市内涝和运行安全智能协同应用”，利用数字化自主研发能力和基础通信网络支撑，为区应急管理局应急指挥、部门联动、人员调度提供“指挥大脑”，推动全省应急管理领域第一批“一地创新、全省共享”应用试点项目顺利落地。推动14个社区通过省级、市级未来社区验收，打造共建共享品质生活的上城范例。

（颜满美）

【亚运会网络通信服务保障】 2023年，上城区全力保障亚运会、亚残运会，提供网络运营支撑、网络通信保障和业务服务保障。电信上城分局将区行政中心、杭州绿城尊蓝钱江豪华精选酒店、杭州城中香格里拉、杭州中山国际大酒店等17家支撑单位纳入亚运会重点服务保障客户名单，增强其通信网络安全保障工作针对性，确保其通信网络安全运行和重点区域、重点设备、重点网络、重点业务通信畅通，制定预案，做好各项应急处置工作，确保大网安全。保障火炬传递、城市阳台灯光秀现场，出动应急通信队伍，开通临时方舱9个、固定站点8个、4G/5G射频拉远单元60个。亚运会期间，全程保障上城区体育中心、杭州东站枢纽和钓鱼台酒店、杭州洲际酒店等重点区域。移动上城分公司选派186名工程师驻守上城区体育中心、杭州亚组委注册中心、杭州亚组委票务中心、杭州洲际酒店、杭州维景国际大酒店等15个重点场所，赛前完成AGIS专网、互联网、广播电视转播网、对讲等网络建设优化，完成亚运火炬传递、亚运会及亚残运会开幕式和闭幕式、9场足球赛事、城市阳台灯光秀等重大活动网络通信保障，满足亚洲奥林匹克理事会/亚洲残疾人奥林匹克委员会（OCA/APC）大家庭总部饭店、亚运会组委会办公场所对办公网络大规模搬迁、数据安全传输等需求。选派11名业务熟练、英语流利的优秀员工进驻OCA/APC大家庭总部饭店，为各国贵宾提供移动业务咨询与办理服务。

资料

“AGIS专网”： Asian Games Information System，由杭州移动公司为亚运会专门搭建的网络，是一张与其他网络隔离的竞赛专用网，为亚运会竞赛成绩和信息发布提供网络支撑。

（李淑芸 谢引引 颜满美）

【电信网络质量提升】 2023年，电信上城分局坚持以机线协同优化为抓手，提升有线网质量，努力保持网络稳定运行。全年完成FTTB设备用户迁改560户，完成FTTB和FTTN设备退网合计260多套，完成千兆XGPON设备800多个端口的割接工作，配合区政府老旧小区改造工作，完成8个老旧小区改造平移，合计迁改用户6800户。提升无线质量，成立电信与联通共享小组，分2期与联通合路实现资源共享，优化4G和5G网络，全年净增4G和5G基站点位47个。

资料

机线协同： 各类交换设备、C网老旧设备与铜缆、五类网线之间的协同。

FTTB设备用户： 即安装在用户侧进道，通过网线接入至用户房间内，最高速率只能到100M。

FTTN设备： 指安装在小区内聚机房内，通过双芯铜缆至井道连接到用户家，速率最大只能到4M，一般只能安装固定电话。

千兆XGPON： 为用户提供更快、更稳定的互联网连接并支持更多应用的带宽。

【老旧小区通信线路改造】 2023年，电信上城分局为迎接亚运会，加快配合老旧小区改造。配合市政府完成44个老旧小区通信线路改造，涉及370幢楼房、1.2万户居民。在施工中结合小区实际需求，推行弱电管线入地入槽，通过“多网合一”模式、传统“上改下”模式和既有线缆整理模式，将小区弱电管线与机房到用户端之间的小区光缆、用户引入光缆、用户信息箱、楼道线槽等设施集成到一个系统并实现共享，做到“一线到户”。“上改下”模式改造完成后，在楼道铺设沟槽，整理架空线缆，清理“飞线”和废线，并入槽管理，方便小区用户，提升小区环境品质。

（李淑芸 谢引引）

人力资源与社会保障

综　述

【民生保障】 2023年，上城区城镇新增就业3.93万人，实现失业人员再就业8929人，就业困难人员安置3356人。开展职业技能培训3.02万人次，新培育技能人才1.61万人，发放创业担保贷款393笔、1.84亿元。全区“零就业”家庭实现动态“清零”。全区养老保险参保人数66.29万人，工伤保险参保人数75.44万人，医疗保险参保人数119.69万人。年内，上城区获评全省稳就业成效好、推动高质量就业创业工作力度较大的县（市、区），获落实省政府有关重大政策措施督查激励。区人力社保局获省政府督查激励奖、省推进农民工市民化成绩突出单位、省劳动人事争议案件处理工作成绩突出单位等荣誉。

【人力社保基层治理现代化改革】 2023年，上城区围绕省、市“关于加强基层人力资源社会保障治理能力建设”部署要求，将基层人力资源社会保障治理现代化改革作为重点内容纳入全区综合治理工作体系。区人力社保局制定《上城区基层人社治理现代化建设工作实施方案》，梳理下放就业和劳动保障服务、劳动保障监管等事项63个，规范办理流程23个，优化服务举措41项。以协同治理为突破点，推进“管行业管欠薪”“属地管理”“分级负责”等纵横协同监管和线索流转处置机制，明确交办方式、路径时限等工作要求，做到“矛盾不上交、服务不缺位”。

【外来务工者市民化质量提升】 2023年，上城区坚持把推动外来务工者稳定就业作为做好外来务工者工作的重点，稳定和扩大外来务工者就业创业，实施外来务工者技能提升行动，维护外来务工者的劳动保障权益，有序推进外来务工者市民化，全力保障区域外来务工者学有所获、业有所择、创有所助、劳有所得、薪有所保。全年区人力社保局为外来务工者等重点群体提供就业帮扶6.9万人次、组织技能培训3.02万人次。年内，先后组织外来务工者群体集聚的房地产企业、精装修企业等召开根治欠薪专题工作推进会15次，下达问题交办单21次。9月，上城区代表全省接受国务院保障农民工工资支付工作考核。11月，区人力社保局获评省农民工服务保障工作成绩突出单位。

（杨　文 李冬梅 张彬晨）

劳动就业和创业

【概况】 2023年，上城区坚持就业优先战略，着力稳定和扩大就业创业，实施技能提升行动，维护劳动者权益。举办2023年上城区春季人力资源交流会等招聘会153场，进场单位2076家，提供岗位3.47万个。承办2023年杭州市就业援助精准服务计划的启动仪式，举办“私人定制周”“上选·青云志”创业分享会等品牌活动，公益性岗位安置就业困难人员744人，实现“零就业”家庭动态“清零”。作为2023年度杭州市“数智就业”综合服务平台试点地区之一，受理审核政务平台办件19.25万件，发放失业保险待遇2.45亿元，惠及13.42万人次，发放就业促进补贴1.58亿元，惠及5.82万人次。结合“千人联千企”活动、就业创业政策宣传周等活动，发挥社区就业援助员专职队伍能动性，主动挖掘企业所需，及时对接求职诉求，发布岗位信息6.04万条，求职登记5194人次，推荐就业5075人次，成功录用2343人。落实企业女职工产假期间社会保险补贴政策，发放1088人次、金额565.56万元。

【零工市场建设】 2023年，区人力社保局针对就业困难人员和大龄人员等重点群体，结合上城区“15分钟就业创业服务圈”建设成果，构建“1（区级）+14（街道）+N（点位）”零工市场布局。建设上城区零工市场、凯旋街道零工市场和丁兰街道零工市场，其中丁兰街道零工市场被认定为省级示范零工市场。发展线上零工市场，形成线上、线下服务相结合的发展格局，将零工信息纳入公共就业服务范围，通过“浙里找零工”线上服务平台，免费收集发布零工人员和用工主体信息，并推出精准匹配、派单抢单、在线面试等服务，全年发布用工需求1.2万个，求职2905人次。牵手“巧大姐共富工坊”等零工主体，实现“不出社区灵活就业”。全年为300多名大龄就业困难人员实现就业增收，创造经济效益400多万元。

资料

“15分钟就业创业服务圈”：以“15分钟”为服务半径，依托党群服务中心等公共服务载体，找准公共就业服务“最大公约数”，设立嵌入式就业创业服务站点，实现服务站点应建尽建，服务内容覆盖全域、就业机会有效增加、登记失业人数平稳可控。

【高校毕业生就业服务】 2023年，区人力社保局坚持把做好高校毕业生等青年就业创业增收摆在突出位置，通过政策扶持、活动引领全链条服务模式，促进青年发展与城区发展有机融合。通过“直播带岗”搭梯、“专场招聘”架桥等形式，开展“江河汇才 杭向未来”长三角高层次人才线下招聘大会、“百万大学生岗位进校园”杭州高校巡回招聘活动、浙江工业大学“智能制造”专场、“潮聚杭州”上海、苏州高校行等活动，推出大学生招聘会20多场，317家企业推出岗位1.09万个，收到简历2478份，办理高校毕业生就业协议签订手续2385人。针对应届大学生，在杭州市一次性生活补助基础上，再给予学士1万元、硕士3万元、博士5万元的区级配套补助。全年发放新引进应届大学生生活补贴1.78亿元、大学生“青荷礼包”266万余元。

资料

“青荷礼包”：杭州市为新到杭州的应届大学生量身定制的第一份见面礼，每人总额300元，包括公交、地铁定向券258元、公园年卡20元、文化旅游年卡22元，每人限领1次。

【创业服务】2023年，区人力社保局持续推进创业服务工作。新增认定四季青、采荷、湖滨、望江、清波5个市级创业陪跑空间。至年末，全区培育省级创业孵化示范基地3个、市级创业孵化示范基地2个、市级创业陪跑空间16个，经营面积3.34万平方米，在园（包含孵化基地、陪跑空间等）经营实体377多家，带动就业867人。全年发放一次性创业补贴129笔、63万元，园内外房租补贴210笔、653.23万元，创业担保贷款393笔、金额1.84亿元，贷款贴息394笔、923.95万元。新增大学生创业企业600多家，创业大学生750多人，带动就业1200多人。

【职业技能提升】2023年，上城区坚持就业优先政策，推动职业技能提升行动，开展技能培训3.02万人次，技能人才培养1.61万人次，新增高技能人才5356人次。建立政府、培训机构和行业企业三方协作机制，集聚15家民办职业培训机构、60家等级认定试点企业、15个创业陪跑空间、150个见习基地，共同构成资源充足、布局合理、载体多元的培训实施体系。在19家省、市备案等级评价机构基础上，支持具备条件的企业、行业开展技能人才自主评价、职业技能等级社会化认定。实施数字高技能人才倍增行动，健全以职业能力为导向的数字技能人才评价体系，率先开展互联网营销师等工种“一试双证”（通过一次考试，核发技能等级证书及行业或企业认证证书）评价试点，提升新兴产业就业质量。将技能社会建设纳入“一企业一专员”服务机制，打造民生政策目录、就业促进“特色27条”，为就业重点群体定制技能帮扶套餐，全年审核发放技能提升补贴7676人次、1200.35万元。

（王　旻 李冬梅 潘晓雯）

劳动关系和行政审批

【概况】2023年，上城区坚持以提升劳动关系善治水平为导向，深化劳动关系协同治理，推进劳动纠纷多元治理，开展根治欠薪专项治理，推进省公共服务“七优享”工程，为推动共同富裕示范先行探索“劳有所得”领域的实施路径。加强劳动关系“三支队伍”（劳动保障督导员、劳动保障管理员、劳动关系协调员）建设，全区有劳动保障督导员46人、劳动保障管理员101人、劳动关系协调员643人，全年培训劳动关系协调从业人员705人次。通过上门走访、问卷调查、实地座谈等形式，完成1000家企业劳动用工体检服务，引导企业在浙江数字人力资源与社会保障工作平台开展线上用工体检3042家次。发动街道、钱塘智慧城管委会进行企业和谐创建，完成创建1957家。做好劳动保障领域信访工作，全年收到与承办各类信访2.35万件，其中来电1.63万件、网信6919件、来信来访250件，通过分析研判、归类处置、领导包案、责任到人、统筹协调、确保稳定等方式，按时实现积案“清零”目标。

【劳动保障维权】2023年，上城区成立“一办三组”（区根治欠薪领导小组办公室与业务部门组、政法法律组、维稳打击组）专班，制定《“安薪无忧在上城”源头治理工作方案》，全面深化“365”工作体系，建立网格智治、突发快反、难题会商、晾晒督办等机制。全年召开专题会议7次，推进重点任务实施，有效构建政府主导、人社部门主抓、多部门联动、社会力量参与的共商、共建、共治格局。区分人社、住建等12个行业部门及15个属地街道平台（14个街道+钱塘智慧城），推进“管行业管欠薪”“属地管理”“分级负责”等协同监管和欠薪线索流转处置机制，将问题线索吸附和化解在属地。先后18次围绕重点房地产企业、精装修企业监管等召开专题工作推进会，发布《根治欠薪工作简报》11期，并结合随机性工作督查，约谈属地街道、企业78次。坚持依法行政，全年窗口受理立案7435件，依法对91家用人单位作出责令改正文书，90家用人单位作出行政处理决定，涉及人数1092人、金额1327.31万元，对4家欠薪企业予以失信联合惩戒，对58起极端讨薪行为予以行政处罚，对18家欠薪企业予以信用扣分惩戒，对13家拒不配合企业予以行政处罚，有力维护劳动者的合法权益。

资料

“365”工作体系：“3”指劳动保障督导员、劳动保障管理员、劳动关系协调员3支队伍；“6”指专题会议、督查交办、晾晒通报、集中接访、应急处置、绩效考核6项制度；“5”指法治宣传、领导包案、部门联动、数字监管、依法打击5项工作举措。

【劳动人事仲裁】 2023年，上城区以讲政治、促公正、提效率、强队伍为工作主线，构建多元化解格局，提升调解仲裁工作规范化、标准化、专业化、智能化水平，切实维护劳动者合法权益，持续助力营商环境优化。在区社会治理中心设立劳动纠纷调解中心，以政府采购服务方式引入市场化调解纠纷队伍，常驻调解员、调解助理6人。标准仲裁庭迭代升级为增强型数字仲裁庭，全面实现智能语音转写，率先通过省仲裁院“接入省庭审系统”验收检查。全面落实新管辖规则，严格执行首问责任制，提供当场立案、网上立案、邮寄立案、跨域立案等多渠道立案服务。为外来务工者、工伤职工、“三期”（孕期、产期、哺乳期）女职工等群体申请仲裁，启动速办模式。打造“调解在先、仲裁兜底、简案速裁、类案专办、繁案精审”仲裁办案格局，案件分流更有序。将“就地化解率”纳入街道共富福祉考核评价，精准压实诉源治理主体责任。年内，九堡街道、丁兰街道获评省级金牌劳动人事争议调解组织。全年全区立案6613件，结案率98.9%，网络办案率54.7%，调解成功率82%，劳动争议就地化解率76.2%。

【行政许可审批】 2023年，上城区推进新就业形态劳动者权益保障，指导企业依法管理、合法用工，帮助企业提升劳动用工源头治理能力，做好风险防范化解工作。全年办理申请特殊工时审批1093件、劳务派遣经营许可71件、劳务派遣经营许可变更126件、劳务派遣经营许可延续49件、劳务派遣经营许可注销56件、集体合同（工资协议）备案40件、企业招用未成年工登记34件。

（张　铭　王　岩　李　晋）

人才开发

【概况】 2023年，上城区全面落实人才强区发展战略，以“3+2”主导产业为基石，推动创新链、产业链、资金链、人才链深度融合。至年末，全区人才资源总量38.36万人。全年国家、省、市级海外人才有效申报178人，是2022年的2.5倍；入选国家级海外人才4人，是2022年的4倍；入选市级海外人才6人，是2022年的2倍。新增35周岁以下青年大学生4.7万人、青年博士99人；新认定市高层次人才2458人，其中C类及以上61人；新增技能人才1.33万人，其中高技能人才4300多人。人才相关工作在新华社、《人民日报》、《经济日报》、《浙江日报》等媒体宣传报道40多次。

【人才工作机制优化】 2023年，上城区健全完善“1（区委人才工作领导小组办公室）+31（部门）+14（街道）+N（市场主体）”人才工作体系，以全区年度工作重点任务项目化清单压实成员单位主体责任，以企业引才奖励等调动市场主体参与积极性，形成区委人才工作领导小组办公室牵头统筹、成员单位各司其职、市场主体积极参与的“大人才”工作格局。建立“一周一总结、一月一晾晒、一季一赛马、一年一述职”的“四个一”工作机制，完善人才工作目标责任制考核办法，将人才工作纳入全区双招双引、“八大行动”赛马机制，建立“人才指标”红黑榜考核赋分即时兑现制度。

【人才招引】2023年，上城区多措并举创新人才招引路径，绘制产业人才创新地图，针对数字能源全产业链开展系统梳理研判，确立目标人才清单库，储备数字能源领域全球科创领军人才、管理人才。举办第二届“金靴奔跑”创新创业大赛，吸引全球24个国家（地区）、849个项目报名参赛，遴选30个项目入围。开展“金靴奔跑”创业项目评审，全年完成31个项目评审立项。对接市“创客天下”、区“金靴奔跑”等大赛重点人才项目源，落地中国工程院院士谭建荣项目（Meta-DTS超融合数字孪生底座技术研发与系统应用）、浙江大学教授王盛项目（加速器驱动的硼中子俘获治疗技术）等人才项目29个。

（沈　沉 盛鹤山 卢木子）

人力资源管理

【概况】2023年，上城区紧扣都市经济特色，发布高端商务人才、专业服务人才专项政策，全面推动引育机制革新，加快构筑要素更加健全、功能更加显著、经济辐射带动力更加突出的人才发展高地。落地最优人才生态政策“黄金二十条”（即《关于打造一流人才生态城区的实施意见》），包含11个大项、28个小项，涉及人才资金7.9亿元。制定《高端商务人才认定实施办法》《高端服务人才认定管理办法》及配套政策，为商务谈判、跨境电商、直播经济等10个细分领域高层次人才强化政策支撑。揭牌成立“尚汇才”俱乐部，通过深化平台企业协同合作，创新活动内容、丰富活动载体和形式，打造创新创业、宜居宜业的人才生态。开展“上城人才巨星行”等人才交流活动8场，吸引高层次人才参与200多人。

【高层次人才引育】2023年，上城区突出人才与区域经济社会发展衔接性，实施高层次人才需求和引进培育行业类别清单化动态管理。在国家级、省级、市级海外高层次创业人才中，上城区各有1人入选。人力资源和社会保障部2023年中国留学人员回国创业启动支持计划入选1人、钱江特聘专家（市级）入选2人；省有特殊贡献专家入选1人、享受政府特殊津贴人员入选3人；市级特支计划入选2人、市级留创资助入选2人。组织开展上城区高端商务人才、高端服务业人才认定（备案）评审，评选出商务精英人才10人、商务青年人才30人；新认定高端服务业人才14人、备案人才11人。推动企业高层次人才自主评价认定，赋能产业链“链主”企业引才聚才，新认定市级高层次人才2457人，其中授权认定410人。

【博士后工作站建设】2023年，上城区坚持把博士后科研工作站平台建设作为加强人才引进和培养、推进产学研融合的重点，完善工作体系和服务体系，促进博士后科技成果转化，为高质量发展提供人才资源。通过实地摸排调研，挖掘一批有意向、有潜力建站的企业，协助创建，提供政策咨询、建站指导、招才引才等服务。全年新建省级博士后科研工作站5个，其中1个站点升格为国家级工作站；引进省直部属的国家级工作站1个。完善区级博士后工作站管理机制，定期组织区内博士后科研工作站召开交流座谈会、引博进站推进会，助力工作站建设。年内，博士后工作站新

2023年10月26日，2023年中国（浙江）人力资源服务博览会在上城区举行。图为中国杭州人力资源产业园（上城园区）展位

（区人力社保局 供稿）

招收博士后16人，比2022年增长23.1%，3人获省博士后科研择优资助二等资助。全年兑现博士后各项资助1116万元，为在站博士后做好项目资金申报、博士后生活补贴等服务支撑。

【事业单位人事管理和工资福利】 2023年，上城区事业单位在编事业人员（含教育系统）1.34万人，全年管理岗位聘任217人、专业技术岗位聘任2410人，事业人员调动1016人，新进人员录用247人。完成2次编外特岗公开招聘工作，招录61人。全区人事劳动合同签订率100%，做好事业人员工龄认定、新录用人员工资核定、工资转移、职务晋升、转正定级、工资停发和工资调转。印发《关于进一步规范评比达标表彰和通报表扬工作的提示》，按照规定做好评比达标表彰表扬项目申报，配合上级机关开展各类表彰的落实备案。

【人力资源服务博览会】 2023年10月26日，第十一届暨2023年中国（浙江）人力资源服务博览会在上城区举行。该会以“中国式现代化与人力资源服务”为主题，吸引来自全国各地近120家优质人力资源机构、人力资源服务产业园、现代金融服务机构、高等院校、培训教育机构和国际知名猎头等参展，现场观展人数1.5万人次。博览会期间，围绕“现代化”“共同富裕”“就业创业”“人才招引”“数智驱动”“创新平台”等话题，有7家单位和人力资源服务机构举办闭门会议和高峰论坛，其中4场由上城区承办。博览会同步依托移动互联技术，进行线上品牌宣传、产品展示、服务介绍、在线交易和岗位发布等。博览会首次设上城专区，近20家上城区头部人力资源服务机构在会上设展，展示上城区人力资源服务机构、平台和政策。

（周佳君 岳志永 曹苡琼 吴亚兰）

社会保障

【概况】 2023年，上城区制定《上城区人社领域强力推进创新深化改革攻坚开放提升工作方案》，推进共富型大社保体系建设，推动普惠性公共服务向基层延伸，社会保障凸显优质共享特性，基本养老保险、医疗保险参保率动态维持在99%以上。结合区公共服务“七优享”工程，着力提升社保服务的优质化和均衡化。依托丁兰街道率先试点“社保易窗（上城专区）”，全区所有街道于6月全面推开“社保易窗”服务，有效实现“减窗”提效、“快办”提速，人社领域“一网通办率”指标、收件比例均在90%以上。结合“安全生产月”等活动，开展“工伤预防 生命护航”等主题行动，以建筑行业、制造业为重点，开展工伤预防业务政策宣讲和专项培训，通过大数据对建筑项目进行逐个比对，梳理出一批尚未参保已开工的建筑项目，推动31个建筑工地项目补缴工伤保险基金615万元。

【社会保险管理服务】 2023年，上城区深入实施全民参保计划，做好社会保险费征收“统模式”改革各项工作，运用杭州“人社通”试点成果，通过大数据比对分析找准扩面资源，针对新业态从业人员、外来务工者等重点群体特点，细化方法、分类施策，引导和促进更多灵活就业人员参加职工基本养老保险，养老保险参保人数66.29万人，其中灵活就业参保人数6.21万人，净增1.25万人；工伤保险参保人数75.44万人，净增3.84万人。“七优享”参保人数90.45万人，养老保险参保率99.3%。推动社保数字化改革，逐步优化“一网通办”“一窗综办”和“一事联办”，着力打造社保“智办”体系，全年办件90.43万件，其中浙江省“一网通办”智慧大厅工作台办件88.64万件。全面实施社保基金管理巩固提升行动，完善参保登记、待遇审批、待遇支付等环节管理，严格初审、复审、审核环节分离，做好待遇发放内部控制，确保社保基金安全。强化参保数据精细管理、精准比对，动态掌握参保人员生存状况、服刑情况，核实疑点数据456条，追回各类待遇91.86万元。

【机关事业单位养老保险管理服务】 2023年，上城区纳入机关事业单位养老保险的单位446家，在职参保人员1.74万人、退休人员1.11万人。全年完成机关事业单位人员退休待遇核定459人、退休人员基本养老金调整1.1万人、养老保险关系转移接续532人，完成对全区1997年底前有实际缴费年限的160名退休人员进行退休待遇重新核定和补发。及时核查人力资源和社会保障部社会保险事业管理中心、浙江省社会保险和就业服务中心、杭州市社会保险管理服务中心稽核系统分发和专项核查分发下来的疑点数据，核查疑点数据433条。

【医疗保障管理服务】 2023年，上城区医疗保险参保率99.7%，西湖益联保参保人数54.27万人，参保率45.4%，居主城区第1位。完善困难人群专项治理机制，常态化开展新增持证人员的每月排查及动员医疗保险参保工作，实现医疗救助政策落实和符合条件困难群众资助参保100%。开通“互联网+医保”移动支付定点医药机构19家，辖区内包括3家省级医院（浙江大学医学院附属第二医院、浙江大学医学院附属邵逸夫医院、浙江省中医院）、2家市级医院（杭州市第一人民医院、杭州市第二人民医院）在内的19家定点医疗机构均完成民生地图录入及点位上传，数量居全市第1位。对新认定的因病纳入低保、低边的支出型困难人员，在政策范围内开展医疗救助，实现医疗救助政策落实和符合条件困难群众资助参保100%。创新建立医保便民服务站、区医保中心、办事群众三方视频连线机制，初步建成覆盖全区14个街道、9个社区、4家机构的“视频办”服务网络，在杭州市范围内率先实现服务网络街道全覆盖，实现社区医保服务便民“可视化”。在小营巷社区试点打造“医保小屋”，融合医保政策宣传区、业务自助办理区、医保特色服务区三大功能，纳入医保服务事项22个，有效延伸服务半径。首创“移动审批专用车”模式，为玉皇山南基金小镇企业及附近居民提供医保、社保便捷服务。制定《推进清廉医保建设实施方案》及工作计划，梳理《清廉医保建设2023年度主体责任及监督责任清单》，从制度层面明确廉政建设的责任主体、具体工作和目标要求，深化“清廉医保”建设。

【企业退休人员管理服务】 2023年，上城区审核新增企业退休人员纳入社会化管理9491人，其中企业退休5328人、个体退休4163人。全区

2023年4月9日，“当亚运遇见宋韵”上城区企业退休人员休闲运动会在杭州市杭州中学举行　　（区人力社保局 供稿）

企业退休人员23.15万人。其中，铁路、省社保人员1.76万人，退休回杭人员1701人，事业单位改制人员71人，萧山区、余杭区、临平区、富阳区委托代管3424人。全年完成企业退休人员健康体检15.94万人，实际体检率70%以上；拨付街道承检医院体检经费6417.26万元，街道公共服务中心异地报销经费9.8万元。发放春节、端午节、中秋节等节日慰问费近6亿元，审核发放区级企业退休人员困难帮扶3017人、226.65万元，街道企业退休人员困难补助7355人、251.16万元，落实探望住院病人费用4.37万人、436.8万元，花圈和丧事料理费5452人、100.24万元。在小营街道成立全区首个街道级退休干部职工大学联合教学点。组织开展企业退休人员“喜迎杭州第十九届杭州亚运会”活动，其中“当亚运遇见宋韵”上城区企业退休人员休闲运动会等活动获《浙江老年报》、“学习强国”杭州学习平台等媒体宣传报道。

（肖　波　张　娟
刘义莲　沈燕红）

社会救助

【概况】 2023年，上城区全面深化“弱有众扶”综合改革，确保困难群众“应保尽保、应救尽救、应享尽享”。至年末，全区在册困难家庭3955户、5253人。全年发放各类社会救助金7565.18万元，惠及困难群众8.96万人次。其中，发放基本生活保障金5614.31万元，临时救助金547.47万元，“春风行动”冬送温暖、夏送清凉慰问金1327.6万元，物价补贴39.55万元，“农转非”（杭州市国家建设征地就地安置人员农转非）等特定对象生活补助36.25万元。全区最低生活保障标准每人每月1259元，低保边缘家庭每人每月74元，特困人员每人每月2098元。

【救助体系深化】 2023年，区民政局围绕“1+8+X”新时代救助体系，深度落实《上城区街道、社区级困难家庭实施细则》，对照杭州市《关于进一步完善对杭州市区困难群众实施援助的意见》精神，建立困难群众长效援助服务“同心圆”。联合教育、医疗、人力社保、总工会等部门，对困难群众日常生活、文化生活等8类、58项需求提供援助。全面落实《上城区临时救助实施细则》，建立事前“托两保”（医保和西湖益联保）、事中“救急难”、事后“兜基本”的突发性、紧迫性、临时性救助制度。全区在册特困、低保、低边（最低生活保障边缘）家庭事前免费参保率（医保和西湖益联保）100%。

资料

“1+8+X”新时代救助体系： 以浙江省社会救助信息系统平台为支撑，统筹低保、特困、受灾、医疗、教育、住房、就业、临时救助8项基本救助资源，发挥多元社会力量参与救助。

【“助联体”建设】2023年，上城区按照救助合力汇聚、救助资源统筹、救助力量培育、救助场景体验、救助窗口展示“五位一体”的建设工作要求，以困难群众需求为导向，推行共建、共治、共享的运作模式，构建形成申请受理、政策推广、服务配制、困难关爱、幸福场景展示的社会救助服务联合体（简称“助联体”）。以“一站式”供给通道和智慧认定平台为载体，“区、街、社”三级“助联体”共同推动资源落地，促进困难群众基本生活、教育、就业、养老等救助援助政策“应享尽享”，实现社会救助“一件事”联办率100%。全年建成区、街道、社区“助联体”215个，其中5个入选杭州市首批星级“助联体”（服务站）。聚焦“物质+精神”双富裕，通过“尚益178”（上城区社会组织服务中心）联动社会组织、慈善等公益资源，汇集形成7类、92项服务清单，畅通帮扶救助资源与困难群众需求链接，提供精神慰藉、能力提升、心理疏导等专业化、精细化、个性化服务。全年区“助联体”接待省内外参访团120多批次。

【全国社会救助会议承办】2023年4月16—18日，全国社会救助工作会议在上城区召开，民政部领导、省领导等出席会议。会议总结中共十八大后社会救助工作取得的成就，汇报交流各地的典型经验和做法，表彰全国社会救助工作先进单位和先进个人，分析面临的形势和任务，并对下一阶段社会救助重点任务进行研究部署。会议期间，民政部领导先后到上城区“助联体”、上城区凯旋街道“助联体”服务站实地考察调研社会救助工作。

【救助工作模式创新】2023年，上城区全面推进“助联体”建设，统筹整合政府部门、公益创投项目、慈善社会组织资源，项目化实施社会融入、探访关爱、心理慰藉等服务，创新打造“物质+服务”救助模式。探索发展“物质+服务”救助的有效路径，发挥“助联体”救助资源统筹、服务精准链接功能，推进“浙有众扶”赋能共同富裕。4月25日，上城区《尚助众扶城暖共富——深化“物质+服务”救助模式》获评省社会救助优秀创新实践案例。

【残疾人社会福利保障】2023年，上城区围绕省、市新时代残疾人事业高质量发展的具体要求，结合省、市、区残疾人重点工作，以实施残疾人“精准保障”为重点，加强对残疾人“两项补贴”（困难残疾人生活补贴、重度残疾人护理补贴）的动态管理，贯彻落实习近平总书记“关心关爱精神障碍人员”的指示精神，加快精神障碍社区康复服务工作，推进“精康融合行动”试点工作，以减轻精神障碍患者、家庭及社会总负担，促进患者回归和融入社会为目标，巩固和提升残疾人服务能力，增强精神障碍患者及家庭获得感、幸福感。全年向全区1.21万人发放残疾人“两项补贴”4542.96万元，其中，困难残疾人生活补贴1939人、补贴903.95万元；重度残疾人护理补贴10165人、补贴3639.01万元。

（邹树花）

【流浪乞讨人员救助管理】2023年7月，上城区在原有“不发生一起因救助不到位造成流浪乞讨人员死亡”工作底线的基础上，拉高管理标准，以辖区流浪乞讨现象“零发生”为目标，成立迎亚运流浪乞讨救助工作专班，并在全市首创“三统一分”工作机制，即统一由行政执法履行发现职责，统一由公安履行身份核查、转介和打击非法乞讨职责，统一由民政履行自愿返乡人员送站职责；对人员分类后依然想要滞留人员由属地履行保护性送返兜底职责，为城区亚运安保提供支撑。在采东路88号设立区临时救助点，为露宿人员提供免费住宿服务。全年出动巡查3.1万人次，劝离流浪乞讨露宿人员3864人次，其中送救助站（临时救助点）186人次。发放救助引导卡和宣传册900多册，接受市、区处置流浪乞讨人员应急联动平台任务325次。全年未发生流浪乞讨露宿人员意外伤亡事件。

（沈　懿）

社会福利事业

【概况】 2023年，上城区发挥慈善三次分配在助力共同富裕、现代化建设“两个先行”中的作用，积极构建具有上城特色的“1333”基层慈善体系，发挥区慈善总会、街道慈善服务站、社区慈善服务点新型三级服务网络作用。推进“尚善之家”、社会组织公益圈、社区发展基金会三大组织在“五社联动”中的作用，丰富慈善助力共富的内涵，更大范围引导慈善资源合理流动，探索公益慈善参与救助的路径与方法，使慈善资源参与到基层服务治理中来。

资料

慈善三次分配： 又称为第三次分配，指由高收入人群在自愿基础上，通过募集、捐赠和资助等慈善公益方式对社会资源和社会财富进行分配。

丁兰街道孝爱慈善基地（摄于2023年）　（丁兰街道 供稿）

“1333”基层慈善体系： “1”指构建区域“慈共体”引领体系；第1个“3”指构建新型三级服务网络体系与阵地，即区慈善总会（省级以上慈善基地）、街道慈善服务站（市级以上特色慈善基地）、社区慈善服务点（“善小二”慈善柜）；第2个“3”是发挥“尚善之家”、社会组织公益圈、社区发展基金会三大组织作用；第3个“3”指三大品牌项目，即“善小二”慈善柜项目、“我为年夜饭添道菜”项目、拓展“慈管家”项目。

【“春风行动”救助帮扶】 2023年，上城区开展“春风行动”救助帮扶活动。春节前，走访慰问困难家庭4051户，发放“送温暖”慰问金1074.83万元。高温期间，向4714户困难家庭“送清凉”，发放慰问金252.53万元。开展机关党员干部和困难家庭结对帮扶，根据困难家庭变动情况及帮扶需求，及时调整结对名单，帮扶困难家庭2.6万户。全年区慈善总会支出899.26万元，用于实施“慈善医疗救助”“低保边缘家庭教育救助”等帮扶救助项目。

【慈善基地建设】 2023年，上城区持续深化慈善基地建设，打造省级慈善示范基地“尚善之家”。“尚善之家”是以“慈善店铺”形式将公益产品售卖、慈善义卖、公益展示、项目发布、文化沙龙、志愿服务等功能集于一身的公益服务中心。全年该基地开展各类公益慈善活动923场，服务人群3.2万人次，完成公益产品销售52.32万元。打造丁兰街道孝爱慈善基地，该基地以智慧慈善超市为依托，每年为辖区1000多户在册困难家庭发放价值300元的爱心超市卡，全年帮扶困难群众2.1万人次，发放爱心物资200多万元。

（盛　赛）

丁兰街道未成年人保护站局部内景（摄于2023年）

（丁兰街道 供稿）

【未成年人保护和儿童福利】 2023年，上城区高标准完成区级未成年人保护中心和街道未成年人保护站提升建设。12月14日，南星、丁兰街道未成年人保护站获评市级示范。12月15日，九堡街道三卫社区、南星街道水澄桥社区、采荷街道青荷苑社区、彭埠街道建和社区、采荷街道江汀社区、笕桥街道花园社区、四季青街道钱塘社区、闸弄口街道春晖社区、望江街道近江东园社区获评第二批杭州市儿童友好社区。加大儿童类服务社会组织培育，全年新增儿童类服务社会组织5个，全区有参与儿童类公益服务的社会组织55个，开展品牌特色服务项目17个，购买儿童类关爱服务支出80多万元。加大基层儿童主任、儿童督导员宣传力度，常态化开展展陈、讲座、实践互动等活动，加大对预防未成年人违法犯罪工作宣传，持续做好未成年人人身安全、家庭关系和心理健康的预防警示工作。全年发放困境儿童补贴485.60万元，享受人次7493人。

（李海龙）

城区建设

综　述

【城区建设稳步推进】 2023年，上城区坚持高标准推进市对区考核、民生实事工程和重大项目，统筹城区规划、建设，一体化推进城区有机更新，全域提升城市品质。结合“迎亚运”项目，推进辖区公共基础设施建设。加强住房建设与管理，推进人才安居保障和保障性住房筹建。推进城中村改造、老旧小区改造，加快安置房建设，保障民生需求。优化物业管理，优化“金牌管家”大物业管理模式，增强居民居住幸福感。年内，历时15年之久的城东区块征迁“清零”；完成扩绿41.2万平方米，建设绿道21.8千米；完成老旧小区改造92个，竣工既有住宅加装电梯123台；完成堵点治理10处，新建停车场（库）16个，可提供停车泊位10273个，其中公共泊位2555个、配建泊位7718个。

【征迁“清零”攻坚】 2023年，上城区持续发挥征迁“清零”攻坚行动领导小组作用，通过统筹抓总、强化合力攻坚、严格考核督查等举措，全力拓展城市发展空间，推进全域征迁“清零”工作。提前1.5个月完成区政府工作报告征迁“清零”任务，全年征迁“清零”项目22个，完成率115%；征迁“清零”点位284个（含杭州创意设计中心等重点、难点点位），完成率305%。与杭州市居住区投资建设集团有限公司协作配合，于7月完成城东区块征迁“清零”。

（金小芳）

【海绵城市示范建设攻坚】 2023年，上城区海绵城市示范建设工作进入攻坚阶段。上城区以“杭州市国家海绵示范城市”为契机，以老旧小区海绵城市建设、示范项目打造为目标，通过系统引领、特色挖掘、审查管控等举措，推进海绵城市系统化建设工作。年内，始版桥未来社区SC0402-R21/R22-06地块农转非居民拆迁安置房（含城市居民）项目被评为浙江省海绵城市示范性工程项目。该项目注重海绵城市与景观完美融合，探索高容积率、高建筑密度住宅项目海绵城市建设经验，为全省未来社区提供示范样本。打造集高品质海绵安置房、高效能海绵校园、高接受度海绵社区于一体的海绵生态城市圈，形成高品质、生态化和现代化有机结合的城市建设样本。以改旧和控新相结合的方式，在望江、小营片区打造形成杭州市首批“老+

新”海绵化城市更新样本。按照“干一片成一片”系统化理念，完成望江小营单元、笕桥生态公园单元、采荷单元、景芳三堡单元等重点区域建设，提前打造完成12.34平方千米示范区。完成全区53个住房和城乡建设部清单项目的海绵城市建设项目检查及个别项目整改工作，并提前做好2024年国家海绵示范城市验收的展板、解说词及台账等准备工作。

（周慧英）

【老旧小区电梯加装】 2023年，上城区以“业主主体、社区主导、政府引导、各方支持”为原则，以历年加装经验为引领，推进老旧小区电梯加装工作。部门、街道、社区各级党组织通过党建引领的“政府+市场+社会”“三位一体”工作机制，依托规范化、专业化的加装电梯使用和维保管理长效机制，以及加装电梯公开听证会，破解“民意统一、部门审批、资金筹措、安全保障、维护管理”五大老旧小区加装电梯“关键小事”。实行加装电梯民主协商机制，由法律咨询等专业人员、社会公益组织等社会力量及电梯企业、热心市民等其他力量形成的老旧小区加装电梯帮帮团志愿者队伍协助加装电梯政策宣传、动员指导、民意协调等工作。全年组织加装电梯联合审查92台，完成老旧小区加装电梯123台。为推动加装电梯整体托管项目落地，区住建局调研全区600多台已交付加装电梯使用情况，坚持问题导向，会同相关部门、街道、企业、专家等开展专题研讨，厘清管理主体和权责，联动多方资源参与加装电梯的使用管理。制定《上城区加强老旧小区住宅加装电梯后续长效管理工作导则》，明确物业代管、第三方托管、购买保险和业主自管4种加装电梯管理模式，全区加装电梯项目全覆盖落实规范化管理。丁兰街道先后实施大唐苑、后珠家苑、长睦家苑、丁桥家苑等安置房小区整体加装电梯项目，实现多层住宅小区加装电梯全域化，累计竣工加装电梯290台，为全市回迁安置小区加装电梯工作提供样板。

（刘　婷）

城区规划

【概况】 2023年，上城规划资源分局在城区规划工作中注重城市发展、审批改革，深化空间治理数字化水平，助力企业健康发展。全年完成竣工规划核实18宗、土地复核验收5宗；竣工规划用地核验68宗。处置开工、竣工延期13宗，处置超面积7宗，处置闲置土地1宗；办理各类不动产登记业务1.53万件，发放不动产权证书1.36万本、证明3509张，办理不动产权籍调查97宗。完成监督批前公示139件、批后告示86件、建设工程验线86件，违法建设认定信访565件、来函59件。全年组织地灾巡查检查12次，未发生或发现滑坡及隐患点，联合相关技术服务单位出具巡查检查及隐患处置报告12份，辖区行业管理范围内未发生安全生产事故。

【国土空间管理】 2023年，上城规划资源分局科学开展国土空间分区规划编制，统筹谋划笕桥和九堡单元详细规划修编，助推全区产业高质量发展。开展10个省级历史文化街区保护规划编制，加强历史文化传承和活化利用。优化“十分优享”功能设置，围绕文化、卫生、养老等十大领域绘制公共服务设施分布现状图，按要求完成6个公园（运河昙花庵路交叉口北公园、东风港路天山路交叉口公园、长睦路华鹤街公园、百田巷石桥路公园、德胜路全福桥路公园、运河昙花庵路交叉口南公园，为当时公园暂命名）的规划建设。

【项目审批与监管】 2023年，上城规划资源分局持续推动审批验收改革，完成全市首宗“带方案出让”工业地块全流程审批，助力企业实现“拿地即开工”；在全市率先建立工程项目竣工验收“三合三联”（合力、合拍、合规，联办、联诊、联管）审查机制，相关改革创新做法被全市推广。强化确权登记，首创杭州市不动产“一窗受理”业务办理点；深化企业专窗服务机制，实现大宗地权籍调查一日办结。年内，区行政审批窗口获评“审改先锋”团队1次、年度“服务之星”1次；区不动产登记窗口获评月度“金牌窗口”10次、月度“服务之星”20人次、月度“优秀导服”12人次，获评市审管系统第三届“优秀窗口”，为全区唯一。

【土地保护利用】 2023年，上城规划资源分局围绕地块规划条件、选址论证、开发时序、配套保障、空间布局等要素，全流程、精细化实施做地供地。完成区级住宅用地出让4宗、228亩（15.2万平方米），出让金87.58亿元；商业商务用地（含留用地）出让10宗、193亩（12.87万平方米），出让金34.83亿元；工业用地出让4宗、95亩（6.33万平方米），出让金9066万元。完成住宅用地收储3宗、208亩（13.87万平方米），商业用地（含留用地）收储16宗、378亩（25.2万平方米），工业用地收储5宗、222亩（14.8万平方米）。深化土地节约集约利用，完成2009—2022年批而未供土地清理消化1003亩（66.87万平方米）、供而未用土地开工4787亩（319.13万平方米）、低效用地再开发2536亩（169.07万平方米），盘活低效工业用地330亩（22万平方米），盘活存量建设用地1925亩（128.33万平方米）。全年获批13个批次、23个项目，获批用地面积597亩（39.8万平方米），新增建设用地502亩（33.47万平方米）。

【土地生态治理】 2023年，上城规划资源分局创建林长+田长+警长+检察长+河湖长+综合执法长“六长联动”工作体系，打造“1+2+N”执法体系，形成《上城区耕地占用税征管协作机制备忘录》《关于建立杭州市上城区“林长+检察长”工作机制的实施方案》等机制，高效处置各类用地违法案件7件。完成与建德市易地实施林地占补平衡指标交易，为全省首宗，率先推出林地指标购买、使用、管理相关保障措施办法。严格落实卫星影像图片执法，对11宗设施农业项目用地进行多次“回头看”，确保用地用途符合审批规范。保障森林湿地资源，完成新增国土绿化394亩（26.27万平方米）、森林质量精准提升1014亩（67.6万平方米）、林地补充库建设91.06亩（6.07万平方米），打击破坏森林资源案件4件，开展野生动物救助件145件。年内，自然资源上海督察局《督察意见书》涉及的上城区两大类、5宗销号问题通过问题销号初审；131宗土地变更项目有序进行核实和整改。

> **资料**
>
> **“1+2+N”执法体系**：“1”指以林长制为核心牵引；“2”指林业部门专业监管、城管部门专项执法；“N”指警长辅助、检察监督、环保监管、纪检监督、税务参与等。

【征迁回迁“清零”提速】 2023年，上城规划资源分局完成区级集体土地征迁“清零”项目15个、2023年市对区考核重点征迁“清零”项目2个。区集体土地房屋征收补偿事务中心获评上城区“改革增效”成绩突出集体。按计划提前完成全区面上集体土地5～8年2563户、4～5年185户，完成区级回迁安置目标及市对区考核目标。在全市率先制定《上城区安置房不动产登记涉及历史遗留问题安置核查细则》，开拓创新模拟审核方式，政府部门由等待安置户申请改为主动作为，提前履行职责义务。

全年完成安置房核查3462户、1.01万套，办证3349套，3项指标均列全市第一。

（陈苏瑶）

城市投资建设

【概况】 2023年，上城区城建计划中，区教育局、区文广旅体局、区卫生健康局、区住建局、区综合执法局、钱塘智慧城管委会、各街道及4家区级建设主体实施城建项目754个。其中，重点关注的A类项目（市对区考核、民生实事、二次供水、老旧小区改造等）、B类项目（自主推进项目）有544个。至年末，A、B类项目整体进度执行率91.2%。

（王　涛）

【“韵味百巷”建设】 2023年，上城区创新实施“品质上城·韵味百巷”建设行动。制定《韵味百巷创建行动指南》，建立4个展韵方向与措施体系，提供12个方面的专业指引，发布《上城区韵味街巷建设管理流程》，梳理10个方面路径程序，归纳4个方面注意事项。坚持保护优先，实施城市街巷原有软硬件环境通过“微改造、精提升”，推动城市更新向纵深推进。全年建成项目98个，涉及韵味街巷110条。

（胡　斌）

【资金保障】 2023年，上城城发集团拓宽融资渠道、优化融资结构，获评国内排名第一评级机构——中诚信评AAA主体信用评级。降低融资成本，发行公司债15亿元，发行利率2.94%，创全国3年期以上区县级私募公司债最低利率。抓好指标贡献，全年完成融资184亿元、化债30亿元，贡献固投指标37亿元。

【土地资源挖潜】 2023年，上城城发集团配合钱塘智慧城产业发展，经过多轮主动对接攻坚，完成丰收湖8万平方米土地性质调整，打造都市工业综合体项目，提升丰收湖总部企业集聚氛围。拓展土地资源，推进笕桥、九堡控规单元修编，新增土地31宗、72.4万平方米，为笕桥街道、九堡街道发展提供更多空间。整合区域资源，完成笕桥高中（暂名）调整事宜，为全区增加土地效益17亿元。

【精品项目打造】 2023年，上城城发集团做优城市精品项目。持续做好沪杭甬高速公路入城口整治，7月1日至9月6日，通过绿化提升、立面整治等方式，将亚运元素与杭城文化相融合，顺利完成环境整治提升，最终提前2天完成收费站电子显示屏、迎宾区、农业景观区等改造提升。该项目作为全区唯一项目入选全市“赛马”良好项目奖项，获有关市领导书面批示或调研肯定。完成中河高架万松岭路上匝道山体边亚运景墙及路口亚运景观小品工程，山体边以吉祥物“宸宸”射门弧线展现超过40米的彩虹图景，体现亚运

整治后的沪杭甬高速公路入城口（摄于2023年）

（上城城发集团 供稿）

运动激情；山下小品选用“三潭印月”形象，面积约300平方米，呈现月夜下小瀛洲、雷峰塔等浓缩西湖美景，打造集亚运元素和西湖山水于一体的沿山景观，点缀城市风貌。4月3日至5月12日，完成杭州市残疾人托管中心风雨操场及围墙的改造，有效保障该中心第33个全国助残日活动顺利举行。

【人才共有产权房项目】 2023年，上城城发集团打造集团首个人才共有产权房项目——河昱云境府（笕桥单元JG0607-R21-02共有产权保障住房项目），项目总建筑面积12.7万平方米，其中地上住宅面积7.5万平方米，房源675套。河昱云境府作为集团首个住宅类房产销售项目，上城城发集团对标高品质商品房小区，助力构建一流人才生态城区，在保证建设进度的同时，完成房管“一房一价”和监管协议预审备案。项目一期开盘214套，于12月21日启动网签，完成年度销售任务。

（丁一欢）

【雅福新榭、甬江嘉院安置房回迁】 2023年2月18日，雅福新榭小区启动回迁交房，当日完成交房近70套，为全区年度首个启动回迁交房的安置房小区。该小区位于四季青街道，东至钱环路，西至新塘路，南至公共城市绿地，北至景芳路，规划总建筑面积3.4万平方米，有房源185套。该项目由上城城投集团建设，临近景芳地铁站，周边商业、学校、医院、交通设施等配备齐全，获评杭州市西湖杯“结构优质奖”等奖项。8月16日，甬江嘉院安置房项目交房启动，协同属地街道计划安置居民280户，交房近300套。甬江嘉院位于海潮路与望江门外直街交叉口，用地面积1.58万平方米，总建筑面积7.9万平方米，其中住宅面积4.4万平方米，绿化率35%，建筑密度22%，由2层地下室与5幢高层住宅楼组成，有安置房源526套。项目由上城城投集团建设，小区内有儿童游乐设施、健身设施、架空层休憩场所、廊架等配套设施，周边配套学校、邻里中心等基础设施。

甬江嘉院安置房（摄于2023年）　　（上城城投集团 供稿）

【艮北共有产权房项目（雅涥名府）选房完成】 2023年11月27日，上城区艮北共有产权房项目（雅涥名府）预售证公示，建筑面积96~139平方米，共7幢、364套房源，为辖区国有企业首个获取预售证共有产权房项目。12月10日，该小区完成公证“云选房”工作，所有房源售罄。12月24日，网签销售审核通过321套，面积3.49万平方米，后续将持续落实剩余房源网签工作和项目工程高品质建设。

【艮北新城牛田单元地块出让】 2023年，上城区完成艮北新城牛田单元R21-08、09等地块出让。2月7日，R21-08、09地块出让。该地块为艮北新城核心区优质宅地。其中，R21-08地块东至规划绿化，西至六堡路，南至新塘路，北至规划兴隆村北路，出让面积4.3万平方米，容积率

2.0，建筑面积8.6万平方米，最终以25.37亿元由中天美好集团有限公司竞得，成交楼面价为2.95万元/平方米，溢价率为11.91%；R21-09地块东至规划绿化，西至规划六堡中路，南至规划红建路，北至规划七号港绿化，出让面积3.94万平方米，容积率2.0，建筑面积7.88万平方米，最终以23.51亿元由北京科技园建设（集团）股份有限公司竞得，成交楼面价为2.99万元/平方米，溢价率为11.9%。8月29日，JG1605-B1/B2-27地块出让。该地块是艮北新城核心区域的优质商业商务用地，东至建华路，西至三官塘路，南至牛田单元A33-19地块27班九年一贯制学校，北至红建街。该地块出让面积1.31万平方米，容积率3.5，建筑面积4.58万平方米，最终以3.25亿元由浙江省水利水电勘测设计院有限责任公司竞得，成交楼面价7102.08元/平方米。10月8日，B1/B2-05地块出让，该地块是艮北新城年内出让的第一宗留用地，东至三官塘路，西至牛田单元B1/B2-04地块，南至艮山东路绿化带，北至华家竹园路。该地块出让面积2.67万平方米，容积率3.5，最终以6.63亿元由杭州创悦盈科技有限责任公司竞得，成交楼面价为7098元/平方米。

【近江单元B1/B2-13A地块收储】 2023年11月29日，由上城城投集团负责的近江单元SC0302-B1/B2-13A地块完成收储。该地块东至婺江家园二园及近江单元SC0302-B1/B2/R22/S2地块，西至秋涛路，南至婺江路，北至尚筑金座，用地面积7700平方米，容积率4.5，用地性质为商业商务用地。

【2个项目竣工验收】 2023年2月21日，上城交警大队业务用房项目竣工验收。项目位于牛田单元U/C1-01地块内，东至红五月路，西至规划C1-01地块，南至牛田单元A5-01地块，北至红建路，由上城城投集团建设。项目建设包括交警大队业务用房、地下停车库及设备用房、室外场地及绿化等。总建筑面积9900平方米。6月2日，望江单元SC0404-R21-04地块农转非居民拆迁安置房（含城市居民）项目竣工验收。项目位于海潮路与望江门外直街交叉口，由上城城投集团建设，用地面积1.58万平方米，总建筑面积7.9万平方米，其中住宅面积4.4万平方米，由2层地下室与5幢高层住宅楼组成，有安置房源526套。项目周边配备学校、公园等基础设施。

【运河·衍印中心签约交付】 2023年12月21日，“上运共赢 投衍未来”——上城城投&运河投发签约暨交付仪式在运河·衍印中心举行。运河·衍印中心汇集建筑类、数字智能化、国家高新技术企业等进驻办公，逐步形成名企商务圈层效应。项目东至学怡巷，西至景昙路，南至严家路，北至杭州东升服装小商品市场，建筑面积1.8万平方米，为23层写字楼，联合周边复合街区、中心广场、下沉广场、院落景观，打造杭州街区办公楼坐标，由上城城投集团负责招商运营。

【望江单元R22-12地块领取施工许可证】 2023年12月24日，望江单元SC0404-R22-12地块（12班幼儿园工程）项目取得施工许可证，进入施工阶段。项目位于望江单元，地块总用地面积6053平方米，建设12班幼儿园。该幼儿园周边教育资源丰富，与杭州市钱学森学校隔路相望，地块交通便捷。

（曾晓蓉）

公共基础设施建设

【概况】 2023年，上城区全面推进道路建设，推进主次干道及支小路等项目建设，加快城市地下空间开发。推进公共停车场（库）的建设工作，通过新建停车场（库）、增设道路停车泊位、老旧小区改造等举措挖掘公共停车空间。开展重点片区、区域交通治堵工作，同时结合数字交通、智能化开展治堵。

【城市道路建设】2023年，上城区持续推进城市道路建设。全年主次干道路及支小路新建开工九州路、近江路等9条、3704米；续建九环路等5条、3406米。主次干道路及支小路完工开创街、明石路等15条、4945米。推进“断头路”建设4条，即沿山路、九盛路、钱江支路、候潮路，共长1300米。道路建成后，及时启动“建管衔接”，开展21条道路的移交，完成移交子项111个，开通药香路、东城路等重要道路。

（陶倩微）

【停车场建设】2023年，上城区持续推进辖区内公共停车场建设。全年新建停车场（库）16个，可提供停车泊位10273个，其中公共泊位2555个、配建泊位7718个。围绕民生工作，突出难点亮点，在老城区、历史文化街等停车困难区域竣工落实3个停车场，分别为浙江大学医学院附属邵逸夫医院五期建设工程909个公共泊位、东河环保公园地下停车库171个公共泊位、中央水景公园北区项目330个公共泊位。

（王　涛）

【地下空间建设】2023年，上城区鼓励建设地下连通通道，推进《上城区地下空间重点区域轨道站与周边地下公共设施互联互通三年行动计划》编制，促进地下空间综合性、系统性开发建设，为提升城市承载能力，保障城市安全韧性方面提供有力支撑。全年全区完成地下空间建设新增量（完工）87.69万平方米，完工杭政储出〔2017〕46号、47号地块商务用房（暂用名太平金融大厦）、杭政储出〔2019〕61号地块商业商务用房兼容商品住宅（一期）、杭政储出〔2020〕75号地块商品住宅（含配套公建）等28个项目。

（余　瑜）

【交通治堵】2023年，上城区交通系统化综合治理工作坚持“高站位谋划、高效能治理、高标准推进”，完成堵点治理10处、公交站点优化8个、轨道站点周边风雨连廊建设1个、单元化片区公交治理3个。重点谋划推进重要堵点和常发堵点治理，堵点治理作为市级民生实事获评全市考核第一档。研究编制湖滨地区分时段、分阶段、多种方案优化组合的精细交通组织方案，并推进实施。以打造“丁兰经验”升级版为目标，高质量完成九堡、彭埠、艮北新城3个片区公交优化提升，上城区片区公交治理工作获全市一等奖。

（张　鑫）

未来社区建设

【概况】2023年，上城区坚持“打造更具归属感、舒适性的城市新兴功能单元和共同富裕现代化基本单元”的理念，聚焦社区公共服务体系建设，统筹推进邻里、教育、健康、服务和治理等九大未来场景落地，全域开展未来社区创建。全区新增15个项目列入浙江省第七批未来社区创建名单，全区列入省、市未来社区创建名单项目增至45个。年内，濮家机神未来社区、红五月未来社区等17个未来社区项目陆续通过省、市风貌专班验收，其中湖滨街道实现全域未来社区验收。至年末，全区成功创建未来社区22个，其中省级18个（含引领型9个）。年内，全区6个未来社区项目入围全市党建统领未来社区建设“最佳案例”，入围数量居全市第1位。41个社区、83个场景入围省城镇社区“一老一小”服务场景名单，上榜社区、服务场景分别增至44个、86个，新入围与累计社区、场景数均居全市第1位。上城区在全省城镇社区公共服务设施体检中综合得分79.38，居全省第2位。

【青年路未来社区建设】 2023年4月，湖滨街道青年路未来社区成功创建为浙江省第三批引领型未来社区。青年路未来社区于2022年5月被列入浙江省第五批未来社区创建名单。项目实施单元面积35万平方米，以20世纪80年代老旧小区为主，主要包含青年路、东平巷2个社区，常住人口8572人，其中60周岁以上户籍老年人占社区总人口的36.5%，人口老龄化显著。社区党委以“看见共富 感知幸福”为主题，深化落实未来社区“一统三化九场景”的建设要求，统筹谋划、一体化推进未来社区创建和公共服务设施补短板行动，加快推进十分优享公共服务圈建设，形成以青年路“幸福邻里坊”为主要阵地，集托幼、居家养老服务中心，红色港湾，青邻餐厅于一体的公共服务矩阵，并根据居民需求，动态提升服务能级。项目实施过程中坚持党建统领，发挥党建联建优势，聚焦养老服务、托幼服务、代际融合3个方面主题，创设“湖滨合伙人”项目，吸纳40多家企业和60多个经济主体参与，推动文化、服务、金融等共建项目30个，逐步形成生态、智慧、人本的“一老一小”融合服务与治理生态，构建“幸福邻里、品质湖滨”的“美好家园”，构筑共同富裕现代化基本单元示范样板。

> **资料**
>
> **“一统三化九场景”：** 坚持党建统领，以人本化、生态化、数字化为价值导向，构建未来邻里、教育、健康、创业、建筑、交通、低碳、服务和治理九大场景。

【东坡岳王未来社区建设】 2023年4月，湖滨街道东坡岳王未来社区成功创建为浙江省第三批引领型未来社区。东坡岳王未来社区于2022年5月被列入浙江省第五批未来社区创建名单。项目实施面积38万平方米，以20世纪80年代老旧小区为主，主要包含东坡路、岳王路2个社区，常住人口1.27万人，其中60周岁以上户籍老年人占社区总人口的36.5%，人口老龄化显著。社区在创建过程中，以满足居民生活体验和生活需求为出发点和落脚点，建设集居住、商业、休闲、教育、运动于一体的服务圈，配置全天候社区生活服务体系。以功能植入与空间联动的方式，强化晴雨数字治理、文商旅智慧共融、当代宋韵呈现、城湖一体城管等主题配套特色，形成岳王路社区康养驿站、湖滨商圈党群服务中心、光复路老年食堂、大家艺校等主要阵地，为社区居民提供衣食住行、教育、医疗、养老等基本服务。

【彩霞岭未来社区建设】 2023年4月，紫阳街道彩霞岭未来社区成功创建为浙江省第三批引领型未来社区。彩霞岭未来社区于2022年5月被列入浙江省第五批未来社区创建名单。项目规划单元面积80.1万平方米，实施单元面积22.6万平方米，实施范围内有住宅小区10个，有居民4067户、1万余人，其中60周岁以上老人占社区总人口的35%，老龄化特征明显。社区以“彩霞飞扬·优享生活”为主题，提出“新老融合”的社区建设模式，依托社区业委会建设、“四大传统特色”（传统科普特色品牌、阿奎志愿服务品牌、科教中心、生活安全科普馆）、“银尚霞光”金秋驿站、物业统一管理等社区特色内容，聚焦治理、服务、文化、产业，孵化“彩霞飞扬”尚法工作室、人民调解会、阿奎党员志愿服务队等社会组织、志愿者团队21个。以“一轴两环双核心”的空间布局，形成“5+1+3”场景体系，其中服务、治理、邻里、教育、健康为五大核心场景，创业为特色场景。全面提升居民日常生活品质，打造科普广场、彩霞飞扬公园等7处室外活动场地和景观公园；完成拆除围墙250米、混凝土路面改沥青路面地面2.2千米、屋面改造2.66万平方米等老旧小区改造工程；盘活闲置用地，打造1250平方米的综合服务体——“平如里·幸福邻里坊”；完善社区配套，将原社区党群服务中心2楼闲置平台改建为屋顶塑胶跑道和屋顶花园。依托社区已有产业园区，融合宋韵文化，打造锦绣工坊，推动特色创业场景落地，助力社区实现共富。

资料

“一轴两环双核心”：即以江城路小区为生活轴，小区东西侧两条场景为环线，社区活动中心与社区服务驿站为双核心。

【钱运未来社区建设】 2023年4月，四季青街道钱运未来社区成功创建为杭州市第二批未来社区。钱运未来社区于2022年6月被列入2022年杭州市未来社区创建名单。项目实施单元面积103万平方米，有居民4591户，常住人口1.2万人，70%居民为中青年，其中6%的居民为外籍居民。社区以党建统领为核心，以人民为中心，坚持“文化共融汇民情、服务共享汇民生、秩序共建汇民意、价值共美汇民心”四共四汇服务体系思想，以“生活美、家园好；民风美、治理优；生态美、环境优”为目标，深化党建联盟，整合党建资源，搭建红色物业、国际志愿服务队、家长学校等邻里先锋平台，在组织、资源、业务等方面全方位融合，“邻距离”构建党建统领的未来社区建设共同体。以居民需求为导向，梳理潜力空间，以化零为整方式置换出连片公共服务空间，建设1000多平方米邻里中心，服务于邻里、教育、健康、服务、治理五大核心场景，突出“一老一小”服务。社区深挖钱塘江与运河交汇之“汇”文化，窥见钱运社区文化的“根”与“魂”，打造公共文化空间，以“汇”字打造不同地域、不同民族、不同国籍居民的文化融合品牌，彰显钱运文化软实力。

【景芳未来社区建设】 2023年6月，凯旋街道景芳未来社区成功创建为浙江省第三批引领型未来社区。景芳未来社区于2021年5月被列入浙江省2021年未来社区创建名单。项目覆盖景芳三区、景芳四区2个小区，东至新塘路，西至景昙路，南靠景芳路，北抵严家路，占地面积22.32万平方米，有居民4382户，常住人口1.2万人。社区依托健康底蕴，挖掘小区周边医疗、教育、服务、生态等资源，以邻里中心为核心，打造以景九路为文化主轴，沿新苑巷、景文路、景昙路、严家路为环线的“一心一轴一环”的健康景芳新家园。关注“一老一小”，挖掘小区空间，设置幼托中心、康养驿站，改善爱心食堂，增加健身走廊，覆盖健康小屋，设置智慧垃圾房，指导居民养生保健，打造老旧小区未来健康样板。整合社区周边便利交通设置（东邻地铁4号线景芳站、新塘站，西靠秋石高架艮山西路上下匝口，中间设有景芳公交总站），贯通健康步道，为居民群众安全、舒心出行提供便利。挖掘社区“国家级充分就业示范社区”的平台优势，联合杭州市居住区投资建设集团有限公司、钱江新城建设指挥部空间资源，以“一环”为基础打造多点位创新创业空间，让居民“住在景芳、学在景芳、工作在景芳”。结合夏衍影视文化和传统国学文化沉淀，打造严家路和景九路的“T”字特色文化街区，凸显“文化品质”，引领居民打造身心健康场景。

【吴山路未来社区建设】 2023年12月，湖滨街道吴山路未来社区成功创建为浙江省第四批未来社区。吴山路未来社区于2022年5月被列入浙江省第五批未来社区创建名单。项目实施单元面积35万平方米，常住居民1131户、

3808人，流动人口1983人，辖区有浙江省中医院、杭州市工人文化宫、杭州市惠兴中学、杭州市行知幼儿园、银泰in77综合体等共建单位20家。有文物保护、历史建筑保护旧址15处。作为湖滨街道唯一的融合型社区，辖区商圈内文商旅资源丰富、医疗文教配套充足、全国示范步行街坐落其间。在未来社区创建过程中，社区通过区域化党建联盟，整合资源禀赋和阵地空间，构建民生共富综合体，在邻里中心建设过程中重点突出“服务老、养育小”理念，盘活各类服务设施，提升养老、托幼、医疗、就业等场景服务功能，使不同年龄段群体体验到更具幸福感、获得感、安全感的社区生活。着力构建“纵向贯通、横向协作、党建引领、聚力赋能”的社区基层治理体系，形成覆盖全体居民、按需落地的综合服务阵地集群，展现湖滨的“全过程人民民主”及人文底蕴。

【涌金门未来社区建设】 2023年12月，湖滨街道涌金门未来社区成功创建为浙江省第四批未来社区。涌金门未来社区于2022年5月被列入浙江省第五批未来社区创建名单。项目占地面积30万平方米，有居民住户1326户，常住人口2927人、流动人口1190人，60周岁以上老年人占社区总人口的38%。社区聚焦“一老一小”需求，谋划公共服务设施布局，盘活社区资源、腾挪空间，通过老旧小区改造等工程，全范围提升整治社区的公共设施、住宅楼、管井、绿化等。落实未来社区“一统三化九场景”建设要求，以党建为品牌，建强社区治理力量，以打造邻里中心为契机，实行社区高质量发展和高效能治理的双向赋能，打造集邻里会客厅、邻里食堂、邻里活动室、居家医养服务于一体的民生服务综合体。探索共同富裕背景下的“家门口幸福养老”政企合作新模式，引进浙江省中医药健康产业集团下属的“国叶康养”入驻中心开展养老服务，与光复路“国叶康养”邻里食堂合作，在邻里中心内开设涌金门邻里食堂分中心，为社区辖区范围内60周岁以上的老人提供服务。

【劳动路未来社区建设】 2023年12月，清波街道劳动路未来社区成功创建为浙江省第四批未来社区。劳动路未来社区于2022年5月被列入浙江省第五批未来社区创建名单。项目东起延安南路，西邻南山路，南至河坊街，北靠西湖大道，规划单元总面积34.6万平方米，有小区16个，居民2018户、5178人。社区与辖区范围内的特色点位共建，整合既有城市资源，拓展邻里、教育、健康、创业等重点优质场景的服务版图，保障场景“全区域、全覆盖、全落地”，惠及居民生活，打造“开放无界、动态互联”的共赢社区。落实未来社区“一统三化九场景”建设要求，推动公共服务资源集成落地，形成“一老一小”公共服务系统化方案，联动城市资源拓展服务版图，营造生活美学、全龄教育氛围。年内，形成以“荷香宋韵、国学沃土、邻里共睦、跨界共融”为主题的特色未来社区。

【清泰门未来社区建设】 2023年12月，望江街道清泰门未来社区成功创建为浙江省第四批未来社区。清泰门社区于2022年10月被列入浙江省第七批未来社区创建名单。社区紧邻“潮涌望江·航港客厅”城市新区风貌区，规划面积36万平方米。创建范围内总户数4219户，受益人口1.25万人；有锦都世家、清江花园、新丰苑、清泰南苑一期、清泰南苑二期等标准住宅小区11个，有置地国际男装基地、九天国际服装城等服装批发市场9个，商业氛围浓厚，生活配套服务设施齐全。社区围绕“承清泰、御平安、厚童叟、融客亲”主题理念，通过大型融合型社区整改、“幸福邻里坊”创建、数字智慧管理系统搭建，新建2631平方米的社区公共服务中心，打造“一站式”养老服务中心、婴幼儿成长驿站、学龄前托育园、幸福食堂等“一老一小”公共服务场景，整合资源推出“金牌管家”物业服务体系，因地制宜设置零工市场和共享直播间，满足居民和创业人员的生活、工作需求。

【濮家机神未来社区建设】 2023年12月，闸弄口街道濮家机神未来社区成功创建为浙江省第四批引领型未来社区。濮家机神未来社区于2022年12月被列入浙江省第六批未来社区创建名单。项目创建范围北至天城路，南至京杭大运河，西至机场路，东至秋石高架，创建面积25.6万平方米，社区内有房屋105幢，总户数5573户，常住人口1.3万人。项目将“幸福邻里坊”建设和未来社区“一统三化九场景”要求有机融合，打造以“一老一小”“党建智治”为核心的公共服务系统及以“党建铸魂、生活共融、智慧筑家”为主题的濮家机神生活共融圈。以“幸福邻里坊”为载体，做优服务圈，在濮家社区植入邻里客厅（居民议事坊、红领巾议事坊）、儿童成长驿站、青少年宫等面向“一小”的未来邻里、未来治理、未来教育等场景；在机神社区植入中医馆、社区食堂、居家养老服务中心、老年大学等面向“一老”的未来邻里、未来服务、未来健康等场景。基于上城区“幸福邻里坊”数字化平台建设，建设社区级数据仓，完成硬件实施和基础数据贯通，居民端上线场馆预约、活动报名、便民热线等应用49个。同时以“社区统筹+运营入驻+部门下沉+社会参与+居民打分”模式探索可持续运营，为各个空间打造社区专属服务。

【花园未来社区建设】 2023年12月，笕桥街道花园未来社区成功创建为浙江省第四批未来社区。花园未来社区于2022年6月被列入浙江省第六批未来社区创建名单。项目规划面积26万平方米，有总户数3370户，常住人口1万人，居民年龄构成年轻化，60周岁以上人口占总人口的10%。社区以“善美花园·邻聚共富”为主题，通过“善治·凝聚力”“善享·零距离”“善美·邻聚力”三大创新举措，构建老幼共融、全龄共乐、多元共生的未来社区理想图景，形成一套党建统领可持续发展模式、一组聚合式公共服务多元阵地及一套幸福邻里生活营造体系。探索“强社惠民”集成改革创新模式，整合盘活辖区内存量闲置空间，推动公共服务设施的优化整合共享，以社益联动、社民互动等形式参与未来社区共建共治共享，数智运营赋能社区动态高效管理，努力实现“让社区像花园一样美丽，让居民像花儿一样幸福”。

> **资料**
>
> **社益联动：** 创新公益创投治理新模式，由街道牵头，社区实施，建立公益创投项目机制，成立花园社区社会组织服务中心。该举措明确社会组织孵化及扶持的创新流程，形成年均13万元的公益创投资金池，提供五大类、18个细分项目的创投扶持，培育并鼓励社会组织在创新基层社会治理和公共服务中发挥作用。

【红五月未来社区建设】 2023年12月，彭埠街道红五月未来社区成功创建为浙江省第四批引领型未来社区。红五月社区于年内3月被列入浙江省第七批未来社区创建名单。社区北至新塘路，南至钱塘快速路，西至红普路，东至九环路，总面积28万平方米，内有总户数2983户、常住人口8403人。社区以“悦”文化为主题，以“红动五悦，友邻街坊”为定位，打造“融和奋进，近悦远来”的红五月友邻社区。聚焦居民需求、多方协同共建、社区长效运营等，着力打造“村改居”型未来社区样板，为高质量发展建设共同富裕示范区提供“彭埠范例”。实行“硬盘活+软塑造”双步走战略，挖掘配套空间4059平方米，新建一体化康养中心、托育中心、综合邻里中心等全龄服务配套；实施悦邻生活培育计划，培育原村民良好公共文化生活习惯，提升新住户的归属感，形成“新原融合、代际融合、街坊共富”的自治创新模式，铸就“悦邻”生活新篇章。

【“九和魅”未来社区建设】 2023年12月，九堡街道“九和魅”未来社区成功创建为浙江省第四批未来社区，并成功入选省第四批城镇社区“一老一小”服务场景名单，其中九华社区入选2023年度全市党建统领未来社区建设“最佳案例”名单。“九和魅”未来社区于2023年3月被列入浙江省第七批未来社区创建名单。项目位于九堡街道北片区商品房集中的九昌路沿线，由九华、和华、魅力城3个社区组成，总面积103万平方米，有居民8061户、2.09万人。项目根据3个社区地缘相近、人缘相亲、基础相合特点，通过“三社联创”方式打造未来社区。“九和魅”未来社区以“长智九安、青和乐业、魅力未来”为总体定位，打造健康、教育、创业、邻里、治理五大核心场景，通过党建引领多方智治、社企联动共富共建、资源统筹公服共享，发挥社区特色创业资源优势，整合提升党建智治和“一老一小”公共服务需求，创建青年友好型未来社区标杆。

【建塘苑未来社区建设】 2023年12月，丁兰街道建塘苑未来社区成功创建为第三批杭州市未来社区。建塘苑未来社区于2022年6月被列入2022年杭州市未来社区创建名单。项目面积46万平方米，东至同协路，西、南至五会港，北至上塘河，居民总户数3552户，常住人口7809人，户籍人口3306人，是典型混合型社区，包含回迁房小区、商品房小区、青年社区、商业综合体、创业基地各1个，以及幼儿园1所、产业园区2个。社区通过搭建平台“乐聚”，自筹资金架起促进邻里融合的便民桥（实体桥），开通“智学”专线公交，解决翡丽湾小区上学接送难问题，化公交孤岛为城市群岛，联通全域产业、安置房小区、商品房小区。延续西子清洁能源装备制造股份有限公司产业低碳可持续转型理念，社区与产业区共建共享，提升空间使用频率盘活社区产居活力，实现“生活在小区、创业在园区、消费在商区”。整合资源汇聚幸福场景，以“幸福邻里坊”为核心、便民桥为链接，打造以“一老一小”和“党建智治”为核心的公共服务体系，引入在水一方邻里康养大数据平台，建设居家养老服务中心、幸福邻里线上小程序，推动智能化社区建设，构建起以“党建铸魂、生活共融、智慧享家”为主题的未来生活共融圈。

（张一婷）

住房建设与管理

【概况】 2023年，上城区全面促进共同富裕与产城融合，从空间布局与资源要素上加大住房保障力度。围绕“以满足新市民、青年人住房需求为主要出发点”理念，扩大保障性住房供给，缓解住房租赁市场结构性供给不足，吸引更多国内外企业和优秀人才到上城区投资创业。建立完善以公租房、共有产权房和保障性租赁住房等实物房源筹建为主，购、租房补贴为辅的住房保障体系，推进保障房建设与管理工作。

【保障性住房筹建】 2023年，上城区加强保障性住房筹建工作。加强公租房项目建设，新开工公租房项目2个，总建筑面积17.66万平方米。推进人才共有产权保障住房试点配售工作，由区住建局牵头成立上城区河翠云筑人才共有产权保障住房试点项目配售工作专班，完成河翠云筑项目、河昱云境府项目、雅淳名府项目3个项目、4批次的配售工作。提高保障性租赁住房筹集力度，全年筹集保障性租赁住房项目27个，房源数6753套（间）。

【人才安居保障】 2023年，上城区优化衣食住行“软环境”，加大人才安居保障力度。贯彻全市新引进应届大学生租房补贴专题会议精神，规范发放应届生租房补贴，通过“亲清在线”平台实现应届生补贴申报审核全流程网上办理，发放补贴4.57万人次、2.29亿元。全年核发高层次人才租房补贴3266人次、816.5万元，核发高层次人才购房补贴93人次、5187.7万元。按照人才引进相关政策，落实党政储备人才租房补助，向上城区61名党政储备人才发放租房补助117万元。依托“江河汇才驿站”公众号网上办事大厅，开展人才公寓租赁补贴申报受理，做到即报、即审、即到账，全年核发区级人才公寓租赁补贴836人、216.9万元。加快人才安居项目建设，竣工人才专项租赁住房项目2个，房源1540套。其中，投入运营房源303套；建设中人才专项租赁住房项目4个，房源数2500套。

（吴　桢）

【安置房建设】 2023年，上城区坚持“以日保月、以月保季、以季保年”总方针，聚焦安置房建设阶段“完成初步设计、完成招投标、取得施工许可、完成桩基施工、完成地上±0.00、完成主体结顶、完成整体工程、完成竣工备案、完成回迁安置”九大关键节点，通过强化部门联动、靠前介入指导、加强项目协调等举措，加快推进安置房建设进度。全年新开工安置房项目2个，总套数1728套，面积25.56万平方米；竣工项目14个、总套数9925套，面积173.75万平方米；续建项目23个，总套数1.37万套，面积228.14万平方米。

（王国醒）

“三改一拆”

【概况】 2023年，上城区围绕防违、控违及“无违建”创建工作目标，结合“迎亚运保障”“环境大整治”等专项行动，坚持“新违建‘零增长’、存量违建有序拆”的原则，从严从实、纵深推进全区违建防控处置及“无违建”创建工作。至年末，全面开展“违建清零社区”验收的考核工作，完成“违建清零社区”62个，其中年内完成12个。全年拆除处置各类违法建筑766处，面积38.92万平方米，其中拆除面积32.17万平方米、处置面积6.75万平方米，完成市“三改一拆”办公室下达年度违法建筑面积15万平方米的目标任务，完成省委巡视整改年度拆除、处置违法建筑面积33.5万平方米的目标任务。继续深入推进城中村改造和老旧小区改造，持续改善居民生活品质。

【省委巡视组反馈问题整改】 2023年，上城区从严落实2021年3月省委巡视组反馈问题三年整改计划。全年区领导先后30多次专题调研指导整改工作，聚焦重点、难点，听取整改进展情况汇报，为违建处置、经济纠纷处理、经营户分流疏导、消防安全整改、信访矛盾化解等工作分析定位，全区违建处置问题整改快速推进。2021—2023年，超额完成全区140万平方米的违法建筑整改任务。其中，杭州意法服饰城于2023年4月20日实施6～8层区域封存，于4月23日接受省纪委省监委、省委巡视办公室领导现场复核，至5月1日腾空1～5层经营户，于7月完成消防整改施工工程，并于11月获杭州市消防安全委员会《关于同意杭州意法服饰城有限公司市级挂牌督办重大火灾隐患单位摘牌的批复》。

【违建专项整治】 2023年，上城区结合省、市重点工作，全面排摸梳理各类专项整治，紧盯目标，明确时间节点，倒排计划，精准把握拆除和整治进度，确保专项整治工作落到实处。开展涉及安全隐患违法建筑再排查再整治工作，排查房屋900多处，排查发现涉及安全隐患的生产经营类和加高加层改扩建的自建房、加工制造类企业（作坊）和园区的违法建筑、违法搭建的临时工棚、有其他重大安全隐患的违法建筑等“七大类”问题隐患24个、面积5.17万平方米，全部整改到位。按照“清存量、控增量、消隐患、强管控”原则，推进重点区域违建排查和整治，通过整合街道、社区、物业等力量，依托网格化管理，整理通勤道路项目情况表，做到“整治一处、安全一处、放心一处”。开展信访投诉、“执法案件”专项整治。区拆违办公室根据信访投诉及执法案件移交情况，以提醒函和督办函的形式跟踪督办个别违建，发出提醒函59件、督办函1件，回复办结率100%。

（傅佳雯）

【城中村改造】 2023年，上城区通过固化统筹协调机制、推动多元安置模式、加快项目建设进度、加大督办问效力度等方式，推进城中村改造工作提速增效。全区完成回迁安置4881户，超额完成年度目标任务。提前3个月超额完成市级回迁安置民生实事项目，安置1997户，完成率105%。超额完成区级回迁安置民生实事项目，安置2416户，完成率115%。其中，上城城发集团完成常青夕照预安置、环机场周边回迁、九塘社区回迁共883户；完成“杭州市上城区集体土地拆迁安置资格申请审核表”和“杭州市上城区集体土地拆迁安置房房源及安置标准审核表”审核900多户，完成率120%以上；完成原宝井、九堡派出所、常青剩余区块规划绿地、牛头庙等腾空“清零”和房屋拆除工作。9月，上城区完成相关省委重大巡视问题销号。全区入选市级“最美安置房”历年累计数量居全市第1位，其中年内入选3个，并列全市第2位。《浙江日报》专版报道回迁安置工作相关做法。

（金小芳　丁一欢）

【城东区块征迁“清零”】 2023年，上城区委、区政府与杭州市居住区投资建设集团有限公司协同作战，推进城东区块征迁“清零”工作。优化长效机制，修订《上城区国有土地房屋征收（收购）补偿若干问题的处置意见》《上城区房屋征收及回迁安置工作职责和工作流程》《上城区房屋征收（收购）和安置工作重大事项决策实施细则》等文件。成立上城区征迁“清零”、攻坚行动领导小组，抽调区住建局、上城规划资源分局、相关建设主体和属地街道骨干力量组成征迁“清零”工作专班，开展联合办公，建立定期联席会议机制，对重点项目进行集中攻坚。夯实职能部门、建设主体、街道、社区“四位一体”协同作战基础，压实联动责任。全面研判征迁对象动态调整情况，建立日常督查及定期通报机制，通过每周进展通报、每半月督查专报形式，及时指出滞后项目，发布通报37份、督查专报66份，现场督查进度50次。7月，顺利拆除杭州创意设计中心项目，标志历时15年的城东区块征迁“清零”工作完成，合计完成征迁项目28个、点位59个，其中征迁对象为企业的比例占61%，增加产业空间约40万平方米。

（金小芳）

【笕新社区综合整治工程竣工】 2023年7月1日，笕新社区综合整治工程竣工验收。项目地处笕桥街道东北部，紧邻机场路，建筑面积6.75万平方米，通过综合整治，集中开展农居立面、配套公建、公共绿化等改造。通过清理建筑垃圾、修补道路坑洼等措施改善环境卫生，开展道

彩霞岭社区老旧小区改造后局部风貌（摄于2023年）

（区住建局 供稿）

路拓宽、雨污分流、河道绿化景观等工程整治，健全环境整治常态化、长效化机制。通过整治，完成整治农居立面196幢、绿化面积7.3万平方米、停车场6300平方米，打造道路及附属市政管网约5千米，增设公建配套4处。

（曾晓蓉）

【老旧小区改造】 2023年，上城区片区化、一体化推进全域老旧小区改造。年内，完成改造小区92个，建筑面积210万平方米，完成改造小区增至291个、820万平方米。以“幸福邻里”推动十分优享，建成“幸福邻里坊”32个，基本形成步行10分钟可达的“十分优享”社区公共服务圈。以“金牌管家”助力长效运营，推广“金牌管家”大物业管理模式，实现全区无物业小区“清零”。以“韵味百巷”涵养人文魅力，实施“韵味百巷”创建行动，形成“一小区一特色、一街道一亮点”，让群众在家门口“沉浸式”体验宋韵底蕴和街巷文化。年内，上城区获评省、市老旧小区改造工作优秀区；青年路社区、彩霞岭社区2个项目被评为杭州市老旧小区改造最佳案例，景芳社区、彩霞岭社区成为住房和城乡建设部老旧小区改造联络点，定安路社区等4个项目被评为杭州市老旧小区改造典型案例。

（李爱萍）

房地产开发

【概况】 2023年，上城区房地产业总投资653亿元，比2022年增长18.9%。全年开工房地产项目24个，总建筑面积203万平方米，造价85.07亿元。新建商品房批准预售面积124.7万平方米，其中住宅面积98.9万平方米、非住宅面积25.8万平方米。新建商品房销售面积175.7万平方米，下降5.7%。

【商品房和二手房市场】 2023年，上城区新建商品房批准预售6727套，面积124.7万平方米，分别比2022年下降48.4%、42.7%。新增批准住宅预售6088套，面积98.9万平方米，分别下降41.1%、38.4%。新增批准非住宅预售639套，面积25.8万平方米，分别下降77.3%、54.9%。全区二手房成交1.23万套，成交面积104.1万平方米，成交金额376.7亿元，分别增长40.6%、35%、36.7%。其中，二手住宅成交1.08万套，成交面积89.9万平方米，成交金额327.7亿元，分别增长44.1%、43.1%、41.8%；二手非住宅成交1445套，成交面积14.2万平方米，成交金额49亿元，分别增长19.1%、下降0.7%、增长10.3%。

【房地产风险管控】 2023年，区住建局牵头区房地产风险处置专班推动房地产风险项目竣工备案交付。完成7个市级、4个区级房地产风险项目竣工备案销号，8272套房屋实现交付。定期开展排查，加强预警研判，将存在风险的项目及时纳入管理，实现“保交楼、保办证”工作目标。市级风险项目融信盛会新座，以及世茂风颂府、宸望商务中心、花芸春境府等8个区级风险项目计划于2024年底前竣工备案交付。

（王　任）

建筑业管理

【概况】 2023年，上城区列入浙江省建筑市场监管公共服务系统中的注册建筑企业1176家，其中特级、一级企业171家。完成新企业备案88件、企业信息变更141件、企业属地变更72件、人员备案4400多件；实地核查总承包项目27件、专业承包项目30件、技术负责人代表工程业绩26件、监理业绩2件。全年招引建筑业企业37家，产值增加10亿余元。召开建筑业企业季度论坛4次，表彰、评定2022年度突出贡献企业，打造“钱潮杯”区级优质工程奖，完成首届30个项目的评审。承接好上级授权的中级工程师评审工作和认定企业的D类、E类、F类人才工作。年内，上城区监管项目获评市结构优质项目26个、市标化样板16个、“西湖杯奖”优质工程项目13个、“钱江杯”优质工程项目4个。

（王　任　田麒惠）

【装配式建筑和工程承包管理】 2023年，上城区明确目标任务，紧跟辖区内出让地块及城建中计划年内开工项目的报建计划，做好企业服务，加速审批进度，助推项目顺利开工建设。全年全区新建装配式建筑312万平方米，浙江中豪建设集团有限公司被评为市级装配式示范基地（施工类）、望江08地块安置房被评为市级装配式示范项目。完成3个高星级绿色建筑示范项目、10万平方米高替代率可再生能源示范立项项目、13个绿色施工示范项目申报，完成43万平方米的公共建筑能效提升示范项目立项工作，以及4.9万平方米超低能耗示范项目、1个近零能耗示范项目的立项工作。

（王　任）

【建设工程招投标管理】 2023年，上城区完成公开招标项目86个，中标金额30.78亿元；完成邀请招标项目6个，中标金额8.11亿元；完成直接发包备案项目56个，中标金额79.6亿元。加强招投标活动监管，对3个项目投标人串通投标事件，2个项目投标人出借资质事件进行调查并移交区综合行政执法局；对项目负责人未参加陈述与答辩的26家企业及未规范履职的2家招标代理机构、5名招标代理人实施扣分处理；对不规范履职的2名专家，发函浙江省招标投标管理中心建议除名；对13名评标专家实施信用扣分处理，对1个项目的评标委员会进行集体约谈，对2名评标专家进行单独约谈。

（李向阳）

【建筑行业防欠薪管理】 2023年，区住建局围绕“存量清零、控制增量、确保三个不发生”目标，推进全区房屋建筑和市政基础设施工程领域根治欠薪工作。国务院平台欠薪线索比2022年下降17.5%，排名居全市第4位，国务院平台欠薪线索化解率100%，化解率排名居全市第3位。建立防范化解工作机制，对化解不力的实施上门检查、约谈告诫和信用扣分。全年开展工地检查150多次，排查欠薪线索及其他问题272个，发出整改通知书57份，对13家施工企业信用扣分18分。全年约谈企业30多次。其中，集中约谈7次，涉及企业114家；定向约谈2次，涉及东潮府、天瑄府项目。

（包泽斌）

【工地环境整治】 2023年，区住建局对建筑工地开展项目自查、部门督查、属地巡查等多联动、高频率、全覆盖环境整治行动。借助数字化手段，利用扬尘在线监测设备，实时控制工地空气污染指数，通过物联网线上巡查，提高工地现场环境整改效率，提升建筑工地扬尘治理精细化水平。加强动态管控，强化主管部门环境监管高压化态势，确保环境问题及时整改，加大处罚力度，确保各方主体履行责任。结合市、区“匠心营城”专项行动，完成核心区域13处工地围挡提升至4米，同时开展全区192个工地围挡公益广告更新，提升建筑工地整体形象。

（田麒惠）

物业管理

【概况】 2023年，上城区以提升物业管理效率为目标，关注民生需求、完善市场机制、加强行业监管、突出示范引领，探索物业管理新路径、新方法。围绕“迎亚运·美丽杭州环境整治工作”“美好家园建设”“金牌管家”“补建续筹”“红色物业”等工作，改善住宅小区环境，提升物业管理效率，提档住宅小区品质。全年通过“迎亚运 扮靓家园”等专项整治行动，完成自查自改问题5794个。全区入选杭州市“美好家园”住宅示范小区项目16个，创建“红色物业”项目6个；完成14个街道物业小区“提质提价”试点全覆盖，促进老旧小区物业管理走上“质价相符”的良性运转轨道。推动“金牌管家”大物业服务提质扩面，打造星级“金牌管家”92个；筹集物业维修金39.16万元，完成鼓楼花园（市级首个老旧小区）维修资金补建试点、5个小区续筹试点，促进老旧小区长效管理。年内，海御晶华公寓、坤塘悦府、翡翠海岸公寓3个项目，以及创智绿谷发展中心、浙江移动钱江新城综合楼、中豪江河时代、天空之翼、杭州地铁运营管理中心5个项目分别入选杭州市物业管理优秀住宅类项目和非住宅类项目。

【“美好家园”创建】 2023年，上城区以提升居民生活品质为出发点和落脚点，改善并提升居民居住环境和生活品质，开展“美好家园”创建工作。实施软件、硬件双提升，针对新旧小区不同特点，采取个性化改造，对小区环境、设施、管理进行查漏补缺，全力解除固有顽疾，提升居民居住体验。年内，钱塘府、东方星城、光复小区、江韵园等16个住宅小区入选杭州市“美好家园”住宅示范小区名单。

【“金牌管家”大物业服务】 2023年，上城区推动“金牌管家”大物业服务提质扩面。在湖滨、望江、闸弄口等街道推广大片区、大统筹、大综管、大联动的“金牌管家”大物业管理模式，提升党建引领三方协同治理效能。制定并实行《上城区三方协同治理联席会议制度》《上城区住宅小区业委会选聘机制》等制度，强化党建引领，深化区、街道、社区三方实体化运行。至年末，全区实行“金牌管家”大物业服务的小区有93个。发挥“金牌管家”星级评定的考核激励作用，全年打造星级“金牌管家”92个，拨付奖励资金89.2万元。

（俞桂平）

【上城市政集团下属子公司获评中国物业服务百强】 2023年4月26日，中国物业服务百强企业研究成果发布会暨第十六届中国物业服务百强企业家论坛在北京举行，上城市政集团下属杭州尚城智享物业服务公司获评2023年中国物业服务百强企业。至年末，该公司管理的42个住宅小区项目中，有31个回迁安置小区、9个老旧准物业小区，存在服务项目设施陈旧老化、管理难度大等问题。公司努力破解难题，提升项目质量，在做优项目的同时，挖掘、延伸服务半径。2021—2023年，先后创建积善坊巷小区、望江新园三园等市级“美好家园”项目12个。年内，在清波片区试行“区域物业一体化管理”模式，涵盖5个社区的物业管理、38个垃圾点位管理及辖区内的街巷保洁工作，面积

2.8平方千米，破解老旧小区管理难、垃圾分类质量差、街巷脏乱差等问题，并形成可复制化模式，为上城区在物业一体化管理方面提供新思路和新经验。该模式获评区“我与上城共奋进”高质量发展十大金点子项目。

（余丽燕）

城区绿化

【概况】 2023年，上城区新增绿地41.2万平方米，其中公园绿地18.4万平方米、附属绿地22.8万平方米。完成盛运公园南园、盛运公园北园、百田巷公园等8座小公园提升改造项目。完成五号港滨水绿道、艮山路绿道、双中心公园等7条绿道建设，总长21.8千米。全面提升迎亚运城市环境面貌，实施市民中心周边、凤起东路、运河东路、钱江路、严家路、环城东路、候潮路、望江路、望江东路等绿化提升项目，种植时花6万平方米，布置园艺小品45处；提升重要交通场站景观氛围，完成杭州东站东、西广场花卉布置及城站中央广场亚运主题公园。开展千桃园桃花节、黎明公园杜鹃花展、城东公园八仙花展等特色主题花事活动，受市民、游客欢迎肯定。参加各类花事竞赛，获各类奖项9个。全年完成义务植树尽责人数30万人次，收缴认建认养费1.38万元。

【绿道建设】 2023年，上城区建设完成五号港滨水绿道、艮山路绿道、双中心公园等7条绿道，共21.8千米的。开展上城区绿道“谈天论道”民意座谈活动，邀请相关部门人员、行业专家、市民代表建言献策，充分吸取各方意见。6月，区住建局与杭州市城乡建设管理服务中心第二党支部开展党建联建活动，对绿道建设和日常维护工作进行“回头看”，共同探讨绿道后续提升及管养思路。5月27日，上城区组织发动辖区内机关单位、企业、社区居民参与省第五届绿道健走大赛，获评省厚积薄发团队、省健走团队、省最具人气团队、市健走团队等荣誉。

【小公园建设】 2023年，上城区持续开展小公园建设。利用城市边角用地，新建或提升社区公园、街心花园（口袋公园）、街头游园，完善服务配套，优化景观效果。年内，新建盛运公园南园、盛运公园北园、百田巷公园、天山路游园、全福桥路公园、南星城市公园6座小公园。

（虞王涛）

【绿化养护】 2023年，上城区重视绿化养护工作，依托园林绿化第三方巡查队伍，开展绿地环境保洁、高架挂箱安全、古树健康评估、绿地管理用房安全、防汛抗台、控花修剪等专项检查，巡查绿地1.2万块（次）。全年抄告问题总量4.28万个，其中长效绿地问题2.37万个、其他绿地问题1.91万个（在建工程问题6311个），发出区级抄告单4288张、二次抄告单639张、督办单21张，扣减养护费164.66万元。完成

提升改造后的盛运公园北园（摄于2023年） （区住建局 供稿）

各类绿化信访案卷731件，“数字城管”抄告5.51万件，整改率均100%。开展公园及管理用房确权办证工作，完成千桃园确权及19座公园的房产测绘及安全鉴定报告。全区有园林绿化废弃物处置场地2处，全年可处理园林废弃物4.5万吨。完成1处公园绿地种植土质量报告，并落实改善措施。

【古树名木保护】 2023年，上城区有古树89株，包括香樟、银杏、广玉兰、朴树、千年古银杏、古树公园古树群、万松岭路香樟古树群、全市唯一1株粗糠树等。4月15日，区住建局在古树公园开展古树认养活动，认养古树5株，开展古树挂牌、生物防治、环境保护等举措。全年区住建局对6株银杏开展枯枝修剪、病虫害防治、白蚁诱杀、树洞腐烂清理、加固、施肥等复壮工作。

【花事创作】 2023年，上城区开展各类花事创作活动，在城区主要道路、公园等重要点位布置环境小品、自然花境、立体花坛。其中，位于庆春东路钱江路口西南角的“春节”环境小品《赢胜兔年》获市二等奖；立体花坛《菊香茶韵》参加长三角第三届菊花精品展，获环境艺术金奖；环境小品《足聚杭州 圆梦未来》《我心飞翔》《同生共赢》分别获市一等奖、二等奖、三等奖；自然花境《彩韵秋涛》《钱潮彩汇》分别获市一等奖、二等奖；花卉布置《繁花似锦》《五彩荷映》分别获市一等奖、二等奖。

（孙晓青）

城区管理

综　述

【"大综合一体化"行政执法改革】 2023年，区综合行政执法局积极打造区统一协调指挥中心、区法制保障中心。11月9日，"两个中心"建设作为优秀典型在全市"大综合一体化"行政执法改革推进部署会暨乡镇（街道）综合执法队规范化建设现场会作交流。区统一协调指挥中心实现全区执法力量统一调配，发起案件移交144件，申请争议的14件均100%妥善处理，办理全市首例以处罚办案方式处置网格员上报基层治理线索案例；区法制保障中心审核街道普通程序案件4523件，制发各领域"法制指引"29个，指导街道综合行政执法队开展重大行政处罚集体讨论、听证13次，组织全区综合行政执法案件集中评查12次。强化改革业务督促指导，制定任务清单，完善指导、晾晒、约谈、考核等机制；推进基层队伍整合融合，规范改造15个街道（管委会）队部物理空间，新增指导员14人，因地制宜推动18个标志性成果打造，成功领办省级制度建设揭榜挂帅课题。上城区"大综合一体化"行政执法改革指数排名居全省第28位，进入全省第一方阵；九堡中队、凯旋中队获评全省2022年度"枫桥式"执法队，闸弄口中队获评全省综合行政执法系统队伍规范化建设工作成绩突出集体；九堡街道综合行政执法队以第一名的成绩获评全市"十佳"镇街综合行政执法队。

【环境整治升级】 2023年，区综合行政执法局牵头"美丽上城"创建暨"'迎亚运'城市环境大整治、城市品质大提升"长效管理行动，优化区级工作方案，探索形成"会议协调、督查调研、问题销号、赛马通报"4项运行机制，推动问题发现及时、落实整改快速、自查自纠效果明显，上报"区查区改"问题35万余个。创新"圆桌共治"协商平台，打通街道、部门、专班沟通壁垒，召开"建设工地环境""绿化管养"等主题式讨论14期，解决热点、难点问题980多个；对15个街道（管委会）开展综合指导，驻点3个街道、4个城郊接合部综合整治点位协调疏通堵点难题，并建立专班检查考核数据库，复核市查问题310个，督查重点区域问题3300多个。年内，上城区"美丽杭州"考核排名全市第二，为该项工作开展3年至今的最佳成绩。

【治废工程提质增效】2023年，区综合行政执法局组织开展小区、酒店、农贸市场等重点领域整治，落实亚运场所垃圾分类和清运保障，并集中开展亚运会相关道路集置点规范化管理专项整治。完成99个省级示范小区创建，改造垃圾中转站18座，并深化14个“清道夫·幸福驿家”基层党建示范点创建；开展“垃圾分类新时尚，全民参与齐点亮”宣传，覆盖人群2万余人；全年清运生活垃圾57.37万吨。区综合行政执法局获评2023年度浙江省生活垃圾分类工作成绩突出集体。规范化管理渣土，全面摸底数、建台账。至年末，全区在建工地62个（其中出土工地17个），注册运输企业51家、准运车辆1584辆，审批资源化利用场地3处、回填消纳场地13处。序时推进丁兰街道综合固废资源化利用场地建设项目，落实“两审批两备案”，并开展建筑垃圾领域执法，立案查处114件。

资料

“两审批两备案”：“两审批”指建筑垃圾处置核准审批和工程渣土准运证核准审批；“两备案”指建筑垃圾处理方案备案和工程渣土消纳场地登记备案。

【市容街貌提升】2023年，区综合行政执法局落实城市侧亚运保障，创建迎亚运高标准保洁道路17条，完成“服务型便民”特色公厕提升改造10座，设置移动公厕54座次（含全市首批无障碍移动公厕3座），更换新款果壳箱493个，推进“去污垢”等专项行动8个，东坡路、城市阳台公厕分别获评省级“席地而坐”“客厅级”高品质保洁区和“美丽公厕”。开展“两路两侧‘三化一平’”、“两噪声一污染”、燃气安全等专项整治，办结案件（含违停）1.7万件，罚款金额261.63万元，未发生一起败诉案件，以区法制保障中心为平台指导审核各街道执法队普通程序案件4523件。其中，在“黑气”整治行动中，查获“黑气”瓶1105只，立案查处燃气相关案件79件，含行刑衔接2件，查获杭州市首例非法经营瓶装燃气团伙案。重点开展全域非机动车乱停乱放整治，依托民生实事等项目，新增地铁口非机动车泊位3435个。完成南山路等重点区域、景观节点及公共绿地夜景灯光提升；牵头交通标识改造，实施沿街立面整治。吴山风情街区、钱江新城中央商务区获评省级高品质示范街区，河坊街、富春路获评省级“街容示范街”。河坊街、环站东路获评2023年度浙江省户外广告和招牌设施设置样板区。

资料

“两路两侧‘三化一平’”：对道路（含公路、城市道路）、铁路两侧进行洁化、美化、绿化和道路路面平整。

“两噪声一污染”：部分社会生活噪声、建筑施工噪声与餐饮油烟污染。

【城市运行保障】2023年，区综合行政执法局落实799条（段）道路的“平路整治”行动，并开展“回头看”，修复路面54.77万平方米，整治“桥头跳车”（由于公路桥头及伸缩缝、桥头引道处的差异沉降或伸缩缝破坏而使路面纵坡出现台阶引起车辆通过时产生跳跃的现象）64处；完成内涝治理项目12个，改造小微积水点位34处；整改无障碍问题2866个，打造7个市级亚残运会相关无障碍标志性成果和10个市级无障碍环境建设优秀案例，并牵头联合市机关事务管理局申报“杭州中央商务区无障碍环境建设”项目，该项目获评国家级2023年无障碍环境建设优秀典型案例（设计类）。以区城市运行专业安全生产委员会办公室为抓手，牵头落实3.17万户不合格橡胶软管更换，完成2

条市政道路、29个小区燃气管道更新；开展地下隐患检测347.71千米，处置脱空、疏松107处；常态化好9条地铁线路、49个运营站点、91.69千米线路里程的地铁运营保护；修订完善燃气安全、道路塌陷、气象灾害、防潮安全4项应急预案，开展技能培训20多场、应急演练10多次；组织安全生产大排查大整治等专项行动，检查燃气场站等场所5000多处，查改消防隐患等900多个。

【数字城管建设】 2023年，区综合行政执法局完善城市管理指挥中心驾驶舱，有效整合信访投诉、数字城管、有奖举报等城市管理事件，完成展现关键性指标、分析城市运行事件、搭建应急指挥场景等可视化界面和基本功能部署；完成固定监控、车载监控、5G执法记录仪及内部监控视频资源整合，实现“一屏统览”。优化“智慧配防”“智慧亮灯”“市政坦途”“生活垃圾计量清运”等场景，完成城市内涝预测预警系统第一期项目；结合全市试点在湖滨商圈等17个点位、354个停车泊位实现道路ETC扣费；望江街道街巷保洁项目创新运用“智慧环卫一体化管控平台”，提高保洁运作能力。

（孙毓文）

【城市品质大提升】 2023年，上城区多维度、多举措、全方位提升城市品质。打磨南山路、西湖大道、吴山广场、河坊街、南宋御街及吴山花海景观提升。其中，南山路完成道路提升3.4万平方米，完成树穴提升236处，修复破损人行道2000平方米，花箱设置优化29处；西湖大道完成道路提升2.1万平方米，修复破损人行道700平方米，种植时花1800平方米，清洗建筑外立面12处、美化箱体32处。开展杭州东站、杭州城站、杭州入城口“两站一口”优化提升，其中杭州入城口电子显示屏在9月8日火炬首日传递前亮相。将宋韵文化与亚运元素融入湖滨步行街、南宋德寿宫遗址博物馆、四季青服装市场周边等商圈、景区，其中南宋德寿宫遗址博物馆以城市文化新地标定位进行全面提升，在全市首个上线“小莫AI手语远程翻译系统”，完成1100多平方米绿化景观提升，装置亮灯设施387套，融合宋韵元素更换店招店牌50处，修缮立面3000多平方米，箱体美化17处。提档绿城尊蓝酒店、瑞立江河汇酒店等6家酒店和望江公园、之江路环境品质，擦亮城市沿江封面。推进市民中心及周边环境品质提升，以彩化、靓化、绿化、美化彰显都市街区品质，着重提升解放东路、新业路、钱江路、富春路4条主干道绿化带景观约1万平方米，完成13处箱体、4处工地围挡亚运主题彩化、周边38幢建筑外立面清洗、242.9平方米交通指示牌国际化改造。

（慈悲航）

市容管理

【概况】 2023年，区综合行政执法局深入践行垃圾分类“杭州模式”，持续坚持“桶长制”，抓实生活垃圾治理工作，全区783个生活小区、1706家公共机构和企业实现垃圾分类全覆盖。以省级民生实事工程为牵引，落实“一小区一方案”，开展设施改造、定时定投、宣传指导等软硬件提升，创建省级高标准垃圾分类示范小区99个，省级高标准垃圾分类示范片区2个，生活垃圾分类示范机关、事业单位、国有企业21家。完成全区18座生活垃圾中转站提升改造，配设防臭除臭系统、再生资源回收或有害垃圾暂存点，推进设施、功能双升级。落实生活小区、公共机构（企业）日常检查全覆盖，联合区商务局、区文广旅体局、区市场监管局等，开展综合体、餐饮企业、酒店（宾馆）等行业光盘行动、光瓶行动、一次性用品使用情况的专项督查检查，查处未履行监督

无人驾驶保洁机械在湖滨步行街作业（摄于2023年）
（上城市政集团 供稿）

管理责任等垃圾分类违法行为2667起，处罚金额32.36万元。对违规招牌、违法张贴广告、违规岗亭、破损箱体等进行整治，拆除店招店牌450块、岗亭37处，清除违法张贴广告1321块，美化箱体124处。河坊街、富春路获评省级“街容示范街”。落实3个亚运场馆和25家亚运会相关酒店垃圾分类工作。开展全区亚运会相关道路两侧集置点规范化管理专项整治，推动134处亚运会相关道路集置点完成“退路”工作。开展进家庭、进村社、进企业、进窗口、进机关、进学校、进商场、进宾馆“八进”宣传活动，推动入户宣传43.06万户居民；通过报纸、电视、网站等媒体平台宣传垃圾分类工作，媒体发布报道1713篇。

至年末，全区主要保洁单位14家，道路街巷保洁总面积2301.73万平方米。其中，道路697条，保洁面积1651万平方米；街巷1842条，保洁总面积650.73万平方米。全年受理完成“两审批两备案”507件，其中准运证216件、处置证111件、工程渣土消纳场地备案83件、建筑垃圾处理方案备案97件；办理完结犬证1786件，其中否决716件，处理犬类投诉74件；接收各类新建（改建）道路（街巷）75条，面积21.4万平方米，均纳入长效保洁管理。上城市政集团有一线保洁人员1309人，各类保洁器具配备齐全，承担全区859.43万平方米共288段道路、238座公厕保洁任务，配备大小保洁车辆983辆，其中大型车辆120辆、小型作业车辆149辆、人力驱动机具714台，主干道路机械投入率100%。上城市政集团采用“机械+人工”的作业方式，对辖区护栏、果壳箱、路灯杆等城市家具进行全方位深度保洁，日均清洗城市家具2500多件，确保道路两侧市容市貌整洁有序。对平海路等11条高标准保洁道路按照不同属性开展调研摸排，定制“一路一策”个性化保洁模式。工作人员根据人流和车流的实时情况，运用不同保洁模式，使道路环境提升实现“智”变，达到“席地而坐”的城市环境整洁高标准。年内，上城市政集团下属杭州路通环境科技有限公司获评杭州市城市环境卫生先进作业集体，东坡路获评2023年度浙江省城市“席地而坐”“客厅级”高品质保洁区，城市阳台公厕获评2023年度浙江省城市“美丽公厕”。

（何　瑾 潘育璐
周雅仙 余丽燕）

【《城市步行街综合运维规程》发布】 2023年12月6日，上城市政集团以湖滨步行街区综合管养模式为模板，牵头全国多个步行街管委会共同编制的《城市步行街综合运维规程》由中国市政工程协会正式批准发布，将于2024年5月1日起正式实施。该规程分为6章，适用于城市步行街的市政设施、城市家具的运行、维护与管理，统一城市步行街巡查方法，解决城市步行街养护工作缺乏统一标准的问题，为养护提供科学依据，使城市步行街的综合运维工作更具科学性、经济性与规范性，提升城市步行街服务管理水平，保障城市步行街环境卫生整洁、设施完好与安全运行。

（余丽燕）

【“清道夫·幸福驿家”标准化建设】 2023年，上城区落实“清道夫·幸福驿家”标准化建设。汇聚社区、物业、企业等力量，深化建设“清道夫·幸福驿家”共富站点14座。建立“两张清单”服务机制，使资源共享、便民服务、协商议事、志愿服务等网点服务清单和“微服务”“微心愿”等居民需求清单双向匹配，在实现回收交易、分类宣教、休息充电、儿童游乐、快递代收五大服务功能的基础上，嵌入居民议事坊、回收宣传活动等，将“清道夫·幸福驿家”打造成服务基层群众的共富窗口。全年开展宣传活动110次，覆盖人群2万余人次。

【垃圾分类志愿服务体系化】 2023年，上城区吸纳市民2.5万人，构建“1+14+N”的垃圾分类志愿服务组织体系，由区、街道、社区分别成立总队、分队和支队，实行“三级队伍、三级管理”。在杭州市采荷中学落地全区首个垃圾分类志愿服务培训基地，调动志愿者参与入户宣传、便民服务、桶边督导、公益讲座等垃圾分类志愿服务活动。培育绿邻聚落部、赵建荣环保工作室等服务品牌，挖掘冯志高、赵建荣、李爱军等志愿服务典型，发挥示范引领作用，组织志愿者开展入户宣传、桶边督导、文明监督、限制一次性用品宣传等志愿服务工作，其中冯志高被住房和城乡建设部评定为全国百名“生活垃圾分类达人”之一。全年开展志愿服务活动30多场，覆盖志愿者、居民等3000多人次。

（何　瑾）

【建筑垃圾管理】 2023年，上城区渣土专班发挥牵头抓总作用，强化建筑垃圾依法治理、综合治理和源头治理力度，形成“属地自查、行业抽查、联合督查”的长效治理体系，全面实施工程渣土全过程管理。督促辖区工地办理审批手续，全区在建工地62个，出土工地17个；有运输企业51家，准运车辆1584辆，审批资源化利用场地3处，日均消纳量2370吨。全区出土工地道闸和监控、运输车辆互联网设备及消纳场地道闸和监控的安装率和接入率均100%。推进城市建筑垃圾处置证100%办理，全年同意办结处置证件数87件，申请处置方量211.49万吨；规范2处、6.9万立方米容量消纳场地运行。全年装修垃圾接收量25.56万吨，处置总量18.71万吨；拆除垃圾接收量40.58万吨，资源化利用量43.2万吨（含历史存量），利用率106.5%。区综合行政执法局会同住建、公安、交警等部门开展建筑垃圾运输处置联合执法，全年立案查处涉及建筑垃圾领域违法案件147件，处罚总金额60多万元。其中，源头查处50件，处罚金额37万元；运输查处50件，处罚金额约17万元。推进省、市工程渣土监管服务平台全应用，全年预警288件，完成处置反馈278件，总完成率96.5%。

（傅佳艺）

【公厕管理】 2023年，全区管理公厕485座、厕位6802个。实施全区10座公厕的整体提升改造工作，打造完成10座“服务型便民”上城特色公厕、10座“迎亚运”样板公厕。推进公厕建设与管理有效衔接，出具书面指导意见和审查意见，提供技术指导和现场踏勘指导，接收开放新建复建公厕17座。持续开展上城区“厕所公共服务大提升”整治行动，检查厕所450座，发现并整改各类问题429个。同时，在上城区体育中心体育场和保障酒店周边设置3座新型无障碍移动公厕，全力保障亚残运会。

【城管驿站建设】2023年，区综合行政执法局完成3个城管驿站迁址改建、3个城管驿站新建。联合交警部门在新塘路党群服务站和德胜东路党群服务站打造“交警能量站”，引入干衣机等智能化设备，补充应急保障服务。联合九堡街道改造闲置核酸采样亭，创新打造6个“橙心城驿”，为一线环卫工作者提供日常补给，填补服务盲区。7月13日，为庆祝杭州城管驿站启用7周年，联合市城管局开展“美丽杭橙 驿路同行”迎亚运党建共建活动，现场与张能庆公益服务站、浙江鹏飞针织有限公司等单位结对共建，并成立“橙驿”劳模服务队和郭财根全国劳模工匠室，为社区居民和市民群众提供服务。自2016年城管驿站工作启动后，全区累计建成城管驿站73个，服务市民、游客127.7万人次。

（周雅仙）

【景观亮化提升】2023年，区综合行政执法局按照全市迎亚运总体规划要求，统一方案设计，有序实施景观亮化提升工程。完成南山路、西湖大道、中河高架、钱塘江北岸沿线203幢建筑、7处景观节点、10.2千米公共绿地亮化提升改造工程，推进落实亮灯工程与建设项目同时设计、同时竣工验收、同时投入使用“三同时”新建项目管理制度，全年上报“三同时”项目设计方案48个。推进重点区域、重要建筑景观亮灯纳入“一把闸刀”平台（即杭州市城市照明设施启闭远程控制平台），统一接入市级智慧照明平台，实现照明设施的统一启闭控制。至年末，全区建筑景观照明装置“一把闸刀”共786套，同时完成全区240多家亮灯协议单位的45.25万套景观照明设施招标养护。以绿化遮挡严重路段、河道游步道、居民小区周边公园等区域为重点，实施暗区增亮工程，保障路灯照明普惠达标，全年完成东宝路、近江家园一园等24处路灯增亮。

上城区体育中心体育场周边亮灯提升（摄于2023年）　（陈　军　摄）

【国际化标识规范统一】2023年，区综合行政执法局对照《“迎亚运”杭州城市品质大提升专项行动任务清单》，按照《杭州城市国际化标识系统导则》标准，组织各责任单位开展国际化标识标牌整治。在2022年完成7800多块国际化标识标牌改造任务的基础上，牵头开展旅游景区、交通枢纽等区域“回头看”，摸排标牌破碎、图标错误等问题，完成河坊街、杭州东站及20多家亚运会相关酒店等场所的387处问题整改，全面完成国际化标识规范统一。

【商业外摆政策落实】2023年3月，杭州市实施外摆新政后，区综合行政执法局通过实地调研、专题会议等形式掌握各方诉求，梳理市容面貌、交通通行、消费安全等七大类问题，在全市率先推出《上城区支持规范外摆经营活动操作细则》，实现外摆政策实施标准化、规范化、统一化。创新推出“一站式”审批、“一次踏勘、固化设置”等举措，针对大型连锁餐饮品牌、综合体等，专人对接、实地指导，审批材料由6项缩减至3项，一次性集中高效审批区内所有具备外摆条件的门店，节约时间80%以上，打造精致、整洁、有序的商业外摆街区。全年完成外摆商户审批备案99家，落地市场综合体“一场一方案”10处，数量均居全市第1位。民心路、大井巷等9条道路获评市级商业外摆示范路（街）。全球网红品牌“蓝瓶咖啡”落地湖滨步行街，成为全市首个特色售卖点。加大临时活动支持力度，开展临时活动155次。

【广告管理】 2023年，区综合行政执法局推进大型户外广告安全检测、店招店牌安全承诺书签订及安全检测工作，形成工作机制，压实设置单位主体责任，确保大型户外广告应检尽检。全年检测大型户外广告300多块，新备案店招店牌安全承诺书签订率100%。开展户外广告“一点一档案”和电子显示屏预审工作，细化梳理全区1000多块户外广告设置情况。落实电子屏播放控制安全监督，责任单位24小时定人定岗，业务科室每周定期督查，层层落实，保障全区电子屏播放控制安全。深入厘清户外广告监管数据，落实户外广告数字化管理，户外广告监管平台涵盖全区861条合规点位的广告信息，实现30平方米以上大型户外广告安全检测到期短信提醒等功能。河坊街、环站东路获评2023年度浙江省户外广告和招牌设施设置样板区。

（潘育璐）

市政管理

【概况】 2023年，区综合行政执法局以保障亚运会、亚残运会为圆心，坚持“平安市政”主线，严格落实“一个方案，两支队伍，三项举措”的亚运保障机制，修订完善《上城区综合行政执法局市政设施监管考核实施细则（2023年版指引）》等制度，抓管养，抓创新，抓安全，确保城市市政设施安全有效运行。至年末，管理养护辖区市政道路794条（段）[市属区管175条（段），区属区管619条（段）]、桥梁334座（市属区管249座、区属区管85座）、过街天桥6座、地道5条、雨水管910千米、雨水检查井2.62万座、雨水口4.07万个、污水管（不含市管）121千米、污水检查井7097座、污水泵站50座、智能截流设备274座。

> **资料**
>
> **“一个方案，两支队伍，三项举措”：** 各养护单位分别制定一份可操作性强的保障方案，成立日常检测、应急抢险2支队伍，落实加密巡查、加强监测、强化措施3项举措。

【市政设施日常管养】 2023年，区综合行政执法局全面推进市政设施管养专项行动，策划落实人行道“水老鼠”、“舒心通学路”、“双井双清”、消除“拦路虎”等特色行动。修复人行道“水老鼠”4.3万处、8.84万平方米，整治“桥头跳车”64处，处置井盖异响1000多处，养护雨污水管网2271千米，整改人行道占道问题36处。推进养护提质，完成市、区两级道路集中养护修缮17条（段）任务及丹桂桥、闸潮路桥等12条桥梁伸缩缝整治任务。采取“一点一策”精准改造小微积水点位34处，并加强跟踪监测。区市政养护队伍在全市城市桥梁伸缩缝破损维修及“桥头跳车”整治技能比武中获一等奖。重点推进“平路整治”工作，全市首创并执行工作计划日报制、企业负责人签字制、专项小组督查制3项管理制度，“平路整治”项目获评区“6月最佳破难案例”。全年整治道路799条，修复人行道13.34万

2023年7月，上城市政集团开展迎亚运道路提升工程。图为新风路施工现场
（上城市政集团 供稿）

平方米、沥青路面41.43万平方米。

（方水洁）

【市政养护与应急保障】2023年，上城市政集团全面保障辖区817条（段）道路（合计面积758.65万平方米）和203座桥梁的日常养护。203座桥梁中，市管112座，含东河解放路、东河清泰街2座人行地道；区管91座，含海月路穿铁路人行地下通道。全年修复车行道沥青路面面积17.35万平方米、人行道面积3.5万平方米，车行道灌缝88.3千米，整改道路指示牌151块，养护雨污水管网1891.24千米，检测管道378千米，清疏雨水管道1752.9千米、污水管道138.3千米，整治提升井座232座，清掏雨污水检查井5.1万座、雨水口8.3万座，清运淤泥3751吨。在保障日常养护的同时，参与市、区各级防汛抗台33次，完成特重大抢险支援1次，出动1.56万人次。亚运会、亚残运会期间，出动巡查人员4107次、车辆1267车次，巡查重点道路3158条次，检查河道市政排出口347处次，排查截流井运行情况648座次，处置问题隐患点位235处次。

（余丽燕）

【“四新”技术探索与运用】2023年，区综合行政执法局以新工艺、新工法、新设备、新材料“四新”技术探索与运用，突破传统施工模式，推进辖区道路养护更规范、更有效，道路、管道提升改造方面实现提质增效。采用无尘切割机，引进陶瓷仿石砖、运用半柔性抗车辙路面技术、含砂雾封层沥青养护技术、热再生技术等新技术、新材料，高效率、高质量解决各类道路养护作业问题，提高市政道路品质。指导研发井盖异响消除法新工艺提高道路养护水平，试点运用于德学巷、明月桥路、机场路等市政道路，被全市推广。采用紫外光固化内衬修复工艺，不开挖路面，不封闭交通，仅用4天完成光复路（惠民路—保佑桥东弄）约170米的地下管道修复。率先编制市政道路裂缝处理新工法，统一道路预养护工序标准。在全国首次采用4台摊铺机同步联铺高韧性超薄沥青，有效解决道路施工冷缝和平整度问题，仅用2个晚上完成南山路（解放路—万松岭路段）主路路面2.8万平方米铺设，是平常效率的2～3倍。在全市首次以工程模式大范围、大面积实施沥青热再生技术在石桥路（池塘庙路—钱家河桥）段试点，实现路面修复更高效、快捷。年内，区花岗岩侧石维修工法、市政道路巡查及统一标识工法入选2023年“四新”养护工法，成为全市示范样本。

（方水洁 张李圆）

【市政设施隐患查改】2023年，区综合行政执法局全覆盖落实地下隐患检测常态化工作，即查即改沉降隐患点，检测347.71千米，处置脱空2处，疏松105处。提前完成解放路、新塘路、西湖大道等114千米亚运保障道路的地下隐患检测市对区考核任务。全覆盖排查道路井盖及雨水管隐患，发现问题及时闭环整改。完成市综合行政执法局下达49条（段）道路井盖整治任务，查改井盖问题620处。全覆盖落实市政道桥检测，完成区320座桥梁、6座天桥和五安路、红玉路等621条（段）243.8千米道路排查检测。所有城市桥梁和道路技术状况均在合格级及以上，并同步落实长效巡查监测整治闭环，未发生桥梁倾斜、垮塌和路面塌陷等重大事故。区公用事业发展中心每月对辖区内地铁运营线路进行2次全覆盖巡查，巡查里程2184千米。对地铁运营线路50米范围内在建工地开展每月1次全覆盖检查，检查工地998次。

（方水洁 姜时超）

【内涝治理】 2023年，区综合行政执法局推进杭州市城市内涝治理三年行动计划项目完成和日常长效管理工作。强化系统治理，完成市对区内涝治理考核的12个工程类任务清单，项目涉及源头雨水减排、管网提标改造、河道综合整治等，完成城市内涝预测预警系统项目Ⅰ期，完成1/3排水分区建模任务，有效提升辖区内排水防涝能力。精细长效管理，完成养护雨污水管网2271千米，查改隐患问题267处，试点完成城头巷（馆驿后—斗富二桥）、光复路（惠民路—保佑桥东弄）共530米老旧污水管网有机更新。重点开展二商场污水泵站、箭帚湾污水泵站有机更新工作。组织开展地下空间、下穿道等风险隐患排查12次，查改隐患问题26处。提升查改能力，深化“一月一通报”考核机制，坚持问题闭环管理，增强各部门、街道履职实效，发放工作提示单、督办单38份，问题整改率100%。

【燃气安全管理】 2023年，区综合行政执法局深化“日常监管+执法查处+专项工作”工作模式，加强燃气行业监管。开展区城镇燃气排查整治专项行动，组织召开全区燃气例会6次，下发各类隐患整改通知等文件23份，对面向社会运营的8座城镇燃气场站（百江燃气储配站1座、供应站6座、中石化杭燃加气站1座）开展行业监管检查869人次，检查场站128座次，查改隐患48处，发放消防安全告知书等材料22份，确保燃气企业、设施安全稳定运行。组织燃气培训“送课到基层”活动，14个街道全部完成培训工作，授课人数1000多人。同时联合区市场监管局，参加全区商品交易市场消防安全和安全生产工作培训会，就燃气安全做交流培训，发放宣传单3200多份，宣传教育6000多人次。着力重点工作，完成全区2条市政道路和29个小区燃气管道的更新改造；完成523户独居老人免费加装可燃气体报警装置，提前完成全区169个公建用户调压柜隐患排除和3.17万户居民不合格橡胶软管更换，并组织燃气应急演练5场，顺利完成亚运期间场馆供气保障、燃气管线监管、取消瓶装燃气自提气、各类应急保障、重点隐患消除、专项整治等八大工作任务，保障辖区火炬传递线路沿线燃气安全。

（方水洁）

【二次供水设施改造】 2023年，区综合行政执法局组建“区城管局—水务集团—街道—社区—物业—业委会”六级联办模式，制定“网格长—网格员—楼道长—党员—热心居民”五级联动机制，实现项目高效推进。针对重复开挖问题，采用“项目+”作业形式，实现一次改造多倍成效。针对个别利益诉求，建立“一户一档”，成立技术攻关组，分类分步解决难题。组织区住建局、上城规划资源分局等部门开展

14个二次供水改造项目联审，遵循“尊重现实、因地制宜”原则，破解新建泵房需占用公共用地等难题，全年全区有9个小区采用“项目+”作业形式，解决个性问题32个。将原有水箱材料更换为全新食品级材料，镀锌衬塑管更换为不锈钢水管，并提供上门清洗水龙头、调整水压等服务，实现水质更安全、举措更便民。全区111个二次供水改造小区通过水质监测，均符合标准。年内，完成市、区民生实事项目36个，惠及居民2.9万户、10.05万人。上城区在市对区二次供水改造工作考核中连续6年居全市第1位。

（张李圆）

【停车管理】 2023年，上城区有停车收费点位238个、道路公共泊位5857个，其中新增收费点位9个，新增泊位数500个。有停车场（库）30个，泊位5339个，其中立体车库泊位990个、地面泊位4349个（含残疾车泊位149个）。落实5个停车场（库）保障亚运火炬传递，提供179个停车泊位供活动主办方调配，协助联系4个场库作为亚运保障车辆后备停放场地。上城市政集团根据停车巡管试点计划，筛选三里亭区域和复兴路区域不同路段、不同停车需求点位，推广建立“巡检车+道路ETC”收费模式。3月，将复兴南街等9个收费点位、289个收费泊位纳入区域巡查模式收费管理，实施“巡检车+地磁”收费管理模式。针对ETC全域覆盖目标，结合全市试点，在湖滨商圈等17个点位、354个泊位实现道路ETC扣费。区公用事业发展中心完成“先离场后付费”功能开通停车场（库）432个、停车泊位14.12万个，全区对外收费社会停车场均开通“先离场后付费”。全区全覆盖接入城市大脑社会收费停车场和点位1001个、停车泊位31.9万个。完成所有收费停车场（库）收费告示牌更新工作，实现湖滨商圈“通停通惠”。协调辖区内市级以下企事业单位向社会共享泊位96处、512个。联合杭州路通市政园林工程有限公司开展“僵尸车”整治，查询疑似“僵尸车”信息165辆，清理整治“僵尸车13辆；推进停车费催缴工作常态化，根据《上城区道路停车欠费催缴专项治理工作方案》，对2022—2023年14.3万辆欠费车辆，以短信通知、挂号信、录音电话等方式开展催缴工作，对大额欠费不补缴的车辆，实施法律诉讼。全年发出催缴短信25万余条，追缴欠费到账金额419万元。

（姜时超 余丽燕）

2023年10月24日，杭州市首个停车巡管员廉政教育基地——“上城停车巡管员之家”在万松岭路49号启用 （黄 莹 摄）

【停车巡管员廉政教育基地启用】 2023年10月24日，杭州市首个停车巡管员廉政教育基地——“上城停车巡管员之家”在万松岭路49号正式启用，旨在进一步推进清廉单元建设，持续加强对停车巡管员管理监督，增强廉洁文化阵地的辐射力。该基地总面积120平方米，设置休息区、特色活动区、学习角等。该基地在原“上城停车巡管员之家”基础上进行改建，将停车巡管员廉政教育与建设新时代廉政文化相结合，进一步丰富廉政文化内容、增强廉政文化阵地的影响力，将停车巡管员廉政的理念、廉政的信念辐射到全行业，持续助推清廉城管建设。年内，开展停车管理分部廉政教育等活动4次，接待深圳市道路交通管理事务中心工作人员等参观调研75人次。

【地铁出入口非机动车停放点增设】 2023年，“新增地铁出入口非机动车停放点”连续3年被纳入杭州市政府民生实事项目。上城区公用事业发展中心联合区综合行政执法局基础设施改善中心，完成拓展非机动车停放点24处，新增非机动车停车泊位3435个、无障碍非机动车停车泊位2个，超额完成目标任务。有效利用站口周边原有废弃或闲置场地，或按照绿化迁移补偿的标准要求对站口周边绿地进行改造，打造九睦路站C口、同协路站D口、新业路站A口等一批特色亮点点位。在地铁出入口醒目位置设置引导指示和标识牌，并对引导、指示标识进行优化，采用“铝板+反光膜”的制作工艺，使标识更加显眼、耐用、美观，为群众便捷寻找停车位提供方便。对场地内群众的私家电动车和共享单车停放区域进行划分，对共享单车停放区域进行引导，以便及时清运搬离。

（姜时超）

【无障碍环境建设】 2023年，上城区无障碍环境建设专班围绕“控增量、减存量、提质量”核心原则，加强存量问题整改、新建项目管理，推进全区无障碍环境建设各项工作，保障亚运会和亚残运会的胜利召开。全年审查新（改、扩）建项目48个，组织残障人士参与无障碍设施“体验式”验收指导125次，确保新（改、扩）建项目无障碍设施符合要求。落实区文广旅体局、区综合行政执法局、区住建局、区商务局、区市场监管局等行业主管部门，分别对亚运会场馆、“最后一公里”体验区、亚运会观赛空间、9座城乡公厕、23座城市公园、35座地铁站、28家接待酒店内部及亚运会周边公共场所七大类、99个大项、293个子项的设施进行排查，排查设施问题1886个，全部完成销号整改。聚焦亚残运会保障，着重做好“两个礼让”（礼让盲道、礼让第三卫生间）的维护更新，在人流集中且盲道距离非机动车停车区域较近、容易发生占压的停车框一侧设置“礼让盲道”的地面标语，新增或整改施划点位593处；在412座设有无障碍设施的公厕张贴“礼让第三卫生间”相关标语426处，维修更换扶手334处、语音播报器80只、呼叫铃25只。打造7个市级无障碍环境建设标志性成果和10个市级无障碍环境建设优秀案例。区综合行政执法局主导统筹并联合杭州市机关共同打造的《杭州中央商务区无障碍环境建设》项目获评由住建部、中国残疾人联合会联合推出的2023年无障碍环境建设优秀典型案例（设计类），是全市唯一作为区局申报主体获评成功的项目。上城市政集团配合全区“美丽杭州迎亚运”专项行动及“平路整治”行动，完成三新路、剧院路、五星路等178条道路的盲道改造927处，修复盲道4832.9平方米，其中缘石坡道改造331处、公交站台无障碍改造11处。完成横塘四区公厕、城站广场南公厕等10座公厕提升改造，新增无障碍间语音播报系统10个，提升无障碍坡道82平方米。

（慈悲航 余丽燕）

【亚运市政服务】 2023年，上城市政集团推进亚运市政服务。开展“平路整治”专项行动，覆盖全区799条（段）道路，修复人行道1.48万处、3.4万平方米，修复沥青路面3727处、19.4万平方米，整治井盖327处、隔离设施97处、“桥头跳车”问题44处。开展“花满杭城 香飘亚运”行动，完成临丁路绿道提升工程，对亚运接待酒店周边、重要节点、公园广场等绿化景观进行提升，种植10多个品种、2.45万株花卉。

（余丽燕）

水利河道管理

【概况】 至2023年末，上城区行政区域内有河道63条（其中进龙河由西湖风景名胜区管理），河道总长172千米，小微水体85个，水域面积15.31平方千米，辖区水面率12.8%；有闸泵站77座，其中市管26座、区管51座，海塘全长20.8千米。上城区将“管水、治水、兴水”摆在对人民负责的高度加以推进落实，全面推动水安全保障、水资源管理等工作。年内，上城区颁布《关于推动全域建设幸福河湖的令》，统筹推进全区“幸福河湖”建设。全年市控以上监测断面水质Ⅲ类及以上占比100%，全区河道Ⅳ类水质及以上占比年均值85%以上。实现16957万立方米用水总量及较2022年万元地区生产总值用水量下降0.8%的“双控”指标达标；完成丁兰片区和龙山河、东河、中河、新塘河等14条河湖健康评价编制；创建引水河为市级“美丽河湖”，打造引水河、丰收湖2条水上运动河道。区综合行政执法局获评省“五水共治”工作先进集体。

【全域“幸福河湖”建设】 2023年12月，上城区编制完成《上城区全域幸福河湖建设规划》，并以总河长令形式印发《上城区全域建设幸福河湖行动计划（2023—2027年）》，统筹指导全域“幸福河湖”建设，确定要发挥上城区“拥江揽湖走运”的区位优势，将城市开发建设与绿色生态发展相结合，融合产业发展，以水为脉串珠成链，打造“山水城市客厅，全域美丽花园”的全域“幸福河湖”高地。区综合行政执法局通过深入精细化管护，开设水上运动区等措施，把引水河（长4873米，水域面积7.29万平方米）创建为市级“美丽河湖”。至年末，全区城乡居民“15分钟亲水圈”覆盖率达到98.5%，建成省级“美丽河湖”8处、26条，总长70.5千米，为东河、新塘河、龙山河片区、丁兰西片区、环丁水系、上塘河片区、城东水系、丰收湖—九沙河水系；建成市级“美丽河湖”4条，总长10.57千米，为七号港、九号港、桃花河、引水河；建成“水美乡镇”5个，为丁兰街道、四季青街道、南星街道、小营街道、望江街道。

【海塘安澜工程（上城段）建设】 2023年，区综合行政执法局推进4.6千米海塘安澜工程建设。海塘安澜工程是杭州市为系统解决防洪薄弱环节、提升城市经济社会发展所需防洪排涝能级而实施的海塘安澜千亿工程的重要组成部分。该工程涉上城辖区内分两段施工，其中，三堡船闸段海塘长653米，总投资1.7亿元，于2022年10月开工建设，至2023年末完成投资7000万元；钱江二桥至和睦港段全长3.95千米，总投资3.2亿元，于2023年4月开工建设，至年末完成投资1.4亿元。上城区开展海塘安澜工程涉水审批工作，完成海塘安澜工程围堰施工审批及钱塘江中取土审批工作，助推海塘安澜工程争创水利文明标化工地。

【水上运动河道建设】 2023年，上城区探索“美丽河湖”向“幸福河湖”的转型升级路径，全面共享“五水共治”成果，提升居民“优质水环境”体验感，因地制宜开展引水河、丰收湖水上运动河道建设，并推动杭州市钱江外国语学校开展“皮划艇进校园”第二课堂活动。6月5日，杭州市水上运动河道发布会在上城区引水河畔举行，公布引水河为首批水上运动河道，获中央广播电视总台《朝闻天下》栏目、《人民日报》、浙江电视台等媒体宣传。自引水河、丰收湖开展水上运动后，开展公益培训活动30场，接待340多人次，勾勒出“人水相融、和谐共生”的美好生态画卷。

【水资源管理】2023年，上城区首次纳入市对区自然资源集约利用考核，单位地区生产总值所需总用水量（万元GDP用水量）成为市对区考核的重要指标。上城区以节水工作为抓手，以节水载体创建为着力点，开展节水型单位、节水型小区创建工作，加强节水宣传，全力推动最严格水资源管理。全年全区实际用水总量16406万立方米（用水总量控制指标为16957万立方米），全区地区生产总值为2668.48亿元，实际单位地区生产总值所需总用水量为6.148立方米/万元（2023年度单位地区生产总值所需总用水量控制指标需较2022年下降0.8%，2023年上城区单位地区生产总值所需总用水量控制指标为6.3488立方米/万元），实现“双控”指标双达标。

（李　慧）

【河道养护】2023年，上城市政集团落实河道日常保洁、设施维护、防汛等主要工作，有效落实河道长效养护工作，清理漂浮物1677吨。做好河道巡查，加强管理执法联动，针对侵占河道、设置泥浆管、偷倒渣土、排水口晴天排污等涉河违法、违章行为，及时上报管理部门，配合执法联合查处工作。迎亚运期间，对新塘河、新开河、中河、东河4条重点保障河道进行品质提升，对重点河道增加布置救生圈、救生绳、救生杆等安全设施。定期修剪河道浮框水生植物、清理沉水植物，清理河岸驳坎及克顶落叶杂草，开展破损修复，做好河道养护保洁。

（余丽燕）

【“碧水迎亚运，护航钱江潮”综合应急演练】2023年7月14日，区综合行政执法局采用“在线指挥+现场演练”形式，开展“碧水迎亚运，护航钱江潮”综合应急演练。利用杭州市城市大脑智慧河道上城平台，以视频通信实施远程指挥，开展排出口异常出水、藻类爆发、流域水质恶化、防潮应急处置4个科目演练，参加演练人员50多人，进一步验证数字化指挥体系，锻炼和提高养护人员快速反应协同作战能力。

【钱塘江渔业管理】2023年，上城区按照“渔船集中停泊、渔网包扎入库、渔民上岸”要求开展钱塘江禁渔管理工作。全区32条渔船全部停靠码头、渔具上岸，实现禁渔期间江中无捕捞作业渔船、

2023年7月14日，区综合行政执法局开展排出口异常出水应急演练

（金春松 摄）

船上无渔具。禁渔期间，区综合行政执法局组织各街道开展巡查检查725次，出动执法人员1352人次，出动车辆221辆次，劝阻捕鱼人员130多人次。开展禁渔工作宣传、培训会议2次，参加人员60人次；通过微信公众号推送禁渔信息3次；在沿江社区张贴“禁渔通告”，散发宣传资料100多份，悬挂横幅2条。12月，退捕渔船4艘。至年末，全区有渔船28艘。

【钱塘江防潮安全管理】钱塘江（上城段）西起钱塘江一桥，东至运河二通道西侧区界，堤塘全长20.8千米，其中省管堤塘16.3千米、市管堤塘1.6千米、区管堤塘2.9千米。2023年，上城区制定《上城区2023年“护航亚运”钱塘江防潮安全管理工作方案》，修订《上城区钱塘江防潮安全管理巡防工作规范》，完善《上城区钱塘江防潮安全管理工作预案》，统筹沿江南星街道、紫阳街道、望江街道、四季青街道、彭埠街道和九堡街道6个街道属地力量，严格落实“潮前、潮后1小时”巡防喊潮制度，协调完成“观潮节”保障工作。全年开展防潮培训2次、防潮应急救援演练1次，“潮来了”App打卡率100%。全年劝导违规垂钓2300多人次，劝导违规下堤下江嬉水、观潮、拾荒、游泳等行为5100多人次，劝阻挽救轻生人员3人次，实现防潮安全管理“零伤亡”。

（李　慧）

2023年8月8日，区综合行政执法局执法人员在杭州东站开展亚运会安全检查（罗舒文 摄）

综合执法

【概况】2023年，区综合行政执法局稳步推动综合执法各项工作，着力提升城市环境综合治理水平。深耕执法办案主责主业，办结案件（含违停）1.7万件，罚款金额261.63万元，以区法制保障中心为平台指导审核各街道执法队普通程序案件4523件，未发生一起败诉案件。坚持依法行政，遵循民主科学决策程序，严格公正文明执法，强化行政执法监督，规范合同法制审查，全年受理行政复议18起、行政诉讼8起，受理并办结政府信息公开9件，受理并确认信用修复945起，合法性审查政府和部门合同337件次，报备重大政府合同11件。以创建“枫桥式”中队为抓手，优化提升中队设施设备，辅助提升执法效能，凯旋和九堡两个中队获评全省“枫桥式”基层执法中队。完成亚运重点工作，推进“两路两侧‘三化一平’”专项整治，检查发现并整改问题600多个，完成两个“入城口”整治提升；出动巡查人员2.3万人次，保障亚运会、亚残运会顺利举行。突出重点领域执法亮剑，全年涉燃气处罚（结案数）124件，罚款168.05万元。检查餐饮店8892家次，办结施工噪声案件27件，罚款总额36.47万元。牵头各街道推进油烟在线监测设备安装工作，安装并接入杭州市餐饮服务业油烟在线监测平台监测设备643台。检查源头工地3373次，办结案件240件，处罚金额72.09万元。受理群众来电、来信、来访和咨询9173件，比2022年降低16.6%，处置率、反馈率均100%，市民满意率提升至99.7%。

（瞿燕青 蔡泞伊 祝婷婷）

【数字执法】 2023年，区综合行政执法局开展"互联网+监管"数字执法工作，动态梳理并完善监管事项清单，确保监管全覆盖，保持激活率和开通率100%。全年完成执法检查3748次，"双随机"任务完成率100%，跨部门联合"双随机"监管率68.2%。打造全市首个数字法制保障中心，利用数治设备，形成一屏同审，一案共析，一柜智存，打造"规范、高效、安全"的案件指导审核模式。该中心配备视频会议一体化系统，可连线各街道执法队办案室进行远程指导、监督案件办理；配备案卷存储智能柜，通过人脸识别等智慧化手段，实现案卷从建档到归档的全流程管控、全过程留痕。同时落实一体化执法办案移动终端应用，通过组织培训、现场指导等举措提高一线办案使用率，提升整体执法效能。完善"非接触性"执法平台工作机制，优化平台人员和队伍结构，深化全局指挥调度体系，利用智慧城管平台和后台视频监控，通过微信群交办各类序化、洁化问题，实现精细化管理。全年"非接触性"执法平台处理各类案卷7.24万件，其中固定监控案卷7.14万件、智能感知案卷130件、助力共享单车管理案卷878件。2月起，通过共享公安监控对原江干区域进行视频巡查，全年发现各类问题案卷8000多件。

（瞿燕青 祝婷婷）

【执法规范化提升】 2023年，区综合行政执法局落实执法全过程记录、重大执法决定法制审核、行政执法公示"三项制度"和杭州市综合行政执法系统系列规范化制度。全年组织法制员、办案骨干开展理论培训、案件研讨、部门联系等50多次，强化执法队员办案技能，夯实综合业务素质。按照《杭州市乡镇综合行政执法队建设规范》，参照《"大综合一体化"执法办案区硬件标准》指导推进全域15个街道（管委会）物理空间改造升级，提升基层队伍标准化建设水平。制定《执法业务培训系列手册》，加快专科执法向全科执法的转变进程。完善执法队伍运作制度，动态完善综合制度、执法规范、内部管理、协调机制。规范执法审查制度，探索推动街道合法性审查改革攻坚，在全市率先增设区级合法性审查服务中心，同步完善街道执法办案三级法制审核制度和重大案件集体讨论等制度。以创建"枫桥式"中队为抓手，优化提升中队设施设备，辅助提升执法效能。根据省、市"大综合一体化"行政执法改革要求，及时认领并动态梳理综合行政执法事项统一目录。依法履行重大行政决策程序，做好规范性文件清理、涉公平竞争文件增量审查、存量清理等工作。深化"线上+线下"普法宣传模式，营造浓厚法治氛围。全年办结案件（含违停）1.7万件，罚款金额261.63万元，未发生一起败诉案件；以法制保障中心为平台指导审核各街道执法队普通程序案件4523件。

（楼　杨 瞿燕青）

【监管执法效能优化提升】 2023年，区综合行政执法指导办公室依托省执法监管数字应用平台强化自身能力建设，全区执法监管效能进一步提升。强化"两个中心"建设，提升指挥管理能力，畅通各层级沟通协作机制，相关建设成效在全市现场会作汇报交流，成为现场会参观点位。开展"监管一件事"

"综合查一次"等执法实践，探索"执法+"综管联动、非现场执法等模式，以业务常态化开展提升执法工作效能。根据省综合执法指导办公室创建的"一件事清单"，领办杭州东站"站前监管一件事"场景，联合小营街道创新"德寿宫监管一件事"场景，搭建起"一件事"实施的方案框架，建立流程机制，常态化开展具体业务工作，促使重大门户、重点领域、重要景区治理工作取得积极成效，杭州东站区域食品、消防、交通安全事故"零发生"，南宋德寿宫遗址博物馆景区周边实现15分钟现场监管治理保障。推广使用省执法监管数字应用平台，推动全区所有街道指挥分中心日常工作由综合执法队副队长（综合信息指挥室主任）负责，平台联络员由街道综合信息指挥室派出，提升平台沟通联络和指令流转的效率。全年全区依托该平台开展专项检查3346家次，"综合查一次"8095家次，有效减少企业干扰4134家次，比2022年下降54%，实施率57%。

（楼　杨）

【燃气安全执法】2023年，上城区涉燃气处罚（结案数）124件，罚款168.05万元。立案查处燃气管道设施第三方破坏26件，执法支撑燃气设施保护工作10多次。8—12月，开展"黑气"整治期间，立案查处未取得瓶装燃气经营许可证从事经营活动案4件（其中行刑衔接2件）、使用超过检验期的燃气气瓶案19件、其他不规范使用燃气气瓶案56件，查获"黑气"瓶（"僵尸瓶"）1105只。公安机关实施逮捕1人、行政拘留2人、取保候审3人。区燃气执法工作被《中国建设报》《杭州日报》等报刊刊登肯定。

【两个"入城口"整治提升】2023年，区综合行政执法局在2022年完成沪杭甬高速杭州入城口、新建彭埠互通两处入城口提升改造建设的基础上，开展"入城口"环境整治提升"回头看"、亚运元素宣传氛围营造等工作。组织召开方案评审讨论会10多次、工作实施对接会20多次，紧扣亚运节点，及时完成杭州入城口收费站门楼LED屏的调整和建设。

【建筑垃圾监管执法】2023年，区综合行政执法局利用省建筑垃圾综合监管服务系统、市工程渣土监管服务平台等数字化手段，通过常态化执法检查和不定期整治相结合方式，开展建筑垃圾执法。整治源头工地未编制建筑垃圾处置方案备案、未办理处置手续，渣土车无证运输、超载超限、抛撒滴漏、违法偷倒、带泥上路污染路面等情况，以及随意倾倒等违法、违规行为，形成源头、中端、末端闭环管理。全年办结案件240件，处罚金额72.09万元。

（蔡泞伊）

【有奖举报拓展市民参与率】2023年，区综合行政执法局深入推广有奖举报，践行"民呼我为"，联合杭州市城市管理指挥保障中心、街道、社区每月组织现场推广活动，发动群众参与，推进基层治理。将居民关注的热点、难点问题纳入运行系统，对新增单位的问题类型、职责边界开展培训指导。按照统一受理、分级处理、快速处置的原则，全年受理有奖举报案卷6.5万件，比2022年增长95%，其中省、市级部门案卷3.6万件，增长113%；区内各单位问题2.9万件，增长81%，处置率、反馈率均100%，市民满意率在99%以上。

（祝婷婷）

交通管理

【概况】2023年，上城交警大队以平安护航杭州第十九届亚运会为主线，推进亚运交通安保等大型活动安保及"减量控大"（减少事故发生量，控制重大事故发生）、治堵保畅等重点工作，以及

1754批次警（保）卫任务，确保全区道路交通安全、畅通、有序，实现“零差错”目标。全年全区发生交通事故警情7.86万起，发生事故亡人11人；查处交通违法65.7万起，其中电动自行车违法23万余起，酒（醉）驾1300多起。全区主干道均速27.13千米/小时，比2022年提升2.5%。亚运会期间，实现开幕式和闭幕式市民中心、职工文化中心、昙花庵路地铁站3处远端集结点观众高效集散，保障上城区3个场馆、50条通勤道路、1.1万批次通勤班车安全准点抵达。年内，上城交警大队获省公安厅通报表扬，其中复兴、彭埠、九堡交警中队获集体三等功，四季青交警中队获评全省“枫桥式交警中队”。

【交通安全隐患攻坚化解】2023年，上城交警大队聚焦“减量控大”，提升安全防控能力，坚持“什么违法突出重点查处什么违法，哪里隐患突出重点整治哪里”的原则，开展重点违法查处，深化整治效能，落实情报研判专项派单整治，攻坚化解各类交通安全隐患，全面净化道路交通环境，维护交通安全形势稳定。针对各类重点违法开展集中整治，全年查处电动自行车各类重点违法23万余起，其中闯红灯14万余起；查处黄牌货车重点违法2.55万起、斑马线前不礼让2.34万起、蓝牌货车重点违法2万余起；“一早”（5时至9时）查处电动自行车各类违法行为12万余起，降低该时段事故发生率。全年开展专项波次行动（在辖区重点部位、重点时段集中开展重点交通违法系列整治行动）32次，查处各类交通违法行为27万余起。波次行动期间，检查督导各中队干部到位、岗前训示及查处数情况，确保整治行动开展到位。同时，每晚点评查处数据，就大队整体与各中队违法查处情况进行横向、纵向对比分析，找出差距，弥补不足。依托视频情报研判、警情闭环，开展违法行为专项派单，精准打击严重影响交通安全的违法行为。全年上城交警大队研判失驾人员59人，报废车辆10辆；法院预警查封车辆45辆。

【城市拥堵治理】2023年，上城交警大队多举措深化城市拥堵治理。树立“交通管理像绣花一样精细”的理念，结合杭州第十九届亚运会道路提升工程，配合区亚运城市运行保障指挥部，推进城市侧道路提升，以绿波带建设行动、城市数据大脑消红变绿行动、慢速道路治理行动、交通组织优化行动、信访下降行动、设施提升行动、事故隐患溯源行动、加快审批审核（监管衔接）行动“治堵八大行动”为牵引，做优绿波带设置，推进E、F级（指高德地图路口通行效率评级，根据延误指数55～80为E级，80以上为F级）路口治理、减少秩序类信访投诉

2023年10月22日，上城交警大队在昙花庵路地铁站引导亚残运会观众转运车辆
（上城交警大队 供稿）

等措施，实现高峰均速、群众满意“双提升”目标。按照“一次起步过3个红绿灯”目标，推进信号灯绿波带建设，绿波带道路均速早高峰38.48千米/小时、平峰39.84千米/小时、晚高峰35.39千米/小时，分别比2022年提升18%、14%、13%。加强秩序源头控制，严格占道审批，全过程监管临时占道施工、临时出入口等点位，强化巡查与通报机制，由大队综合勤务室和下辖10个属地中队共同开展监督检查，确保施工规范开展。

【交通安全宣传教育】 2023年，上城交警大队坚持政府主导、过程管控、阵地前移，从源头上强化交通安全宣传教育。主动与区委政法委、区平安办公室、区安全生产委员会办公室加强对接协调，以年度、季度建立重点交办和排名通报机制，压实政府主体责任，为基层中队有效推进工作提供政策保障。持续紧盯四类高风险运输企业，深化职能部门和属地街道联合监管作用，完善运输企业联合管理工作机制，严把准入关，清理隐患点，全年清除隐患企业40多家。加大通报频次和力度，做细成绩晾晒，做强过程管控，做实管理闭环，对工作起色不大、目标达成持续较差的街道、社区（村）和中队，专门实施每日工作进度监测机制，实行“点对点”日通报，倒逼其走向主动，加快推进工作。全年上城交警大队“红黄码”重点人员派单4223件，完成4173件，完成率98.8%，派单总量居全市第1位，完成老年人、电动自行车驾驶人宣传教育任务目标。同时，通过责任阵地前移、宣教阵地前移、防控阵地前移，建立运输企业联合管理工作机制，共享部门基础数据资源，协调部门间的工作联动，做好社会面交通管控措施的宣传贯彻工作。

资料

四类高风险运输企业：欲迁入或注册的小、乱、差隐患企业，日常管理中发现的隐患企业，注册地与实际经营地不相符的企业，发生道路交通亡人事故的企业。

“红黄码”：“交通安全码”为黄色和红色的职业及非职业驾驶员。其中，“交通安全码”赋分在50～79分为黄码，赋分在80分（含）以上为红码。

（石林杰）

交通运输管理

【概况】 2023年，上城区有九堡汽车客运站、汽车南站2个客运场站；货运企业632家，货运车辆1.02万辆；客运企业21家，客运车辆1076辆；车辆维修企业375家，其中一类22家、二类40家、三类313家；机动车驾驶员培训企业17家，教练员838人，教练车723辆；配件企业有1个综合汽配城（浙江德胜汽配市场）和45家散户；巡游出租车企业10家，车辆901辆；网约车平台5个。全年上城道路运输企业在市区范围内发生亡人事故1起，比2022年下降66.7%；死亡1人，下降66.7%。年内，上城交通执法大队联合属地街道开展上门走访服务、线上和线下调研，了解各企业车辆主要运输物品种类、运输吨位、常规性运输点位、月度出车率变化等基本情况，开展现场指导和服务，为企业合法经营发展及安全管理保驾护航。

【春运保障】 2023年，上城交通执法大队加强组织领导，统筹调度各方面资源力量，按照“以人为本、安全第一、保障有力”的春运工作总体要求，通过联合执法实体化、部门联动实时化、服务保障人性化3项举措，完成春运任务。以上城交通执法大队为主力，成立区联合检查组，通过常态化日巡夜查与动态检查相结合，出动联合执法人员367人次，检查大客车

423辆次、出租车（网约车）234辆次、“两客一危”企业18家次，处罚案件30件，罚款2.52万元，其中查处大客车10件、货车超限运输9件、驾驶员培训3件，网约车8件；查处蓝牌货车违法行为1209起、黄牌货车违法行为1078起，开展酒（醉）驾集中整治3次，查处酒（醉）驾115起。对电动自行车违法、开车打手机、斑马线不礼让等影响交通安全的违法行为进行整治，查处交通违法行为2.56万起，其中开车打手机3861起、斑马线不让行2112起、行人违法行为24起。

资料

“两客一危”：从事旅游的客车、三类以上班线客车和运输危险化学品、烟花爆竹、民用爆炸物品的道路专用车辆。

【春季出租车行业专项整治】
2023年3月10—20日，上城交通执法大队针对西湖景区及湖滨商圈客流量大增的情况，结合《巡游出租车车载设施设备专项整治行动方案》，启动出租车行业专项整治行动，以及时遏制出租车挑客、拒载、抛客、绕道等违章行为。采取“白+黑”延时工作机制，延长工作时间至夜间23时，在旅客集中的湖滨商圈、西湖银泰商圈、吴山广场地铁站、龙翔桥地铁站等重点区域加强夜间值班巡查，打击巡游出租车沿途招揽乘客、拒载、议价等扰乱正常经营秩序的违法违章行为，同时对无理由长时间停靠的车辆，有针对性地开展盘查，要求驾驶员严格按照规章制度规范经营。日常工作时段通过“杭州市约租车监管系统”对网约出租车违法违规运营情况进行检查，对无证营运行为保持高压打击态势，同时加强对网约车驾驶员的法治宣传教育，提高网约车驾驶员的知法、懂法、守法意识。

【道路运输企业安全生产突出问题“百日行动”专题会议】
2023年11月14日，上城交通执法大队召开道路运输企业安全生产突出问题集中整治“百日行动”专题会议暨第34场“畅所欲言”活动，宣传贯彻“百日行动”方案要求，解释相关具体工作要求。会上，邀请“小驿帮帮团”成员单位开展安全管理及安全教育专题培训；组织客运、货运企业代表就近期交通事故进行事故回顾及整改表态发言；收集企业经营发展中的难点、痛点问题，为交通运输从业人员解疑答惑，助企纾困。

【“畅所欲言驿站”品牌树立】
2023年，上城交通执法大队做优“畅所欲言驿站”，使其成为大队的一大品牌工作。驿站依托辖区网格化管理工作机制，通过“三联两扶”机制网格组与行管员联合、困难企业与示范企业联系、

2023年1月16日，区春运联合检查组在艮山西路对大客车包车合同手续等证件进行检查
（上城交通执法大队 供稿）

交通执法与横向部门联动，企业许可、备案流程指导帮扶，企业合规、安全经营、规范教育、台账指导帮扶，打造集法治宣传、法律服务、安全教育、纠纷调处等功能于一体的智慧平台，为企业疑难杂症“对症下药”，为行业解困提供帮扶。6月19日，组建“小驿帮帮团”并将成员单位拓展到8家。至年末，“畅所欲言驿站”组织开展畅所欲言活动35期，参加现场活动人数2800多人次，线上“一对一”单独交流3800多人次，收集并解决各类问题2500多个，其中现场协调解决问题2400多个，通过横向部门协调解决问题100多个，为企业及一线从业人员挽回或者避免各类损失6500多万元，收获锦旗18面，在交通运输行业中获好评。“畅所欲言驿站”阶段性成果获省、市领导肯定，获“交通强国”等国家、省、市报刊媒体报道。

【无证运输“笑气”案件处置】2023年1月16日上午，上城交通执法大队接到杭州市交通运输行政执法队应急指挥中心提供的线索——区公安分局凯旋派出所查获一辆非营运小型客车，车载“笑气”270多箱（内含小瓶装7.5万瓶）。根据上城区联合查处办案机制，上城交通执法大队执法人员立即到凯旋派出所进行调查处理。在制作现场笔录及对当事人进行询问后，发现该车辆及人员均无相关运输危险化学品的资质，涉嫌未取得道路危险货物运输许可，擅自从事道路危险货物运输经营，执法人员按程序对涉案车辆采取扣押行政强制手段。随后随机抽样10瓶“笑气”送到浙江省化工产品质量检验站有限公司实验室进行权威鉴定。2月2日，浙江省化工产品质量检验站有限公司出具权威鉴定报告，该样品危险性类别为：氧化性气体（类别1）、加压气体（压缩气体）、生殖毒性（类别1A）、特异性靶器官毒性——反复接触（类别1），达到危险化学品的确定原则，属于危险化学品。2月23日，上城交通执法大队根据《中华人民共和国道路运输条例》第二十四条第一款第（二）项、《道路危险货物运输管理规定》第二十七条“未取得道路危险货物运输许可，擅自从事道路危险货物运输经营，处以罚款人民币叁万元”进行行政处罚。

（潘筱婷）

城站广场综合管理

【概况】2023年，城站广场管委会联合相关职能部门，以“党建引领、平安创建、亚运提升”为重点，加强统筹协调，强化广场综合管理，持续提升服务质量，全面推进各项工作迈上新台阶。全年到达、发送车次3.35万班次，到达旅客839.6万人次，发送旅客856.7万人次，总计1696.3万人次，到达旅客和发送旅客人数分别比2022年增长1.36倍、1.44倍。全年单日发送旅客最多6万人（4月29日），到达旅客最多5.7万人（5月3日）。

【城站广场管委会服务亚运】2023年，城站广场管委会推进城市侧运行保障，精心组织设计施工，高质量完成亚运氛围营造、出行保障、安全维稳等一系列重要任务，环境提升、标语宣传等工作获中央领导肯定。营建出彩点位，以融入亚运元素、打造点线亮点为重点，对城站广场内外、周边进行全方位梳理整治，新增亚运主题造型2组、道旗40组，提升标识标牌42块，修复周边道路1.98万平方米，全面提升城站“颜值”，呈现城站韵味的亚运形象。将亚运元素融入“百年老站”，精雕细琢灯箱、平台等画面布置及绿化景观，全面提升街容街貌；铺设沥青路面、拓宽行车路径、翻新标志标线，畅通亚运通勤路；靓化提升2号通道、南北钟楼、站前宾馆、南北人行扶梯等通勤节点，高水平筑牢安全防线。城站广场管委会获杭州亚运会、亚残运会集体嘉奖。

【“平安城站”建设】 2023年，城站广场管委会以“平安城站”建设为目标，多举措加强城站安全管理。在春运、暑运、重大活动等时段，召开协调会议，部署方案，明确具体任务和要求，高标准完成重大事项的保障任务。发挥综合考评和绩效管理的导向助推功能，制定《杭州城站广场路地警务融合考核暂行办法》，深化辖区职能部门沟通协调力度。针对广场秩序管控、流浪乞讨人员救助、“黄牛”打击等常态化管理工作，联合各部门开展整治行动，驱赶扰序人员460人次；检查大客车500多辆次，查处涉嫌非法营运车辆6辆次；查处无证网约车（人无证或车无证）36辆次；将流浪乞讨人员送救助站9人、送医院6人。与商户签订安全生产目标管理责任书，重点督促检查商户的防火防盗、环境管理和食品安全等工作。组织安全集中培训6次、安全生产演练8次、食品安全联合检查12次。组织开展10次安全生产大排查大整治行动，发现21处安全隐患，整改率100%。树立“防大汛、抢大险、救大灾”的思想意识和责任担当，做好防灾减灾安全检查和隐患排查。检查抗雪防冻风险点位33处，整改抗雪防冻风险点位7处；清疏排水管网845.5米，泵井22座，雨水井10座，清运淤泥3吨，更换排水沟井盖5个。

【“美丽城站”建设】 2023年，城站广场管委会以日常管理和专项整治相结合的方式，推进“美丽城站”建设。推进广场范围内公共场所控烟工作，加强烟草危害和控烟政策宣传，规范广场范围内禁烟标识，向旅客普及禁烟知识，文明劝导旅客不乱扔烟蒂，引导吸烟旅客到吸烟区，树立正确的公共环境观念。做好城站广场区域环境的清扫保洁工作，加强广场排水沟、垃圾集置点、病媒滋生地等重要点位的常态化保洁，定期对垃圾桶进行清理，保持良好的卫生状态。加强垃圾分类检查力度，规范分类标识，普及分类知识，提高分类质量。结合月末周五卫生大扫除进行环境大整治，加强城站区域卫生检查，消除卫生死角及“四害”滋生环境。全年开展“月末周五卫生大扫除”活动12次。

（吴　琼）

杭州东站枢纽管理

【概况】 2023年，杭州东站枢纽管委会坚持以“最温馨的国际化枢纽驿站”和“未来枢纽”东站样板为目标，发挥数字化改革优势，深化“大综合一体化”行政执法改革，聚焦为民“十项实事”，提升亚运城市国际门户的服务能级。全年铁路杭州东站到、发客流1.41亿人次，日均到、发38.6万人次。年内，杭州东站枢纽管委会被评为2023年全国综合运输春运成绩突出集体、亚（残）运会抵离服务突出贡献单位、杭州市全面深化改革成绩突出集体，被授予杭州市数字政府建设工作集体嘉奖；“杭州东站公共服务标准化试点项目”成功通过国家标准化委员会国家级试点考核；“探索构建大型综合交通枢纽多跨协同智治体系”获浙江省改革突破奖银奖、杭州市改革创新最佳实践案例特等奖；杭州东站枢纽管委会党群服务中心被评为区“最美窗口”。

【“杭州东站公共服务标准化试点”项目通过国家标准化委员会国家级试点考核】 2023年，杭州东站枢纽管委会在2022年承担的国家级“杭州东站公共服务标准化试点”通过评估验收的基础上，协同省标准化委员会、省交通厅，围绕杭州东站工作实际，结合杭州东站最安全、最智慧、最快捷、最杭州、最国际、最民生“六最”服务特色，推进杭州东站标准化试点工作，以标准化的方法、技术和手段，将已有经验固化为杭州东站公共服务标准体系，细化完善杭州东站试点建设的28个标准规范，梳理形成二级标准171个、细末标准576个。该标准体系涵盖旅客出行、应急管理、洁化序化、旅客便民等方面，将涉及服务内容、工作事项的要素统筹起来，有效推动各项工作标准化规范化运行，为全国高铁枢纽提供可复制、可推广的“浙江经验”。5月23日，“杭州东站公共服务标准化试点”项目通过国家标准化委员会国家级试点考核。

【杭州东站枢纽管委会服务亚运】2023年，杭州东站枢纽管委会协同市、区两级职能单位，高质量完成亚运氛围营造、抵离迎送保障、安全维护、亚运专列首发及亚残运会火种迎接等一系列重要任务，获省、市领导批示肯定，被国家体育总局、中国残疾人联合会及省委、省政府评为杭州亚运会、亚残运会先进集体。发挥东站“窗口”优势，在贵宾通道、站台候车处等关键部位增设沿线绿化，种植各类灌木植物2300多株、改造绿化5050平方米。在枢纽周边道路、广场及站内重点区域布置亚运道旗，设置大型亚运城市雕塑7处、摆放亚运小品（绿化）装置13处。布置“首印空间”亚运文创，全景展现杭城古韵现代融汇魅力，成为亚运会相关人员网红打卡点。发挥志愿服务阵地和智能化服务设施作用，服务旅客267万人次，提供健康救护41起，收获国内外亚运会相关人员及其他旅客好评。成立杭州东站抵离服务工作组，以“金牌标准”做好抵离迎送，畅通亚运会相关人员免安检绿色通道、亚运会专用验票通道，确保亚运会相关人员高效快速通行，为亚运会相关人员提供抵离服务7300人次，身份卡注册激活2102人次，收到来自7个国家的留言及感谢信近30份，实现亚运会相关人员“零投诉”。

杭州东站枢纽健康救护服务区（摄于2023年）
（杭州东站枢纽管委会 供稿）

【公共服务优化】2023年，杭州东站枢纽管委会推出一系列服务新举措，优化公共服务，提升旅客幸福感。细化完善28个标准规范，有效推动枢纽工作标准化、规范化。推出夜间咨询、取票、专线等六大核心内容，守护夜间旅客357.3万人次，填补开站后“夜服务”的空白。打造交通枢纽“自助化”无障碍服务区，为3533人次提供自助信息咨询、轮椅维修等爱心服务。启用融教、学、用于一体的高铁枢纽站内“健康救护服务区”，提供救护、培训、志愿、科普等功能，组织开展2期、100多人的红十字救护员培训，新增“急救侠”90多人，开展健康救护236起，成功抢救2名心脏骤停旅客。启动为企专线、商品准入等6项服务，完成20批次、135人次“礼遇星计划”（为重点企业负责人提供出行星级服务）抵离服务。设立监督建言热线，解决旅客来电求助事项481

件。优化更新引导标识标线，清理整顿僵尸车，新增非机动车停车泊位2340个。以“分流”思路重新梳理出站流线，增设沿线标识引导，快速分散大客流，并在P1（1号机动车停车库）网约车停车场安装音频定位基站，精准定位室内人车，同时优化P西（西地面停车场）网约车停车场候车环境。发挥数字执法室和协同平台优势，率先融合公安、交警、交通执法等执法体系，流转处置事件2.45万起。

【功能区派驻式“大综合一体化”行政执法改革省域样板打造】 2023年，杭州东站枢纽管委会围绕打造功能区派驻式“大综合一体化”行政执法改革省域样板，落实杭州东站综合行政执法“3+2+X”的“五位一体”工作机制，即在城管、运管、市场监管3支基本力量基础上，叠加公安、交警力量，再联合其他相关部门专业领域执法，结合投诉热点、监管难点，对管理重点区域开展流动巡查。全年抓获非法接客和拉客4412人次、非法营运车辆105辆，监控抓拍出租车违章上客3673起；对食品安全问题“即查即改”，完成亚运会、亚残运会期间食品安全事故和食源性兴奋剂事件“两个零发生”目标。

【数字赋能“智治”】 2023年，杭州东站枢纽管委会依托杭州东站“未来枢纽”智治应用，实现杭州东站整体智治、高效协同，进一步解决旅客“停车难”“行车难”“打车难”等问题。南北落客平台平均通过时长1.8分钟，进站“最后一公里”平均通过时长1.9分钟，进站更顺畅；出租车平均候车时长少于4分钟，停车场半小时免停车费比82%，离站更快捷。一线工作人员流转综合执法信息4.62万起，接收气象预警并下发任务983条，自动识别“黑车”进站103辆。健全枢纽应急体系，妥善处置“5·23”杭州东站十年来最大突发停电事件，在紧急停电情况下，113台电梯未关一人，15万人未伤一人，通信信号全程未断，在极端条件下保障15万人安全进出站。

（吴　琼）

环境保护

综　述

【生态环境持续改善】2023年，上城区环境空气质量优良率85.1%，比2022年提升5.6个百分点，改善率居全市第1位；$PM_{2.5}$平均浓度为30.6微克/立方米；PM_{10}平均浓度为50.0微克/立方米，下降3.6%，O_3浓度为166微克/立方米，下降7.1%，改善率居全市第2位。14个街道站点空气优良率全面上升，O_3浓度全面降低。市控以上断面功能区达标率和Ⅲ类及以上水质占比均为100%，交接断面考核优秀，集中式饮用水水源地功能区达标率100%。污染地块安全利用率100%。全年未发生重大环境污染事件。年内，上城生态环境分局获杭州市生态文明建设工作集体嘉奖。

【生态环境问题闭环整改】2023年，上城生态环境分局落实生态环境问题发现整改闭环责任，对历年中央、省委督察及长江经济带问题开展"回头看"和举一反三排查，整改问题47个。牵头"七张问题清单"重大生态环保督察清单工作，入选省级示范案例1个、市级示范案例2个，居全市第6位、全省第24位。

【亚运环境质量保障】2023年亚运会、亚残运会服务保障期间，上城区成立由分管副区长任总指挥的区亚运环境质量保障指挥部，实行集中办公，落实一级响应，牵头召开专题会议部署研究，开展现场督导检查，统筹调度生态环境、城管、住建、交警等条线力量，加强对工业源、移动源、扬尘源、生活源等分类管控，形成条抓块保、高效有序的协同合力。落实会前减排攻坚和重点时段执法，落实市"治气攻坚20条"，出动3795人次巡查工地和道路扬尘、露天焚烧等场所，发现并整改问题139个；对喷涂印刷、加油站、建筑工地等重点监管对象持续开展"雷霆行动"执法检查。推动政企协商减排，引导杭州奇发建材有限公司、杭州罗蓝科技有限公司、杭州怡尔印务有限公司等企业在不影响生产计划基础上，通过降低生产负荷、调整检修计划等方式错峰生产，减少颗粒物24吨。建立水环境保障联动机制，按照"一日两巡""一日一测"要求，开展水环境检查4049人次，打捞垃圾87.5吨，完成生态补水1376.58万立方米，开展"碧水迎亚运 护航钱江潮"水环境保障应急演练。亚运会、亚残运会期间，全区空气质量总体优良，优良率比2022年同时段相比改善26.2个百分点；亚运会相关场馆、酒店周边16条河道、25个核心水域监测点水质均达功能区要求；2家重点风险源企业管控措施到位。全区未发生突发环境事件，较好完成亚运环境质量保障任务。

（吕淑萍）

环境综合整治

【概况】 2023年，上城区围绕“蓝天”“碧水”“宁静”“净土”四大环境保卫战，强化生态环境管理，落实辖区环境质量改善和环境安全保障工作，常态化开展环境安全隐患排查，高标准推进环境综合整治。年内，完成第二轮中央环保督察涉和睦港问题市级验收销号，以及2022年省委生态环境保护督察交办上城区的17件信访件的销号工作。

【大气污染防治】 2023年，上城区推进大气污染防治，打好“蓝天保卫战”，大气质量全面改善。根据《杭州市生态环境局等五部门关于印发〈杭州市国四柴油汽车淘汰补助实施细则（试行）〉〈杭州市国二及以下柴油叉车淘汰更新补助实施细则（试行）〉的通知》，从2023年5月13日起对辖区内国四柴油汽车、国二及以下柴油叉车进行淘汰。上城区成立“两车”淘汰专班，统筹市场监管、综合行政执法、交通执法、交警、各街道等力量，协同推进淘汰更新工作，淘汰国二及以下柴油叉车249辆，完成率102.9%，在全市率先完成阶段性任务；淘汰国四及以下柴油车9040辆，淘汰率100.8%，淘汰数量居全市第2位。推进涉气企业年度治气任务落实，通过政企协商、指导帮扶、宣传助力、执法倒逼等形式，按时完成产业结构调整1家、低挥发性有机物源辅材料源头替代1家、汽修钣喷中心建设1个、餐饮油烟在线监测设备安装717个、涉气企业用电监管模块安装1家、活性碳集中更换48家。全年出动3000多人次开展大气巡查，发现并整改问题362个。年内，浙江农大空气质量国控站点$PM_{2.5}$为31.2微克/立方米，略高于全市均值，在全市12个国控站点中居第7位，空气质量优良率为85.3%。

【水环境治理】 2023年，上城区推进水污染防治，打好“碧水保卫战”，水环境质量保持高位稳定，8个市控以上监测断面Ⅲ类水质占比100%，62条河道Ⅳ类以上水质占比85%以上。强化饮用水水源安全保障，完成饮用水水源保护区定标立标和电子围栏建设、保护区规范化建设、基础环境状况调查等工作。开展顾家桥国控站点防人为干扰工作，安装物理隔离和警示牌，落实双责任制和兼职巡查员制度。牵头钱塘江河长制工作，开展巡查633人次，发现并整改问题303个。持续开展上城区入河入海排污口排查整治提升工作，编制印发工作方案，完成全部入河入海排污口排查和审核，形成问题清单，为下一步实施溯源整治提供支撑。

【噪声污染治理】 2023年，上城区多管齐下深化全区噪声污染治理。上城生态环境分局配合区人大开展噪声污染防治法“一法一条例”执法检查，推进漠视侵害群众利益噪声问题专项治理工作，建立区主要领导任组长的噪声污染防治专班，定期召开工作联席会议，制定专项治理举措，有序完成省级交办件信访件14件、市级交办件31件，解决一批侵害群众利益的噪声污染问题，保障人民群众的环境权益。会同浙江大学、浙江省杭州生态环境监测中心和杭州市环境保护科学研究院等单位，率先开展噪声敏感建筑物集中区域划定省级试点工作，为噪声污染治理提供技术支撑。中考和高考期间，在考点周边开展全覆盖驻点“绿色护考”行动，为考生提供安静良好的学习和应试环境。12月27日，印发《杭州市上城区〈中华人民共和国噪声污染防治法〉部分条款部门职责分工》，明确部门噪声管理职责分工，推进噪声污染防治，守护城区“宁静”。

【土壤污染防治】 2023年，上城区持续开展“净土”保卫战，抓细危险废物监管，落实土壤污染防治，推进“无废”建设。在全市率先完成25家“无废亚运饭店”和3个“无废亚运场馆”创建，建成“无废社区”等“无废细胞”61个，完成率152.5%，浙江大学医学院附属邵逸夫医院、奥的斯机电电梯有限公司、杭州市澎博小学、杭州市钱江外国语实验学校4家单位被评选为省“百优无废细胞”。落实亚运场所垃圾分类和清运保障，集中开展亚运会相关道路集置点规范化管理专项整治。压实危险废物监管责任，在全区31家危废产生单位安装视频监控和智能称重设备，并接入“生态智卫”系统和省固体废弃物监管系统，落实实时监管。审核产废单位年度管理计划411份，安全转移处置危险废物2317.03吨。年内，上城生态环境分局配合市生态环境局完成19个地块的场地环境调查和风险评估；编制完成《上城区受污染耕地源解析控源断源方案》。

资料

“无废细胞”：是“无废城市”建设载体，具体体现为无废工厂、无废园区、无废学校、无废工地、无废乡村、无废镇街、无废医院、无废景区等，统称为“无废细胞”。

（吕淑萍）

2023年8月20日，上城生态环境分局检查加油站

（上城生态环境分局 供稿）

环境安全监管

【概况】 2023年，上城区压实环境安全监管责任，以日常监管+专项执法形式开展生态环境安全监管。开展“雷霆行动”“零点行动”等专项执法，立案处罚20件。完善突发环境事件处置预案，在重点风险源企业开展突发环境事件应急演练3次，提升应急处突能力。

【环境执法监管】 2023年，上城生态环境分局打击辖区重点问题、重点区域、重点行业的环境违法行为。根据全市“雷霆行动”部署，出动2220人次，开展“全员全域跨部门”专项执法，对辖区汽修、喷涂印刷、加油站、医疗机构等排污单位开展执法检查，检查企业（项目）1094家（个），整改问题331个，立案处罚20件，罚款136.02万元。注重执法与服务并举，通过“送法入企、献策上门”，强化企业环保主体责任，以督代罚指导企业整改问题77个，不予处罚案件1件，从轻处罚案件8件，减免罚款88.94万元，相关做法被《中国环境报》报道。

执行“双随机、一公开”制度，开展跨部门“双随机”检查32家次，对辖区3家风险源企业开展环境安全隐患排查30多次。会同市场监管、公安、检察院、法院等部门开展第三方环保服务机构弄虚作假问题专项整治行动，全覆盖检查辖区5家环保机构。组织召开建设项目防治污染设施与主体工程同时设计、同时施工、同时投产使用及自主验收培训会，辅导企业超过50家次，完成对14个建设项目自主验收评估检查，立案处罚1起建设项目验收弄虚作假行为。

【环保审批服务】 2023年，上城生态环境分局聚焦企业在环保审批中反映的难点、堵点问题，从压缩审批时间、创新审查模式、优化审批流程等方面着手，组建专职代办员队伍，推行“全程代办”服务，为杭州市本级海塘安澜（乔司—三堡）建设项目、杭州安诺新程护理院有限公司、杭州市中医院丁桥院区重大疫情中心等重点项目开展代办服务156人次。加强批前、批中、批后全流程服务，会同评估中心、专家团队、环境评价单位、发改规划部门等及时开展现场联合踏勘核查，落实“一对一”专人定期跟踪监管，及时协调解决企业实际困难问题58个。完成建设项目环境评价审批18件、登记备案243件、辐射安全许可126家次、排污许可审查62家。年内，上城生态环境分局多次被企业赠送锦旗，其办事窗口及工作人员获评上城区年度“金牌窗口”和“服务之星”。

（吕淑萍）

五水共治

【概况】 2023年，上城行政区域内水域面积15.31平方千米，有河道63条（其中进龙河由西湖风景名胜区管理），总长约172千米，有小微水体85个。上城区践行“绿水青山就是金山银山”理念，以水质改善为核心，全面开展“碧水迎亚运”攻坚行动，统筹推进各项治水工作，加快建设匹配上城“独具韵味的国际化现代化共同富裕典范城区”定位的一流水环境。全年实施完成“截、通、清、建、智、配、绿、管”八大类、60个治水项目，实现8个市控以上监测断面Ⅲ类水质占比100%，辖区Ⅳ类及以上水质河道占比86%。

【亚运保障】 2023年，上城区围绕辖区1个赛事场馆、25家接待酒店，制定“护航亚运”水环境保障方案、钱塘江防潮安全管理工作方案及水环境应急处置方案等，储备除藻剂、配水泵等水质保障应急物资，组织开展“碧水迎亚运 护航钱江潮”暨水环境保障应急演练。亚运会、亚残运会期间，落实“一日三巡、一日三测、一日一会商、一日一调度”全流程、全闭环水环境网格保障机制，完成生态补水1500多万立方米，打捞垃圾125.8吨，出动检查及养护人员5846人次，实现全区水质总体优良。

【河长制深化】 2023年，上城区深化“5+X”全民河长制，进一步凸显党政“河长”集聚、辐射效应。发布总河长令2个，完成新一轮区级河长调整工作，编制完成“河长履职一封信”，全年完成各级河长巡河1万余次，办结河湖问题4215个，办结率100%。以综治促系统化、规治促制度化、精治促专业化、智治促信息化、共治促社会化为手段的“五治五化”河湖长制标准化体系入选全省河湖长制工作典型案例。全区252名党政河长统筹流域协同治理，其中区级河长履职评价列全市第1位，12名区级河长履职评定均为优秀，是全市唯一的“县级河长全优生”；8名基层治水干部获市级以上荣誉。扩充民间护水联盟，持续强化民间护水力量，注册护水志愿者6.91万人，形成“共知共治、爱水护水”治水新格局。

资料

"5+X" 全民河长制： 指以区级河长、街道河长、社区河长、河道警长、民间河长为"5长"，河道观察员、河道保洁员、河道执法长、河(井)小二等"X"类人员为全民护水力量的"5+X"全民河长制。

【"污水零直排区"建设】 2023年，上城区深化源头治理，扎实推进"污水零直排区"第二轮创建，完成湖滨、南星、凯旋、丁兰4个街道，以及涉及采荷、小营、丁兰、清波、四季青、凯旋、笕桥、南星8个街道10个小区的年度提质增效建设任务。重点完成丁兰皋亭片区"污水满溢'治反复、反复治'"试点项目，整改雨污混接点153处，推动"晴雨比"由整改前的1∶3降为整改后的1∶1.4。完成闸弄口街道红梅社区"智慧管网"闭环处置场景，形成"早发现""早预警""早治理"的全流程闭环。结合老旧小区改造、二次供水改造、雨污分流等，联动开展"最多挖一次"提效工程，有效缩减项目支出，减少对居民的生活影响。率先在南星街道开展"装修一件事"试点工作，通过完善小区管理规约及装饰装修服务协议，杜绝源头污染。编制《杭州市上城区入河入海排污口排查整治实施方案》，组建"14个街道+1支第三方队伍"的一线排查队伍，溯源排查2250个排出口，为下一步实施整治提供有力支撑。凯旋、采荷、小营3个街道被纳入杭州市"五水共治""斩污攻坚"红榜。

2023年6月5日，"钱外杯"皮划艇亲子赛在水上运动河道举行

（李　慧 摄）

【"幸福河湖"建设】 2023年，上城区编制完成《上城区全域幸福河湖建设规划》，明确到2027年全域建成"幸福河湖"。因地施策，综合"截、通、清、建、治、配、绿、管"八大举措，提升改造中河、新塘河等4条河道和7个小微水体，创建小营、望江2个街道为"水美乡镇"，打造引水河为市级"美丽河湖"，采荷街道菜菱湖、四季青街道森林公园被评为市级"20佳最美池塘"，丁兰街道皋城村金门槛103号池塘被评为市级"10佳特色水客厅"。完成引水河、丰收湖2条水上运动河道建设，构建"校地共建 全民共享"治水模式；推进钱塘江渔业资源的开发、保护和利用，打造"潮小渔"共富品牌；立足水域特色，构建"上城河湖八景"。

资料

"上城河湖八景"： 听讲解、知变迁，打卡海塘遗址；看匠心、学劳模，游学文化绿道；登吴山、寻古井，漫步河坊街头；乘水巴、访故居，找寻老街味道；逛公园、祭先烈，品尝杭帮菜系；游西湖、看喷泉，观赏夜景灯光；坐电瓶、赏桃花，追寻

“美丽河湖”；学划水、打水球，体验水上竞技。

【洪涝防治】 2023年，上城区打造“内涝治理单元”工作体系，通过完善规划顶层设计、老旧小区海绵化改造及管网有机更新，提升城市安全韧性水平，完成内涝治理项目12个，改造小微积水点位34处，养护雨污水管网2271千米，查改隐患问题267个。组织开展地下空间、下穿道等风险隐患排查12次，内涝防治达标率提高至99.4%。实施4.6千米海塘安澜工程提标工程，推动钱塘江防洪标准提升到“三百年一遇”。其中，三堡船闸段海塘全长653米，总投资1.7亿元，于2022年10月开工建设，至2023年末完成投资7000万元；三堡至乔司段海塘（一期）全长3.95千米，总投资3.2亿元，于2023年4月开工建设，至年末完成投资1.4亿元。

【节水、供水工作】 2023年，上城区完成二次供水改造工作市、区民生实事项目36个，惠及居民2.9万户、10.05万人。采用“项目+”作业形式，实现一次改造获多倍成效，解决9个小区32个个性问题。全区111个二次供水改造小区通过水质监测，均符合标准。开展节水型城市建设，创建节水型小区7个、节水型单位1个，超额完成市级下达的省级节水型小区不少于2个、节水型单位不少于1个的年度任务，实现1.7亿立方米用水总量及较2022年单位地区生产总值用水量下降0.8%的双控指标达标。

【水治理长效管理】 2023年，上城区先后2次召开动员部署及推进会，建立“督查、整改、交办、约谈、督办”机制，发送通报15期、交办单149张。全区范围内组织动员各部门和街道，联合打击涉水违法行为，查处涉水问题件100件，立案18件。常态化推进“找寻查挖”专项行动，组建“章老师找寻查挖先锋队”，高质量完成3轮交叉互查任务，发现重大问题89件、一般问题601件、历年重点问题“回头看”69件。落实涉水问题末端治理，破解九堡区域受“双末端”（杭州市配水水系和污水系统末端）河道综合治理，实现九堡街道提前解除“重点管理街道”。探索水环境治理的“流域共治”样板，完善和强化跨区、跨街道河湖管理保护协作机制，开展流域共治活动295场，会同临平区完成上塘河支流学堂港整治提升行动。

【“五水共治”宣传】 2023年，上城区围绕“五水共治”、河长制工作特色，拓宽媒体宣传渠道，开展“五水共治”立体式宣传，“上城治水”公众号全年推送信息214条、阅读量4万次。在中央、省、市级媒体刊发报道50多篇，其中民间河长胡福庆典型事迹、渔业传承保护、“幸福河湖”建设获《人民日报》头版及中央广播电视总台《朝闻天下》等栏目的报道。区

民间河长胡福庆在河边写巡河日记（摄于2023年） （望江街道 供稿）

“五水共治”群众满意度测评居杭州市第六名、主城区第二名。区河长制办公室获杭州市生态文明建设工作（河长制林长制）集体嘉奖，《〈人民日报〉看浙江 杭州民间河长胡福庆8年写下3000篇巡河日记》在第七届浙江水利优秀新闻作品评选中获评一等奖。

（方宵鸳）

环境保护宣传与教育

【概况】 2023年，上城生态环境分局以传递生态文明理念和提升生态环境满意度为导向，拓宽渠道开展环境保护宣传与教育。结合世界环境日、全国低碳日、全国生态日等节点，承办市级主题活动2场，举办区级宣传活动10多场。拓展宣传覆盖面，走进全区206所学校、126家医疗机构、95家规模以上企业、19个综合体、34家超市、35个农贸市场、174个工地开展生态文明系列宣传，推送环保主题宣传短信60万条，设计推广各类宣传海报、画扇、书签、“一封信”等宣传品30多种，近4万人参与“美丽浙江生态文明知多少”线上问答。创建省级“生态文明教育基地”1个、市级“绿色学校”5所。上城区在2023年浙江省生态环境公众满意度调查中得分86.36分，全省排名第74位，比2022年度提升13位，创历史最佳排名。

【“6·5”世界环境日宣传活动】 2023年“6·5”世界环境日期间，上城区在湖滨街道开展“人与自然和谐共生 绿色亚运你我同行”世界环境日主题宣传活动。活动中，发布奥的斯机电电梯有限公司“无废工厂”、湖滨低碳商圈等10个“美丽上城”生态地标，表彰、授牌2022年度生态文明（“美丽上城”）建设考核优秀街道、生态文明教育基地、“绿色学校”。活动现场设置“童心绘亚运”“环保普法”“我为蓝天减1克”等互动展台，通过知识问答、互动游戏、环境质量监测设备展示等方式，向市民普及环保知识，宣传环保法律法规，呼吁群众积极参与生态文明建设和生态环境保护。

2023年7月12日，杭州市2023年全国低碳日活动在上城区举行

（上城生态环境分局 供稿）

【全国低碳日主题宣传活动】 2023年7月12日，杭州市2023年全国低碳日活动在上城区举行。杭州国家基准气候站、C40城市气候领导联盟代表、杭州市生态环境科学研究院、杭州市环保志愿服务总队、上城区有关部门、学校师生等200多人参加活动。活动现场，滨江区、钱塘区、建德市和湖滨街道分别进行低碳试点经验分享，C40城市气候领导联盟和杭州市环境气象中心的专家开展“气候应对策略和杭州气候变化分析”讲座，杭州市环保志愿服务总队发布杭州市低碳生活绿色亚运倡议，与会人员参观市级“绿色学校”杭州市胜利山南小学。该校以“一滴水的旅行”水资源循环区、不结冰的路等八大生态教育场域，为城市学校开展“生态教育”提供新的对策和范例。

【全国生态日主题宣传活动】 2023年8月15日首个全国生态日期间，上城区组织系列主题宣传活动。在清波街道开展“践行生态文明 拥抱绿色亚运”主题活动，现场设置趣味化、游戏化的体验活动，使居民群众能快速理解生态文明理念。在望江街道开展“循环当下 望眼江来”主题宣传活动，用歌舞表演、创意市集等形式，促使绿色低碳环保理念深入人心。在紫阳街道开展“人文与自然共生”研学专线，将传统文化与自然教育相结合。在笕桥街道开展“绿水青山就是金山银山”主题宣传活动，成立街道绿色志愿服务中队，表彰优秀绿色志愿者。在皋亭山景区举行上城区生物多样性体验地开馆仪式，为辖区居民、学生提供了解生物多样性保护和生态环境保护与发展的场所。

【“我为蓝天减1克”主题活动】 2023年4月28日，杭州市“我为蓝天减1克”健康徒步行暨“青”心护蓝主题活动在上城区举行。相关部门、社区、企业等单位的青年代表近300人参加活动。活动发出“争当生态使者 护航绿色亚运 我为蓝天减1克”倡议，青年志愿者在活动现场摆设咨询台和设备展示台，通过有奖答题活动、沿江徒步宣传等方式，向市民群众宣传绿色生活理念和柴油车淘汰补助等最新政策，并展示环境质量监测仪器设备，呼吁全社会参与“蓝天保卫战”。

【绿色创建】 2023年，上城生态环境分局以生态文明教育基地和“绿色学校”创建为切入点，开展绿色创建工作。印发“绿色学校”评选工作通知，引导学校通过学科渗透、环境创设、教科研引领等方式，提升中小学生和幼儿的环境保护意识，挖掘辖区生态文明宣传教育资源，拓展公众参与渠道，年内，杭州市水利科普馆创建成浙江省生态文明教育基地，杭州市笕桥花园小学、杭州市东城第四幼儿园、杭州市笕桥花园幼儿园（花园园区）、杭州市澎致小学、杭州天成教育集团（浜河校区）5所学校创建成市级“绿色学校”，杭州市丁蕙第二幼儿园、杭州市景和小学等17所学校创建成区级“绿色学校”。

（吕淑萍）

科学技术

综　述

【科技事业新发展】2023年，区科技局落实省委、省政府三个“一号工程”和“十项重大工程”总体工作部署，以“315”科技创新体系建设工程为重点，实施创新驱动发展战略。全年区级财政投入科技经费11.43亿元，比2022年增长9.3%，科技支出占一般攻关预算支出的8.5%。实现“揭榜挂帅”张榜项目118个，涉及金额2.5亿元，揭榜项目18个，涉及金额5800多万元。新增国家级孵化器1个、省级孵化器1个、市级孵化器2个、市级众创空间1个。华滋科欣孵化器联合党支部获评2023年杭州市双创平台优秀党建品牌。区女企业家服务中心获评杭州市科技特派员工作先进单位。举办第二届“金靴奔跑”创新创业大赛，承办2022年度全国颠覆性技术创新大赛总决赛，2023年省、市科技活动周等活动。

> **资料**
>
> **“315”科技创新体系：**是浙江省“十项重大工程”之一，“3”即“互联网+”、生命健康、新材料三大科创高地，“15”即云智能计算与人工智能、微电子与光电子、大数据与信息安全等十五大战略领域。

【科研平台建设】2023年，区科技局聚集创新主体和高端人才，持续推进科研平台建设。全区新增国家高新技术企业161家、省科技型中小企业601家、省科技领军企业和科技“小巨人”企业各1家，入选“2022年杭州独角兽&准独角兽企业”14家，立项省级“尖兵”“领雁”项目5个、市级重大研发项目8个。新增省重点企业研究院2家、省企业研究院2家、省企业海外研发机构1家、市级以上企业研发中心27个。辖区内企事业单位获省级科技创新成果奖47项。全年新增市级及以上高层次人才6人，其中国家级2人，实现“零”的突破，立项市外国专家工作站1个、引进国（境）外智力计划项目21个。全年受理外国人工作许可业务600多项，新增持证外籍人才158人，其中持A类证人才26人。

（陈雅会）

科技发展计划管理

【概况】2023年，上城区研究制定《“315”科技创新体系建设工程实施方案（2023—2027年）》《“315”

科技创新体系建设工程2023年工作计划》。组建“315”科技创新体系建设工程工作专班，“杭州眼谷科技产业园”纳入浙江省扩大有效投资“千项万亿”工程和浙江省“315”科技创新体系建设工程。组建上城区创新深化专题组，制定《关于强力推进创新深化加快构筑高质量发展创新特色优势的实施意见》，以创新深化为战略核心，着力构建全面创新的体制机制。牵头区平台运营商招商专班，落地重点平台项目7个，去化面积（在一定时间段内销售的房地产产品的总面积）11.3万平方米，新增市级及以上双创平台5个，省可持续发展创新示范区通过专家验收。

【3个省级产业创新服务综合体完成省级绩效评价】 2023年，区科技局落实产业创新服务综合体运营单位主体责任，敦促运营单位在建设过程中持续发挥主动性。区内综合体汇集浙江博世华环保科技有限公司、杭州亿恒科技有限公司、杭州海兴电力科技股份有限公司、杭州喜马拉雅信息科技有限公司，推动钱塘智慧城、企业、高校三方合作共建“大院名校”创新载体。扩充“服务机构清单”，实现全产业链创新资源线上、线下“一站服务”，建立健全孵化链条，通过“揭榜挂帅”、高新技术成果展、创新创业大赛等活动为企业赋能。年内，上城区健康服务与大数据产业创新服务综合体、上城区光电智芯产业创新服务综合体、上城区先进制造产业创新服务综合体完成省科技厅组织的年度绩效考核工作。

【4个孵化器通过国家、省、市级孵化器认定】 2023年5月19日，科技部根据《科技企业孵化器管理办法》有关规定，经公开征集及省、市、区科技主管部门推荐、科技部组织专家评审并公示，发文公布国家级科技企业孵化器名单。浙江华滋科欣文旅发展有限公司运营的“华滋科欣孵化器”被认定为2022年国家级科技企业孵化器。12月26日，省科技厅根据《浙江省科技企业孵化器管理办法》有关规定，经单位自主申报及市、区科技局审核推荐、专家评审等程序，发布浙江省科技企业孵化器名单。杭州九知创业服务有限公司运营的“九知拾光产业园”被认定为2023年浙江省科技企业孵化器。12月29日，市科技局根据《杭州市科技企业孵化器管理办法》有关规定，经公开征集、区科技局审核推荐、专家实地走访和评审、公示，发文公布杭州市科技企业孵化器名单。杭州日信科技有限公司运营的“日信科技孵化器”和杭州威创空间科技有限公司运营的“威星科创园”被认定为2023年杭州市标准化科技企业孵化器。至年末，全区有国家、省、市级科技企业孵化器23个。

【“聚梦未来众创空间”通过市级备案】 2023年6月29日，市科技局根据《杭州市众创空间管理办法》，由运营管理机构自愿申报及各县（市、区）科技部门审核推荐，发文公布2023年度市级众创空间名单。由杭州御梦科技发展有限公司运营的“聚梦未来众创空间”通过市级众创空间备案。聚梦未来众创空间位于钱江新城核心板块，坐落于上城区五福天星龙大厦B座6~7楼，总孵化面积超过1200平方米，空间以“产业化、集群化、关联化、园区化”为发展思路，创新构建以新一代互联网技术、信息技术及新文化传媒为主要孵化方向的孵化体系。至年末，全区有国家、省、市级众创空间15个。

（陈雅会）

科技创新

【概况】 2023年，上城区深入实施科技企业“双倍增”计划，健全科技企业“微成长、小升高、高壮大”梯度培育链条。新增国家高新技术企业161家、省科技型中小企业601家，省科技领军企业和科技小巨人企业各1家（西子清洁能源装备制造股份有限公司和浙江双元科技股份有限公司），14家企业上榜“2023杭州独角兽&准独角兽企业”榜单。鼓励企业牵头承担重点研发计划专项支持，推进关键核心技术攻关，新增省“尖兵”“领雁”项目5个、市重大项目8个。全年新增省重点企业研究院2所、省企业研究院2所、省企业海外研发机构1家、市级以上企业研发中心27个。

【27个研发中心被认定为省、市级高新技术企业研发中心】 2023年5月23日，市科技局根据《杭州市企业高新技术研究开发中心管理办法》，经企业自主申报、专家评审、现场考察和推荐公示，浙江水文新技术开发经营有限公司的“杭州市水文信息遥测系统企业高新技术研究开发中心”、浙江公正检验中心有限公司的“杭州市公正食品检验企业高新技术研究开发中心”等20个企业的研发中心被认定为市级高新技术企业研发中心。11月23日，省科技厅发文公布2023年新认定省级企业研发机构名单。浙江广川工程咨询有限公司的“浙江省广川低碳水利高新技术企业研究开发中心”、杭州聚达物联科技有限公司的“浙江省聚达数智物联高新技术企业研究开发中心”等7个企业的研发中心被认定为省级高新技术企业研发中心。至年末，全区有省、市级高新技术企业研发中心298个。

【上城区新增5家省级企业研发机构】 2023年11月23日，省科技厅发文公布2023年新认定省级企业研发机构名单，杭州柯林电气股份有限公司的“浙江省新型电力系统数智感知技术重点企业研究院”、浙江省邮电工程建设有限公司的“浙江省邮电工程大数据重点企业研究院”被认定为省级重点企业研究院。浙江高泰昊能科技有限公司的“浙江省高泰昊能智慧储能应用技术企业研究院”、浙江航天润博测控技术有限公司的“浙江省航天润博智能感知与探测企业研究院”被认定为省级企业研究院。1月19日，省科技厅发文公布《浙江省科学技术厅关于给予2022年度省企业海外研发机构和外资研发机构研发投入激励的通知》，杭州巨星科技股份有限公司并购的“瑞士Lista Holding AG智能存储箱柜有限公司”被认定为2022年度省企业海外研发机构，完成省科技厅考核，获一次性专项激励资金500万元。至年末，全区有省级重点企业研究院8所、省级企业研究院29家、省企业海外研发机构2家。

【上城区新增601家省级科技型中小企业】 2023年12月28日，根据《浙江省科学技术厅关于印发浙江省科技型中小企业认定管理办法的通知》相关规定，经企业申报、区科技局审核推荐、市项目管理中心复核等程序，省科技厅公布2023年度浙江省科技型中小企业备案名单，上城区的杭州大拙信息技术有限公司、浙江三慎泰医学科技有限公司等601家企业入选。至年末，全区有省级科技型中小企业1988家。

【5个项目列入“尖兵”“领雁”研发攻关计划项目】 2023年12月26日，省科技厅发布2024年度“尖兵领雁+X”研发攻关计划项目，上城区推荐的5个项目立项。其中，浙江凌迪数字科技有限公司的“基于GPU的柔性体三维CAD仿真渲染引擎研发及应用示范”项目入选“尖兵”项目，杭州柯林电气股份有限公司的“高效新型柔性钙钛矿薄膜光伏电池关键技术”、浙江中烟工业有限责任公司的“高碳行业节能降耗关键技术与装备研发”、浙江博世华环保科技有限公司的“芽苗菜产业生产原水和尾水处理关键技术研究及

工程示范”、杭州全景医学影像诊断有限公司的“运动系统疾病诊治与康复新技术研究”项目入选“领雁”计划。

【8个项目列入市重大项目】 2023年4月28日，浙江振大实业建设有限公司的“消防巡查机器人亚运场馆创新应用研究”项目被列入2023年杭州市农业与社会发展重点研发项目（亚运）。12月13日，市科技局发布“关于下达2023年度农业与社会发展领域重点项目的通知”，杭州种业集团有限公司“两系杂交水稻新品种选育及制繁配套技术研发”等3个项目入选。12月18日，市科技局发布“关于下达2023年度高端装备、新材料、绿色能源领域市重点科研计划项目的通知”，杭州喜马拉雅信息科技有限公司“集成构件过程监测与实时质量控制的激光粉末床熔融增材制造装备研发与应用”、杭州利沃得电源有限公司“自主可控光储充一体化充电系统研发与示范应用”等4个项目入选。

【14家企业上榜“2023杭州独角兽&准独角兽企业榜单”】 2023年4月10日，中国投资发展促进会创投专委会、杭州市创业投资协会联合微链共同发布“2023杭州独角兽&准独角兽企业榜单”。杭州群核信息技术有限公司入选“独角兽企业”，杭州今元标矩科技有限公司、杭州联众医疗科技股份有限公司、杭州佰里科技有限公司、杭州多麦电子商务股份有限公司、杭州高浪控股股份有限公司、杭州网兰科技有限公司、浙江同富特美刻家居用品股份有限公司、杭州缇苏文化传播有限公司、浙江凌迪数字科技有限公司、杭州安誉生物科技有限公司、杭州老爸评测科技有限公司、杭州喜马拉雅信息科技有限公司、杭州城市大数据运营有限公司13家企业入选“准独角兽企业”。

（陈雅会）

科技服务与交流

【概况】 2023年，区科技局制定“大走访大调研大服务大解题”活动方案，紧扣中心工作和重点任务，聚焦高层次科技人才引育、高能级创新平台打造、关键核心技术攻关、科技企业培育等方面，精准破解企业在创新发展中遇到的普遍性和个性化难题。全年走访企业300多家次，为企业解决实际问题150多个，通过“亲清在线”等方式拨付各类补助资金2亿元，涉及企业1500多家次。主动融入长三角主要城市中心城区高质量发展联盟，推进联盟内创新创业载体互融共创，搭建高质量发展联盟，推动创新创业资源共享。年内，承办2022年全国颠覆性技术创新大赛总决赛，连续4年承办浙江省暨杭州市科技活动周开幕式活动；举办第二届“金靴奔跑”创新创业大赛、元宇宙产业发展论坛，组织“创业者联盟”系列活动9场。

2023年11月13日，上城区第二届“金靴奔跑”创新创业大赛举行
（区科技局 供稿）

【省、市科技活动周开幕式在上城举行】 2023年5月20日，由省科技厅、省委宣传部、省科协、市政府主办，市科技局、市委宣传部、市科协、区政府承办的2023年浙江省暨杭州市科技活动周开幕式在钱江新城举行。该活动主题为“热爱科学 崇尚科学——合力推进创新深化 两翼齐飞浙里先行”。来自上城区的杭州巨星科技股份有限公司、浙江毫微科技有限公司、杭州群核信息技术有限公司等一批工业互联网、人工智能科技企业的12个优秀科技创新项目参展。

【全国颠覆性技术创新大赛总决赛在上城举行】 2023年2月21—24日，由科技部主办的2022年全国颠覆性技术创新大赛总决赛在杭州洲际酒店举行，156个项目经过比拼，最终74个项目获优胜奖。该大赛获“学习强国”国家学习平台、《科技日报》、中央广播电视总台《新闻联播》栏目等40多家媒体报道。比赛期间，上城区还举办专场活动，播放上城区宣传片、钱塘智慧城推介及基金小镇投融资情况推介，邀请投资机构及企业代表发言，安排选手考察钱塘智慧城、基金小镇等地营商环境。

【科技企业贷款风险池基金政策实施】 2023年，上城区持续做大做强科技金融，推进上城区科技风险池贷款业务。联合杭州银行科技支行、杭州联合银行吴山支行、农业银行中山支行、兴业银行上城支行4家银行，以及杭州高科技担保有限公司、杭州市融资担保集团有限公司2家担保机构，共同组建10亿元信贷规模的风险池。全年区科技局组织开展政策培训会20多场，为全区67家企业发放科技风险池贷款2.93亿元。

【“创业者联盟”系列活动】 2023年，区科技局打造“创业者联盟”人才活动品牌，从资源链动、法律护航、创业训练营等方面赋能人才企业，帮助企业排忧解难。全年组织投融资对接会3场，组织“健康驱动 管理赋能”培训会、公益普法讲座、“AI赋能 创新未来”人工智能专题培训会等主题培训活动3场，组织“资源链动 创新未来”人工智能产业链上下游对接会、新农业产业链上下游对接会等产业链上下游沙龙活动2场，开展创业训练营1场。该系列活动吸引来自上城区的200多名创业者、企业家及专业人士参与。

【长三角主要城市中心城区高质量发展联盟推进上城创新创业】 2023年，长三角主要城市中心城区高质量发展联盟推进联盟内创新创业载体互融共创，搭建高质量发展联盟，推动创新创业资源共享，面向区科技创业中心发放联盟科技创业护照50本，为区科技创业中心入驻企业提供跨区域创新创业服务。服务内容为提供享受免费标准工位、高成长性初创企业金融产品支持、优先录入“科创企业上市培育库”资质、配套定制服务以及各类创新创业培训活动等。上城区将“创新券”载体扩大到长三角范围。对企业与各级各类创新载体进行委托开发、技术服务、技术查新、测试分析、产品设计，给予合同总额30%的“创新券”补助，单家企业年补助最高20万元。年内，辖区内的浙江勿忘农种业股份有限公司委托安徽省农业科学院水稻研究所开发的技术项目打开“创新券”长三角通用通兑接口，后续将开展系列跨区域项目合作。

（陈雅会）

科技奖励与成果转化

【概况】 2023年，上城区鼓励产学研和技术合作，创设上城区合同登记点，通过“揭榜挂帅”等机制与高校、科研院所进行产学研合作，全年技术交易额68.66亿元，发放企业“创新券”780万元，确认使用“创新券”230

万元；实现“揭榜挂帅”张榜项目118个，涉及金额2.5亿元，揭榜项目18个，涉及金额5800多万元。辖区内企事业单位获省级科技创新成果奖47项，其中22项成果由辖区内单位牵头完成。组织开展“金靴奔跑”海内外高层次人才创业项目征集和评审，优选高质项目落地，新增落地海内外高层次人才创业项目29个，拨付创业企业资助资金2600多万元。通过早部署、早摸排、早培训的“三早”机制，推进市级及以上高层次人才引进和培养。培育市级及以上高层次人才6人，其中国家级人才2人，实现“零”的突破，立项市外国专家工作站1个、引进国（境）外智力计划项目21个，新增持证外籍人才158人。

【技术合同登记工作】 2023年，区科技局在上城区赋能中心设立技术合同登记点，旨在发挥该登记点便捷服务效能，通过电话咨询、服务上门等方式让企业“少跑腿”，足不出户完成网上技术合同登记。全年区合同登记点登记合同数2266项，登记区级500万元以下小额登记技术交易额16.68亿元。

【29家区级人才创业企业落地】 2023年，区科技局为引进各类符合上城区产业导向的海内外高层次创业人才到上城区创业发展，涵养优秀人才“蓄水池”，根据《上城区引进海内外优秀高层次人才创业项目实施办法》，组织2批“金靴奔跑”创业项目征集和评审，并组织上城区第二届“金靴奔跑”创新创业大赛，对纳入区“金靴奔跑”创业项目管理体系的企业给予最高1500万元研发补助、1500平方米办公用房租金补贴、1500万元额度银行贷款全额贴息等政策。全年落地华硼中子科技（杭州）有限公司、杭州元核数智技术开发有限公司、致真智创（杭州）科技有限公司等创业企业29家。

（陈雅会）

知识产权保护

【概况】 2023年，上城区推进知识产权保护工作，重点关注亚运知识产权保护，提高知识产权创造、管理、保护、运用和服务水平，推动知识产权强企建设和全国首个专业市场知识产权联合保护点落地，助力打造一流营商环境。新增发明专利授权量1478件，比2022年增长41.4%，有效发明专利拥有量6945件，增长25.7%。年内，区市场监管局获杭州市知识产权强市建设推进工作集体嘉奖。

【知识产权强企建设】 2023年，上城区积极构建知识产权强企工作体系，以标准化手段提升创新主体知识产权效能和创新管理能力。采取专题咨询、“一对一”辅导等方式进行精细化指导，帮助企业培优育优、争创知识产权奖项荣誉，提升辖区知识产权质量、含金量。全年新增国家知识产权优势企业3家，浙江省知识产权示范企业4家，杭州市专利示范、试点企业18家；4家单位获省知识产权奖，10家企业入选第二批杭州市重点商标保护名录。7月，上城区入选浙江省创新管理知识产权国际标准实施首批国家重点试点单位名单。

【全国首个专业市场知识产权联合保护点落地】 2023年，上城区深化司法、行政知识产权协同保护，探索具有区域特色的工作机制，进一步完善行政执法和刑事司法衔接工作机制。区市场监管局会同区公安分局制定《关于进一步明确行刑衔接若干问题的通知》。4月，全国首个由市场监管部门与公安部门联合共建的专业市场知识产权联合保护站在九堡街道设立并揭牌。该站点具有咨询服务、政策宣传贯彻、合规指导、协同保护、宣传培训、纠纷调解、预警分析、警示教育、真伪鉴别九大服务功能，旨在深化知识产权司法、行政协同保护，探索具有上城特色的知识产权保护工作机制，形成专业市场保护示范样板。全年区市场监管局承接公安机关、检察机关及其他行政机关移送知识产权案件12件，罚没款57.01万元。

【知识产权全链条保护】 2023年，上城区聚焦知识产权纠纷快速处置，加强“快保护”，打造“市+区+科、所、队”联动多元化纠纷前置化解模式。通过建立“重点商标库”，对重点商标在省、市外被侵权或出现知识产权纠纷的，征集被侵权线索通过上级部门批量移交，全年移交线索68条。全年结案知识产权案件110件，罚没款220.05万元。由区公安分局、区检察院、区市场监管局协同办理的罐装、销售假冒“农夫山泉”和“娃哈哈”注册商标桶装水系列案入选浙江省知识产权协同保护典型案例；区市场监管局查处的杭州某公司涉嫌销售侵犯注册商标专用权的商品案入选浙江省专利商标案卷评查交流优秀案例，查处的杭州某市场经营户侵犯“CELINE”“FENDI”“DIOR”公司注册商标专用权案入选市市场监管局知识产权类典型案例汇编。

【亚运知识产权保护】 2023年，上城区围绕亚运护航任务，开展亚运会相关知识产权保护工作。成立上城区亚运、亚残运会知识产权保护工作领导小组，制定发布《上城区第十九届亚运会和第四届亚残运会知识产权保护专项行动方案》。立足区域特色，聚焦专业市场、批发零售集聚等重点区域，持续开展知识产权规范“五个一”行动（召集一次约谈、开展一次自查、签订一份承诺、组织一场培训、进行一轮宣传），全面压实主体责任。专项行动期间，出动专项检查338人次，处理问题线索80条，其中责令改正30条，行政约谈企业15家；立案12件，涉案金额11.86万元，罚没款18.51万元。8月，区市场监管局查处的某传媒有限公司亚运会特殊标志侵权案入选杭州亚运知识产权保护典型案例。

（邹　颖）

科技企业选介

【概况】 2023年12月28日，根据《高新技术企业认定管理办法》和《高新技术企业认定管理工作指引》有关规定，科技部火炬中心公布2023年浙江省13191家高新技术企业备案名单，上城区的浙江省工业设备安装集团有限公司、中国移动（浙江）创新研究院有限公司、杭州老爸评测科技股份有限公司等161家企业入选。其中，区科技创业中心有杭州大拙信息技术有限公司、杭州数动云科技有限公司、杭州诚达非道检测服务有限公司3家企业入选。至年末，全区有国家级高新技术企业776家，其中区科技创业中心有38家。

【浙江省工业设备安装集团有限公司】 浙江省工业设备安装集团有限公司自1958年成立后，先后承担数百项国家、省重点工程和标志性工程建设，施工领域涉及化工石油、冶金建材、电力热电、压力容器制作安装等20多个行业，项目遍布全国各地，并在非洲、中东、南亚等10多个国家与地区援助和承包一批具有影响力的项目。公司获中国建设工程“鲁班奖”15项、国家优质工程金质奖2项、国家优质工程银质奖14项、中国土木詹天佑奖2项。公司有省级企业技术中心、杭州市企业高新技术研究开发中心等创新平台，有国际领先的强制循环蒸发器数字化智能螺旋自动清洗技术等关键核心技术；获全国科学大会科技成果奖1项、建设部科技进步奖二等奖1项、浙江省科学技术进步奖二等奖2项，以及“中国安装协会科技进步奖”等省级以上科技进步奖34项；有国家专利62件，发明专利12件，国家级工法6项，省级工法72项。2023年，企业营业收入80.2亿元。

【中国移动（浙江）创新研究院有限公司】 中国移动（浙江）创新研究院有限公司创立于2020年，以人工智能和大数据为主要研究方向，与浙江大学、之江实验室等头部高校、研发机构、知名企业签署战略合作，通过多元化科技投入体系的建设，促进关键核心技术攻关。在《能源》（*Energy*）、《自然·可持续性发展》（*Nature Sustainability*）等国际权威期刊发表论文3篇，参与制定国家标准1项、团体标准1项，核心技术获授权发明专利49件，获软著证书33项，相关成果先后获中国通信学会奖1项、浙江省通信学会奖1项，"绽放杯"全国一等奖1项、二等奖3项，"华彩杯"全国一等奖2项、三等奖1项，并获国有企业数字场景赛二等奖，以及中国移动集团颁发的奖项10多项等。承担2项国家重点研发计划项目、1项国家自然科学基金重大研究计划重点支持项目及多项省级科研攻关项目。2023年，企业营业收入4.4亿元。

【杭州老爸评测科技股份有限公司】 杭州老爸评测科技股份有限公司创立于2015年，通过审核产品，利用新媒体手段进行科普产品安全、功效等线索，帮助消费者积极"避坑"。公司致力于以专业的消费品安全评测、优选商城、"一站式"检测技术和咨询服务等方式，构建全方位、立体化的产品安全服务平台，推动消费品行业高质量发展。有科学实验室、配方开发实验室、感官实验室、环境实验室等实验室。公司主导并参与相关标准制定35项，发表科技论文16篇，参与7项国家标准的制定工作。公司技术中心有中国毒理学会理事、认证毒理学家及美国威斯康辛大学化学博士在内的41名专业人员及25位外部合作专家，与20多个具有专业资质的第三方实验室达成合作。2023年，企业营业收入1.3亿元。

（陈雅会）

教 育

综 述

【教育事业发展新貌】 2023年，上城区有各级各类学校207所，其中幼儿园108所、小学54所、初中22所、九年一贯制学校17所、十二年一贯制学校2所、普通高中1所、职业高中1所、特殊教育学校2所。全区在校学生16.48万人，比2022年增加5051人。有教职工1.56万人，其中在编教职工1.01万人。教职工中，有专任教师1.20万人（含高级教师1101人、特级教师38人、正教授级教师27人）。全年教育支出46.65亿元，完成年初预算的109.1%，支出增加1.34亿元，增长3%。区域内市属普通高中有杭州高级中学（钱江校区）、杭州第二中学（东河校区）、杭州第四中学（吴山校区）等6所，市属职业高中有杭州市交通职业高级中学、杭州市电子信息职业学校（丁桥校区）、杭州市旅游职业学校（葵巷校区）3所，高等学校有中国美术学院（南山路校区）、浙江大学（华家池校区）2所。建成新校新园10所，新增学位数8910个。创新实施“育共体·阳光行”青少年阳光成长行动，在全省率先启动青少年“正脊工程”；推出中小学生体育“双百赛事”，开展赛事100多场次。高质量完成全国义务教育优质均衡发展区、国家学前教育普及普惠区创建评估工作。全域推进“托幼一体化”建设，提供托班学位2218个，托位总量比2022年增长1倍，实现14个街道全覆盖；推进“乐龄学堂”建设，全年全区110个老年学堂服务4.94万人。制定《上城美好教师师德标准二十条》《中小学家访工作指引60条》，形成上城特色家访攻略。启动区首届特级教师工作站131个，全年交流教师592人，实现“校校有特级”。选派体育教师担任杭州第十九届亚运会、第四届亚残运会技术官员和裁判员23人、志愿者129人、火炬手4人；选派43所学校、214人参与开幕式、闭幕式演出。优化教育服务供给，实现“入学零跑”，惠及5000多户家庭；实施“长幼随学”政策，有效满足1336名学生“长幼随学”需求，缓解多孩家庭子女接送问题。迭代升级“星级家长执照”和“淘活动”平台，学习总人次近1000万人次。推进学校体育场地向市民开放，开放率100%。年内，上城区在浙江省教育现代化监测指数排名中居全省第1位，在公共服务“七优享”工程“学有优教”专项中第3季度列全省第1位，年度考核连续2年实现全省优胜、全市第一；获评2022年基础教育国家级教学成果奖5项，其中一等奖1项。浙江师范大学附属杭州笕桥实验中学、杭州师范大学东城中学等11所中小学（幼儿园）获评浙江省现代化学校，全区浙江省现代化学校增至33所。

杭州市钱江外国语实验学校江河汇校区（摄于2023年）

（区教育局 供稿）

资料

“双百赛事”：是2023年区政府重点工作——“育共体 阳光行”的六大工程之一，是区教育局为全面加强和改进新时代中小学体育工作而创设的项目。

“乐龄学堂”：是为老年人老有所学而创办的一种特殊的大学，不受文化程度限制。

【新校新园建设】 2023年，上城区完成杭州市民生实事学校建设项目10个，其中杭州市丁信中学、杭州市崇文未来学校等6个学校建设项目为原规划市民生实事项目，杭州市采荷第二小学教育集团未来学校、杭州市丁蕙实验幼儿园等4个学校建设项目为新增市民生实事项目。10个学校建设项目于2020年9月25日至2021年7月5日相继开工建设，于2023年4月21日至12月26日陆续完成。建成的10所新校新园共新增学位数8910个，新增占地面积14.09万平方米、建筑面积27.5万平方米。

表14　2023年上城区学校建设项目基本信息一览表

序号	学校（项目）名称	学位数（个）	占地面积（平方米）	建筑面积（平方米）	类别
1	杭州市丁信中学（初中）	1800	30478	55105	省、市、区
2	杭州市崇文未来学校（小学）	1890	30043	78738	省、市、区
3	杭州市钱江外国语实验学校江河汇校区（小学）	1620	27185	41920	省、市、区
4	杭州采荷第二小学教育集团未来学校	1350	21017	53677.27	市、区
5	杭州市采二幼教育集团荷花塘园区	360	4518	7503.43	市、区
6	杭州市笕和幼儿园	360	6088	8528	市、区
7	杭州市丁蕙实验幼儿园	540	5680	8208	市、区
8	杭州市丁蕙第一幼儿园绿园园区	270	3548	4671	市、区
9	杭州市明远未来幼儿园明远园区	450	7640	9913	市、区
10	杭州市笕和幼儿园顺仁园区	270	4698	6698	市、区
总计		8910	140895	274961.7	

（资料来源：区教育局）

【小学生教育综合评价改革】2023年8月24日，上城区教育评估与监测中心案例《整体规划 区校联动 以校为本——上城“@成长”小学生综合评价改革的区域实践》入选浙江省第三批教育评价改革典型案例名单。自1994年成为省首批素质教育评价改革实验区后，上城区始终致力以教育评价改革牵引教育领域综合改革，经历1.0百分制到等级制、2.0等级制到分项等级制、3.0“一单·一袋·多维述评”3个版本的发展迭代。上城“@成长”改革范式从宏观、中观、微观3个层面破解学生评价改革中存在的问题，即宏观层面缺少区域改革顶层设计、中观层面缺少区校之间深度互动机制、微观层面缺少学校实践可参考样板。改革注重整体规划，形成区校一体的顶层设计，创建区域特色“141”整体解决方案；注重区校联动，形成共建共享资源圈，打造区教育评价项目基地；注重以校为本，形成分层分类支持方案，促成“一校一案”的优秀校本实践，树创具有区域特色的“@成长”评价改革上城模式。

资料

“141”整体解决方案：第一个“1”指《杭州市上城区小学生综合评价改革实施方案》；“4”是1个报告单样例、1套不同学段的评价参考标准、1个评定方法和1个数字化应用管理办法，并配套提供可参考的基本样例与操作建议；第二个“1”是1个数字化平台，树立“区域—学校—学生”三级紧密联动的教育评价新形态。

【“德育联片共同体”打造】2023年，上城区以区域德育发展需求为导向，综合地域特点、办学模式等要素，按照“地域相邻、同质促进、异质互补”等原则，合力构建“拥江”“品韵”“望湖”“走运”“依山”5个“德育联片共同体”，推进建立德育要素融通一体、学段衔接一体、校家社协同一体区校联动共育机制，培养德、智、体、美、劳全面发展的社会主义建设者和接班人。发挥牵头学校的辐射作用，整合资源，利用校内场馆打造“15分钟泛在阅读空间”。打破校际边界，组织大、中、小、幼一体化德育科学研究，打造将16个专题教育融入学科课程的专项行动，形成集群德育课程体系。完善学校积极主导、家庭主动尽责、社会有效支持的协同育人机制，依托区域“德育联片共同体”，成立上城青少年成长关护共同体，营造整体、和谐的德育生态环境，鼓励互相学习、共同发展，提高区域德育资源利用率，促进区域教育优质均衡发展。至年末，上城区通过“德育联片共同体”循环有序开展“赋能绿色必修课”实践活动750多场、“文文明明好习惯”主题教育活动250多场、“传承优秀文化”普及活动220多场，推出共育基地118个、校内外“15分钟泛在阅读空间”34个，形成“行走路线”86条，100%覆盖全区中小学生。《上城区构建“行走德育”模式 助力青少年阳光成长》入选杭州市争当浙江高质量发展建设共同富裕示范区城市范例领导小组办公室专报《杭向共富》2023年第4期。

（何　杭）

学前教育

【概况】2023年，上城区有幼儿园108所（园区162个），其中区教育局办69所、其他部门办8所、集体办2所、民办29所。在园学生4.15万人，招生1.30万人，毕业生1.62万人，适龄幼儿入园率100%。有教职工6608人，其中在编教职员工1766人、专任教师3593人、高级教师22人。新开办公办幼儿园6所，完成首批配套幼儿园“民转公”7所，停办幼儿园2所，停招幼儿园7所。新增省一级幼儿园5所、省二级幼儿园9所，公办幼儿园占比83.5%，普惠率96%，优质率97%。提供托位数2218个，提供托育服务的园区达到总园区数的43%。增强学前教研力量，成立区学前教育质量评估大组，启动幼儿园保育教育质量评估工程。举办首届幼儿园“福娃节”，培育“浙有福娃”“研训区域链”“融合教育”等一批区学前教育“金名片”。提升服务能级，“招生零跑”“长幼随学”政策使入园服务更加便捷。开展春、秋两季托班招生，满足不同家庭需求；开设暑期困难班，服务幼儿6000多人。创建“快乐双休”网上预约平台，资源融通家园共育。推进“托幼一体化”工作，“杭向共富·托幼一体”被列入2023年市基层共富创新项目，工作举措和成效获《浙江日报》“‘浙’里共富”专栏报道。

【上城区新增2所省一级幼儿园】 2023年1月30日，杭州市夏衍幼儿园（明月桥园区）、杭州市丁荷幼儿园（枣园园区）被认定为2022年浙江省一级幼儿园，上城区省一级幼儿园增至69所。杭州市夏衍幼儿园（明月桥园区）于2017年9月开园，2023年有班级12个、专任教师24人。该幼儿园以明月桥园区为主阵地创建的市级“妈咪暖心小屋”，获浙江省总工会挂牌，被评为杭州市职工之家。幼儿园将“星文化”作为培育文化品牌的重点，深化“生态、自然、童趣”的幼儿园环境文化创设。杭州市丁荷幼儿园（枣园园区）创办于2017年7月，以“体验生活，乐享童趣”为办园理念。2023年，该幼儿园有班级12个、专任教师28人。幼儿园探索园本研训模式下的“志趣”团队文化，构建“荷·韵”园本课程，打造“荷·禾”教师队伍，让教师和幼儿在丁荷乐园里体验生活，乐享童趣。自开园后，幼儿园进行适宜性改造，形成奇幻树林、趣味草坪等八大游戏区与协调、跑跳、力量等八大运动区。

【首届幼儿园“福娃节”】 2023年5月25日，上城区首届幼儿园“福娃节”启动仪式在杭州市钱学森学校举行。活动中，发布代表上城幼儿温暖、幸福、健康、自信形象的“福娃”吉祥物小西荷、小钱潮；首播宣传片《浙有福娃——上城区学前教育“金名片”》；表演幼儿舞蹈《海洋奇遇》《小脚丫的畅想》《亚运未来星》等；展示篮球操、现场互动游戏等幼儿园游戏活动；举行“幸福园”“福娃好爸”“福娃”迎亚运系列优秀作品颁奖仪式。活动现场，上城区108所幼儿园共同参与开展幼儿手工、绘画、建构作品展，多角度展示上城文化特色和上城幼儿的风采。

【宋韵陶模园成立】 2023年11月20日，“皇城根”优秀文化学研基地宋韵陶模园揭牌仪式在杭州市培红幼儿园举行。该园旨在贯彻落实

2023年5月25日，上城区首届幼儿园“福娃节”启动仪式在杭州市钱学森学校举行
（区教育局 供稿）

"陶模文化传世工程"，打造培红陶模文化品牌。杭州市培红幼儿园地处吴山脚下，毗邻南宋御街，有开展宋韵学研课程的人文地理优势。为促进幼儿终身发展，弘扬优秀传统文化，在区政协文史研究会的专业扶持下，杭州市培红幼儿园打造宋韵陶模园。活动现场，开展"小伢儿 陶淘乐"陶模展、大班陶模制作等活动。年内，该园开展活动3场，吸引教师与幼儿200多人共同参与。

【丁兰第二幼儿园案例获评全国融合教育优秀案例】 2023年9月，杭州市丁兰第二幼儿园融合教育案例《让特殊儿童得到更适更优的发展 幼儿园"深融模式"的推进式研究》入选全国融合教育优秀教育教学案例。杭州市丁兰第二幼儿园基于学前教育融合发展的国际趋势，协同政府、特殊教育学校和康复机构，构建学前融合教育本土化的"深融模式"。该研究分为3个阶段，第一阶段创建资源教室，实践研究随班融合；第二阶段针对学前卫星班开展"一人一课表"的研究；第三阶段融合专业康复及教育，逐步形成依托学前卫星班的"深融模式"。该研究丰富融合教育的内涵理念，进一步打破学前教育与特殊教育相互独立的格局，促进特殊教育现代化发展。自2010年后，幼儿园接纳近100名特需幼儿，包含智力障碍、肢体障碍、言语障碍、听力障碍和精神障碍等类型，程度涵盖一级至四级残疾，有69名特需幼儿毕业后进入普通小学，86.9%的幼儿能自然融入下一阶段的学习生活。

【东城幼儿园获评教育部实践教学基地】 2023年11月，杭州市东城幼儿园获评教育部幼儿园园长培训中心学员实践教学基地，该园园长邱红燕获聘教育部幼儿园园长培训中心学员实践教学指导专家，并到教育部幼儿园园长培训中心参加授牌仪式。该幼儿园是教育部园长培训中心——联合国儿童基金会社会情感学习项目首批试点园、华东师范大学全国青少年社会与情感能力培养千校联盟学校、北京师范大学心理学院"共情陪伴"国际合作项目实验园，是浙江省社会心理学会儿童发展与教育专委会理事单位、杭州市陶行知研究会会员单位。先后获评省现代化幼儿园、省一级幼儿园、市智慧教育示范校、市绿化先进单位等荣誉。幼儿园注重文化立园、科研兴园、品质强园，打造的"悦心课程"获评省精品课程，完成课题研究成果专著《社会情绪学习：促进幼儿情绪社会化的路径设计与实践研究》，案例《PAST模型：提升工程2.0与"悦心"课程实施并轨推进的园本实践》入选全省中小学教师信息技术应用能力提升工程2.0第三期典型案例。

【笕桥花园幼儿园幼小衔接案例入选省幼小衔接实践案例】 2023年8月，杭州市笕桥花园幼儿园实践案例《"儿童视角"下大班幼小衔接主题活动的实践探索》入选2023年浙江省幼小衔接实践案例。杭州市笕桥花园幼儿园开展幼小衔接实践研究多年，与杭州市笕桥花园小学联合成立"花园宝贝成长计划"研究小组，在每学期初、中、后期3个阶段分别开展相关研讨：借助"幼小教师研修共同体"，开展幼小教育差异、教育策略的互动教研4次；开展多形式幼小互动活动8次，涉及"幼入小""小回幼"，双向互动；通过幼儿、教师（小学教师）、家长等多主体参与，开展教育过程性评估反馈2次，在发展目标、年龄特点等方面达成幼儿园、小学、家长的教育共识。在实践过程中，杭州市笕桥花园幼儿园与杭州市笕桥花园小学实施"双向联动式幼小衔接"，基于"走向小学"主题活动，对幼儿园310名大班幼儿开展前期经验调查及幼小衔接相关调查。针对上一届的幼小衔接情况，对小学一年级教师展开幼儿适应调查。基于调查情况，调整优化活动内容、灵活实施双向互动，把科学幼小衔接的理念落实到生活、课程中，帮助幼儿顺利过渡幼小衔接。

【“学前教育金名片”培育项目专家评审会】 2023年12月27日，上城区“学前教育金名片”培育项目专家评审会在杭州市采荷第二幼儿园举行。该项目致力于培育一批特色鲜明、可及可感、具有示范作用的上城“学前教育金名片”，推进上城学前教育高质量发展。《学做生活小主人：幼儿园生活课程实践》《新荷成长+：未来学校教师发展新样态的实践探索》等21个项目参评，内容涉及课程和游戏建设、托幼一体化推进、科学幼小衔接、教师队伍建设、融合教育等方面。评审会现场，各项目负责人就项目的指导思想、设计理念、亮点特色、目标成果及推广价值进行具体阐述，专家结合项目申报材料和现场汇报情况，对每个项目进行评定打分，并对各申报项目进行现场点评。通过书面评审和现场汇报，评比产生A类金名片项目9个、B类金名片项目12个。

（何　杭）

义务教育

【概况】 2023年，上城区有义务教育段学校93所，其中小学54所、初中22所、九年一贯制学校17所。新增学校（含校区）4所（小学2所、初中1所、九年一贯制1所），新增教学规模班144个，新增占地面积与建筑面积分别为10.87万平方米和21.91万平方米。小学在校生8.73万人，招生1.77万人，毕业1.21万人；初中在校生3.34万人，招生1.19万人，毕业9954人。义务教育段有教职工8389人，其中专任教师8049人（含高级教师1018人、特级教师36人、正教授级教师24人）。深化德育体系建设，打造“德育联片共同体”，开展德育主题活动1200多场，“行走德育”项目入选市《杭向共富》专报。创新推出“名校新校、集群联智、区域联合”十大名校集群模式，实现全区中小学名校集群全覆盖。上城区被认定为浙江省义务教育阶段全域教共体（集团化）办学试点区。《名校集群联智辐射跨域共谱美好教育——上城跨地区教共体跑出共生发展“加速度”》入选省义务教育区域典型案例。制定区课程改革方案，并逐校论证课程实施方案。依托全国中小学“思维课堂”教学研究联盟，搭建片区联盟平台，助推课堂、作业改革。开设课后拓展课程6100多门，有83.5%的小学生和95%的初中生参加课后托管。“深化课程教学改革行动方案”“学生综合评价改革模式”入选首批省“课程教学改革”宣传资料。7个案例入选省首批《基础教育课程教学改革深化行动方案》典型案例。全年获评省“双减”优秀案例9个。开展“双百赛事”，组织各类赛事100多场，参与12万人次。

【跨地区教共体建设探索】 2023年1月13日，省教育厅办公室公布第二批浙江省城乡义务教育共同体区域和学校典型案例。区教育局案例《名校集群联智辐射跨域共谱美好教育——上城跨地区教共体跑出共生发展“加速度”》入选区域典型案例；杭州市澎雅小学案例《四“库”全书：教共体融合发展的载体研究——“澎雅—宋畈”跨地区教共同体实践范式》和杭州濮家小学教育集团案例《追求自主共享的“集群联智”名校集群——濮小集群联智共同体探索新型名校集群样式》入选学校典型案例。上城区探索跨地区教共体建设，不断创新名校集群办学模式，提高优质教育资源覆盖率和辐射率。以全区中小学办学品质和名师名校长工作坊为核心，构建

“1个联盟中心+15个协作联盟+N个教共体”三级发展联盟，形成“区域联动、校校连通、线上融合”结对帮扶机制，组团输出名校区域链。建立跨省市区结对帮扶、城乡互助常态化机制，开展与常山、开化等15个协作区县“组团式”教育帮扶行动。选派77所优质资源学校组建跨地区教共体，开展新校共建、课程共研、教师互派、技术互通，带动先进教学理念、成功管理模式辐射输出，推进跨地区教育多维度合作交流。同步开放上城智慧教育平台，促进优质教育资源同步共建、共享，共享名师微课、拓展课程等优势资源，使用优质资源人数1.3万人次。

【全国科技工作者日杭州市主场活动在上城举行】 2023年5月27日，以“点亮精神火炬 建设科技强市”为主题的2023年全国科技工作者日杭州市主场活动在杭州市惠兴中学举行。活动中，中国工程院院士李家彪、高翔回母校参观，与他们当时的两名班主任见面。两位院士和老师进行圆桌访谈，并对学弟学妹提出寄语。活动现场，发布10个杭州市科学家精神教育基地名单，杭州市钱学森学校、杭州市茅以升实验学校、杭州市蒋筑英学校3所学校入选该基地名单。活动还发布10条科普研学精品线路。

【4个校本课程案例获评教育部典型案例】 2023年3月28日，杭州市清河实验学校、杭州市蒋筑英学校、杭州师范大学东城第二小学、杭州市丁信小学的校本课程案例入选校本课程案例遴选（2022年度）结果名单，占全市入选项目的40%。杭州市清河实验学校历经6年编写完成的《创意的N种画法》以创意单元（元素、材料、形式）教学，遵循新课标中审美性、实践性、创造性、人文性特点，凸显艺术学科的实践性与综合性，为新课标与旧教材的融通衔接提供有益参考。杭州市蒋筑英学校开发的课程“结构大师”以项目为载体，以探究为核心，以工程设计流程为指导，以项目式学习为学习方式，指向提升学生动手实践能力、综合问题解决能力及创新意识的拓展。杭州师范大学东城第二小学“向阳而生：爬山虎”课程意在让孩子像科学家一样开展沉浸式研究，培养孩子细心观察周围事物、学会使用研究仪器、热爱自然和科学探究的品质。杭州市丁信小学拓展性课程“风信沙艺”通过观察发现“自然与生活”中蕴藏的美，发掘孩子的想象力及创造力，提升生活情趣，开阔审美视野。

2023年5月27日，全国科技工作者日杭州市主场活动在杭州市惠兴中学举行 （区教育局 供稿）

【9个案例入选省“双减”优秀实践案例】 2023年，上城区推行“行走学习”，统整各校学习资源，共建共享活动空间，丰富课后服务内容。推进校馆群落建设，共享校馆资源网，共创校社多元应用场，发挥146个场馆作用，让学生行走于场馆活动和社

区活动。因地制宜建设集科创、文创、慧创活动于一体的多重应用场景，支持师生开展多样态的“零距离、亲社区”实践活动。年内，杭州市天长小学案例《作业宝：“双减”背景下技术赋能的作业数智管理》、杭州市金都天长小学案例《淘玩10分钟+：选动课间金都天长新样式》、杭州市崇文实验学校案例《创新研究室：指向小学生创新能力培养的定制式学习》、杭州采荷第一小学教育集团案例《健康加油包：“双减”背景下助力“书包不回家”的校本探索》、杭州市四季青小学案例《慧玩+：小学课后服务活动形式的创新变革》、区教育局案例《行走学习：上城青少年“走校·走馆·走社会”课后服务的创新实践》、杭州市笕桥小学案例《馆校绿色通道：融通在地资源的课后服务社校共建新机制》、杭州市建兰中学案例《建兰大脑：依托数据赋能的精准作业管理》、杭州市澎雅小学案例《和雅育共体：“双减”背景下家校共育生态圈的构建与实施》入选第十四批至第二十四批浙江省“双减”优秀实践案例名单。

【第三届融创课堂教学研讨会在上城举行】 2023年5月18—19日，融创课堂全国教学联盟暨第三届融创课堂教学研讨会在杭州采荷第一小学教育集团举行。该研讨会聚焦“技术融入，思维共生”主题，由《中国教育学刊》作学术指导，区教育局、全国融创教学联盟主办。活动旨在探讨技术赋能下的“思维课堂”，达成优势互补、资源共享、相互促进，推进融创课堂教学范式建构形成更强大合力，助推教育高质量发展。研讨会上，各专家作主旨报告、专题发言，全国融创课堂教学联盟校作成果展示和经验分享。现场开展圆桌研讨会、“思维课堂”教学示范课展示等活动。

【2023年“生态·好教育”学术年会在上城举行】 2023年11月11—12日，2023年“生态·好教育”学术年会暨“浙派教育百家·百校百课”研讨会在杭州市钱江外国语实验学校举行。全国“生态·好教育”智库特邀专家，全国“生态·好教育”联盟学校和“浙派教育百家”联盟学校校长、骨干教师代表，通过“线上+线下”同步直播的形式参加研讨会开幕式及分论坛活动。立足“双新”（新课程、新教材）背景，为彰显联盟学校“百课”特色，创新“学校教师执教+特邀名师示教+线上百课观摩”现场教研模式，分学前、小学、初中三大会场，涵盖语文、数学、英语等十大学科，现场展示精品课19节，聚焦课堂，指向教学。

【第六届儿童哲学与学校变革论坛】 2023年12月1—2日，第六届儿童哲学与学校变革论坛在杭州市夏衍初级中学举行。论坛主题为“儿童哲学与综合学习”，由区教育局与华东师范大学基础教育改革与发展研究所联合主办。来自复旦大学、华东师范大学、杭州师范大学等全国各地的30多名教育专家，凯旋

2023年11月11日，2023年“生态·好教育”学术年会暨“浙派教育百家·百校百课”研讨会在杭州市钱江外国语实验学校开幕

（区教育局 供稿）

教育集团所属中小学校长及教师代表参加论坛。论坛旨在促进项目学校之间的协同发展，推进理论与实践的积极对话，发挥儿童哲学项目的综合效应。现场，华东师范大学高瑞泉、南京大学潘天群、东北师范大学于伟等6名教授作专题报告；开展由华东师范大学教授鞠玉翠主持，多名教授参与的“儿童哲学在地化”主题微论坛研讨，合肥市屯溪路小学等8所学校在论坛上交流，分享儿童哲学实践经验；上海市闵行区实验小学张会婷等6名教师开设儿童哲学示范课，并由专家分别作点评。

【长三角城市群教育科研协作共同体成立20周年论坛在上城举行】 2023年3月17日，长三角城市群教育科研协作共同体成立20周年论坛在杭州市钱学森学校举行。来自长三角地区4个省、市的区域教育科研负责人、专家，历年参加“黄浦杯”征文获奖代表和教科研工作者共100多人参加会议。现场，上海市教育科学研究院普通教育研究所原所长、《上海教育科研》主编汤林春作《“长共体”20年回顾与展望》的主旨报告；开展主题为“我与长共体”的圆桌论坛；举行主题为“20年·20篇·20人”的颁奖典礼，分别向“黄埔杯”征文设立20年来的作者代表，在“长共体”论坛筹办、组织等工作中做出重大贡献的老师，以及筹划、创立“长共体”的老领导与前辈同人，颁发最佳作品奖和荣誉奖；进行“杭州论坛”大型分享演说，专家从杭州市教育科研发展的不同侧面作经验交流与分享；召开2023年“黄埔杯”长三角城市群“失败与创新”征文动员会，并邀请第七十四届世界科幻大会“雨果奖”得主郝景芳作《教育创新与儿童成长》专题演讲。

（何　杭）

普通高中与职业高中教育

【概况】 2023年，上城区有区属普通高中1所（杭州市夏衍中学）、职业高中1所（杭州市建设职业学校）。区属普通高中在校生1008人，招生354人，毕业310人；职业高中在校生1051人，招生366人，毕业400人。普通高中专任教师92人，高级教师40人；职业高中专任教师99人，高级教师31人。普通高中高考一段上线261人，一段率84.2%，比2022年提高3.3个百分点，超过全省一段率平均值（全省为60%）；特控线上线14人，增加11人，特控线率4.5%，是2022年的3.86倍；美术类上线25人（4人被中国美术学院录取）、体育类上线10人（1人被北京体育大学录取）、广电音乐类上线64人（1人被厦门大学录取，2人被浙江传媒学院录取）。学考10门学科中5门合格率100%，总合格率99.9%，AB率42.3%。相关教学成绩均优于同类学校。深度发展广电、美术、体育特色课程，做强特色办学品牌。做好特长生选拔工作，注重特长生文化课提升。职业高中2023届升学人数385人，总升学率96%。其中，中高职一体化升学193人（升学率99%），通过高职考升学178人，提前自主招生升学14人。开展校院中高职一体化职教、产教一体化活动6次，举办“鲁班”技能节。推进智能建造产教融合，与西子奥的斯机电电梯有限公司等12家行业高端企业签订一年一签校企合作协议，有浙江杭州湾建筑集团有限公司、杭州南鸿装饰股份有限公司等大型装饰企业授牌建立的校外实训基地10个。年内，在全国、省、市职业院校技能大赛中获金牌4枚、银牌11枚、铜牌15枚；《一站联动三环滚动：中职建筑新技术专业建设的探索》获2023年浙江省职业教育与成人教育优秀教科研成果评选二等奖；杭州市建设职业学校连续3年被评为BIM技术（建模软件）“全国年度优秀考点院校”。

【市中职计算机组教研活动在上城举行】 2023年6月1日，杭州市中职计算机组教研活动在杭州市建设职业学校举行，全市中职信息技术教师参加。活动由“专家短视频讲座”“物联网公开课”“评课议课”组成。活动中，专家以欢潭村短视频制作竞赛为例，开展短视频制作基础与提升的专题讲座；杭州市建设职业学校计算机组和智能组的2名教师做“探索物联网”展示课，课程通过介绍物联网概念、发展，让学生认识典型的物联网应用场景，并让学生通过现场制作连接Wi-Fi智能开关设备体验物联网的应用，了解物联网的常见设备及软件配置，畅想物联网与未来生活。杭州市中职计算机大组教研员主持听课、评课活动，并对3D-One机器人项目进行培训。

【夏衍中学研学活动】 2023年12月11日，杭州市夏衍中学“奋斗青春作答，强国复兴有我”18岁成人礼暨“首战必捷”首考助力研学活动在杭州师范大学仓前校区举行，高三年级全体师生350人参加。活动旨在用仪式感强化步入18岁成年的高中学生的责任担当和法律意识，激励学生通过研学活动，明确目标与梦想，在即将到来的高考首考中获取佳绩。活动现场设置跨越成人门、签成年语录、书写2024梦想、齐扔成人帽等活动。研学活动中，学生参观杭州师范大学仓前校区实验室和学院楼，体验科研设备和技术。研学活动设打卡点10个，其中学科打卡点8个、年级组助力打卡点1个，校长嘉奖助力打卡点1个。每名学生及老师通过集合打卡点，为高考首考助力。

【夏衍中学艺术特色培养】 2023年，杭州市夏衍中学开展“致敬经典传戏韵 浸润演绎颂青春”第十二届话剧节活动、“奏响青春旋律，打造魅力校园”第十三届艺术节艺术特色活动，旨在让学生感受到艺术的美，推动艺术进校园，引导学生通过艺术实践，激发对美的感受和追求。在活动中，开设剧本创作大赛、短视频制作大赛、绘画比赛、声乐比赛、舞台展演等活动，为学生提供展示自我、交流学习的平台，丰富校园文化生活，增强学校的凝聚力和向心力。年内，学校朗诵《谁是最可爱的人》获第五届中华经典诵写讲大赛“诵读中国”经典诵读大赛国家级二等奖、浙江省一等奖；话剧《妈妈您最美》获浙江省中小学生艺术节戏剧比赛二等奖；话剧《追梦》获杭州市中小学生戏剧舞蹈比赛一等奖；学生阳雨亦获“学习强国”学习平台“我的‘流浪地球’”主题征文全国二等奖。朗诵《谁是最可爱的人》参加浙江省第二十六届推广普通话宣传周启动仪式暨2023年中华经典诵读展演；作品《去留肝胆两昆仑》《秋瑾》参加走进清明思政大课堂网易直播演出；作品《去留肝胆两昆仑》被“学习强国”杭州学习平台教育专栏发布。

2023年12月11日，杭州市夏衍中学“奋斗青春作答，强国复兴有我”18岁成人礼暨“首战必捷”首考助力研学活动在杭州师范大学仓前校区举行

（区教育局 供稿）

【市建设职业学校学生获全国技能大赛奖】 2023年3月25—26日，2022年全国院校室内设计技能大赛总决赛（中职组）在北京电子科技职业学院举行。该赛项为团体赛，2人一组，包括CAD制图与室内效果图制作2个模块，来自全国27所中职院校的54名学生参加。杭州市建设职业学校学生吴叶、周慧慧组队参赛，获室内设计技能大赛总决赛二等奖。9月7—9日，2023年全国职业院校技能大赛（中职组）水利工程制图与应用赛项在石河子工程职业技术学院举行。该赛项为个人赛，包括水利工程制图理论、水利图纸实操、BIM建模3项竞赛内容，来自全国57所中职院校的57名学生参赛。杭州市建设职业学校学生朱昕晨获水利工程制图与应用赛项全国赛二等奖。（何 杭）

社会教育

【概况】 2023年，上城区社区学院落实上城“美好教育引领区”的工作战略部署，进一步聚焦“一老一小”重点人群，打通社区教育、老年教育、家庭教育各环节，将社会教育融入共富发展新格局，推进构建数字化、个性化的终身教育体系。通过教师成长轮岗计划和街道联盟协作机制，培养社会教育人才、培育示范社团、挖掘体验基地。创建省现代化社区学校2所（杭州市上城区采荷街道社区学校、杭州市上城区九堡街道社区学校）。开展社会教育培训活动9600多场，社会教育服务291万人次。“上城老年教育”视频号新增短视频228个，微信小程序直播教育活动24场次，组织“能者为师”活动3365场，建立个人学习档案11万人。升级数字平台，发布新版终身学习平台“尚学通”。新办街道老年学校2所（彭埠街道彭湃老年学校、丁兰街道幸福老年学校），培训老年人2.8万人次。推进“乐龄学堂”建设，全年全区110个老年学堂服务4.94万人。开展职业教育，完成职业技能培训7700多人，参与职业体验学生8万人次，认定职业体验基地28个、终身学习体验基地105个。全区有区域职业体验中心1个、职业体验基地132个、博物馆特色课程和职校精品课程等300多门。出版《跨越高峰拓蓝海》等专业领域书籍3本，编印《全民学英语 一起迎亚运》系列教材1套，成教成果数量居全市第1位。

【全民终身学习活动周活动】 2023年11月10日，上城区全民终身学习活动周暨第二十届终身教育节开幕式在杭州市职工文化中心举行。开幕式活动由传承“宋韵悠长传薪火 多彩非遗润民心”、尚学“幸福家社享智治 榜样尚学促共富”、创新“活力奔跑新上城 固本强基促发展”、共富“数字社教启新航 普职融通焕新颜”4个篇章组成。现场进行全国终身学习品牌，杭州市百姓学习之星、示范学共体、最佳学共体成员等奖项的颁奖仪式。全民终身学习活动周期间（11月10—16日），上城区社区学院联动社区教育委员会成员单位、街道分院、社区市民学校、辖区单位、市民终身学习体验基地、匠心工作室、示范性学习型社团等，组织开展“讲好家风故事”“分享阅读 共享智慧”“宋韵传承 点亮生活”“智慧邻里 银龄乐学”等学习体验活动200多场，让市民享受高质量社区教育，营造“全域乐学”新风尚。

【“阳光艺术 匠心助残”获评全国“终身学习品牌项目”】 2023年8月22日，上城区社区学院紫阳分院“阳光艺术 匠心助残”获评全国新时代“终身学习品牌项目”，系浙江省唯一。“阳光艺术 匠心助残”终身学习品牌项目始于2009年，由阳光艺术中心创始人许峰带领爱心艺术大师教学团队，指导残疾人制作扇面、景泰蓝、釉上彩、紫砂壶等，帮助残疾人实现就业创业。中心每年为大中小学生、市民、社会各界等开展传统艺术体验公益活动100多场，惠及残疾人群及市民8万多人次；培养出优秀残疾人艺术家10多人。

【迎亚运系列活动】 2023年2—9月，上城区聚焦“办一届成功的亚运会”，以“全民总动员 喜迎亚运会”为主题，开展迎接杭州第十九届亚运会“万人学、万人唱、万人舞”活动。区社区学院领衔42支啦啦操队伍，在14个街道的地标性建筑演绎舞蹈《等你来》。组织开展“全民学英语 一起迎亚运”活动，编印读本，编制微课，开展“潮阿姨学外语”“外卖小哥学外语”等活动，动员400多名志愿者教师和1万余名居民参与其中。将由上城区社区教育委员会办公室编纂的亚运系列读本《慧心品亚韵》送进机关、街道、社区、学校和贵州省黔东南苗族侗族自治州从江县庆云镇安肯小学。筛选《爱达未来》等7首彰显不同音乐风格的亚运主题歌曲，组织各社区、学校、幼儿园用多种形式开展“万人唱亚运”活动500多场，参与人次6万余人。

【“快乐少年 七彩追梦”系列活动】 2023年暑期，区社区学院组织开展上城区“快乐少年 七彩追梦”系列活动。活动由全区各社区联合开展，围绕“红色善德爱心梦、橙色平安健康梦、金色经典书香梦、绿色低碳环保梦、青色环游视界梦、蓝色未来科技梦、紫色绚丽才艺梦”7个主题，开展“迎亚运 说英语”、“迎接青春期”专题讲座、“防溺水”安全教育讲座、“读习爷爷读过的书”和“童心童语 悦读阅好”的亲子绘本阅读、“DIY彩绘陶瓷小熊”、“走读杭州，品探江南”、“户外体验 低碳之旅”、“迎亚运 话航天”科普讲座、“迎亚运禅绕画”、“童心迎亚运，趣味轻黏土”、“蒲公英夏令营”等活动。该活动将48门公益课程送课至14个街道、199个社区，开展活动650场，服务1.61万人次。

【省非物质文化遗产传承教学基地授牌仪式】 2023年6月11日，杭州师范大学附属丁兰实验学校以文化遗产日为契机，举行浙江省非物质文化遗产传承教学基地授牌仪式，成立由省非物质文化遗产传承人金益荣领衔的大师工作室。杭州师范大学附属丁兰实验学校非遗传习体验中心正式投入使用。该中心借助区教育局、街道、非遗协会等力量，形成由传承人、专家、教师、家长、居民等共同组成的师资库，实现家校社资源共享，打造惠及学生、辐射区域的学习体验中心。现场，学生展示茶艺表演、原创诗歌《永远吟唱的歌》朗诵、越剧演唱等传统文化项目；体验陶艺制作、皮影制作、扎染工艺、中国扇制作、风筝制作和放飞、古法造纸、算盘制作、传统糕点制作、竹编书法与竹编国画、包粽子和做香囊等非物质文化遗产项目。活动吸引丁兰片区各小学的200多名学生、家长代表参与。

【“暑趣寻双YUN 共育梦未来”系列活动】 2023年6—8月，上城区青少年活动中心组织围绕“迎亚运 展宋韵”主题开展“暑趣寻双YUN共育梦未来”流动少年宫进社区系列公益活动。活动通过与社区少先队争章体系相结合的形式，依托“淘活动”平台形成社区少先队的争章新模式，引导少先队员走进社区，让队员在辖区内有地方去、有地方玩、玩得快乐，推动形成“学校放学，社区开学”的格局。发挥“家、校、社”一体化育人环境，深化德育、智育、体育、美育、劳动教育“五育”融合，实现辖区内线上、线下活动资源共建、共享，共同打造社区少先队员的“俱乐部”，促进少先队员健康成长。通过“资源引进来，学生走出去”的双循环体系等形式，盘活辖区内民间传统手工艺术、社会公益文化场馆、名家智慧等资源，开展全方位、多形式、多渠道的公益专场活动，推出“家园·共读”“童心·童读”“宋韵·品读”

"指尖·悦读"等系列活动，让更多学生参与到活动育人的体验中。该系列活动覆盖11个街道，开展70多场次，服务青少年1.2万人。

【小白菜文学社成立35年活动】2023年12月14日，彭埠街道小白菜文学社成立35年暨东皋吟社研究会揭牌仪式活动在杭州市澎扬中学举行。上城区领导及浙江省历史学会、杭州市民间文艺家协会等相关专家参加活动。小白菜文学社于1989年创建，曾获国家级荣誉1项，省、市、区荣誉40多项，收集整理出版有《钱塘江传说》《彭埠街道志》等书籍。在原小白菜文学社基础上，联合辖区内文学爱好者共同打造历史文化传承组织——东皋吟社研究会。在彭埠街道小白菜文学社成立35年活动现场，东皋吟社研究会正式揭牌，并聘请浙江省历史学会副会长周膺、徐吉军等5人为顾问，邀请杭州市澎扬中学等5家单位为东皋吟社文化传承基地，通过聘请专家、联动学校、挖掘文学新生力量等方式培育传承力量，推动优秀传统文化保护传承。

【"尚学通"微信小程序上线】2023年4月，区社区学院主办的"尚学通"微信小程序上线。该小程序基于浙江省终身学习公共服务平台"浙学通"的功能，进行个性化扩展，实现学习数据直链省"学分银行"。"尚学通"开展上城区终身教育资源整合、推送、共享工作，建立市民"终身学习电子档案"的综合数字学习平台。该平台以数字化赋能为主线，以学习场景构建和驱动为主轴，以互联网、云计算、大数据等现代信息技术为手段，实现社区学习线上、线下"混合式"教育，服务全生命周期学习，全面助力学习型社会建设。至年末，平台上线视频课程256个，发布动态信息455条，注册学习型社团837个、社团成员1.13万人。

（何　杭）

特殊教育

【概况】2023年，上城区有杭州市杨绫子学校和杭州市艮山路学校2所特殊教育学校，有在校学生359人，招生101人，毕业生70人；有班级31个，其中小学班16个、初中班8个、高中班7个；有教职工130人，其中专任教师121人、高级教师10人、特级教师1人。学校占地总面积与建筑总面积分别为1.76万平方米和1.26万平方米。全区有3～17周岁持证残疾儿童少年620人，其中3～5周岁学前教育57人、6～14周岁义务教育436人、15～17周岁高中教育127人，入学率分别为98.3%、100%、95.3%；送教上门6人，卫星班就读5人；随班就读中小学生230人，覆盖区域学校63所。建有资源教室学校67所，其中省级示范资源教室5个、市级示范资源教室12个，形成以特殊学校为骨干，随班就读（资源教室）为主体，卫星班、送教上门为补充的特殊教育办学格局。组织特殊教育学生参加杭州第四届亚残运会火炬传递、开幕式暖场舞蹈表演等活动。编写《生活语文》《绘画与手工》《培智学校劳动教育课程纲要》等教材。开发特殊教育质量监测评价系统——"杨绫大脑"，被教育部作为特殊教育数智化发展的可推广样板。年内，特殊教育成果《"生涯自立"理念下培智学校劳动育人体系建构与实践创新》获评2022年基础教育国家级教学成果一等奖；杭州市杨绫子学校获评省教科研先进集体。

【"特有爱"温暖研学活动】2023年，区教育局围绕《打造"特有爱·双向奔赴"上城模式工作方案》，开展"特有爱"温暖研学活动，覆盖11个街道、44所学校。坚持"双向融通"理念，与区残联、街道负责人深度交流，整合资源，在"特有爱·荷湾幸福街区"的"特有爱·

幸福体验馆”设计完善“幸福初体验”研学课程，推出“特有爱”4个特色研学项目（残疾人演讲团教师生命主题讲座、荷湾街区常态化公益项目、街区沉浸式职业体验、特有爱体验馆障碍情境体验）。向“特有爱·幸福体验馆”提供手语体验、轮椅体验等活动内容，以及特色职业劳动体验项目活动课程。分批次组织学校德育干部参观“特有爱·幸福体验馆”，以儿童视角参与体验主题活动，了解常态化公益项目的运营，体验劳动手作，感受不同职业的魅力。全年组织学生到“特有爱·荷湾幸福街区”开展研学体验6次，参与200多人。

【特殊教育成果获评国家级教学成果一等奖】 2023年7月24日，杭州市杨绫子学校《“生涯自立”理念下培智学校劳动育人体系建构与实践创新》获评2022年基础教育国家级教学成果一等奖。杭州市杨绫子学校联合杭州市娃哈哈双语学校针对以往培智学校缺乏全学段劳动育人体系、劳动技能课偏技能训练及智力障碍学生难以融入社会的现实问题，提出“以‘生涯自立’理念为导向的课程教学实践探索”研究思路，构建培智学校劳动育人体系，形成“杨绫子实践”。该成果形成从只满足“生活自理”到“生涯自立”转型升级的新时代特殊教育理念，率先提出“生涯自立”教育观；聚焦智力障碍学生核心素养，确定自理、自觉、自主、自愿、自立的阶梯式目标，研制并出版《培智学校劳动教育课程纲要》，全面探索以劳动为核心的跨学科主题统整教学、项目式学习、主题活动等，为培智学校劳动育人提供体系化操作范式；拓展多样化的实践平台，创设以“智慧树”平台为标志的链接个人、家庭、学校、社区和行业工作场所的多重学习场景，打造适应学生差异需求的支持性实践环境；创新智能化监测评价系统——“杨绫大脑”，开放多方共评通道，沉淀学生素养表现数据，链接“杨绫银行”学生成长系统，通过智能分析、个性定制、实时追踪反馈，实现教学评一体化。

【特殊教育学生参与亚残运会活动】 2023年10月22日，杭州市杨绫子学校学生为杭州第四届亚残运会开幕式举办暖场表演。学校在排练过程中，以节目首位为宗旨，多次调动相关力量解决场地冲突、道具制作、音频制作等问题，确保排练顺利进行。同时定期检查排练进度，评估节目质量。经过300多天练习，杭州市杨绫子学校的15名特殊儿童、18名老师，以及杭州娃哈哈双语学校的17名学生共同参与编排的节目《共同的荣耀》从400多个暖场节目中脱颖而出，成功在杭州第四届亚残运会开幕式暖场节目亮相。该节目展现出特殊儿童自立自强、乐观向上的精神面貌，表达杨绫少年对杭州第四届亚残运会的期盼。

【杨绫子学校成为市教育对外开放窗口学校】 2023年1月15日，杭州市杨绫子学校被认定为杭州市教育对外开放窗口学校（体育特色）。学校致力于借鉴学习国外先进特殊教育理念、技术、方法，建设国际化一流特殊教育学校。搭建各类特殊奥林匹克（简称特奥）运动展示平台，培养学生自尊、自信、自强的精神；开展特奥融合活动，鼓励健全人和智力障碍人士一起参加活动、训练、比赛，推广特奥运动“平等、和谐、包容、接纳”理念；承办全国特奥家庭论坛活动，促使更多特殊家庭关注特奥、走进特奥、发展特奥。学校作为亚运人文体验点、亚残运残疾人事业展示点、亚运足球梦想学校，开展“融合足球迎亚运”“做亚（残）运文明使者”等运动会、主题活动25场，惠及1000多人。

【市培智学校生活数学教学研讨活动在上城举行】 2023年6月14日，以“聚焦跨学科学习 打造生动课堂”为主题的2023年杭州市培智学校生活数学教学研讨活动在杭州市艮山路学校举行。活动中，上城区介绍区域构建“跨专业、多维度、协同式、支持性”特殊教育体系，阐述上城区2023—2025年特殊教育发展提升行动计划中与活动主题相关的特殊教育课程改革深化项目和特殊教育师资专业提升项目。杭州市艮山路学校介绍从2011年建校至今凝心聚力打造融合安恬的生态环境，保障学生公平、有质量的受教育权等情况。来自杭州市艮山路学校、杭州市紫荆花学校等4名教师进行跨学科学习背景下的生活数学课堂展示和点评活动。杭州市特殊教育教研员为活动做总结。

（何　杭）

家庭教育

【概况】 2023年，上城区为全区207所学校和14个街道的202个社区家长学校提供家庭教育指导服务工作，服务家长20多万人次。制定《上城区倡导推行“家庭日”实施方案》，创新家校政社协同育人模式，发文推广“家庭日”活动实践，统整“星级家长执照”平台、区家长学校总校、社区家庭教育指导服务中心三大功能于一体，立足区域家庭教育需求，运用平台、资源、协同优势，落实“1+5+N”区、片、校三级家庭教育网络，形成1个中心、5个片组、N个家庭教育指导服务阵地，组建“拥江”“品韵”“望湖”“走运”“依山”五大片区家庭教育研训共同体；建立健全区教育局家长学校工作目标、管理办法、运行机制、队伍建设、评价办法等，将家庭教育指导全要素纳入上城教育大德育体系。开展每周家庭日、“父母茶座”、芝麻开门等亲子共成长活动；试点42所学校、42个社区结对家庭教育校社联盟；升级“星级家长执照”家长数字成长空间服务；实施区域家庭教育“益家有方”工程，推进“4个一”行动（一周一案、一月一汇、一季一评、一年一节），组建区域家庭教育专家智库、兼职教研员和家庭教育讲师团3支队伍，实施德育副校长、家庭教育指导站站长、班主任、教师分层分类的家庭教育指导能力培训。年内，区社区学院获评中国成人协会第一批“家校社协同育人项目”实验基地；“星级家长执照”工程获评省教育领域数字化改革第一批创新试点项目并顺利结项，注册人数超过27万人，学习人次超过1000万人次。

2023年5月14日，“传承尚善好家风 筑梦精彩亚运会”上城区首批“父母茶座”发布暨第二届家庭教育宣传周（学生心理健康宣传月）活动启动仪式在杭州市钱学森学校举行

（区教育局 供稿）

【首批“父母茶座”发布】 2023年5月14日，“传承尚善好家风 筑梦精彩亚运会”上城区首批“父母茶座”发布暨第二届家庭教育宣传周（学生心理健康宣传月）活动启动仪式在杭州市钱学森学校举行。省、市、区领导，

社区家庭教育工作者，各中小学幼儿园家庭教育负责人，区家庭代表等6000多人参与活动。启动仪式分“颂”家风故事、“传”尚善家训、“扬”和乐风采3个篇章。现场，来自全区“尚善好家庭”的5户代表，通过视频分享他们的家风、家教故事，并与新疆维吾尔自治区阿克苏地区的赛维·艾力夏提的书香家庭进行网上联动，共同发出“每周一天家庭日”倡议，引领更多家庭开展亲子研学、共读、艺旅、运动、家务等活动，建设“尚善好家庭”。活动中，首批“父母茶座”线下实体学习交流空间正式发布，6家“父母茶座”单位分别为望江街道徐家埠社区、笕桥街道浜河社区、杭州市钱江外国语实验学校、杭州市胜利山南小学、杭州市紫阳小学、杭州市澎致小学。区教育局、区妇联、区检察院、区民政、区司法局、区卫生健康局、团区委、区关工委等“汇心护航”成员单位为首批“父母茶座”单位赠送家长成长大礼包，并将大礼包同步送到阿克苏书香家庭。

【“亲子家庭日”系列活动】2023年8月26日，区教育局联合区妇联等单位共同开展“亲子家庭日”系列活动。区社区学院、区青少年活动中心、各中小学和幼儿园、各街道利用“淘活动”平台、“星级家长执照”平台和区内场馆，整合家庭教育资源，为家长和孩子提供丰富的家庭日活动。活动涵盖家庭研学、亲子共读、亲子艺旅、家庭运动、家务劳动等内容，有“迎世纪亚运，润千年宋韵”系列活动、亲子棒球运动、亲子运动课——防身格斗术、“亲子消防营”体验活动、亲子魔术游戏、亲子YUE读书沙龙、亲子共读绘本、艺术之旅、“爱眼护眼”科普研学等，以及免费健身课、文体活动、烘焙体验、手工制作、读宋词演宋剧画宋画等活动。“亲子家庭日”开展活动20多项，吸引1000多名家长和孩子参与。

【家庭教育指导长效机制研讨】2023年，上城区努力促成家庭教育指导长效机制的形成。4月10日，区教育局与区妇联公布“上城区第二批结对共建协同推进家庭教育工作的社区与学校名单（共26组）”和“上城区第二批家庭教育指导员名单（共52人）”。11月8日，上城区家庭教育指导长效机制研讨会在杭州市天长观潮小学举行。浙江开放大学专家、区教育局负责人出席，区社区学院家庭教育团队、区中小学和幼儿园家庭教育分管校（园）长、家长学校负责人等400多人参加。会议提出各学校在家庭教育工作方面做好建章立制、师资保障、技术赋能和课题引领的要求。强调要在全区推广“星级家长执照”，用技术手段吸引家长成为家庭教育的同盟军；要用规范化、科学化、系统化的家庭教育服务赋能家长，提升学校治理水平。会上，家庭教育专家吴思孝做题为《如何提升学校家庭教育服务能力》的专题讲座，并为区年度示范家长学校授牌。

【“星级家长执照”发布会】2023年11月10日，上城区“星级家长执照”家长成长数字学习空间学习总人次超过1000万人次发布会在杭州市职工文化中心举行。发布会上，现场播放视频，回顾“星级家长执照”自2017年启动后的发展历程和丰硕成果。区教育局等4家单位的负责人分别邀请第一名星级家长执照注册用户、第1张五星级家长执照获得者、第10万张星级家长执照获得者、第1000万人次的学习者4名家长代表，共同见证“星级家长执照”学习总人次超过1000万人次的非常时刻。“星级家长执照”是记录和激励家长学习的平台，与“淘活动”平台一起提供“五个一”活动（同走1条研学之路、共读1本幸福之书、开启1次艺术之旅、共享1场运动之趣、体验1回家务之乐），配套亲子陪伴的资源，见证家庭成长。全年“星级家长执照”开展线下活动904场，学习总人数20万人次，发放执照2.1万张。

【家庭教育研训共同体建设】2023年5月6日，区教育局、区妇联共同发文，公布上城区“家庭教育研训共同体”16名兼职教研员名单，组建“拥江”“品韵”“望湖”“走运”“依山”五大片区家庭教育研训共同体。6月21日，上城区家长学校总校在浙江师范大学附属杭州笕文实验学校召开教育系统“家庭教育研训共同体”兼职教研员首次教研活动。区教育局负责人，杭州市家庭教育学会副会长，区社区学院、区教育学院负责人，片区家庭教育兼职教研员及区家庭教育研究员等30多人参与活动。会上，就区域家庭教育中的学校管理、家长需求、活动开展三大问题进行研讨和交流。会议指出，要发挥学校主导作用，履行片区各校家长学校的职能，点面结合开展家庭教育工作；要尊重家长家庭教育主体地位，破除“学校本位”思想，从家长实际需求出发，简化程序，细化服务，为区域家庭赋能；要创新“父母茶座”形式，用好各类社会资源，丰富家庭教育活动。区家庭教育研究员介绍上城家庭教育概况、区域家庭教育现实困境和研训共同体发展思路；学校代表介绍家庭教育经验和成果；专家对构建学校家庭教育管理体系进行点评和指导。

（何　杭）

校外教育

【概况】2023年，上城区努力建设高品质校外教育。完成“淘活动”平台2.0版本升级，实现校外研学活动和课后服务业务场景深度融合的“一站式”课后服务管理系统；平台入驻机构277家，覆盖全区14个街道，开展线下活动2442场，参与学生4.06万人次。开展庆六一主题活动、第四届“红领巾学院”思政微队课大赛、“火炬银奖”挑战营等活动，承办省、市参观交流活动10场；完成线上红色资源包开发50个，优化“15分钟研学圈”（以家为中心步行15分钟可达研学场所），开展走读宋韵研学等宋“潮”主题活动500多场。全年获评杭州市少先队首届示范学校4所、市首届社区示范队室1个、全国红领巾中队7个。举办区中小学生田径运动会、三大球类（篮球、足球、排球）比赛、乒乓球比赛、街舞比赛、“三棋”（围棋、象棋、国际象棋）比赛、“三跳”（跳短绳、跳长绳、踢毽子）比赛等赛事100多项。组织区艺术节和科技节比赛活动。参加省、市体育、艺术、科技活动和亚运会、亚残运会活动。培育校级科技社团86个，评定区级少儿体育分校5所、体育传统项目学校30所，成立校级艺术社团近1000个，校艺术社团活动覆盖100%。组建街舞、器乐、篆刻、摄影等区级社团，开展训练、展演、比赛等活动120多场次，参加团员5000人。推进校外培训治理，开展“清朗亮剑”专项行动，召开区“双减”专班会议4次，出动执法人员1.1万人次，检查培训机构1.34万家次，处理以“幼小衔接”“作业辅导”等方式开展学科培训事件9起，协助3000多名学员退费、转课、消课。年内，上城“双减”做法获教育部《“双减”改革每日快报》刊发6次，上城区作为杭州市唯一区县代表连续2次在省“双减”工作会议作典型经验介绍。

【上城区入选首批省级建设校外培训清朗环境试点名单】2023年11月29日，浙江省教育厅办公室发文公布首批省级建设校外培训清朗环境试点县（市、区）名单，全省仅11个县（市、区）入选，上城区名列其中。省级建设校外培训清朗环境试点县（市、区）由各县（市、区）自主申报，设区市核准推荐，省级复核遴选，旨在持续加强全省校外培训环境治理工作，落实《浙江省教育厅等六部门关于印发浙江省中小学生校外培训清朗环境三年行动计划（2023—2025年）的通知》。近年来，上城区在全省率先成立培训机构行业协会和党支部，在全市率先成立“双减”工作领导小组，制定“双减”方案，实行专班实体化运作。上城培训机构矛盾纠纷化解模式——“街道吹哨、部门报到、行业援助”、分类监管、资金监管、行政执法等工作先后被省、市、区领导批示肯定，被中央广播电视总台《焦点访谈》栏目、教育部《“双减”改革每日快报》等媒体报道890多次。

【“淘活动”平台迭代升级】 2023年，“淘活动”作为全省首个校外课后服务活动资源集成平台，完成2.0版本升级，新增机构场馆定位、在线支付、多方链接等功能，完善基于“淘活动”数据的学生综合素质评价体系，支持学生在活动中进行选择、接受指导和发布评价，成为校外研学活动和课后服务业务场景深度融合的“一站式”课后服务管理系统。上城区青少年活动中心制定《“淘活动”平台项目（场馆）准入与退出制度》，并由区教育局牵头区委宣传部、团区委等7个部门建立“家、校、社、政”多方协作运营机制，保证“淘活动”有序、顺利推进。通过线上、线下相结合，为学生综合素养提供过程化评价，实现对学生成长档案的智能化管理。通过运营管理后台，借助可视化立体式综合评价体系，对第三方机构等校外资源进行全程监管，确保平台入驻项目的品质。发布“上城教育高质量发展系列丛书”之一《淘活动：创享“数智”时代的童年幸福》，围绕“淘活动”平台建设、设计与实施、运行与保障3个方面阐释上城教育推进青少年校内外实践活动过程中的关键技术与典型案例。年内，平台新增入驻社区青少年俱乐部等公益组织150多个，入驻场馆277个，覆盖全区14个街道；上架“每校一特色”资源90多个、“家庭日”活动资源200多个、暑期托管活动资源80多个，开发主题线上课程30多节，累计课程资源200多份，参与主题场馆推荐单位10家。开展线下活动2612场，参与学生5.83万人次。研学合作机构128个，组织开展研学活动300多场，参加活动学生14万余人。

【7个少先队中队获评全国红领巾中队】 2023年6月6日，上城区7个少先队中队入选2023年度全国红领巾中队名单，分别是杭州市惠兴中学晨曦中队、杭州市杭州中学正行中队、杭州市东城第二实验学校闪亮星中队、杭州市胜利实验学校风铃草中队、杭州市采荷第二小学七色花中队、杭州市江锦小学未来星中队、杭州师范大学东城小学小书童中队。7个红领巾中队积极参加红色实践教育，参观红色教育基地，轮做红色服务志愿者；访老兵、怀英烈、筹善款、做公益，开展富有特色的少先队活动；组织开展文艺体育比赛、小小追梦人故事会、传承红色基因音乐会、“我是节约小标兵”、“我是环保小卫士”等活动。

【“我在博物馆上小学”论坛在上城举行】 2023年5月18日，2023年“我在博物馆上小学”论坛暨“场境学习”论坛·校园“童博节”活动开幕式在上城区举行。活动旨在分享杭州师范大学第一附属小学办学新成果，交流“双新”背景下素养导向的学教方式变革新探索。现场，进行上城区“博物馆型校园”授牌；举行《我在博物馆上小学》理论成果发布仪式；杭州师范大学第一附属小学介绍“我在博物馆上小学”教育理念的提出和发展历程，并从博物馆和未来教育、博物馆与空间重构、博物馆与学教方式3个维度阐述教育理念。“我在博物馆上小学”的办学新模式用丰富的资源为学生开辟学习空间、拓展学习资源、丰富学习方式，实现博物馆资源和学校资源共享共建，让无边界、无距离的学习为学生成长发展赋能，有效提升学生综合素养。10月25日，杭州师范大学第一附属小学学校科研成果《我在博物馆上小学：学科实践视域下城市小学场境学习探索》获杭州市教育科研综合类课题一等奖。

【教育系统“宪法晨读”省分会场活动在上城举行】 2023年12月4日，2023年国家宪法日教育系统“宪法晨读”浙江省分会场活动暨全省中小学法治副校长工作推进会在杭州市澎博小学举行。各地市教育局分管领导和省、市、区教育、法院、检察院、公安、司法部门的相关处室负责人近100人出席，学校全体师生参加活动。“宪法晨读”活动在升旗仪式中开始，在场人员齐声朗读宪法部分条款，齐唱歌曲《宪法伴我们成长》，观看第八届全国学生“学宪法 讲宪法”活动全国总决赛演讲比赛展演。现场召开全省中小学法治副校长工作推进会。会前，参会人员参观位于杭州市澎博小学内的上城区钱塘青少年法治学习体验中心。会上，来自各区的区法院、区检察院、区公安分局、区司法局的8名代表受聘为杭州市主城区各区学校的法治副校长。杭州市教育局、湖州市南浔区法院、宁波市检察院等6家单位代表进行交流发言。活动启用省校园安全数字化管理平台中小学法治副校长信息管理应用。全年全区开展法治宣传教育392场，参与22万人次；开设区青少年“淘活动”法治专栏，开展“品宋学法”活动20多场；定期邀请检察官、法官、律师等进校园，开设“尚法乐园”四点钟课堂200多节。全区中小学、公办幼儿园聘任法治副校（园）长均100%，有青少年法治学习体验基地学校16所。

【中小学生体育“双百赛事”启动】 2023年3月9日，由区教育局、区文广旅体局主办的2023年区中小学生体育“双百赛事”启动仪式在杭州市夏衍第二小学举行。该项目通过“区域赛、片区赛、校级赛”三大形式，在100所中小学校开展100多项体育赛事，丰富“美好教育”内涵，助力学生“阳光健体”。启动仪式上，与会领导为区第一届中小学生运动会学校颁奖，杭州市采荷中学等10所学校获中学组奖，杭州市濮家小学等16所学校获小学组奖；为杭州市饮马井巷小学等31所新一轮区体育传统项目学校授牌；宣布2022—2025年上城区区级少儿体育分校名单，杭州市天杭实验学校等5所学校入选。随后，领导到赛事场地，为各个项目开球，拉开“双百赛事”活动序幕。比赛有投壶、蹴鞠、打马球、套圈、抖空竹等项目。“双百赛事”于3—12月举行，全区12万名学生参与。

【“大体育”足球特色打造】 2023年，上城区坚持“政府主导、部门主推、学校主体、社会参与”的“大体育”发展原则，积极发展青少年校园足球运动。成立以分管副区长为组长的区青少年校园足球工作领导小组，专门修订《上城区校园足球发展五年规划（2021—2025年）》，支持校园足球场地建设，全区中小学校建有足球场地112个，实现100%覆盖。制定《区义务教育足球教学基本要求》和《区义务教育足球教学质量检测标准》；建立校际、区级、市级三级足球联赛平台，形成校校参与、层层选拔、推优晋级的联赛机制；足球特色学校均配备专业师资，足球一级裁判员有30多人，足球裁判员等级及人数均列杭州市第一。至年末，全区有“全国青少年校园足球特色学校”40所、“浙江省青少年校园足球特色学校”17所、“杭州市青少年校园足球特色学校”21所。12月6日，杭州市景芳中学男子足球队在2023年浙江省足球协会五人制足球青少年锦标赛（男子U15组）中获亚军，创造上城区在该项赛事的历年最佳成绩。参赛队员中有4名同学因该优秀成绩被授予“国家二级运动员”称号。

【青少年读书行动】 2023年，上城区围绕“爱读书”“读好书”“会读书”三大关键词，在探索链接社会、家庭、学校共享阅读资源的过程中，全方位构建阅读服务体系，多举措融入全民阅读，不断浓厚人人能读、人人爱读、人人享读的书香氛围。4月20日，上城区青少年读书行动暨高质量推进“行走德育”启动仪式在杭州市胜利小学举行。省、市、区有关领导，区教育各直属单位负责人，中小学校长及分管读书教育、德育工作负责人与相关部门、单位代表和个人参加活动。活动现场，领导为首批2023年上城区青少年“阅读推广人”颁发聘书，并为首批上城区青少年“15分钟泛在阅读空间”校外空间授牌。现场分享“15分钟美好教育共育圈”实践模式，推出“品韵”“走运”“望湖”“拥江”“依山”五大地域圈因地治学、应时而行的研学线路；展示上城区15所中小学悦读文化创意作品和成果，从经典分享、手工创作、文创周边等角度展示上城区文化特色和校园文化传承成果。仪式上，宣布上城区24个学校图书馆、阅览室、学习空间免费向社会开放，让家长、学生处处可读、时时能读。5月，上城区全域发布《杭州市上城区青少年学生“尚读365”行动实施方案》，全面建构学校、家庭和社会联动的阅读服务体系，打造高质量阅读环境。

（何　杭）

教育国际化

【概况】 2023年，上城区秉承“立足本土、放眼世界、心怀中国，面向未来”的理念，全面实施教育对外开放工程，依据“择优结对、平等交往、注重实效，互利共赢”的原则，深入开展“千校结好”项目，做优国际理解教育，服务“一带一路”建设，推动全区中小学交流合作工作向多元化、内涵化发展，努力成为全省高质量教育对外开放发展高地。以“校校有结对”为目标，支持区域内中小学与国（境）外学校通过新签、续签、更新协议的方式缔结友好学校。年内，新缔结英国贝达莱斯学校、加拿大贝肯山小学、新加坡光道小学等17所国外姐妹学校，“千校结好”结对总量215对；8个项目入选省“十百千”中小学国际交流工程，7名教师在迪拜中国学校、肯尼亚阳光学校任教；有来自新西兰、希腊、新加坡等10多个国家和地区的18个团组、86名教师、115名学生到杭州师范大学东城中学、杭州市钱江外国语实验学校等学校深入交流。至年末，全区中小学聘有外籍教师33人。

【省可持续发展教育国际研讨会在上城召开】 2023年12月3日，浙江省可持续发展教育国际研讨会在杭州市南肖埠小学召开。迪拜尚玛克国际学校副校长夏菲（Ms Fiona），Brain Co教育合作研究院院长王丽华、渠道总监隋娟、教学总监辛伯谌，长三角国际理解教育联盟项目学校代表，国际理解·可持续发展教育联盟成员学校代表，杭州市各区中小学校长代表，凯旋教育集团所属中小学校长及教师代表参加研讨会。会上，发布可持续发展教育创新项目，并授牌杭州市南肖埠小学等5所学校为Brain Co脑科学AI科创示范（实践）基地。北京师范大学研究员钱文丹作《跨学科主题学习——我们能从芬兰教育学到什么？》主旨报告。德国汉斯·赛德尔基金会浙江代表处首席代表施小东、《钱江晚报》专栏作家张丽华等围绕“基于‘国际理解·可持续发展教育’的跨学科主题学习如何有效实施”进行圆桌论坛，现场展示项目化学习、协同教学等活动。

【浙江省—加拿大高贵林市姐妹学校签约仪式在上城举行】 2023年6月6日，浙江省—加拿大高贵林市姐妹学校签约仪式暨中小学校长研讨会以网络视频连线方式在杭州市胜利小学举行。该活动由教育部中外语言交流合作中心指导，浙江省教育厅、加拿大高贵林市教育局主办，浙江省教育国际交流协会、区教育局承办。省教育厅总督学出席活动并致辞，教育部中外语言交流合作中心副主任、加拿大高贵林市教育局局长线上出席活动并致辞，省政府外事办公室、省教育国际交流协会交流部、市教育局交流合作处、区教育局负责人出席活动，相关姐妹学校管理人员及师生代表100多人参加活动。活动现场，杭州市胜利小学以“教育面向未来，你我携手前行”为题进行经验分享；杭州市胜利小学、杭州市钱江新城实验小学、杭州市澎致小学、杭州市南肖埠小学、宁波市第二中学等全省39所中小学与高贵林市中小学校签订姐妹学校协议。杭州市胜利小学、宁波市第二中学、高贵林市社区中心小学、高贵林市丽伊小学等两地学校校长围绕“面向未来的全人教育”主题开展深入研讨，双方约定将通过师生交流、分享教学与管理经验、开发相关语言课程和教学材料等方式，提升教育水平。

【中德合作项目“可持续发展教育”研讨活动在上城举行】 2023年11月27日，中德合作项目“可持续发展教育”高级研修班第三次线下研讨活动暨上城区国际教育理解教育联盟&赵骎名师工作室活动在杭州市钱江外国语实验学校举行。活动旨在分享“可持续发展教育”助推学校优质品牌建设的成功经验，为与会教师探索“可持续发展教育”在师生成长、学校发展、课程开发等方面的实践提供经验借鉴。浙江省中小学教师培训中心德国汉斯·赛德尔基金会特聘专家陈晓萍、上城区教育学院和杭州市钱江外国语实验学校负责人，以及研修班各地市的学员参加活动。活动分为“课堂教学观摩与研讨”和“可持续发展教育的学校实践分享”两大环节。陈晓萍以“未来公民所必需的21世纪核心素养”为导入点进行专业点评，从国际视野下中国基础教育的优势和问题等方面指出可持续发展教育的重要意义与实施要领。上城区的杭州市钱江外国语实验学校、杭州市夏衍小学和湖州市吴兴区太湖小学作经验介绍。

【上城支教教师带队获全球数学联赛阿联酋初中组冠军】 2023年5月4日，杭州市建兰中学校教师章琦通过线上辅导，带领迪拜中国学校初一年级5名同学，参加2023年紫色彗星全球数学联赛（Purple Comet Math Meet）。该赛事是由Awesome Math（为参加数学竞赛的学生开设的数学能力提升类集训营）举办的以团队参赛为主要形式的线上数学竞赛，来自60多个国家的2800多支队伍参赛。赛事考查选手个人解题能力，考验团队协作能力及队员默契程度。比赛前，章琦研究近5年的考题，对知识点、题型等主要内容进行归类分析，并利用假期和课余时间，组织参赛学生开展线上研讨，帮助学生分析高频考点，答疑解惑，为比赛做足准备。5名学生在比赛中获阿联酋初中组（参赛总人数超过400人，覆盖初一至初三年级）冠军。

（何　杭）

教育科学研究

【概况】 2023年，上城区坚持科研兴教，科研兴校，开展教育科研活动。成立区青年科研骨干小组，完成科研大组、教科室主任、青年科研骨干的三梯度队伍体系建设；制定《上城区青年科研骨干小组培训项目三年行动方案（2023—2026）》，开展集中研训3次；开发面向一线教师、科研骨干、教科室主任等不同群体的“微课程群”，提供教科研指南，解答科研困惑。开发微课程超过50个。依托区域5个“联片研训共同体”，有效整合优质科研资源，发挥优秀科研骨干和专家的作用，开展以省、市课题结题论证为主题的“片组式”教育科研活动，有73所校（园）的131项省、市课题开展结题论证。依托国家级教学成果推广应用示范区建设，开设浙江省教师教科研能力提升研修班，向省内各地推广上城区基础教育国家级优秀成果。开展“上城·淳安”共富联盟科研活动5次。出版“上城教育高质量发展系列丛书”10册；《上城教育研究》由双月刊改为单月刊，出刊频度翻倍。承担长三角城市群教育科研协作共同体成立20周年暨专题培训活动。年内，上城区教育科研成果获评基础教育国家级教学成果一等奖1项、二等奖4项；获浙江省教研课题立项4项；获评省教育科学研究优秀成果9项，其中一等奖3项、二等奖3项、三等奖3项；获评杭州市教育科研优秀成果一等奖17项、二等奖18项、三等奖11项；获市各系列课题立项110项，送审课题平均立项率60.8%，各系列立项率均居全市前列；入选浙江省优秀实践案例1个、省审定课程1个、省审定课程优秀课例4个，录用教育部中央电化教育馆精品课程13讲。

【5项成果获国家级教学成果奖】 2023年7月24日，教育部公布2022年国家级教学成果奖获奖项目名单，1988项成果获奖。上城区上榜5项，其中一等奖1项、二等奖4项。一等奖为杭州市杨绫子学校《“生涯自立”理念下培智学校劳动育人体系建构与实践创新》，二等奖为浙江师范大学附属杭州笕桥实验中学《内生课堂：大面积提高初中育人质量的实践探索》、杭州市崇文实验学校教育集团《“知行创”：国家课程高效育人的小学实践探索》、杭州市天长小学《数学实验：小学生数学学习方式的新探索》、杭州市建兰中学《学校大脑，推动智慧学习的教育变革》。杭州市杨绫子学校以“让每位智力障碍学生享有高品质的生活”为目标，提出“智力障碍学生从只满足‘生活自理’到‘生涯自立’转型升级”的特教理念。浙江师范大学附属杭州笕桥实验中学针对教学方式不科学、学习动力不足、兴趣难以激发等问题，提出“从育分走向育人、从外烁走向内生、从单一走向协同、从绝对值走向增长值”的教育理念。杭州市崇文实验学校教育集团以“知行合一、融合创生”为价值理念，着力于认知、行动、创造融合共生，将课程内容、育人主张、教学方式和资源保障有机整合为育人体系。杭州市天长小学完成“数学实验”内容系统开发，系统设计1～6年级120项数学实验项目，使之序列化、结构化。杭州市建兰中学采用规划建设、课例分析、行动研究等方法为学校装上“大脑”，并进行创新性应用实践。“学校大脑”以互联网为基础，是一个集学校管理、教育教学、学生成长于一体的人工智能系统。

【中国教育发展战略学会区域学术年会在上城召开】 2023年12月14—15日，中国教育发展战略学会区域教育专业委员会2023年学术年会暨区域教育高质量发展现场会在上城区召开。年会围绕“推进区域教育高质量发展，加快建设教育强国”主题，聚焦拔尖创新人才培养助力区域经济社会高质量发展、区域优质教育资源共享机制、数字化赋能区域教育高质量发展等话题，通过专家报告、论坛沙龙、实地考察等形式，进行深入交流与探讨。年会由中国教育发展战略学会区域教育专业委员会、杭州市教育局和上城区政府主办。年会开幕式在杭州新世纪外国语学校举行，其他活动在杭州市崇文未来学校等3所学校举行。年会设有《努力夯实教育强国基点 加快推进基础教育高质量发展》等8场专题报告。上城经验《以“治理之力”推进“上乘”教育》在年会上作分享。在局长沙龙环节，齐齐哈尔市教育局副局长等8名地区教育负责人发言，《中国教育报》校长周刊栏目主编主持沙龙活动。

【公办幼儿园第四轮三年发展规划论证会】 2023年7月5日、8日、9日3天，由上城区人民政府教育督导委员会办公室组织，在杭州市钱江第二幼儿园开展上城区公办幼儿园第四轮三年发展规划论证会，对全区47所公办幼儿园进行规划论证指导。论证会旨在增强幼儿园自主办园能力，促进幼儿园特色化发展，提升区域教育治理水平。杭州市教育科学研究所原所长施光明、市教育科学研究院副院长沈美华、杭州师范大学教授童富勇、浙江师范大学教授朱丽丽等9名专家组成专家团队参加。区教育局领导班子成员、机关科室长、责任督学参加论证。论证会上，各幼儿园详细介绍发展规划，展现幼儿园未来3年发展的亮点和愿景，以特色项目助推办园目标的高质量达成。专家对幼儿园发展规划进行细致论证，提出契合各幼儿园实际和特色的建设性意见与建议，帮助学校树立发展信心，理清发展思路，明确发展重点，优化发展策略。

【义务教育学校课程实施方案论证会】 2023年11月9—11日，上城区义务教育学校课程实施方案论证会在杭州市钱江外国语实验学校举行。论证会邀请浙江省教育厅教研室、杭州市基础教育研究室有关负责人参与论证指导。区教育局、区教育学院相关负责人、区深化义务教育课程改革工作小组专家委员会及区教育学院全体学科研究员参加论证。论证会上，全区各中小学从背景分析、课程目标、课程结构、课程实施、课程评价、管理保障等角度陈述学校课程方案的设计与实施情况。区深化义务教育课程改革工作小组和专家委员分批分组对学校论证方案进行深入点评反馈，尤其关注“加强课程设置的科学性和规范性”“准确把握国家、地方、校本3类课程间的关系”等问题，确保各类课程目标的育人指向一致，建立健全课程持续发展机制，指导学校将课程方案真正有效落地。

【立体评价·杭州峰会在上城举行】 2023年11月27日，2023年上城教育学术节（秋季）名师风采展示活动之教育评价专场：立体评价·杭州峰会在杭州市澎博小学开幕。中国教育学会副会长，北京市教育督导评估院院长，市教育局、省教育考试院相关负责人等出席会议。来自全国16个省份的学校校长、教研员、骨干教师近300人参加会议，2000多人通过教研网线上观看会议直播。区教育局主要负责人介绍上城教育小学生综合评价改革工作的发展与成效。会上，开设《优化教育生态：教育质量综合评价改革的省域实践》《立体评价：面向新时代教育的上城实践》《基础教育评价的改革创新——国内外评价改革的回顾与前瞻》等主题报告。11月27—28日，峰会以“立体评价视域下深化小学生综合评价改革的实践方略”为主题，通过专家报告、课例展评、名校经验分享、圆桌会议等形式多维度展示上城教育在教育评价领域的实践探索，同时为全国各地与会代表搭建评价研究和实践的交流平台。

【省学前教育研究会“十四五”规划课题开题论证会在上城举行】 2023年12月2日，“以研赋能”幼儿园课题研究与写作研讨会暨浙江省学前教育研究会“十四五”规划课题开题论证会在杭州市胜利吟潮幼儿园举行。省学前教育研究会、省社区与社会教育专业委员会、区教育局相关负责人，浙江省学前教育研究会会员共120多人参加论证会。上城区致力构建以“四福”（筑福、蕴福、纳福、共福）为核心的“浙有福娃”上城学前教育品牌体系，全域推进学前教育优质普惠发展。课题开题论证会旨在为教师科研素质的提升搭建平台，进一步完善课题研究目标及内容，帮助各课题组进一步打开研究思路，从“真问题”出发，明晰研究方向，找准研究核心着力点，推动幼儿教育健康持续发展。

【上城·淳安“教育共富”暨省、市优秀科研成果推介活动】 2023年5月17日，由区教育局主办的2023年杭州市上城·淳安“教育共富”暨省、市优秀科研成果推介活动在杭州市惠兴中学举行。来自淳安县和上城区的科研机构和科研团队、城区科研大组成员及2023年杭州市教育科研课题拟立项负责人共同参加。自2021年上城、江干两区合并后，上城区教育总体呈现体量大、名优教师多、质量优、会创新四大特点。两地科研人员在教育改革与发展中努力践行、积极探索。上城区与淳安县的联盟行动精准聚焦于“科研共富”，力求科研兴校、科研立校、科研强校。第二场上城·淳安“教育共富”暨市优秀科研成果推介活动于12月20日在浙江省教育科学研究院附属实验学校举行。省教育科学研究院原副院长王健敏、市教育科学研究院副院长金卫国出席，淳安县教育发展研究中心和上城区教育学院负责人，上城、淳安全体教育科研员，以及两地的优秀科研成果团队，上城市区两级综合类立项课题负责人和科研大组成员等150多人参加。专家对活动展示的9个课题成果进行点评，并提出意见和建议。

（何　杭）

师资管理

【概况】 2023年，上城区结合区情与新时代教师队伍建设中的问题需求，以“转化进阶”促研修变革，推进上城教师高质量发展。制定《杭州市上城区中小学、幼儿园新教师培养考核实施意见》《上城美好教师师德标准二十条》《中小学家访工作指引60条》，扎实推进实施新教师3年培养进阶课程计划和班主任培训计划。首次将清廉教育作为新教师入职培训的重要内容，组织700多名新教师开展清廉教育主题研学活动。举办区全员基本功大赛、新教师课堂教学展示活动，1100多名新教师参与。开展区班主任基本功大赛。组织学年校本研修考核评比，201个校本项目参评。组织2212名教师参加第三期提升工程2.0培训。组织后备干部高级研修班赴昆明研学活动和“二合一”研修项目（后备干部培训与任职资格培训整合为一，进行为期1年的学习）。发挥名优教师示范、引领、辐射作用，启动区内特级教师工作站培训项目131个，培训骨干学员1532人，实现“校校有特级”。完成教师交流592人。深度开展“百人千场”跨域支教与合作，完成衢州市常山县、四川广元市剑阁县等地送教活动42场。组织第二届区教师读书节，全区208家基层单位参加，1.2万名教师撰写读书感悟。承办第四届“砥石论坛”，出版发布《五阶研训——指向持续学习力的双驱赋能教师发展范式》。年内，上城区获评全国中小学教师信息技术应用能力提升工程2.0典型案例1个（杭州市唯一入选）、省信息提升工程2.0典型案例16个、省信息提升工程2.0认定性课题2项。

【第四届“砥石论坛”在上城举行】 2023年4月24—25日，教育部—联合国儿童基金会“县级教师发展机构专业化建设”项目第四届“砥石论坛”在上城区教育学院举行。教育部、省教育厅、市教育局有关领导，中国教育学会、国家级教师培训管理者发展研究中心、华东师范大学教师发展学院、省师干训中心负责人，联合国儿童基金会驻华办事处高级官员及高校专家出席活动；项目单位负责人及来自全国各地的教育同行200多人现场参会，线上参会1万余人。论坛以“以研训者的高度成就教师发展的高度”为主题，共同探讨新时代教师研训者的专业素养与提升路径。“砥石论坛”旨在聚焦行业热点、难点，推动实践经验分享，促进研究与实践互动。该论坛含3个主旨报告、2场圆桌论坛、2个优秀实践和1个研训现场，从各层面汇聚专家智慧与实践思考，探索新时代研训者的专业素养与提升路径，更好地赋能教师专业持续发展。

资料

“五阶段教师”：通过“新苗奖”“新秀奖”“能手奖”“风华奖”“红烛奖”的评选，构建上城美好教师成长的基础。

“五梯队教师”：指区骨干教师、区学科带头人、D类人才+区特级教师、C类人才+省特级教师、B类及以上人才。

【教师专业发展培训】 2023年，上城区以“转化进阶”促研修变革，以“制度之力”推进“教师发展之治”，深度剖析并聚焦上城教师队伍发展现状问题，针对区教师专业发展的痛点与瓶颈，推进问题导向、目标导向的各项特色项目与举措，助力上城教师研训高质量发展。发挥名优教师示范、引领、辐射作用，全面启动区内131个特级教师工作站培训项目，实现“校校有特级”。至年末，全区有特级教师工作站骨干学员1532人，占全区在编教师数的15.1%。依托中小学校“联片研训共同体”、学前“研训区域链”工作机制，在区域内组织开展以“实践困惑、学习反思、对话交流、认知重构、行为转化”为学习闭环的五层级教师转化研修，促进上城教师队伍建设的高质量发展。着力构建干部培养模式，通过多途径提升校（园）长书记、副校长、后备干部、年轻干部4个梯队建设。先后开展区初中后备干部高级研修班到昆明研学、区小学校级后备干部任职资格培训、区学前校级后备干部公开选拔等活动。年内，作为承担全区教师培训工作的上城区教育学院在2023年度浙江省、杭州市中小学教师专业发展培训绩效考核工作中持续保持省、市优秀。

【班主任培养】 2023年，上城区关注并重视一线班主任的培养，积极为其搭建成长平台，真正做到“赛训一体、以赛促建”。从区赛、市赛到省赛，从线上培训到线下培训，上城区参赛教师深入学习心理学、教育学、教育政策等内容，不断打磨文本、录制视频，在案例分析的反复模拟中提升自身素养，扎实掌握育人技能。10月27日，在2023年浙江省中小学班主任基本功大赛中，上城区3名教师代表杭州市参赛，其中杭州市杭州中学尤奕、浙江师范大学附属杭州笕桥实验中学马佳尔获综合一等奖，浙江师范大学附属丁蕙实验小学吕纯获综合二等奖。在育人故事、带班育人方略及主题班会单项奖评比中，上城区获单项奖5个。8月8日，在2023年浙江省中等职业学校班主任基本功大赛中，杭州市建设职业学校肖韩获二等奖。上城区4名教师代表杭州市参加省中小学班主任基本功大赛，均获奖。

【上城案例入选国家级师德师风建设典型案例】 2023年12月23—24日，全国中小学幼儿园师德师风建设专家委员会第二届年会在上海市宝山区召开。会议以“大力弘扬教育家精神，构建中国特色师德师风体系”为主题，发布成果《中小学幼儿园师德师风建设典型案例（2023）》。杭州市崇文实验学校教育集团《以“78个工作细节”为抓手 践行教育家精神》案例入选，并作为大会推荐典型案例在现场展示。杭州市崇文实验学校制定的《崇文教师应当遵守的78个工作细节》以“品质教育、优质教师、高质学生”为目标，成为衡量教师成长的一个硬性指标。2014年，学校以“崇文教师应该是怎样的”为主题展开全员讨论。在收集的300多条建议中，最终确定78个工作细节。2015年，学校将该78个工作细节纳入师德师风考核制度。2019年，通过修订完善，78个工作细节成为锤炼师德师风的标准。78个工作细节分为“教师形象”“教师沟通”“班级管理”“教学常规”四大类，涵盖日常教育教学的各方面。经过近10年的探索和实践，“78个工作细节”取得明显成效，相关成果被推广至上海、湖北等20多个省、市。

【学前教育硕士研究生教师成长联盟成立】 2023年3月31日，上城区学前教育硕士研究生教师成长联盟在杭州市丁兰第二幼儿园成立。区教育局和直属单位相关负责人及全区学前教育硕士研究生参加活动。该联盟为杭州市首个学前教育硕士研究生教师成长联盟，首批学员由98名学前教育硕士研究生组成。该联盟的成立，旨在为全区硕士研究生教师搭建平台，提供赛道，让教师聚起来、学起来、干起来、比起来，使其成长为上城区学前教育的王牌军、先锋队。成立仪式上，区教育局相关负责人作《上城区学前教育硕师成长联盟工作方案》解读。杭州市东城幼儿园张淑津等3名硕士研究生教师代表作表态发言。

【首届特级教师工作站启动】 2023年3月2日，上城区首届特级教师工作站启动仪式在上城区教育学院举行。浙派名师培养工作站站长、省特级教师张化万及全区133名特级教师工作站领衔人参加活动。区特级教师工作室实行任期制，3年为1个周期，以学习为主导、研究为主体、项目为驱动，进行智慧众筹、底线管理和量化考核。工作站覆盖全学段全学科，在促进青年教师成长的同时促进名师进一步提升，助推区域教育高水平优质均衡发展。张化万等5名省特级教师代表分别围绕“建章立制”“学科建设”“项目助推”“共富辐射”“使命担当”5个关键词作经验分享、思路规划，展望未来的责任与担当。张化万以“追寻教师幸福，改变四种方式”为主题，介绍张化万浙派名师培养工作站的经验和做法。至年末，全区启动区内特级教师工作站培训项目131个，有骨干学员1532人，占全区在编教师数的15.1%。

【第三届上城·剑阁东西部教育协作联合教研活动】 2023年11月23—24日，第三届上城区·剑阁县东西部教育协作联合教研活动在四川广元市剑阁县龙江小学校举行。区名师名校长、区小学校级后备干部一行到剑阁县慰问支教教师，并开展课堂教学、评课教研、专家讲座、专题研讨等活动。活动开幕式上，剑阁县龙源育才学校、剑阁县白龙中学、剑阁县元山小学分别与杭州市钱学森学校、杭州市丁荷中学、杭州市澎汇小学签订结对帮扶协议，双方将依据“四同步”（城乡同步课堂、教师同步研修、名师同步培养、资源同步共享）教研协作机制开展协作，建设教育共同体，共享优质“美好教育”。上城区教育学院党总支书记伍小斌等围绕

“上城区教育高质量发展”主题先后作系列主旨报告。活动期间，召开上城区援教剑阁县专业技术人才（教师）座谈会，援教干部陈杰作工作汇报，援教教师刘文华、瞿菁作援教工作介绍；以课堂观摩、课堂指导、主题分享等形式开展联合教研活动，分4个会场同步进行，涵盖中小学语文、数学等学科。全体上城区小学校级后备干部分组参与课堂观摩与指导。上城区优秀教师代表执教示范课，围绕“跨学科主题学习”“五育并举实践”“智慧教育”等主题进行交流分享。

（何　杭）

教学保障

【概况】 2023年，上城区坚持做精、做细、做实学校建设、技术装备、资产运营、后勤管理等工作，为教育教学提供保障。全年建设完成民生实事竣工项目10个，新增学位数8910个，新增占地面积14.09万平方米，新增建筑面积27.5万平方米。编制上城区中小学、幼儿园布点规划。全年投入维修资金6700万元，完成115家基层单位维修项目。教育装备投入1.18亿元，新建学校全部按照省教育装备标准要求建设和配备。完成杭州市开元中学图书馆（E楼）绿建改造项目和杭州市澎诚中学绿色低碳改造工程各1个，相关工作获教育部肯定。统筹安排年度基本支出，严格财经纪律和经费合理使用。资助生活困难学生8166人次、865.9万元。制定实施《杭州市上城区学校食堂管理办法（试行）》，对全区253个中小学食堂开展专项治理工作。代表杭州市在省教育厅做食品安全经验介绍，区教育发展服务中心获杭州市政府“创建国家食品安全示范城市工作行政嘉奖”。年内，获评全国健康学校1所、省健康促进金牌学校2所、市首批营养健康食堂示范单位10家、市级近视防控特色学校2所、市平安示范单位1家、市2022年度“十佳无废学校”1所。学生体质健康合格率98%以上、优良率70%以上。举办区国际减灾日和区全国防灾减灾日主题宣传活动、“美好视界”儿童青少年近视防控关爱行动、区青少年“正脊工程”行动、区心理活动月活动，召开区教育系统网络与数据安全工作会议和法治宣传活动等。

【新型教学空间建设】 2023年，上城区从80多个学校申报方案中甄选出22个项目进行新型教学空间建设，包含普通教室提升（杭州市杭州中学·学习力驾驶舱）、学科教室创新（杭州市采荷第一小学·笛韵采）、创客空间（杭州春芽实验学校·榫卯木艺）、新型场馆（杭州市江锦小学·采梦园）、综合性空间（杭州市娃哈哈小学·“融美课堂”）等。新型教学空间是秉持虚实空间融合、线上线下互动、资源优势共享理念，打破传统课堂与教学概念，重构教室、操场等校内建筑与物理空间的新学习共同体。在新型教学空间建设中，杭州市饮马井巷小学小骏马音乐空间站整合音乐教室、艺术长廊等校内场室，成为沉浸式奥尔夫体验区、项目式合作学习区等四大学习区域；杭州市东城第二实验学校“创芯工程师”活动中心强调“做中学”和“学中做”，让学生组装、操作、试验，亲历探究电子技术问题与解决设计问题的过程；杭州市丁兰第三小学D3“食全食美”特色场馆通过局部装修、安装隔断、添置置物架、采购厨具等方式，打造供师生烹饪、宣传食育文化的新劳动场馆；杭州市钱学森学校数字课堂集教师教学、学生学习、教务及管理等系统于一体，是新型教学空间与线上个人空间、课堂记录、教学资源等相结合的新型教学空间。

【杭州市采荷中学入选首批全国健康学校建设单位】 2023年5月8日，杭州市采荷中学入选首批全国健康学校建设单位名单。杭州市采荷中学结合校情，以“营养均衡，健康体魄”为重点，开展各种健康促进活动，倡导师生形成文明健康的生活方式；以“双减”为背景，落实对学生的营养、睡眠、心理健康、作业、手机等专项管理规定，营造健康教育环境，形成学生健康的学习方式。学校结合行为规范养成教育、家风养成教育、长乐学农实践活动、优良学风建设等多元评价体系，不断提升学生健康素养，促进学生养成积极健康的生活态度。建立、健全健康教育体系，有序开展健康教育工作，健康教育课时数每学期在10次以上；在教育中融合健康教育，搭建各类平台，邀请专家、名师开设健康教育课，定期举办师生健康教育讲座等。在学校的省精品心理课程“鼓圈”减压课程基础上，打造体质健康教育和心理健康教育精品课程。学校执行每日家长教师“双陪餐制度”，每学期开展学生体检、心理健康筛查、视力监测、肥胖学生监测，建立学生健康监测预警机制和健康数据库，科学、规范、动态、有效地管理、应用、完善学生健康信息，从身体、心理、视力、饮食等方面全方位关注学生健康情况。

【既有建筑绿色改造项目完成】 2023年10月，杭州市开元中学图书馆（E楼）绿建改造项目完成。项目总预算316万元，于2023年7月开始施工。该项目涵盖节能、保温、太阳能光伏发电、雨水回收、空气源热泵、海绵城市、能耗监测等系统，通过使用先进的节能技术和材料，成功将建筑能耗降低至原来的75%，并大幅提升室内环境质量，为师生提供更加健康舒适的学习和工作环境。项目注重水资源的节约与循环利用，减少27.8%的用水量，并确保室内空气质量100%达到二级标准。同时，有效管理图书馆的噪声控制，室内声环境比之前更加宁静，为学习提供更好的条件。项目设计之初在上城区教育发展服务中心的指导下与浙江大学开展合作，基于《既有建筑绿色改造评价标准》要求，针对各专业设计提出合理、适宜、绿色、经济的技术要求。项目完成后，学校向省住房和城乡建设厅提交既有建筑绿色改造设计标识申请，并获既有建筑绿色改造项目的预评价证书。

【区教育发展服务中心获市政府嘉奖】 2023年5月17日，杭州市政府发布创建国家食品安全示范城市工作行政奖励嘉奖名单，上城区教育发展服务中心入选。上城区教育发展服务中心始终把学校食品安全作为餐饮服务食品安全监管的重点，坚持“源头可溯、全程可控、风险可防、责任可究”总目标，扎实开展校园食品安全综合治理，树立物理、思想、制度“三道防线”。坚持学校食堂公益性和服务性原则，建立集中采购及配送服务管理机制，联合区市场监管局等部门对招标入围企业进行实地查勘，落实大宗物品安全保障措施；每月召开大宗物品供货商和营养午餐配送企业会议，开设“食材货源风险防控”专题讲座；借助监控设备查看供货商配送基地；设立校园食堂快检室，实时上传农残快检数据；随机抽取学校食材，委托第三方检测机构快检复查，抽检合格率100%；通过平台实现对学校食堂的全时段实时在线监控，实时查看原料清洗、切配、烹饪、专间、餐具消毒等环节动态，并将监控数据上传“众食安”平台，实现远程智慧监管。严格落实食堂食品安全主体责任，开展学校食品安全管理人员、从业人员食品安全培训，加强食品安全宣传，形成政府领导、部门监管、师生参与的共治格局，夯实食品安全建设基础。年内，杭州市丁兰实验中学等10所中小学、幼儿园通过验收，达到杭州市营养健康餐厅示范单位建设标准。上城区学校（幼儿园）食堂量化等级B级以上达到100%。

【零碳学校揭牌仪式举行】2023年12月29日，以“零碳校园展活力 数智科技迎新元”为主题的零碳学校揭牌仪式在杭州市澎诚中学举行。活动由区教育局、区总工会、区关工委主办，区劳模工匠协会协办。自教育部印发关于《绿色低碳发展国民教育体系建设实施方案》后，杭州市澎诚中学积极响应，开展零碳校园建设，旨在将绿色低碳生活的理念融入办学的每个环节中，促进学生的低碳环保意识的提高。揭牌仪式现场，省发展和改革委员会基础部综合办公室（省重点办公室）有关负责人、上城区有关领导为杭州市澎诚中学零碳学校授牌，现场启动并网发电仪式。全国劳动模范、西子联合控股有限公司董事长王水福被聘为杭州市澎诚中学零碳课程名誉导师，他以短视频形式向学校送上祝福。

【青少年“正脊工程”行动启动】2023年3月2日，上城区青少年“正脊工程”行动启动仪式在杭州市东城第二实验学校举行。上城区青少年“正脊工程”旨在通过专业支撑、综合防控、多方联动等举措，建立一套完整的知识宣传、科学预防、筛查矫正体系，守护青少年的脊柱健康。活动现场，区领导为杭州市中医院颁发上城区青少年“正脊工程”行动专家指导单位聘书，学校代表作护脊工作经验分享，学生现场进行室内正脊操展示，专家做题为《青少年脊柱侧弯诊疗与思考》的科普讲座。年内，上城区完成“正脊工程”学生筛查12万人，相关活动登上中央广播电视总台《新闻1+1》栏目和省委办公厅专报。

（何　杭）

文化

综述

【文化事业发展】 2023年，上城区围绕“人文魅力中心城区”目标，以省文旅深度融合工程、市高质量发展绩效、区“八大行动”考核任务为抓手，坚持品牌引领、项目推进，在公共文化服务等方面取得成效。年内，超额完成2023年浙江省政府民生实事“浙文惠享”项目，建成“15分钟品质文化生活圈”35个、城市书房2家（杭州书房·小营红书房、杭州书房·凯旋邻里书房）、文化驿站1个（红梅社区文化驿站）。成功创建浙江省文化强镇1个（南星街道）、浙江省文化示范村（社区）1个（闸弄口街道红梅社区）。

【“文艺赋美”工程】 2023年3月31日，由区文广旅体局主办的“湖滨之韵”——上城区“文艺赋美”工程启动仪式在“湖上乐客厅”举行，另有鼓楼小广场、杭州大厦501城市广场2个分会场同步开启。自2022年9月后，上城区作为浙江省“文艺赋美”工程试点地区，已打造包括“湖上乐客厅”“鼓楼小广场”在内的4个精品演出点位，塑造现代流行、宋韵经典、古典传统三大主题风格，开展“文艺赋美”演出100多场，惠及群众10万余人次。2023年，上城区联动14个街道，增设演出空间365个，以“百场带动千场”，打造多点、高频、流动的文化艺术微景观，获“2023年度杭州市‘文艺赋美’TOP5”称号。

【“15分钟品质文化生活圈”建设】 2023年，上城区根据省、市统一部署，建设“15分钟品质文化生活圈”，即城

2023年3月31日，“湖滨之韵”——上城区“文艺赋美”启动仪式在“湖上乐客厅”举行（区文广旅体局 供稿）

乡居民走出家门，步行约15分钟，可就近到达公共文化设施或其他公益性文化空间，可自主、便利、常态地（即生活化地）获取优质公共文化产品和服务。全年全区建成“15分钟品质文化生活圈”35个，增至90个，覆盖76.17万人；组织各级文化活动4000多场，线上、线下参与近1000万人次。

（施芳人）

精神文明建设

【概况】 2023年，上城区精神文明建设工作以习近平新时代中国特色社会主义思想为指导，全面贯彻习近平文化思想和习近平总书记考察浙江重要讲话精神，把迎亚运和精神文明建设各项工作联系起来，统筹推动文明培育、文明实践、文明创建。加强公民思想道德建设，持续深化全国文明城市创建工作，开展城市文明大提升十大专项行动，创新推出新时代文明实践志愿服务“百个阵地”“千支队伍”“万场活动”等特色工作，持续推动“浙风十礼”全域实践。全区精神文明建设工作取得新进展、新成效。

【全国文明城市创建】 2023年，上城区高质量完成全国文明城市国测、省测和全市城市文明程度指数测评迎检任务。其中，全国文明城市测评期间，承担全市70%以上点位迎检任务。组建文明创建工作专班，围绕“七个周边”（农贸市场、医院、商场、超市、商贸综合体、学校、交通场站7类场所及周边的背街小巷、小区、主次干道、社区及新时代文明实践站）重点区域，开展全区文明城市季度测评和专项测评。高标准落实区人大常委会关于《杭州市文明行为促进条例》贯彻实施情况的审议意见。开展新一轮（2021—2023年度）省、市、区文明单位推荐、选树和复查工作，新增规划培育区级文明单位22家。

【新时代文明实践】 2023年，上城区推进“浙江有礼·最美杭州·上城尚礼”文明新实践。“上城尚礼·益民”“最美人墙”“没有围墙的博物馆”等项目持续升级；“九哥九姐”融合与创新志愿服务项目获评全国学雷锋志愿服务“四个100”先进典型最佳志愿服务项目；“小伢儿停车场”文明实践创新做法获全省推广。办好“3·5”学雷锋纪念日、“12·5”国际志愿者日、“公民爱心日”、“第二十届邻居节”、“我们的节日”等文明实践活动。开展“上城尚礼”、“四个十”（十个有礼单元、十个有礼窗口、十个有礼地标、十个有礼实践）典型选树活动，其中南宋德寿宫遗址博物馆、精准触达助老志愿服务等8项活动获评省、市有礼典型。提前完成《杭州市上城区国民经济和社会发展第十四个五年规划和二〇三五年远景目标纲要》中“新时代文明实践中心、所、站及社区文化家园覆盖率达100%”指标，打造社区文化家园精品项目20个。

【公民思想道德建设】 2023年，上城区推进公民思想道德建设，常态化开展“最美上城人·身边好人”“新时代好少年（美德少年）”选树活动。全年获评省道德模范1人、市道德模范1人、“最美杭州人”2人、“中国好人”1人、“浙江好人”6人、“杭州好人”12人，涌现出彭清林、赵雪红、李银蛟等一批典型；来丁丁等3名学生获评第十九届杭州市“新时代好少年（美德少年）”，2名学生获提名奖。加强道德模范媒体宣传，先后制作宣传视频29个。制作《浙风十礼·尚礼之声》有礼主题宣传片。7月16日，中央广播电视总台专程到濮家社区采访“最美凉茶摊”，并在中央广播电视总台新闻频道推出专题报道。

【亚运城市文明大提升行动】 2023年，上城区开展亚运城市文明大提升行动，推出亚运社会宣传浸润、“我为亚运代言”先进典型引领、“全民学英语 一起迎亚运”、“我的城市我清洁”城市环境卫生、“做文明使者 迎亚运盛会”文明好习惯养成、“我文明 我礼让 我守规”文明交通提升、“窗口树形象 服务展风采”窗口行业文明服务、“志愿同行‘益’起亚运”志愿服务、亚运知识和文明观赛宣传普及、“与爱同行 助残迎亚运”十大专项行动。部署亚运主题大型景观小品和户外广告50多处、主题墙绘300多处、道旗3000多杆，印制张贴海报8万份。开展3轮“文明好习惯养成”21天打卡活动，发布《上城区文明晾晒标准“四不要三提倡”》和《上城区文明晾晒公约》，开展文明餐饮、文明晾晒、文明出行等10项文明行为劝导活动1000多场，参与群众超过10万人次。发动居民群众人人动手、清洁家园，依托“周五大扫除”“花满阳台”等活动，选树“美好小区”28个。抓好亚运城市志愿服务“百个阵地”“千支队伍”“万场活动”等特色工作。高标准设置亚运文明驿站121个，开展文明指引、便民服务、医疗应急等新时代文明实践志愿服务。成立区志愿服务工作委员会，统筹全区志愿服务工作。全区注册志愿服务队伍1056支，组织线下志愿者培训超过700场，开展志愿服务4.2万场，参与群众27.4万人次。

（张玉瑛）

公共文化服务

【概况】2023年，区图书馆围绕打造宋韵文化新高地目标，着眼传承发展，打造宋韵文化展示新窗口，激发宋韵文化融合，擦亮宋韵品牌。利用各类文化设施，开展“宋·读”暨2023年上城区全民阅读节启动仪式、“书香上城，我是领读人”荐书短视频、名家讲座系列、全民阅读进基层、“阅暖上城”借阅服务进社区等活动。推进杭州书房建设，建成开放杭州书房22家。新增10个集阅读、培训、交流、活动、休闲、体验于一体的杭州邻里阅读空间，总数增至22个，数量居全市第1位，助力上城区融入浙江省“15分钟品质文化生活圈”。

（蒋 颖 姚 倩）

【杭州书房建设】2023年，区图书馆推进杭州书房建设，新建成开放杭州书房·小营红书房、杭州书房·凯旋邻里书房。其中，杭州书房·小营红书房位于马市街93号，总面积410平方米，是一个以“红色党情”为特色主题的多功能复合型书房，设置红色文化免费借阅专区、红色特色文创售卖专区、儿童阅读专区及宋韵茶歇区等功能区块，日常举办各类特色文化活动，为周边居民和游客提供优质的公共文化服务，为江南红巷的文化旅游产业注入新的动力；杭州书房·凯旋邻里书房位于景芳三区35幢，面积800平方米，有50个座位数，藏书5000多册，开放时间为周一至周日

南宋德寿宫遗址博物馆亚运文明驿站（摄于2023年）

（区委宣传部 供稿）

的9时至18时，以“亲和、开放、低碳、永续”为目标，致力营造开放包容的公共文化空间。

（蒋　颖 施芳人）

【图书流通服务】 2023年，区图书馆图书总流通量92.3万册次，平均每天流通2529册次，馆藏图书包含文学、哲学、艺术、生物科学、医药卫生等22种类别。全年新增图书3.4万册，馆藏图书增至60.7万册。区图书馆编辑完成“新书、好书推荐”50期，推出各类当季图书100多种。全年区图书馆流通人次142.3万人次，平均每天到馆3899人次。

【全民阅读推广】 2023年4月22日，“宋·读”暨2023年上城区全民阅读节启动仪式在南宋德寿宫遗址博物馆举行。启动仪式上，开展“书香满上城 阅享新时代”上城区全民阅读推广成果展示、上城区2022年度“优秀阅读推广人”表彰、上城区2023年书香大使授牌等活动，并进行宋诗、宋词、宋文表演。区图书馆持续开展“悦读宋韵”品牌建设，项目吸引《人民日报》、《中国文化报》、新华社、人民网、新华网、光明网、中新网、《浙江日报》、潮新闻、浙江新闻、中国蓝、《杭州日报》等媒体报道70多次。全年区图书馆共计开展线上、线下活动1632场，参与活动100.71万人次，其中开展培训290场、讲座270场、展览237场、阅读推广活动835场。

【夏衍旧居恢复开馆】 2023年，夏衍旧居经修缮提升后于5月20日正式对外恢复开馆。当天举办“亲近夏衍”——开馆体验游活动。活动结合夏衍文化，推出“文人风骨，探馆雅集”、“红色手作，一品高洁”夏衍文创糕点体验、“红色剪纸灯，光影续传承”等一系列活动，吸引30组亲子家庭进馆游园。自恢复开放后，夏衍旧居接待各类参观团队60多批，参观人数5000多人次。年内，围绕夏衍旧居廉洁文化拍摄的微视频《生活无贵气、工作无官气的文艺巨匠》在中央纪委国家监委网站头条栏目播出。

【乡村（社区）博物馆创建】 2023年，上城区开展乡村（社区）博物馆创建工作。杭州海塘遗址博物馆组成共建小组，结对钱学森故居、彭埠乡贤馆开展帮扶，对规章制度、藏品清单、展品标牌的编制予以指导，开展讲解和管理业务培训，保障场馆完成建设水平和服务质量提升。5月11日，钱学森故居、彭埠乡贤馆2个场馆入选杭州市第二批乡村（社区）博物馆名单。

【流动博物馆进校园】 2023年3—12月，上城区举办2023年“学习夏衍精神，争做上城好少年”青少年“第二课堂”系列活动。活动设有“夏衍杯·我和博物馆的故事”征文大赛、图片展及第十三季快乐竞赛活动。图片展结合快乐竞赛活动举行，设置夏衍文化、文物保护、海塘文化、宋韵文化和亚运知识5个板块，以流动博物馆的形式进入杭州市丁蕙实验中学、杭州市夏衍中学、杭州市胜利实验学校等20所学校，向学生普及全面的文博知识，受益学生约6万人。

【“没有围墙的博物馆”群落建设】 2023年，上城区统筹全域文旅、文博资源，建好一个“清河坊核心圈”，打造沿江、沿河两条“展示带”，画好一张“百馆图”，提升南宋德寿宫遗址博物馆等100个“星级馆”，推动“没有围墙的博物馆”群落建设，形成“点面线”结合的博物馆群落展示空间。编制《杭州市上城区博物馆群落建设扶持办法》，配套制定优质博物馆项目入驻评审办法、星级馆评定标准等方案细则，科学规范项目运行全过程监管。围绕清河坊核心圈建设，面向社会公开征集优质博物馆项目，结合街区定位、项目匹配度，形成拟入驻项目方案。以钱塘江、龙山河、中河、上塘河沿线文化资源为基础，打造自然与人文景观交融展示带。开展3轮资源排摸，收集文博点位资源190处，精选100个场馆形成培育名单。举行首批“星级博物馆”发布仪式，线下发布“星级百馆”地图，线上上线文博“百馆云地图”。统一百家星级馆场馆开放运营标准，100%完成星级馆提升工作。整合南宋德寿宫遗址博物馆、海塘遗址博物馆、夏衍旧居等区域特色文博场馆优势，开展“上城有意思”主题文博活动271场。向社会招募文博推荐官108人，到区内各个博物馆进行探馆分享，掀起全民参与建设“没有围墙的博物馆”热潮。串联100多处遗址遗迹、文博场馆推出“德寿重华”“海塘胜迹”等10条文博体验游线，策划开展“走遍上城博物馆，我是百馆体验官”打卡活动，组建14支文博推荐官队伍，全年在小红书、抖音、微博等平台发布文博笔记1.74万条，曝光量1000多万次。年内，上城区在全省文博事业发展水平年度评估中列第四。

（姚　倩）

2023年2月4—6日，“爱杭州·迎亚运——宋韵贺新春·上城有意思”2023年上城区元宵灯会在市民广场中轴线区域举行（区文广旅体局 供稿）

群众文化活动

【概况】 2023年，区文广旅体局通过举办主题展览、专题讲座、文化艺术培训班、文化巡演进万家等文化惠民活动，丰富群众文化生活。全年开展社区级以上各类文化活动4600多场，惠及群众1400万人次。区文化馆开设公益性免费培训艺术课程42门，分线上、线下2种模式开展春季、暑期、秋季培训，总计660课时，免费培训3.2万人次。开展公益性讲座，线下培训1.77万人次，线上培训超过30万人次。开展线下展览36次，其中书画展览30次、摄影展览6次，接待线下参展群众20万余人，线上总点击量10万余人次。

【“宋韵大秀场”系列活动】 2023年，上城区以宋韵文化传承展示为表演中心，以更好营造节假日文化氛围为活动目的，围绕宋韵文化，挖掘上城历史文化底蕴，以“高雅、典雅、幽雅、儒雅”的雅文化为表现主题，通过开展民乐、宋诗词诵读、宋服展示、人物穿越等剧情式串联等沉浸式快闪的表现方式，讲述观众感兴趣、有特色的故事来传承宋韵文化金名片，增强文化自信。该系列活动为期近1年，全年举办活动51场。

【“文化走亲”交流活动】 2023年，上城区与各地线上、线下开展“文化走亲”活动，加强与各地文化交流，促进特色文化资源共享，在文化交流中互相学习、共同进步，推进文化事业繁荣发展。其中，线下到金华市浦江县，义乌市，绍兴市嵊州区、越城区、上虞区，以及四川省成都市成华区，广元市剑阁县等地开展书画、摄影、文艺演出等形式的“文化走亲”活动16场，并接待金华东阳市，宁波市奉化区，绍兴市诸暨市、柯桥区，温州市鹿城区等地的表演团队到上城区开展“文化走亲”活动8场。

【“上城迹忆·宋风微旅”系列活动】 2023年4月20日，2023年“上城迹忆·宋风微旅”系列活动启动仪式暨亚运“城市体验”文博游线发布会在南宋德寿宫遗址博物馆举行。活动依托上城区文物资源，结合“亚运风采 文博添彩”主题，解码上城文化基因，打造“德寿重华”“皇城探源”“海塘胜迹”等10条亚运“城市体验”文博游线，通过2个考古现场解密文化基因的大众课堂、2场匠心传承的宋风非遗现场互动体验、3场历史文化广播访谈沙龙及20场由文史学者领队的文化惠民城市走读等形式，串联起100多处文博元素及亚运人文体验点，惠及群众2000多人次。

（施芳人）

【特色文化活动】 2023年，上城区发挥杭州海塘遗址博物馆阵地作用，开办2023年亚运文化春、秋季体验营，开设亚运“杭城讲解员”、宋“潮”面塑小能手、国风诗词家、杭城红色“剪”影、亚运“泥”好等12门精品课程，面向社会招收小学员240多人。围绕节庆文化，开展海塘新春寻宝、元宵喜乐会、“端午安康，乐游海塘”、“年年逢重阳、岁岁皆平安”等10多项体验活动，惠及市民1000多人。结合海塘主题，联合杭州钱唐农园举办“沧海桑田”夏令营，3期共招收营员45人，开展博物馆参观、宋韵主题游艺、草帽DIY等体验活动。

（姚　倩）

2023年11月25日，杭州（上城）第九届登皋节系列活动在千桃园启动，并首发“四季皋亭”品牌。图为心悦登山队在活动中合影

（上城市政集团 供稿）

【杭州（上城）第十届皋亭观桃节】 2023年3月25日，由丁兰街道和上城市政集团共同主办的“皋亭观桃 FUN肆玩”——杭州（上城）第十届皋亭观桃节系列活动在千桃园启动。启动仪式上，以杭州市丁兰第二幼儿园的“小花神宋潮秀”、杭州师范大学附属丁兰实验学校的“吟诵咏春”展现“宋韵文化”。观桃节将亚运元素融会贯通，以追求“双Yun”融合，展现上城活力面貌。园区内新增巨型笑脸墙，墙上笑脸通过上城区“爱杭州·笑迎亚运”网络征集活动征集而来，蕴含对亚运的祝福。观桃节活动持续到4月中旬，陆续举办春日沿湖市集、寻宝游春笑迎亚运打卡、亲子研学、上巳春禊桃花雅集等系列活动，吸引参观体验游客8万人次。

【杭州（上城）第九届登皋节】 2023年11月25日，杭州（上城）第九届登皋节系列活动在皋亭山景区千桃园主入口处启动。活动以“漫游桃花源”为主题，开展线路采风、定向登高、慢享生活打卡等主题文化活动。启动仪式上，丁兰街道、上城市政集团首发“四季皋亭”品牌。该品牌旨在聚焦皋亭山资源，为游客定制独特的线下体验，打造全域四季旅游目的地。活动现场，丁兰街道、上城市政集团与杭州市城投服务集团达成多项战略合作协议，将在文旅创意产业发展、业态融合发展、智慧旅游等领域的基础上共同研发兼具社会效益、经济效益和生态效益的“都市文旅”项目体系，持续为“四季皋亭”品牌赋能增效。

（余丽燕）

文化艺术创作

【概况】 2023年，区文化馆创作完成各类文艺作品9件。原创歌曲《画宋》获评“三江两岸”音乐节暨第二十七届“三江”歌手大赛原创组金奖、浙江省第二十二届群众音乐大赛银奖；舞蹈《爱的向往》获评2023“文艺赋美·百姓百艺”杭州市民艺术节广场舞大赛金奖，并参加省广场舞大赛；原创小品《画里有话》获评2023杭州有戏戏剧大赛创作金奖、表演金奖，获评首届长三角城市戏剧小品邀请赛创作银奖、表演银奖。选送作品获省级以上奖项13项（人次），获市级奖项55项（人次）。

【舞蹈《爱的向往》获评杭州市民艺术节广场舞大赛金奖】 2023年6月20日，在杭州市民艺术节“文艺赋美 · 百姓百艺”广场舞大赛上，《爱的向往》获评杭州市民艺术节广场舞大赛金奖。舞蹈由25人演出，旨在用舞蹈的形式展现城市的活力和美丽，让人们感受爱与向往的力量。11月14日，《爱的向往》在浙江省群众广场舞大赛决赛中获银奖。

【原创小品《画里有话》获评“杭州有戏”戏剧大赛2项金奖】 2023年7月5日，由建德市委宣传部主办、大同镇政府承办的“‘迎亚运艺起来’——2023年‘杭州有戏’戏剧大赛暨首届长三角城市戏剧小品邀请赛”活动在大同镇潘村文化礼堂进行。上城区原创小品《画里有话》获2023年“杭州有戏”戏剧大赛创作金奖、表演金奖，获首届长三角城市戏剧小品邀请赛创作银奖、表演银奖。《画里有话》讲述村民张建国因在村头画了一幅墙绘，其他村民听说村书记对该墙绘作了点评，于是轮番上阵，分别提出意见和解决整改方案，让张建国无可适从，当村书记到现场，发现是一场乌龙事件，最后化解误会，解决问题。小品通过一人分饰三角的独特表演方式，用幽默的情感表达，传递说话做事不要轻信和传播流言的宗旨。作品时长12分钟。

【原创表演唱《画宋》获评省第二十二届群众音乐大赛银奖】 2023年7月，原创表演唱《画宋》获评浙江省第二十二届群众音乐大赛银奖。《画宋》由区文化馆馆长王厚琦作词，省文化馆调研室主任毛光正作曲。节目借今人临摹宋代名画的情景，描绘万物风华、千里江山，抒发对宋代风雅生活的赞赏和对宋代文学艺术的崇尚之情。

（王厚琦）

文化市场管理

【概况】 2023年，区文广旅体局管辖企业931家，其中广播电视节目制作经营单位171家、旅行社228家（分社21家）、互联上网服务营业场所85个、高危险性体育项目（游泳、攀岩）经营单位115家、艺术品经营单位42家、歌舞娱乐场所82个、游艺场所9个、网络文化经营单位44家、演出经纪机构61家、文艺表演团体21个、演出场所8个、文物经营单位2家、地面卫星接收设施经营单位2家、互联网视听节目经营单位2家、校外培训机构31家、密室逃脱场所7个。加强日常监督管理，全年处理许可咨询、演出投诉等信访件103件，满意率99.9%，退票、退款率99.9%以上；开展企业行政约谈13次。

【行业年检年报】 2023年，区文广旅体局开展区属管辖企业网上年报工作，指导文艺表演团体、演出场所、演出经纪机构、网络文化、歌舞娱乐、互联网等8类企业、365家经营单位进行网上年报。指导各经营单位下载、填写、上报，全部实现线上操作，实现“跑零次”申报模式。上报后，用电话、微信群发通知等形式对365份上报数据材料进行统计分析、分门别类、甄别登记。完成网上申报244家。经统计，全区文化企业从业人员3757人，文化经营面积2.75万平方米，文化资产66.12亿元，营业收入20.74亿元，营业利润3.16亿元。

【文化市场政务服务】 2023年，区文广旅体局开展优化营商环境工作，全面提升政务服务质量。推进审批改革，完成政务服务网91个事项的认领、完善工作，完成率100%。群众办事事项均实现“网上办”“掌上办”“跑零次”，“即办件”“时间压缩比”“材料电子化率”100%。全年行政审批窗口接待来人来电1.8万人次，办理事项1953件、审批件1166件，完成企业换证300多份、其他事项487件，勘察场所202处，出动人员400多人次。

【文化企业法律培训】 2023年，区文广旅体局联合区公安、消防、卫健、应急管理、交警等部门对辖区网吧、游戏、歌舞、经营性网络文化、游泳、演出经营单位6个类别379个场所开展法律培训。参加普法培训人员400多人次。培训发放《娱乐场所管理条例》《营业性演出管理条例》《互联网上网服务管理条例》《中华人民共和国未成年人保护法》等相关法律法规、政策、案例1600多份，收集各类资料800多份，上报普法总结6份。

（朱　仕）

【“双减”专班工作】 2023年，区文广旅体局强化“双减工作”机制，联动区级相关部门、街道和社区三级网络，开展“双减”宣传和安全培训会议8次，参培人员1150多人；完成平台纳管机构518家，其中文化艺术类361家、体育类157家。落实白名单制度，完成221家白名单机构认定及发布。开展暑期及专项行动对辖区校外培训机构全覆盖检查。与区教育局加大对机构资质的联合验收审核力度，完成31家培训机构现场审核，发放审核意见书32份。

（袁　明）

【文化市场安全生产大检查】 2023年，区文广旅体局以护航亚运为主线，贯彻落实省、市、区各级布置的年度各项行业管理工作任务及安全生产工作措施。全年组织各类文旅行业管理和安全生产工作会议12次，制定并组织实施《上城区文广旅体局岁末年初安全生产“四大行动”工作方案》《上城区文旅专委会“落实企业安全生产主体责任年”行动实施方案》《上城区文旅专委会落实全国两会期间安全保障工作方案》《上城区文化旅游专委办（组）亚运保障工作方案》《上城区文旅专委会关于全面开展涉文旅行业安全生产大排查大整治行动方案》《关于开展全区住宿业安全生产隐患大排查专项行动方案》《上城区文广旅体局安全生产月活动方案及消防演练方案》等阶段重点任务。制定《关于调整上城区旅游专业安全生产委员会组成人员及职责的通知》和《关于杭州市上城区文化旅游专业安全生产委员会工作规则的通知》，进一步完善区文旅专委会工作职能。组织实施《上城区文广旅体局开展消防安全“七个一”活动工作方案》和

《上城区文广旅体局“119消防宣传月”活动方案》，制定《上城区文化广电旅游系统消防安全标准化管理规定（试行）》，推动文旅领域消防安全管理和宣教。平安护航亚运期间，制定《上城区文旅专委会关于开展“除风险，决战决胜护亚运”攻坚行动的通知》，组织开展文旅领域“除风险，决战决胜护亚运”攻坚行动，推进落实文旅领域亚运保障期间安全稳定工作。全年组织开展各行业检查3300多家（次），发现并整改隐患293个。

（黄　洋）

【“扫黄打非”工作】 2023年，上城区“扫黄打非”工作围绕“护航亚运”工作主线，以突出打击政治性有害出版物及信息为首要任务，严查出版物（网络）市场，开展“扫黄打非”专项行动。立案查处行政类案件39件、刑事案件4件，其中办结2件涉嫌侵犯亚运会吉祥物著作权案。3月21日，全区“扫黄打非”工作会议召开，部署全年工作任务。7月21日，全区意识形态工作联席会召开，对“扫黄打非”业务工作进行培训。发放海报、书签、折页4.5万张。在春节、五一、开学季等重要时间节点，对辖区内影院、书店、印刷企业开展“扫黄打非”暨消防安全联合检查，全面排查安全隐患，确保安全规范有序经营。全年在全国“扫黄打非”网、微信、微博，“绿书签”公众号等“扫黄打非”专业平台刊发宣传信息7篇（次），在《中国新闻出版广电报》宣传报道11篇（次），在省“扫黄打非”微信公众号刊发16篇（次）。区文化市场行政执法大队被评为2023年度杭州市“扫黄打非”工作成绩突出集体。

【软件、新闻出版和电影管理】 2023年，上城区推进全民阅读工作。围绕“4·23”全民阅读大会，在“上城发布”客户端开展全区中小学生线上“诵千年风雅 扬少年风采”诵读活动，参与人数4000多人，阅读量6.1万次；线下在南宋德寿宫遗址博物馆举办“宋·读”暨全民阅读启动仪式；全区14个街道分会场开展多样化阅读活动，营造浓厚书香氛围。南宋书房在全省年度“最美书店”评选中被评为“最美书店”。加大版权登记宣传力度，全年全区完成版权登记902件，登记数量居全市第2位。推进软件正版化工作，对区28家单位开展软件正版化工作检查，其中区党委部门14个、区党群部门7个、区建设单位和国有企业7家，共检查计算机1943台，软件正版化工作制度建设总体情况良好。落实影院、书店、印刷厂的文化市场安全大排查，做好出版物发行、印刷、电影放映3个行业的年检工作，全年受理行政审批、备案事项207件，完成出版物发行企业年检199家、印刷企业年检34家、影院年检21家。

（杨　帆）

文物与历史建筑保护

【概况】 2023年，上城区有各级文物保护单位（点）102家（处）［区管54家（处）、景区管理48家（处）］，其中全国重点文物保护单位9家、省级文物保护单位12家、市级文物保护单位（点）33家（处）。另有一般不可移动文物95处。年内，制定《杭州市上城区博物馆群落建设扶持办法》（于10月15日起施行），全面打造以宋韵文化为代表的文化“金名片”，着力提升文化软实力，调动社会力量参与文化遗产保护利用的积极性，促进区博物馆事业发展。区文物局获评杭州市文物工作突出集体。全国重点文物保护单位胡庆余堂创建为杭州市文物建筑消防安全管理标杆示范单位。朱智故居、郁达夫旧居成功由杭州市文物保护单位升格为第八批浙江省文物保护单位。省级文物保护单位三堡船闸入选浙江省第二批革命文物名录。杭州海塘遗址博物馆被认定为第三批杭州市中小学研学旅行基地。彭埠乡贤馆、钱学森故居入选杭州市第二批乡村（社区）博物馆名录。全区有市政府公布的区管历史建筑9批、182处。有历史文化街区、历史地段14处，其中历史文化街区10处。根据市园文局要求，上城区推进该10处历史文化街区的规划修编工作。年内，该项工作由上城规划资源分局落实，已申报省建设厅审议。

（关佳晶 李静娴）

【文博事业发展】 2023年，上城区从加强顶层设计、加大文博事业投入、完善组织机构建设等方面，建立健全与城区地位相匹配的文物工作体系，促进全区文博事业健康发展。10月，浙江省文博事业发展水平年度评估白皮书公布，上城区以总分94.84分居全省第4位。

【"亚运风采·文博添彩"工作】 2023年，上城区策划"上城迹忆 宋风微旅"系列文博惠民活动，设计发布"德寿重华""海塘胜迹"等10条亚运"城市体验"文博游线，惠及市民群众2000多人次。12月，市园林文物局表彰"亚运风采·文博添彩"——"杭城迹忆"公共服务平台宣传信息优秀报送单位，区文广旅体局（区文物局）获全市第二名。

【南宋德寿宫遗址博物馆利用】 2023年，南宋德寿宫遗址博物馆邀请何忠礼、徐吉军、包伟民等学术学者举办宋韵文化讲座12场，惠及线上、线下观众超过100万人。开发60多款文创产品，总销售额近400万元。全年接待参观者近75万人，接待来自20多个国家和地区的团队1195批次。年内，南宋德寿宫遗址博物馆获评浙江省"最美公共文化空间"最佳示范、"杭州市宋韵杭式生活体验基地"、"杭州市家庭日活动实践基地"、"杭州市文化新地标"、"最美亚运文明驿站"等荣誉，相关工作获国家文物局领导肯定与批示。

（关佳晶）

【历史保护建筑修缮】 2023年，上城区结合"韵味百巷"工程的实施，以及历史保护建筑日常保养修缮，开展历史保护建筑修缮工作。完成历史建筑修缮方案初审42处，完成修缮22处；处理历史保护建筑管理相关信访件19件；编制完成历史建筑保护利用导则。迎亚运期间，区住建局开展历史建筑消防安全大排查181处，杜绝消防隐患。

【历史文化名城保护】 2023年5月1日，杭州人民代表大会常务委员会颁布《杭州市历史文化名城保护条例》，同时废止《杭州市历史文化街区和历史建筑保护条例》及细则。上城区根据新条例要求，完成区级历史文化名城保护委员会机构的建立，成立上城区历史文化名城保护委员会。同时，将历史文化名城保护工作列入"八项行动"考核指标体系。加强新条例宣传，结合历史保护建筑修缮工作，发动新条例宣传活动。对标新条例，启动一批历史保护建筑修缮。组建一支历史文化名城管理队伍，开展历史保护建筑情况排摸、日常巡查等工作。重新拟定一套具有上城特色的管理规章制度，科学、规范推进历史文化名城保护工作。

（李静娴）

非物质文化遗产保护和利用

【概况】 2023年，上城区围绕各级政府非物质文化遗产保护工作要点，全面落实《关于进一步加强非物质文化遗产保护工作的实施意见》要求，做好非物质文化遗产系统性保护，推动非遗创造性转化、创新性发展，全面提升上城区新时代非遗保护传承弘扬水平。上城区有各级非遗代表性项目205项。其中人类非物质文化遗产代表作名录1项、国家级非物质文化遗产5项、省级非物质文化遗产25项。非遗代表性传承人116人。在《浙江省非物质文化遗产保护发展指数评估指标数据》排名中，上城区位列全省第三。推出“宋韵上城”非遗馆主题游线，接待辖区内多个学校师生1500多人。8项非遗项目亮相第六届中国国际进口博览会的浙江人文展区，浙江省副省长等领导参观展位并与传承人交流，给予肯定和赞誉。亚运会、亚残运会期间，在欢迎晚宴上，各国嘉宾对“杭州刺绣、浙派古琴和点茶”开展互动展示。上城区25个非遗代表性项目入驻亚运国际政要酒店及亚运村等点位，向各国元首、运动员、中外媒体等展示上城文化、宋韵美学。年内，上城区入选“非遗助力共同富裕”省级试点地区。2项非物质文化遗产（牛春明太极拳、杭州木雕）被列为第六批省级非物质文化遗产代表性项目。创新案例《构建“非遗+宋韵”标识体系 打造精神共富体验高地》入选新华社2023年文化和旅游高质量发展优秀案例。国家级非物质文化遗产方回春堂传统膏方制作技艺基地入选浙江省中医药文化养生旅游示范基地。“宋韵上城”非遗体验基地入选第一批省级非遗体验基地（创建）名单。

【上城区入选“非遗助力共同富裕”省级试点地区】 2023年，上城区入选“非遗助力共同富裕”省级试点地区，参加浙江省文化和旅游厅在建德市召开的全省“非遗助力共同富裕”试点工作会议。上城区作为全省8家单位之一，在会上作《构建“非遗+宋韵”标识体系 打造精神共富体验高地》为主题的交流发言。上城非遗以“宋韵薪传”为发展平台，聚焦“非遗+宋韵”，有效利用传统技艺、传统美术、传统医药等非遗代表性项目，释放精神共富新动能，助力推进传统工艺高质量传承发展和乡村振兴。

【非物质文化遗产馆建设工作座谈会召开】 2023年9月3—4日，由文化和旅游部非物质文化遗产司、财务司主办，浙江省文化和旅游厅承办的非物质文化遗产馆建设工作座谈会在上城区召开。文化和旅游部非物质文化遗产司、财务司，中国非物质文化遗产馆有关负责人，各省（自治区、直辖市）文化和旅游厅（局），新疆生产建设兵团文化体育广电和旅游局非遗处、财务处负责人，部分省级非遗馆和综合性国家非遗保护利用设施项目负责人参会。会上，中国非物质文化遗产馆及内蒙古、浙江、湖北、广东、贵州等省（自治区、直辖市）进行交流发言。文化和旅游部非遗司司长、财务司司长分别部署工作。9月3日，与会人员到清河坊历史街区考察调研上城区非遗活态馆群建设情况，实地考察上城区非物质文化遗产馆、胡庆余堂中药文化、铜雕技艺、方回春堂膏方制作技艺等国家级非遗代表性项目和省级非遗工坊。9月4日，与会人员实地考察浙江省非物质文化遗产馆。

【传统工艺工作站、非遗工坊建设】 2023年，上城区聚焦非遗工坊建设及原材料和核心技艺改良，推动乡村振兴和文旅深度融合。与浙江省轻工业品质量检验研究院、浙江理工大学制定“杭罗”“杭纺”产品团体标准，对传承和发展浙江桑蚕丝文化具有积极意义。全年全区各级工坊吸纳就业人数1.5万人，产业链延伸带动就业8000多人，销售额3亿元。亚运会期间，主题产品推向市场超过20万件，其中万事利集团有限公司真丝吉祥物成为运动员的“纪念品首选”。年内，上城区“宋韵薪传”传统工艺工作站入选第一批省级传统工艺工作站及省级非遗工坊名单，系杭州主城区唯一，全省仅10个。“铜雕技艺”非遗工坊、“杭罗织造”非遗工坊、“杭州刺绣”非遗工坊、“金石篆刻”非遗工坊入选省级第一批非遗工坊，入选数量在全省各区县中排名第一。2个传统工艺工作站及6个非遗工坊入选市级第一批传统工艺工作站、非遗工坊名单，总数居全市第1位。成功创建区级非遗工坊21个。

【非物质文化遗产活态馆群建设】 2023年，上城区以清河坊历史街区为主阵地，构建“111+N”工作体系，即“一馆（上城区非物质文化遗产馆）、一站（“宋韵薪传”省级传统工艺工作站）、一街（“宋韵薪传”非遗工坊街）、N个数字非遗码（群落内的30多个上城非遗之旅数字非遗码）”空间布局，打造集非遗、旅游、观光、住宿、度假、体验于一体的非物质文化遗产活态馆群。上城区非物质文化遗产馆作为集非遗宣传、展示展销、互动交流、数字化体验于一体的公益性场馆，全年开放280天，开馆3年接待近10万人次，成为游客到清河坊街区的必打卡点。非物质文化遗产活态馆群以上城区非物质文化遗产馆为核心，聚焦非遗与旅游、文创、商业的深度融合，涵盖清河坊历史街区设有的17个非遗工坊亭、30多家非遗店铺和N个数字非遗码等内容。该活态馆群线上可通过“扫一扫”云上体验兼有皇家古韵和市井风情的非遗旅游线路，线下围绕非遗景点打造、非遗体验等内容，创设多样化消费场景，实现街区间优势互补、客流互引，激活实体经济。

【文化和自然遗产日宣传展示活动】 2023年6月8日，由区文广旅体局、湖滨街道、上城区国有投资控股集团有限公司联合主办，上城区非物质文化遗产保护中心承办的“非遗助力共富 共享亚运盛会”2023年上城区文化和自然遗产日宣传展示活动在湖滨步行街举行。活动现场，亚运会吉祥物琮琮、宸宸、莲莲现身湖滨步行街，与宋装达人和市民游客一起打卡上城“有意思”非遗市集，参与《“个（ge）礼（li）”上城》非遗联名款礼盒发布（注：杭州话方言：“个”（ge）“礼”（li）=这里），观摩并体验现场展示的胡庆余堂中药文化、铜雕技艺等非遗项目。非遗市集吸引30多家非遗店铺参加，其中有非遗工坊20个、老字号10家，展销非遗商品3000多件，线上、线下总销售额50多万元。上城区文化和自然遗产日宣传展示活动在央视频、杭州电视台西湖明珠频道、亚运直播官网、“零零派直播·清河坊”等平台同步直播，线上点击量100多万次，被《杭州日报》、浙江卫视、浙江经视、浙江电视台钱江都市频道、杭州电视台西湖明珠频道等近30家主流媒体报道。

【浙江非遗茶生活传统工艺联创大赛成果展】 2023年11月17日，由浙江省文化和旅游厅主办的中国传统制茶技艺及其相关习俗”入选人类非遗1周年浙江主场活动暨2023年浙江非遗茶生活传统工艺联创大赛成果展在余杭区未来科技城学术交流中心举行。该大赛参与作品459件，由区文广旅体局选送的《一叶扁舟锔艺青瓷旅行茶具装》《“个礼”是上城——美好如初》获工艺原料联创类作品金奖和场景设计联创类作品铜奖，《南山云起》入围参展作品名单，获奖作品数量主城区排名第一。颁奖仪式上，上城区入选国家级非遗代表性项目的振兴祥中式服装技艺《西湖十景》参加展演，作品中丝绸与书画之美融入旗袍工艺，演绎上城典雅，让旗袍走进日常生活，成为文化符号。

【上城凉山非遗走亲交流活动】 2023年4月2日，由上城区非物质文化遗产保护中心、凉山州非物质文化遗产保护中心、浙江省宜格慈善基金会主办的“宋韵薪传 魅力凉山”杭州市上城区·四川省凉山彝族自治州非遗走亲交流活动在上城区非物质文化遗产馆举行。上城区、凉山彝族自治州通过举办非遗快闪表演、观看非遗精品展、体验亚运非遗路线、展开专题座谈等方式深入交流，助力上城非遗“走出去”，让两地情谊“深起来”。11月3—5日，上城区入选省级“非遗助力共同富裕”试点地区的做法、非遗进校园等工作在四川省凉山彝族自治州进行交流分享。

【亚运期间非遗文化传播】2023年，上城非遗以多种形式参与、服务、保障亚运会相关工作，25个非遗代表性项目在国宴西子宾馆、亚运国际政要酒店、涉亚媒体酒店、亚运村文化小屋等22个场所进行展示展演，充分展现杭州文化盛景和宋韵之美。古琴艺术（浙派）、杭州刺绣、点茶非遗代表性项目受邀参加亚运会“国宴”；非遗代表性项目杭州泥人、萧山过江布入驻2个国际政要酒店索菲特西湖大酒店和杭州君悦大酒店进行活态展示；国家级非遗铜雕技艺代表性传承人、中国工艺美术大师、铜艺术创始人朱炳仁向国际奥委会主席托马斯·巴赫赠送名为《剑魂》的熔铜艺术品；杭纺织造万事利个性化定制丝巾和丝巾花赠送给著名体操运动员丘索维金娜。亚运会期间，区非遗中心举办亚运吉祥物拜师学艺体验上城非遗系列活动、直播“非遗推荐官”、跟着朱炳仁游上城、“趣味非遗 筑梦亚运”系列、“爱杭州 迎亚运”上城非遗市集等各类亚运活动100多场次。国庆期间，接待来自19个国家、地区的近1000名亚奥理事会宾客大家庭成员组团游上城，体验点茶、剪纸、古法制香、古琴艺术（浙派）、棕编等非遗体验项目，接待相关团队3批次，300多人次。

【第二届上城区“少年非遗说”故事大赛】2023年11月3日，由区文广旅体局主办，区非遗中心承办的第二届上城区“少年非遗说”故事大赛总决赛在上城区文化中心报告厅举行，50名小选手历经5个月，凭借对上城非遗的学习理解和传承志愿，以及优秀的口才能力和演讲风采，从近600名参赛选手中脱颖而出，进入决赛。大赛以“上城有意思 宋韵我代言”为主题，通过上城小伢儿们讲述皇城根下有意思、有范儿、有宋潮味儿的“上城非遗故事”，用少年眼光发掘非遗亮点，激发学习非遗的热情，实现非物质文化遗产更好地融入国民教育体系，推动全社会来关注、参与、支持非遗的保护和传承发展。比赛最终评选出特等奖10人、一等奖15人、二等奖25人、优秀辅导奖10人、优秀组织奖6个和最佳组织奖1个。

【“宋潮·归来”非遗服饰秀】2023年4月15日，“宋潮·归来”非遗服饰秀在城隍阁景区举行。该活动由浙江省非物质文化遗产保护中心、浙江省非物质文化遗产保护协会、区文广旅体局指导，上城区非物质文化遗保护中心主办，上城区宋韵服饰文化研究中心承办。“宋潮·归来”系列灵感源于非遗技艺和宋韵文化的艺术提炼，立足时代，萃取古今，对中华优秀服饰文化进行创造性探索转化，传承发扬新国潮服饰之美，让非遗走向大众，走向社会，走向深度。活动中，浙江省文化和旅游厅党组成员、副厅长发表讲话，并与上城区委及宋韵服饰文化研究中心相关负责人共同为宋韵服饰文化研究中心揭牌。宋韵服饰文化研究中心的成立将推动宋韵服饰的文化研究与设计创新，推动传统工艺的高质量发展，通过创造、创意和创新性转化，从而更好地促进非遗保护传承和传播。

【非遗项目亮相国际非物质文化遗产节】2023年10月12日，第八届中国成都国际非物质文化遗产节在成都国际非遗博览园开幕。活动由文化和旅游部、四川省人民政府等主办。其中，来自国内外47个国家和地区的900多个非遗项目、5000多名非遗传承人参加“第二届金针杯”中国传统工艺刺绣大赛决赛。上城区省级非遗代表性项目杭州刺绣在全国40个绣种比拼中脱颖而出，获3个大奖，传承人金斐斐、周秀萍的作品获最佳作品奖，潘晓颖的作品获最佳创意奖。上城区省级非遗代表性传承人陈水琴担任该大赛评委。

（许柳雅）

档案工作

【概况】 2023年，区档案局、区档案馆立足档案资源优势，发挥档案工作存史资政育人作用，统筹推进档案馆新馆建设搬迁与启用、基层档案室建设、档案业务指数评价、档案数字化转型、档案开放审核和重大活动档案归集等工作。提升档案治理能力，推进档案数字化工作，打造档案宣传文化工作亮点，夯实档案基层基础，加强档案人才队伍建设，提升业务能力素质。与区委党史研究室合编《上城概览》，“兰台尚诚”固定展厅开放。全年区档案馆接待7011人次，查阅档案1.56万卷（件）次，复印1.19万页，异地跨馆1709件；接收2家立档单位文书档案151件、会计档案161卷、照片档案13卷83件，接收电子档案1.24GB。年内，杭州娃哈哈集团有限公司档案室主任田芳容获评全国档案工匠型人才、杭州市第二届“兰台工匠”；区档案馆温泮婧、温从凌获评全省档案系统工匠型人才和青年业务骨干，温从凌获评杭州市第二届兰台工匠（提名奖）；区档案馆调研理论成果《区划优化调整中的档案工作实践与探索》被《浙江档案》刊发推广。

【区档案馆新馆建设与启用】 2023年，区档案馆坚持边建设、边验收、边消毒、边搬迁，组织完成新馆库房恒温恒湿空调系统、高压细水雾灭火系统项目、办公用房调整、展厅展陈布置、档案服务大厅环境提升等项目建设与验收。历时7个月，按照档案馆搬迁总方案及馆藏档案、档案系统、办公设施设备3个子方案，定人、定岗、定责、定位，完成原上城区、原江干区2个档案馆的档案实体、档案系统和办公设施设备整体搬迁，消毒搬迁档案12.4万卷、32.4万件，图书报刊资料等6万册（份），折合5221箱，数据迁移整合共计56T。其间，区档案馆服务窗口坚持对外服务，并通过技术手段实现档案查档数据无缝衔接，确保档案服务一日都不断档。9月9日，区档案馆新馆正式揭牌启用。

【国际档案日系列宣传活动】 2023年6月，区档案局、区档案馆在第16个“国际档案日”期间，以“奋进新征程 兰台谱新篇”为主题，开展系列宣传活动。结合工作重点，开展档案室业务建设评价方面系列普法工作。开展“镇馆之宝”晾晒活动，在微信公众号上展示馆藏精品2件。开展“红领巾走进档案馆”活动2场，带领上城学子寻访学校历史沿革和钱江新城发展变迁。开展档案进社区活动，到四季青街道运新社区和钱塘社区档案宣教点，举办家庭档案宣传与“精彩亚运 走进档案 走进运新”沉浸式档案修复裱糊体验活动，相关活动被“潮新闻”客户端报道。

【档案业务培训】 2023年7月14日，区档案局、区档案馆开展2023年度档案业务培训，全区立档单位科室负责人及档案员130多人参加。培训会上，市委办公厅档案处围绕浙江省档案室业务建设评价工作作专题辅导，介绍评价办法和评价标准；区档案局对2023年综合考评（档案工作）作专题部署；区档案馆业务科室就档案年检、档案开放审核和进馆移交等内容作集中讲解，现场解答单位疑问。

【档案执法年检】 2023年5月26日，区档案局印发《关于做好2023年全区档案执法年检工作的通知》，明确年检内容和标准。10—12月，集中开展全区71家立档单位档案执法年检，通过线上检查、现场抽查、整改反馈和评分核定，确定考核结果为优秀25家、良好38家、合格8家，无不合格单位。通过组织执法年检，发现各单位档案工作中存在的问题，指导帮助解决问题，提升全区档案工作质量，为“十四五”期间各单位达标省级档案室业务建设评价奠定基础。

【档案室业务建设】 2023年5月26日，区档案局印发《关于开展档案室业务建设评价的通知》，根据《浙江省档案室业务建设评价办法》要求，开展档案室业务建设评价工作。12月，区档案局组织有关专家对申请档案室业务建设评价的单位进行测评，按照档案室业务建设评价标准，通过问询、实勘、抽查、核对等方式，进行等次评定。经创建评定，上城规划资源分局档案室为“省级优秀档案室”，区人大常委会办公室、区政协办公室、区住建局、区卫生健康局、区综合行政执法局、区党群服务中心、闸弄口街道7家单位的档案室为“省级良好档案室”。

【档案安全工作】 2023年，区档案局落实档案安全工作责任制，提高安全意识，抓好风险隐患排查，提升应急处置能力。3月9日，区档案馆在九堡新馆组织库房高压细水雾灭火系统消防演练，相关工作被《中国档案报》刊发。8月11日，区档案局印发《关于加强档案安全工作的通知》，抓好重大节日、重要活动、汛期档案安全工作，推进档案数字化加工的全过程监管，加强风险管控和闭环管理。

【档案数字转型】 2023年，区档案馆根据省档案局2023年度国家级数字档案馆创建任务，制定创建方案，组建专班，6次召开推进会，并邀请上级部门做现场指导，推进档案数字转型和现代化先行工作，实现90%以上档案工作核心业务数字化运行。推动档案数据资源归集共享工作，向浙江省档案数据共享中心上传民生档案27.16万件、开放档案1.05万件、声像档案128件、镇馆之宝10件、编研成果4册、网上展览1次等内容。

【专题档案归集】 2023年，区档案馆推进高质量建设共同富裕示范区、数字化改革等专题库档案建设工作。推进杭州第十九届亚运会专题档案工作，参加亚运会和亚残运会档案工作推进会，组织业务骨干到上城区体育中心体育场、上城区全民健身中心（水球馆）检查档案整理情况，指导档案分类和整理问题。接收的档案包括杭州第十九届亚运会和第四届亚残运会上城区运行保障指挥部和上城区体育中心体育场、上城区全民健身中心（水球馆）的各门类档案共45卷、6809件，涵盖文书、专业、照片、录像、实物、网页信息、社交媒体7个门类，完整记录全区围绕亚运保障和赛事举办工作的全过程。

（温泮婧）

上城区社会科学界联合会

【概况】 2023年，区社科联围绕学习宣传贯彻中共二十大精神，开展循迹溯源、决策咨询、优秀传统文化等研究，开展研讨交流活动，举办社科普及周活动和推出社科普及系列产品，探索社科工作新品牌，形成社科阵地管理新合力。编发《习近平总书记在上城》内部读物，编撰《“八八战略”上城故事》通俗读物。《艺学堂:基于未来社区环境的艺术共富实践载体设计研究》《重复信访实质性化解检察机制的新时代“枫桥式”再塑——以拓深“检察工作+社会治理”

为路径》获市社科联课题立项。编纂出版《浙江文史记忆丛书（上城卷）》。联合南宋书房编纂出版《图说南宋御街》及“品宋”系列丛书，获省社科规划课题立项；联合杭州西湖国学馆编纂《唱享步天歌》，获省社科普及重大课题立项。主办“基层治理文化现代化”研讨会及《社区治理与建设研究》新书分享会。联合浙江省钱塘江文化研究会开展宋韵文化创意论坛和宋韵年会论坛活动。联合杭州师范大学人文学院开展“亚运文化之旅”研讨发布活动。策划打造城市社科联“社科驿站”工作品牌，扶持“青尚新语学社”和中学生学社发展。创建上城区社科之家，杭州西湖国学馆被评为省级重点社科普及基地。年内，区社科联被省社科联评为区县级社科联优秀单位。

【社科普及周活动】2023年5月第三周，区社科联开展以“深入实施‘八八战略’，奋力推进‘两个先行’——韵味社科最上城”为主题的社会科学普及周活动。活动启动仪式在杭州孔庙大成殿广场举行，以成果推介、传统文化展演、非遗体验、南宋太学运动会等形式向公众展示宋韵文化的历史意义、精神内核和时代价值。活动分为启动仪式主会场、社科条例普法展区、区非遗项目体验展区、南宋太学运动会游艺项目体验区、社科成果打卡赠阅区5个区块。活动现场2000多名群众参与。

【社科普及系列成果】2023年，上城区社科普及系列成果丰硕。区社科联发行《钱塘江文化》月刊12期，同步配套电子期刊，启动编撰《宋韵廉洁文化史》《宋韵审美思想》等宋韵文化主题丛书5册。推出《夜听宋韵》电台专栏节目50多期、微信平台“上城地名故事”专栏50多期，协助完成浙江卫视《文化浙江大讲堂》寻迹宋韵首期节目录制，开展“韵味社科直播间”专家访谈直播10场，同步在Z视介宋韵频道直播，在潮新闻客户端宣传报道。开展微博社科普及周，联合“新浪浙江”，开设“韵味上城社科联联看”话题互动页，围绕区社科普及基地特色内容、亚运背景下全民学英语、宋韵文化普及和南宋德寿宫遗址博物馆等热点社科文化阵地内容，开展社科话题运维，活动期间阅读量2470.8万次，话题讨论量2509次，多次登榜浙江省和杭州市同城热搜。发挥《唱享诗经》省社科普及重大课题成果作用，对接教育部门，探索社科成果在校园的转化应用。（崔　然）

上城区文学艺术界联合会

【概况】2023年，区文联深入学习贯彻中共二十大精神、习近平总书记考察浙江重要讲话精神和对宣传思想文化工作作出的指示精神，聚焦学思想、迎亚运重点工作，按照“月月有活动、场场都精彩”的工作目标，开展主题鲜明的文艺展览、展演、展示活动，丰富群众精神文化生活，营造全民共享亚运的浓厚氛围。年内，区文联获评全省文联系统先进集体。

【主题文艺展览和活动】2023年，区文联学习贯彻习近平新时代中国特色社会主义思想，举办“八八战略”实施20周年主题书法创作展、“循迹溯源学思想”摄影书画作品联展等主题展览，通过艺术方式展现在“八八战略”指引下上城发生的精彩蝶变。以“迎亚运 展宋韵”为主题，联动市民间文艺家协会、区文艺阵地、区文艺家协会、街道和有关部门，举办“最美守艺人”作品展、清廉漫画巡回展、体育摄影展、体育项目书法篆刻展、百花朝阳画展、宋人玉饰美学展及青少年书法作品等艺术展览，展出各类文艺作品2300件，线下观展群众超过2万人次。举办“爱杭州·笑迎亚运”

摄影活动，征集到“笑脸”作品近2万张，用镜头定格上城区各行各业群众共享亚运的幸福感和获得感。组织骨干文艺家到浦江县开展“学思践悟担使命 艺路同行展风采”主题教育学习采风，在知行合一中推动艺术创作。

【文艺志愿服务】 2023年，区文联举办“携暖同行 艺起迎新”迎新春文艺惠民演出、“迎新春 共欢乐”书法家写福写对联进社区、文艺“福袋”大派送等新春系列文艺志愿服务活动，为辖区居民群众送去新春问候，营造新春文艺氛围。开展“同爱同在 为亚运喝彩”系列文艺志愿演出进基层活动，将歌舞、小品、杂技、相声、魔术等文化节目送到群众家门口，以亚运歌曲传唱、冠军面对面、亚运知识问答等形式点燃全民热情，线上、线下参与群众70多万人次。开展“文艺播种”进社区、农村文化礼堂活动，开设民间手工艺、书画、越剧、魔术教学系列课程180多门次。

【迎新春文艺惠民演出活动】 2023年1月11日，“携暖同行 艺起迎新”——上城区迎新春文艺惠民演出活动在浜河社区举行。活动由区委宣传部、杭州市曲艺家协会、上城区文学艺术界联合会共同主办。文艺家为居民呈上一场“家门口”的文化盛宴，演出舞蹈《盛世中华》、独脚戏《什锦弹唱》、滑稽小品《送礼》、相声《杭州谜语》、越剧选段《十八相送》、歌伴舞《美丽中国走起来》等节目。活动现场，杭州市曲艺家协会向笕桥街道黎明社区颁授“曲艺实践基地”牌匾，街道聘任4名市级艺术家担任浜河、黎明、水墩、白石和草庄架空层文化客厅“艺术顾问”。

【“悠然见南山”系列文艺展示展演活动】 2023年，区文联挖掘辖区南山路区位优势和自然人文禀赋，开展“悠然见南山”系列文艺展示展演活动。引导文艺家、文艺爱好者自发到南山路沿线勾山里、恒庐美术馆、潘天寿纪念馆、中国美术学院、承香堂等文化点位，不定期、高频次开展文艺展示展演活动，用“吹拉弹唱歌舞吟+琴棋书画诗茶香”形式，将“宋韵+亚运”融入优美、典雅、浪漫的南山路，打造“琴”定南山、约“绘”南山、“乐”动南山、“丝”意南山、“香”约南山等系列特色品牌，形成一条“流动的文艺风景线”。活动获中央广播电视总台中文国际频道专题报道点赞，新华网、潮新闻、杭州新闻、杭州电视台等主流媒体相继报道。

【“文艺播种”成果展示】 2023年12月27日，上城区“文艺播种”成果展示暨欢庆元旦文艺志愿演出活动在笕桥街道黎明社区举行。活动由区文联、笕桥街道、杭州市曲艺家协会共同主办。活动现场，展出130多件出自居民之手的手工艺、国画等“文艺播种”成果作品，参加曲艺课程的学员上台进行越剧选段传唱展示。杭州市曲艺家协会、上城区曲艺杂技戏剧家协会的艺术家为社区居民表演魔术《千变万化》、小热昏《杭城趣事》、相声《杂学唱》、小品《拍广告》等文艺节目。

（赵　晨）

卫生与健康

综 述

【卫生机构设置】 2023年末，上城区有医疗卫生机构795家（含省、市医疗机构，不含停业医疗机构、筹建机构）。其中，医院59家，社区卫生服务中心（站）124个，门诊部238个，诊所、卫生所及医务室357个，疾病预防控制中心2个，卫生监督所1个，妇幼保健院（所、站）3个，其他卫生机构11家。有床位2.56万张，其中医院床位2.52万张。有各类专业卫生技术人员4.32万人，其中执业（助理）医师1.65万人、注册护士2.03万人。

【基层医疗卫生健康事业发展】 2023年，上城区卫生健康工作统筹行业安全和事业发展，基层健康服务提质扩面。投入使用新望江街道社区卫生服务中心，完成湖滨、凯旋街道社区卫生服务中心提升改造，新建、改建社区卫生服务站13个。在全省率先成立基层肿瘤早筛联盟，建成智慧健康站2个、慢性病一体化门诊11个。“放心云煎药e平台”“浙里护理”“云入院”应用实现基层全覆盖。优化“15分钟中医药服务圈”，打造“旗舰中医馆”4个、“特色中医阁”5个。9个专科获评杭州市基层医疗机构中医特色专科；清波街道社区卫生服务中心获评浙江省中医药适宜技术示范基地。中医药和文化旅游融合，发布上城中医药文化旅游线路，教育与卫生健康系统协同推进“国医养国娃”，保护辖区青少年儿童健康成长。公共场所新配置AED100台，全区AED配置增至733台；新增托育机构3家、普惠性托位692个，建成社区成长驿站18个、“医、防、护”儿童健康管理中心4个，开展婴幼儿家长养育技能提升课堂活动141场；发放孕产、育儿补助1355.1万元。全区44家健康单位通过市级验收，3家企业获评市级健康促进示范单位；3家企业的案例入选全国健康企业建设优秀案例；杭州市采荷中学入选教育部首批全国健康学校。年内，“打造家庭医生团队全域全程服务新模式”入选杭州市争当浙江高质量发展建设共同富裕示范区城市范例第三批试点，“医养护驿站”普惠家庭医养新实践获评杭州市争当浙江高质量发展建设共同富裕示范区城市范例最佳实践案例。

【卫生科研】 2023年，区卫生健康局推进卫生科研工作。全年各街道社区卫生服务中心参加浙江省住院医师规范化培训37人，派遣到三甲医院进修121人，参加杭州市全科医生继续医学教育90人，参加社区护士岗位培训26人。完成辖区531名考生的执业医师资格考试报名工作。完成2023年中级、高级继续教育合格证申领、审验481人。其中，396人参加西医类继续教育学分审验与申领，85人参加中医类继续教育学分审验与申领。全年医疗卫生机构立项科研项目16项，获科技专利3件，在各种刊物发表文章35篇。

（仲　玥）

医政医管

【概况】 2023年，上城区围绕全面推进“健康上城”战略开展各项工作，聚焦医疗供给发展中的短板弱项和群众需求，坚持目标导向、问题导向、效果导向，持续推动医疗工作发展。区卫生健康局多次组队到四川省甘孜藏族自治州雅江县、剑阁县两地实地调研走访，接收恩施土家族苗族自治州、剑阁县、雅江县等地医疗业务骨干到杭州学习。推进医联体建设，全年邀请省、市专家坐诊4036次，开展基层医护培训1.62万人次。

【医疗质量管理规范化】 2023年，区卫生健康局结合医疗质控检查，依托全区16个医疗质量分质控中心，对辖区各街道社区卫生服务中心和民营医疗机构开展督查。重点检查感染控制与监测、无菌原则及消毒隔离技术规范执行情况、手卫生管理、水处理与医疗废物管理等。对辖区内有血液透析室、新生儿病房、产房、口腔科、内镜室等重要风险点的医疗机构开展全面院感风险排查，筑牢医疗安全防护底线。加强第一类精神药品、麻醉药品管理，全年对2家新办理精神药品和麻醉药品印鉴卡的医疗机构进行工作场地现场审查；开展精神药品、麻醉药品处方权和调剂权培训考核11场，按照管理规范对医疗机构的过期药品进行销毁21次。

【医疗对口帮扶】 2023年，上城区通过医疗帮扶、结对共建、人才交流，携手对口地区实现乡村振兴。区卫生健康局多次组队到四川省甘孜藏族自治州雅江县、剑阁县两地调研走访。选派10名卫生专业技术人员参加东西部帮扶协作，其中帮扶期7个月的4人、1个月的6人。全年接收安排剑阁县107名医疗业务骨干到杭州跟班学习，接收安排湖北省恩施土家族苗族自治州52名基层医疗业务骨干到上城区跟班学习，接收4名雅江县专技人员到杭州市第一人民医院跟班学习。上城赴雅江医疗队收治患者1585人次，全员授课培训41场，开展教学查房47场；上城赴剑阁医疗队完成门诊、急诊2760人次，全员授课培训16场，开展教学查房35场。上城区卫健医疗队做好东西部协作宣传工作，宣传报道在国家级媒体刊物发表8篇，省级刊物发表5篇，市、县级媒体发表27篇。

【基层医疗卫生体系建设】 2023年，上城区推进医联体建设，深化省、市、区三级合作联动，邀请省、市级医院专家到基层坐诊，深化医联体内双向转诊。全年邀请省、市专家坐诊4036次，开展基层医护培训1.62万人次。结合社区实际，加强基层医疗机构专科能力建设，提升基层医生常见病诊治能力与疑难罕见病筛查能力，依托杭州双向转诊系统，实现快速、精准转诊。探索“浙里护理”新模式，综合辖域医疗资源，引导社会力量共同参与，形成以社区卫生服务中心为基础、社会康复机构为补充的社区康复新格局。

（仲　玥）

疾病预防控制与卫生应急

【概况】 2023年，上城区疾病预防控制工作以杭州第十九届亚运会和第四届亚残运会保障为重点，推进民生工作，完善重大疫情防控机制，开展传染病和慢性病防控，承接并推动结直肠癌筛查、老年人免费接种流感疫苗等民生项目。

【传染病防治】 2023年，上城区无甲类传染病报告。报告乙类传染病14种（艾滋病、肝炎、登革热、钩体病、细菌性痢疾、肺结核、猴痘、百日咳、猩红热、布病、淋病、梅毒、新型冠状病毒感染和疟疾），与2022年相比，增加的病种为登革热、钩体病和猴痘，减少的病种为麻疹、伤寒和出血热。报告丙类传染病6种（流行性感冒、其他感染性腹泻病、手足口病、流行性腮腺炎、风疹和急性出血性结膜炎），与2022年相比，增加的病种为急性出血性结膜炎，无减少的病种。接收预警信息396起，预警信息总数下降66%。其中，时间序列154起、时空探测23起、单病例预警219起。总预警病种13种（肺结核、新型冠状病毒感染、手足口病、肝炎、猴痘、流行性感冒、麻疹、登革热、其他感染性腹泻、流行性腮腺炎、痢疾、猩红热、疟疾），增加的预警病种为登革热、猴痘和其他感染性腹泻病，减少的预警病种为不明原因肺炎、流脑和发热伴血小板减少综合征；预警数排名前4的病种为肺结核、新型冠状病毒感染、手足口病和肝炎。

【免疫规划】 2023年，上城区完成儿童国家免疫规划疫苗接种21.39万剂（次），非免疫规划疫苗接种51.56万剂（次）。全年上报、调查处置AEFI（疑似预防接种异常反应）444例，其中一般反应422例、异常反应13例、偶合症9例；调查处置急性乙肝、百日咳、AFP病例（急性弛缓性麻痹病例）、疑似麻疹风疹等免疫相关传染病86例；处置学校水痘疫情1起。8月20日，上城区启动70岁以上老年人免费接种流感疫苗工作，通过加强组织宣传、畅通预约渠道、设立便民点位等方式加快推进项目进展。10月10日，实现全区免费流感疫苗“清零”，接种疫苗2.49万人，完成率151.2%。10月19日，分别在望江、笕桥街道对适龄儿童开展现场调查，各疫苗接种率均符合要求。

【结核病防治管理】 2023年，上城区登记结核病人450例，其中肺结核病人406例、肺外结核病人44例。肺结核病人中，病原学阳性病人230例、病原学阴性病人141例、无病原学结果肺结核病人8例、结核性胸膜炎病人27例。2022年肺结核病人转归后，治疗成功率90.6%。3月24日，区卫生健康局联合区文广旅体局、丁兰街道、杭州市天杭实验学校开展“世界防治结核病日”系列宣传活动。6月16日，区卫生健康局面向各街道社区卫生服务中心开展结核病防控管理培训，推动上城区结核病患者健康管理服务项目有效开展，规范结核病人健康管理；完成一年2次对省、市、区医疗机构的结核病漏报检查工作和一年4次基本公共卫生季度督导检查。

【艾滋病和性病防治】 2023年，上城区管理艾滋病和性病病人1384例，抗病毒治疗1306例，治疗率94.4%。阳性告知及流调HIV确诊病例291例，提供自愿咨询检测（VCT）1436人次，确诊阳性78人。定期对辖区看守所在押的有高危行为的犯人进行HIV抗体检测，检测369例，均为阴性。对7088名外来务工人员、13.77万名男性老年人和555名女性高危人群进行HIV抗体检测，均为阴性。在浙江省杭州第四中学开展“开学第一课”艾滋病知识培训等活动，覆盖150多人。联合杭州市公共交通集团有限公司利用100路“艾心公交”进行为期1个月的城市宣传。至年末，住址为上城区的报告性病病例数2074

例，报告发病率156.71/10万，报告病例数男女性别比为0.68：1。其中，男性报告病例数843例，报告发病率130.20/10万；女性报告病例数1231例，报告发病率182.10/10万。

【地方病防治】 2023年，上城区疟疾输入性病例1例，为境外输入恶性疟疾；辖区医疗机构报告疟疾病例6例，处置率100%。全区抽查家庭食用碘盐322份，合格碘盐290份，合格碘盐食用率90.1%。开展孕妇尿碘水平监测，采集孕妇尿样110份，孕妇随机尿碘水平中位数为153.5微克/升。开展儿童尿碘水平监测，采集8～10岁儿童尿样212份，尿碘水平中位数为192.5微克/升。

【慢性非传染性疾病防控】 2023年，上城区落实各项社区慢性病综合防控措施。区卫生健康局每季度对14个街道社区卫生服务中心慢性非传染性疾病综合防治工作开展督查、整改和指导，开展社区卫生服务中心门诊慢性病报卡信息化建设工作，在全区14个街道社区卫生服务中心门诊HIS系统（医院信息系统）嵌入慢性病报卡，实现系统提醒、报卡、审核、上报，并与市慢病监测平台完成实时对接，全年完成社区慢性病电子化报卡2798张。开展慢性病综合防治试点工作，拓展社区慢病管理病种，选取闸弄口街道社区卫生服务中心和凯旋街道社区卫生服务中心开展血脂异常人群健康管理工作，新建患者档案400份、高危档案350多份，并完成相应管理工作。全年全区发现并建档高血压患者10.82万人，高血压患者规范管理人数8.29万人，规范管理率76.6%，管理人群血压控制率79.9%；发现并建档糖尿病患者3.79万人，糖尿病患者规范管理人数2.86万人，规范管理率75.5%，管理人群血糖控制率65.6%。高血压高危人群登记管理数3.36万例，健康管理率3.1%；糖尿病高危人群登记管理数2.96万例，健康管理率3.2%。

【消毒质量监测】 2023年，上城区对辖区部分医疗机构的消毒质量进行监测，选择5个街道社区卫生服务中心及2家二级以上医疗机构进行监测，监测内容包括机构内手术室、血透室、供应室、口腔科、病房、输液室、检验科等重点科室的室内空气、物体表面、医务人员手卫生、使用中消毒液、自备医疗用水（透析用水、口腔科漱口水、手机喷水及其他诊疗用水）、医疗机构污水等指标。采集样品104件，合格99件，总合格率95.2%，不合格项目主要为污水和口腔科用水。抽查辖区100人以上托幼机构5家，监测项目包括室内空气、工作人员手卫生、环境物体表面、食（饮）具等，采集各类样品110件，合格率100%。开展重点行业消毒质量监测，选择2家养老机构作为监测对象，监测项目为物体表面、工作人员手、空气、使用中消毒液等，采集样品20件，合格率100%。

【医疗废物及医院污水处置现状调查】 2023年，上城区开展医疗废物集中处置和污水处理情况调查，覆盖辖区各级各类医疗卫生机构214家，其中疾病预防控制机构1家、街道社区卫生服务中心14个、社区卫生服务站97个、民营医院102家。全区全部医疗机构的医疗废物均由大地维康医疗环保有限公司回收集中处置，集中处置率100%，未发现医疗废物不处置或自行处置情况。全部医疗机构均配备污水处理设备并开展定期监测，污水处理方法以氯化法、二氧化氯法、活性氧为主，污水处理率100%。采样检测6家医疗卫生机构，监测项目为余氯、粪大肠菌群、肠道致病菌等，采样6件，合格2件，合格率33.3%，不合格项目为余氯。

【职业卫生监测】 2023年，上城区完成家具生产、汽车维修、印刷等五大类35家企业用人单位职业病防治基本情况调查和工作场所职业病危害因素浓度（强度）监测。全年辖区报告疑似噪声聋4例、疑似中暑2例、疑似铬鼻病1例、疑似二甲基甲酰胺中毒1例，报告农药中毒病例10例，报告职业健康体检个案卡4.36万人次，报卡均按要求完成审核。区疾病预防控制中心对6家企业开展现场职业危害情况调查，对场所存在的矽尘、电焊烟尘、锰及其无机化合物、二甲苯、乙苯和噪声等职业病危害因素进行监测，调查和监测结果输入职业健康风险评估软件系统，采用美国、英国、新加坡等国家的有关评估方法进行风险评估。对全区截至2022年末报告的职业性尘肺病患者进行随访和回顾性调查，完成39名尘肺病病例随访，随访率100%。

【学校卫生监测】 2023年，上城区对辖区135所中小学校（校区）、12.38万名在校中小学生开展体检，体检率100%，对4家体检单位开展现场督导。体检结果显示，辖区中小学生身高下等0.2%，身高中下等4.0%；营养不良8.0%，超重13.8%，肥胖11.4%；视力不良61.5%；龋患率29.8%；脊柱弯曲率1.5%。对9所常见病监测点学校的2644名学生开展近视调查，筛查近视学生1394人，总体近视率52.7%。

【食源性疾病监测】 2023年，上城区辖区省、市级医疗机构和14个街道社区卫生服务中心均有食源性病例报告。上城区设置浙江大学医学院附属邵逸夫医院和杭州市第一人民医院为病原学监测点医院，采集669例病例粪便样本进行食源性致病菌检测，检出阳性菌株145例，阳性检出率21.7%。杭州市第一人民医院和杭州市妇产科医院开展单核细胞增生李斯特氏菌监测工作，全年监测855人次，发现病例2例。

【结直肠癌筛查项目】 2023年，上城区推进年度重点人群结直肠癌筛查项目。项目实施过程中，各街道分别召开项目培训和布置会，与街道社区卫生服务中心定期会商，反馈项目实施过程中遇到的困难，及时协商解决方法。区卫生健康局、区疾病预防控制中心项目办公室对部分街道进行专项督导，交流工作方法和经验，分析研判困难和问题，督促实施进度相对滞后的街道推进工作进度，按计划完成年度工作任务。全区完成问卷调查和粪便潜血试验5.23万人，完成率252.3%；完成4564例筛查阳性对象的规范随访和动员，规范随访率100%；实施结肠镜检查2757人，肠镜依从率60.4%。

【慢性阻塞性肺疾病免费筛查项目】 2023年，上城区开展慢性阻塞性肺疾病免费筛查项目。4月，印发区级项目工作方案，通过明确分工各司其职、专项督导强化质控、晾晒机制比学赶超等做法，有序推进项目进展，完成肺功能检查4207例，肺功能检查完成率102.6%。检查出疑似慢性阻塞性肺疾病病人283人，完成复核193例，复核完成率68.2%；肺功能检查结果A级合格率与C级以上合格率均达标，实现筛查数量质量双达标，提前完成年度慢性阻塞性肺疾病筛查任务。

【口腔窝沟封闭防龋项目】 2023年，上城区对全区中小学生开展口腔窝沟封闭防龋项目工作，在55所学校开展口腔健康讲座。全年对107所中小学校、2.22万名学生进行口腔状况检查，实施窝沟封闭牙齿数4.79万颗。开展学龄前儿童涂氟行动，全年完成57所幼儿园、4647名儿童的牙齿涂氟工作。

（仲　玥）

卫生健康综合行政执法

【概况】 2023年，上城区加快推进卫生健康综合行政执法工作，谋划业务工作，及早开展“双随机”工作。办理行政处罚720件，其中一般案件634件、简易程序案件86件，罚没款414.78万元。国家“双随机”监督抽查692家，立案248件；浙江省卫生健康监管领域执法工作随机抽查321家，立案75家。受理投诉举报980件，立案处罚100件。完成联合执法和“监管一件事”416次。支持大健康产业发展，增强审批工作效能，全年审批各类事项1.39万件。其中，医护人员执业许可1.11万件，医疗卫生机构设置执业许可491件，公共场所卫生行政许可1175件，医疗机构使用麻醉药品、第一类精神药品许可40件，职业病危害因素申报59件，美容医师主诊备案120件，医疗广告审查417件，其他事项500多件。

【数字化卫生监督执法】2023年，上城区推进数字化卫生监督执法工作，推广省级项目“婴浴无忧”智能监管与风险预警，在试点基础上，探索婴幼儿沐浴场所预警模式，建立1套预警标准体系。探索开展医疗机构院内感染重点环节风险智控，对辖区内三级医院和疾控监督员试点医院重点场景的关键环节进行智能监控、数据分析、风险预警。推进医美机构诊疗行为智慧监管试点工作，研发医美机构治疗行为过程智能监管的“透明医美”系统，实现对治疗场所、人员身份及消毒设备的数字化监管，将医护人员的工作牌智能化嵌入芯片，实现医护人员治疗行为的过程性留痕，再借助智能分析、风险预警等功能，实现治疗行为过程关键环节在线监管可追溯、可预警。

【建筑工地监督检查】2023年，区卫生健康行政执法队会同行业主管部门开展建筑行业职业卫生专项治理行动。执法人员到各建筑工地现场开展培训指导，针对存在问题出具监督意见书，责令整改。建筑企业检测率、体检率、培训率、个人防护用品发放率均在95%以上。全年监督检查建筑企业160多家，出具监督意见书76份，责令整改80多家，立案30件，罚款145万元。

【不合格风险评估】2023年，区卫生健康行政执法队以问题为导向，针对辖区内游泳场所水质不合格和医疗机构投诉多的情况，委托第三方检测公司，开展游泳场所水质和医美机构医疗污水的风险评估，完成评估255家。完成辖区内30%医疗机构医疗污水风险评估工作，对全年未开展风险评估工作的医疗美容机构开展污水监测。针对存在问题的单位，通过约谈、上门指导等方式，督促企业合法合规经营。

【行业培训指导】2023年，区卫生健康行政执法队突出重点，做好医疗美容、住宿场所业务培训工作。针对辖区内医疗美容和住宿场所存在的问题，开展业务培训，加强业务指导，营造良好营商环境。全年对70多家医美机构、50多个住宿场所进行专题培训和面对面指导，提升企业依法执业、依法经营的主体责任意识。

（仲　玥）

基层卫生和妇幼保健

【概况】2023年，上城区以“一老一小”为重点，实施基本公共卫生服务项目，推进基层公共卫生服务均等化、普惠化、便捷化。深化家庭医生签约服务内涵，全年完成家庭医生签约45.26万人，转诊39.26万人次，建立家庭病床1448张。新增国家“优质服务基层行”活动推荐标准单位1家、智慧健康站2个，“打造家庭医生团队全域全程医疗护理新模式”入选杭州市争当浙江高质量发展建设共同富裕示范区城市范例第三批试点项目。在2022年度基层医疗卫生机构绩效考核中，上城区居全省第5位、全市第2位。

【基本公共卫生服务项目推进】2023年，上城区规范实施基本公共卫生服务项目，完善上城区基本公共卫生服务项目绩效评价方案，人均服务经费80元。全年全区建立电子健康档案119.32万份，建档率89.4%，档案动态使用率65%，规范化电子健康档案覆盖率75.5%。预防接种建证建卡率100%，入托和入学预防接种证查验率100%。早孕建册9972人，建册率98.2%；产后访视9999人，访视率98.4%；系统管理9968人，系统管理率98.1%；新生儿访视1.01万人，访视率99.4%。0～36月龄儿童接受中医药健康管理服务2.15万人，管理率86.8%。0～6岁儿童系统管理6.9万人，系统管理率97%，其中眼保健和视力检查7万人，覆盖率98.4%。65岁及以上老年人城乡社区规范健康管理服务10.37万人，管理服务率62.1%。管理高血压患者10.81万人，规范管理8.28万人，高血压患者基层规范管理服务率76.6%，管理人群血压控制率79.9%。管理糖尿病患者3.79万人，规范管理2.86万人，糖尿病患者基层规范管理服务率75.5%，管理人群血糖控制率65.6%。登记在册确诊严重精神障碍患者6953人，健康管理率98.2%，稳定率100%。管理肺结核患者345人，管理率97.7%，患者规则服药率98.7%。管理65岁以上老年人中医药健康13万余人，管理率77.9%。登记传染病病例数9380例，传染病疫情报告率和及时率均100%。

【家庭医生签约服务】2023年，上城区深化家庭医生签约服务内涵，聚焦“医育、医防、医养、医教”四医联动，以慢性病一体化门诊、医养驿站、妇幼健康工作室、健康教室为载体，探索机制性创新模式，助推签约服务高质量发展。全年全区家庭医生签约45.26万人，65岁以上老年人、高血压患者、糖尿病患者、孕产妇、0～6岁儿童、结核病患者、严重精神障碍患者、残疾人、失独家庭、特困人群10类重点人群签约覆盖率90.6%。建立家庭病床1448张，开具慢性病长处方93.92万张。在2023年杭州市签约服务绩效评价中，上城区签约服务质量居全市第1位，签约居民知晓率94.9%、签约服务满意率98.5%。年内，上城区获评省“家医党员先锋团队”1个、省“优秀家庭医生”1人、省“优秀社区护士”1人、市“家医党员先锋团队”3个、市“优秀家庭医生”3人、市“优秀社区护士”3人、市“优秀中心主任”2人。“打造家庭医生团队全域全程医疗护理新模式”入选杭州市争当浙江高质量发展建设共同富裕示范区城市范例第三批试点项目。

【“优质服务基层行”活动】2023年，上城区以“优质服务基层行”活动为契机，组织各街道社区卫生服务中心开展推荐标准创建和“回头看”工作。各街道社区卫生服务中心对照标准开展自评，针对薄弱环节进行整改，提升基层医疗服务能力。望江街道社区卫生服务中心在2023年度“优质服务基层行”活动中达到国家推荐标准，获国家卫生健康委员会办公厅、国家中医药管理局综合司通报表扬。南星街道社区卫生服务中心创建为2022年浙江省社区医院。至年末，上城区有达到国家推荐标准的街道社区卫生服务中心10个、达到基本标准的街道社区卫生服务中心4个。

【“两慢病”医防融合】2023年，上城区统筹推进慢性病一体化门诊建设，开展相关培训，制定实施《上城区慢性病一体化门诊服务规范》，完成2023年度慢性病一体化门诊建设任务。全区11个街道社区卫生服务中心建成慢性病一体化门诊，并通过市级现场评审，实现诊前管理、诊疗服务、辅助检查等环节有机融合。推广实施“两慢病”（高血压、糖尿病）数智健康管理项目，全年全区浏览“健康处方”74.42万张，打印“健康处方”52.71万张。

【参保城乡居民健康体检】2023年，上城区贯彻落实省、市城乡居民“三免三惠三提升”健康行动，以及公共服务“七优享”工程。区卫生健康局、区教育局、各街道办事处、区疾病预防控制中心及各街道社区卫生服务中心紧密配合，全年对15.5万名参保城乡居民开展免费健康体检，完成年度体检目标任务。其中，省体检任务完成率124.2%，市体检任务完成率122.7%。

资料

“三免三惠三提升”：根据《关于印发浙江省城乡居民“三免三惠”健康行动实施方案的通知》《关于印发杭州市城乡居民“三免三惠三提升”健康行动实施方案的通知》等，参保城乡居民免费健康体检、重点人群免费接种流感疫苗、重点人群免费重点疾病筛查被列为省、市“三免”项目；惠享家庭医生贴心服务、惠享县域优质医疗服务、惠享数字化健康新服务被列为省、市“三惠”服务；实施儿童发育筛查和中医药健康管理项目、实施全生命周期妇女健康促进项目、实施老年健康服务专项行动被列为市“三提升”举措。

【基层医疗卫生机构绩效考核】2023年，区卫生健康局建立区级基层医疗卫生机构绩效考核系统，对各街道社区卫生服务中心开展绩效管理和绩效考核。南星、小营、闸弄口和凯旋街道社区卫生服务中心均建立机构内部绩效考核系统，运用当量法（以1个人次普通门诊的工作量，15分钟为1个标准当量值，在该基础上根据每个服务项目的服务标准、人力成本、资源消耗、风险和难度等因素，确定各服务项目的标化工作当量）开展机构内部绩效分配。在2022年度全省基层医疗卫生机构绩效考核省级监测评价中，上城区居全省第5位、全市第2位；上城区各街道社区卫生服务中心中，获评A+等级3个、A等级7个、B+及B等级3个、C+等级1个。

【妇女健康管理】2023年，区卫生健康局通过网格化管理，“线上+线下”为孕产妇开展个性化“管家式”全过程健康管理服务，孕产妇死亡率0/10万，剖宫产率40.6%，产前筛查率99.2%，孕产妇贫血率10.7%，巨大儿发生率3.7%，适龄妇女“两癌”（宫颈癌和乳腺癌）筛查率分别为97.2%和98.9%。通过消除艾滋病、梅毒、乙肝母婴传播项目国家评估工作，全年报告或管理孕产妇艾滋病7人次、梅毒212人次、乙肝1270人次。开展辖区7家助产医疗机构的出生缺陷监测、孕产妇死亡监测、围产儿死亡监测，以及2家医疗机构省级危重孕产妇监测，全年收到出生缺陷个案1710例、围产儿死亡个案239例。推进各助产机构开展“出生一件事”工作，实现出生医学证明、落户、参保、预防接种等多证联办，办理3.51万人，当年出生签发率97.9%、废证率0.2%。承担辖区出生证的机构外签发、换发，注销机构的补发和空白证管理工作，办理出生医学证明1269张。规范开展高危孕产妇管理工作，全年交换危重孕产妇774人次，区内管理危重孕产妇223人次，交换高危孕产妇约2600人次/月。开展杭州市更年期保健规范化专科门诊创建工作，新增2个市级更年期保健规范化专科门诊。至年末，全区市级更年期保健规范化专科门诊增至11个，数量居全市第1位。

【0～6岁儿童健康管理】2023年，区卫生健康局推进0～6岁儿童健康管理。做好消除艾滋病、梅毒和乙肝母婴传播工作，随访管理艾滋病孕

妇所生儿童5人、梅毒孕妇所生儿童26人、乙肝暴露风险儿童425人，其中高暴露风险96人。无确诊先天艾滋病、梅毒儿童，感染乙肝儿童1人。关注儿童心理行为障碍问题，开展0～3岁儿童的发育筛查、孤独症筛查等工作，全区0～3岁儿童发育筛查人数2.16万人，筛查率93.7%；发育筛查异常转诊273人，转诊率83.7%；18个月M-CHAT筛查率91.5%。完成国家级项目试点工作，开展婴幼儿营养喂养咨询指导项目，通过系统培训，提高基层儿童保健人员喂养咨询指导能力。

资料

M-CHAT筛查：《0～6岁儿童孤独症筛查干预服务规范（试行）》建议县级妇幼保健机构承担复筛服务，对18～24月龄儿童采用“修订版孤独症筛查量表（M-CHAT）”进行复筛。CHAT，是一份用于18～24月龄幼儿筛查孤独症谱系障碍患病风险的心理问卷。M-CHAT量表是CHAT的改良版，适用于筛查年龄在16～30个月的幼儿患孤独症谱系障碍（ASD）的风险。

（仲　玥）

人口健康与家庭发展

【概况】 2023年，上城区成立区人口均衡发展领导小组，制定《上城区优化生育政策促进人口长期均衡发展若干措施（试行）》，申报“全国生育友好工作先进单位”。围绕“抚幼育苗”市民生实事工程，审核通过孕产、育儿补助3171人次。全年审核“三孩”购房家庭166户，审核申领小客车指标多孩家庭1880户。落实生育登记服务“一网通办”，办理生育登记5935例，其中婚育联办315例。新建（提升）母婴室13个，全区母婴室增至101个。完善全员人口信息库，全员人口库常住人口覆盖率、主要数据项准确率、实时上报率均在95%以上。

【育儿补助】 2023年，上城区组织区级、街道、社区100多人开展育儿补助培训，实现100%全覆盖。制作印发宣传海报、易拉宝1530份，多渠道加大宣传力度。组建育儿工作专班，区卫生健康局落实5人负责育儿补助咨询、审核工作。全年审核通过“二孩”孕产补助1428人、“三孩”孕产补助134人、“二孩”育儿补助1477人、“三孩”育儿补助132人，共发放补助资金1355.1万元。

【奖励扶助发放】 2023年，上城区为确保农村部分计划生育家庭奖励扶助金等发放准确，制定评估工作机制，通过电话、入户走访及平台数据维护等方式，实现全覆盖回访，资金发放正确率及满意度均100%。全年发放农村部分计划生育家庭奖励扶助金、公益金等3579人次、3197.12万元。

【3岁以下婴幼儿照护服务】 2023年，上城区推进区托育综合服务中心建设，指导清波、望江、九堡、采荷“医防护”儿童健康管理中心建设，整合托育资源，形成“1+14+N”的婴幼儿照护服务体系。根据《上城区支持普惠性婴幼儿照护服务机构发展相关办法》，按照“属地统筹、政社协同、普及普惠”原则，通过资金奖补、场地支持、专业支撑、综合监管等措施，对普惠托育服务进行运营补助，促进托育行业健康发展。扩大照护服务机构覆盖，推进多元化服务建设，全年全区新增婴幼儿照护服务托位1180个，其中普惠性托位692个；新建婴幼儿成长驿站18个，其中示范型12个；开展托育机构从业人员培训2场，开展生命早期1000天孕育技能大赛1场，引导妇幼工作者及婴幼儿照护人员立足岗位提升能力。落实《上城区婴幼儿照护服

务医育结合工作方案》，全域推进医育结合工作，指导社区卫生服务中心与托育机构、成长驿站签约合作，14个街道社区卫生服务中心与全区82家已备案托育机构、56个婴幼儿成长驿站签定协议，通过建立儿童健康手册，延伸家庭医生签约服务触角，为婴幼儿照护服务机构开展巡回指导和讲座，为托育机构婴幼儿提供健康服务。上城区作为全国婴幼儿营养喂养咨询指导能力提升培训项目试点区，开展医育结合信息化管理，通过系统培训提高基层儿童保健人员母乳喂养咨询指导能力，改善婴幼儿营养状况和健康水平。

资料

"1+14+N"的婴幼儿照护服务体系："1"即区托育综合服务中心，于2023年完成建设，开展养育小组课堂、直播、培训等活动。"14"即14个街道社区卫生服务中心的"医、防、护"三位一体儿童健康管理中心，2023年成功创建4个，2024年计划实现14个街道社区卫生服务中心全覆盖。该中心旨在通过软硬件提升改造，打造婴幼儿预防接种、儿童保健、儿科医疗、养育照护等一体化服务链，为辖区儿童提供高质量、专业化和精细化的儿童健康管理服务。"N"即不同类型的托育机构及社区婴幼儿成长驿站。

（仲　玥）

爱国卫生与健康促进

【概况】 2023年，上城区爱国卫生运动委员会办公室（简称区爱卫办）、"健康上城"建设领导小组办公室（简称区健康办）聚焦"健康中国"战略，以"健康中国"行动、"健康浙江"行动为重点，全面推进"健康上城"行动。围绕区委、区政府中心工作，探索与城市发展相适应的爱国卫生工作机制，多渠道、多举措宣传、落实爱国卫生工作，推进现代化健康城区建设，提升人居环境。

【爱国卫生工作】 2023年，上城区爱国卫生运动委员会各成员单位合力推进爱国卫生各项工作。4月，区爱卫办联合省、市爱卫办举办第35个爱国卫生月"宜居靓家园、健康新生活、全民共参与、喜迎亚运会"广场活动，营造"文明健康 无烟亚运"宣传氛围。5月，区爱卫办举办2023年第36个世界无烟日暨"远离烟草 喜迎亚运"世界无烟日楼宇控烟主题活动，开启"共创无烟环境，助力绿色亚运"控烟主题巡展。全年组织各街道、消杀公司和亚运会相关场所负责人召开爱国卫生工作会议7次，组织开展季节性爱国卫生专项行动，每月高质量、全覆盖推进全区"月末周五卫生大扫"工作。12月，在小营巷承办杭州市"传承红

2023年，上城区新建婴幼儿成长驿站18个。图为闸弄口街道濮家社区婴幼儿成长驿站
（区卫生健康局 供稿）

色基因 谱写健康华章”爱国卫生主题宣传活动，弘扬小营巷爱国卫生精神，探索健康发展新路径。开展小营巷爱国卫生品牌提升项目，召开省、市、区、街道座谈会6次，配合小营街道对毛主席视察小营巷纪念馆、全国爱国卫生运动纪念馆进行内容优化更新。

【病媒生物防制】 2023年，区爱卫办结合杭州第十九届亚运会病媒生物防制要求，组织各街道、亚运会相关场所参加病媒生物防制培训6次，督促9个亚运会相关街道推进病媒生物B级街道创建和病媒监测招标工作，完成对3个亚运会相关场馆、25家酒店和8个非比赛场所的每月全覆盖督查。6月12日，组织承担辖区消杀工作的有害生物防制（PCO）公司开展亚运保障病媒生物防制应急处置演练暨选拔防制技能比武，规范和提高PCO公司病媒生物防制技术。7月，组织参加杭州市病媒生物比赛，获团体二等奖。6月，完成首届全国健康促进大会3家涉会酒店的病媒生物等综合保障工作。全年对180多个社区、1430多个（次）亚运会相关场所及沿街店铺进行现场督导，并落实整改，下发问题整改抄告单220多份，问题1770多个，整改率100%。

【“健康上城”建设】 2023年，区健康办根据《省委省政府健康浙江建设领导小组办公室关于印发2023年健康浙江考核评分细则的通知》和《关于印发2023年度健康杭州建设工作考核办法的通知》，落实“健康浙江”考核和“健康杭州”考核工作。协调“健康上城”建设领导小组成员单位完成“健康浙江”和“健康杭州”自评6轮，召开健康考核指标分析部署会4次，邀请省、市卫生健康委员会专家开展主题培训3次，将全年健康考核纳入“八大行动”区级任务清单。上城区在2023年“健康浙江”公众满意度省级调查结果中为82.6%，比2022年增加2.26个百分点。落实健康影响评价制度，探索健康影响评价区县互评机制，完成2个公共政策和2个重大工程项目的健康影响评价，消除健康不利因素30多项。

【“健康细胞工程”建设】 2023年，上城区培育各类“健康细胞”，提升“健康上城”辨识度。委托浙江财经大学开展小营巷式现代化健康社区标准体系研究，探索可复制的地方健康社区标准体系。6月11日，举办“家庭行 迎亚运 共健康”上城区健康家庭（达人）大奖赛。年内，全区44家健康单位通过市级验收；3家企业获评市级健康促进示范单位；3家医院入选健康促进医院省级样板；杭州市采荷中学入选教育部首批全国健康学校；3家企业入选全国健康企业建设优秀案例；1家企业入选人民网2023年健康中国创新实践案例；1家企业入选“长三角健康企业发展联盟”发起单位；西子联合控股有限公司入选职业健康促进行动响应单位。

【“健康浙江”行动】 2023年，上城区印发《2023年健康上城工作要点》，推进26项“健康浙江”行动、25项“健康杭州”行动落实。实施居民健康素养监测，居民健康素养水平提升至45%。做好“一地一品”和“一行动一标杆”案例挖掘，入选2022年度浙江省健康区县建设优秀案例3个。年内，区卫生健康局《四化联动推进老年人健康服务》案例入选2022年度健康浙江行动示范样板和优秀案例名单，区市场监管局“生鲜门店一件事改革”项目入选2023年“健康浙江”行动省级样板；“聚力打造‘好中医在上城’标志性成果 全力推动卫生健康现代化先行”项目入选2023年度“健康杭州”行动优秀案例。

（仲 玥）

中医中药工作

【概况】 2023年，上城区提升基层中医药服务能力建设，加强中医药监督管理。全年全区有中医门诊部61个、中西医结合门诊部1个，中医诊所156个、中西医结合诊所41个。医疗机构中医类别执业医师（含助理医师）1956人，其中中医类执业医师1721人、中西医结合类执业医师235人、中医全科执业医师150人、中西医结合全科执业医师28人。全年基层医疗机构开展中医诊疗服务572.2万人次。

【中医药监督管理】 2023年，区卫生健康局依托上城区中医药质量控制分中心平台，对辖区各街道社区卫生服务中心和社会办医疗机构开展中医药质量检查工作，保障医疗安全，提高医疗质量。全年对39家医疗机构开展中医药服务与质量控制检查，检查内容为组织架构、管理制度、中医临床科室建设、实践操作4个方面，对疾病中医诊断和处方开具、中药采购、索证、储存及均帖费用控制进行规范和把控。

【中医药事业发展】 2023年，上城区围绕《上城区中医药振兴发展重大工程三年行动计划（2023—2025年）》，加大对中医药服务机构的政策支持，推进与省、市中医院紧密型医联体建设，培育胡庆余堂、方回春堂等中医百年老字号，推动中医药事业融入全区经济社会发展、卫生健康事业发展。深化社区卫生服务机构配药煎药送药上门服务，实现全域全覆盖。上线“放心云煎药e平台”，中药代煎更便捷、更优质、更透明。优化“15分钟中医药服务圈”，打造具有上城特色的“旗舰中医馆”4个、“数字中医馆”1个、“特色中医阁”5个。培育推广穴位注射、冬病夏治、小儿推拿等一批疗效明显、安全可靠的中医药适宜技术，规范开展率100%。聚焦居民迫切需要的康复、慢性病、肿瘤等中医特色专科，借力优质高端中医药资源，加速基层名中医工作室落地，选树邱华平名医工作室、周丽平名医工作室、张能忠名医工作室等名中医工作室11个。探索中西医结合诊疗方案，实现中西医强强联合、优势互补。年内，采荷街道社区卫生服务中心在全国率先成立基层中西医结合“心脏康复”门诊。清波街道社区卫生服务中心开设全市首个社区“睡眠障碍门诊”。上城区人民医院针灸科、紫阳街道社区卫生服务中心针灸科和南星街道社区卫生服务中心推拿科获评首批杭州市基层医疗机构中医特色专科（专病）；清波街道社区卫生服务中心肿瘤科等6个科室被确定为2023年杭州市基层医疗机构中医特色专科（专病）建设项目。

【中医药服务团队建设】 2023年，区卫生健康局借助“双下沉、两提升”（人才下沉、资源下沉，服务能力提升、群众满意度提升），加强与浙江省中医院、杭州市中医院学科共建、学术共研，实施名医引育工程，定期邀请省、市名中医到基层坐诊、带教，提高基层医务人员中医药服务技能。全年引入中医创新技术项目15个，新培育浙江省基层名中医2人，社区卫生服务中心有省、市、区各级名中医28人。上城区中医院获批浙江省基层常见病多发病中医药适宜技术推广基地。聚力中医药人才梯队建设，坚持“招聘一批、培养一批”，通过以赛代练开展中医适宜技术比武，在钻研中医理论知识和专业技能上形成比学赶超局面。将中医药服务纳入家庭医生团队服务项目，组织西医类医师参加“西学中”培训，完成培训79人。社区卫生服务机构有执业医师967人，其中中医类别346人，家庭医生提供中医药服务率100%。挖掘有底蕴的传统中医流派，支持传统中医流派传承创新，严格把控社会面“中医师承”资格认定，推动“一对一师带徒”人才培育模式。至年末，备案师承导师179人，数量居全市前列。南星街道社区卫生服务中心中医妇科、彭埠街道社区卫生服务中心中医骨伤科等由国家级名中医嫡系传人或弟子坐诊。胡庆余堂“蒋玲霞技能大师工作室”培养市级及以上技术能手26人，“浙江金蓝领”“浙江工匠”共10人。

【中医药服务能力提升】 2023年，上城区将中医药融入孕育、生育、养育全过程，建设一批具有中医特色的“医、防、护”儿童健康管理中心。重点围绕近视、肥胖、生长发育迟缓、脊柱侧弯等疾病为少年儿童提供中医药健康管理。创新推出“最炫小中医”夏令营，以职业体验引导健康理念。开展中医药适宜技术干预和推广应用，全区街道社区卫生服务中心全部开设生长发育、正脊、冬病夏治门诊。将中医药融入常态化为企服务，缓解“上班族”亚健康状态。推动中医药服务进园区、进企业、进楼宇，打破企业以健康服务宣教为主的局限，将中医诊疗、针灸火罐、理疗康复等中医适宜技术送上门。全年开展活动293场，服务8193人次。针对“白天上班没时间，晚上门诊不开放”的问题，推出错时服务，开设午间门诊、夜间门诊、周末门诊，中医药服务实现全天候。为老年人打通专家服务“最后一公里”，将浙江省中医院、杭州市中医院、名中医堂馆专家的集聚优势转化为老年人健康管理的坚实保障。将中医服务融入“浙里护理”应用场景，为行动不便老年人提供上门中医康复护理。创建全市首个“医养”驿站，把预防保健、疾病治疗和康复养生融为一体，推动以治病为中心向以人民健康为中心转变。全年邀请省、市医院专家开展中医药服务4036人次，服务社区群众2.61万人次。

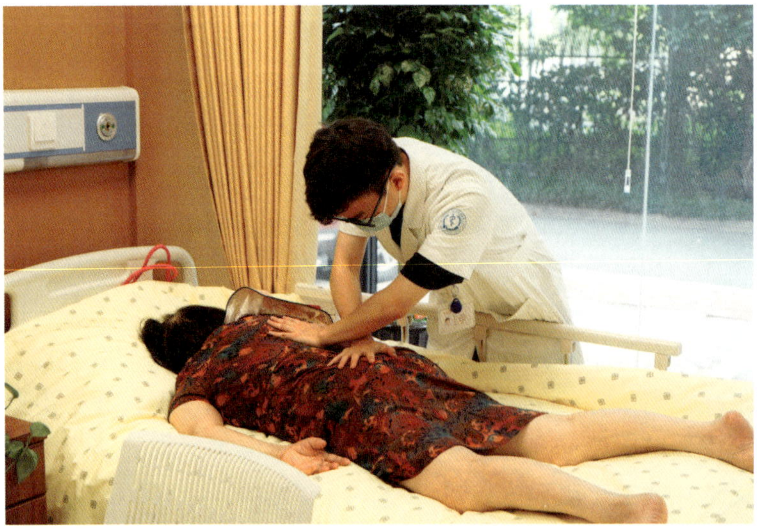

四季青街道运新社区医养护驿站提供中医理疗服务（摄于2023年）
（区卫生健康局 供稿）

【中医药文化发展】 2023年，区卫生健康局推进上城中医品牌推广，推出AI数字“尚医生”、漫话中草药、节气养生视频、“虚拟+现实”讲好南宋中医故事、讲透经典医书等活动。联合区文广旅体局发布上城中医药文化旅游线路，提升群众中医药养生意识和民族文化自信。联合区教育局探索中医药文化进校园工作，通过开设中医课程，打造中医药文化角、百草园、中医馆，使中医药文化学习更有活力、更生动有趣。全区中小学校校园内种植中草药100多种，面积超过1000平方米。支持建设“没有围墙的中医药博物馆”群落，打造上城区中医药博物馆望江分馆、觅桥分馆、九堡分馆。方回春堂获评浙江省中医药文化养生旅游示范基地。组织学生走出校园参与博物馆研学、非遗研学。坚持以事业带产业，以产业促事业。打造清河坊、五柳巷中医特色街区品牌，聚集中医名医名馆。招引、扶持中医药企业落户上城区，支持企业在中医药健康养生等领域的产品研发，打造的胡庆余堂国潮产品、方回春堂膏方养生节、筧桥古法艾灸等IP产值超过1亿元。

（仲　玥）

精神心理卫生

【概况】 2023年，上城区精神卫生综合管理工作和社会心理服务体系建设工作稳步推进。加强精神卫生工作组织保障、经费保障、救助保障等工作，落实辖区精神障碍患者精准管理，依托街道社区网格力量，严密排查，及时纳入管理。对接省、市医院，做好转介，确保不发生精神障碍患者肇事肇祸事件。全面推动社会心理服务体系建设，依托上城区“四季花园”心理健康服务平台，做好各类人群的心理健康宣教和重点人群心理干预服务。

【严重精神障碍患者管理】 2023年，上城区在册严重精神障碍患者6951人，检出率5.2‰，规范管理患者人数6951人，规范管理率100%。全年完成随访10.16万人次，开展应急处置197起，未发生肇事肇祸事件。杭州第十九届亚运会、第四届亚残运会期间，区卫生健康局开展专项整治行动，滚动摸排辖区患者，核查辖区8家医疗机构报病信息11.56万条，处置触圈预警149人次；摸排5.98万人，发现疑似精神障碍患者107人，复核确诊84人，公安列管肇事肇祸精神患者203人。7—8月，组织精神科医师对辖区14个街道重点患者的监护人开展培训，完成培训14场，参与家属720多人。在辖区10家社区卫生服务机构开设精神卫生门诊，开通严重精神障碍患者服药保障“一站式”服务，发放服药政策补助1156人，开展二代长效针剂免费治疗75人，接待门诊7923人次，落实补助经费48.9万元。全年送住康乐中心23人，落实经费12.6万元；落实监护补助患者74人、看护补贴13人，发放奖补金额35.35万元；向“残疾人之家”开展夏日慰问，慰问精神障碍患者及工作人员508人，落实经费5.08万元。组织全区范围精神障碍患者防治工作人员培训4场，培训人员520多人次。

【社会心理服务体系建设】 2023年，上城区三级心理服务平台规范运行，开展心理科普、咨询、评估、疏导和干预等服务。推进“四季花园”心理服务中心建设，统筹整合卫健、教育和街道的心理服务资源，融合区社会心理服务指导中心、区青少年心理辅导中心、街道社区心理服务站等机构工作职责，提供“一园五项”心理健康服务，打造辖区心理健康主阵地。开通免费心理咨询热线，提供心理咨询服务100多人次。深化健康促进，邀请杭州师范大学心理科学研究院共同开展“童心卫明”心理健康公益科普和筛查项目。全年开展入校科普讲座活动35场，对2100多名有需求学生进行心理评估，进行针对性干预47人次。开展街道、社区、企事业单位、学校等重点场所科普宣传38场。

资料

“一园五项”：“一园”即“四季花园”心理服务中心；“五项”即心理服务热线、公益心理咨询、心理健康活动、数字服务平台、专家诊疗服务。

（仲　玥）

卫生健康信息化

【概况】 2023年，上城区坚持数字赋能，以打造“数智上城”为主线，夯实健康信息化基础，贯通省、市平台，推进信息融合，迭代提升“云入院”“浙里健康e生”“放心云煎药”等应用，推动智慧医疗服务体系建设，推进辖区卫生健康整体智治、高效协同。

【区域信息平台搭建】2023年，区卫生健康局推进区内融合，建设上城区“标准统一、资源共享、互联互通”的健康数据资源中心，规范区属各社区卫生服务中心数据统计口径，实现信息互联互通，为上城医疗健康大数据应用发展打造数据基础。与省、市“健康大脑”平台对接，配合推进健康数据高铁建设，推进基层贯通和数据归集工作，辖区14个社区卫生服务中心数据质控合格率均达到市要求，评分均在95分以上。

【民营医疗机构数据归集】2023年，区卫生健康局根据《杭州市全民健康信息平台互联互通数据归集标准》，对辖区民营医疗机构信息进行信息归集，组成机构库、医师库、病历库、处方库。管理的主要数据涵盖临床相关模块、运营相关数据、应用基础模块、机构注册管理、统计与日志、系统配置等。年内，按照统一标准，完成辖区医疗机构住院和门诊信息上传杭州市全民健康信息平台的工作。

【医学人工智能辅助诊断应用上线】2023年12月，上城区各街道社区卫生服务中心全面铺开医学人工智能辅助诊断应用。医学人工智能辅助诊断应用为基层医生提供智能导诊、辅助诊断推荐、医学知识检索、病历书写质量控制、合理用药等服务，在规范基层医疗临床路径的同时，为基层医生诊断开拓思路，提升医疗机构医疗服务能力，缩小基层和综合医院医疗服务差距。该应用于12月30日上线。

【医疗应用系统迭代提升】2023年，区卫生健康局完成多个医疗应用接口改造，实现社区卫生服务中心（站）全覆盖。规范医疗收费电子票据票面信息，迭代提升电子票据应用。完成“互联网+医保”移动支付接口改造，开出“互联网+医保”处方171张，惠及参保群众1500多人次。完成“云入院”接入，帮助35例患者在“家门口”办理入院。迭代升级检验检查互认应用，提高基层医务人员在诊间进行检验检查互认的便捷度。推进“浙里健康e生”场景应用，实现诊间调阅、就诊信息可视化，一键掌握患者基本情况。完成“放心云煎药”服务接入，各街道社区卫生服务中心代煎处方信息接入2.7万条。统一辖区门诊号源，确保“浙里健康”“健康杭州”等政务服务网上预约挂号科室和号源一致。完善共富地图——省“15分钟公共服务圈”，完善654家医疗机构、97家托育机构、91个公共场所母婴室的信息，推进辖区医疗机构信息可视化展示。

资料

“浙里健康e生”：是浙江省数字化改革重大应用，该应用聚焦“人人拥有一份全生命周期的电子健康档案”的目标，通过构建省域健康数据高铁，汇聚全人群、全周期、全要素个人健康数据，深化“居民、医生、治理”三端联动，赋能精细、连续、综合的数字健康新服务。

（仲　玥）

体 育

综 述

【体育事业发展】 2023年，上城区围绕杭州第十九届亚运会、杭州第四届残运会，以“办好一个会，提升一座城”的理念，坚持项目带动、品牌引领、数智赋能，推动全民健身和文体共同富裕典范城区建设。根据省、市相关部署，高标准完成上城区体育中心、区全民健身中心2个亚运会场馆的建设提升和团队运行，服务观赛观众7.5万人次，接待水球训练团队15支、588人次。协同完成城市品质提升、要人警卫、赛事安全、外事礼宾、抵离交通、食品医疗、志愿服务和城市运行等任务。全区有三级以上社会体育指导员3800人，人均体育场地面积2.39平方米。全区每千人拥有社会体育指导员3.5人，达到2023年“健康浙江”考核每千人有社会体育指导员2.6人的标准。整合提升体育社会组织，全区有体育社会团体33个，其中AAAAA体育社会团体3个、AAAA体育社会团体4个、AAA体育社会团体9个、其他体育社会团体17个。

【体育产业发展推进】 2023年，上城区多举措推进体育产业发展。在体育赛事中巧妙融入文化内涵、消费引导和旅游宣传，形成“一人参赛、全家旅行”“一日参赛、多日停留”“一次观赛、多元消费”良好态势。1—11月，接待游客5517.01万人次。全年住宿业营业额45亿元，比2022年增长42%，均居全市首位。受领省体育局体育数字化试点任务，推进“浙里体培”数字化监管平台开发应用，以数字化手段重塑服务流程，用“一码通”解决资金监管难落地的问题。实现辖区内164家体育培训机构、近2000名从业人员全面纳管，切实保障群众消费安全、释放体培市场活力，相关工作获省委副书记批示肯定。通过数字化改造，打通场馆预订、车辆停泊等环节，实现刷脸入场、智能灯控、先享后付。接入“浙里办”“亚运在线”系统，实现场馆预订“最多跑零次”，快乐健身“一键通”。植入运动黑科技，开发打造AR运动14项、体感互动游戏18款。

（傅 蝶）

群众体育

【概况】 2023年，上城区成功打造首批赛事集聚区。完善以“钱江”品牌赛事为支撑、以“弄潮”群众赛事活动为基础的赛事体系。全年组织各级全民健身赛事活动

200多场，参与群众10万人次，杭州高塔竞速赛、“我爱杭州 奉献亚运”体育嘉年华、纪念毛泽东题词71周年小营红巷运动会、湖滨夜健身节、杭州少儿跑等大型IP赛事的单项关注度超过100万人次。谋划布局上城特色赛事品牌“钱塘江国际冲浪对抗赛”2024年重启工作。以“杭州马拉松”“大宋108越野赛”等跨区域赛事的保障组织为纽带，加强与周边城区、兄弟省份的合作，提升上城体育国际竞争力和区域辐射力。持续加强与国际体育组织的联系，争取更多组织机构、总部基地、顶级赛事落地上城。

【体育场馆公益性开放】 2023年，上城区按照浙江省政府《浙江省公共体育设施管理办法》，落实公共体育场馆（设施）向社会免费及低收费开放工作，发挥公共体育场馆的社会功能。全年免费及低收费开放上城区体育中心、九堡阿里体育中心、丁兰文体中心等6处公共体育场馆（设施），累计接待健身人群超过185万人次，其中免费开放受益33万人次。

【体育嘉年华活动】 2023年4月9日，2023年上城区体育嘉年华活动举行，吸引全区14个代表队、500多人参与。开幕式上，上城区相关领导向亚运场馆运行团队授旗，区委书记进行动员讲话。体育嘉年华活动设置有团体比赛和个人体验项目。其中，团体比赛设置充分考虑到不同运动需求，以竞技性和参与性特色为主，兼顾趣味性，包含“力拔山河”（拔河）、“勇往直前”（足球绕杆）、“冲刺亚运”（4×100米接力）、“飞向未来”（掷准飞盘）、“运转乾坤”（合力运球）、“万众一心”（击鼓颠球）6个项目；个人运动体验项目有宋韵投壶、趣味蹴鞠、精准投掷、趣味射箭、滚铁环、背筐接球等。经过角逐，九堡街道代表队、丁兰街道代表队、清波街道代表队分别获总分前三名。

【奔跑吧杭州2023年城市定向挑战赛】 2023年5月14日，“全民健身 共享亚运 健康浙江 你我同行”奔跑吧杭州2023年城市定向挑战赛（上城赛区）在杭州李宁体育园开赛。活动吸引500组参赛队伍、1000多名选手参赛。该定向赛以“千年宋韵 牵手亚运”为核心，深挖上城“宋韵”文化及“亚运”特色。

【第四届杭州夜健身活动展示节】 2023年6月15日，第四届杭州夜健身活动展示节在湖滨步行街举行，区政协有关领导参加启动仪式，活动现场开设尊巴、搏击等课程，吸引近2000名健身爱好者参与。现场邀请全民健身代表一同宣读“与亚运同行”倡议书，通过“夜健身展示节”品牌活动名片，引导群众科学健身，开展高质量的全民健身活动，营造“我爱杭州 奉献亚运”的浓厚氛围。

（傅　蝶）

2023年11月12日，2023年杭州少儿跑活动在上城区体育中心举行

（区文广旅体局 供稿）

竞技体育

【概况】 2023年，上城区有区级少儿体育学校分校5所、区体育特色学校30所、区业训基地12个、市队联办项目学校23所。有国家和省级体育后备人才训练基地5个。其中，国家级1个，为上城区羽毛球训练基地；省级4个，为杭州师范大学东城实验学校排球训练基地、杭州市景芳中学女足训练基地、杭州市江城中学射击训练基地、浙江省杭州第十中学击剑训练基地。年内，上城区开展各类体育活动，并组队参加省、市相关赛事，获优秀成绩。

【体育与教育融合深化】 2023年，上城区通过深化体育与教育融合，注重多渠道培养储备体育人才，促进竞技体育发展。依托区级少儿体育学校分校、区级体育传统项目学校实现“班班有比赛，校校有训练队”，依托青少年业余训练基地布局继续做强优势项目。年内，区文广旅体局组队参加杭州市中小学生田径运动会、游泳、足球、击剑、羽毛球等项目比赛，并获优异成绩。在2023年杭州市中小学生阳光体育锦标赛系列比赛中，上城区在田径、击剑等项目比赛中获金牌，团体总分第一名。落实运动员省、市注册工作，全年新注册完成省、市学生运动员的968人，为田径、游泳、篮球、足球、排球、击剑、乒乓球、羽毛球等20多个竞技项目储备后备人才。

（林　康）

【2023年杭州高塔竞速赛】 2023年6月18日，作为世界高塔竞速协会认证赛事的“全民健身 共享亚运”2023杭州高塔竞速赛在来福士中心开幕，吸引近1000名精英选手参加。省、市体育局领导及区相关领导参加开幕式。该赛事与来福士中心进行合作，首次将合作商户消费券汇编入《赛事指南》，在赛事周期里提供优惠。

（傅　蝶）

体育设施建设

【概况】 2023年，上城区合理布局区、街道、社区（村）三级公共体育场地设施体系，加快普惠性体育场地设施建设，构建群众身边的全民健身设施网络，实现“10分钟健身圈”。全区学校室外体育场设施全部面向社会免费开放，开放率100%。推进基层健身苑（点）建设和管理工作，完成新建、改建区级健身苑（点）50个。全年新增绿道21千米，新增体育场地面积35万余平方米。全年改建体育设施50多处，全区有体育设施2800处，社区（村）全民健身路径100%覆盖，“10分钟品质健身圈”初步形成。全年完成省、市二级民生实事项目16个，建成街道、社区级百姓健身房2个、体育公园1座、多功能运动场2个、“金角银边”（城市空间里的“边角余料”空闲资源）工程10个。区文广旅体局参与新建小区体育

2023年6月18—20日，杭州高塔竞速赛举行。图为赛后获奖者合影

（区委宣传部 供稿）

2023年，上城区推进嵌入式体育场地健设。图为改造后的望江街道在水一方社区滨江家园屋顶健身场所 （望江街道 供稿）

场地配套建设审核工作，依据省居民住宅区公共文化设施配套标准，参加建设项目审查25次，完成新建小区体育场地配套建设的审核工作，确保新建小区、老旧小区改造中体育场地面积的需求。

【上城区体育中心体育场亚运赛事】 2023年9月22日至10月7日，上城区体育中心体育场举办8场亚运会足球比赛。来自乌兹别克斯坦、伊朗、蒙古国、泰国、印度尼西亚、朝鲜6个国家和中国香港地区的共计8支运动队共161名运动员和68名随队官员参加比赛。

（王雨薇）

【嵌入式体育场地建设】 2023年，上城区推进嵌入式体育场地建设。根据《杭州市嵌入式体育场地设施建设三年行动计划（2022—2024年）》建设要求，上城区3年内需新增嵌入式体育场地面积12.6万平方米，其中2023年需新增4.5万平方米。年内，全区完成各类嵌入式体育场地127处，新增设施面积12万平方米，新增嵌入式体育场地300多个，其中足球场6个、篮球场45个、排球场9个、乒乓球场150个、羽毛球场78个、网球场15个、门球场3个。其中，上城区艮山柒号共富球场被评为杭州市第一批嵌入式体育场地标志性成果；《上城区引入社会力量打造滨河绿道边的智慧篮球场》获市级领导的专报批示。年内，丁兰街道体育公园、九堡街道东城体育公园网球场、笕桥街道文体中心完成嵌入式体育场地建设。

（傅　蝶）

社会生活

民政事务管理

【概况】 2023年，上城区加强民政事务管理。实行内地居民结婚登记、离婚登记“跨省通办”。深化婚俗改革试点工作，常态化开展各类移风易俗宣传、婚姻法律法规普及、婚俗文化传播、特色创新颁证活动。落实各项殡葬事务，以及惠民殡葬和生态安葬奖补政策。推进行政区划相关工作，落实驻地迁移管理，开展界线联检工作，推进平安边界长效管理，落实界桩管理责任制度。打造地名文化品牌，开展“跟着地名读上城”“优秀地名故事进社区”“悠游地名”等活动，编纂完成书籍《跟着地名读上城》。

【婚姻登记服务】 2023年，上城区办理结婚登记1.19万件、离婚申请2397件、离婚登记1734件，补领婚姻登记证967件，婚姻登记合格率100%。出具无婚姻登记记录证明7件，接待婚姻问题来电来访咨询6.12万人次。6月1日起，实行内地居民结婚登记、离婚登记“跨省通办”，对双方均非浙江省户籍且一方或双方持有效的“浙江省居住证”或纸质“浙江省居住证确认单”的，可以在一方居住证发放地的婚姻登记机关办理婚姻登记。全年办理“跨省通办”结婚登记613件、离婚申请127件、离婚登记73件。

【婚姻家庭辅导】 2023年，区民政局无偿为婚姻当事人提供婚前辅导、婚姻家庭与心理咨询、法律咨询、离婚劝导和调解等婚姻家庭辅导服务。全年为1.03万对婚姻当事人提供婚姻家庭辅导，其中婚前辅导8649件、婚姻关系辅导113件、家庭关系辅导86件、离婚调适辅导1476件，经调解劝和273件，辅导服务满意度100%。

【婚俗改革】 2023年，上城区深化婚俗改革试点工作，常态化开展各类移风易俗宣传、婚姻法律法规普及、婚俗文化传播、特色创新颁证活动。联合部门、属地街道和企业开展“宋桃缘”青年交友公益活动12场，吸引700多名单身青年参与；举办“缘定上城·宋你幸福”集体颁证活动12场，200对新人参加颁证；开展婚姻家庭服务进社区活动，举办“幸福家庭成长沙龙”、“优秀家风家训”和婚姻家庭教育等活动40场，婚姻家庭服务实现街道全覆盖。深化宋韵婚典品牌行动，8月22日，举办“缘定上城·宋你幸福”

2023年8月22日，上城区举办“缘定上城·宋你幸福”上城区第三届宋韵婚典
（区民政局 供稿）

第三届宋韵婚典，20对新人身着宋制华服，行却扇礼、三拜之礼、合卺礼，推动宋韵文化在群众中的传播。

（林　燕）

【殡葬管理】2023年，上城区针对清明和冬至两个群众集中祭扫高峰时期，按照早部署、细落实、强值守的工作要求，通过提前召开祭扫工作部署会、完善专项服务保障工作方案和建立祭扫高峰服务保障指挥部等举措，完成南山陵园、元宝山公墓、华侨陵园和龙居寺公墓的群众祭扫高峰安全服务保障工作。围绕市殡葬改革相关要求和考核目标，落实各项殡葬事务，以及惠民殡葬和生态安葬奖补政策。全年投入惠民殡葬经费282.42万元，实施指定陵园生态节地安葬奖补制度，奖补14.3万元。

（周　剑）

【区划管理】2023年，区民政局推进行政区划相关工作，落实驻地迁移管理，指导相关街道按规定办理政府驻地迁移报批手续。开展界线联检工作，完成上城和拱墅两区、上城和萧山两区界线的联合检查工作。推进平安边界长效管理，巩固相关长效管理机制，组织签订平安边界共建协议书，维护边界地区的社会稳定。落实界桩管理责任制度，加强行政区域界桩的管理和保护工作，维护界桩的法定性、完好性；制定管理职责，明确权利和义务，落实智慧界桩管理，安排专人进行日常巡查和维护。

【地名管理与服务】2023年，区民政局受理审核地名（道路桥梁）27处。开展“迎亚运”地名标牌整治工作，全面自查自改区域范围内的标识标牌，重点包含55条通勤道路两侧门牌标识标牌。排查更新道路门牌438处，重点区域老旧小区更新楼幢牌165块、单元牌260块。优化地名窗口服务，做好门牌的编制、审批，规范新建住宅区、建筑物的地名标志、楼门牌验收。安装新编门牌2.74万块，打印发放门牌证1160本，完成“数字城管”办件520件，群众满意回访率100%。开展国家、省级地名数据库提升行动，更新完成国家库数据3328条，归集省级地名门牌数据44.49万条，标准地址关联率、分节率、上图率均100%。

【地名文化传承保护】2023年，上城区搭建地名文化传承平台，探索文化遗存，讲好地名故事，打造地名文化品牌，激发地名与文化融合发展动能。开展“跟着地名读上城”品牌系列活动，推动地名文化遗产保护传承。开展“优秀地名故事进社区”“悠游地名”等活动10场。启动“小小地名传承人”培育计划，招募选拔地名传承人，择优参与拍摄上城地名文化推广视频。编纂完成书籍《跟着地名读上城》，并设计制作配套文创产品，以“文字+图片+音频”及视频连载等形式定期在“上城民政”公众号上推送地名故事。

年内，完成《浙江省标准地名录》等地名词条的采集、编纂、校对工作。完成编纂《浙江省标准地名录·第一卷》行政区域信息审核收录及《浙江省标准地名录·第二卷》住宅区类标准地名汉语拼音、地理位置、名称来历含义、小区概况等信息要素的收录。

（周燕敏）

社区建设

【概况】 2023年，上城区有专职社区工作者3032人。其中，大专学历484人，占16.0%；本科学历2441人，占80.5%；硕士研究生学历88人，占2.9%。持证专职社区工作者1967人，持证率64.9%，其中高级社工师1人、社工师（中级）863人、助理社工师（初级）1103人。年内，小营街道小营巷社区、闸弄口街道红梅社区、彭埠街道杨柳郡社区、紫阳街道上羊市街社区、湖滨街道青年路社区、四季青街道钱运社区6个社区入选全省首批现代社区。

【《上城区五社联动建设导引与活力指数》发布】 2023年5月5日，《上城区五社联动建设导引与活力指数》在2023年杭州市社会组织公益嘉年华上城区分会场发布。《上城区五社联动建设导引与活力指数》以“社区平台统筹力”“社会组织协同力”“社区志愿者参与度”“社会工作者专业度”“社会慈善资源联结度”为指标导引，即“五社要素培育法”，进一步厘清“五社”的定位、功能及运行方式，为街道社区链接资源与“五社”要素培育提供指引。

【上城区通过第四批省级城乡社区治理和服务创新实验区中期评估】 2023年10月31日，浙江省民政厅公布第四批省级城乡社区治理和服务创新实验区中期评估结果，上城区以优秀等次通过评估。上城区自2022年入选第四批省级城乡社区治理和服务创新实验区后，围绕“社区公共空间运营模式与机制探索”的实验主题，全域打造“幸福邻里坊”社区共富综合体，制定“幸福邻里坊”建设的实施意见、行动方案、职责任务清单等，一体推进集聚式、分散式、嵌入式阵地布局，探索建立政企社居协同参与社区服务的常态长效运营机制。

【上城区通过全省智慧社区试点评估验收】 2023年11月3日，浙江省民政厅公布全省智慧社区试点评估验收结果，上城区以优秀等次通过评估。上城区整合整体智治、现代社区、未来社区、社区公共服务数字化等建设要求，将智慧社区试点与“幸福邻里坊”数字化平台共同开发、一体推进，构建智慧社区“139N1”体系，即建设1个有统一标准，并具有特色的数字驾驶舱，打造“治理端、服务端、运营端”三端入口，聚焦“邻里、教育、健康、服务、治理、创业、建筑、交通、低碳”九大场景和N个特色应用，夯实1个全量归集、上下贯通的数字底座。

【社会工作创新学院建设】 上城区社会工作创新学院位于上城区尚益178综合体（采荷路34号），面积500平方米，由上城区社会工作协会负责实体运营，建有社会治理与社会工作专家及师资资源库。学院通过搭建服务平台、培养人才队伍、壮大社会组织、创新品牌项目等系列行动，不断提升社会工作参与基层社会治理的能力。2023年，学院调研社工发展、社会需求新趋势，整合政府部门、企事业单位、基金会、社会组织、高校等资源，通过研发多元化服务项目15个，推动社会工作发展，解决社会问题。举办社工运动会、名师讲堂、交流沙龙、赴外参观研习、定期督导等活动23场，提升社工专业能力。建立“区—街—社”三级督导人才培育体系，聘请高校专家和市、区两级资深督导员，实现街道社会工作站督导配比全覆盖，为社会工作者及社工机构提供督导及顾问服务。开展每年1届的全区社会工作宣传周活动，组织行业评优、表彰活动，评选“最美社工”、优秀案例、社工机构等典范人物与机构，激励社工人才和机构不断奋进。深入开展民政部“牵手计划”，选派优秀社工机构支援结对山区。

【社区服务综合体建设】 2023年，上城区推进社区服务综合体建设。在全区范围内系统排摸、盘活可利用的相关空间资源，一体推进集聚式、分散式、嵌入式阵地布局。整合空间资源，对原有党群服务中心、养老托育场地、社会组织活动场馆等社区公共场所进行收回、改造或重建，确保每个社区至少处于1个综合体的服务半径之内，避免空间资源浪费。10月16日，省民政厅公布2023年浙江省星级社区服务综合体名单，上城区6个社区服务综合体上榜。其中，闸弄口街道红梅社区服务综合体获评五星级，望江街道近江东园社区服务综合体获评四星级，笕桥街道花园社区服务综合体、南星街道白塔岭社区服务综合体、小营街道姚园寺巷社区服务综合体、四季青街道钱塘社区服务综合体获评三星级。

【第二届社区空间运营大赛】 2023年4月，区民政局举办上城区第二届社区空间运营大赛。前期组织14个街道自主申报，邀请专家组到老浙大社区“慈善公益好街”、景新社区“幸福邻里坊”等9个社区空间，实地考察社区空间运营情况。各社区从空间布局、运营机制等方面入手，介绍自身在激活空间活力、提升公共空间运营效能等方面的主要做法和优秀经验。经过评选，绿园弄“幸福邻里坊”获一等奖，杨柳郡“幸福邻里坊”获二等奖，红梅“幸福邻里坊”获三等奖；青年路“幸福邻里坊”、近江东园“幸福邻里坊”、上羊市街“幸福邻里坊”获优胜奖；小营街道老浙大社区、南星街道、凯旋街道景新社区、九堡街道三卫社区获优秀组织奖。

【社工主题活动】 2023年4月7日，“我们的答卷”——上城区社工“心相融、迎亚运、展风采”主题活动在杭州市钱学森学校举行。区委主要负责人出席活动并致辞，区四套班子领导，各部门、各街道主要负责人参加活动。活动现场，为在社区工作20年以上的80名社区工作者举行“在岗二十年”庆祝仪式，集中表彰50名“最美社工”、50名“最美网格员”，并为获杭州市“五星示范村（社区）”“争先晋位村（社区）”荣誉的16个村社进行授牌。活动中，成立上城区专职社区工作者成长关爱基金，由区民政局联合区慈善总会每年定向为社工注入成长关爱基金，健全关心关爱体系，帮扶困难社工。

【“三型社区”建设】 2023年，上城区根据社区建设的新要求，改善社区软硬件环境，加快基础设施建设，完善服务管理手段，做好“三型社区”（示范社区、国际化社区和田园社区）申报工作。年内，南星街道紫花埠社区、紫阳街道甬江社区入选杭州市国际化社区示范点，四季青街道水湘社区、九堡街道九堡社区、丁兰街道后珠苑社区入选杭州市撤村建居示范点。

（赵雨静）

【社区建设展示窗口打造】 2023年，中国社区建设展示中心打造独具韵味的社区建设展示窗口。采用文字、图片、视频等多样化手段呈现14个街道“幸福邻里坊”建设经验，整理展陈习近平总书记近10年有关城乡社区工作的重要论述，增设全国基层治理经验及完整社区、现代社区、中国社区建设培训基地内容展示，同步展出386个全国范围的基层社会治理创新实践案例。收集浙江省城市社区治理20年成果，形成20周年十大成果展出。制作“新中国第一个居民委员会”寻访成果发布15周年图片展，全面展现中华人民共和国成立后第一个居民委员会15年来的发展历程及取得成绩。接待各级党政机关、人大政协、社会组织、高校学生等参观团队243批、6568人次。发挥人才专长，开展“构建多类型史料传播形式”项目，展现居委会发展历史和基层民主建设历程、经验、成就等内容，所拍摄视频被“学习强国”国家学习平台和“学习强国”杭州学习平台录用。参加由市委宣传部、市委党史研究室等6个部门联合主办的杭州市爱国主义教育基地讲解员大赛，获一等奖，通过大赛挖掘中心红色文化内涵，发挥中心爱国主义教育基地的教育功能。6月，该中心所在地“朱智故居”获评第八批省级文物保护单位。

【社会治理研究】 2023年，中国社区建设展示中心积极参与社会治理研究。联合紫阳街道成立“新中国第一个居民委员会”品牌建设专班，邀请多方专家教授共同探讨交流品牌建设方案。与浙江大学教授郎友兴团队合作，开展“新中国第一个居民委员会”议事协商机制创新课题研究。对“新中国第一个居民委员会”议事协商程序及内容进行总结提炼，提炼的《“新中国第一个居民委员会”再出发：邻里圆桌会推动基层治理从“经验”走向“标准”》案例入选《全国社会治理创新案例》。以上城区各社区为研究对象，通过调研、总结、推广3个步骤对社区治理进行研究，从不同的理论视角，对社区治理模式、社区治理的政策、社区治理的多元主体等方面进行分析和解读，对上城区的部分社区治理模式进行归纳和综述。研究成果《打造党建统领融合型大社区大单元治理的“上城”模式》《党建统领基本单元融合治理推进社区现代化的研究——以上城区基本单元融合治理实践为样本》获评浙江省民政政策理论研究成果二等奖，《社工站推动五社联动有效路径研究——基于杭州市上城区乡镇（街道社工站建设的实证研究）》获评三等奖。继续实施“居民骨干培育”项目，组织持证社工开展社区工作实务，提炼经验建立居民骨干培育体系。召集社区工作人员、社工督导针对居民骨干项目的实施与居民骨干队伍的职责机制运行问题开展反思与评估。年内，《上城区构建居民骨干培养机制》获评“第三届社会治理传播研究钱江智库论坛”基层创新典型案例。挖掘上城社区治理先进经验，推荐上城新时代社区治理成果，《上城区创新构建“1+2+X”学校社会工作服务模式护航青少年阳光成长》被《杭州信息（工作情况交流）》第30期（市委办公厅）录用。《关于加强学校社会工作护航青少年阳光成长的相关建议》获区委领导批示肯定。

【社区治理人才培养】 2023年，中国社区建设展示中心探索学研结合助力社区治理人才优育，精选学研基地，打造沉浸式课堂，评选“上城区社区治理现场教学基地”18个，丰富“中国社区建设培训基地”课程内涵，向参训学员宣传推广上城社区治理经验。为破解社区工作者系统培训教材紧缺难题，启动“上城区专职社区工作者培训体系构建和培训教材编写”课题研究，发放问卷调查1939份，举办多场专题座谈和访谈，调查研究专职社工培训情况，培训体系基本搭建成型。全年完成专职社区工作者各类培训8期，一线社区工作者直接受益2332人，培训满意率100%。

（黄彩凤）

社会组织管理

【概况】 2023年，上城区围绕社会组织高质量发展目标，积极培育发展，严格依法管理，健全社会组织综合监管服务体系，推动全区社会组织发展从“多不多”“快不快”向“稳不稳”“好不好”转变，从注重数量增长、规模扩张向能力提升、作用发挥转型。至年末，上城区有注册登记社会组织1092个（社会团体247个、民办非企业单位834家、基金会11个）、备案类社区社会组织4361个，有效期内AAA级以上社会组织175个，省、市社会组织领军人物16人，省、市品牌社会组织12个，市级品牌项目（活动）18个。上城区推动社会组织助力对口帮扶，动员11个社会组织、4所学校、5家企业，向四川雅江县、剑阁县多所学校捐赠书籍7000多册、爱心书包200个、冬衣4000多件。

【区社会组织服务中心获评AAAAA级社会组织】 2023年，上城区社会组织服务中心发挥枢纽型平台作用，培育社会组织、汇聚公益力量、助力基层治理。全年入驻张能庆公益服务站、慧灵托管中心等具有知名度和影响力的社会组织12个；开展社会组织能力提升、规范建设等主题培训7场，覆盖人数1000多人；承接各类会议20场次，接待参访团85批次；联动社会组织走进社区、学校，开展便民服务、为老为小、迎亚运、对口帮扶等活动128场次。11月28日，上城区社会组织服务中心获评AAAAA级社会组织。

【社会组织培育】 2023年，上城区创新举措，发展培育优质社会组织，推动社区社会组织提质增效。召开“携手聚力·益起同行”公益创投项目中期检查通报会和末期绩效评估，形成公益创投项目事前、事中、事后的全闭环监管机制。开展2023年度公益创投项目，发布项目13个，投入资金100万元，涉及“幸福邻里坊”运营、社区发展基金会建设、社会组织人才培育等内容。指导街道社会组织服务中心以事务协调会、民情恳谈会等为平台，探索建立社会组织议事协商参与机制。持续鼓励有条件的街道成立社区发展基金会，扶持社区社会组织公益创投项目和表彰奖励。至年末，建成社区发展基金会5个（上城区望江街道睦邻社区基金会、上城区美好凯旋社区发展基金会、上城区白石社区慈善基金会、上城区幸福清波社区发展基金会、上城区九智社区发展基金会）。

【社会组织规范化管理】 2023年，上城区通过开展各项专项治理及社会组织年检工作，规范化管理辖区社会组织。开展行业协会商会专项整治检查工作，推进全区42个行业协会商会自查，重点对6个行业协会商会进行现场集中检查。推进非法社会组织打击整治专项行动，排查非法社会组织线索11条，列入涉嫌非法社会组织名单11个；配合市民政局取缔、劝散非法社会组织2个，常态化推动专项行动全流程嵌入社会组织登记管理。开展全省社会服务机构非营利监管长效机制试点工作，制定实施方案，健全工作机制，部署各业务主管部门和属地街道开展自查，区级层面针对自查情况开展抽查审计，建立社会服务机构重点领域区级试点4个，提升全区社会服务机构规范化水平。开展“僵尸型”社会组织专项清理整治，整治“僵尸型”社会组织43个。开展社会组织登记年检工作，全年应检组织1041个，其中“合格”724个、“基本合格”113个、“不合格”204个。对于不合格的社会组织，督促其及时整改。

【清廉社会组织建设】 2023年，上城区以政治引领为落脚点、试点建设为切入点、亲清培优为突破点，推进清廉社会组织建设。打造清廉社会组织品牌，指导3个市级清廉社会组织创建培育点按照清廉社会组织建设评价指标进行全面提升，加强党建统领、内部治理、文化建设、作用发挥等方面的指导，总结可复制推广的经验做法，发挥示范型清廉社会组织的典型带动作用。全年全区入选省清廉社会组织建设范例2个（杭州阳光艺术培训学校、上城区凯旋街道社会组织服务中心）、市“十佳清廉社会组织创新实践案例”1个（上城区戚宝兴公益服务中心）、市十佳清廉社会组织创建示范点1个（杭州阳光艺术培训学校）。

【市社会组织公益嘉年华承办】2023年5月5日，2023年杭州市社会组织公益嘉年华在湖滨步行街举行。区民政局通过湖滨街道主会场和清波街道分会场、紫阳街道分会场联动模式，围绕“五社联动”“亚运元素”“宋韵文化”等主题，设开幕式和主题互动展区2个部分，展示上城区社会组织以公益为纽带，参与亚运会、宣传亚运会、服务亚运会的实践和成果。截至当日19时，“潮新闻”App、浙江卫视、抖音、微博等50多家媒体平台对该活动进行报道，超过1030万人次在线观看活动直播，图片直播相册浏览量为44.43万次，其中《经济注活力 亚运添风采——杭州市社会组织公益嘉年华侧记》一文在《中国社会报》第8101期头版刊登。

（孟思琪）

民族和宗教工作

【概况】2023年，区民族宗教事务局贯彻落实习近平总书记关于加强和改进民族工作的重要思想和关于宗教工作的重要论述，坚持以铸牢中华民族共同体意识为主线，全方位推进民族团结进步“之江同心·石榴红”精品示范带创建，推进宗教中国化和宗教事务治理现代化。以上城区民族团结促进会为平台，组织系列活动和民族团结进步宣传教育，促进各民族群众交往、交流、交融。强化民族和宗教界思想政治引领，开展民族团结进步宣传月活动、宗教场所“五进”活动、“十百千万”普法工程等。推进宗教中国化场所建设，提升基层宗教事务治理能力，统筹抓好民族和宗教领域风险防控，落实督查巡察问题整改，做好亚运各项保障工作。

【民族乡村振兴“同心共富·百村结对”行动】2023年，区民族宗教事务局贯彻落实《浙江省统一战线推进民族乡村振兴“同心共富·百村结对”行动方案（2023—2025年）》，推动结对民族乡村振兴发展。12月7—8日，到丽水市遂昌县妙高街道井东村开展“同心共富·百村结对”结对帮扶工作，通过实地调研交流，与村“两委”（党总支和村委会）班子共同商谈村集体经济征收项目，并举行20万元结对帮扶资金交接仪式。该笔款项将用于井东村民族乡村振兴示范园建设项目。

2023年5月5日，上城区承办的2023年杭州市社会组织公益嘉年华在湖滨步行街举行

（区民政局 供稿）

【民族团结进步创建】2023年，区民族宗教事务局联合属地街道、相关单位，坚持以铸牢中华民族共同体意识为主线，多层次、全方位、互嵌式推进民族团结进步创建工作。研究制定《上城区民族团结进步“之江同心·石榴红”创建带建设三年实施方案》，努力实现“之江同心·石榴红”阵地品牌矩阵全领域覆盖。年内，打造完成“之江同心·石榴红”诸巢共富实践基地、海兰石榴红绘画工作室、闸弄口石榴红主题公园、尚蓝石榴红家园；推动团结园（体验馆）、同荟园、郡和园等5个阵地建设；创成省级民族团结进步创建重点培育单位1家（56路民族团结公交专线）、市级“之江同心·石榴红”引领单位2家（上城区民族团结促进会、海兰石榴红绘画工作室）。

【民族宗教工作督查整改】2023年，区民族宗教事务局围绕中央、省委民族工作检查和宗教工作督查，开展民族宗教工作督查整改。5月，召开区民族宗教工作领导小组会议，分解自查任务，部署整改及迎检工作。先后4次召集街道统战委员、重点部门和宗教活动场所负责人召开专题会议。针对2018年全国宗教工作督查存在的共性问题，开展“回头看”，防止问题反复。印发《杭州市上城区关于落实省委民族宗教工作督查整改任务的工作方案》。

【宗教领域除险保安】2023年，区民族宗教事务局贯彻落实省民族宗教事务委员会除险保安工作部署，推动白云庵危房解危工作完成，七堡天主堂异地重建工作获关键性进展。6月，开展平安护航杭州亚运会全区宗教领域安全隐患排查整治专项行动部署工作，提高宗教领域消防安全“四个能力”（检查消除火灾隐患能力、扑救初期火灾能力、组织人员疏散逃生能力、消防宣传教育培训能力）。11月，开展宗教场所安全检查和消防演练，筑牢宗教场所消防安全屏障。督促宗教场所开展消防安全标准化管理“百优争创”活动，鼓楼堂获评省级优秀单位。1月、7月，先后会同区应急管理局、上城消防救援大队、属地街道等部门开展安全联合检查，发现并督促整改问题119个。开展亚运会期间清真餐饮食品安全保障工作，先后到6个亚运官方接待酒店进行指导，举办清真餐饮食品保障知识培训3场次。发挥“网格化管理”作用，运用“浙江掌上宗教”“浙里宗教智治”“浙里民宗快响”等数字化应用，开展宗教政策法规普法宣讲活动，推进平安宗教活动场所创建。

（王琳莉）

养老服务

【概况】2023年末，上城区有60周岁及以上老年人24.90万人，占全区户籍总人口的27.6%，其中80周岁及以上4.11万人、90周岁及以上8913人、100周岁及以上292人。全区有养老机构33家、养老床位5044张；有街道原居安养中心22个、社区康养驿站170个；有社区幸福食堂56个、助餐点25个、幸福餐桌43个。全年为老年人办理、申领老年优待证4466张，为80周岁以上高龄老年人发放高龄津贴3265.21万元，惠及45.61万人次。新增持证养老护理员206人，超额完成省、市民生实事的指标任务（127人）。完成省、市民生实事新增持证养老护理员项目129人，超额完成任务。年内，区老年助餐服务体系的经验做法和成效获中央有关领导实地调研肯定；获中央广播电视总台、新华社、《人民日报》、《浙江日报》等主流媒体报道超过170次；被上海、北京、江苏、广东等地借鉴采纳。

【认知障碍照护专区建设】2023年，上城区建设“幸福忆家”认知障碍照护专区，服务有特殊需求的老年人。

按照单元式布局、居家型布置、功能化配套，对现有养老机构进行改造，打造专门针对认知障碍老人的照护专区，提供个性化照护、机能康复训练、心理干预、社会交往等专业性、全方位服务。至年末，在清波、小营、南星、紫阳、闸弄口、彭埠、九堡、丁兰街道的10家养老机构完成22个服务专区、430张照护床位的改建，入住老人225人。

【"上城颐养"智慧养老服务平台建设】 2023年12月8日，"上城颐养"智慧养老服务平台正式投入运营。该平台通过用户端、政务端、服务端三端架构，打通民政部、省"浙里康养"、市"互联网+"养老平台等数据内容，形成完整的区级养老服务和管理体系，实现养老服务全域全流程监管。开发"安居守护""智能管家""智慧站点"三大核心场景，搭建助餐服务"一张图"、社区居家养老服务中心智能终端等功能模块，运用数字化手段重塑服务流程，提高为老服务的精准性。整合全区范围内的养老服务资源，群众可通过手机应用在线"找设施、找服务、找资源"，促进供需对接。至年末，该平台覆盖全区14个街道及各个社区，服务老人27.4万人次。

【"幸福·邻里食堂"老年助餐服务体系建设】 2023年，上城区为解决高龄、孤寡、独居、空巢等老年人"做饭难"问题，聚焦老年群众日益增长的助餐服务需求，把"幸福·邻里食堂"老年助餐服务体系作为全区民生类建设项目"一号工程"，全面推进"幸福·邻里食堂"老年助餐体系建设。结合"十分优享"公共服务设施圈层建设，依托"上城颐养"智慧养老平台的大数据分析优势，根据老年人口的高、中、低密度分布，以步行10～15分钟为标准，精准配建助餐点位。通过改造提升或新建实体食堂、助餐服务点、合作挂靠社会餐饮资源等途径，打造"幸福·邻里食堂+幸福助餐点+幸福餐桌+幸福助餐队"四位一体的老年助餐服务新模式。全年全区有124个老年助餐服务点投入运营，助餐服务村社覆盖率98.5%，服务老年群众106万人次，优惠金额470万元。

【康养联合体】 2023年，上城区通过提前谋划、整合优势资源，以示范型居家养老服务中心建设为核心载体，以点带面，辐射周边，推进街道康养联合体建设。联合周边医疗卫生机构、社会力量等康养资源，按照"有设施、有器材、有队伍、有标准、有数据"的"五有"标准，因地制宜建设不同模式、不同路径的康养联合体，为失能、失智高风险老年人提供康复护理、康复训练、生活照护等服务。至年末，新建成项目7个，全区康养联合体增至14个。全年服务老人12万余人次。

（王焱筠）

【养老服务水平提升】 2023年，上城区推进养老服务高质量发展，满足不同老年人、不同家庭的养老需求，提升老年人及其家庭获得感、幸福感、安全感。对疑似失能、失智老年人的日常生活活动能力、认知能力、感知觉与沟通能力等方面进行评估，确定失能等级根据，共评估1690人。针对户籍困难家庭、中低收入失能老年人和80周岁以上老年人，通过市民卡以"重阳分"的形式发放电子津贴（1分相当于1元），全年发放养老服务电子津贴（重阳分）3347.01万元（分），受益42.97万人次。通过发放具有"红绿键"功能的老人手机，为70周岁及以上的"空巢"、独居、孤寡老人，80周岁及以上的高龄老人和享受政府养老服务补贴的老人提供"智慧养老"服务。全年提供紧急救助和特殊助急41人次、生活服务2.12万人次、电话和上门主动关怀17.72万人次，惠及老年人5.37万人。

（袁正国）

【老年友好宜居环境建设】2023年，上城区推进老年友好型社区创建，制定培育创建计划，开展组织社区申报、进行区级实地初评、迎接省市复评等工作。南肖埠社区获评2023年度全国示范性老年友好型社区，小营巷等7个社区获评2023年杭州市老年友好型社区。推进老年友善医疗机构建设，新创建“老年友善医疗机构”4家，实现“应创尽创”。开展“最美”系列评选，17家单位获评第四届杭州市“敬老文明号”，其中2家单位获评浙江省“敬老文明号”；小营街道获评市级“最美敬老爱老助老示范街道”；全区获评“最美”系列个人14人、“最美志愿服务队”1个。

【敬老、爱老、助老社会氛围营造】2023年，上城区多措并举营造敬老、爱老、助老社会氛围。开展老年健康促进活动，以“科学健身助力老年健康”为主题，组织开展讲座、义诊、志愿为老服务等活动257场，服务3.05万人次。春节、重阳节等节假日期间，开展百岁老人慰问244人。全区老年人意外伤害险投保4.61万人。丰富老年人日常生活，连续多年举办书画展；承办杭州电视台“金秋工作室”首届“唱响金秋”声乐决赛。丰富老年文艺活动，全区老年电视大学招生24万余人次；开设实体化教学点15个，招生2.4万人次，入学率占全区老年人口总数的10.6%。

【医养结合服务体系建设】2023年，区卫生健康局做实居家医养服务，落实《社区医养结合能力提升行动重点工作清单》，家庭医生签约服务65岁以上老年人14.06万人，其中老年人健康管理11.38万人，健康管理率68.2%。联合区民政局开展老年人自理能力评估筛查1318人。规范社区医养签约，统一签约模板，明确服务内容频次，联合区民政局、街道、社区，指导190个日间照料中心规范运行，为社区老人提供家庭医生签约、基本公共卫生、基本医疗、健康咨询和宣教、传染病防控等服务，实现签约100%覆盖。提升机构医养能力，发挥市紧密型医养联合体作用，开展医养结合机构服务质量提升行动，组织全国网络培训55人次。落实医养结合机构安全生产网格化督查，开展医养结合机构负责人调研走访，了解实际需求，压实辖区医养结合机构责任。

【医养结合服务内涵深化】2023年，上城区实施老年健康与医养结合服务项目，结合医养结合示范区创建，启动老年健康服务项目。全区完成医养结合7.18万人，其中80岁及以上老人2.52万人。开展失能老人健康评估1109人；糖尿病眼底筛查2278例；老年人口腔、营养、认知和情感评估2.05万人；痴呆综合防控436人；均提前超额完成目标任务。拓展安宁疗护服务，以“全市域安宁疗护病区建设”为重点任务，建成安宁疗护病区2个、床位35张；开展居家安宁疗护服务机构2家，服务病人360人次，其中居家服务43人次。四季青街道社区卫生服务中心通过中华护理学会安宁疗护专科护士社区基地评审，参与申报省级课题。四季青街道社区卫生服务中心李晓群获评省优秀“生命疗护师”，南星街道社区卫生服务中心陈爱娟获评市优秀“生命疗护师”。创新打造“医养护驿站”，面向社区老人提供医、养、护“一站式”服务，日均诊疗170人次，创新提供“喘息服务”240多人次，解决社区医疗、养老服务不足或不便的问题，服务满意度超过95%。

（仲　玥）

退役军人事务

【概况】2023年，区退役军人事务局聚焦省级“双拥模范城区”创建等重点工作，打造“崇军优抚 军地共建”样板区。10月，上城区作为唯一区县代表在市委退役军人事务工作领导小组（扩大）会议上发言交流双拥工作，受到副市长肯定。营造崇军拥军浓厚氛围，围绕“医、食、住、行、购”等需求，设立“崇军志愿服务点”超过2500个，建成“崇军志愿服务示范街”14条，推动西湖银泰城、天虹购物中心建成吴山、天虹崇军商圈，浙江大学医学院附属邵逸夫医院、杭州市妇产科医院等5家省、市医院实现退役军人“无感优先”，4.1万人次享受优待服务。深化“红星之家”志愿服务，动员全区退役军人开展“红星老兵”服务亚运会活动，选拔退役军人完成亚运医疗携转志愿服务。推进“橄榄绿进校园”驻校教官试点工作，被《中国退役军人》《浙江教育报》《杭州日报》等媒体跟踪报道，试点工作报告被省委领导圈阅。完成全市退役军人事务员新职业试点，推进退役军人事务员培训、评价、管理体系建设，首批考核通过率99.1%。9月，区退役军人事务局连续第3年被退役军人事务部办公厅表彰为年度宣传工作先进单位。

【“红星老兵”服务亚运】 2023年，区退役军人事务局响应杭州市“办好一个会、提升一座城”目标要求，从全区“红星老兵”中选拔出退役军人志愿者，加入杭州“钱潮老兵”杭州第十九届亚运会赛会医疗志愿服务队，参与赛会FOP医疗点医疗（协转）志愿服务工作。经过志愿者公开招募、面试选拔、心理测评、通用培训、专业培训、人员配岗、测试赛保障等各项工作，最终选拔10名退役军人志愿者，参加通用（专业）培训11场，参与保障测试赛42场。年内，1人获评省级“杭州亚运会、亚残运会先进个人”，1人被退役军人事务部办公厅、退役军人事务部宣传中心评为宣传工作先进个人，1人获评浙江省退役军人事务领域“杭州亚运会信息宣传工作成绩突出个人”。

【“橄榄绿进校园”驻校教官试点】 2023年2月，区退役军人事务局联合区教育局、团区委，在杭州师范大学第一附属小学探索开展“橄榄绿进校园”驻校教官试点工作。由浙江戎创军校选派2名驻校教官入驻学校，引入“军魂式教育”，围绕“选、训、用、育、保”，发挥退役军人在“思想联育、课堂联教、日常联管、应急联处、活动联谊”等方面作用，将“抗挫折、强心理、阳光行”教育带进校园、影响师生，助力学生阳光健康成长与退役军人作用发挥。10月，该工作在杭州市惠兴中学扩大试点。区退役军人事务局会同区教育局、团区委研究制定驻校教官内容、标准、方法路子，形成可复制、可推广模式。制定“橄榄绿进校园”驻校教官标准21条，企业入库标准8条，驻校教官

2023年6月26日、28日，退役军人参与2023年第二届中国青少年足球联赛志愿服务。图为退役军人志愿者搬运伤员　（区退役军人事务局 供稿）

项目政（校）、企合作“双10条”，把好招录对象入职关和入选企业资格审核关。聚焦“协作课堂教育、协同课间管理、协调应急处突、协助活动组织”4个方面，编写《驻校教官入职培训教材》，驻校教官经考核合格后上岗，确保培训对象能力过硬；研发涵盖“培红、尚武、感恩、守纪、抗挫”的军魂式课程238个。区教育局监管核发“驻校教官入职培训合格证书”，督促企业按标准选录人员、按需求派遣驻校教官并做好日常监管；试点学校按需购买服务、按教学计划使用驻校教官并提出用人评价；将有意长期从教的驻校教官纳入教师职业技能培训对象，参加专业教师职业技能培训，取得“教师执业资格证书”后，统一纳入教师人才储备库。上城区将退役军人专项教学能力培训经费纳入退役士兵职业技能培训经费统筹保障，确保试点工作可持续。年内，“橄榄绿进校园”驻校教官试点作为全省唯一试点，被《中国退役军人》《浙江教育报》《杭州日报》等杂志、报刊跟踪报道。

【退役军人事务员新职业试点】 2023年8月31日，市委退役军人事务工作领导小组办公室下发《关于开展全国退役军人事务员新职业试点工作的函》，明确上城区退役军人事务局牵头试点。区退役军人事务局优化工作队伍体系，协调成立区退役军人事务员新职业试点工作领导小组，制定《上城区开展退役军人事务员新职业试点工作实施方案》，推进退役军人事务员新职业工作。全面梳理全区区、街道、社区三级退役军人服务中心（站）工作人员基本情况，形成工作人员信息表，摸清底数。打造职业技能精、业务知识熟、实战能力强的专业化队伍，人员从从事退役军人事务工作人员当中择优选配，同等条件下优先推荐退役军人、军人家属和烈士子女。确定人员数量，经测算，区级退役军人服务中心不少于单位核定编制数40%配备专职退役军人事务员，街道级退役军人服务站1500名以下服务对象配备至少1名专职退役军人事务员、1500人及以上的至少配备2名专职退役军人事务员，村社区退役军人服务站至少配备1名专职退役军人事务员，确保参培人员一经考级成功后，可以接续开展退役军人事务工作，确保队伍稳定性。建立高效选拔机制，梳理工作人员情况表，各街道、社区服务站按照服务体系建设要求选派优秀工作人员参加培训考核，提高退役军人事务员合格证书考取率。建立常态培养机制，与杭州科技职业技术学院签约合作，采取“互联网+培训”线上、线下相结合的方式，优化设置不少于40学时的退役军人事务员培训课程。建立持证上岗机制，在培训中落实人员遴选、培训评估等制度，经考核考察合格的，颁发“退役军人事务员（五级）培训合格证书”并确定职业技能等级，实现退役军人工作持证上岗。年内，全区14个街道、199个社区的退役军人服务站分2期组织退役军人服务站工作人员参加培训，最终持证率99.1%。

（吴诗佳）

志愿服务

【概况】 2023年末，上城区有志愿服务队伍1400多支，有青年志愿者2.5万人、青年突击队41支、亚运会“小青荷”志愿者441人。团区委发挥志愿服务在助推区域发展中的积极作用，做好赛场内外亚运会志愿服务保障工作。赛事侧牵头组织441名志愿者，接待观众超过10万人，累计服务时长超过2.3万小时，实现“零差错”。城市侧建设完成22个“亚运青年V站”，接待团中央、民政部调研，获《人民日报》《共青团中央》等媒体关注点赞。深化“平战结合”志愿服务模式，在元宵烟花秀、亚运会开幕式和闭幕式、国庆假期、元旦跨年夜均发挥积极作用，获市领导批示肯定，在浙江省青年志愿服务省级示范交流活动上作经验交流。

【“平战结合”志愿服务体系】2023年，上城区贯彻落实团十九大精神，以共青团城市基层组织改革全国试点为契机，以赛事侧城市侧服务保障为载体，探索建立“平战结合”志愿服务体系。“平”即平时发挥团对青年志愿者的组织凝聚作用，按照“横纵结合”思路织密志愿者储备网络；聚焦志愿服务助力基层社会治理功能，丰富志愿服务项目内容；发挥区级平台统筹调度作用，汇编形成《上城区志愿服务白皮书》，并利用志愿汇数智平台+线上社群进行精准化匹配。“战”即战时注重作用发挥，制定推出《应急处突青年志愿服务管理规范》团体标准；建立战时“站点定位、人员定岗、管理定责”的“三定”机制，发挥功能型团组织、互动型网络社群等优势，构建“战时应急共同体”。12月12日，团区委相关负责人在省青年志愿服务省级示范交流会上作“平战结合”志愿服务体系护航平安建设工作经验交流，介绍以赛事、城市双侧服务保障为抓手，探索建立“平战结合”志愿服务体系，提升基层治理效能的相关做法。

2023年，上城区建设完成22个“亚运青年V站”。图为四季青钱江新城核心区“亚运青年V站”（团区委 供稿）

【春运志愿服务行动】2023年1月7日，由团区委、区志愿者工作指导中心、区志愿者协会联合组织的2023年“暖冬志愿行 温暖回家路”春运志愿服务行动启动。团区委以春运为契机，组建春运志愿服务队伍、开展岗前培训，保障春运志愿服务安全、有序开展。该行动围绕杭州城站、九堡客运中心等区内重要交通枢纽站点，组织40多名春运志愿者为旅客提供购票协助、路线引导、爱心搬运等服务，首日服务旅客超过1000人次。

【新年烟花活动志愿服务】2023年1月21日，团区委联合望江街道、彭埠街道，组织青年志愿者为在钱江新城城市阳台举办的新年烟花定点燃放活动提供服务。40多名青年志愿者与其他安保力量及相关单位配合，在沿线江堤开展拉网式不间断排查，完成燃放期间现场6000多人次的安全保障和人流引导工作。

【爱心车队送考志愿服务】2023年6月7—9日，团区委联合区蒋金海爱心车队开展2023年爱心车队送考志愿服务活动。活动中，团区委召集35名现场志愿者及司机志愿者，发动12辆送考车辆，以杭州市交通职业高级中学考点为主要阵地，护送上城各地区10多名考生按时到达考点。同时，爱心车队在考点外为考生准备100多份高考专用文具。

【“微笑十年，携手亚运”10周年主题活动】2023年6月30日，团区委联合杭州东站枢纽管委会、“微笑亭”志愿服务队共同举行“微笑十年，携手亚运”10周年主题活动。相关代表分享感悟、8名志愿者被授证表彰，分享庆祝10周年大蛋糕。“微笑亭”志愿服务队成立10年来，“微笑亭”志愿服务队坚持志愿常态化，先后经历各大节庆、春运、G20杭州峰会等大型活动和“战役”，累计参与志愿服务6.9万人次，服务时长3.4万小时，服务旅客超过8000万人次。2013年，杭州东站开始试运营，同年6月28日，杭州东站志愿服务启程。结合东站实际，立足于服务旅客，杭州东站枢纽构建“一心两亭”的志愿服务矩阵，形成以党群服务中心为主，东、西“微笑亭”为辅的服务布局；发挥联动机制，整合优质资源，集成九大服务平台，放大志愿服务“同心圆”；打造一支“微笑亭”志愿服务队，始终坚持以微笑迎接旅客。

【元宵系列活动志愿服务保障】2023年2月4—6日，团区委用好“平战结合”志愿服务体系，完成元宵系列活动志愿服务保障工作。建立元宵志愿服务工作指挥小组，制定志愿服务专项方案。合理调配人员力量，在统筹6名沿江街道团员干部基础上，发动上城区晴雨公益服务中心、杭州市凤凰公益社会工作服务中心等骨干志愿组织参与，完成250名志愿者招募工作，并开展志愿者岗前培训，明确服装等物料发放方案等内容。活动组织1000多名志愿者参与，服务3.5万人次，获浙江新闻、中国蓝TV、杭州电视台官方微博、“杭州市志愿者”公众号等媒体报道。

【亚运会志愿服务】2023年，团区委机关党员全员出动，做好对志愿者队伍的培训协调、后勤保障工作，以实际行动践行亚运会志愿服务。3月后，团区委以“3·5”学雷锋日和亚运倒计时200天为契机，聚焦亚运服务保障、城市文明素质提升，组织动员各级团组织开展各类迎亚运志愿服务活动，获亚组委海外官方账号（Facebook、YouTube、Twitter）、潮新闻、杭+新闻等媒体关注报道。9月23日晚，亚运会开幕式举行，团区委为做好钱塘江灯光秀志愿保障工作，集结240多名志愿者，在城市阳台、地铁站口、亚运会相关重点线路等场所，协助公安、交警部门，做好秩序维护、人流疏导、应急救护、防无人机滋扰等工作，帮助找回走失孩童4人，解答游客各类咨询2000多次。10月8日，联动四季青街道、杭州职业技术学院组织200名志愿者保障亚运会闭幕式期间城市阳台及周边区域。志愿者以城市阳台核心区“亚运青年V站”为核心，在城市阳台、两侧江堤、周边道路完成路线引导、信息咨询、秩序维护等工作，为游客提供免费饮水等服务。其中，有100名志愿者是来自场馆的赛会“小青荷”，在主要道路拉起人墙守护游客安全。

（华依文）

街 道

湖滨街道

【概况】 湖滨街道位于上城区西部，南起西湖大道，北至庆春路，东及中河，西邻西湖。2023年，街道面积1.6平方千米，下辖涌金门、青年路、东平巷、岳王路、东坡路、吴山路6个社区。有户籍人口2.75万人、流动人口1.07万人。区域内大型商场超市、三甲医院、星级酒店、商务楼宇集聚，被誉为“杭城会客厅”。全年街道财政总收入22.8亿元，一般公共预算收入10.9亿元，社会消费品零售额202.6亿元。全年落地总部企业3家，其中世界500强公司总部2家；引进亿元产业项目11个，获招商绩效红榜“小金人”4座。推进韵味百巷打造、“一街一品”创建、精彩点位建设等工作，打造6处主题橱窗、1条艺术长廊、5条特色City Walk线路、17条韵味街巷等点位，东坡路、南山路、中山中路等重点道路进行提质，《泳动·世界》《再忆·西湖》《空间·未来》等主题墙绘作品全网传播量超过1亿次。年内，湖滨街道获评浙江省AAAA级景区街道、浙江省首批“红色根脉”强基示范乡镇（街道）等荣誉。

【基层联络站立法点建设深化】 2023年，湖滨街道按照“有场地、有标识、有设备、有制度、有计划、有简介”的“六有”标准，迭代升级人大代表联络站阵地。深化“湖滨晴雨”基层立法联系点建设，优化“接受征集任务、前期解读学习、制定工作方案、征求意见和建议、形成报告初稿、上报报告定稿、做好档案整理”的“七步工作法”，开展法律法规草案的意见征集活动。年内，相关做法获省人大常委会法制工作委员会通报表扬，湖滨街道人大代表联络中心站获评杭州市“最美人大代表联络站”。

【湖滨合伙人机制完善】 2023年，湖滨街道完善湖滨合伙人机制。湖滨合伙人是将社区、社会组织、社会工作者、社会志愿者、社会慈善资源进行整合，与居民需求进行有效互联和对接的一种基层自治工作机制。街道撬动商企资源、个体力量回流社区建设，合力助推“滨次元”打造等重点项目实施。常态化开展“省中医院‘名医工作室’健康管理服务”“杭州口腔医院青年先锋门诊综合性惠民诊疗服务”等12个项目，圆通快递人员、亲子志愿者等“个体合伙人”为高龄、孤寡等群体提供上门助餐1.05万份，全龄服务力持续提升；与中国美术学院共建街道级社会美育实践基地，举办艺术展陈、鉴赏类活动13场，丰富社区公共文化生活。拓展湖滨合伙人合伙“资源池”，签约单位103家，流通公益产品约78万件，有常态志愿者2455人。年内，《“湖滨合伙人”社区自治工作规范》获省公共管理学会团体标准立项，工作案例入选全国社会治理创新案例（2023）、全国共青团城市基层组织改革试点典型案例，相关做法获省委社建委、省民政厅领导调研肯定。

【项目招引高效推进】 2023年，湖滨街道到香港、南京、成都、上海、深圳等地招商，对接复胜健康科技（浙江）有限公司、杭州杯盏商业管理有限公司、金证股份、中国仪器进出口等总部项目，引进浙江亿橡生物医药有限公司、浙江中碳科技有限公司等产业项目，完成度100%；落地总部企业3家，其中世界500强公司总部2家。在坚持重点招引“商贸+金融+大健康”三大主引擎产业的基础上，通过科技、文创、现代服务业等产业同向发力，全年引进产业项目125个，其中金融项目28个、文创项目8个、科技项目18个、商贸项目67个、其他项目4个，合计产税1029.88万元。新引进项目中，裕莲茶楼（上海新尚餐饮管理有限公司旗下品牌）等14家企业实现当年引进月度上规入统（符合条件的企业纳入联网直报统计，按月、季、年度报送生产经营相关情况的过程）；存量项目发展势头强劲，浙江浙商昀华企业发展有限公司、浙旅红色经典文化旅游有限公司等18家企业完成上规入统。

【“笑迎亚运、唱响湖滨”活动】 2023年8月23日，湖滨街道“笑迎亚运、唱响湖滨”暨亚运倒计时30天主题活动举行。杭州知名传统文化传播者小一姐姐带领小朋友演绎原创手势舞《同爱同在》，表达“心心相融，爱达未来”的亚运精神理念，另有《美丽亚细亚 好大一个家》等亚运歌曲串烧表演。亚运会临近之际，湖滨街道举办“知联环湖跑”“纳凉晚会”等一系列主题活动，展示“最美橱窗”、艺术长廊、“公益魔方”、亚运文明驿站、“泳动·世界”墙绘，浓厚湖滨喜迎亚运的氛围。

【湖滨共富单元建设】 2023年，湖滨街道完成青年路“幸福邻里坊”服务扩容，开展新侨饭店“永君妈妈的那碗面”、交通银行中秋纳凉晚会等“企业轮值服务”。青邻餐厅组合提供“全程通优惠+小碗菜午餐+点单式晚餐”，接待量超过1万次，月均营业额45万余元。湖滨家园“幸福邻里坊”重装升级，集成“双创”“助老”主场景与党群、文化、邻里等子场景，入驻大学生初创企业、退役军人创业企业11家。街道22个老旧小区实现物业管委会100%覆盖，惠及居民8748户，见仁里、尚农里小区获评全区老旧小区“金牌管家”物业服务三星级项目。强化物业服务精度，设置共用部位（设施）24小时抢修响应、全天候小区停车引导管理”等六大项、35个小项服务，以服务提质促费用提价，7月，青年路小区完成全区首例老旧小区物业提质提价试点。创新“加梯听证团”“一站式运维管理”模式助力老旧小区加装电梯持续推进，“未央村11号老旧小区加梯项目”入选全国老旧小区既有住宅加装电梯典型案例。

【全域未来社区打造完成】 2023年，湖滨街道推进全域未来社区打造工作。街道依托老旧小区改造，补齐公共服务设施，实现停车资源、为老为小服务等共建、共商、共享。引入优质专业物业，实现全域物业管理覆盖，制定“5项基础+12项增值”清单式服务，完成从准物业到专业物业的提质增效。扩展居民公共活动场所，打造

“记得住过去，看得见未来”的社区文化空间。构建数智社区一体化平台，推进健康小屋、服务机器人等智慧终端布局，探索“线上”空间，开发“幸福邻里坊”小程序，打造数字小区、智慧客厅等模块，开展线上活动350多次。年内，青年东平、东坡岳王未来社区分别获评全省第三批未来社区（引领型）、全省第三批未来社区（普惠型）；吴山路、涌金门未来社区获评全省第四批未来社区；尚农里、见仁里、积善坊巷等老旧小区改造项目获评杭州市2022年度老旧小区改造最佳案例。全域老旧小区改造完成，成功打造全省首个全域未来社区街道。

【“青邻”幸福·邻里食堂开业】 2023年8月4日，湖滨街道“青邻”幸福·邻里食堂开业。该食堂位于青年路与积善坊巷路口，“杭州国际人才俱乐部”和“小哥之家”在“青邻”幸福·邻里食堂挂牌。湖滨街道依托“湖滨合伙人”机制，整合商圈企业、辖区单位、社会团体等资源助力社区发展，引导商圈力量、邻里能量参与志愿服务，构建“政府贴一点、企业让一点、机构投一点、群众多一点”的助餐服务体系。餐厅打造融入孝亲文化、街巷历史等元素。食堂坚持公益导向，针对不同年龄段的老人推出不同优惠折扣，60~79周岁的老人享受8折优惠，80~89周岁的老人享受7折优惠，90周岁以上的老人享受5折优惠。食堂试营业期间，吸引900多人办卡，每天就餐人数400多人次。

【全域危房动态“清零”】 2023年，湖滨街道针对“辖区危房产权多属公房”特征，主动近前、积极对接，引导产权单位介入齐心里、鸿源坊2号和3号、东平巷3号等项目排危修缮，协助推动修缮协议达成。解决积善坊巷8号“产权单位与实际承租人不一致、修缮意愿不强”难题，达成产权方出资、街道实施、最终解危销号的目标。强化危房治理资金支撑，投入100多万元用于横饮2号、永田里2号等C级危房修缮，先后拨付22.6万元对浣纱路371号10处房屋（约2.7万平方米）进行复核鉴定，确保排危到位。至8月末，湖滨街道68处省、市平台在案危房实现100%销号。

（朱　辞）

清波街道

【概况】 清波街道位于上城区西部，东起中河高架，西邻南山路，南倚吴山，北抵西湖大道。辖区有柳浪闻莺公园、吴山天风、杭州碑林、于谦故居、胡庆余堂中药博物馆、潘天寿纪念馆、浙江省革命烈士纪念馆、凤凰寺、南山路文化艺术特色街区、清河坊历史街区、南宋御街等杭州著名特色景区、博物馆（纪念馆）和街区。2023年，街道面积2.2平方千米，下辖清河坊、定安路、劳动路、清波门、柳翠井巷5个社区。有户籍人口2.96万人、流动人口6423人。全年地方财政总收入17.38亿元，一般公共预算收入8.4亿元。街道打造15分钟“育共体”婴幼

2023年8月4日，湖滨街道“青邻”幸福·邻里食堂开业

（湖滨街道 供稿）

儿照护圈层体系，构建5分钟助餐服务模式，整合公共服务配套面积2064.98平方米，加快推进“十分优享圈层”体系建设。深化崇军拥军服务示范街区和示范商圈建设，完成1个社区级枫桥式退役军人服务站提升改造。完成30.83万平方米老旧小区提升改造项目，辖区高层二次供水改造全覆盖，实现全域危房“清零”，实施全域化韵味百巷建设，完成清河坊社区全区老旧小区提质提价试点。创建杭州市基层达标应急消防管理站，成为全区首批矛盾纠纷100%化解单位。统筹辖区文化资源致力打造“宋韵体验首选地”，以文化惠民、文旅融合为重点开展文旅活动500多场，创办“孔庙书市”等文化品牌、“悠然见南山”等亚运文化主题活动。推出全市首个线下公益伞项目“益”把伞等特色项目，承办杭州市“公民爱心日”等活动，恢复停办6年的吴山广场学雷锋志愿服务活动。年内，清波街道获评浙江省2022年度“新时代富春山居图样板区”、浙江省首批重点培育文旅市集、浙江省2023年度第三批城乡风貌样板区；劳动路社区获评省级未来社区，清波街道党群服务中心获评省级示范党群服务中心，清河坊社区“侨胞之家”获评省级五星级“侨胞之家”，吴山商圈获评第二批省级示范智慧商圈，清河坊历史街区获评国家级旅游休闲街区，吴山风情街区获评浙江省高品质示范街区。

【第三届“金秋市集”开市】 2023年11月25日，清波街道第三届“金秋市集”之“党群连心、筑梦共富”开市。该届“金秋市集”依托“清清名家工作坊”名家资源开设“古筝音乐会”，拓展党群周末“社团+市集”的服务模式，为创业群体、妇女群体、特殊群体搭建共富平台，开设宋韵艺术区、潮流美食区、美丽生活区等区域，有30多家党群连心共建单位参加。活动创收5万余元，吸引居民、游客200多人次参与。

【“之江同心·石榴红”海兰工作室成立】 2023年6月27日，清波街道“之江同心·石榴红”海兰工作室揭牌活动暨“亚运，我在西湖等你”画展在西湖银泰城举行，区委常委、统战部部长，清波街道主要领导及辖区民族界代表人士60多人参加活动。该工作室位于清波商厦E座705号，面积300平方米，设有“二厅三区一空间一作坊”，即“蓝客厅”艺术空间、“蓝课厅”艺术课堂、“蓝朋友”特色接待区、“美美与共”绘画创作区、“同心共融”作品展示区、“一抹蓝一抹绿”环保主题空间、“共同富裕”文创工作坊，旨在以铸牢中华民族共同体意识为主线，集聚浙江大学城市学院、西湖银泰城等共建单位资源，依托民族艺术创新实践基地打造，形成民族政策宣传、民族文化展示及共同富裕的多元特色平台。工作室师资力量来自美术、创意、传媒等专业院校的各民族专家、学者及“杭城美”大学生志愿者，面向各族青少年、成人和老年群体开设美术教育培训，依托绘画语言促进各民族交往、交流、交融，形成民族团结进步创建“之江同心·石榴红”品牌阵地打造的上城特色样板。

【荷兰轻奢消费品牌BIJIN中国销售总部落地】 2023年9月26日，清波街道聚焦市外龙头企业，开展招商。年内，荷兰知名轻奢消费品牌BIJIN中国销售总部缤兰科技（杭州）有限公司完成工商注册，落地清波街道。缤兰科技（杭州）有限公司是一家荷兰背景的创新型公司，该品牌以荷兰、德国、比利时等欧洲市场为主要市场，主要开展以个人电动出行工具的研发设计制造及销售为主的综合品牌业务。该企业确定将中国区域销售总部落地清波后，预估2024年销售额在4000万元以上。

2023年2月25日，江南锡器博物馆在打铜巷23号开馆

（清波街道 供稿）

【江南锡器博物馆开馆】2023年2月25日，全国唯一的以锡器为主题的公助民办市级专业博物馆——江南锡器博物馆在清波街道打铜巷23号开馆。开馆首展为迎亚运宋韵文化特展，围绕“文物展览、宋韵传承”运行模式，以200多件文物展出、双语讲解、雅文化体验等形式，组成“文以治国”“武能安邦”“都市繁华”三大板块，还原宋朝时期的历史文化、对外交流、工艺审美和宝贵的人文精神。

【大学生创意生活节暨秋叶艺术节】2023年，清波街道深化院地融合模式，通过多样化的文旅活动丰富市民群众的艺术文化生活，打造“和合美美”院地融合品牌。12月9日，街道会同中国美术学院举办大学生创意生活节暨秋叶艺术节活动，展现“落叶不扫”的南山路秋日美景。活动现场，秋叶艺术装置营造出“悠然见南山”的秋日意境。同时开设创意市集，展示多样化的青年创意作品和手工活动。

【“2024杭州金色春晚进社区”活动】2023年，清波街道依托文化特色，挖掘辖区文明实践资源和力量。12月12日，清波街道联合杭州电视台、区文化馆共同举办的“2024杭州金色春晚进社区”暨社区文化家园建设精彩展示宣传活动在区文化馆惠民路分馆举行。该“社区春晚”汇聚清波街道5个社区新时代文明实践站和社区文化家园的12支骨干文艺团队与文艺积极分子，为居民群众表演舞蹈、戏曲、乐器演奏、走秀等节目。

【“国潮秘境（上城站）”活动】2023年，清波街道积极培育消费新业态，推动特色商业街区老字号建设，激发消费活力，提升消费品质。12月15日，清波街道与省老字号协会在清河坊历史街区开展老字号中华行——老字号进街区系列活动“国潮秘境（上城站）”，主要展示和推广非遗文化及老字号魅力。活动持续至12月17日，活动形式包含启动仪式及“国潮秘境”潮市集、“老字号中华行”进街区系列活动（上城站）启动仪式、老字号文化体验线上打卡和线下集章互动游戏、老字号潮市集及老字号传统国风秀等内容。

【爱馨互助会获评全国首批“美丽工坊”】2023年9月13日，中国残疾人联合会、全国妇联发布《关于确定首批“美丽工坊”的通知》，清波街道社会组织杭州市上城区爱馨互助会获评全国首批“美丽工坊”，系浙江省唯一。爱馨互助会是AAAAA级社会组织，成立于2012年9月，以残障人士为主要服务对象，成立有爱馨共富工坊，以“5+X”服务模式体系助力残疾人就业创业，“5”即技能培训、文体服务、康复训练、就业培训、社会融合，“X”为具有独创性服务、影响力理论教育、实践性工作坊的

"平台+模块"就业课程体系，能满足每年5000人次的服务需求。爱馨互助会成立后，累计实现安置残疾妇女14人，带动残疾妇女居家就业56人，培训残疾妇女564人。

【加装电梯工作入选《老旧小区加装电梯案例》】 2023年，清波街道处理加装电梯纠纷坚持德法融合、情理结合，推动"共情"促和，寻求加装电梯的"最大公约数"。构建街道、社区和人民调解委员会等多主体构成的"立体式"纠纷解决机制，发挥人民调解化解矛盾、排忧解难的第一道防线作用，以"和善"为主基调，注重法、理、情相结合，从不同专业、不同角度查找切入点和突破口，兼顾各方利益，做好正面引导，促进双方求同存异、化解心结，促成双方达成加装电梯共识。11月8日，清波街道后市街119号3单元加装电梯工作入选住房和城乡建设部和最高人民法院联合发布的《老旧小区加装电梯案例》，并作为经验推广。

【"南宋·都·市"传统风貌区获评省城乡风貌样板区】 2023年，清波街道作为牵头单位，在2022年成功创建全区唯一的"新时代富春山居图样板区"基础上，提炼"南宋·都·市、韵味·街·巷"定位，综合协调推进韵味百巷、宋韵文化带等18个补短板和提特色项目，完成总投资6.62亿元。年内，建成清波文化"汇"客厅共富风貌驿，上城宋韵文化体验共富风貌游线获评浙江省首批共富风貌游线，建设成效获省、市各级评审专家肯定。12月7日，"南宋·都·市"传统风貌区获评浙江省第三批城乡风貌样板区。

【吴山风情街区获评省高品质示范街区】 吴山风情街区东至延安路、粮道山路，西至南山路，南至四宜亭路、蔡官巷、清波街，北至西湖大道。2023年，清波街道结合"迎亚运"城市环境品质提升行动和区委"八大行动"，加大吴山风情街区街面管理、道路保洁、地下管网管养、街区垃圾分类清运及油烟扬尘管控等工作力度，推动市容环境品质和城市治理能力的持续提升，打造城市精细化治理示范单元。街道提升环境品质，升级环卫设施设备，创新作业保障街面整洁，"一点一策"加强生活垃圾收处管理，以"线上+线下"相结合方式，开展"重点+常态"的管理模式，购置电动快保车32辆，更换高颜值新型果壳箱154只，修复人行道2400.5平方米、侧石167米、沥青4.26万平方米、树池230个。聚焦宋韵文化和传统风貌有机融合，推进南山路街区艺术景观提升、吴山广场地下空间花海营建等一批重点出彩项目建设。以"亚运+宋韵"为主题，提升区域内道路和广场景观水平，将宋韵文化元素、艺术气质融入街巷，建成荷花池头、旧仁和署等精品类韵味街巷7条、特色类韵味街巷6条。吴山花海、荷花池头获评2023年杭州市城市环境品质提升"赛马"活动优秀项目。12月22日，清波街道吴山风情街区入选浙江省"高品质示范街区"名单。

【吴山智慧商圈获评省级示范智慧商圈】 2023年，清波街道依托30种以上数据算法、50种以上数据指标，形成消费活跃指数、商业供给指数、服务便利指数、公共智治指数、商圈贡献指数"五大指数"，实现总体运行监测、客流监测分析、消费洞察分析、业态品牌分析等10多种智慧商圈分析能力，全面建成吴山智慧商圈系统。推动特色文旅产品直播带货销售，初步形成街区数字化营销新矩阵，与宋憶高端旗袍等20多个街区品牌多点联动，举办杭州全球旗袍日·清河坊"旗"妙夜活动直播，拉动消费总额3850万元，吸引近6万名网民观看。12月25日，吴山智慧商圈获评浙江省第二批省级示范智慧商圈。

【中大吴庄项目入选省级“红色物业”项目】 2023年2月7日，清波街道中大吴庄项目入选浙江省2022年度省级“红色物业”项目。中大吴庄小区“红色物业”探索“党建+物业+创新”管理模式，凝聚红色治理力量，创建由街道、社区、业委会、物业和先锋志愿者队伍组成的小区综合党委，开展银发守卫、党员护学岗、电器维修等10多种便民活动。创新建立物业管理公约、物业管理考核办法等制度，打通小区管理堵点，解决车库整改、二次供水改造等小区“大事”。创建以居民、业委会、物业三方为主体，引入职能部门、人大代表、社会组织等多元群体，形成解决小区疑难杂症的“3+X”联席议事平台。项目成立后，通过“集中议事+上门协商”的方式，解决物业纠纷、邻里矛盾120多件，实现群众“点单”、物业“接单”。

【惠民路70号房屋排危】 2023年，清波街道针对惠民路70号排危堵点，落实加大逐户全闭环走访联系力度，深化更新维修加固排危方案，研判破解存量危房化解的具体形式，形成数字进度表单和工作清单，倒逼“解危”进度。9月1日，经专业机构鉴定，惠民路70号房屋危险性消除，过程性鉴定结果为B级，标志着清波辖内危房实现全域“清零”。

【吴山花海景观建成开放】 2023年，清波街道为迎接亚运会，打造吴山花海景观。街道针对吴山花海景观工程工期短、任务重的实际情况，科学安排，抓住关键，注重细节，交替进行平行施工、流水作业，克服多重困难，保障项目按期完工。9月5日，清波街道迎亚运出彩点位——吴山花海建成开放。吴山花海占地面积1.4万平方米，种植花卉20多种、4.6万株。开放后，清波街道持续做好辖区绿化景观维护工作。

（蒋成杰）

小营街道

【概况】 小营街道位于上城区北部，东邻贴沙河，西濒中河，南接望江路，北至庆春路。辖区内有太平天国听王府、王文韶学士府、求是书院、龚自珍纪念馆、郁达夫故居、钱学森故居、汪宅、梅石园等名人故（旧）居和文化遗存。2023年，街道总面积2.7平方千米，下辖小营巷、金钱巷、西牌楼、紫金、马市街、大学路、葵巷、老浙大、长明寺巷、茅廊巷、梅花碑、姚园寺巷12个社区。有常住人口7.02万人、流动人口2.79万人。全年街道财政总收入49.31亿元，一般公共预算收入23.04亿元；新增市场主体2554个，升规纳统（国家统计局规定的“先入库、后出数”，旨在将达到规模或限额统计标准的企业，纳入国家统计局联网直报范围）企业34家，入库数创历史新高；落地招商项目352个，其中亿元产业项目12个，超额完成全年任务；走访企业780多家，解决问题854个，解决率和满意率均100%。年内，小营街道获评杭州市最美敬老爱老助老示范街道，街道参与报送的上城“南宋·都·市”传统风貌区获评浙江省第三批城乡风貌样板区。

【“营”风扬帆干部素质提升工程】 2023年，小营街道实施“营”风扬帆干部素质提升工程，聚焦中层干部、“88后”青年干部、社区“头雁”等关键力量，组建“营享幸福攻坚连”“青营突击队”，开展擂台比武、揭榜挂帅、调研破难10多次，全面提升干部队伍综合素质。健全完善干部日常考核管理，探索编外人员全周期管理路径，强化过程管理和结果运用。全年开展干部提拔任用工作5轮次、涉及干部26人次，调整编外人员改革套改103人次，实施人员待遇晋升13人次。

【亲清政商关系营造】 2023年，小营街道推进亲清政商关系构建。建立营商服务线上、线下双轨并行机制，通过重塑营商环境底层逻辑，转变传统服务模式，变被动接受为主动出击，形成线上点单，平台接单，承接解决实现闭环处理。创新线下服务品牌，通过“营联惠”和楼宇互动平台，为双招双引工作收集信息。至年末，街道走访企业693家，解决问题755个，解决率100%。

【产业集聚激发新活力】 2023年，小营街道通过“敲门招商，以商引商，合作招商”等手段，实现项目落地352个，其中亿元产业项目12个。通过创新拿楼购地模式，以税收抵款的方式实现五堡留用地大楼首例出让，保留物产环能总部扎根上城，吸引其上下游产业到上城区投资兴业。

【城乡风貌整治提升】 2023年，小营街道以宋韵文化为核心，全域开展城乡风貌整治提升，秉持“可行、可塑、可游、可居、可感”五大理念，梳理街区格局肌理，系统提升街巷韵味。设计古巷遗风、五柳潋滟、柳巷寻梅、翘柳风荷4处文化节点空间场景，让居民和游客感受“一处一风雅、一步一换景”的游玩体验。从街区环境风貌品质、一店一招满意度、配套设施完善度等方面，对街区内居民开展满意度调查，总体满意度98%。依托“最美水上巴士”7号线，通过针灸景观的手法，强化梅花碑等沿河建筑色彩体量管控，并对现有场地内简陋突兀的景观节点进行美化。打造13条小营街道韵味百巷（五柳巷历史街巷、皮市巷、大学路、佑圣观路、马市街、清吟街、小营红巷、觉苑寺巷、茅廊百年菜场、河坊街、望江路、建国南路、城头巷）。年内，上城“南宋·都·市”传统风貌样板先后获评杭州市第三批城乡风貌样板区、浙江省第三批城乡风貌样板区，上城宋韵文化体验共富风貌游线获评浙江省2023年度第一批共富风貌游线。

【“联动+慈善”社区治理新机制探索】 2023年，小营街道以“幸福邻里坊”为阵地，联动慈善、社工、志愿服务3个领域，建立融合发展、分工协作机制，打造出以社区慈善基金为纽带、协同联动为方式、慈善项目为核心、专业服务为支撑、多元参与为保障的社区治理样本。坚持为民导向，激活和调动社区的慈善资源，发动企业、社会组织和个人为“社区慈善基金”开展定向捐赠与志愿服务，增强居民和社会各方力量参与慈善意识，推动慈善元素与社工、志愿者结合，推动形成以社区慈善基金为依托的“五社联动”社区治理服务体系。

【网格基层基础大排查】 2023年，小营街道开展以“蓝鲸行动”为载体的网格基层基础大排查工作，落实信访积案“清零”、消防安全生产大排查等平安领域十大行动。全年出动“1+3+N”力量（1名网格长、3名专职网格指导员和群防群治等网格力量）2365人次，集中清查25次，平安巡防7981小时，清查并消除安全隐患1247个。杭州第十九届亚运会和杭州第四届亚残运会期间，辖区安全稳定。

【民生服务优化】 2023年，小营街道破解老小区服务空间不足问题，做优“十分优享”公共服务圈层体系建设。整合多方资源，历时半年打造以“七心聚邻，活力姚缘”为主题，集党员教育、居民议事、便民服务、文体活动于一体的“‘姚缘’幸福邻里坊”社区共富综合体，辐射周边居民2000多户，接待国家、省、市考察团参观调研40多批次。建成全区首个“医保小屋”，建设落地清吟街108号居家养老服务中心和110号托育中心，联动华夏银行之江支行打造全区首个政银合作便民服务中心，实现“一网通办”前提下的“最多跑一次”。将街区碎片化的公益资源灵活组合，打造全市首条慈善街区“多彩公益慈善好街”；嵌入式打造覆盖12个社区的“8232+N”15分钟助餐服务网络，建成8个幸福·邻里食堂、2个助餐点、3个幸福餐桌；挖掘2400平方米嵌入式体育场地，通过沉浸式体验，让居民感受社区党组织精准嵌入区域化基层治理、“五社”有效互联互动、公益奉献激励与随手公益“数智化”、区域资源共享及互动的四大场景，构建起线上、线下同步的服务和公益引流体系。

小营街道医保小屋（摄于2023年）（区人力社保局 供稿）

【“多彩公益慈善好街”建设】 2023年，小营街道打造“慈善好街”新模式，联动社区公益慈善资源，以慈善力量反哺志愿力量，促进“五社”优势互补，通过多元主体共同发展，实现高效能助力社会基层治理。5月24日，全市首条慈善街区“多彩公益慈善好街”1.0版本开街。该街总长约200米，从翰林花园2幢“比邻驿家”启始，沿环城东路、翰林街至翰林农贸市场止。“多彩公益慈善好街”1.0版本由“比邻驿家”的“筑梦小院”“共享茶吧”“敬老助餐”“不能等的声音”“倾听陪伴”“敬老传家”“爷爷奶奶的礼物”等项目和沿街11个商铺共同营造的“健康捐步”“爱心赠饮”“唤爱行动”“书画筝琴”“奇幻蘑菇”“智慧康养”“非遗工匠”“品质潮人”“益杯咖啡”“畲族风情”“慢寄未来”“多彩盒子”等17个互动体验场景组成。年内，小营街道升级“多彩公益慈善好街”为2.0版本。“多彩公益慈善好街”2.0版本由翰林花园小区业委会改革成果展示、便民服务公益格子铺集成化等场景组成。至年末，“多彩公益慈善好街”有志愿者1155人，参与辖区单位378家，通过“多彩公益圈”小程序平台发布福利商品总价值87.56万元，实现兑换17.81万元。全年“多彩公益慈善好街”获主流媒体报道52次，信息点击量200万余次。

【“‘姚缘’幸福邻里坊”社区共富综合体】 2023年5月31日，“‘姚缘’幸福邻里坊”社区共富综合体（“缘聚姚园邻里·遇见幸福未来”姚园寺巷社区“幸福邻里坊”）开坊。该“幸福邻里坊”主体位于上羊线弄22号，以分散式邻里坊进行规划设计，室内外总面积约2000平方米，辐射周边2000多户居民，组合式建成一个以“七心聚邻，活力姚缘”为主题的服务综合体，推出红色代办、休闲文体、党员教育、居民议事、老年食堂、爱心理发、积分兑换等特色服务20多项，邀请志愿者开展以“上城尚礼”为主题的新时代文明实践活动。街道开设有“多彩共富工坊”，集家电维修、缝补义卖、骑手加油站等便民服务于一体，串联社区周边医疗卫生、家政服务、沿街商铺资源，打造“十分优享”服务圈，绘就老旧小区幸福底色。全年该“幸福邻里坊”开展医疗健康科普

56次、文体活动312次、少儿活动204次。

【重点人群服务保障】 2023年，小营街道全力做好重点人群服务保障工作。由点及面迭代升级“独居老人安全守护一件事”应用场景，联动公安、政法、民政部门，基于“一表通”赋能，对于辖区独居老人开展多轮上门排查登记工作，通过完善“一表通”中人口标签和打通民政、卫健、消防、市水务集团、国家电网等9个数据系统，归集自理能力、就诊配药记录等17项数据项，建立独居老人数据专题库，强化数据汇聚治理和共享应用。建立健全“大养老大守护大服务”一体化推进工作机制，组建“营龄守护”小队，推出“小雨馒头”志愿服务，构筑低龄助力高龄的良性循环。携手爱心企业打造“蜗牛公社”“众心网”，探索“公益性培训+项目化助残”模式。依托国家级退役军人服务站，成立“老兵爱公益志愿联盟”，做好双拥共建工作。打造“康养驿站”，创新“家庭养老床位”做法，承接全市电动载人爬楼机试点，获民政部肯定。10月，街道获评杭州市“最美敬老爱老助老示范街道”。

【老旧小区改造进程推进】 2023年，小营街道坚持党委“一核引领”、居民自治与多方共治“双向驱动”、红管家“三方协同”（加强对物业服务企业的监督管理，加强对业主委员会、物业管理委员会指导监督）和“四问四权”（“四问”即问情于民、问需于民、问计于民、问绩于民，“四权”即知情权、参与权、表达权、监督权），构建共治、共建、共享的“旧改共同体”。年内，完成梅花碑、马市街、紫金、茅廊巷4个社区共100万平方米的老旧小区改造工程，惠及居民6000多户。推进老浙大、大学路、葵巷社区老旧小区改造项目，启动金钱巷、长明寺巷项目设计招标工作。结合未来社区“三化九场景”元素，推进“老大葵”、“马紫”、梅花碑3个未来社区创建工作，完成皮市巷217号等4处危房销号工作，推进住宅加装电梯12台。

【“美好小营”环境提质行动】 2023年，小营街道全域推进“美好小营”环境提质行动。综合运用“大综合一体化”“红管家”力量，完成城站火车站、南宋德寿宫遗址博物馆、思澄堂等重要接待点位和6家亚运酒店、2家亚残运酒店、2家保障医院，以及13条亚运道路等重要保障点位的“洁化、序化、美化、亮化”提升工作。打造五柳巷、皮市巷、大学路、佑圣观路4条“韵味街巷”，开展“薪火红巷·美好小营”一街一品行动，美化南宋德寿宫遗址博物馆“鲜花阳台”等点位。

（陈钰涺）

望江街道

【概况】 望江街道位于上城区东南部，东邻钱塘江，西接贴沙河，南至望江路，北傍清江路。2023年，街道面积4.1平方千米，下辖大通桥、始版桥、兴隆、莫邪塘、清泰门、婺江、耀华、近江东园、近江西园、在水一方、徐家埠11个社区。有常住人口10.8万人、在册流动人口3.8万人。全年财政总收入19.06亿元，一般公共预算收入9.44亿元。全年引进企业300多家，其中亿元以上产业项目26个；辖区千万元税收企业数量比2022年增长62.5%；高端服务业企业数量增长75%；全街道高端服务业税收贡献率超过66%。全年完成老旧小区改造约41万平方米。至此，望江辖区内2000年前的老旧小区实现全域化改造。年内，街道获评2023年杭州市“水美乡镇”、2023年度杭州市“五水共治”“二十佳”优秀乡镇（街道）等。

【近江经合社运行规范化】 2023年，望江街道规范近江经合社运行。加强管理，选聘1名正处级调研员、1名正科级干部为专职监察联络员，常态化列席经合社班子会、股民代表会议等。街道纪工委、监察办重点加强对经合社资金使用、财务管理、决策程序等关键环节监督，纠治一体推进。持续紧盯问题整改，全年查处违纪党员5人，制发《监察建议书》，督促退回相关费用111万余元，推动完善经合社党委会议事规则、重大事项集体决策实施办法、车辆管理制度等内控制度9项。

【“侨胞之家”获评市级“侨胞之家”】 2023年，望江楼宇“侨胞之家”以辖区侨企、侨界代表人士为中心，优化服务。融入“楼宇集中、企业集聚”第一线，通过数字赋能、创新创业为工作立足点，围绕街道杭港高端服务业示范区建设发展，建立侨界民情、侨资侨企档案，运用阵地“侨同心·企同行”特色，整合辖区侨界资源，做强“阵地组织”，做优“引智引资”，落实“惠侨助侨”，延伸“侨胞之家”工作触角，协助解决部分侨眷、侨界人才就业、就医、落户等实际问题，开展“侨联暖心”“访侨送温暖”“侨星志愿服务”等系列爱侨、暖侨、护侨行动10多场，优化“楼宇侨联”品牌，实现“24小时在线”服务侨胞。9月，望江楼宇“侨胞之家”经市侨联党组会议审定，被确认为2023年市级“侨胞之家”。

【首届“望海潮”文化艺术节】 2023年8月11日，首届“望海潮”文化艺术节在望江街道爵优科技大厦举行。活动以“韵始版桥·潮起望江”为主题，现场进行宋韵文化体验点授牌、宋韵文化家庭教育推广大使聘请、宋韵文化解码工程“望海潮”颁奖等环节，多维呈现“望海潮”书画作品展、宋韵薪传·YUN味市集和文艺赋美演出等内容。活动征集书画作品100多幅，线上、线下触及群众2.7万人次。

【社会工作站获评省五星级乡镇（街道）社会工作站】 2023年12月11日，望江街道社会工作站获评浙江省五星级乡镇（街道）社会工作站。街道社会工作站创办于2020年，为杭州市社会工作行业标识首个正式启用单位。该社会工作站深入社会工作专业领域，释放“五社联动”加乘效应，牵引撬动社会优质服务下沉社区，确保社区有资源、有能力服务居民。至年末，引育社会组织258个，联结30多家社会单位，设计实施服务项目20多项，总受益近2万人次。培育专业化、职业化本土社会工作人才，推进“持证社工进站”“项目社工”等有益尝试，专职社工持证率71.3%。

【“清廉小区”建设】 2023年，望江街道以近江四园小区为试点，由社区居委会、业委会、物业服务企业“三方协同”治理机制丰富为“3+X”多元协同，即联动业委会监委会监督、社区监察工作联络站监督等各方监督力量。通过多元协同机制，厘清物业、业委会权责事项，成立“业委会的监委会”、社区监察工作联络站小区联络点，实现街道监察办、社区联络站、小区联络点三级互通，廉情诉求直报、问题线索直通，推动“清廉小区”建设，畅通监督路径，初步实现“小事不出小区、大事不出社区、难事不出辖区”。

【“全龄段儿童友好生态圈”建设】 2023年，望江街道打造“全龄段儿童友好生态圈”。首创“中央厨房”，开展托幼儿群体营养膳食研究，联结上城区妇幼保健院、望江街道社区卫生服务中心医育资源，依托望江托育园中央厨房，探索采购、制作、配送全程一体化模式，服务覆盖辖区4家托育机构、200多名幼儿。落成清泰托育园、稚汇谷、禧乐圆3家公建民营普惠托育机构；新增婺江、大通桥社区2个示范型婴幼

改造后的望江街道耀华社区华龙坊小区外立面（摄于2023年）

（望江街道 供稿）

儿成长驿站。联动辖区杭州天地实验小学打造“育共体”，推广“父母茶座”（设置在社区内的家庭教育交流平台）。引导“望江托育联盟”机构公益反哺社区，创新设计不同月龄段幼儿差异化课程体系，其中公益课占比80%以上。深化“医育结合”，制定编写“悠悠托”婴幼儿健康档案，开展养育照护小组活动20多次、公益课堂近100场，婴幼儿家长科学养育照护知识普及率174.9%。各项托育指标处于全区前列，并形成基层探索育儿友好经验，被《钱江晚报》以3个整版专题报道。

【老旧小区全域改造完成】 2023年，望江街道以“上城都会、品质望江”为主题，以“应改小区全改造、物业全覆盖、服务全提升”为要求，推进辖区老旧小区改造工作。针对小区路面破损、房屋漏水、绿化单一缺失、停车位过少、人车没有分流、消防安防系统薄弱和娱乐健身设施匮乏等疑难杂症实施整治，完成道路改造2.7万米、屋顶修缮2.7万平方米、外立面改造约20万平方米、序化地面停车位453个。新增公共绿地、文化休闲、体育健身场地等5000多平方米，新增绿道350米，绿化改造提升4.56万平方米。特色化提升老旧小巷子，打造“尊师重教文化”的崇学街和“向善互助文化”的崇善街，拓展街内街外公共空间1300多平方米、特色店招店牌400多米，美化道路两侧围栏75米，提升绿化景观约2000平方米。融合未来社区场景构建社区数智治理体系，翻新社区服务中心1500多平方米，打造治理、健康、教育、服务等数字化服务场景，补齐“一老一幼”基础设施短板。实现新城坊小区物业“质价双提升”试点，以点带面提升老旧小区专业化物业服务，推动老旧小区共建、共治、共享的可持续发展。6月，街道完成约41万平方米的老旧小区改造，涉及耀华、在水一方2个社区的13个小区，惠及居民4395户。至此，望江街道辖区内2000年前的老旧小区实现全域化改造，改造老旧小区约95万平方米，涉及老旧小区26个、房屋200多幢，惠及居民1万余户。

【未来社区打造】 2023年，望江街道以“江南韵、现代风”为改造主题，开展“微改造、精提升”，助力打造在水一方未来社区和近江东园未来社区，改造建筑面积近29万平方米。完善供水排污智慧管网、单元门禁智慧系统、连接城市大脑停车系统、改建生活垃圾分类智慧回收站等设施设备。建设2631平方米社区公共服务中心配套服务用房，打造以社区党群服务中心为主阵地的“一核多元”公共服务矩阵，补齐城市更新短板项目设施。扩建200多平方米惠老助老幸福食堂，惠及空巢、失能、优抚等老年群体。

【“爱心驿家”微站启用】 2023年4月，望江街道总工会打造的全区首个“爱心驿家”微站启用。该“爱心驿家”微站位于日信国际前广场，配备空调、冰箱、桌椅、图书等设施设备，为户外劳动者提供充电、饮水、阅读等便捷服务。街道总工会设志愿者对微站进行消防安全检查、日常管理和维护工作，并在高德、百度地图上完成标记工作，方便户外劳动者打开手机地图就能找到站点。自微站启用后，街道总工会以“站点+服务”的形式，联动辖区工会企业、社会组织等在微站开展工会政策宣传、普法宣传、法律援助及义诊、家电维修、免费理发等工会服务活动10多场，惠及新业态人员1000多人次。

【回迁安置】 2023年，望江街道全面开展2017年搬迁项目回迁预安置择房工作（含国有11个地块项目和集体联建12个地块项目），重点项目包括望江单元肉联厂宿舍地块旧城改造项目、望江单元SC0402-R21-04地块公共租赁房项目、凯旋五期（婺江路—甘王路）道路工程项目、望江单元SC0401-32地块项目等。街道现场动迁指挥部坚持靠前服务，主动与上城城投集团对接协调房屋建造、交付等相关事宜，确保按时间节点顺利交房，开发线上房源管理系统，让房源管理更加科学高效；坚持公平原则，根据回迁安置方案多次开展模拟选房，综合考虑小区位置、幢号、户型、楼层等因素进行房源分割，实时梳理，及时调整，确保择房工作更加合理公平；坚持住户为先，提前谋划，组织住户开展实地看房，针对住户提出的扩面政策问题，“一对一”进行政策解答，耐心服务打消住户心中疑虑，确保回迁安置工作顺利开展。12月，望江街道完成区政府下达的2017年搬迁项目回迁预安置择房任务，全年完成回迁安置237户、预安置1193户。

【治水工作】 2023年，望江街道推进辖区“五水共治”工作。打造“民间河长制带动全民治水”望江样板，助推民间河长胡福庆的个人先进事迹3次登上《人民日报》，并获中央广播电视总台《晚间新闻》报道，胡福庆巡河日记在习近平总书记考察浙东运河博物馆时作为重点展品陈列，成为群众参与浙江生态省建设的生动缩影。提升贴沙河、新塘河、新开河、钱塘江“三河一江”水体环境，巩固“污水零直排区”建设成果，实施雨污分流改造、二次供水改造项目，加快推进水环境治理基础设施建设。年内，望江街道成功创建2023年杭州市水美乡镇，获评2023年度杭州市“五水共治”“二十佳”优秀乡镇（街道）。

（王　颖）

南星街道

【概况】 南星街道位于上城区西南部，东北连万松岭、凤山桥，以飞云江路为中间线与紫阳街道毗邻，东南沿钱塘江中心线与滨江区相望，西北沿玉皇山、凤凰山与西湖区交接。辖区内有闸口白塔、梵天寺经幢、施家山吴汉月墓、慈云岭石窟造像、老虎洞窑址、天龙寺、千佛洞、南宋皇城遗址8家国家级文物保护单位及于子三墓、宋京郊坛下官窑址、中河南端古桥、古泉群等省、市级文物保护点。2023年，街道总面积4.31平方千米，下辖美政桥、海月桥、馒头山、玉皇山、紫花埠、复兴街、水澄桥、白塔岭8个社区。有常住人口3.44万人、在册流动人口2.07万人。全年街道财政总收入14.36亿元，一般公共预算收入6.86亿元。参与推进“杭州金玉上城现代金融创新发展区”建设，构建“431”现代金融生态圈。推进“大综合一体化”行政执法改革融入基层治理，创新“首违不罚”等工作机制，助力执法提质增效，打造一流法治营商环境。开展“五社联动”探索实践，探索形成家、校、政、企、社“五星协理”治理新模式。打造“幸福食堂+幸福助餐点+幸福餐桌+幸福助餐队”四位一体的老年助餐服务模式，获《新华每日电讯》等媒体点赞报道。联合杭州亚组委打造“亚运蓝色运动角”，为全民健身提供便利，获新华社、人民网、《浙江日报》等10多家媒体点赞。承办全市邻居节活动，吸引近1000名中外游客参加。依托“有意思”书房、游线、节庆等宋韵传习载体，擦亮“宋潮有意思”研学品牌，该研学品牌获评杭州市终身学习品牌项目。年内，街道金融企业、“四维协同”基层综合行政执法模式、社区家庭教育等工作获省主要领导等调研，获浙江省社会治理创新案例、浙江省“低零碳”试点街道等荣誉。

资料：

“431”现代金融生态圈：“4”即4类优势产业，为总部金融、财富管理、私募金融、大宗商品；“3”即3类新兴产业，为数智金融、普惠金融、绿色金融；“1”即1类支撑产业，为金融服务中介。

【经济指标居全区前列】 2023年，南星街道坚持以项目招引为重点，引进浙江廪富物产等亿元产业项目10多个。坚持优化产业生态圈，实现科技、商贸、现代服务业等产业同向发力，引进产业项目近170个。推动鲲翎资本“合格境外有限合伙人”项目落地，带动全年完成外资到位3740多万美元。全年街道地区生产总值43.1亿元，比2022年增长5.6%，居全区第2位，社会消费品零售总额、固定资产投资等指标位居全区首位。

【金融产业快速发展】 2023年，南星街道以助力玉皇山南基金小镇打造2.0升级版为契机，在优化金融产业链上发力，推动全市首个合格境外有限合伙人私募股权基金制度试点（QFLP）项目落地小镇，为外资进入国内参与私募等金融活动开启新通道。推动杭州灵慧人工智能邮箱公司等项目落地，拓展小镇企业智能投资顾问平台、金融产品和金融科技服务平台，完善金融产业业态。参与推进“杭州金玉上城现代金融创新发展区”建设，全方位发挥金玉上城现代金融产业集群优势，以技术创新、业态创新、模式创新、能级升级、结构升级、质效升级为建设导向，重点构建“431”现代金融生态圈。街道作为参与单位，成功入围浙江省第三批现代服务业创新发展区，“优化金融营商环境、助力服务业扩大开放”做法入选省营商环境2023年第三批“最佳实践案例”。

【文创产业高质量发展】 2023年，南星街道升级打造凤凰御元、凤凰1138、LOMO创意园等文创街区，总面积超过10万平方米。把握入驻企业种类和品质，做好针对性公共服务保障，形成以思美传媒股份有限公司、浙江睿宸影视制作有限公司、杭州佳平影业有限公司为代表的行业标杆文创企业300多家。联合工商、税务等部门，组建助企服务队，提供工商代办、政策宣讲、项目对接等“一对一”贴心服务，为辖区文创企业提供工商注册等代办服务300多次。依托馒头山、凤凰山位于南宋皇城遗址核心区区位优势，推动宋韵文化赋能凤凰山南影视街区发展，街区的3D动画电影《济公之降龙降世》获浙江电影最高奖项“凤凰奖”。依托玉皇山南基金小镇，搭建投融资路演、项目接洽、宣传推广平台，辖内企业参与投资的综艺节目《向往的生活》获高收视率。

【为企服务深化】 2023年，南星街道建优专门护航专班，建强企业情况收集队伍，“拉网式”走访辖区重点企业，解决企业商户投诉难题86个，引导企业信用修复12起。创新编写全省首个街道行政执法年度计划，主动服务新开门店、小微企业200多家，优先开展非现场监管“云检查”大中型企业145家。科学设定网格自治片区，开展红绿赋码专项行动，融入新《中华人民共和国行政处罚法》“首违不罚”理念，搭建“轻微违法问题自治协商”平台，带动1000多名群众和商户主动参与“美丽杭州”建设。制定全省首个街道层面《杭州市上城区人民政府南星街道办事处行政处罚自由裁量权实施办法》，配套升级执法规范标准，实现高频处罚事项裁量基准的分类分档，让行政处罚标准更科学、更合理，为省、市全面推广积累试点经验。制定《亲清服务手册3.0》，平均每周在线解答企业咨询50起。

【省文化强镇创评】 2023年，南星街道以文化自信深化文化惠民工程，推进“七个一”工程，即传承一条宋韵主线、绘好一张资源地图、发展一群文艺骨干、挖掘一批非遗典型、擦亮一个文化品牌、打造一片示范街区、繁荣一域经济发展。街道居民人均文化经费25.13元，文化活动覆盖面超过常住人口的70%。全年组织开展杭州市邻居节等活动超过1000场次，打造“皇城古韵·星耀山南”街道文旅品牌，做强“宋潮有意思”研学品牌，2个品牌分别获评2023年浙江省社区教育品牌项目、杭州市终身学习品牌。12月，南星街道入围浙江省文化强镇公示名单，为全区唯一。

【“三维协商”赋能旅游发展】 2023年，南星街道以“三维协商”模式（街道政协委员依托“民生议事堂、委员工作室、社区协商驿站”3个维度参与协商）助推街道实现全域旅游发展。辖区政协委员提出聚焦南宋遗址、古桥等历史建筑的原真性保护与开发等建议20条，推动南宋皇城核心遗址考古保护持续推进；协商助推复兴路改造提升全面亮相，创建白塔公园、将台山、八卦田、玉皇山南基金小镇等地区停车场20多个。政协南星小组开展协商活动8场，协商推进小区、街区综合提升改造42万平方米，新增服务驿站、城市书房等公共服务配套6000平方米；创建“有意思·南星”宋韵文化体验品牌，协商推动宋韵IP赋能“江·河·山”城市旅游经济，打造“宋韵精品研学线路”，汇集圣果寺遗址、梵天寺经幢、南宋官窑博物馆等核心景观20多处；围绕宋韵文化保护传承，提出协商意见建议29条，协商推动区域产业、商业融合发展，形成“宋韵生活体验旅游短线”。

【《创新“四维协同”基层综合执法模式》案例获评优秀案例】 2023年12月，南星街道报送的《创新“四维协同”基层综合执法模式》案例在第三届基层社会治理传播研究钱江智库论坛中，获评基层创新优秀案例。街道探索“一体指挥+全科执法+自治助力+法治保障”的“四维协同”行政执法模式，从强阵地、建机制向重实操、优环境转变，推动基层行政执法协同更加高效、服务更加有力、保障更加充分，法治化营商环境持续优化提升。全年街道“综合查一次”实施率超过80%，执法扰企次数比2022年减少50%以上。

【“三维共治”协同推进】 2023年，南星街道构建指挥领治、平台联治、网格微治“三维共治”模式，一体联动、快速反应，各类网格事件、非警务事件处置率均100%。实行“1+8+N”的街社两级矛调中心运行模式，发挥街道法律服务点、共享法庭等机制，开展网格“巡回调解”，将矛盾纠纷吸附在属地，信访交办件比2022年下降20%。抓实重点人、事、隐患和场所的“四张清单”动态管控，建立“隐患、措施、责任、时限”督办机制，推动“安全生产大排查大整治”“重大事故隐患专项排查整治”“落实企业安全生产主体责任年行动”，排查各类企业（场所）8168家（个），发现隐患8746处，整改率100%，确保社会面总体平稳。

【“五星协理”治理新模式】2023年，南星街道开展“五社联动”探索实践，统筹各方资源、同心携手共建，以睦邻友好、邻里互助促进多元共治，探索形成家、校、政、企、社“五星协理”治理新模式，吸纳机关干部、两新党员、楼道长、学校、亲子家庭等参与全市迎亚运盛会社区城市品质、城市治理、城市文明三大提升行动。全年小区全覆盖开展“清洁家园、亲近邻里”活动12场。辖区能人贤才主动参与扮靓家园行动、亚运志愿活动，涌现出迎亚运藤艺墙等最美地标及阳台营造师等小区达人。发起“我在南星当明星”微笑收集计划，打造南星里“遇见微笑·遇见自己”笑脸墙，展现“笑in南星，好客主人”南星风采，获新华社、《人民日报》等媒体点赞。

【省级低碳街道试点建设】2023年，南星街道推进省级低碳街道试点建设。定期逐一检查辖区内河道排水口和岸边绿化环境，实行流域雨水主干网“一季一清”的养护标准，制定应急预案，街道范围内市控以上考核断面水质均达到考核要求。举办“最美阳台、最美楼道、最美商铺”特色生态环境活动，激发群众环保积极性。以垃圾分类为低碳生活的抓手，引入第三方保洁公司，联合社区工作人员和小区志愿者，常态化开展“点对点”垃圾分类指导和监督。年内，街道设置垃圾投放点81个。复兴南苑、复兴北苑、民航、钱塘雅苑、水澄南苑5个小区获评省级“生活垃圾分类示范小区”，美政桥社区获评省级“无废社区”。

【“美好家园”全域扮靓】2023年，南星街道以亚运会社区“三大提升”行动，打造“皇城古韵·星耀山南”一街一品、花满山南等亚运精品项目。开展微改造、精提升工程，推进八卦田遗址公园入口提升改造及复兴路、万松岭路等主干道路迭代升级，完成白云庵危房拆除、十亩田小区旧房修缮，美政花苑小区成为全市首个完成维修金续筹小区，复兴北苑小区被评为杭州市城镇老旧小区改造典型案例。制定《南星街道“花满山南”工作方案》，构建“街、社、网格”三级联动模式，推出花香阳台、花海楼道、花满里弄、花满南街等具体条线，推出文明晾晒公约、文明晾晒指引图，试点打造复兴南苑小区文明晾晒区。每月开展“最美阳台（庭院）、最美楼道、最美商户”评选，制定各类评比标准，推动家园美化，挖掘园艺达人。发放倡议书及花籽花苗1000多份、《家庭养花指导手册》3000多册。开展花香市集、送苗进万家、科普巡展、环境整治等“扮靓阳台”系列活动30多场，发动妇女1000多人，吸引参与家庭5000多户。

【为老为小服务提质增效】2023年，南星街道坚持把“一老一小”作为工作重点，用心用情构建全龄服务体系。打造“幸福食堂+幸福助餐点+幸福餐桌+幸福助餐队”四位一体的老年助餐服务模式，新增幸福食堂2个、幸福助餐点1个、幸福餐桌3个、社区助餐服务队8支，相关工作获人民日报海外版、新华社、潮新闻等媒体报道。深化“互助养老”志愿服务品牌，志愿者依托“益齐转”积分管理体系，通过为困难高龄老人提供助餐、陪伴、心理慰藉等服务，获取相应积分，该积分用于线上兑换服务、线下兑换“公益超市”商品，形成“今天我服务你、明天他服务我”的互助模式。聚焦特殊困难老年人居家风险防范，安装智能门磁感应器、人体红外感应器、主动求助器等“3+X”安居守护套件，在水澄桥社区为89岁高龄老人落地上城区首张家庭养老床位。构建“沿江环山”护童阵地，沿钱塘江构建“三个一”成长乐园，即1个利用废弃仓库而建的南星有意思书房，1个优秀文化山南研学基地，1个以专业领域见长的未成年人保护站，辐射美政桥、复兴街、海月桥、水澄桥4个社区；环玉皇山和馒头山设立街道社会工作站、和娃娃童读馆，辐射馒头山、玉皇山、白塔岭3个社区，打造具有南星辨识度的未成年人新地标。探索专业平台端口前移到群众家门口，“儿童托育+发展促进+教养保护”三维一体，采取“临床心理+社会工作”双融合，开设注意力训练、全脑开发等课程，提供家庭教育指导、儿童入校心理普筛、特需儿童评估等服务。全年开展各类儿童服务72场、2120人次，个案测评咨询270人次，危机介入3起。该儿童服务模式获评全市优秀社会工作服务项目，入围浙江省社会治理创新案例。

【二次供水工程推进】 2023年，南星街道推进辖区紫花苑等9个小区的二次供水改造工程。构建“街道+社区+网格+小区”四级治理体系，挑选能力强、干劲足、群众认的街道社区干部、居民代表，开展入户走访、意见收集、问题化解等工作，落实到位民情诉求。链接杭州市水利和河道保护管理中心、杭州市水务集团、区综合行政执法局，搭建政民互动平台，及时发布施工进度等信息，开展答疑解忧。排查小区供水、用水堵点，攻克新建泵房选址、户内管线施工等难题。针对泵房噪声痛点，采取增设纤维水泥板内置吸音棉等措施，营造安静舒适环境。畅通“多渠道收集、多方位解决、多层次落实”的民意诉求通道，召开民情恳谈会、党员议事会、项目协调会。联合律师事务所探讨建立工程实施多元化纠纷化解机制，以《中华人民共和国民法典》为指引，纠正反对意见。改造完成后，相关做法获《人民日报》《杭州日报》头版报道。

【亚运城市志愿服务】 2023年，南星街道摸排可利用空间资源，依托文明实践站所、加油站、城市书房等阵地，围绕沿江绿道、广场、街区等关键场所统筹规划亚运文明驿站10个，立足站点功能定位进行外立面和内部软装提亮升级，构建“15分钟文明实践服务圈”。发动凤凰公益、姐妹花、红色巾帼等社会组织，线上、线下同步招募志愿者，组建青年宣讲、文明实践、服务保障、平安护航4支益星志愿服务队，提供通识知识、服务素养、专项技能3个类别、7门课程，组织专业培训20多场，考核评选出优秀“星”青年54人。在各站点配备“6+X”志愿服务（信息服务、医疗应急、失物招领、便民服务、

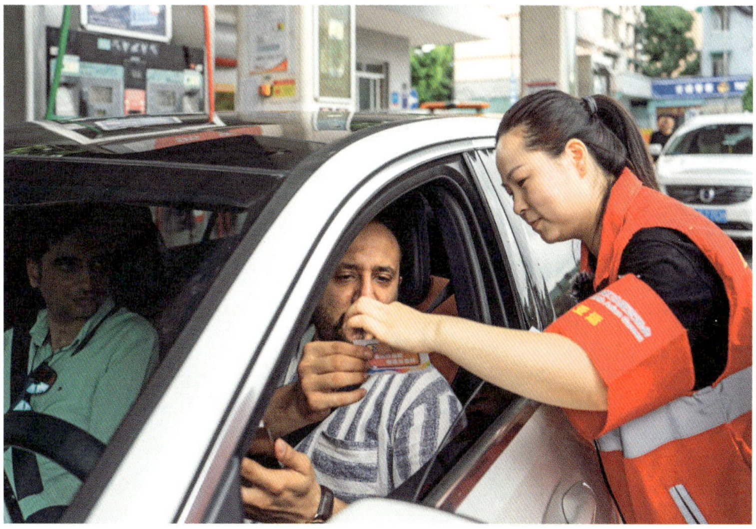

2023年8月20日，志愿者向外国友人发放“加油鼓气”卡

（南星街道 供稿）

手机充电、文明指引志愿服务项目及各站点特色服务项目）的基础上，策划“加油鼓气”卡片发放、八卦田志愿讲解等特色服务，组织全民学英语、亚运知识竞赛等迎亚运活动，推出爱心冰柜、爱心凉茶等点位12处。

【“党建+社会救助”模式探索】2023年，南星街道探索“党建+社会救助”模式，构建街道、社区、企业大综合一体化救助网络，建立涵盖生活帮扶、精神慰藉、社会融入、能力提升、心理疏导等救助类别10多项，吸纳19个公益组织和爱心企业入驻开展服务。成立“1+N”慈善帮帮团（南星街道助联体服务站及辖区爱心企业、公益社会组织、志愿者等多元化慈善服务体系），开展“银铃伙伴”互助结对、“幸福午餐”项目，成立倾听陪伴、生活照料、免费送餐、暖心热线4支志愿者常态专业服务队伍。以“善小二”社区慈善智能终端平台建设为契机，形成赠需信息互通、捐赠物资互联、人员赋能培育三大机制，向10户独居、孤寡困难老人开展特色化智慧康养项目。依托腾讯平台，发动捐款905人次，筹集善款3.36万元。

（孙宇博）

紫阳街道

【概况】紫阳街道位于上城区南部，地处南宋皇城遗址，东邻钱塘江，西连紫阳山，南连万松岭、飞云江路，北靠望江路。2023年，街道面积3.49平方千米，下辖上羊市街、彩霞岭、十五奎巷、太庙、候潮门、北落马营、新工、海潮、木场巷、凤凰、春江、甬江12个社区。有户籍人口8.55万人、流动人口3.33万人。全年实现财政总收入20.1亿元，比2022年增长1.5%。完成集体土地农户133户安置结算，实现安置“清零”；完成地铁18号线甬江路站19处借地任务，推动区域轨道交通发展；提前2个月完成国有土地中山南路部分房屋收购项目15户收购“清零”，为区域优化提升奠定基础。全年社区家长学校开展活动144场，“family”家庭志愿服务队开展迎亚运活动160多场、志愿服务活动180多场、垃圾分类活动240多场、“五水共治”活动200多场，街道妇联走访慰问困难妇女儿童300多人次，开展普法维权宣讲活动20多场。年内，紫阳街道获评2023年度浙江省生活垃圾分类示范片区、2022年度全省人民建议办理成绩突出单位、全省“五水共治”工作考核优秀街道等荣誉。

【星未来·共富工坊建成】2023年，紫阳街道整合原爱心港湾空间资源，建成星未来·共富工坊。该共富工坊位于新工社区南瓦子巷6号，为原辖区残疾群体活动场所，致力减轻特殊群体家庭照护负担。工坊通过党建联建、走访联络等方式，成功挖掘辖区热心居民企业家、手工制作企业等合作资源，形成相对固定来料订单合作，增强共同富裕内生动力。通过常态化入户走访、企业联络，挖掘区域内部资源，放大工坊助推生产效应。至年末，有30名特殊人员实现相对稳定就业，工坊手工制品品类有7个，实现增收超过2万元。

【双招双引工作】2023年，紫阳街道紧抓重点在谈项目，加大项目对接力度，建立在谈、签约、开工、投产项目跟踪管理链条服务，对重点项目实行专人跟踪，一周一报工作进展情况。全年完成项目注册1148个，其中千万元以上项目110个、亿元以上项目18个、外资落地项目4个；引进杭州雪梨教育科技有限公司、小凌（杭州）品牌管理有限公司、浙江安普乐贸易有限公司、浙江安普诺贸易有限公司等优质企业，落地即达产，均在第3季度完成统计入库工作，并于第4季度初完成税收超过100万元。

【为企服务能力提升】2023年，紫阳街道做好招大引强，推进街道为企服务增值化、惠企政策精准化，靶向推进“人才、政策、服务”并向而行。在重点任务上，超额完成协税护税、未属地企业落地数、一次性税源、留企稳企等攻坚工作，该工作获区领导批示表扬。通过服务水平迭代升级，持续推动“人人都能招商、个个都能出彩”，全面提升工作人员业务水平和解决问题能力，完成浙江省水利水电勘测设计院有限责任公司拿地、浙江明日控股集团股份有限公司人才认定等工作。运用“服务+平台”联动机制，深化“政银企”、“益企联盟”、“五找一提平台”、企业综合服务点，做到24小时全天候服务，助力企业发展。

【第七届南宋瓦肆文化节】2023年10月22日，“瓦肆传韵 美好紫阳”第七届南宋瓦肆文化节在紫阳街道十五奎巷口望仙阁举行。紫阳街道以“文化活动+”为载体，挖掘瓦肆市井文化在杭州的历史积淀和记忆，将瓦肆文化以可观、可感、可玩的形式再现南宋风情。现场安排有南宋市井文化市集体验、非遗达人技艺展示、街头曲艺表演等活动。线上安排直播互动，方便不能到现场的居民朋友参与到活动中。文化节期间，活动吸引线上、线下5万余人次参与，获中央广播电视总台新闻频道、光明网、中国蓝新闻、“潮新闻”等媒体报道。

【上羊市街社区获评省城市社区议事协商创新试点优秀单位】2023年，紫阳街道按照省民政厅试点要求，研究制定试点工作实施方案，精心组织试点。制定协商操作手册，规范议事流程；搭建议事协商体系，节约治理资源；制定议事协商目录，强化需求导向；设立“邻里微网格”，化解邻里矛盾源端；设置“民意小圆桌”，共商共议小区事务；开“民意圆桌会”，共谋共助基层治理；创建“邻里110”服务体系，拓展“邻里公益汇”联动模式，培育“邻里帮帮团”自治队伍。后省民政厅会同有关高校专家对全省城市社区议事协商创新试点单位开展结项评估验收，经试点单位自评、县（市、区）民政部门审核、设区市民政部门复核、实地走访和第三方验收组书面评价等程序，于11月1日确定紫阳街道上羊市街社区为创新试点优秀单位。

【“邻里110”社会治理与服务平台打造】2023年，紫阳街道围绕“小事不出社区，大事不出街道”的核心理念，聚焦建成“老百姓自己‘出警’的110”目标，形成老旧小区的“上羊模式”、安置房小区的“木场模式”、新小区的“海潮模式”，探索“123+X”运行机制，坚持群众唱主角，转服务对象为治理力量，坚持德法加智治，转一元治理为多元治理，坚持有事当地了，转后端处置为前端预防，在矛盾纠纷化解、急难愁盼等问题处置上主动作为、有效作为，最终实现矛盾不上交。“邻里110”社会治理与服务平台相关做法被纳入省委办公厅、市公安局调研案例，获省、市领导批示肯定；入选2023年全国社会治理创新案例；获评杭州市争当浙江高质量发展建设共同富裕示范区城市范例第三批试点。该项目经验及优秀案例入选《善治之道》枫桥经验60周年特刊，被《浙江法治报》开设“邻里110”专栏连载报道。全年“邻里110”试点接待公安部等中央和省、市级领导调研25场次。

资料

“123+X”运行机制：“1”指刚柔并济的理念，即发挥好街坊邻里、物业管家、志愿者等主体作用，在体现社会治理法律法规“刚性”约束同时，更多彰显邻里守望互助“柔性”特征；“2”指“线上网络+线下网格”的模式，即创设推广“紫阳邻里码”，形成社区线上“百通岗”，街道12个社区建设邻里值班室，初步形成5分钟“步行可达、服务可至”的空间矩阵；“3”指居民自我管理、自我服务、自我提升“三”自一体，即把“邻里110”志愿者纳入统一的塔群式管理体系，采用“邻里值班”日常运作模式，依托“邻里圆桌会”议事协商、“邻里工匠坊”志愿服务、社区警校等平台载体，实现民情采集、邻里互助、矛盾纠纷调解等工作，定期开展矛盾调解、消防安全、医疗救助等培训；“X”即多跨协同，利用大综合一体化行政执法改革及“小脑+手脚”基层治理创新两大成果，协同单位在法律咨询、事件处置上给予支撑，引入社会组织参与治理。

【政务服务中心新大厅启用】 2023年8月30日，全新升级后的紫阳街道政务服务中心大厅投入运行。紫阳街道政务服务中心新址位于秋涛路37号（秋江雅院东南门入口），新大厅面积约300平方米，设有办事窗口5个，涵盖人社、住建、市场监管等服务事项110项。大厅优化配备叫号系统，设立咨询取号区、网办区、自助区、经办区、后台审核区及等候区六大功能区，为辖区企业和群众带来全新的办事体验。全年针对1963名失业重点人员帮扶2205次，进行劳动力资源排查137次，调查600多人；完成个人创业担保贷款25笔，其中新贷6笔；主办和协办招聘会12场，160多家企业提供岗位700多个；审核通过失业登记997人次、失业金843人次、失业补助金286人次，进行就业困难认定280人次；审核发放灵活就业社保补贴、居家就业社保补贴及其他各类补贴共计1300人次；为55家单位申请办理企业用工补助，为34人次延期缴费人员申请延缴社保补贴，办理高校毕业生就业补贴200人次。

紫阳街道政务服务中心大厅（摄于2023年）（紫阳街道 供稿）

【现代社区建设】 2023年，紫阳街道全力推进现代社区建设。党建统领全面整合资源，清理、核查辖区各类闲置、老化空间10多处，完成空间再升级、再利用、再优化7处。深化社区、业委会、物业三方协同小区治理模式，突出问题导向，细化协同运行机制，推动康都紫轩、新工新村等小区物业管理提价提质，实现物业增收、居民满意的双赢局面。建成上羊市街、平如里2个“幸福邻里坊”，其中平如里片区式“幸福邻里坊”引入老年大学、百姓健身等项目，有效补充区域服务空白。新增室内、室外为民服务空间5000多平方米，解决小区治理难题600多个。6月9日，上羊市街社区获评省首批现代社区；6月15日，彩霞岭社区入选第三批省级未来社区（引领型）。

【“紫家人”慈善基地打造】 2023年10月，“紫家人”慈善基地暨助联体“一站式”

服务阵地在紫阳街道正式开启，用以开展辖区文化和公益慈善文化宣传、扶农助农产品展卖、公益慈善人才培育和志愿者培育、助联体相关活动。该基地（阵地）位于紫阳街道保安桥直街12号，通过“慈善+救助”的服务模式为困难群众提供帮助。每个季度社区向持证家庭派发幸福清单，街道助联体设有服务清单，提供困难群众突发生活困难救助、刚性支出困难救助，困难家庭一次性慰问等服务。年内，“紫家人”慈善基地开展首个项目——“安居守护·幸福同行”独居老人走访，每周探访辖区551名独居老人，为老人提供关爱与帮助。

【彩霞岭社区食堂全时段餐食智能化】 2023年，紫阳街道推进彩霞岭社区食堂全时段餐食智能化。彩霞岭社区食堂位于平如里“幸福邻里坊”1楼，面积91平方米，有就餐位47个。该食堂以服务“一老一小”为重点，以“让居民从饭碗里感受幸福味道，提升居民生活品质”为宗旨，面向辖区及周边居民提供全时段餐食，解决独居空巢、困难老年群体“买菜难、吃饭难”问题，满足工薪阶层及外来务工者双职工家庭对用餐的需求。食堂引入最新的智慧食堂自助餐称重计费模式，为居民提供更便利的服务。食堂开通老年卡，为辖区内老人、低保家庭、军人、残疾人和青少年提供普惠定价。年内，该食堂服务居民3.22万人次。

【垃圾治理工作】 2023年，紫阳街道围绕“一年见成效、三年大变样、五年全面决胜，坚决打赢垃圾治理攻坚战”的工作目标，推进垃圾分类工作常态化、规范化、智能化。通过深化顶层设计，夯实分类基础，聚焦成效，强化分类质效，坚持多管齐下、推广先进经验，总结亮点、难点，浓厚分类氛围等措施，让垃圾分类工作全面提质增效。对辖区10座垃圾房进行提升改造，在修缮原有垃圾房的基础上新增通风功能，增加洗手池、电子监控等配套设施；对通电有困难的老旧小区的26座垃圾房增加“光伏”亮灯，有效提升街道硬件设施。年内，紫阳街道成功创建2023年民生实事项目省级高标准示范小区蓝色钱江南区；创建仁滨公寓、上品华庭、水岸枫亭、新绿园、蓝色钱江北区、赛丽丽园、金隅学府、金色家园8个浙江省高标准生活垃圾分类示范小区，并全部通过验收；创建示范机关单位紫阳街道人民武装部，完成市区初步验收。

【消防通道覆绿整治】 2023年，紫阳街道贯彻“生命至上，安全至上”原则，以“打通消防生命通道”为准则，主要领导挂帅牵头，分管领导现场督阵，挂包科室全力配合，属地社区全员参与，倒排整治时间，制定消防整治计划。在整治实施过程中，通过业联体、共享法庭、“圆桌议事”等平台，做好居民群众思想动员工作，发挥“基层治理”体系效能，展开“一对一”“面对面”的沟通协调，优化、细化工作方案，分解、解析任务指标，形成“挂包督办”“协商议事”的整改工作体系，推动高层小区消防通道整治工作开展。全年完成钱塘印象、上品华庭、候潮府3个小区的整改验收。

【彩霞岭老旧小区改造】 2023年，紫阳街道推进彩霞岭老旧小区工作。彩霞岭老旧小区改造项目改造面积28.66万平方米，总投资额1.15亿元。拆除围墙398米，打通堵点20多处，将多个敞开式老小区和新建小区统一设计，解决数十年来消防车无法进入的隐患，改变新老小区割裂感严重、一墙之隔差距明显的旧状。提升立面7.15万平方米，修缮屋顶3.1万平方米，拆除保笼3978平方米，安装雨棚5783平方米，实施强弱电“上改下”，提升建筑外观。新建空中体育场地1处、口袋公园7座，提升活动点位23处。完善公共设施，新增车位112个，汽车充电桩10个，非机动车棚及充电桩17处。新建1200平方米社区服务阵地，打造集老年食堂、托幼中心、老年大学、百姓健身房、城市书房、共富超市于一体的社区服务驿站。6月7日，彩霞岭老旧小区改造项目被省、市老旧小区改造办公室推荐为住建部老旧小区改造联系点。

【凤凰南苑高层外立面整治完成】 2023年，紫阳街道推进凤凰南苑小区高层外立面整治工作。凤凰南苑小区有高层房屋6幢、居民1157户，自2021年3月后多次发生外立面脱落事件，安全隐患严重。街道与杭州市交通投资集团有限公司多次沟通协商落实整治经费，成立凤凰南苑外立面整治工作专班，由街道党工委书记任专班组长，下设工程推进、构件拆除、信访维稳、群众工作4个工作组，每周定期会商研判，落实专人负责制，统筹街道、社区30多名工作人员，历时5个月，做实信访源头化解、居民思想引导、工程项目监督等方面工作，拆除外立面“四构件”（保笼、雨棚、晾衣架、花架）822户，处置居民突出意见120件，严把施工安全关，完成外立面整治工作，消除安全隐患，获市领导批示肯定。

（陶浙明）

闸弄口街道

【概况】 闸弄口街道位于上城区西部，东与彭埠街道相邻，西接沪杭铁路，与拱墅区相邻，南起艮山西路，北与笕桥街道接壤。2023年，街道面积约5平方千米，下辖天杭、闸弄口、濮家、万家花园、三里亭、闻皇庙、红梅、春晖、天仙、京惠、董家、兰苑、天运、麦苗、蓝天、机神、天城（筹建组）17个社区（筹建组），董家、三里亭2个股份经济合作社。有户籍人口6.34万人、在册流动人口4.48万人。全年财政总收入6.11亿元，一般公共预算收入3.25亿元。社会消费品零售总额159.77亿元，总量排名全区第二名，增量排名全区第一名。“闸们家幸福街”开街，“一表通”应用规范成功申报市级标准。年内，街道获评浙江省红色根脉强基示范社区、浙江省综合行政执法系统队伍规范化建设工作成绩突出集体等省、市荣誉13项；承办浙江省2023年全省减灾救灾工作会议等重要省、市会议。

【街域经济发展】 2023年，闸弄口街道紧扣发展主线，围绕“经济翻身仗”开展各项工作，以经济转型为抓手，推动街域经济高质量发展。全方位走访服务权重企业18家，实现业务回流143亿元。全年引进重点项目25个，其中亿元项目21个、外资项目1个。以企引企打造招商产业链，以浙江新澄宇环境科技有限公司为龙头，从上海、余杭等地引入培育关联企业6家；推动浙江省冶金数字贸易产业园、浙江省健康云有限公司等实力企业集群落地，引进全区营利性服务业重点项目——乐刻运动。紧扣重点产业发展需求，推动企业需求与人才需求“双向对接”，全年培育国家高新技术企业21家，认定市级以上研发中心6个，建成街道首个省级博士后工作站。

【基层治理水平提升】 2023年，闸弄口街道围绕关键少数、社区干部、网格智治3支队伍，多措并举推进基层党建赋能基层治理。坚持将学习贯彻习近平总书记重要讲话精神作为街道党工委会议第一议题，“一把手”带领社区书记学深悟透新思想，持续落实社区书记大比武、互学互鉴、比学赶超等常态机制，三里亭社区书记获评市级“担当作为好支书”，春晖社区书记在全区社区书记大比武中获第一名。高标准完成村社组织届中“回头看”，对辖区17个社区、2个经合社进行逐一细致体检、分析研判，推选社区后备干部55人。创新打造“闸们·聚力先锋”干部培养体系，项目式开展“头雁领飞”“雁群齐飞”“雏雁试飞”三大行动，开展比学赶超打擂比武等专题课程12次。选育“老大哥帮帮团”“流动党员志愿服务队”等社团品牌17个，结合“网格议事日”助力开展基层基础大排查等工作200多次，为群众提供各类服务活动8000多场。

【“闸们家·幸福街”开街】 2023年，闸弄口街道秉承“低成本获大效能”的建设理念，通过党建联建获7200平方米阵地资源，规划打造聚集“党建优家、民生享家、智治安家、文化润家”四大功能板块，以及省级文艺赋美点位会安阁、省五星级“残疾人之家”、市级示范型婴幼儿照护服务机构华媒·一米国托育园闸弄口分园、市级标准“一表通”落地场景街道综合指挥室等特色点位的“闸们家·幸福街”。“闸们家·幸福街”位于天仙社区，地处街道西南部，东临机场路里街，西接沪杭铁路，南依京杭大运河，北与天城路相邻，占地44万平方米。8月25日，“闸们家·幸福街”正式开街。亚运会期间，街道在“闸们家·幸福街”开展亚运志愿服务活动、“闸们”文体活动180多次，活动参与人次7600多人次。

【“闸们新声”品牌打造】 2023年，闸弄口街道坚持守正创新，以秋水轩、会安阁、爱心凉茶摊、聚落书房为载体，整合“90后”“00后”青年、企业家、社区志愿者、退役军人等群体，深入打造多元化“百姓课堂”，采取“蹲点”宣讲、线上课堂、媒体宣传等差异化方式，讲好“闸们”好故事。发动各类宣讲志愿者104人，活动吸引老年、青年、少年各类人群1.76万人次参与。关注“小切口”开展民生服务，聚焦“小修小补”便民服务亭、“幸福食堂”、“嵌入式体育场地”等各级关注、群众需要的热门话题，精心谋划选题、强化媒体沟通、注重实效落地，各项工作获《人民日报》、新华社等省级以上媒体报道307次。

【“一码安2.0”系统迭代升级】 2023年，闸弄口街道坚持数智创新，通过引入AI智能技术与远程执法功能，升级“一码安2.0”系统。按照“一件事”理念整合业务流程，街道梳理市场监管、综合执法、应急管理等业务条线重点事项，总结31项可“一件事”检查项目，建立1191家沿街店铺数字化档案，同步选址天运路试点开通“占道经营”快速处理端口，网格员发现问题上报“一码安”后，系统立即提醒商户负责人自行处理，超时后系统通知执法力量及时处理，闭环整改问题62件。通过基层立法联系点商议，将垃圾分类、环境卫生、占道经营等9个类别事件列入“一码安”场景的“首违不罚”清单。检查人员发现某商户首次出现清单上的违法行为，可要求商户于5个工作日内在线提交整改结果，后台审核通过后即可闭环结案。至年末，“一码安2.0”系统减少实地检查2.81万家次，相关工作获省、市人大常委会有关领导批示肯定。

【“一表通”应用规范成功申报市级标准】 2023年，闸弄口街道聚焦“驾驶端”减负与“乘客端”所呼，通过打通“基层治理四平台”数据，将各类报表拆解整理为300多个数据字段，建立起“街道级数据仓”，设定五大治理要素、8项基本信息、320个特定种类标签，为各科室每月节省近17小时催报时间，为社区每月节省78小时填表时间。4月，街道自主研发的《社区治理“一表通”应用规范》成功申报杭州市级标准。

【街域品质提升】 2023年，闸弄口街道聚焦辖区居民生活品质提升，持续优化街巷面貌，改善居民生活环境。以多跨协同为抓手，打造清洁美丽示范街，发动垃圾分类、“五水共治”、生态环保等志愿者350多人，协助处置问题7000多处，京惠花园小区、三里新城橘苑小区成功创建省级高标准垃圾分类示范小区，完成二次供水改造项目9个，惠及居民3000多户。以老旧小区改造与未来社区创建为契机，以联建共建享资源、数字赋能优服务为抓手，推进老旧小区改造工作。年内，濮家、机神社区老旧小区改造工程获评2022年度杭州市城镇老旧小区改造典型案例，并成功创建浙江省引领型未来社区。

【杭州市迎亚运社区“三大提升”行动现场会承办】 2023年7月14日，由闸弄口街道承办的杭州市迎亚运社区城市品质、城市治理、城市文明“三大提升行动”现场会在街道党群服务中心举行。春晖社区作为全区唯一社区代表，参加全市迎亚运“赛马”活动。春晖社区试点打造环境整治样板小区，树立无卫生死角、无乱堆乱放、无乱停乱放、无绿化缺失、无违法搭建的“5W”理念，组建包含社区、社会组织、社会工作者、社区志愿者、社会资源的“5S”队伍。闸弄口街道为迎接杭州第十九届亚运会、杭州第四届亚残运会，开展“清洁家园”“文明晾晒”“迎亚运·学英语”等活动，号召居民养成文明好习惯，邀请居民志愿者担任“亚运氛围观察员”，常态化开展社区走访120多次，收集民情民意110多条，整合形成意见和建议16条。街道组织各条线、社区联合党员、志愿者、物业工作人员等线上、线下同向发力，发放宣传资料、折页7800多份，开展反诈线下行动71场次，线上警示案例覆盖各类微信群110多次。梳理提炼“老金工作法”推动信访矛调，用法、用情、用理“三步走”深入基层，成功化解信访、矛盾1310多件。

2023年，闸弄口街道落地建成“幸福食堂”10个。图为社区老人在“幸福食堂”就餐 （闸弄口街道 供稿）

【“便老带小”社区代际融合场景打造】 2023年，闸弄口街道聚焦隔代抚养需求，以党建联建为纽带，争取“便老带小”服务阵地1万多平方米。打造覆盖街道全域17个社区的“10+3+4+5”助餐服务体系，落地建成幸福食堂10个、幸福餐桌3个，提供就餐位600多个，总面积超过2300平方米，组建幸福助餐队为老人提供上门服务。坚持以“一米高度”看问题，针对滑板车、平衡车、小推车等儿童交通工具无固定停放点、堆放杂乱等问题，群策群力制定“提升清单”，在闸弄口街道红梅社区创新打造全市首个“小伢儿停车场”。年内，“小伢儿停车场”入选浙江有礼·最美杭州“四个十”典型选树活动，并在全省范围内推广，相关工作入选浙江省儿童友好最佳实践案例。

资料

“10+3+4+5”助餐服务体系：由10个幸福食堂、3个幸福餐桌、4支幸福助餐队组成，有668个就餐位，总面积2820平方米，提供幸福盲盒、深夜食堂、嵌入式“微驿站”、私人定制上门服务、三七二十一助餐联盟5类特色服务。

【家校联动机制创新】2023年，闸弄口街道紧抓濮家“幸福邻里坊”建设契机，通过共建、共享模式，打通“街—社—校—坊”资源壁垒，以“红领巾楼道长”“家门口的青少年宫”等特色品牌为抓手，打造“资源互通、阵地互建、服务互享”的阳光教育共同体。针对杭州市濮家小学教室空间不足、数十个家庭需要跨学区入学的难题，多次对接区教育局，深入研判、反复论证，形成解决方案——共享濮家“幸福邻里坊”3楼425平方米空间资源用作音乐、绘画及科创教室，助力杭州市濮家小学增设2个教学班级。针对场地共享带来的学生往返安全需求，创新提出“彩虹护学路”特色做法，组织社工、家长、居民志愿者等多元主体保障平安护航服务。至年末，有效解决杭州市濮家小学因空间资源不足导致的招生名额供不应求问题，帮助84名学生不再面临跨学区调配的困境，实现每名学生每天少走5000米，相关工作与成效被《杭州日报》头版报道。

【平安大环境营造】2023年，闸弄口街道依托“积案化解一件事”场景，实现杭州市十大领域积案化解“清零”，完成区领导包案化解类信访积案100%化解任务。利用网格“1+3+N”基础单元力量，组织居民志愿者、物业、商户代表等多元主体，开展“护航亚运”专项行动，探索总结“一宣二问三发现”的工作模式，即查即改各项问题1370多个。开展消防安全整治行动，检查沿街商铺2.71万家（次）、出租房2.26万户（次），并以“5·12”防灾减灾日宣传活动、“11·9”消防宣传月等系列宣传活动为契机，组织辖区内重点单位开展消防演练、培训等宣传教育活动93次，发放宣传资料1万余份。

【基层党群服务阵地建设】2023年，闸弄口街道坚持以红色阵地筑基“红色根脉”，建强街道和社区两级党群阵地体系，做强政治功能和服务功能，分层分类开展中共二十大精神培训、春训冬训等100多场，开展民生服务等活动1000多场，实现206个党组织、4483名党员全覆盖。红梅社区成为全市党群服务中心实训基地，与濮家社区共同被评为省级示范党群服务中心。与市发改委共建“民生幸福共同体”，在街道“残疾人之家”成立“闸们家·共富工坊”，与杭州娃哈哈集团有限公司等爱心企业设立公益联盟基地，面向工疗站30多名残疾学员开展常态化服务，并辐射至辖区2000多名残疾人，相关工作获《浙江日报》等省、市媒体宣传报道。

【“蓝天同心荟”建成】2023年，闸弄口街道建成全市首个军旅文化新的社会阶层实践创新示范基地——“蓝天同心荟”。该阵地以“党建+统战”的组织化思路，整合街道、社区、企业及新的社会阶层人士代表等力量，构建“政府—社区（或企业）—公益组织”三方协同工作格局，形成政府主导、企业参与、社会组织运营的共商共管工作模式。2月24日，成立闸弄口街道新的社会阶层人士联谊会，携手公羊会、杭州老爸评测科技股份有限公司等20多家知名企业、社会组织和公益团队建立“闸们同心联盟”。

（吴炜刚）

凯旋街道

【概况】凯旋街道位于上城区西南部，东起钱潮路，西邻贴沙河，南接庆春东路，北至艮山西路，毗邻钱江新城、城东新城。辖区内有浙江大学华家池校区、杭州逸仙钱币纪念馆、浙江省家电市场、杭州华东家电市场等杭州著名的高校、纪念馆和专业市场。2023年，街道面积4平方千米，下辖景湖、景华、景苑、景芳、景新、景秀、景昙、华家池、金兰池、南肖埠、金秋花园、凯西、庆春门、庆和、凯华15个社区，有股份经济合作社1个。有户籍人口4.43万人、流动人口3.39万人。全年财政总收入12.42亿元，比2022年增长4.2%；社会消费品零售总额42.66亿元，增长16.7%；出口总额24.47亿元，增长44.7%；楼宇总税收7.77亿元，增长47.5%。完成地铁18号线华家池站项目征收工作，探索“全人群全周期”就业工作体系，发布岗位1276个，求职256人，达成意向65人。年内，南肖埠社区获评全国示范性老年友好型社区，诺巢蓝领公寓获评“全国最美工会户外劳动者服务站点”，街道综合行政执法中队获评省“枫桥式”综合行政执法中队。

【“侨见时光”工作品牌打造】2023年，凯旋街道依托浙江大学华家池校区的独特资源优势，围绕“服务、凝聚、共融、发展”4个主题，打造“侨见时光”工作品牌，推动基层侨务工作向纵深发展。发挥华家池社区先天校社结合模式，建立“一家十馆十景”，深化服务凝聚侨心。组建“银耀华家池”志愿者队伍，为涉侨老人提供爱心志愿的流动帮扶服务。设立校区共建教学点，跟浙江大学继续教育学院合作，提供“一对一”政策辅导、常态化互动交流、“一站式”需求对接平台，常态化开展校地合作交流会，促进组织、人才、政策优势叠加，增强为侨服务能力和水平。引入成熟的侨企作为运营单位及校园内、家门口的“侨之家”服务团队，形成“侨见时光”品牌效应。建立“侨见时光 品读宋韵”故事会，开展品读宋韵系列走读活动等，发挥华池文化和宋韵文化的辐射效应。建立“侨见时光 同心筑梦”共富实践基地，链接海外侨领侨商，凝聚侨心侨力侨智。建立“侨见时光 崇智尚贤”公益平台，引导侨商侨企为区域发展献计献力。至年末，与挪威浙江商会签订友好合作协议。12月，凯旋街道“侨胞之家”获评2023年度浙江省五星级“侨胞之家”。

凯旋街道“侨胞之家”（摄于2023年）　（凯旋街道 供稿）

> **资料：**
>
> **“一家十馆十景”：**“一家”即依托凯旋街道在浙江大学华家池校区内的2000平方米的“小红楼”建设“侨之家”；“十馆”即以侨情特点整合周边教育、医疗、运

动场馆、文化阵地等十大场馆；“十景”即以浙江大学独有的华家池十景孕育侨胞、侨眷对家乡的热爱之情，打造景文相融的美丽华池风貌。

【团工委获评市五四红旗团委】 2023年，凯旋街道团工委深化“访青月月见”机制，促使青年团支部、青年代表常态化联系青年群体和重点企业，依托“凯@家”青年之家持续开展“我为青年做件事”活动，通过线上收集诉求，线下推动流转，帮助青年解决交友联谊、租房住房等问题30多个。聚焦“凯益荟3.0”文化公益园区启用契机，孵化培育社工、快递员、退役军人等群体的青年公益力量，通过“双百双进”［百所高校结对县（市、区），百万名大学生走进基层、走进群众］和“群团联盟”，动员青年在“街区扮靓”等基层治理格局中彰显力量，全年开展主题活动120多场，服务青年5000多人次。连续10年举办“凯旋少年·阳光成长”暑期夏令营主题活动，打通校外教育资源全域共享，实现“邻距离”点单式服务，开展“暑期周周乐”暑托营、“Fun Line带你走读上城”、“小候鸟”当“亚运体验官”等八大类100多项主题活动，惠及青少年3000多人次。5月，凯旋街道团工委获评2022年度杭州市五四红旗团委。

【浙江东方雨虹防水技术有限公司落地】 2023年12月12日，浙江东方雨虹防水技术有限公司落地凯旋。公司成立于1995年，于2008年在上海证券交易所主板上市，是2020年《财富》中国上市公司500强企业。公司为重大基础设施建设、工业建筑和民用、商用建筑提供高品质的系统解决方案，成为优质的建筑建材系统服务商。公司部分产品陆续通过欧盟安全认证等国内、国际产品认证，并获第十七届“全国质量奖”、2017年“全国质量标杆”“国家技术创新示范企业”等荣誉。

【菲诺食品全国零售总部落地】 2023年12月，菲诺食品全国零售总部——浙江菲诺食品有限公司落地凯旋街道。该公司成立于2015年，是一家专注椰基植物奶研发、生产与销售的全产业链公司。公司始终坚定“创新品类、塑造品牌”的经营战略，秉承“以椰为基，植物营养”的产品理念，不断研发优质、健康的产品，为消费者提供新品类、新场景、新口感的椰基植物奶体验，不断引领椰基饮品市场发展潮流。2015年，首创“零香精”“零防腐剂”的冷藏水果果冻——椰子冻；2017年，推出低温冷藏鲜椰汁——百利包椰汁；2020年，创造厚椰乳品类。2023年，浙江菲诺食品有限公司实现营业收入16亿元，纳税1.64亿元。

【文旅服务质量提升】 2023年，凯旋街道启动AAAA级景区创建工作，对全市首个社区级文旅中心——景芳文旅中心进行改造提升，建成凯旋街道游客中心。该中心由游客休闲区、旅游资源展示区、旅游交通服务区、非遗文化陈列区、旅游特产售卖区和旅游创业孵化基地组成，引入浙江中弘国际旅行社有限公司、“读行侠”等优质文旅服务机构，为居民、游客提供更加专业的“一站式”公共文化旅游服务。街道优化辖区旅游路线，在城东公园、浙江大学华家池校区、缤谷无界街区等场所增设景点标识标牌和凯旋街道全景旅游导览图，提升辖区旅游景点品质。开展“Fun Line”宋韵之旅、“景芳有礼 走读上城”文化之旅、“迎亚运”良渚亲子一日游等主题文旅活动。

【就业工作体系探索】 2023年9月，凯旋街道以多样“共富”模式探索“全人群全周期”就业工作体系。依托公益“微创投”积极链接资源，连续3年面向辖区青少年展开职业规划教育，顺利落地职业成长启蒙项目——“梦想拍卖会”，全年开展“我在窗口 童心飞扬”系列职业体验活动8场。激活“网格智治”动能，全面摸排社区闲散劳动力和社会用工资源，梳理形成“零工市场”需求清单，精准搭建供需对接平台，促进人岗双向匹配，同步推出派单抢单、在线面试等服务，有效提升全职妈妈、“初老”群体等灵活就业人员帮扶水平，全年发布岗位1276个，求职256人，达成意向65人。与辖区4家共建单位签订党建助残协议，发起“蜗牛之翼”美好凯旋助残就创专项基金，王新枝残疾人工作室驻点街道“残疾人之家”，以手工、绘画、编制等课程培育残疾人辅助性就业创业能力，通过“花花向未来”助残直播间，集中义卖残疾人作品，首场直播售出作品56件，收益超过1500元。

【创业陪跑空间2.0升级版启用】 2023年，凯旋街道以加强创业孵化运营队伍建设为目标，推进创业陪跑“互联共享”全链条发展，为初创团队提供多方面支持，做优做强凯旋街道创业生态。街道成立“四大员”导师团（党建指导员、创业陪跑员、助企服务员、亲清监督员），为大学毕业生、失业人员、退役军人、残疾人等重点就业群体常态化开展党建指导、业务解读、政策咨询、创业培训等活动，将税务政策、培训活动以轮值服务的形式进园区为创业者提供服务。5月26日，凯旋街道创业陪跑空间“凯创园2.0”升级版新址启用。凯旋街道创业陪跑空间成立于2012年，至2023年5月，累计孵化企业75家。全新改造升级的创业陪跑空间位于严家路329号，共3层，总面积1500平方米，以文创、电商、网络科技等产业为主，入驻初创企业21家。升级后的创业陪跑空间在2层进驻街道为企服务中心，实现前端初创企业有陪跑空间全程孵化，后端成熟企业有为企服务中心纾困解难。

【老年友好型社区建设】 2023年，凯旋街道腾挪空间打造1600平方米社区生活馆“凯乐居”，配套提升居家养老中心、老年活动广场、老年食堂内部装修设施。在老旧小区改造过程中设立“人车分流”“智能门禁”“方便壁椅”，加装电梯13部，改造无障碍设施近20处，完成残疾军人、低保家庭适老化改造2户。联动居家养老、卫生服务及社会救助等资源，为122户独居高龄老人建立“一人一档”，创新“高温送清凉，冬日送温暖，节日送慰问，生病送关怀，日常送服务，生日送快乐”的暖心关爱“六送”服务，在常态化走访中协调办结老人诉求35件。以社区孵化的自治帮扶型社会组织“姐妹帮扶团”为抓手，探索“低龄服务高龄、银龄结对互助”自治模式，培植“凯乐耆”助老公社等一批银龄互助力量，连续10年开展“情暖千家·共享快乐”主题活动，通过“集体助个人”“多助一”和“一对一”开展结对关怀、志愿服务600多次，覆盖老龄群体超过3万人次。11月，凯旋街道南肖埠社区获评2023年全国示范性老年友好型社区。

【首个普惠性乳儿班开班】 2023年8月，凯旋街道引入专业机构，开设凯旋街道首个乳儿班，专门针对6~12月龄的小宝宝提供托育服务。该乳儿班以幼儿生活为核心，萌发幼儿热爱生活的态度，通过细致的保教行为，与幼儿建立基本的信赖关系；尊重和重点培养婴幼儿“想要自己做”的欲望，注重个体差异性，发展每一名幼儿的生活自理能力和良好的行为习惯，培养他们的自主性与自立性。乳儿班内设有适合小月龄幼儿的游戏活动角，提供符合月龄的音乐游戏，感知游戏及特色游戏活动，促进婴幼儿各项能力的发展。

年内，该托育照护中心的高级家庭养育指导师、凯旋街道社区卫生服务中心儿科医生与街道妇联志愿者一起，为附近乳儿家庭提供“一对一”入户育儿指导，涉及健康、营养、安全、回应性照护、早期学习机会5个方面的养育照护策略。

【儿童友好基层单元建设】2023年11月，凯旋街道推进托幼一体化建设，在老旧小区改造与未来社区建设过程中腾挪空间，新建社区基础型成长驿站1个、公建民营普惠型托育机构1家、托幼一体幼儿园6所，建成托位328个。联合街道社区卫生服务中心、专业托育机构，探索发展社区儿科医生与育儿老师“双入户”，构建多元参与的普惠托育服务体系。健全街道、社区两级儿童青少年工作机制，完善思想引领、心理健康、法治教育、社会工作四大模块培训体系。全年面向社区少先队大队辅导员、儿童主任、青少年事务社工常态化开展培训25场，提升儿童工作队伍理论储备及综合素养。统筹“家门口的青少年宫”“15分钟社区少先队活动圈”建设，以“实践阵地”“服务岗位”“活动项目”3张清单引导少先队员进社区参与服务活动。依托“凯益荟”博雅心理咨询中心，落实儿童心理健康帮扶。全年组织非遗体验、童心阅读、亲子运动会等关心关爱活动10场，开展心理咨询、健康讲座、科普宣教8场。

【“共富工坊”打造】2023年，凯旋街道依托“1+3+N”网格治理体系，摸排社区闲散劳动力，整合辖区内闲置房屋和共建单位资源，为社区灵活就业需求群体提供工作岗位，实现“人人有事做、家家有收入”，提供岗位3610个，职业介绍387人，实现就业1429人。依托跨区域、跨领域、跨行业党建联建机制，以党建为纽带牵引各方力量资源互补、联动共建，帮助企业间对接落地项目10多个。依托“亲清红立方”党建助企平台，实行助企服务员轮值机制，打通服务企业“最后一纳米”，23名党员助企服务员开展为企纾困活动4场。

【综合行政执法中队获评省“枫桥式”综合行政执法中队】2023年6月，凯旋街道综合行政执法中队获评2022年度浙江省“枫桥式”综合行政执法中队。该综合行政执法中队坚持“抓党建、带队伍、促执法”思路，创新提炼综合执法“凯联心”党建品牌，推动17名执法队员与55名综管力量“点对点”下沉，结对城管驿站、联建单位开展综合执法、序化管理及普法宣传，确保执法管理重心前移在一线。以市级规范化建设15项制度为抓手，打造3个“片区化”联勤分中心和15个社区综治工作站，形成“力量联合、信息联动、街域联治”的工作格局，提升办案能力和执法效能。全年以街道名义开展执法840件，完成消防救援、市场监管、教育等跨领域执法案件114件。结合街道区位优势，通过能力提升、机制落实、执法联动等措施，创建“凯旋街道执法事项‘破零’拓展基层示范点”项目，唤醒部分“睡眠事项”，拓展综合执法事项，全年完成拓展新执法事项7项。全年开展常态化“综合查一次”联查80多次，全方位规范事项管理，打破部门壁垒和条块分割，提高检查效率，优化营商环境。

【景芳未来社区入选省城镇社区“一老一小”服务场景名单】2023年，景芳未来社区整合幼托中心、邻里中心、成长驿站等教育资源，形成多元参与普惠托育服务发展的格局，为婴幼儿家庭提供更多质量有保障、价格可承受、方便可及的托育服务。对适龄婴幼儿家庭提供科学的育儿指导和支持，开展家长养育技能提升课堂和各类亲子活动20多场，做到教育资源联动，全年龄段需求覆盖。依托展示大厅、书画课堂，嵌入式打造以“国学传承、书画展呈、文创培育、文明实践”为主题的家门口特色书房；以文艺书房形式打造“爱心食堂”，突出养生膳食，实现智慧养老。8月，景芳未来社区入选浙江省第三批城镇社区“一老一小”服务场景名单。

【社会工作站获评市十佳乡镇（街道）社会工作站】2023年3月，凯旋街道社会工作站获评杭州市十佳乡镇（街道）社会工作站。该工作站由6名专职驻站社工自主运营，站内设有个案和小组工作室、多功能室等，并配备未成年人保护、社会救助等服务展示区。工作站以专项经费、公益创投项目、美好凯旋社区发展基金会等为支撑维持日常运行，以工作制度和年度季度计划为保障规范工作管理；以社工站和社工室“双社”联动为支撑，推动N名督导、N类人群、N个领域齐头并进；聘请2名区内市级督导员，并联合专业机构组成督导团队，为该工作站工作提供日常督导。至年末，凯旋街道社会工作站有培育注册类社工机构7家、片区联建社工室4个、社区特色社工室15个。该工作站定期开展“三社三微”（社区、社工、社会组织，微心愿、微公益项目、微创投项目）居民需求调研，聚焦“为老、为小、为弱”，以“困难群体立体帮扶项目、困境儿童关爱项目、困难家庭就业支持项目”三大品牌为载体，构建困难群体专业救助体系。全年开展文化体育、法律咨询、心理疏导、便民利民等志愿服务类活动160多场，惠及群众6000多人次。

【地铁18号线华家池站项目征收】2023年，凯旋街道推进地铁18号线华家池站项目征收工作。街道成立凯旋街道地铁四期征迁工作指挥部，由街道主要领导担任总指挥，聘请具有丰富征迁经验的专业团队10人，抽调部门、社区骨干力量10多人，组成权责明晰、相互配合的征收工作小组4个，开展征收工作。该项目的征收对象之一为浙江大学，涉及经营户64户。街道建立政校沟通机制，主要领导多次带队到浙江大学紫金港校区研讨商谈经营户清退补偿方案，并协同部门回应校方关于征地范围、交通导改、水质改善等四大类10个问题，获取校方支持。街道联动街道派出所、执法中队、市场监管等力量全天候蹲守、“组团式”反复上门，并组织产权人、二房东及经营户开展座谈会，阐述政策。9月，地铁18号线华家池站项目87户经营户征收腾空提前实现签约、腾空“双清零”。

（韩　真）

采荷街道

【概况】采荷街道位于上城区西南部，南邻清江路，北邻庆春路，西邻贴沙河，东邻钱江新城核心区，行政辖区面积5.5平方千米，下辖健风、红菱、洁莲、芙蓉、双菱、人民、新凯苑、荷花塘、青荷苑、绿茗、商教苑、夕照、静怡、江汀、常青苑、钱杭16个社区。2023年，街道有户籍人口8.42万人、流动人口3.42万人，有专业市场22个。年内，辖区的杭州时尚中心开园。家、校、社“三化三体系”（同心化、项目化、社会化和价值认同体系、共建共享体系、影响力体系）协同育人模式在全国交流。合法性审查中心“法治+”共治综合体项目经验全省推广，专业市场矛盾纠纷化解体系入选全省百例枫桥式工作法。荷湾人大代表助残特色联络站、政协“幸福19”品牌全市推广。区弯湾托管中心、“手语姐姐”无障碍交流服务中心获评全国阳光助残志愿服务基地。街道妇联获评省妇联系统先进集体。青荷苑社区家长学校获评“浙江省家庭教育创新实践基地”。

【"中国服装第一街"党建联建圈成立】 2023年8月，采荷街道成立"中国服装第一街"党建联建圈，将22个专业市场，9家时尚企业、物流企业、服装行业协会，8个职能部门纳入该党建联建圈，形成上下联动、左右贯通的立体式联建格局。以"中国服装第一街"党群服务中心为依托，实施"焕新亮彩""荷舟共济""云裳起舞""暖新同行""新锐设计先锋""品质街区"六大项目，开展交通优化、转型升级、改造更新、环境提升、安全稳定"五大攻坚"行动，通过每月联席会议、时尚沙龙，每季分享会、秀展会，每年评优、年会等形式开展常态化联建，推动"中国服装第一街"转型升级。

【文化品牌打造】 2023年，采荷街道推进街道文化建设。打造"荷香"品牌，举办"荷香悦读""荷香学堂"等系列展示、培训、交流等活动近100场。宋韵海塘遗址公园、"荷香四溢·指尖非遗"体验馆作为首批试点入选上城区"百家星级馆"。探索文化和旅游结合的路径，以"指尖非遗研学游""海塘历史文化游""党建学习红色游""服装创客时尚游"为核心产品，打响"和文化"品牌。加强联建共建，"阳光欣荷"15分钟品质文化生活圈成功验收并挂牌。紧扣亚运会、亚残运会主题，联动"盲行天下"等优质主理人团队开展文艺赋美、文旅集市等主题活动，吸引14万人次参与。

【家校社"三化三体系"协同育人模式】 2023年，采荷街道以荷花塘未来社区青荷苑共富单元为突破口，以晓荷书房为主载体，联动省、市、区级部门和属地社区、家委会、社会组织共同搭建家校社"三化三体系"协同育人模式，破解基层家庭教育中力量散、闷头游、效果弱的"三大难题"。组织各单位联合制定融合开放的《家校社协同育人共同纲领》，组建一组、一委、一荟议事小组，定期开展家庭教育议事协商，商定每季主题、破难课题。通过晓荷家委会在基层收集家长所需、校社所能，将需求传达给家庭教育工作组，由家庭教育工作组指导学校老师和社区老师开展家庭教育。打造总面积500平方米的家庭教育活动家园，内容覆盖亲子课堂、"幸福e家"课堂、母子作品展、家庭阅读角、家庭健身房、家庭会客厅、莲子积分兑换驿站等十大功能。举办"宋韵荷风、家风习礼"系列活动，聘请传承大使带领社区家庭在宋韵文化系列活动中感受家风、家教的内涵和意义。打造"荷悦直播间"承接"幸福e家"课堂课程，确定每月家庭教育不同主题，邀请社会专家学者开设家庭教育专题讲座。根据不同人群、家庭需求，列出课单，安排杭州市采荷第二小学招生组老师走进社区开设"咨询专场"答疑解惑。推出"莲子积分"家庭教育活动积分兑换服务，提高家庭教育的参与度、活跃度。至年末，开展活动40多场，参与近1000人次。

【妇联获评省妇联系统先进集体】 2023年6月，采荷街道妇联获评浙江省妇联系统先进集体。街道妇联推动基层家庭教育发展，打造的家、校、政、社协同育人模式破解基层家庭教育、家长学校发展难题。该育人模式获全国妇联党组书记、副省长等各级领导调研指导，受到省妇联主席批示肯定，并在全省家庭教育工作推进会上被点名表扬并作交流发言。年内，街道妇联作为全省家庭教育工作专题会议唯一现场学习点，接待140多名各地市妇联代表考察。

【合法性审查中心打造】 2023年，采荷街道以全省县乡合法性审查质效提升改革攻坚试点为契机，打造"深入一线、贴近群众、协同支撑"的街道级合法性审查中心，全面推进"法治+"共治综合

采荷街道合法性审查中心（摄于2023年）　　（采荷街道 供稿）

体建设，为基层法治全生命周期助力赋能。组建由街道分管领导、党政办公室人员、司法所人员、业务科室人员组成的“四位一体”合法性审查团队，以及由街道党工委副书记、党工委委员、党政办公室主任、司法所长、综合行政执法队中队长等组成的核心团队，联动打造区级法治实训基地，解决审查力量薄弱难题。探索“一般问题制式文书快速审、难点问题定期会商协同审、重点问题区级支撑提级审”的“三级审”机制路径，形成“三式”（招投标等重点项目实行介入式审查，合同签订等风控环节实行闭环式监督，审查全过程留痕实行数字式管理）规范流程，确保合法性审查不留死角。推动大综合一体化执法审查与合法性审查在基层深度融合，内部联动各条线力量，分组分类审查。联动街道大矛调大平安力量，深化“1+1+16+N”（1名街道分管领导、1个业务科室、16个社区、N个街区综管队伍）大矛调体系建设，创建“老李”调解工作室、街区特色共享法庭等工作载体，助力解纷端审查能力提升。聚焦治理难题，探索合法性审查在基层场景的应用实践，形成具有标识度的“法治+”攻坚成果。全过程参与杭州意法服饰城违建处置等重点攻坚任务，指导老旧小区改造、二次供水、社区旧改配套用房产权办理等民生实事。全链条联动重大疑难案件审查，成功处置“建筑垃圾违规处理”等案件268件，助推营商环境优化提升。有关做法受到省委政法委调研肯定，作为全省合法性审查标志性案例被《法治日报》、法治网报道，在全省县乡合法性审查质效提升改革推进会上作交流发言。

【“特有爱·荷湾幸福街区”开街】 2023年9月10日，“特有爱·荷湾幸福街区”开街。街区位于凯旋路125~139号，全长350米，是以探索“特有爱·双向奔赴”共富实践为目标打造的助残公益共富街区。街区将助残服务融入邻里生活场景，打造“荷湾拾景”，即“特有爱·幸福体验馆”、弯湾·爱生活社会融合共享体、“弯湾·爱生活”茶饮铺、新农都生鲜生活超市、“乐荷时光”幸福共享体、阳光驿站、荷湾的礼物、弯湾洗车行、“会飞的蜗牛”幸福梦想屋、荷湾·暖咖。其中，“特有爱·幸福体验馆”为残疾人设置综合办事窗口、康复服务区、职业指导站、共享书房等板块服务；“乐荷时光”幸福共享体1楼供应三餐，为老年人提供优惠，2楼设有“乐荷家”，开辟婴幼儿成长驿站、居家养老服务照料中心、老年康养日照中心等服务区块。年内，该街区汇聚政府、企业、社会组织等力量，引进优质企业、社会组织20多家，搭建“特有爱合伙人”资源共享平台，落地“健行同偕宝”、必见荷湾共创坊等优质项目20多个，链接助残资源100多项，培育发展“社区合伙人”等助残服务品牌60多个；帮助困难残疾人就业5人，改造提升残障人士居家环境2户。以荷湾·暖咖、“特有爱合伙人”等为平台开设荷湾市集12场、手艺超人品牌义卖3场，成立荷湾共创坊，提供就业岗位，为特殊人群增收20万元。街区“特有爱”研学路线启动，开展“幸福初体验”研学活动5场、“特有爱”周末研学活动1场。106名残障人士组成的“自强”志愿服务队每周定期4天开展便民服务。“弯湾经验”通过教材、直播课为全国残障人士服务机构及家庭提供指引，服务3.5万小时，覆盖2.2万人次。

【社区配套用房产权证试点】 2023年，采荷街道为解决老旧小区基础设施陈旧、空间资源紧张、配套服务缺乏等问题，以青荷苑社区为试点，解决社区配套用房使用难、配套服务跟不上等问题，成为全市首个社区配套用房办证的成功案例。街道联合区住建局、上城规划资源分局共同商议形成具体的办证清单，通过杭州市规划与自然资源局内部平台系统信息共享查证打通数据壁垒。针对老旧小区配套用房年代较久远及各项证明材料缺失、办理流程较长、所需材料复杂等问题，简化各类材料10多种，研究形成上城区老旧小区改造配套用房办证工作机制——联审机制，试点项目办证全程数据上传、网络办理，以多部门线上共同联审代替传统物业、消防、旧改、规划等各部门分别审核，将办理时长从10个工作日缩短至当天受理、2天内办理完成。各环节同步推进，第一时间委托相关有资质企业对房屋进行房屋安全鉴定、房屋测绘、消防评估的评估检测；与各职能部门同步对接，现场实地踏勘，确认配套用房项目具体使用功能、建筑面积及高度、占绿、消防情况等，提前整改存在问题，2日内查阅各类房屋地块资料70多份，使原本10天才能完成的报告在3天内全部完成。市政府惠民政策推出2周内，完成青荷苑社区党群服务中心、2个配套用房的产权证办理。有关做法获市有关领导批示肯定。

【“中国服装第一街”亚运服务保障工作】 2023年杭州第十九届亚运会、第四届亚残运会期间，采荷街道做优金融服务、改善消费环境、提升服务品质，做好服务保障工作。街区围绕境内外人士购物消费需求，联动多家金融机构在街区开设人民币兑换服务点，为照顾外国友人消费支付习惯，推广宣传海外移动支付方式，动员商户全面开放零售业务，设置保障服务台，组建英语翻译志愿服务队，给外国友人提供指路引导、现金兑换、失物帮找、外卖帮点等服务保障。围绕“亚运精彩点位”打造要求，完成解放东路、清江路等亚运通勤道路沿线10个专业市场建筑亮化提升，升级街区150幅广告。开展诚信经营“进街区、进市场、进商户”宣传活动，帮助60多家企业、个体工商户完成80多条信用修复，举办4期宣传培训班覆盖企业超过50家。开展“中国服装第一街”时尚生活节和“云裳潮市”外摆夜市主题活动，接待知名球星奥尼尔及来自卡塔尔、尼泊尔等18个国家近1000名外国友人，受到中央广播电视总台等主流媒体报道，擦亮“中国服装第一街”金名片。

【意法服饰城消防问题整改】 2023年，采荷街道按照省委巡视整改要求，推进专业市场违法建筑、违规审批、违法经营问题整改，完成杭州意法服饰城消防问题整改。区委、区政府牵头抓总，围绕“市场经营户清退”及“消防隐患整改”2个整改专项综合研判，成立由分管副区长挂帅的现场工作指挥部，制定区级专项处置方案和纾困分流、腾空清退、消防整改、合同纠纷调解等6个工作子方案，形成区委、区政府整体调度、职能部门联动推进、属地街道兜底保障的三级联动体系，完善每日会商、清单推进、日结日清、督查通报等工作机制，序时推进整改各项工作。坚决压实意法服饰城及常青经合社作为经营主体和房东的主体责任，每周定期约谈。依托“云上四季青”等平台，组织直播带货销售，全程助力经营户减损。整改期间，全体经营户搬迁至9意法女装中心过渡，杭州意法服饰城整体封存。8月10日，杭州意法服饰城消防隐患如期整改完成，1700多户商户回归正常经营，省委巡视问题实现销号闭环。

【宋都凯旋苑小区二次供水改造】 2023年，采荷街道聚焦困扰居民多年的水压低、水流小、经常性停水等问题，着力破解宋都凯旋苑小区二次供水改造难题。发挥党建引领作用，形成社区、业委会、物业与居民代表多元主体同向发力的“四位一体”模式，发放二次供水改造宣传折页，讲解改造的政策、优点，通过正面引导，凝聚思想共识。明确分工、节点，将各阶段任务细分到部门，项目内容分解到幢，利用网格智治平台，整合“1+3+N”网格力量，及时收集意见、回应诉求，将矛盾化解在初始阶段。采用民情恳谈会、议事圆桌会、项目协调会“三会”模式，搭建沟通议事平台。每日向居民通报施工情况，让信息畅通成为项目推进的重要保障。招募懂工程技术的退休业主成立全过程跟踪小组，与监理单位一起紧盯施工质量与进度；成立二次供水改造“帮帮团”，在项目实施期间为居民提供应急送水等服务。6月，宋都凯旋苑小区二次供水改造完成。有关做法被区综合行政执法局作为成功的典型案例在全市二次供水会议上作经验交流。

（刁　爽）

四季青街道

【概况】 四季青街道位于上城区中部，东以铁路滴水线往南至钱塘江，与彭埠街道相接；西以清江路、钱江路、解放路、新业路、新塘路、庆春东路、秋涛北路、凤起路、景西路，与采荷和凯旋街道交界；南以钱塘江与萧山区、滨江区为界；北以秋涛北路一弄、景芳路、钱潮路、严家路、运河东路、盛运街、筑塘路、运河东路、运新路、塘工局路至昙花庵路铁路涵洞，与凯旋街道和彭埠街道相连。2023年，街道面积9平方千米，下辖三叉、五福、三堡、水湘、钱江苑、钱塘、城星、运新、江锦、钱运、钱景11个社区，有7个股份经济合作社。有户籍人口6.8万人、在册流动人口5.84万人。全年街道财政总收入103.4亿元，其中经常性财政收入84.4亿元，一般公共预算收入41.9亿元。年内，街道楼宇经济、社会治理、信访攻坚等工作获市级以上荣誉及领导批示40多次。钱江新城中央商务区获评“2023中国楼宇经济标杆商务区”。四季青街道获评杭州第十九届亚运会和第四届亚残运会省级先进集体，入选全省共富基本单元综合品质区试点。

【楼宇经济提质升级】 2023年，四季青街道着眼杭州“亚运会、大都市、现代化”重要窗口期，发挥楼宇经济“空中聚宝盆”重要载体作用，坚持做强钱江新城核心平台功能，通过多维度提高楼宇的项目承载力、产业竞争力、服务吸引力，深化“楼宇标准”建设，特色化打造“长三角楼宇经济发展样本”。年内，以杭州金融城与玉皇山南基金小镇融合发展为路径的金玉上城现代金融创新发展区被列入浙江省第三批现代服务业创新发展区。在“2023服贸会·中国楼宇经济北京论坛”上，钱江新城中央商务区获评“2023中国楼宇经济标杆商务区”。至年末，街道投入使用楼宇项目57个，商务楼宇109幢，其中千万元税收楼宇52幢，亿元税收楼宇25幢，全年税收千万元企业102家，税收百万元企业470家。

【首届国际友邻节】 2023年6月18日，四季青街道首届国际友邻节在钱江新城举行，吸引来自10多个国家的外国友人及街道的居民参与。该国际友邻节由“home in 四季，精彩‘友’你”“爱在四季，‘邻’聚美好”“好客主人，国际范儿”三大篇章构成。现场邀请4名外籍居民和4名中国居民分别作为城市生活体验官分享在四季青的生活体验。现场还设置中外市集，以及非遗文化体验、街头画像、书画展示等展区，受到外国朋友喜爱。

【首个普惠性托育园开园】 2023年，四季青街道为满足辖区0~3岁婴幼儿家庭对提高养育孩子的品质、家长自身的照护技能、托管孩子的机构选择等方面的不同需求，以打造“幸福邻里坊”为契机，盘活辖区配套用房，通过政企合作的形式，创新打造街道首家公建民营普惠型托育机构——水湘托育园。该托育园位于水湘西苑的四季童乐，面积252平方米，设2个班，可提供托位36个。该托育园旨在通过生活习惯、趣味游戏、学习活动、家园互动4个路径，让0~3岁的婴幼儿在认知、动作、感知觉、艺术表现、语言、情绪和社区性六大领域全面发展。2月1日，水湘托育园开园。

【省第三批低（零）碳街道试点创建】 2023年，四季青街道聚焦低碳经济产业，把低碳融入建筑、交通、生活、数字化四大领域，实现经济发展的低碳化、低碳生活的全民化、城市建设的生态化、绿色发展的制度化，形成一条以生态保护为前提、以经济崛起为核心、以全民共富共享为目标的可持续发展之路。发掘低碳产业企业领头羊能力，发挥绿色产业集群优势，打造楼宇经济低碳样本，形成以中能合纵物联科技有限公司、中天绿能科技有限公司为代表的一批低碳产业集群。引导新建建筑开展绿色建设，通过新建建筑的绿色设计、既有建筑的节能改造不断探索低碳楼宇管理，优化提升绿色建筑发展水平。辖区内的中国人寿大厦、中天·钱塘银座等楼宇获中国三星级绿色建筑设计标识认证、美国绿色建筑委员会颁发的LEED-CS金级预认证等绿色建筑认证。10月，四季青街道入选全省第三批低（零）碳乡镇（街道）试点。

【钱江都会CBD城市新区风貌区打造】 2023年，四季青街道打造钱江都会CBD城市新区风貌区。该风貌区立足“世界名城重要窗口·国际品质滨水中心”的特色定位，利用城市封面形象、公共配套服务、滨水空间环境，通过精细化、人本化、数智化的建设，展现杭州现代化营城典范、滨水城市中心风貌。建设民生“幸福城”，展现杭州现代化滨水都市新风貌，打造共富风貌驿站2个、共富超市1家，完成整治提升项目22个。提升风貌区路段36个、道路侧绿地景观10个，优化富春路、钱江路等绿波带建设19.57千米，早高峰提速20%。提升波浪文化城环境，翻新出入口、景观池等，补种植被草坪1200平方米，增设“钱江新城核心区亚运青年V站”，制定《亚运青年V站微笑志愿者手册》，集结志愿者2万余人次，提供亚运城市侧志愿服务。10月，钱江都会CBD城市新区风貌样板区获评2023年度第三批市级城乡风貌样板区。

【城市基层精细化治理】 2023年，四季青街道升级平安体系，围绕核心业务设置“小脑+手脚”应用模块，健全通过指挥中心调度，实现综管队员1分钟接报、3分钟流转、5分钟到现场处置的“135”闭环管理机制，推进“141”基层智治体系试点迭代，完善重大维稳安保、重大突发事件等应急联动。全年破解流转问题隐患3.14万条、完成率100%，出动综管大队队员4.88万人次，处置各类事件3.28万件。细化数治体系，明确“1+7”网格制度，织密“一网数治”网格智治体系，首创房屋三色走访机制，登记率和准确率均维持在95%以上，走访量比2022年下降40%。完善应急体系，形成区级应急管理中心、街道级应急管理站、社区级微型消防站三级应急消防救援体系全覆盖，整改问题隐患2万余处。四季青街道办事处获评杭州市应急管理系统“平安护航亚运”先进集体。筑牢“固基”防线，突破性化解信访积案8件。深化综合执法改革，创建执法改革“1310”工作体系筑百亿大道基层示范点、“四维”（空间、时间、形式、对象）普法新模式2个标志性成果，综合执法领域投诉量比2022年下降25%，城市环境问题减少48%。

资料：

“1+7”网格制度：“1”即《关于深入推进党建统领网格智治工作深化基层治理工作的实施意见》；“7”即四季青街道网格考核领导小组名单、四季青街道网格工作清单、四季青街道网格考核办法（试行）、四季青街道网格考核细则（试行）、四季青街道网格信息采集目录、四季青街道网格巡查员工作实绩考核办法（试行）、四季青街道网格工作站组织架构图。

房屋三色走访机制：从人员属性、房屋性质对辖区房屋进行“红、黄、绿”赋色管理，由原来所有房屋走访每月一次，调整为红色房屋每周一次、黄色房屋每月一次、绿色房屋每季一次。

“1310”工作体系：锚定“党建引领，一队执法”的总目标，制定“721”三大执法工作理念，即以7分服务、2分监管、1分执法的理念开展综合执法工作，形成10项改革举措，夯实规范化基础，厚植执法改革沃土。

【楼宇“共富基本单元”打造】 2023年，四季青街道以需求为导向，根据辖区楼宇集聚的特点，在商场、楼宇打造“共富基本单元”。发动商场、酒店、企业加入养老助餐服务“朋友圈”，建成“幸福·邻里食堂”2个、“幸福餐桌”4个、“幸福助餐点”3个，在上城区体育中心运动员餐厅嵌入全区首个“幸福餐桌”，《上城区构建“幸福·邻里食堂”老年助餐服务体系》获市人大、市政协批示肯定。指导运新社区在社区卫生服务中心嵌入专业团队和设备，创建全市首个社区级医养驿站，《上城区试点打造社区级“医养驿站”完善养老服务体系》工作专报获市人大批示，并入选杭州市第二批公共服务共富最佳实践案例。在新华保险大厦打造全省首个楼宇红十字会，该组织模式是红十字会服务向城市楼宇经济的延伸，旨在通过提供急救培训、健康咨询等服务，增强楼宇内企业和员工的应急救护能力，同时为楼宇经济的创新发展提供支持。联合庆春商圈打造崇军拥军示范街区，着力打造系列服务品牌，成立上城区首个楼宇退役军人服务站，承接全市退役军人事务系统局长会议暨数字化改革现场会，获省、市双拥模范城创建检查组肯定。

【“四季花园”心灵驿站打造】 2023年，四季青街道聚焦心理服务的难点、重点、堵点，依托“幸福邻里坊”阵地，协同打造“四季花园”心灵驿站。该心灵驿站位于钱潮路388号，总面积约3500平方米，设有心理咨询室、心理团辅室、心理科普展览区、心理阅读室、心理测评室、心理热线室、心理直播间、心理剧场等10多个专业服务区域，以专业的儿童青少年身心健康发展服务为特色，结合运动、文化、艺术、音乐等元素，开展咨询、团辅、训练、调适等心理健康促进服务与活动，做好、做优、做专心理健康科普预防和早期干预，提升儿童青少年的阳光指数和幸福指数。自10月“四季花园”心灵驿站运行后，启动心理帮扶项目10多个，开展心理健康活动300多场次，服务辐射6000多人次，开展心理咨询311人次，化解自杀自伤危机、守护青少年生命安全9人次，相关工作获《浙江日报》等媒体报道。

【6个“幸福邻里坊”建成】2023年，四季青街道按照“一盘棋、全覆盖”的总布局，因地制宜打造各具特色的“幸福邻里坊”，完善“十分优享”公共服务圈层体系。在推广“一厅迎客”“一岗受理”“一坊议事”的基础模式上，融入乡风民俗、青年发展、儿童友好等元素，建成五福社区、水湘社区、运新社区、江锦社区、三堡社区、钱景社区6个“幸福邻里坊”。其中，五福社区以“三餐四季五福”集聚式“幸福邻里坊”为特色；水湘社区以运河文化传承体验为特色；运新、江锦社区以“医养+康养”为特色；三堡社区以家门口的“一站式”服务为特色，钱景社区以为老服务为特色。

【城中村改造完成】2023年7月23日，四季青街道完成五福社区回迁安置工作，标志着街道历时20多年的城中村改造工作完成。五福社区回迁安置工作自2022年11月19日启动后，街道指挥部围绕“谋事能成事、干事不留事”的整体思路，分阶段平稳有序完成501户回迁安置任务。

【停车智能诱导平台上线】2023年9月1日，钱江新城中心商务区停车智能诱导平台上线。该平台以线下多级诱导屏和线上H5页面联动的方式，帮助车主及时获悉周边停车场信息，并提供相应的导航服务，进一步缓解钱江新城核心区域“停车难”问题。该平台集成四季青街道全域76个停车场、4.09万个停车泊位的动静态数据。市民和游客除通过线下多级诱导屏，可通过关注微信公众号“福泽四季青”获取线上停车服务，以及出行目的地周边停车场位置、收费价格、泊车余位等相关信息，以快速选择合适的停车场。

（沈宣宇）

笕桥街道

【概况】笕桥街道位于上城区北部，东起备塘路；西邻石桥路，与拱墅区交界；南接天成路、源聚路一带；北至石大线，与临平区交界，毗邻杭州东站。2023年，街道辖区面积19.7平方千米，下辖枸桔弄、花园、草庄、白石、笕桥、农科院、机场、

四季青街道五福社区“幸福邻里坊”（摄于2023年）

（四季青街道 供稿）

范家、水墩、笕新、浜河、黄家、同心、横塘、俞章、黎明、天新、东港、明桂、金色黎明20个社区，以及14个经济合作社，其中4个完成经社分离。有常住人口7.61万人、流动人口12.64万人。区域内有杭州笕桥机场、杭州东站、浙江省农业科学院、邮政集团杭州分公司、杭州市疾病预防控制中心等重要单位。全年财政总收入12.9亿元，其中经常性财政收入12.02亿元，比2022年增长39.4%；一般公共预算收入6.1亿元，增长33%，完成全年目标任务的113.1%；规模以上工业增加值、规模以上营利性服务业营业收入、批发业商品销售额等指标分别增长8.9%、27%、37.1%。年内，街道抢抓杭州总部经济政策机遇，全面推动“笕商回归”。落地浙江首家元宇宙产业主题省级协会，承办首届浙江元宇宙产业大会，浙江元宇宙产业基地开园，浙江新华移动传媒股份有限公司等50多家元宇宙产业企业签约入驻。环机场区块综合整治完成，花园社区成功创建省级未来社区。街道通过工业和信息化部、民政部和国家卫健委联合组织的智慧健康养老应用试点示范复核验收，成为全区唯一通过全国智慧健康养老应用试点示范复评的街道。花园、水墩、俞章等8个社区“幸福邻里坊”建成运行，街道社区“幸福邻里坊”项目启动数量居全区第1位。年内，水墩、笕新社区党群服务中心获评省级示范村（社区）党群服务中心。

【“尚流红驿”打造】 2023年1月起，针对流动党员“学习教育难、组织管理难、发挥作用难”问题，笕桥街道党群服务中心打造“尚流红驿”，以“织三网破三难促三有”为抓手，确保流动党员“异地亮身份，他乡显担当”。整合“线上+线下”等资源，构建以1个阵地平台为依托，联动“3端融合”机制，集成N项服务的“1+3+N”联系网，让流动党员“有家可归”；搭建内含主题党日系列活动、服务热线及“十大暖心礼包”等内容的思想网，让流动党员“有家可依”；织密以“网格服务、困难帮扶”为主的互助网，让流动党员“有家可为”。至年末，服务流动党员2000多人次。

笕桥街道党群服务中心“尚流红驿”平台（摄于2023年）
（笕桥街道 供稿）

【退役军人特色品牌打造】 2023年，笕桥街道退役军人服务站秉承着笕桥“红色”基因，通过建强“1+20+N”服务体系，即1个街道服务站、20个社区服务站、N个社会组织，织密服务网络、精准服务内容。联合辖区多家爱心公益企事业单位，为退役军人提供公益观影、免费健康体检、便民服务、座谈交流等活动。全年开展爱国主义教育宣讲32场、志愿服务29场，接待全国各地现场学习参观512人次，获全国双拥工作领导小组调研肯定，并在全省村级退役军人服务站“兵站长”培训会上作交流发言。

【首个元宇宙产业主题省级协会落地】 2023年7月15日，浙江省元宇宙产业协会宣布成立并落户笕桥街道。浙江省元宇宙产业协会于2022年11月，由浙江新华移动传媒股份有限公司、浙江省数字经济学会、中国移动（浙江）创新研究院有限公司等单位共同发起，由省内从事元宇宙相关产业的科研、教育、应用、管理等单位自愿组成、依法登记成立，是地方性、专业性、学术性和非营利性社会团体，并于2023年6月29日获省民政厅批准。协会主管部门为省经济和信息化厅，由中国工程院院士谭建荣担任首任会长，浙江元宇宙产业基地为执行会长单位。该协会立足服务元宇宙企业的精神，整合政府、社会和企业的资源，搭建政府与企业、企业与社会之间的桥梁，发挥沟通、咨询、中介、服务的作用，在落实政策、信息交流、推动合作、反映诉求、规范行为方面发挥自身积极作用，并按照国家关于社团组织的有关要求为会员单位提供全方位服务，促进全省元宇宙行业内的沟通合作，促进政产学研结合，助推浙江省“元宇宙”技术和产业发展，为浙江省数字化改革注入活力。至年末，协会吸收来自全省132家科创型元宇宙企业为成员单位，涵盖元宇宙技术、内容、平台、应用等环节。

【“笕商回归”推动】 2023年，笕桥街道抢抓杭州总部经济政策机遇，全面推动“笕商回归”。街道为摸清外迁笕商底数，创建“在外知名笕商名录库”，由街道领导班子带队多次到海宁、德清等地与老笕商畅叙乡情，走访对接西子国际控股有限公司、银都控股集团有限公司等优质笕商企业30多家（次）。通过召开经济高质量发展大会暨笕桥商会全体会议，定期开展“风云笕商、回归腾飞”等商会季度活动，增强笕商获得感。把握“‘请回来’还得‘留得住’，‘留得住’才能‘发展好’”理念，主动为笕商“铺路、架桥、搭台”，结对联系笕商和辖区重点企业，向知名笕商推介上城区总部经济相关地块。9月12日，西子国际控股有限公司成功摘得钱江新城二期景芳三堡单元73号地块，公司总部回归笕桥，回归上城。

【笕桥文体中心落成】 2023年8月，笕桥文体中心落地启用。在2019—2023年环机场区域拆违期间，笕桥街道横塘社区引进第三方对废旧厂房进行改造升级，其中包括笕桥文体中心。笕桥文体中心位于笕丁路383号，室内面积1.2万平方米、室外面积2700平方米，涵盖7个网球场、12个羽毛球场和1个篮球场等标准化场馆，是笕桥街道践行杭州市嵌入式体育场地建设工作的标志性成果，为街道居民提供健身场所，满足街道各年龄段人群的休闲娱乐、体育活动，打造“10分钟健身圈”。文体中心落成后，至年末，服务居民3000多人次，开展“我爱笕桥·奉献亚运”2023年杭州市百姓运动会（上城笕桥街道站）、“迎新年 攀高峰”笕桥街道网球邀请赛、“清新杯”笕桥街道少儿羽毛球赛等大型体育活动。

【“父母茶座”试点打造】 2023年6月16日，笕桥街道“父母茶座”揭牌仪式在浜河社区海棠景轩小区架空层举行。笕桥街道依托浜河社区架空层，试点打造“父母茶座”，旨在从多角度多方面为辖区家庭提供知识普及、咨询服务、活动组织等支持与指导，为孩子成长护航，为家庭教育赋能。“父母茶座”主场馆位于浜河海棠景轩7幢架空层浜悦居，还有手工体验馆、桌游馆、儿童游乐馆、阅读馆、心理咨询室等特色场馆，总面积约1000平方米，全时段为有需要的家长提供免费场地。笕桥街道“父母茶座”在杭州天成教育集团开设集中式智慧父母研修班，助力家长在情绪管理、亲子关系等方面获取帮助；结合街道智慧父母公益成长营，开展公益沙龙及成长营实践班64场，开设宝妈班、宝奶班、专属爸爸班等培训，受益家长5600多人次。

【全国智慧健康养老应用试点示范街道复核通过】 2023年，笕桥街道探索“互联网+”时代与健康养老服务的有机结合，通过多方协调社区资源、建设人才平台、创新服务手段等举措，建成全市首家回迁安置社区智慧养老综合体——笕东嘉苑养老服务综合体。街道以智慧健康养老为切入点，整合辖区康养资源，打造“四融三促”康养联合体建设，把康复的理念、制度、设施、技术等用于养老服务，构建融医、养、护、康“一体化四融”发展的新型养老模式，促进养老服务信息化、多元化、一体化发展。8月，智慧健康养老综合体投入运行后，服务1.6万人次。10月18日，笕桥街道通过全国智慧健康养老应用试点示范街道复核，为上城区唯一上榜街道。

【社区“幸福邻里坊”建设】 2023年，笕桥街道以共同富裕现代化基本单元建设为出发点，整合现有平台资源，按照“亮相一批、开工一批、谋划一批”的工作思路，因地制宜推进“嵌入式”“集中式”“分散式”3种类型“幸福邻里坊”建设，叠加X项功能，补齐居民“家门口”的服务资源和设施，打造“十分优享”服务圈层，完善提炼水墩社区“水立方”、金色黎明社区“鑫E家”、笕新社区“红色芯新”、花园社区“花开满园”、草庄社区“百草园”、白石社区“三石六计”等党建品牌。至年末，启动“幸福邻里坊”项目14个，其中完成6个，启动量居全区第1位，完成量居全区第2位。

【环机场区域综合整治】 2023年，笕桥街道根据区城中村改造的统一部署，以及环机场周边整治的相关要求，从根本上改变环机场区域城市面貌，按照“拆违先行、拆整结合、分块推进、注重长效”的总体思路，滚动推进环机场区域“五社”（黄家、同心、俞章、笕新、横塘5个社区）综合整治，围绕拆除违建、补齐短板、盘活资源等方面，投入22亿元，基本消灭各类违建50.8万平方米，打通断头路22条，拓宽道路17.43万平方米；利用拆违后的空间新增停车场28个、非机动车充电棚1196座，新建口袋公园（小规模公园绿化活动场地）22座、游步道3950米，改建邻里中心1729平方米。整合盘活80万平方米存量厂房资源，推进数智赋能、文化产业高质量发展，引进全省首个元宇宙产业基地，笕桥近江农品汇、米果同心公园等重点项目落地。

【天庐苑老旧小区改造】 2023年，笕桥街道推进天庐苑老旧小区改造工作。天庐苑小区位于杭州东站附近的新风路与机场路交叉口，为20世纪80年代建设的铁路职工宿舍，有房屋298户，建筑面积3.3万平方米。为推进老旧小区改造工作，笕桥街道坚持以人为本，结合实际以“铁路文化”为主题，塑造“邻里、健康、慢行、智慧”四大价值主线，于5月全面完成天庐苑老旧小区改造工作。维修和完善应急照明设备305套，增加消防疏散安全出口灯34套，清理楼宇间乱堆杂物及小广告520多处，拆除雨棚及保笼1500个，铺设沥青道路3100平方米，新建垃圾房1座，新增红梅、无患子、银杏等5类绿化乔木3700平方米。利用闲置空间设置非机动车集中停放车棚（库）7个共计充电位235个，改造部分绿化和道路疏通，新增机动车停车泊位235个，改善配套设施不完善、景观碎片化、立面老旧、特色文化缺乏、公共空间缺乏等问题，从视觉感官、功能构件、文化挖掘上形成天庐苑小区特色品牌，实现老旧小区“综合改一次”目标。

【范家三里亭南区块回迁安置完成】 笕桥街道范家三里亭南区块涉及住户70户。2023年，街道自2月启动回迁工作后，与建设主体、社区沟通协调，就13个历史遗留问题达成一致意见，用“异地安置、公证抽包”的方式化解90平方米房型房源紧缺、房源切割平衡等6个问题，提前解决安置房非机动车库坡道照明、小区绿化修整等12项问题整改提升，预演安置选房、资金结算、物业交付等安置环节2次，组织20名志愿者参与人员分流、程序引导、秩序维护等工作，保障选房现场安全有序。6月26日，开展选房，仅用时90分钟，完成选房178套，回迁率100%。

【环机场区块回迁安置完成】 2023年，笕桥街道环机场区块回迁安置工作有序推进。该区块有住户521户，涉及5个社区、6个征迁项目。该工作为全区回迁安置社区最多、政策分析制定最复杂、打包通道模式最多元的综合性回迁安置项目，呈现涉及面较广、群众诉求多、协调难度大、社会关注度高等特点。笕桥街道与上城城发集团按照“尊重历史、以人为本、考虑平衡、确保稳定”的原则，于10月完成全体工作人员进场，采取“组团推进、分步实施、综合化解”方式，按社区划分“水墩笕新”一组团、“老街同心浜河”二组团分步开展，分别于12月11—14日、12月25日2个时间段开展回迁安置选房工作，共分配房屋1340套，选房率100%，环机场区块回迁安置工作完成。

【黎明社区安乐堂搬迁】 2023年3月，笕桥街道启动黎明社区安乐堂搬迁攻坚工作。安乐堂位于笕桥生态公园单元地块（开创街与相埠路交叉口）。街道抽调精干力量组成攻坚小组，通过制定搬迁奖励促腾、自主搬迁引导、同步人工拆除等方式加快搬迁进度，历时1.5个月按期完成搬迁。

【“小区码”经验做法入选《2023年杭州发展报告蓝皮书》】 2023年，笕桥街道天新社区运用“小区码”数字技术推动社区精准服务与治理。天新社区常住人口8650多人，因社区地理位置毗邻杭州东站核心区，具有流动人口多，以及小区异质性强的基本特征，呈现出社区类型多样、人口来源复杂、流动性大等社区治理难题。社区通过整合多方协同力量，完成“小区码”3.0版本迭代升级，涵盖社区党建、数据管理、档案中心等四大板块、20多项功能场景，实现社区居民全覆盖使用。利用“小区码”线上了解居民信息，实时接收居民信息，重新核实、补充辖区居民的基础信息，动态掌握居民的各项基本情况，同时对新入住的居民以及流动人口信息进行及时登记，更精细、更精准地为社区居民提供服务。年内，“小区码”经验做法形成《精准治理：高流动社区管理的经验与对策》课题报告，入选市社科联主编的《2023年杭州发展报告蓝皮书》。

（冯慧敏）

彭埠街道

【概况】 彭埠街道位于上城区中部偏西南，东毗九堡街道，西邻四季青、凯旋街道，南接钱塘江，北连闸弄口、笕桥街道，京杭大运河穿境而过。区域内有杭州东站、杭州市地铁集团有限责任公司七堡基地、中铁第四勘察设计院集团有限公司杭州分院、杭州通达建筑工程公司等单位。2023年，街道区域面积14.76平方千米，下辖五堡、六堡、七堡、红五月、普福、建华、兴隆、御道、云峰、皋塘、章家坝、新塘、杨家桥、王家井、明月桥、茶亭苑、普新、建和、杨柳郡、建隆20个社区。有常住人口8.47万人、流动人口

11.52万人。全年街道财政总收入（不含房地产）15.74亿元，比2022年增长7.3%；落地杭州铁联供应链公司等亿元以上产业项目23个，完成率115%；落地中车地铁装备维保、炽橙数字科技等总部项目5个。年内，彭埠街道被评为省级AAA级景区街道，杨柳郡社区被评为省级首批现代社区，红五月社区被评为省级引领型未来社区，运河·映巷影视文化街区被评为2023年度省级特色商业街（区），为全区唯一。

【院士创业项目落地】 2023年，彭埠街道根据企业需求，完成梳理省、市、区各级政策、协助企业对接产业基金、落实优质人才相关配套等工作。7月2日，中国工程院院士领衔元核数智项目落地彭埠，彭埠街道成为全区首个拥有“双院士”创业项目的街道。未来3年，元核数智产品与解决方案将持续赋能先进制造业，在数据融合、实时仿真、降本增效与工艺优化等核心价值场景加速市场渗透、商业转化。

【“上企安”营商环境基地打造】 2023年，彭埠街道创新打造全省首个“上企安”营商环境基地。常态化入驻公安、检察、法院、司法、市场监管、科协等九大职能部门，引入行业协会、律师、仲裁机构、社会组织等专业力量，提供百案讲堂、亲清企航、共享法庭、尚法智库、亲商数字等为企服务，构建“一站式”、多元化法治增值服务体系，聚焦聚力安全宣传、专案办理、矛盾调解等5项工作，满足企业在商事领域涉法涉诉服务的需求。多形式开展常态化宣传，向企业传递政策信息、解读法律法规，提高企业的政策知晓率和法律遵守率。强化信息指导，通过“杭州侦防”“上城警方”等微信公众号，发布政策解读、科普反诈宣传、知识产权保护等内容，为企业提供信息服务。联系区司法诉源治理中心与区法院共享法庭侦防协会护企服务站，组织企业在营商基地、社区参加研讨会、座谈会等活动，搭建亲清为企服务桥梁。推出多元法治化营商环境增值服务事项，形成“一站式”社会力量商事矛盾纠纷调解机制。全年服务企业2000多家，协调解决各类问题326个。

【“小脑+手脚”社会治理模式】 2023年，彭埠街道紧扣基层治理能力和水平提质增效，不断探索“小脑+手脚”工作机制，推动形成高效化、精准化、数字化的社会治理模式。街道综合信息指挥室通过警网协同指挥调度平台建设，借助数据资源统筹接入，整合电子卡口、网格覆盖物联网智能感应等设备，配备集语音对讲、超清视频图传、定位调度功能于一体的智能作战单兵151个，对讲机12部，加装天翼云眼AI喊话系统，形成“事件可视、力量可视、现场可视”的指挥调度体系。全年处置公安类110联动警情9309起、“双脑联动”（派出所指挥中心和街道指挥中心联动）类警情4489起、反诈类警情3252起。

【“幸福邻里坊”建设】 2023年，彭埠街道推进“幸福邻里坊”建设，按照“选址合理化、群众需求化、服务多样化、环境优美化、管理规范化”的目标，突出党建统领，坚持人民至上，聚焦“一社一品”共同推进，整合辖区资源打造群众可感可及可触的社区共富综合体，推进共同富裕现代化基本单元建设。全年建成彭心汇、兴隆、杨柳郡、红五月社区4个“幸福邻里坊”，共计打造面积约9000平方米。其中，红五月社区“幸福邻里坊”以“一老一小”服务需求为焦点，打造颐养园、童乐园、议事坊、邻里食堂、健康服务站等功能。年内，街道新启动五堡、章家坝、建华、王家井、杨家桥、明月桥、建隆7个社区的“幸福邻里坊”建设。

【“为老”特色服务优化】 2023年，彭埠街道党群服务中心聚焦“为老”需求，引进市老年大学资源，推出“澎派老年学校”，让老人在家门口就能参与葫芦丝、太极拳等9类质优价廉的精品课程，满足老人多元化和个性化的学习需求，惠及辖区老人200多人；开展编织工艺坊、重阳文艺会演、便民服务等形式多样的“为老”特色活动800多场，丰富老人的精神文化生活；与杭州在水一方养老服务集团合作，将中心6楼打造成为彭心汇居家养老服务照料中心，推进医养建设，一体化落地智慧健康站、“幸福亿家”防老年痴呆活动室等康养设施，为老人免费提供血压测量、康复训练、中医理疗、中医义诊等服务；推出“彭心汇”幸福邻里食堂，满足周边居民的就餐需求，60周岁以上老人可享受5~8折的就餐优惠，全年服务老人5万余人次。

【3个社区回迁安置完成】 2023年，彭埠街道推进社区回迁安置工作。云峰社区回迁安置工作自3月15日启动后，街道召开户主会及党员、组长、居民代表、老干部等多层面座谈会10多场，于12月完成云峰社区整村、红五月社区（钱二区块）和七堡社区整村共1663户回迁安置，回迁量占全区的39.2%。

2023年，彭埠街道党群服务中心推出“澎派老年学校”。图为老人学习太极拳 （彭埠街道 供稿）

【老旧小区改造项目完成】 2023年，彭埠街道启动建华家苑和省工艺品市场宿舍老旧小区改造项目。2个项目改造面积共5.4万平方米。项目进行屋面防水修缮，有效解决屋顶漏水问题；统一粉刷楼道墙顶并更换栏杆扶手，保证公共通道的安全便利。安装照明设施，配备非机动车充电棚。完成强电“上改下”、“污水零直排”等综合管线全面整治及道路“白改黑”，保证居民的生活便利性。提升完善消防设施，保证居民的消防安全性。

【7个小区创建为省级高标准生活垃圾分类示范小区】 2023年，彭埠街道响应省级高标准垃圾分类示范小区创建工作，经过初步筛选，推选具有代表性、示范性的7个居住小区报送浙江省生活垃圾分类工作领导小组办公室备案。按照创建标准，街道多次开展现场研究、听取各方建议，改造升级小区内垃圾分类投放和收集设施，规范化设置各项标识、宣传海报，以高标准、严要求设置特殊垃圾（大件垃圾）堆放点、再生资源回收站点，并与专业第三方公司签订处理合同。加强物业、专管员垃圾分类知识专项培训，落实桶边值守，组织发动辖区党员干部、志愿者、小区物业开展“敲门行动”上门宣讲，发放垃圾分类宣传和指导手册，定期开展“以旧换物”“便民服物”等活动，进一步激发广大居民参与垃圾分类的热情，提高垃圾分类知晓率和参与度。年内，晓时代公寓小区、普升府邸小区、东望府小区、东祥元府小区、玉润钱潮府小区、雍

泽府小区、坤塘悦府小区成功创建为2023年省级高标准生活垃圾分类示范小区。

【网格走访百日攻坚行动】2023年5—8月，彭埠街道围绕杭州第十九届亚运会安保网格走访百日攻坚行动，以“摸清居住人员情况、厘清实有人口底数”为目标，配合街道派出所做好基础大排查工作。开展上门入户全域全量摸底排查，重点围绕人、房、事、物四大项17小项排查核心要素开展排查工作。开展网格集中走访，通过使用“楼小通”数据采集工具，与公安系统下发的任务内容进行比对、修正和补充，完成大排查走访7.19万户。通过基层智治综合应用上报大排查事件4724起，其中排查矛盾纠纷1490起、安全隐患类2294起，办结率100%。

【“艮北新城宜居门户”风貌样板区打造】2023年，彭埠街道围绕白石港、河道工程、杭州李宁体育园、杨柳郡内局部提升工程等13个重点项目，打造“艮北新城宜居门户”风貌样板区。该风貌样板区南至红建街，北至德胜快速路，东至红普路，西至六堡路、备塘河，总面积2.6平方千米，涉及红五月、建华、兴隆、建隆、杨柳郡、建和6个社区。该样板区通过在白石港河道两侧新增亲水平台、文化节点，贯通滨水慢行系统，完善景观照明，营造亲水、丰富、可停留的景观环境。10月27日，“艮北新城宜居门户”风貌样板区获评2023年度第三批市级城乡风貌样板区。

【东皋吟社研究会成立】2023年12月14日，上城区彭埠街道小白菜文学社成立35周年庆祝暨东皋吟社研究会揭牌仪式活动在杭州采实教育集团澎扬中学举行，东皋吟社研究会正式成立。活动由上城区文学艺术界联合会、彭埠街道主办，杭州市澎扬中学、上城区彭埠街道新乡贤联谊会、小白菜艺术交流中心承办。清朝乾隆年间，翟灏、吴颖芳等著名学者在杭州城东彭埠杨家桥创建有以挖掘和颂扬家乡文化为主旨的“东皋吟社”，出版过《艮山杂志》《通俗编》《东郊土物诗》《海塘录》等书籍。东皋吟社研究会在原小白菜文学社基础上，联合辖区内文学爱好者共同传承历史文化。该研究会聘请文史专家担任顾问，明确由杭州市澎扬中学、杭州市夏衍小学、杭州市夏衍初中、纯真年代书吧、皋塘社区5家单位作为文化传承基地。

（王　冠）

九堡街道

【概况】九堡街道位于上城区东部，东连钱塘区下沙街道，西北邻笕桥街道，南邻钱塘江与萧山区宁围镇隔江相望，北依临平区乔司街道。辖区内有杭州海塘遗址博物馆、阿里体育中心等标志性文化名片。2023年，街道总面积15.8平方千米，下辖杨公、八堡、牛田、蚕桑、格畈、九塘、新江花园、金海、红苹果、魅力城、九华、兴安、蓝桥、丽江、和华、金雅苑、江涛、九堡、三卫、相江、景蓝21个社区，以及宣家埠、三村2个村。有总人口24.87万人，其中常住人口7.78万人、流动人口17.09万人。全年街道一般公共预算收入2.2亿元，比2022年增长1.2%；营利性服务业收入1.57亿元，增长46%。打造的九和魅共富街区开街，吸引吉林、江苏等地参观学习。参与起草的国家标准《城市和社区可持续发展 小城镇可持续发展管理与实施指南》及牵头制定的浙江省首个省级团体标准《基层综合行政执法队伍建设管理规范》发布实施。年内，九堡街道便民服务中心获评2023年度浙江省乡镇（街道）示范便民服务中心，“九哥九姐”融合与创新志愿服务项目获评2022年全国学雷锋志愿服务“四个100”先进典型——最佳志愿服务项目。

【项目招引】 2023年，九堡街道按照“以周保月、以月保季、以季保年”的时序要求，全年外出招商引资17次，引进浙江法易科技有限公司、杭州炬晟光能科技有限公司等重点产业项目20多个，落地10亿元以上服务业固定投资项目1个，引进外资企业1家。辖区最大综合体八堡留用地项目龙湖杭州国芳天街顺利开业，杨公留用地项目东尚城完成招标，牛田、三卫留用地项目年内交付，格畈留用地项目开工建设，多个留用地项目可有效提供产业发展空间100多万平方米。

【龙湖杭州国芳天街开业】 2023年4月29日，龙湖杭州国芳天街在九堡街道开业，助力城东商贸洼地提升消费能级。龙湖杭州国芳天街为九堡区域内第1个中高端大型综合体，项目有A、B两个区块，其中A区集中有高档酒店及餐饮业态，B区汇聚有高端百货、休闲娱乐项目及大型生活超市等。主力店盒马鲜生、嘻游嘉年华、魅KTV、源氏木语等150多个品牌集中于A区前6层与B区地下1层、地上3层，覆盖零售、休闲、娱乐、餐饮、体验等全方位业态，另有露营咖啡、喜剧脱口秀、动物园等创新业态。该天街汇集国内外150多家优质品牌，区域首进品牌（首店）超过30%。其中，有杭渔湾等4家全国首店、明州喜剧等12家杭州首店和数十家区域首店。

【格畈留用地项目开工建设】 2023年3月2日，杭州市上城区格畈股份经济合作社商业商务用房项目开工仪式举行。该项目东邻未健全的规划支路，西邻九盛路（九号港），北邻胜康街，南侧为格畈农贸集市。该项目由2层地下室和3幢8～10层的商务楼组成，总建筑面积4.89万平方米。项目周边配套设施完备，外观简洁时尚，致力于建设成一个集商业、办公、公共空间于一体的多元化生态、智能城市新地标。

【渔耕文化传播】 2023年7月1日，九堡街道在领潮驿站举办“全力迎亚运 争当弄潮儿”首届九堡钱塘江开渔节。现场发布钱塘江九堡渔文化LOGO——“潮小渔”，成立杨公渔业队，推动渔耕文化传播。杨公社区于20世纪60年代初期后，建有村办企业渔业队。该渔业队渔民是上城区钱塘江流域最后的渔民，是当前杭州主城区数量最多的渔民群体。为推进党建引领“共富工坊”建设，在开渔节上揭牌成立九堡街道“杨公钱塘江野生鱼”共富工坊，并成立钱塘江志愿服务队。通过渔业品牌带动效应，提升杨公渔业的综合收益，带动渔业进一步发展。开渔节活动获中央、省、市30多家媒体关注，刊发相关报道稿件98篇次；登上新媒体平台短视频71个次，累计观看量、点赞、评论量超过5100万人次，其中“杭州发布”网络平台单篇推文阅读量10万人次。

【“九哥九姐”融合与创新志愿服务项目】 2023年，九堡街道全力推进“九哥九姐”融合与创新志愿服务项目。通过党群服务中心、社会组织服务中心、社会工作站联合运行，打造集公益组织和志愿者招募、培育和管理于一体“九哥九姐”公益志愿服务平台，构建“党建统领五社联动”的社会治理体系。街道借助该平台，倡导居民从被动参与到主动作为，从部门单兵作战到条线多跨联动，推动流动人口和新市民的快速融入，推进社会力量参与社会治理。在打造“九哥九姐”志愿服务队基础上，建立23个村社志愿服务分队、N个社区特色服务队，形成“1+23+N”志愿服务体系。年内，新培育退役军人、全职妈妈、矫正人员等服务分队6支，组建村社级“九哥九姐”志愿群23个。链接

2023年，九堡街道推进“九哥九姐”融合与创新志愿服务项目。图为“九哥九姐”志愿服务队成员在志愿服务“微笑亭”开展服务

（九堡街道 供稿）

50多个社会组织和23个村社2000多名志愿者，创新“线上+线下”等服务模式，联动各方力量积极发挥专业优势，服务居民40万余人次。8月，杭州市“九哥九姐”融合与创新志愿服务项目获评2022年全国学雷锋志愿服务“四个100”先进典型——最佳志愿服务项目。

【便民服务中心获评省乡镇（街道）示范便民服务中心】 2023年，九堡街道公共服务中心聚焦便民服务规范化、便利化建设，结合“上城营商环境建设二十条”要求，创新服务形式，构建特色服务体系。在中心科学合理设置功能区域及相关标识，形成布局分明、功能完善的服务区块。以“1+N”模式简化窗口数，设置1个“一网通办”专窗、4个条线综合窗。窗口业务通过2.0平台规范收件，并强化后台审核和网办收件力量，配置线上大厅事项120个，规范办件流程，提升辖区“线上+线下”业务办结率。打通共享通道，实现中心与主楼区域服务资源共享共用。将政务2.0业务办理纳入窗口月度考核，并推进政务2.0向村社延伸扩面。做实“15分钟服务圈”，确保每“15分钟服务圈”内都覆盖一个24小时服务点，提升自助网点使用率和办件量，在“九和魅”共富街区建立政务增值服务驿站，设置“增值服务专窗”“为企服务工作室”等，推进政务服务增值化和辖区营商环境优化，打通服务群众“最后一公里”。全年中心开展助企培训、增值座谈、便民服务等活动10多场，服务周边企业群众1000多人次。11月，九堡街道便民服务中心获评2023年度浙江省乡镇（街道）示范便民服务中心。

【基层治理工作】 2023年，九堡街道聚焦治理体系和治理能力现代化建设，强化法治建设、警网协同探索实践，取得积极成效。做实合法性审查试点工作，以执法主体能力提升、大综合行政执法改革为抓手，建立审查保障机制、数智管控机制、会审联审机制。承接全省县级公安机关系统性重塑整体性变革现场会，迭代“警网协同”2.0版本，全年街道“民转刑”案件“零发生”。全年成功调处各类矛盾纠纷2031件，涉及金额8818.9万元。在全市率先试点“市场化解纷”工作机制。该机制以商事纠纷为切入点，由专职律师调解员参与调解，设有收费标准“调解不成功不收费、调解成功收费不高于诉讼费一半”等规章制度。街道社会矛盾纠纷调处化解中心设有2个市场化调解专窗，并落实2名专职律师调解员开展专业调处。全年成功调解案件960件，调解成功率42.5%，大幅减轻诉讼类纠纷案件的审理压力，获浙江省高级人民法院领导调研肯定，并被中央广播电视总台专题报道。打造“综合执法+综合管理”改革体系，常态化开展“综合查一次”“监管一件事”“综合服务一件事”等综合执法工作，持续优化辖区营商环境。8月，九堡街道综合行政执法队获评杭州市“十佳”乡镇（街道）综合行政执法队。

【九和魅街区“幸福邻里坊”打造】 2023年，九堡街道坚持组团赋能，集聚式整合街区资源，在位于街区中心的科晟大楼打造“‘聚合型’幸福邻里坊”，总服务空间超过3000平方米。通过布局街区党群服务中心、街区客厅、街区便民服务驿站、街区议事厅、城市书房、幸福小舞台等功能，引入街区青年赋能的特色阅读、网红公益“上课记”咖啡吧等项目，引导新杭州人力量参与街区“幸福邻里坊”的建设和运营，形成“与街区共成长共幸福”的氛围。通过整合提升党建智治和“一老一小”公共服务需求，为辖区居民提供超过1200平方米的老幼融合服务特色空间。为确保“幸福邻里坊”出成果、创特点，街道派专人入驻街区“幸福邻里坊”，全过程参与邻里坊运营初期各项工作，厘清接待、服务、活动、宣传工作机制。自3月试运营后，街区“幸福邻里坊”接待省内外参访团30多次，参访人员2000人次，建设运营经验传播到吉林、江苏等地。

【青年街区建设】 2023年，九堡街道聚焦“一街、一市、一坊”建设青年街区。以“一街”推动青年社交。围绕青年审美与兴趣偏好，在“九和魅”共富街区主干道沿线布局“诗画廊”“乡愁亭”“时光机”等城市小品10多处，吸引青年打卡。打造街区治理达人剪影墙，创新推出“青年下楼计划”“九哥九姐万人招募计划”，引导青年主动社交、参与治理。以“一市”扶持青年创业。聚焦街区服装从业者众多、夜间经济繁荣特点，依托新禾联创产业园打造“家楼下的共富夜市”。全市首创一体式“旅行箱”移动摊位40个，特别定制沿街“流动巴士”9辆，为青年提供高流量、低成本的“练摊创业”机会。以“一坊”服务青年需求。集成空间、整合资源，依托九和魅街区“幸福邻里坊”，落地“露营风”会客厅、“一起喝”咖啡吧、“一起读”书吧等青年喜闻乐见的空间，帮助青年更快适应融入，日均到访量超过300人次。

（赵心怡）

丁兰街道

【概况】 丁兰街道位于上城区东北部，东邻临平区，西接拱墅区，南连沪杭高铁和笕桥机场，北靠皋亭山，距市中心约10千米，是由市委、市政府定位的城北新城核心区。2023年，街道面积15.6平方千米，下辖同协苑、赵家苑、丁兰、后珠苑、丁桥苑、长睦苑、大唐苑、蕙兰、明珠、美辰、勤丰、白马庄、三义苑、长虹、枫景园、东林桥、河西、华鹤、华亭、建塘苑、五会港、华睦、兰茵、桃花湖24个社区及皋城、沿山2个村，有经济合作社8个。有户籍人口9.32万人、流动人口9.24万人。街道财政总收入7.1亿元，其中经常性税收7.1亿元，比2022年增长12.7%；社会消费品零售总额67.2亿元，增长20%；规模以上营利性服务业收入6.5亿元，增长17.4%。落地杭州云起数字产业总部基地项目，“阡陌数字科技项目”代表上城区在“幸会杭州”投资促进大会签约。举办“金靴奔跑”创新创业大赛电子信息专场复赛、专精特新企业申报专题培训会等活动。年内，丁兰街道获评全省森林防灭火规范化建设试点乡镇（街道），西子智慧产业园获评省五星级小微园区。

【街道被选定为全省森林防灭火规范化建设试点乡镇（街道）】 2023年，丁兰街道开展森林防灭火多部门联合演练2次、跨区域联合演练1次。参加森林防灭火演练的队伍有丁兰街道森林防灭火综合应急救援队、丁兰街道社区卫生服务中心、上城区民兵应急排、丁兰街道社区应急突击队等，以及上城区蓝天应急救援队、上城区民安公益救援中心2支社会救援队伍。跨区域联合演练邀请拱墅区半山街道、临平区星桥街道、中国人民解放军某部队应急救援队参加。演练内容包括巡山、开设隔离带、风力灭火、引水上山、应急救援、无人机巡飞等科目，全要素模拟实战，以演代练，全面提升队伍实战水平。5月，丁兰街道被选定为全省森林防灭火规范化建设试点乡镇（街道），开展森林防灭火体系“五网一平台”（组织责任网、基础设施网、火险防控网、应急救援网、运行保障网、数字化平台）规范化建设，并于12月通过浙江省森林防灭火指挥部办公室督查考核验收组的考核验收。

【绿园弄邻里中心获评浙江省五星级社区服务综合体】 2023年，丁兰街道打造绿园弄社区服务综合体，以“大组团赋能、大社区服务、高品质生活、高效能治理”为重点赋能创新实践，形成集公共、便民、文化等服务于一体的区域性邻里公共空间。6月9日，承办区深化党建统领基层治理体系建设暨全域打造“幸福邻里坊”现场推进会。全年接待民政部、省民政厅等省内外各级领导参观调研138批、1万余人次，开展服务2万余人次，每日办件、咨询100多件，群众满意率99%，相关工作经验获新华社、《浙江日报》等主流媒体报道。年内，绿园弄邻里中心获评浙江省五星级社区服务综合体、浙江省示范民生服务综合体、杭州市社区空间运营大赛一等奖。

2023年6月20日，丁兰街道“阡陌数字科技项目”代表上城区在“幸会杭州”投资促进大会上签约
（丁兰街道 供稿）

【乡村精神共富路径探索】 2023年，丁兰街道探索乡村精神共富新路径，把垃圾分类、环境整治、护水巡河等纳入“美丽村庄”建设红黑榜，推动村民从“要我干”转变为“我要干”。坚持整合共赢，推进散户土地经营权集体收储，结合宋韵文化、孝廉文化、桃文化、非遗文化、婚俗文化等特色资源，项目化推动文旅融合高质量发展。组建“循迹讲师团”，打造皋城村“大樟树下的微党课”等现场教学点，打造“着力完善制度规范，让基层治理‘有底气’”“破题环境提升，深耕孝廉文化偏僻山村走上共富路”等精品微党课10门，开展相关主题宣讲126次。

【“阡陌数字科技项目”签约】 2023年6月20日，丁兰街道“阡陌数字科技项目”代表上城区在“幸会杭州”投资促进大会上签约。阡陌数字信息科技（南京）有限公司是国内专业的会员系统开发和积分运营服务商，主导的积分场景化支付项目属于创新型金融技术服务项目，在丁兰街道成立独立子公司——浙江阡陌国科数字信息科技有限公司。该子公司单独投资并配备专业的系统研发和运营管理团队，负责项目开发和运营。未来3年，预计可实现营业收入40亿元，有效提增区域经济总量。该项目自10月起在杭州开展业务。11—12月，实现税收268万元。

【丁兰第二届消费节】 2023年5月20日，由区商务局、团区委、丁兰街道主办的丁兰第二届消费节暨甜爱路夜肆开街仪式在丁兰街道赵家浜路桃花湖路段举行。丁兰街道通过党建联建机制，为24个社区、辖区两新党组织提供免费摊位及管理服务，结合区域优势——桃花湖公园“最美婚姻登记处”的主题，打造520米夜市、“最美爱情打卡地”——“甜爱路夜肆”。消费节活动持续3天，激发“浪漫经济”崛起，辐射带动桃花湖板块的商圈、酒店等发展。

【西子智慧产业园获评省五星级小微园区】 2023年12月，西子智慧产业园上榜2023年度浙江省五星级小微企业园名单，成为浙江省五星级小微企业园，是上城区唯一入选园区。西子智慧产业园由西子联合旗下上市公司西子清洁能源装备制造股份有限公司打造，位于丁兰智慧小镇内，占地面积21.53万平方米，建筑面积近40万平方米，集聚有100多家节能环保、智能制造相关产业企业。该园区以打造、培育一批专精特新中小企业平台为行动基准，以打造链主型制造产业园为核心，专注产业社群打造，邀请26家合作机构和30位专家组成的团队，为园区企业在经营管理能力提升、荣誉资质获取、人才引进、财税指导、投融资服务等方面提供专业服务保障。该做法获省、市级领导认可。

【省级“零工市场”创建】 2023年，丁兰街道依托全域高质量就业社区（村）建设，探索建设省级“零工市场”，推动街域就业创业体系全方位重塑、就业创业渠道全类别拓展、零工服务供给全流程提升，进一步促进群众就业创业。“零工市场”位于上城区绿园弄铭元北城枫景园北侧，1楼专门配置零工对接服务专区，包含服务专窗、劳务交易洽谈和求职用工信息发布等功能区域，同时提供政策咨询、求职登记、职业指导、技能培训等就业创业服务。12月21日，街道接受省级示范“零工市场”实地评估。至年末，该“零工市场”有用户数808户、求职人员2138人，线上、线下发布零工岗位3416个，达成零工就业意向1349人。

【桃花湖公园婚庆产业园开园】 2023年8月22日（农历七月初七乞巧节），桃花湖公园婚庆产业园开园（上城区第三届宋韵婚典）暨杭州城市土地公司成立20周年活动在桃花湖公园举行。桃花湖公园婚庆产业园总面积超过1万平方米，是杭州城北地区最大的婚庆产业园，是能为杭州男女提供从相亲相恋到结婚登记，再到挑选婚纱摄影、摆设婚宴庆典等“一站式”服务的爱情主题公园。至年末，该园引进婚庆主力店1家、次主力店1家、配套业态14家，涵盖婚纱摄影、造型设计、喜糖礼品等婚庆上下游配套业态和文体空间、汉服社等，并开展婚礼艺术创意市集、音乐Live演出、中秋主题等系列活动。全年接办婚宴120场，营业收入2000多万元。

【“幸福+”养老体系建设】 2023年，丁兰街道从老年人实际需求出发，全面推进“幸福+”养老服务体系建设，完善居家、社区、机构相补充、相协调的全闭环多层次养老服务功能，打造“家庭里”和“家门口”养老场景，实现“机构跟着老人走、服务跟着老人走、幸福跟着老人走”。11月29日，丁兰绿康家园认知症专区床位建设项目通过区民政局验收。至此，丁兰街道完成认知症床位建设100张，一定程度上缓解辖区认知症老人专业照料压力，实现“科普预防—筛查转诊—照料支持”认知症全链条服务模式。

【“十分优享”高质量公共服务标准体系建设】 2023年，丁兰街道以需求为导向，聚焦全地域、全人群、全生命周期公共服务优质均衡可及，制定《“十分优享”全域化全人群高质量公共服务标准体系》，构建服务内容“十分全面”（十大类、50小项服务内容）、服务半径“十分便捷”（5~15分钟可达）、服务品质“十分满意”（群众高满意度）的“十分优享”高质量公共服务标准体系，以片区化公共服务圈层推动体系落地，实现公共服务“一站式”可享、“十分钟”可及、“全片区”覆盖。至年末，街道建成各类型养老服务机构63家、医疗卫生机构8家、就业创业点位6个、助残机构4家、学校21所、各类文化设施39处、体育设施93处。

【全国首个蹦床运动干预孤独症项目落地】 2023年9月9日，“益启迎亚运·点亮星星路”公益活动暨全国首个蹦床运动干预孤独症项目启动仪式在丁兰街道西子智慧产业园举行。蹦床运动干预孤独症儿童项目实验基地是国家体育总局体操运动管理中心立项的公益项目，位于丁兰街道的浙江省日月星辰自闭症儿童成长帮扶中心，项目主要面向孤独症等困境儿童进行蹦床运动项目的培训、演出等活动，为孤独症儿童特长培养指明方向，为孤独症家庭树立信心。全年开展康复训练、公益画展、就业培训等活动16场，服务孤独症儿童超过350人次。

【“云尚皋城”综合管理平台迭代升级】 2023年，丁兰街道推动“云尚皋城”综合管理平台全面迭代升级。线上整合打通智能设备中的出租房信息采集、山林消防设施、小微水体、老年智能手表预警平台等内容，推动数字驾驶舱真正发挥治理驾驶作用。线下完成幸福邻里食堂建设，解决老人早上、中午吃饭难的问题。7—12月，发放70岁以上老人用餐补贴11.28万元。通过“青春小屋”理发站全年为老年人理发108人次。走访看望80周岁以上老人74人次，发放共建单位中国建设银行杭州丁桥支行提供的年终温暖包37份。年末，看望慰问16名身患重疾的人员，发放杭州联合银行丁桥支行提供的暖心礼包16份、慰问金1.6万元。全年开展义务劳动、亚运护航、山林防火等活动150多次，参与活动的党员、村民代表和村民500多人次。皋城村“两委”班子定期组织召开“联情会”，加强群众联系，共收到村民反馈意见8件，办结8件，并及时调整村庄建设工作重点。

【“临上兰星”跨区党建联建案例获评省级典型案例】 2023年5月17日，“临上兰星”跨区党建联建项目启动。上城区丁兰街道、临平区星桥街道以“六共五联”合作框架为基础，携手开展区域共治、服务共融、人才共育等活动。组织“兰星论见”系列打擂比武2场、“星咖议事会”5场，联合推进志愿巡河、小区巡逻、共富工坊建设等工作，破解河道治理、民生习俗、幼儿教育、经济发展等领域跨区域治理难题，化解跨区域矛盾纠纷案件，推动两地村社矛盾信访投诉案件投诉率比2022年下降近70%，相关纠纷案件实现100%化解。7月，“临上兰星”跨区党建联建案例入选浙江省第一批党建联建省级典型案例名单。

> **资料：**
>
> **“六共五联”**：“六共”即共有、共商、共建、共治、共担、共享；“五联”即组织联建、资源联用、党员联管、活动联搞、服务联动。

（张　晗）

人物与荣誉

“五一劳动奖章”获得者

聂明军 男，1984年6月出生，中共党员，杭州柯林电气股份有限公司技术总监。从业16年来，他坚持自立自信、唯专唯精、守正创新，10多年如一日投身数智攻坚，带领团队投身电网监测领域数智创新，用科技创新保障千家万户用电安全。研发的特/高压设备智能监测技术等多项核心技术填补国内行业空白，打破国外技术垄断并实现超越，以科技创新为新型电力系统安全稳定运行做出贡献。主持包括省重大科技项目20多个，获行业标准6项、发明专利14件、各类荣誉50多项。先后获浙江省科技进步二等奖及杭州市劳动模范等荣誉。2023年4月，聂明军被中华全国总工会授予“全国五一劳动奖章”。

吕民华 男，1976年6月出生，中共党员，杭州娃哈哈集团有限公司工段长。从事车工工作25年，他爱岗敬业，负责安排日常普车、普铣、磨床、刨床的加工技术指导和加工技术改进工作。他开展创新创造，为企业提高生产效率。他多年来坚持开展理论和技能培训、带徒传艺，所带徒弟在各级大赛中获佳绩。作为杭州市劳模工匠车工服务队队长、杭州工匠学院特聘教授，他为多家企业提供技术支持、解疑排难，为社会贡献力量。他曾为中国工会十七大代表，曾获全国技术能手、“浙江工匠”、“杭州工匠”、杭州市首席技师等荣誉。2023年4月，吕民华被浙江省总工会授予“浙江省五一劳动奖章”。

邱华平 男，1978年9月出生，中共党员，上城区紫阳街道社区卫生服务中心主任中医师、针推骨伤科主任。他坚守基层，甘于奉献。从事基层临床一线20年，以治疗骨伤疾病为专业特色，致力于中医药适宜技术的推广和宣传，用传统中医技艺护佑百姓安康，被群众誉为“妙手回春”的好医生。他扎根基层，推广中医药适宜技术，以他命名的工作室获评杭州市职工高技能人才（劳模工匠）创新工作室。他在中医医疗技术上刻苦钻研，先后在国家核心期刊发表论文9篇，获国家发明专利7件，主持区科研项目1项。他曾获全国“最美中医”、上城区劳动模范、“上城工匠”等荣誉。2023年4月，邱华平被浙江省总工会授予“浙江省五一劳动奖章”。

方　嵬　男，1980年3月出生，群众，上城区城市建设投资集团有限公司工程师。他立足本职，坚守工程岗位18年。他敢于攻关、勇于担当，牵头打造南宋德寿宫遗址博物馆、始版桥未来社区、杭州市钱学森学校、海潮雅园等一批省、市、区重点项目。协调南宋德寿宫遗址博物馆10多家参建单位并联式施工，召开“日清日结”会议280多次，梳理、记录问题3000多条，确保项目顺利建成开放，擦亮杭城宋韵“金名片”。他曾获浙江省政府“忠实践行‘八八战略’奋力打造‘重要窗口’”立功竞赛先进个人奖项。2023年4月，方嵬被浙江省总工会授予“浙江省五一劳动奖章”。

（戴　菁）

工匠人物

王克飞　男，1981年5月出生，群众，蒲惠智造科技股份有限公司创始人、董事长兼总经理。他参与浙江数字经济标准化建设，作为第一起草人，牵头制定一系列行业标准，引导企业、服务商等为浙江建设全球先进制造业基地做出贡献。为填补制造业中小企业的软件市场空白，他长期深入研究工业领域，积极投身浙江块状经济集群数字化转型，实现生产经营全流程信息互联互通，已申请专利19件、计算机软件著作权39项。他的公司被工业和信息化部评为“特色专业型工业互联网平台”及首批“工业互联网企业网络安全分类分级管理试点企业”，曾获浙江省专精特新中小企业等荣誉。2023年4月，王克飞被杭州市总工会评为“杭州数字工匠”。

陈恢云　男，1977年3月出生，群众，杭州海兴电力科技股份有限公司副总经理。2021年，他带领研发团队成功开发出2021版智能电能表的全新标准四款产品；2022年，带领团队推出带操作系统的新一代智能物联网表，为公司增加营业收入超过5000万元。他发表行业论文3篇，并被批量应用。有授权专利36件，其中发明专利8件、实用新型专利28件。2021年，被评为杭州E类人才；2022年，被录入浙江省专家库。2023年10月，陈恢云被市政府办公厅评为“杭州工匠”。

李红伟　男，1981年4月出生，群众，杭州端居文化艺术有限公司设计总监。他自2003年参加工作后，一直从事园林景观设计工作，熟悉并精通“方案设计—施工图—施工服务指导验收”整个流程，主持和参与设计大小项目100多个。他专注浙江“美丽乡村”建设和“美丽庭院”设计项目，完成桐庐茅坪村“美丽乡村”设计、开化金星村“美丽乡村”设计等乡村设计项目20多个。先后获浙江省首届园林景观设计职业技能竞赛第一名、“浙江金蓝领”、“浙江建设工匠”、“上城工匠”等荣誉（称号）。2023年10月，李红伟被市政府办公厅评为“杭州工匠”。

黄光磊　男，1970年3月出生，群众，浙江百事通旅行社有限公司“携程网”“去哪儿网”“旅游百事通”三大品牌渠道网络销售和产品策划负责人。从事旅游行业28年，利用线上、线下相结合的新渠道、新零售思维在全省开设320家实体与在线相结合的品牌营业部，实现年销售额超过10亿元大关；依托集团集技术、数据、内容、产品于一体的平台，运用虚拟交互技术，打造具有数字场景、数字IP、数字文化产出和交易的文旅元宇宙世界，为线上、线下游客带来高沉浸、强互动的体验。他曾获评“杭州数字工匠”。2023年9月，黄光磊被上城工匠认定工作领导小组认定为“上城工匠”。

余建权　男，1970年10月出生，群众，杭州润泉缪斯美容美发有限公司技术总监。

他致力于技术改造和攻关，创立“3+3”三角教学服务法，创新“吹风技术应用手法”。每年参与推进全国及省内技能大赛技术文件鉴定标准改革。开展带徒授艺，先后培养近1万名学员，在国际国内赛事上获佳绩。积极履行社会责任，于2011年成立公益服务队，组织企业员工开展公益服务。曾获全国职业技能竞赛一等奖、浙江省职业技能竞赛一等奖，被授予“全国技术能手”“浙江金蓝领”称号，入选浙江省“百千万”高技能领军人才“优秀技能人才”培养项目。2023年9月，余建权被上城工匠认定工作领导小组认定为“上城工匠”。

余小明　男，1973年3月出生，中共党员，杭州七彩园艺科技有限公司总经理。先后担任杭州市盆栽观叶植物行业协会副会长、会长，组织输送40多人考取园艺大专，20多人考取国家高级技师，20多人考取技师，160多人考取高级工。不断增强行业人才竞争力，所带徒弟获杭州市花卉栽培区域竞赛第一名。自主投入研发配合未来社区服务所需的“无人值守24小时流星花园移动花房”，产品获实用新型专利4件。他曾获评杭州市乡村产业技能大师、杭州市高层次D类人才。2023年9月，余小明被上城工匠认定工作领导小组认定为“上城工匠”。

石洪岭　男，1974年3月出生，中共党员，杭州国力雕塑艺术有限公司艺术总监。他善于创新，践行新时代工匠精神，将艺术和“美丽乡村”文旅建设相结合，把雕塑和娱乐设备相结合，推出新工艺、新作品。协助公司申请4件发明专利、实用新型专利和外观专利。他以家国情怀为创作主题的个人雕塑系列作品多次入选全国大展。曾被浙江省直机关党委评为省直机关优秀共产党员。2023年9月，石洪岭被上城工匠认定工作领导小组认定为“上城工匠”。

张　禧　男，1974年12月出生，中共党员，中化石油浙江有限公司轻资产运营部品牌服务经理。参加工作后，他立足岗位，注重实践，尽职尽责做好本职工作，坚持以高标准要求自己，做好日常检修和维护工作，努力提高油站设备的运行质量，确保客户获取更好的消费体验。曾获2022年全国行业职业技能竞赛——全国石油石化系统加油站操作员职业技能竞赛团队二等奖、个人三等奖。2023年9月，张禧被上城工匠认定工作领导小组认定为“上城工匠”。

徐国建　男，1974年12月出生，中共党员，浙江杭州湾建筑集团有限公司副总经理。他还担任浙江省建筑业行业协会专家委员会委员，杭州市“危险性较大的分部分项工程”专家，杭州市城乡建设委员会“西湖杯”“钱江杯”检查专家，杭州市城乡建设委员会中、高级职称评审专家。先后发表论文6篇、地方标准3个，发明省级工法（超大截面劲性混凝土转换梁分层浇筑施工工法）1个，获省科学技术奖2项、专利9件。他担任项目经理的同花顺数据中心获“鲁班奖”优质工程。他曾被授予全国、浙江省、杭州市建筑业“优秀项目经理”称号，获评杭州市高层次C类人才。2023年9月，徐国建被上城工匠认定工作领导小组认定为“上城工匠”。

魏文锋　男，1976年2月出生，中国民主建国会会员，杭州老爸评测科技股份有限公司董事长（总经理）。基于长期从事化学品安全和毒理风险评估工作基础，他建立全方位、立体化的产品安全服务平台，检测商品品类超过300种，发表检测技术相关发明专利4件、检测装置实用新型专利1件，发表国家级核心期刊和省部级以上期刊研究论文各2篇，参与国家标准制定3项。曾获评

2020年浙江省青年数字经济鸿鹄奖、上城区高端服务业领军人才等荣誉。2022年，在世界经济论坛被施瓦布基金会授予“年度社会企业家”称号。2023年9月，魏文锋被上城工匠认定工作领导小组认定为“上城工匠”。

谢亨勇 男，1977年4月出生，群众，浙江江能建设有限公司技术负责人。他从事水利水电工程建设、运行和维护工作21年，始终坚持“用自己的毕生所学和不断超越的本领去服务社会、服务人民就是人生意义的所在”的工作理念。作为主编之一，他参与中国水利工程协会的《水利水电工程斜式轴流泵安装规程》团体标准稿件立项论证。曾获“浙江省技术能手”“浙江金蓝领”称号，在第八届全省水利行业职业技能竞赛暨第三届全省水利工程标准化管理职业技能竞赛中获水工闸门运行工技能比赛综合成绩第二名。2023年9月，谢亨勇被上城工匠认定工作领导小组认定为“上城工匠”。

冯宏法 男，1978年2月出生，群众，浙江威星智能仪表股份有限公司总经理助理。他是杭州市计量测试学会理事、杭州市高层次E类人才。他从事电子和通信行业近30年，一直致力于产品的可制造性研究。通过3年调查研究，将传统冲压工艺改进为伺服油压工艺，压封精度控制在0.01毫米。在外部供应商拒绝服务的情况下，自主研究提升设计方案，最终完成技术革新，生产效率提升1倍。在制造工艺和检测领域获21件专利，发表3篇论文，参与国标意见征求和团体标准及多个企业标准的制定。2023年9月，冯宏法被上城工匠认定工作领导小组认定为“上城工匠”。

吴恢銮 男，1978年8月出生，中共党员，杭州市天长小学教师。他为人师表，教育工作获学生、家长、同事认可。他锐意改革，潜心实践，形成“尊重差异·启迪智慧”的教学风格，在省内外有较大影响力。出版多本专著，数学实验成果《数学实验：小学生数学学习方式的新探索》获国家级教学成果二等奖、浙江省基础教学成果特等奖。出版的专著《如何读懂学生》入选中国小学数学教师基础100本阅读书目。近10年来，他先后100多次到省外偏远地区送教。曾获评浙江省特级教师、杭州市“西湖明珠”工程教育领军人才。2023年9月，吴恢銮被上城工匠认定工作领导小组认定为“上城工匠”。

赵永均 男，1978年11月出生，群众，浙江众安建设集团有限公司古建团队负责人。他将宗教文化、传统艺术与建筑学、材料学、力学等多门类学科结合，坚持“修旧如旧、建新如旧”原则，刻苦钻研古建工艺。他带领团队完成历史性保留建筑改造等古建修复项目，主持的“青砖幕墙体系研究”获中国建筑装饰协会科技成果创新奖，参与编写浙江省建设科研项目报告《基于不同支撑条件下薄壁方箱空心楼盖结构分析研究》。他曾获评杭州市高层次E类人才。2023年9月，赵永均被上城工匠认定工作领导小组认定为“上城工匠”。

鲁　嘉 男，1979年3月出生，中共党员，城市建设技术集团（浙江）有限公司总师办主任。他负责工程技术应用、全过程工程咨询等研发与技术管理工作，理论基础扎实，科研技术管理实践经验丰富。完成国家级课题4项、省厅级课题20多项；获省建设科学技术奖2项、省级工法2项；授权发明专利1件、实用新型专利3件；发表论文20多篇、论著4部；1项合作科技成果2次通过院士领衔成果鉴定，均达到国际先进标准，部分成果达国际领先标准。他曾获浙江省国资委第一批省属企业“五个一”人才工程杰出创新创业人才、杭州市高层次D类人才荣誉。2023年9月，鲁嘉被上城工匠认定工作领导小组认定为“上城工匠”。

徐远渭 男，1979年8月出生，群众，杭州市上城区方佰第工艺品店工艺美术师。他从事非遗泥塑手工制作20多年，擅长人物肖像捏塑。2003年至今在清河坊历史街区从事泥塑制作。曾多次代表杭州参加国际展会。积极参加各类公益活动，通过抖音、快手等新媒体传播非物质文化遗产，产生良好社会效益和经济效益，使古老的手工艺焕发出新生机。他曾获评杭州市民间工艺大师、第四届中国匠人大会匠心守护大使。2023年9月，徐远渭被上城工匠认定工作领导小组认定为“上城工匠”。

黄燕飞 女，1982年7月出生，中共党员，杭州万事利丝绸文化股份有限公司产品项目部总监。她从事服装设计18年，主持设计2008年北京奥运会“青花瓷”颁奖礼服；制作2013年APEC会议领导人宋锦服装；参与G20杭州峰会有关设计项目；在2017年、2019年两届“一带一路”高峰论坛上，为时任国际货币基金组织总裁拉加德设计中式旗袍；亚运会期间，主持设计、制作杭州亚运会官方正装和亚运产品。她注重匠心传承，指导和培养的20多名设计师均成长为优秀设计人才。曾获2016年中国丝绸服装设计大赛银奖。2023年9月，黄燕飞被上城工匠认定工作领导小组认定为“上城工匠”。

夏琳璐 女，1984年10月出生，九三学社社员，杭州瓷缘科技有限公司设计总监。她作为非遗传承人，推动手工艺传承与发展，开展师带徒，打造设计、制作、销售综合互动平台。所著教材《室内软装饰设计与应用》成为高校和行业注册设计师标准教材。作品《玉兔寻桂》入选中国民族民间工艺“传承、创新”非遗文创大赛非遗项目库，并获最具非遗传承代表性作品奖。有5个注册商标、9件专利、3个著作权、1个国际认证，其中1件专利入围中国科技创新发明成果奖。曾获第二届中国工艺美术文创设计大赛铜奖。2023年9月，夏琳璐被上城工匠认定工作领导小组认定为“上城工匠”。

陆利平 男，1987年6月出生，中共党员，浙江之信汽车有限公司配件经理。陆利平从业15年来，工作表现出色，任劳任怨，给公司带来卓越的企业和社会效益。作为省级技能大师工作室核心成员，通过传、帮、带，带徒10多人，在汽车领域皆有建树。曾获梅赛德斯-奔驰全国钣喷技能大赛最佳服务顾问第一名、浙江省汽车维修工职业技能竞赛（汽车维修业务接待）第一名，曾获评“浙江青年工匠”、“浙江金蓝领”、杭州市高层次E类人才。2023年9月，陆利平被上城工匠认定工作领导小组认定为“上城工匠”。

赵　杰 男，1988年1月出生，中国民主建国会会员，浙江动高实业集团有限公司副总经理。他所负责公司围绕旅客综合出行各场景，通过数字科学技术，推动出行服务行业信息化与智慧化提升。通过2次成功完成国有体制混改注资持股，将公司打造成网络销售、软件研发、硬件集成、大数据分析、实体服务的综合性科技公司，在业内形成高知名度的智慧交通创新改革样板。他曾获浙江领军年度新锐企业家、浙江领军优秀人物奖、杭州市青年企业家协会优秀会员等荣誉。2023年9月，赵杰被上城工匠认定工作领导小组认定为“上城工匠”。

章小龙 男，1988年2月出生，群众，杭州通达集团有限公司BIM研发部副主任。他是公司在数字化赋能产业提质增效进程中的模范团队负责人，在多个项目中有效节省人工，获显著经济效益，并多次在各级BIM应用大赛中获好成绩。有发明专利“基于BIM技术动态控制地下室建造过程抗浮的方法”，获“建筑施工企业BIM实施路径及技术中心BIM建设标准化研究”结题证书。曾获浙江省第三届“建工杯”BIM应用单项组金奖、浙江省第四届“筑新杯”建筑施工BIM应用技能比赛一等奖。2023年9月，章小龙被上城工匠认定工作领导小组认定为“上城工匠”。

徐　玲　女，1989年8月出生，中共党员，上城区疾病预防控制中心传防科（应急办）副科长。工作10多年来，她参与登革热暴发疫情处置、寨卡病毒病流调溯源、G20杭州峰会保障等重要工作。她以第一作者发表论文4篇，参与省科技厅软科学重点项目1项、市卫生科技计划项目2项。曾获“浙江金蓝领”、浙江省急性传染病应急处置技能标兵、杭州市优秀青年岗位能手、杭州市“最美医师”等荣誉，获浙江省急性传染病应急处置技能竞赛个人一等奖、杭州市病媒生物防制职业技能竞赛个人二等奖。2023年9月，徐玲被上城工匠认定工作领导小组认定为“上城工匠”。

段启迪　男，2001年1月出生，群众，浙江省三建建设集团有限公司钢筋工。工作中，他始终秉承“精益求精”的工匠精神和“干一行钻一行”的原则，发挥勇于开拓精神，创新工作方法，扎根一线，立足岗位，获业主和项目经理认可。他曾获全国第一届职业技能大赛混凝土建筑项目铜奖、第四十六届世界技能大赛浙江省选拔赛第二名，被人力资源和社会保障部授予“全国技术能手”称号，获评杭州市高层次C类人才。2023年9月，段启迪被上城工匠认定工作领导小组认定为“上城工匠”。

（戴　菁）

最美上城人

王国庆　男，1978年11月出生，群众，笕桥街道笕新社区计划生育服务员、上城区红十字会应急救护师。2022年10月1日国庆节当晚，王国庆连续成功施救一名抽搐患者和一名心脏不适患者，使二人及时脱离生命危险。2022年，王国庆成功救助6人，并在校园、社区等开展红十字救护知识普及和培训60多场，受益人数超过1000人。2023年1月，王国庆获评2022年度上城区道德模范（最美上城人）。

毛晓晨　女，1993年6月出生，中共党员，丁兰街道长虹社区社工。2022年3月，毛晓晨排摸老人、产妇等重点人员，主动承担177户居民的生活需求、就医买药等事务，连续在岗14天。最忙的几天，她每天只能休息2小时。对于居民需求，她始终做到事事有回应，件件有着落。2023年1月，毛晓晨获评2022年度上城区道德模范（最美上城人）。

车菲菲　女，1989年1月出生，中共党员，中国铁路上海局集团公司杭州客运段列车长、“西子号”品牌列车包乘组长。她带领班组熟练掌握客运服务技能，总结提炼出“真情服务十到法”“四点服务法”，推出列车百宝箱、儿童防走失贴、行李标识环等人性化创新举措，用真诚的服务赢得旅客赞誉。她还发起成立西子公益团队，招募102名志愿者，资助贫困学生，关爱自闭症儿童。2022年，她被推选为中共二十大代表。2023年1月，车菲菲获评2022年度上城区道德模范（最美上城人）。

伍伯民　男，1964年9月出生，中共党员，上城区九堡街道综管大队防潮安全巡查队员。多年来，不管白天黑夜、刮风下雨，都一直坚守在钱塘江堤上，守护人民群众的安全。2022年2月17日晚，他与队员蔡国兴在钱塘江沿线进行安全巡查，成功解救一名跳河轻生男子。2023年1月，伍伯民获评2022年度上城区道德模范（最美上城人）。

蔡国兴 男，1967年4月出生，群众，上城区九堡街道综管大队防潮安全巡查队员。多年来，不管白天黑夜、刮风下雨，都一直坚守在钱塘江堤上，守护人民群众的安全。2022年2月17日晚，他与队员伍伯民在钱塘江沿线进行安全巡查，成功解救一名跳河轻生男子。2023年1月，蔡国兴获评2022年度上城区道德模范（最美上城人）。

陈志飞 男，1981年6月出生，中共党员，浙江省杭州市大众出租汽车股份有限公司出租车司机。2018年2月起，陈志飞连续两年每周2天停止载客，跨越30千米，免费接送80多岁的孙奶奶和她患有偏瘫症的儿子往返医院。路遇老人或者残疾人打车，陈志飞都会下车来搀扶一把并免费接送。他连续10年爱心助力高考，还加入“95128”爱心车队，完成爱心接送2000多单。2023年1月，陈志飞获评2022年度上城区道德模范（最美上城人）。

徐亚娟 女，1974年10月出生，中共党员，杭州市近江幼儿园园长、浙江省无偿献血志愿者协会副会长。她是稀有血型Rh阴性AB型血拥有者，坚持献血20年，累计献血量超过5000毫升，是浙江省无偿献血志愿者协会“熊猫侠队”首任队长。她积极为稀有血型的病患招募筹血，组织完成“备足稀有血，护卫G20”任务，关爱白血病儿童，在浙江大学医学院附属儿童医院血液病区创办“爱心病房教室”。2023年1月，徐亚娟获评2022年度上城区道德模范（最美上城人）。

郭新宝 男，1954年10月出生，中共党员，采荷街道修理店店主。他修鞋手艺精湛，收费价格低廉，经营修理铺20年，始终秉持童叟无欺的服务理念。2005年，郭新宝还报名参加街道志愿服务队，常年服务于社区、工地、养老院、火车站等场所。2023年1月，郭新宝获评2022年度上城区道德模范（最美上城人）。

屠苗颖 女，1974年10月出生，无党派人士，上城区“智·和”同心荟服务中心主任。她整合辖区内公益资源，设计联络联谊、实践锻炼等十大类公益“子项目”，开展大凉山、雷山、恩施助学活动，创建“益星荟·博爱”品牌，实施困境儿童扶持计划，累计开展公益活动4000多场。2023年1月，屠苗颖获评2022年度上城区道德模范（最美上城人）。

董英儒 男，1979年4月出生，群众，自由职业者。他悉心照顾患尿毒症母亲17年，每周3次陪母亲到医院透析治疗，每天悉心照料母亲生活起居。2022年3月，董英儒的父亲突发中风，半边偏瘫，他照顾父亲生活起居的同时，每周两天陪父亲去医院做康复训练。2023年1月，董英儒获评2022年度上城区道德模范（最美上城人）。

濮家社区爱心凉茶摊志愿服务团队 由社区居民王惠玲和王桂凤发起，居民志愿者共同参与。已坚持摆摊20年，从三根竹竿和王惠玲亲手缝制的尼龙布支起的摊子，到现在夏烧解暑凉茶、冬烧暖心姜茶和腊八粥，凉茶摊已坚持摆摊20年。2022年夏季，凉茶摊送出茶水1.2万斤、凉茶3万余杯。2023年1月，濮家社区爱心凉茶摊志愿服务团队获评2022年度上城区道德模范（最美上城人）。

（郭　佳）

荣立二等功及以上军人

张　琦　男，1987年7月出生，2004年9月入伍，大学学士，四川剑阁人，中共党员，空军某部飞行员。他政治立场坚定、能力素质过硬、工作作风务实、飞行技术好、指挥能力强，始终恪尽职守、以战训工作为中心，主动带头研究、带头执行任务，作用发挥明显，先后参加军委、空军、战区、战区空军等重大演训任务20多项，具备较高的飞机操控能力和武器打击能力。2023年4月，张琦在战备训练中表现优秀，被授予二等功。

李晓龙　男，1986年6月出生，2004年入伍，北京通州人，中共党员，空军某部飞行员。他政治立场坚定、军事技能过硬，多次圆满完成任务，表现优异。至2022年11月，他安全飞行2500小时，表现突出。2023年，李晓龙在战备训练表现优秀，被授予二等功。

（吴诗佳）

其他先进人物选介

彭清林　男，1992年10月出生，群众，上城区望江街道清泰门社区居民。2023年6月13日下午，彭清林送外卖途经杭州西兴大桥时看到一女子落水。危急时刻，他从12米高的桥上纵身跳入江中，第一时间救助落水女子上岸。事后他由于胸椎压缩性骨折住院。身体康复后，他加入亚运城市志愿服务队，积极开展各种志愿服务活动。11月，彭清林获评2023年第三季度“中国好人”，被省政府记一等功。12月，彭清林获评第八届浙江省道德模范、第十九届杭州市道德模范（平民英雄）、第十一届“最美杭州人”、全国首届“最美外卖配送员”（系全省唯一）。

赵雪红　女，1966年6月出生，中共党员，浙江大学医学院附属第一医院护理部副主任。她从事临床护理和管理38年，在SARS、H1N1甲流、H7N9禽流感、汶川特大地震、利比里亚埃博拉疫情等国内外突发公共卫生事件处置中，奋战在急危重症一线，曾创造“新冠危重患者零死亡、医护人员零感染”纪录。业余时间，她参加“微笑明天慈善基金会”志愿服务，累计护理唇腭裂患儿800多人次。主持开发的“智能化急诊预检分诊信息系统”获全国护理管理创新奖。2023年5月，赵雪红获评第四十九届南丁格尔奖章。12月，赵雪红获评第十一届“最美杭州人”。（郭　佳）

肖剑英　女，1970年9月出生，四季青街道红十字会秘书长。作为基层红会人，她自觉增强做好街道红十字会工作的使命感、责任感和紧迫感，积极创新楼宇红十字会探索和建设，推进“优质、均衡、普惠”的红十字服务建设，提升街道、社区红十字会工作的认知度、参与度、影响力和美誉度。“楼宇红十字应急救护实操体验点建设”“红十字云端课堂”等工作居省、市前列，被中国红十字会等调研团肯定。2023年12月，肖剑英被中国红十字会总会授予中国红十字会“会员之星”称号。

潘克勤　女，1987年12月出生，中共党员，浙江康复医疗中心团委书记、一级教师，浙江省造血干细胞捐献志愿服务队副队长，上城区造血干细胞捐献志愿服务队队长。2012年、2013年，她两次到北京捐献造血干细胞救治韩国白血病患者，书写中韩两国民间交往的佳话。工作中，她投身听力障碍儿童康复事业，助力听力障碍儿童回归家庭和社会。生活中，她积极宣传红十字人道理念，用实际行动生动诠释红十字事业“人道、博爱、奉献”精神和志愿服务“奉献、友爱、互助、进步”精神。2013年11月，她被市委宣传部、团市委、市青年联合会、杭州日报报业集团、杭州文化广播电视集团授予第十一届“杭州市青年英才”称号。2014年12月，她被浙江省红十字会授予“最美浙江人——红十字感动人物”称号。2016年6月，她被中共浙江省委授予“浙江省优秀共产党员”称号。2022年7月，她被省人力资源和社会保障厅、省红十字会授予“红十字发现服务奖先进个人”。2023年12月，潘克勤被中国红十字会总会授予“2023年度全国优秀红十字志愿者”称号。

（苏光旭）

先进集体

表15　　2023年上城区各部门（单位）获国家和部级先进集体荣誉（部分）一览表

获奖单位	先进荣誉（称号）	颁奖单位	颁奖时间
上城区	第二批“央馆虚拟实验”规模化应用试点区	教育部教育技术与资源发展中心	2023年9月
上城区	中国楼宇经济标准引领示范城区、中国楼宇经济（总部经济）标杆城区	2023年中国楼宇经济北京论坛	2023年9月
钱江新城中央商务区	2023年中国楼宇经济标杆商务区	2023年中国楼宇经济北京论坛	2023年9月
区法院基金小镇人民法庭	2021—2022年度全国法院先进集体	最高人民法院	2023年12月
区委宣传部、紫阳街道	中央和国家机关青年理论学习小组“关键小事”调研攻关活动优秀成果三等奖	中央和国家机关工委	2023年11月
杭州市崇文实验学校教育集团、杭州市天长小学、杭州市建兰中学、浙江师范大学附属杭州笕桥实验中学	2022年基础教育国家级教学成果二等奖	教育部	2023年7月
杭州市采荷中学	全国健康学校建设单位	教育部办公厅	2023年6月
区公安分局环食药大队	全国公安机关“昆仑2022”专项行动成绩突出集体	公安部	2023年9月
区公安分局经侦大队	全国公安机关“猎狐2022”专项行动成绩突出集体	公安部	2023年12月
区人力社保局	2022—2023年度劳动保障新闻宣传工作做得好的单位	人力资源和社会保障部办公厅	2023年8月
笕桥街道社区卫生服务中心	2022年度“优质服务基层行”推荐单位	国家卫生健康委员会办公厅、国家中医药局综合司	2023年6月
凯旋街道南肖埠社区	全国示范性老年友好型社区	国家卫生健康委员会、全国老龄工作委员会办公室	2023年10月
区疾病预防控制中心	2022年全国环境健康宣传活动科普视频优秀奖	中国疾病预防控制中心环境与健康相关产品安全所	2023年9月
凯旋街道社区卫生服务中心	中国疾控中心慢病中心糖尿病防治优秀案例	中国疾病预防控制中心慢病中心	2023年11月
凯旋街道社区卫生服务中心	第二届全国说医解药科普大赛（浙江分赛区）三等奖	中国中医药发展中心（国家中医药管理局人才交流中心）	2023年12月

续表 15

获奖单位	先进荣誉（称号）	颁奖单位	颁奖时间
区退役军人事务局	2023年度《中国退役军人》宣传工作先进单位	退役军人事务部办公厅	2023年9月
杭州东站枢纽管理委员会	2023年综合运输春运成绩突出集体	交通运输部、中华全国总工会、国家铁路局、中国民用航空局、国家邮政局	2023年7月
丁兰街道	城市公共交通优先发展和绿色出行典型案例	交通运输部办公厅	2023年9月
区总工会	县级工会财务会计工作先进单位	中华全国总工会	2023年7月
四季青街道钱江新城中央商务区职工书屋	全国工会职工书屋示范点	中华全国总工会	2023年12月
杭州东站枢纽管委会环站东路爱心驿家、杭州诺巢酒店管理有限公司爱心驿家	全国“最美户外劳动者服务站点”	中华全国总工会	2023年12月
万事利集团设计研发中心	全国五一巾帼标兵岗	中华全国总工会	2023年3月
区红十字会	2023年度中国红十字会总会报刊宣传先进集体二等奖	中国红十字总会办公室	2023年9月
区红十字会	2023年红十字生命教育应急救护知识竞赛单位组织一等奖	中国红十字总会办公室	2023年11月
凯旋街道	2023年红十字生命教育应急救护知识竞赛活动先进单位组织三等奖	中国红十字会	2023年11月
区税务局太平门直街办税服务厅（税务系统）	一星级全国青年文明号	共青团中央、最高人民法院、工业和信息化部等23家全国创建青年文明号活动组委会成员单位	2023年7月
杭州市建兰中学法治社会组	巾帼建功先进集体	全国妇女联合会	2023年2月
区科协	2023年全国科普日优秀组织单位	中国科学技术协会	2023年12月
移动上城分公司政企客户部	第六届“绽放杯”5G应用征集大赛全国二等奖	工业和信息化部信息通信发展司	2023年10月
杭州市公共资源交易中心上城分中心	2023年度全国公共资源交易优秀监管机构、2023年度全国十佳公共资源交易中心（区县级）	中国开发区协会公共资源交易专业委员会	2023年12月
区委宣传部	2023年第五届“第三只眼看中国”国际短视频大赛优秀作品奖	中国外文出版发行事业局	2023年10月
区人力社保局	2023年度就业宣传先进集体先进县级单位	中国就业促进会	2023年11月

（资料来源：区各单位）

表16　2023年上城区各部门（单位）获省级和省属部门先进集体荣誉（部分）一览表

获奖单位	先进荣誉（称号）	颁奖单位	颁奖时间
上城区	浙江制造天工鼎	中共浙江省委、浙江省人民政府	2023年5月
上城区	全省稳就业成效好、推动高质量就业创业工作力度较大的县（市、区），获落实有关重大政策措施督查激励	浙江省人民政府办公厅	2023年6月

续表16

获奖单位	先进荣誉（称号）	颁奖单位	颁奖时间
上城区	浙江省“青年说清廉”大赛优秀组织奖	浙江省纪委省监委、共青团浙江省委员会、杭州市纪委市监委、共青团杭州市委员会	2023年11月
上城区	《探索文化产业转化链路 构建打造“宋韵今辉”精神共富范本》入选2023年共同富裕精神富有最佳案例	中共浙江省委宣传部	2023年12月
上城区	“探索构建大型综合交通枢纽多跨协同智治体系”获2022年度浙江省改革突破奖银奖	中共浙江省委全面深化改革委员会	2023年1月
上城区	2022年度浙江省教育工作业绩考核优胜奖	浙江省教育厅	2023年2月
区公安分局	2022年度改革创新成绩突出集体	中共浙江省委、浙江省人民政府	2023年4月
区综合行政执法局	全省“五水共治”工作先进集体	中共浙江省委、浙江省人民政府	2023年12月
区数据资源局	2022年度省改革创新成绩突出集体	中共浙江省委、浙江省人民政府	2023年4月
湖滨街道	首批浙江省“红色根脉”强基示范乡镇（街道）	中共浙江省委、浙江省人民政府	2023年7月
湖滨街道青年路社区、小营街道小营巷社区、紫阳街道上羊市街社区、闸弄口街道红梅社区、四季青街道钱运社区、彭埠街道杨柳郡社区、丁兰街道皋城村	浙江省“红色根脉”强基示范村（社区）	中共浙江省委、浙江省人民政府	2023年7月
九堡街道	全省人民调解工作先进街道	中共浙江省委、浙江省人民政府	2023年12月
杭州娃哈哈集团有限公司	2022年新时代浙江产业工人队伍建设改革成绩突出集体	中共浙江省委、浙江省人民政府	2023年9月
区市场监管局、区残联	杭州亚运会、亚残运会浙江省先进集体	中共浙江省委办公厅、浙江省人民政府办公厅	2023年12月
区法院基金小镇人民法庭	全省“枫桥式人民法庭”	中共浙江省委办公厅、浙江省人民政府办公厅	2023年11月
区人大机关	2022年全省人大信息工作成绩突出单位	浙江省人大常委会办公厅、浙江省人大常委会研究室	2023年1月
区人大常委会、区人大常委会九堡街道工委	全省各级人大代表助力三个“一号工程”主题活动典型案例	浙江省人大常委会办公厅	2023年12月
区政府办公室、区发改经信局	“督查中发现落实有关重大政策措施、推进经济稳定提质等工作成效明显、创造典型经验做法”获省政府督查激励	浙江省人民政府办公厅	2023年6月
区商务局	2022年度促消费成绩突出集体	浙江省人民政府办公厅	2023年5月
杭州钱塘智慧城管委会	杭州市数字经济和制造业“双引擎”推进工作行政奖励集体嘉奖	杭州市人民政府办公厅	2023年2月
丁兰街道	“临上兰星”跨区党建联建项目入选省委组织部第一批党建联建省级典型案例名单	中共浙江省委组织部	2023年7月
区委宣传部	《千年宋韵“流动”起来》入选《“八八战略”百法百例》	中共浙江省委宣传部	2023年6月

续表16

获奖单位	先进荣誉（称号）	颁奖单位	颁奖时间
区委网信办	2023年度浙江省网络生态“瞭望哨”工程建设成绩突出集体	中共浙江省委网络安全和信息化委员会办公室	2023年3月
湖滨街道	营商环境优化提升第一批“最佳实践案例”	中共浙江省委全面深化改革委员会办公室	2023年6月
区委编办	全省机构编制监督检查工作成绩突出单位	中共浙江省委机构编制委员会办公室	2023年11月
区信访局	治重化积及依法维护信访秩序工作成绩突出集体	浙江省信访工作联席会议办公室、浙江省信访局	2023年6月
采荷街道青荷苑社区、笕桥街道东港社区	2023年度省级“乐活驿站”	中共浙江省委老干部局	2023年12月
上城区社区学院（盛淑远之家）	浙江省“银尚之家”	中共浙江省委老干部局	2023年3月
凯旋街道南肖埠社区	浙江省级“银尚达人”队	中共浙江省委老干部局	2023年12月
丁兰街道绿园弄邻里中心	2023年浙江省老有所学优质康养学基地	中共浙江省委老干部局、浙江省教育厅、浙江省卫生健康委员会	2023年12月
区教育局档案室	省级良好档案室	浙江省档案局	2023年3月
南星街道	“杭州金玉上城现代金融创新发展区”入围浙江省第三批现代服务业创新发展区	浙江省发展和改革委员会	2023年6月
南星街道	营商环境优化提升第三批“最佳实践案例”	浙江省发展和改革委员会	2023年11月
杭州市杭州中学、杭州市丁荷小学	第二批浙江省清廉学校建设示范校	中共浙江省委教育工作委员会办公室	2023年5月
浙江师范大学附属丁蕙实验小学	浙江省教育系统廉洁教育基地	中共浙江省委教育工作委员会办公室	2023年5月
杭州市杭州中学	浙江省中小学校示范性党组织	中共浙江省委教育工作委员会办公室	2023年11月
上城交警大队	全省公安通报表扬	浙江省公安厅	2023年10月
上城安保服务集团	浙江省保安行业“深入学贯二十大·护航亚运保平安”先进集体	浙江省公安厅	2023年11月
上城交警大队四季青中队	“枫桥式”交警中队	浙江省公安厅	2023年12月
彭埠司法所	“枫桥式”司法所	浙江省司法厅	2023年12月
区公安分局	平安护航“党的二十大”成绩突出集体	中共浙江省委建设平安浙江领导小组	2023年1月
区民政局	浙江省社会救助工作成绩突出集体	浙江省民政厅	2023年11月
闸弄口街道红梅社区	浙江省五星级社区服务综合体	浙江省民政厅	2023年10月
笕桥街道花园社区	浙江省三星级社区服务综合体	浙江省民政厅	2023年10月
丁兰街道社会工作站	浙江省五星级乡镇（街道）社会工作站	浙江省民政厅办公室	2023年12月
区财政局	浙江省财政系统调研课题成果三等奖	浙江省财政厅	2023年1月
区财政局	浙江省财政厅“八八战略”主题征文二等奖	浙江省财政厅	2023年7月
区财政局	《浙江财政年鉴（2023）》组稿工作先进单位	浙江省财政厅	2023年12月
区财政局	浙江省财政信息工作先进单位	浙江省财政厅	2023年12月

续表 16

获奖单位	先进荣誉（称号）	颁奖单位	颁奖时间
区人力社保局	全省劳动人事争议案件处理优秀等次单位	浙江省人力资源和社会保障厅	2023年4月
区人力社保局	浙江省公共就业服务专项业务竞赛获评优秀就业服务成果一等奖	浙江省人力资源和社会保障厅	2023年8月
区人力社保局	浙江省农民工服务保障工作成绩突出单位	浙江省农民工工作领导小组	2023年11月
丁兰街道劳动人事争议调解中心	第二批全省工作突出基层劳动人事争议调解组织	浙江省协调劳动关系三方会议办公室	2023年11月
上城钱江都会CBD城市新区风貌样板区、上城艮北新城宜居门户城市新区风貌样板区、上城“南宋·都·市”传统风貌样板区	浙江省2023年度第三批城乡风貌样板区	浙江省住房和城乡建设厅	2023年12月
吴山风情街区	浙江省2023年度高品质示范街区	浙江省住房和城乡建设厅	2023年12月
河坊街	浙江省2023年度高品质街容示范街	浙江省住房和城乡建设厅	2023年12月
“河坊街”户外广告和招牌设施设置样板区	浙江省2023年度高品质户外广告和招牌设施设置样板区	浙江省住房和城乡建设厅	2023年12月
上城区全民健身中心、杭州钱学森学校	2023年度浙江省建设工程钱江杯（优质工程）	浙江省住房和城乡建设厅	2023年8月
凯旋街道凯华社区、笕桥街道金色黎明社区	2022年度第二批浙江省节水型社区	浙江省住房和城乡建设厅	2023年3月
区商务局	2022年度全省商务运行调查监测工作先进单位	浙江省商务厅	2023年6月
吴山智慧商圈	浙江省第二批智慧商圈	浙江省商务厅	2023年12月
南宋德寿宫遗址博物馆	2023年度浙江最美公共文化空间	浙江省文化和旅游厅	2023年8月
区疾病预防控制中心	2023年浙江省中小学生近视防控职业技能比武团体二等奖	浙江省卫生健康委员会	2023年12月
区疾病预防控制中心	2023年浙江省消毒知识技能竞赛团体三等奖	浙江省卫生健康委员会	2023年12月
区卫生健康行政执法队	2022年度全省卫生健康行政执法效能监测第一名	浙江省卫生健康委员会办公室	2023年2月
南星街道社区卫生服务中心	2022年浙江省社区医院	浙江省卫生健康委办公室	2023年11月
区疾病预防控制中心	2022年度浙江省环境健康宣传系列优秀宣教科普作品视频类三等奖	浙江省疾病预防控制中心办公室	2023年5月
区疾病预防控制中心	2023年浙江省健康科普大赛视频类作品优秀奖	浙江省疾病预防控制中心	2023年10月
彭埠街道社区卫生服务中心	首批浙江省预防接种门诊示教培训基地	浙江省疾控局综合处	2023年12月
杭州市天杭实验学校	浙江省营养与健康特色学校	浙江省爱卫会办公室、浙江省教育厅、浙江省卫生健康委员会	2023年10月
杭州市师范大学东城实验学校、杭州市丁荷小学、浙师大附属杭州笕桥实验中学、杭州新世纪外国语学校、杭州市夏衍初级中学、杭州濮家小学教育集团	2023年浙江省健康促进学校	浙江省爱卫会办公室、浙江省教育厅、浙江省卫生健康委员会	2023年10月

续表16

获奖单位	先进荣誉（称号）	颁奖单位	颁奖时间
杭州市崇文实验学校	第四批浙江省近视防控特色学校	浙江省爱卫会办公室、浙江省教育厅、浙江省卫生健康委员会	2023年10月
清波街道社区卫生服务中心	浙江省基层常见病多发病中医药适宜技术推广基地	浙江省中医药管理局、浙江省中医药发展研究中心	2023年11月
区退役军人事务局	浙江省退役军人建档立卡及优待证发放工作成绩突出集体	浙江省退役军人事务厅	2023年10月
丁兰街道丁桥苑社区退役军人服务站	新时代枫桥式退役军人服务站	中共浙江省委退役军人事务工作领导小组办公室	2023年12月
56路民族团结号公交专线	2023年第六批浙江省民族团结进步创建重点培育单位	浙江省民族宗教事务委员会	2023年12月
崇一堂	2023年浙江省宗教中国化场所	浙江省民族宗教事务委员会	2023年12月
三村禅寺	2023年浙江省级宗教法治宣传教育基地	浙江省民族宗教事务委员会、浙江省普法办公室	2023年12月
鼓楼堂	2023年浙江省宗教活动场所消防安全标准化管理“百优争创”活动优秀单位	浙江省民族宗教事务委员会、浙江省消防救援总队	2023年12月
大资福庙	2022—2023年度省级平安宗教活动场所	浙江省民族宗教事务委员会	2023年12月
区市场监管局	2022年度浙江省市场监管安全保障成绩突出集体	浙江省市场监管局	2023年1月
区市场监管局	2022年度浙江省市场监管系统政务信息工作成绩突出单位	浙江省市场监管局	2023年2月
区市场监管局	浙江省首届消费维权业务技能比武活动组织奖	浙江省市场监管局	2023年8月
区市场监管局	2022年度浙江省市场监管执法工作成绩突出集体	浙江省打击侵犯知识产权和制售假冒伪劣商品工作领导小组、浙江省市场监管工作联席会议办公室、浙江省公平竞争审查和反垄断委员会办公室	2023年1月
望江街道市场监管所、彭埠街道市场监管所	2022年度市场监管所“双百”行动示范所	浙江省市场监管局	2023年7月
闸弄口街道综合行政执法队	浙江省综合行政执法系统队伍规范化建设工作成绩突出集体	浙江省综合行政执法指导办公室	2023年12月
笕桥街道笕新社区爱心驿家、四季青街道钱运社区爱心驿家、杭州口腔医院庆春院区爱心驿家	浙江省“最美工会户外劳动者服务站点”	浙江省总工会	2023年11月
杭州安旭生物科技股份有限公司	浙江省五一劳动奖状	浙江省总工会	2023年3月
区税务局纳税服务科（办税服务厅）、杭州中港地铁装备维护有限公司地铁电客车大修七堡工区、咸亨国际科技股份有限公司上城区赛孚救援队	浙江省工人先锋号	浙江省总工会	2023年3月

续表16

获奖单位	先进荣誉（称号）	颁奖单位	颁奖时间
万事利集团有限公司、浙江华铁应急设备科技股份有限公司、西子联合控股有限公司	浙江省第二批“幸福共同体领头雁”企业	浙江省总工会	2023年12月
区妇女联合会	2022年度浙江省平安家庭建设优秀单位	浙江省妇女联合会、中共浙江省委政法委员会	2023年4月
区妇女联合会	浙江省县域社区（村）家庭教育指导服务标准化建设试点优秀单位	浙江省妇女联合会	2023年10月
采荷街道青荷苑社区家长学校	浙江省家庭教育创新实践基地	浙江省妇女联合会	2023年5月
采荷街道妇女联合会	浙江省妇联系统先进集体	浙江省妇女联合会	2023年6月
区社科联	2022年度浙江省县（市、区）社科联测评优秀单位	浙江省社会科学界联合会	2023年1月
凯旋街道	“浙江有礼·最美杭州”有礼单元	浙江省残疾人联合会	2023年12月
采荷街道新凯苑社区、凯旋街道景新社区	2023年浙江省无障碍社区	浙江省人民政府残疾人工作委员会	2023年12月
区工商联	2022年民营企业调查工作先进单位	浙江省工商业联合会	2023年1月
区工商联	2022年上规模民营企业调研先进单位、“中国民营企业500强”工作申报先进单位	浙江省工商业联合会	2023年4月
区工商联	2023年全省工商联系统优秀调研成果三等奖	浙江省工商业联合会	2023年12月
湖滨街道商会	2023年浙江省“四好”商会	浙江省工商业联合会	2023年12月
小营街道马市街社区、梅花碑社区	第四批省级示范慈善工作站	浙江省慈善联合总会	2023年11月
笕桥街道省农科院社区	2022年度全省侨联系统“三星级侨胞之家”选树单位	浙江省归国华侨联合会	2023年3月
笕桥街道金色黎明社区	浙江省无废城市细胞	浙江省生态环境厅	2023年5月
采荷街道双菱社区、绿茗社区、静怡社区	2022年气象防灾减灾标准化社区	浙江省气象局	2023年1月
上城消防救援大队	2022年度全省先进基层单位	浙江省消防救援总队	2023年1月
近江消防站、七堡消防站	2022年度全省先进消防站	浙江省消防救援总队	2023年1月
丁兰街道	2023年全省森林防灭火工作规范化建设达标乡镇（街道）	浙江省森林防灭火指挥部办公室	2023年12月
上城宋韵最杭州传统风貌样板区	浙江省2022年度“新时代富春山居图样板区”	浙江省城乡风貌政治提升工作专班	2023年1月
闸弄口街道濮家社区、机神社区	浙江省引领型未来社区	浙江省城乡风貌整治提升工作专班	2023年12月
湖滨街道青年路社区、凯旋街道景新社区	浙江省第三批未来社区（引领型）	浙江省城乡风貌整治提升工作专班	2023年6月
湖滨街道东坡路社区、岳王路社区	浙江省第三批未来社区（普惠型）	浙江省城乡风貌整治提升工作专班	2023年6月
清波街道劳动路未来社区、笕桥街道花园社区	浙江省第四批未来社区	浙江省城乡风貌整治提升工作专班	2023年12月
湖滨街道青年路社区、小营街道小营巷社区、凯旋街道景新社区	浙江省首批现代社区	浙江省现代社区建设领导小组	2023年6月

续表 16

获奖单位	先进荣誉（称号）	颁奖单位	颁奖时间
凯旋街道南肖埠社区	浙江省无废社区	浙江省全域“无废城市”建设工作专班办公室	2023年2月
凯旋街道景华社区、笕桥街道花园社区、黎明社区	浙江省高标准生活垃圾分类示范小区	浙江省生活垃圾分类工作领导小组办公室	2023年1月
大湖滨商圈现代商贸创新发展区、杭州金玉上城现代金融创新发展区	第三批浙江省现代服务业创新发展区	浙江省现代服务业发展工作领导小组办公室	2023年7月

（资料来源：区各单位）

表 17　　2023年上城区各部门（单位）获市级先进集体荣誉（部分）一览表

获奖单位	先进荣誉（称号）	颁奖单位	颁奖时间
上城区	2022年度杭州市绿化工作最佳管理单位	杭州市人民政府办公厅	2023年3月
区政府办公室	2022年市政府民生实事工作成绩突出集体	杭州市人民政府办公厅	2023年7月
区委组织部	杭州市共同富裕工作先进集体	中共杭州市委、杭州市人民政府	2023年5月
区教育局、南星街道	2022年度杭州市平安创建成绩突出集体	中共杭州市委、杭州市人民政府	2023年5月
杭州东站枢纽管委会	杭州市全面深化改革成绩突出集体	中共杭州市委、杭州市人民政府	2023年3月
区市场监管局	杭州市创建国家食品安全示范城市工作集体嘉奖	杭州市人民政府	2023年5月
上城生态环境分局	杭州市生态文明建设工作集体嘉奖	杭州市人民政府	2023年12月
区科技发展中心	杭州市创新活力之城建设工作行政奖励	杭州市人民政府	2023年11月
杭州东站枢纽管理委员会	数字政府建设工作集体嘉奖	杭州市人民政府	2023年7月
南星街道食品安全委员会办公室	国家食品安全示范城市工作行政奖励嘉奖	杭州市人民政府	2023年5月
采荷街道	2022年度全市征兵工作成绩突出单位	杭州市人民政府、杭州警备区	2023年1月
区发改经信局	杭州市经济稳进提质攻坚行动集体嘉奖	杭州市人民政府办公厅	2023年8月
区市场监管局	杭州市知识产权强市建设推进工作集体嘉奖	杭州市人民政府办公厅	2023年9月
小营街道	安全生产“除险保安”工作成绩突出集体嘉奖	杭州市人民政府办公厅	2023年10月
南星街道	2022年度全市政务信息工作先进单位	杭州市人民政府办公厅	2023年5月
南星街道综合行政执法队	2022年度杭州市“大综合一体化”行政执法改革推进工作集体行政奖励	杭州市人民政府办公厅	2023年5月
闸弄口街道综合行政执法队	杭州市“大综合一体化”行政执法改革推进工作集体嘉奖	杭州市人民政府办公厅	2023年5月
杭州市上城区城市建设投资集团有限公司	杭州市推进全域文化繁荣工作成绩突出集体行政奖励	杭州市人民政府办公厅	2023年12月

（资料来源：区各单位）

【上城区2022年度高质量就业社区（村）】
华鹤社区、九华社区、杨公社区、九堡社区、明桂社区、枸桔弄社区、小营巷社区、长明寺巷社区、大通桥社区、近江东园社区、徐家埠社区、兴隆社区、莫邪塘社区、上羊市街社区

【上城区政府质量奖】
杭州胡庆余堂国药号有限公司、浙江鸿顺达建设集团有限公司、浙江外企德科人力资源服务有限公司、浙江耀厦控股集团有限公司

【上城区政府质量奖创新奖】
浙江仁之初健康产业有限公司、蓝城乐居建设管理集团有限公司

【上城区政府质量奖组织奖】
浙江同富特美刻家居用品股份有限公司、杭州东城电子有限公司

（各单位 年鉴编辑部）

先进个人

表18 2023年上城区各部门（单位）获国家和部级先进个人荣誉（部分）一览表

获奖单位	获奖人姓　名	先进荣誉（称号）	颁奖单位	颁奖时间
区法院	朱旭东	2020—2021年度全国平安医院建设表现突出个人	国家卫生健康委员会、中央政法委、最高人民法院、最高人民检察院、公安部、司法部、市场监管总局、中国银保监会、国家医保局、国家中医药局、中央军委后勤保障部卫生局	2023年2月
区公安分局	李洪岗	2020—2021年度全国平安医院建设表现突出个人	国家卫生健康委员会、中央政法委、最高人民法院、最高人民检察院、公安部、司法部、市场监管总局、中国银保监会、国家医保局、国家中医药局、中央军委后勤保障部卫生局	2023年2月
区检察院	罗悦来	在第一届全国检察机关公益诉讼检察业务竞赛中被授予“业务能手”称号	最高人民检察院政治部、最高人民检察院第八检察厅	2023年6月
区委统战部	林　东	中国侨界杰出人物	中华全国归国华侨联合会	2023年9月
区委统战部	周　伟	全国归侨侨眷先进个人	中华全国归国华侨联合会	2023年9月
民进上城区基层委员会	姚俊俊	国家级教学成果二等奖	教育部	2023年7月
农工党上城区基层委员会	李筱曼	农工党中央优秀调研报告一等奖	农工党中央办公厅	2023年2月
区市场监管局	付　康	第二届全国市场监管12315技能大比武挑战赛一等奖	国家市场监管总局	2023年11月
上城交通执法大队	周　峰	杭州亚运会、亚残运会先进个人	国家体育总局、中国残疾人联合会、中共浙江省委、浙江省人民政府	2023年12月
杭州亚组委、亚残组委广播电视和信息技术部	李晨晨	杭州亚运会、亚残运会先进个人	国家体育总局、中国残疾人联合会、浙江省委、浙江省人民政府	2023年12月

续表18

获奖单位	获奖人姓名	先进荣誉（称号）	颁奖单位	颁奖时间
区退役军人事务局	吴诗佳	2023年度《中国退役军人》宣传工作先进个人	退役军人事务部办公厅	2023年9月
区知联会	江　天	全国五一劳动奖章	中华全国总工会	2023年4月
杭州柯林电气股份有限公司	聂明军	全国五一劳动奖章	中华全国总工会	2023年4月
区红十字会	王　晨	2022年度中国红十字会总会报刊宣传先进个人三等奖	中国红十字会总会办公室	2023年9月
区红十字会（系统）	肖剑英	中国红十字会“会员之星”	中国红十字会总会	2023年12月
区红十字会（系统）	潘克琴	全国红十字志愿服务先进典型	中国红十字会总会	2023年12月
区红十字会（系统）	韩虹歆	2023年红十字生命教育应急救护知识竞赛个人组织三等奖	中国红十字会总会办公室	2023年11月
杭州娃哈哈集团有限公司	田芳容	全国档案工匠型人才	中央档案馆国家档案局	2023年1月

（资料来源：区各单位）

表19　2023年上城区各部门（单位）获省级和省属部门先进个人荣誉（部分）一览表

获奖单位	获奖人姓名	先进荣誉（称号）	颁奖单位	颁奖时间
区委改革办	龚天健	2022年度浙江省改革创新成绩突出个人	中共浙江省委、浙江省人民政府	2023年5月
区发改经信局	庄亦谐	浙江省推动长三角一体化发展国家战略实施成绩突出个人	中共浙江省委办公厅	2023年12月
区人大办公室	吴毅聪	杭州亚运会、亚残运会浙江省先进个人	中共浙江省委办公厅、浙江省人民政府办公厅	2023年12月
区委组织部	方飞燕 吴慧君	杭州亚运会、亚残运会浙江省先进个人	中共浙江省委办公厅、浙江省政府办公厅	2023年12月
区委统战部	高保记	杭州亚运会、亚残运会浙江省先进个人	中共浙江省委办公厅、浙江省人民政府办公室	2023年12月
区市场监管局	季敏杰 赵雅婧 田耀华	杭州亚运会、亚残运会浙江省先进个人	中共浙江省委办公厅、浙江省人民政府办公厅	2023年12月
杭州市钱江外国语实验学校	赵　骎	杭州亚运会、亚残运会浙江省先进个人	中共浙江省委办公厅、浙江省人民政府办公厅	2023年12月
移动上城分公司	温建宁	杭州亚运会、亚残运会浙江省先进个人	中共浙江省委办公厅、浙江省人民政府办公厅	2023年12月
区委宣传部	余思聪	浙江省“迎亚运 铸铁军”大练兵活动锋刃先进个人	中共浙江省委网络安全和信息化委员会办公室	2023年5月
杭州市建兰中学	饶美红	浙江省有突出贡献中青年专家	浙江省人民政府	2023年6月
区政府办公室	朱　捷	2022年度政务公开工作成绩突出个人	浙江省人民政府办公厅	2023年5月
民建上城区基层委员会	贾元元	第四届“最美浙江人·最美政协人”	中国人民政治协商会议浙江省委员会	2023年12月
民建上城区基层委员会	贾元元	浙江省担当作为好干部	中共浙江省委组织部	2023年6月
民建上城区基层委员会	贾元元	2023年浙江民建爱岗敬业年度人物	中国民主建国会浙江省委员会	2023年12月

续表19

获奖单位	获奖人姓名	先进荣誉（称号）	颁奖单位	颁奖时间
区法院	谢高勇	全省法院平安护航“党的二十大”成绩突出个人	浙江省高级人民法院	2023年1月
区法院	陶舒雯	全省法院诉源治理成绩先进个人	浙江省高级人民法院	2023年3月
区法院	许新霞	全省优秀法官	浙江省高级人民法院	2023年12月
凯旋街道	陆　玫	浙江省担当作为好支书	中共浙江省委组织部	2023年6月
区委宣传部	何嘉成	2022年度全省宣传信息工作先进个人、全省社会舆情信息工作先进个人	中共浙江省委宣传部	2023年4月
区委宣传部	徐铭婕	浙江省“‘八八战略’在身边”宣讲大赛暨第十四届微型党课大赛决赛二等奖	中共浙江省委宣传部	2023年7月
区知联会	聂建波	撰写的调研报告获评2023年党外中青年代表人士培训班优秀调研成果	中共浙江省委统战部、浙江省社会主义学院	2023年11月
九堡街道社区卫生服务中心	沈　玲	2022年度民盟浙江省委会反映社情民意信息工作先进个人	中国民主同盟浙江省委员会	2023年5月
农工党上城区基层委员会	沈敏芳 李祖胜	农工党浙江省2022年度社会服务工作先进个人	中国农工民主党浙江省委员会	2023年2月
农工党上城区基层委员会	李筱曼 蔡　瑾 吴　谦	参政议政工作先进个人	中国农工民主党浙江省委员会	2023年2月
九三学社上城区基层委员会	汪崇斌 陈　萍 朱　盈 金喜英 丁珏莉 张　末 张　洁 王　尉 夏丁玲 葛巧玲	2023年浙江省九三社会服务先进个人	九三学社浙江省委员会	2023年12月
区信访局	王　欣	治理重复信访、化解信访积案专项工作及依法维护信访秩序工作成绩突出先进个人	浙江省信访工作联席会议办公室、浙江省信访局	2023年6月
杭州市天杭实验学校	金灵娟	浙江省师德楷模	浙江省教育厅、浙江省人力资源和社会保障厅、浙江省财政厅	2023年9月
上城安保服务集团	黄小董	浙江省保安行业“深入学贯二十大·护航亚运保平安”主题活动优秀个人	浙江省公安厅	2023年11月
区民政局	陈双胜	浙江省社会救助工作成绩突出个人	浙江省民政厅	2023年11月
九堡街道社会组织服务中心	王华荣	2023年浙江省社会组织领军人物	浙江省民政厅	2023年10月
凤凰公益社会工作服务中心	章贤锋	2023年浙江省社会组织领军人物	浙江省民政厅	2023年10月
杭州市回族穆兴小学	吴恢銮	浙江省“万人计划”教学名师	浙江省财政厅、浙江省科学技术厅	2023年4月

续表19

获奖单位	获奖人姓名	先进荣誉（称号）	颁奖单位	颁奖时间
区人力社保局	朱 红	浙江省人力资源和社会保障系统先进工作者	浙江省人力资源和社会保障厅	2023年1月
区人力社保局	金 珊	全省劳动人事争议案件处理优秀等次仲裁员	浙江省人力资源和社会保障厅	2023年4月
区综合行政执法局	王素梅	浙江省城市市容环境卫生工作成绩突出个人	浙江省住房和城乡建设厅、浙江省总工会	2023年10月
上城文商旅集团	崔 帅	2022年度浙江省城乡风貌整治提升、未来社区、未来乡村和美丽城镇建设成绩突出个人	浙江省住房和城乡建设厅、浙江省农业农村厅、浙江省城乡风貌整治提升工作专班办公室	2023年3月
小营街道	肖 静	浙江省第二十二届群众音乐大赛银奖	浙江省文化和旅游厅	2023年9月
区人大常委会办公室	张华峰 刘铭锐	2019—2021年度浙江省无偿献血奉献奖	浙江省卫生健康委员会、浙江省红十字会	2023年2月
区卫生健康行政执法队	邵子怡	浙江省卫生监督职业技能竞赛医疗卫生专业二等奖	浙江省卫生健康委员会办公室	2023年12月
区退役军人事务局	班 坤	浙江省退役军人建档立卡及优待证发放工作成绩突出个人	浙江省退役军人事务厅	2023年10月
区退役军人事务局	宋 勤	全省退役军人事务领域信息宣传工作、杭州亚运会信息宣传工作成绩突出个人	中共浙江省委退役军人事务工作领导小组办公室	2023年11月
区综合行政执法局	何宇帆	全省自然灾害综合风险普查工作成绩突出个人	浙江省第一次自然灾害综合风险普查领导小组办公室、浙江省应急管理厅	2023年12月
区市场监管局	程 刚	2022年度浙江省市场监管安全保障工作成绩突出个人	浙江省市场监督管理局	2023年1月
区市场监管局	俞 辉	浙江省市场监督管理卫士	浙江省市场监督管理局	2023年2月
区市场监管局	陈 单 徐国权 曹 琴	2022年度浙江省优化营商环境工作成绩突出个人	浙江省市场监督管理局	2023年2月
区市场监管局	刘韶珠	2023年药品安全创新治理成绩突出个人	浙江省药品监督管理局	2023年12月
区综合行政执法局	许 晋	浙江省综合行政执法工作先进个人	浙江省综合行政执法指导办公室	2023年2月
紫阳街道社区卫生服务中心	邱华平	浙江省五一劳动奖章	浙江省总工会	2023年4月
上城区城市建设投资集团有限公司	方 嵬	浙江省五一劳动奖章	浙江省总工会	2023年4月
杭州娃哈哈集团有限公司	吕民华	浙江省五一劳动奖章	浙江省总工会	2023年4月
区疾病预防控制中心	徐 玲 梁 娜	2022年“浙江金蓝领”	浙江省总工会办公室	2023年5月
清波街道	豆飞飞	浙江省“最美执委”	浙江省妇女联合会	2023年3月
小营街道	徐小红	浙江省“最美执委”	浙江省妇女联合会	2023年3月
南星街道	毛霓萍 黄 慧	浙江省“最美执委”	浙江省妇女联合会	2023年3月
凯旋街道	徐珈瑜	浙江省“最美执委”	浙江省妇女联合会	2023年3月
四季青街道	罗 婷	浙江省“最美执委”	浙江省妇女联合会	2023年3月

续表19

获奖单位	获奖人姓名	先进荣誉（称号）	颁奖单位	颁奖时间
彭埠街道	陈国娟 朱利峰	浙江省“最美执委”	浙江省妇女联合会	2023年3月
区红十字会（系统）	郑程才 赵　宇	浙江省第十五届“红十字公益之星”	浙江省红十字会	2023年5月
区红十字会（系统）	王丽丽	浙江省学校红十字工作成绩突出个人	浙江省红十字会	2023年12月
区红十字会（系统）	杨　晖 陆　锋 陈彤春 莫伟强 俞蓉蓉 沈华萍 徐　莲 王秋泳 刘晓燕 叶莹敏 张舒婷 范　旻 张　兴 金荼琴 陈　玥 滕金华 曹森淼 蒋菁菁 高丽萍 黄　钱 徐　英 袁伟英	2023年度浙江省五星级红十字志愿者	浙江省红十字会	2023年12月
上城消防救援大队	孙中文	2023年度杭州市“消防工匠”	浙江消防救援总队	2023年5月
上城消防救援大队	韦　泉	2022年度全省消防救援队伍优秀法制员	浙江省消防救援总队	2023年1月
上城消防救援大队	李　伟 赵洪强 孙卓尔 施桢俊 程一鸣 唐昀滔 方　凯 金　新 蒯　祥 吴　锋 楼　凯	2022年度全省消防救援队伍优秀基层干部	浙江省消防救援总队	2023年1月
区司法局	陈晓璐	全省“八五”普法中期成绩成绩突出个人	浙江省委全面依法治区委员会守法普法协调小组	2023年12月
区公安分局	赵　卓	全省打击治理电信网络新型违法犯罪工作成绩突出个人	浙江省打击治理电信网络新型违法犯罪工作联席会议办公室	2023年2月
区委宣传部	王　灵	2022年度浙江省“五水共治”信息工作突出个人	浙江省“美丽浙江”建设领导小组“五水共治”办公室	2023年7月

续表19

获奖单位	获奖人姓　名	先进荣誉（称号）	颁奖单位	颁奖时间
区综合行政执法局	谢　勐	全省河湖长制工作成绩突出个人	浙江省"美丽浙江"建设领导小组河长制办公室	2023年4月
区综合行政执法局	张婧娴	2023年度浙江省生活垃圾分类工作成绩突出个人	浙江省生活垃圾分类工作领导小组办公室	2023年11
区综合行政执法局	章厚琨	2023年度全省"五水共治"找短板寻盲区查漏洞挖死角专项行动表现突出个人	浙江省治水领导小组办公室	2023年3月
闸弄口街道	孙燕芬	2022年度浙江省"最美社区工作者"	浙江省现代社区建设领导小组办公室、中共浙江省委组织部、中共浙江省委宣传部、浙江省民政厅	2023年6月
闸弄口街道	陈云燕 胡翼远	第十届"艾博·心灵沟通"全省禁毒社会工作优秀案例评选三等奖	浙江省禁毒委员会办公室、浙江省禁毒协会	2023年8月

（资料来源：区各单位）

表20　　2023年上城区各部门（单位）获市级先进个人荣誉（部分）一览表

获奖单位	获奖人姓　名	先进荣誉（称号）	颁奖单位	颁奖时间
区法院	李小丹	2022年度平安创建成绩突出个人	中共杭州市委、杭州市人民政府	2023年4月
湖滨街道	沈益涛	2022年度平安创建成绩突出个人	中共杭州市委、杭州市人民政府	2023年4月
凯旋街道	鲍　昉	2022年度平安创建成绩突出个人	中共杭州市委、杭州市人民政府	2023年4月
区委改革办公室	徐　艳	2022年度杭州市全面深化改革成绩突出个人	中共杭州市委、杭州市人民政府	2023年3月
彭埠街道	屠　惠	农村工作成绩突出个人	中共杭州市委、杭州市人民政府	2023年2月
区市场监管局	许洁人	2022年度杭州市党委系统信息工作优秀个人	中共杭州市委办公厅	2023年3月
采荷街道	徐　琴	杭州慈善奖	杭州市人民政府	2023年12月
上城生态环境分局	陈　曦	杭州市生态文明建设工作个人嘉奖	杭州市人民政府	2023年12月
区市场监管局	韩　平	创建国家食品安全示范城市工作个人嘉奖	杭州市人民政府	2023年5月
区综合行政执法局	张　阳	杭州市"大综合一体化"行政执法改革推进工作成绩突出个人嘉奖	杭州市人民政府	2023年5月
区司法局	叶　昕	杭州市"大综合一体化"行政执法改革推进工作成绩突出个人嘉奖	杭州市人民政府	2023年5月
区科技发展中心	潘迪青	杭州市创新活力之城建设工作行政奖励	杭州市人民政府	2023年11月

续表20

获奖单位	获奖人姓名	先进荣誉（称号）	颁奖单位	颁奖时间
上城文商旅集团	方　汇	推进全域文化繁荣工作个人嘉奖	杭州市人民政府	2023年12月
区政府办公室	马平超	2022年市政府民生实事工作成绩突出个人	杭州市人民政府办公厅	2023年7月
区市场监管局	曹　琴	杭州市知识产权强市建设推进工作个人三等功	杭州市人民政府办公厅	2023年9月
区市场监管局	孟　欢 徐烽良	杭州市知识产权强市建设推进工作个人嘉奖	杭州市人民政府办公厅	2023年9月
农工党上城区基层委	陈小军	杭州市知识产权强市建设推进工作个人嘉奖	杭州市人民政府办公厅	2023年9月
农工党上城区基层委	谢紫千	杭州市产业链链长制推进工作个人嘉奖	杭州市人民政府办公厅	2023年11月
区发改经信局	郭卓瑜	杭州市产业链链长制推进工作个人嘉奖	杭州市人民政府办公厅	2023年11月
区发改经信局	金　磊	杭州市经济稳进提质攻坚行动个人三等功	杭州市人民政府办公厅	2023年8月
区商务局	杨　骏	杭州市经济稳进提质攻坚行动成绩突出个人	杭州市人民政府办公厅	2023年8月
区审管办	李　礼	杭州市打造最优营商环境工作成绩突出的个人	杭州市人民政府办公厅	2023年6月
闸弄口街道	刘　辉	杭州市安全生产“除险保安”个人行政奖励	杭州市人民政府办公厅	2023年7月
杭州钱塘智慧城管委会	张　春	2022年度杭州市扩大有效投资推进重点项目建设突出贡献个人	杭州市人民政府办公厅	2023年5月
南星街道	汤泽俊	2022年度杭州市政务信息优秀信息员	杭州市人民政府办公厅	2023年5月
区电子机械功能区发展服务中心	朱勤华	杭州市数字经济和制造业“双引擎”推进工作行政个人嘉奖	杭州市人民政府办公厅	2023年2月
杭州海兴电力科技股份有限公司	陈恢云	杭州工匠	杭州市人民政府办公厅	2023年10月
杭州端居文化艺术有限公司	李红伟	杭州工匠	杭州市人民政府办公厅	2023年10月

（资料来源：区各单位）

【见义勇为事迹突出人员三等功行政奖励】

李银蛟　彭清林

（各单位　年鉴编辑部）

附　录

2023年区级主要机构及负责人

中国共产党杭州市上城区第一届委员会

书　记：章　燕（女）

副书记：惠海涛

　　　　范朝辉

常　委：黄利文

　　　　范卫东

　　　　李　军（至2023年3月）

　　　　何亦星

　　　　方飞燕（女）（2023年5月起）

　　　　毛素云（女）

　　　　包亚斌

　　　　陈　健（2023年3月起）

　　　　孔德君（女）（2023年12月起，1—12月为委员）

委　员：（按姓氏笔画为序）

　　　　丁炜锋

　　　　马志清（女）

　　　　石荣祥

　　　　占仁义

　　　　田国刚

　　　　冯　磊

　　　　江波均（女）

　　　　孙　锦

　　　　杨盛强

　　　　沈　斌

　　　　张哲明

　　　　陆忠明

　　　　陈天武

　　　　陈永权

　　　　陈春晓（女）

　　　　陈敏雅（女）

　　　　周红星

　　　　周骆斌

　　　　郑冬雅（女）

　　　　练　敏（女）

　　　　赵丹晨（女）

　　　　洪梦君（女）

　　　　姚洪华

　　　　徐文明

　　　　黄爱芳（女）

　　　　蒋晓斌

候补委员：（按姓氏笔画为序）

　　　　王红兵

　　　　朱　红（女）

　　　　沈　瑛（女）

　　　　张建文

张海华
陈凌军（至2023年2月）
赵　鹏

中国共产党杭州市上城区第一届纪律检查委员会

书　记：黄利文
副书记：毛明秀（女）（至2023年2月）
王早晖
徐振航（2023年12月起）
常　委：刘　佳（女）（至2023年12月）
骆志坚（2023年12月起）
田　涛（至2023年5月）
朱　虹（女）
诸葛蓓（女）
崔凌建（2023年5月起）

杭州市上城区监察委员会

主　任：黄利文
副主任：毛明秀（女）（至2023年2月）
王早晖
徐振航（2023年12月提名人选）

区委工作部门

区委办公室

主　任：陈永权

区委巡察办

主　任：刘　佳（女）（至2023年12月）
骆志坚（2023年12月起）

区委组织部

部　长：李　军（至2023年3月）
方飞燕（女）（2023年5月起）

区委宣传部

部　长：范卫东

区委统战部

部　长：陈　健（2023年4月起）

区委政法委

书　记：范朝辉

区委改革办

主　任：余向平

区委编办

主　任：赵　阳（女）（至2023年12月）
方　金（2023年12月起）

区委直属机关工委

书　记：李　军（至2023年4月）
方飞燕（女）（2023年5月起）

区信访局

局　长：陈国清

区委老干部局

局　长：陈慧芳（女）

区档案馆

馆　长：李顺华

区党群服务中心

主　任：陈海红（女）（至2023年5月）
方　金（2023年8—12月）
蔡　琪（2023年12月起）

区社会治理中心

主　任：范朝辉

区委党史研究室

主　任：许联辉（至2023年7月）
包翔翔（2023年12月起）

杭州市上城区第一届人民代表大会常务委员会

党组书记：占仁义
主　任：占仁义
副主任：来剑波
韦　云（女）
顾敏达
朱荷芳（女）
干海和（女）
于广滨（2023年12月候选人）
施红星
徐文明（2023年12月候选人）
陈永权（2023年12月候选人）

区人大常委会工作部门

区人大常委会办公室

主　任：龚军成

区人大常委会监察法司工委

主　任：吴正航

区人大常委会财经工委

主　任：周红星

区人大常委会社会建设工委

主　任：蔡伟利（女）（至2023年12月）
　　　　赵　阳（女）（2023年12月起）

区人大常委会城建环保工委

主　任：徐　芳（女）

区人大常委会教科文卫民宗侨工委

主　任：朱　吉（女）

区人大常委会代表工委

主　任：赵海霞（女）

杭州市上城区人民政府

党组书记：惠海涛
区　长：惠海涛
副区长：何亦星
　　　　田国刚
　　　　孔德君（女）
　　　　陈　安
　　　　周骆斌
　　　　姚洪华
　　　　洪梦君（女）（2023年12月候选人）

区政府工作部门

区政府办公室

主　任：徐争光

区发改经信局

党委书记、局长：孙　锦（至2023年5月）
　　　　　　　　俞洪峰（2023年5月起）

区教育局

党委书记、局长：项海刚

区科技局

党委书记、局长：洪东斌

区公安分局

党委书记、局长：田国刚

区民政局

党委书记、局长：薛迓冰（女）

区司法局

党委书记：戴敏珠（女）
局　　长：胡　晓

区财政局

党委书记、局长：石荣祥

区人力社保局

党委书记、局长：朱　红（女）

区住建局

党委书记、局长：赵　鹏

区商务局

党委书记、局长：洪梦君（女）

区文广旅体局

党组书记、局长：周　莹（女）

区卫生健康局

党委书记、局长：周志纯

区退役军人事务局

党组书记、局长：王永斌

区应急管理局

党委书记、局长：韩　剑

区审计局

党组书记、局长：余　焱（女）

区市场监管局

党委书记、局长：吕红娟（女）

区金融办

党组书记：倪受南
主　　任：欧阳杰

区统计局

党组书记、局长：吴国庆

区综合行政执法局

党委书记、局长：许　铭

区数据资源局

党组书记、局长：徐　晔

区投资促进局

党组书记、局长：王红兵

区审管办

党组书记：何亦星
主　　任：陈一春

政协第一届杭州市上城区委员会

党组书记：黄爱芳（女）
主　席：黄爱芳（女）
副主席：叶　榕
　　楼玉宇（女）
　　洪　明
　　步汉英（女）
　　于广滨
　　范国良
　　许利萍（女）（2023年12月候选人）
秘书长：王良约

区政协机关

区政协办公室

主　任：苗丹丹（女）

区政协提案委

主　任：张淦华（至2023年11月）
　　方蔚军（女）（2023年12月起）

区政协经科委

主　任：潘丽华（女）

区政协城建委

主　任：陈　军（至2023年12月）
　　付选央（2023年12月起）

区政协社法委

主　任：许国伟（2023年12月起）

区政协教文卫体委

主　任：陆　峰（女）

区政协委员工委

主　任：瞿　伟（女）

区法院

党组书记、院长：陆忠明

区检察院

党组书记、检察长：江波均（女）

区群团机关

区总工会

主　席：干海和（女）
党组书记：吕朝阳

团区委

书　记：赵丹晨（女）

区妇联

党组书记、主　席：练　敏（女）
　　（至2023年12月）
　　孙维维（女）（2023年12月起）

区工商联

党组书记：杨　东（2023年5月起）
主　席：严　莺（女）

区科协

党组书记、主　席：张哲持（2023年12月起）

区残联

党组书记、理事长：邹　倩（女）
　　（至2023年12月）
　　桑　丽（女）（2023年12月起）

区红十字会

会　长：孔德君（女）
党组书记：张愉珍（女）（至2023年5月）
　　胡森水（2023年5月起）

区其他直属机构

城站广场

党组书记：王　剑
管委会主任：王　剑（至2023年12月）
　　孙　斌（2023年12月起）

杭州钱塘智慧城

党工委书记：冯　磊
管委会主任：贾元元（女）

杭州东站枢纽

党工委书记、管委会主任：王　剑

南宋皇城小镇

联合党委书记、管委会主任：蒋晓斌

社区建设展示中心

主　任：李　敏（女）

玉皇山南基金小镇

联合党委书记：倪受南（2023年5—12月）
党工委书记：倪受南（2023年12月起）
管委会主任：杨　东（至2023年5月）

倪受南（2023年5—12月）
张鹭翔（2023年12月起）

望江新城

联合党委书记：丁炜锋

区政府建设投资项目管理服务中心

党组书记：何亦星
主　任：鲁　军

区医疗保障管理服务中心

主　任：胡　颖（女）

上城资本集团

董事长：游文程

上城国投集团

党委书记、董事长：陈凌军（至2023年2月）
林时鹏（2023年2—12月）

上城文商旅集团

党委书记、董事长：林时鹏（2023年12月起）

上城城投集团

党委书记、董事长：王　勇

上城城发集团

党委书记、董事长：朱　波

上城市政集团

党委书记、董事长：俞友武

街　道

湖滨街道

党工委书记：芮佳南
办事处主任：周邱忆（女）
人大工委主任：严民强（至2023年12月）
姚忠平（2023年12月起）

清波街道

党工委书记：蒋晓斌
办事处主任：胡文进
人大工委主任：王　弘（女）

小营街道

党工委书记：余照萍（女）
办事处主任：饶　磊（至2023年4月）
戴文祥（2023年5月起）
人大工委主任：邹　倩（女）（2023年12月起）

望江街道

党工委书记：丁炜锋
办事处主任：俞洪峰（至2023年5月）
陈海红（女）（2023年5月起）
人大工委主任：刘志清

南星街道

党工委书记：沈　瑛（女）
办事处主任：项　波
人大工委主任：陈　钢（至2023年12月）
刘　佳（女）（2023年12月起）

紫阳街道

党工委书记：张建文
办事处主任：徐　斌
人大工委主任：李晋楠（女）

闸弄口街道

党工委书记：杨凯量
办事处主任：刘婷婷（女）
人大工委主任：徐　晖（至2023年12月）
练　敏（女）（2023年12月起）

凯旋街道

党工委书记：方　金（至2023年8月）
陈天武（2023年8月起）
办事处主任：孙维维（女）（至2023年12月）
许　炯（2023年12月起）
人大工委主任：胡春久（女）

采荷街道

党工委书记：马志清（女）
办事处主任：徐振航（至2023年12月）
潘杰军（2023年12月起）
人大工委主任：陈德钢

四季青街道

党工委书记：陈敏雅（女）
办事处主任：宋进军
人大工委主任：娄　政

笕桥街道

党工委书记：张哲明
办事处主任：万志勇（至2023年5月）
莫　骏（2023年5月起）

人大工委主任：干黎生

彭埠街道

党工委书记：孙　强

办事处主任：陈汇锋

人大工委主任：陈　尧

九堡街道

党工委书记：冯　磊

办事处主任：费晓杰

人大工委主任：袁继港

丁兰街道

党工委书记：徐文明

办事处主任：徐振玮

人大工委主任：陈　宏

（沈　沉 卢木子）

市直属单位

上城区税务局

党委书记、局长：吴莹子（女）

上城规划资源分局

党组书记、局长：戴志芳

上城生态环境分局

党组书记、局长：邵煜琦（2023年1—3月）

党组书记：邵煜琦（2023年3—11月）

　　　　　吴剑锋（2023年11月起）

局　长：应　方（2023年3月起）

上城交警大队

党委书记、大队长：徐小军

上城消防救援大队

党委书记：费春林（至2023年4月）

　　　　　张文杰（2023年4月起）

大队长：姜舜尧

上城交通执法大队

党组书记、大队长：丁理斌

（市直属单位）

2023年上城区国民经济和社会发展统计公报

2023年，上城区坚持以习近平新时代中国特色社会主义思想为指导，深入学习贯彻党的二十大精神和习近平总书记考察浙江重要讲话精神，忠实践行“八八战略”，坚决贯彻落实三个“一号工程”“十项重大工程”和“两场硬仗”部署要求，保障亚（残）运会成功举办，经济运行稳进向好，民生福祉持续优化，创新动能持续增强，高质量发展态势持续稳固，加快建设独具韵味的国际化现代化共同富裕典范城区迈出坚实步伐。

一、综合

（一）经济增长

初步核算，2023年上城区实现地区生产总值2668.48亿元，按可比价格计算，比上年增长4.3%。分产业看，第二产业增加值621.95亿元，比上年下降2.0%；第三产业增加值2046.53亿元，比上年增长6.4%。三次产业结构为0：23.3：76.7。按常住人口计算，人均地区生产总值为193298元（按年平均汇率折算为27431美元），按可比价计算，比上年增长2.9%。

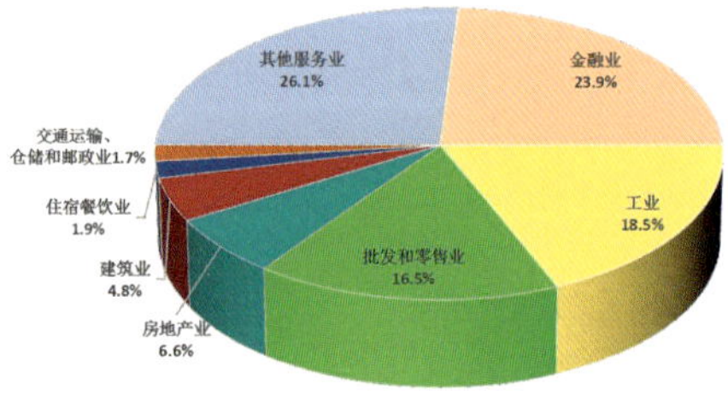

附图1　2023年上城区生产总值分行业占比情况

（二）财政收支

全年财政总收入460.82亿元，比上年增长13.6%；一般公共预算收入244.94亿元，增长16.3%，其中税收收入231.87亿元，增长16.4%，占一般公共预算收入的94.7%。全年一般公共预算支出155.32亿元，增长2.0%，其中民生支出129.26亿元，占一般公共预算支出的83.2%。

（三）市场主体

全年新设立各类市场经营主体38446户，比上年增长40.9%，其中新设企业16970户、个体工商户21476户，分别增长34.2%和46.7%。年末在册市场经营主体196560户，增长12.0%，其中企业109587户、个体工商户86870户，分别增长10.4%和14.1%。

（四）人口就业

据2023年全区5‰人口变动抽样调查推算，年末全区常住人口139.0万人，比上年末增加1.9万人。公安部门登记户籍人口90.31万人，比上年末增加2.03万人，其中男性人口44.00万人，女性人口46.32万人。按户籍人口分的男女性别比为94.96：100（男/女）。全年出生人口6539人，死亡人口6577人，按户籍人口计算的出生率7.32‰，死亡率7.37‰，人口自然增长率-0.04‰。

附表1　社区数量及户籍人口按街道分布情况

街道	社区、村个数（个）	人口数（人）
清波街道	5	29589
湖滨街道	6	27518
小营街道	12	70191
南星街道	8	34439
紫阳街道	12	85457
望江街道	11	68244
凯旋街道	15	44346
采荷街道	16	80190
闸弄口街道	17	63439
四季青街道	11	67974
彭埠街道	21	84683
笕桥街道	20	76056
丁兰街道	26	93205
九堡街道	23	77754
合计	203	903085

附表2　　户籍人口按年龄段分布情况

年龄段	人数（人）	占比（%）
18岁以下	167603	18.6
18～34岁	157209	17.4
35～59岁	329310	36.5
60岁以上	248963	27.6
合计	903085	100

全年新增城镇就业岗位3.9万个，建成国家级充分就业社区2个、“零工市场”3家，创建市级高质量就业社区14个。

二、人民生活、社会保障

（一）人民生活

根据城乡一体化住户调查，全年全区居民人均可支配收入82665元，比上年增长4.5%。全区居民人均消费支出56310元，比上年增长7.0%。

（二）社会保障

年末职工基本养老保险参保人数、城镇职工基本医疗保险户籍人口参保人数分别为66.29万人和67.37万人；年末职工工伤保险参保人数75.44万人。养老保险和户籍人口医疗保险参保率达到99%以上。残疾人基本康复服务率100%，“残疾人之家”覆盖率100%，应届残疾大学生就业率100%。拥有全国首批“美丽工坊”1家，全国残疾人按比例就业基地1家，全国残疾人大学生实习（见习）基地2家，省级五星级“残疾人之家”5个，国家级“残疾人之家”1个，杭州市亚（残）运会残疾人事业展示点4个。

残疾人护理补贴率100%。

（三）社会福利

“十分优享”公共服务体系持续完善，2023年末累计建成“幸福邻里坊”62个。全省首发“幸福+”养老服务体系，建成“幸福·邻里食堂”124个，配送餐实现全域覆盖，累计服务106万人次。现有养老机构33家、总床位数5044张，街道原居安养中心22家、社区康养驿站170家，街道康养联合体14家。全年发放各类社会救助金7565.18万元。打造“悠悠托”婴幼儿照护服务品牌，推动“幼有善育”全域覆盖。全年新增托位1229个，每千人口拥有3岁以下婴幼儿照护服务托位数达4.39个，普惠托位占比71.1%。

三、行业发展

（一）工业和建筑业

全年工业增加值494.81亿元，比上年下降0.9%，其中规模以上工业增加值471.82亿元，下降1.2%。规模以上工业中，时尚制造业增加值1.47亿元，增长54.1%；装备制造业增加值55.07亿元，增长3.7%；数字经济核心产业制造业增加值15.13亿元，增长1.6%。规模以上工业销售产值969.04亿元，下降1.9%。

全年建筑业增加值127.34亿元，比上年下降6.1%，占GDP比重为4.8%。具有资质等级的总承包和专业承包建筑业企业完成建筑业总产值831.54亿元，下降4.4%。

（二）金融业

全年金融业增加值637.18亿元，比上年增长6.1%。新增省级以上持牌金融机构7家、投资总部企业9家，落地全市首单合格境外有限合伙人（QFLP）基金。

（三）固定资产投资

全年固定资产投资比上年增长11.1%。项目投资中：交通、水利和能源投资下降8.6%，高新技术产业投资下降23.0%，民间项目投资增长2.0%，工业投资增长9.0%，制造业投资增长11.9%。

（四）房地产业

全年房地产业增加值174.88亿元，比上年下降2.1%。年末房屋施工面积1650.62万平方米，增长0.7%；完成竣工面积246.10万平方米，增长29.4%。商品房销售面积175.70万平方米，下降5.7%；商品房销售额825.89亿元，下降8.7%。

（五）国内贸易

全年批发和零售业增加值441.46亿元，比上年增长4.9%；住宿和餐饮业增加值49.85亿元，增长16.7%。限额以上批发和零售业单位实现商品销售额13014.99亿元，增长8.2%；限额以上住宿和餐饮业单位实现营业额132.58亿元，增长31.2%。

全年社会消费品零售总额1106.95亿元，比上年增长3.2%。在限额以上批发和零售业单位商品零售额中，石油及制品类、家用电器和音像器材类、文化办公用品类零售额分别增长33.2%、33.5%和51.5%；粮油食品类、烟酒类、中西药品类基础性消费商品零售额分别增长7.5%、8.5%、8.8%。

（六）对外贸易

全年货物进出口总额654.54亿元，比上年增长2.7%，其中出口额436.88亿元，增长7.4%；进口额217.66亿元，下降5.7%。服务贸易出口16.16亿美元。

（七）招商引资

全年实际利用外资11.93亿美元。总部经济提质增效，引进东方电气集团光伏全球总部、中兴新集团长三角总部等总部项目46个，引进亿元以上项目226个、10亿元以上项目10个。实现税收亿元楼宇64幢、税收10亿元楼宇10幢，获评中国楼宇经济标准引领示范城区。

四、城市建设、环境保护和安全生产

（一）城市建设

发展空间有效拓展。钱江新城二期完成控规优化调整，形成五堡、六堡两大总部超核，新增产业空间22万平方米。推进国土空间分区规划和九堡、笕桥单元控规修编，新增建设用地2635亩，优化利用低效土地2536亩，收储土地51宗1937亩、出让土地34宗1099亩。

城市更新持续推进。全域实施迎亚运“三大提升”和“匠心提质绣杭城”行动，229项城市品质提升任务圆满收官，24个亚运出彩点位全新亮相。改造老旧小区210万平方米，旧改社区配套用房办证模式全市推广。创建未来社区17个、风貌样板区4个，打造“美好家园”示范小区16个。开工安置房25.5万平方米、竣工174万平方米，3个项目荣获全市最美安置房。治理危房14处。拆除处置违法建筑38.9万平方米。开工公租房8.1万平方米，销售人才共有产权房902套。

基础建设全面提速。完成地铁四期征迁任务130项，“清零”征迁项目21个。新建道路42条、雨污管网8.9公里，打通断头路3条。完成交通精准化治堵10处，片区单元式公交治理模式获全市一等奖。建成公园6个，新增绿地43万平方米、绿道21.8公里，提升工地围挡230处。

（二）环境保护

打好蓝天碧水治废宁静保卫战，淘汰“两车”9289辆，$PM_{2.5}$平均浓度30.6微克/立方米，空气优良率85.1%，市控以上断面水质Ⅲ类以上比例达100%，引水河获评市级“美丽河湖”。创建“无废城市细胞”61个、省级垃圾分类示范小区99个。噪声敏感建筑物集中区域划定工作列入省级试点。

（三）安全生产

全年发生各类生产安全事故2起，死亡2人，事故数同比减少1起，下降33.3%。社会治安秩序良好，全区刑事警情、治安警情分别下降9.2%和26.4%，圆满完成亚运会和亚残运会、杭州烟花大会等重大活动维稳安保任务。守牢食品安全防线，建成阳光厨房3838家。实现平安建设“十八连创”、勇夺“二星平安金鼎”。完善365基层应急消防体系，完成生命安全通道整治小区26个，增设微型应急消防柜2665组。防灾减灾能力有效提升，建成规范化避灾安置场所193个，有力应对多轮短时强降雨和台风“杜苏芮”，有效保障城市有序运行。

五、社会事业

（一）科学技术

全年财政一般公共预算支出中科技支出13.63亿元，占一般公共预算支出的8.8%。新增国家高新技术企业161家、省级科技型中小企业601家。入选独角兽企业1家、准独角兽企业13家。新增发明专利授权1478件，有效发明专利拥有量6945件，高价值发明专利拥有量2671件。新增国家级知识优势企业3家，省级知识产权示范企业4家，市级专利示范、试点企业18家，获省知识产权奖单位4家。科技企业孵化器23家，其中国家级7家、省级3家。众创空间15家，其中国家级6家、省级6家。落地内地首个Web3 Hub，引进元宇宙企业50家。首次承办全国颠覆性技术创新大赛总决赛，新增市级以上领军人才22人、市级高层次人才2457人，引进35岁以下大学生4.7万人。

（二）教育

年末全区共有各级各类学校（幼儿园）207所，其中小学54所，初中22所，九年一贯制学校17所，十二年一贯制学校2所，普高1所，职高1所，特殊教育学校2所，幼儿园108所。全区在校学生（幼儿）164840人，其中义务教育段中小学生120666人（小学生87256人、初中生33410人）、普通高中段学生1279人、中职1051人、特殊教育学生359人、在园幼儿41485人。全系统教职员工数15554人，其中专任教师12011人，在编教职工10101人。2023年，在建学校、幼儿园共计36所，其中9所竣工交付。新增省一级幼儿园5所。2023年公共教育支出占一般公共预算支出比重28.2%。

（三）文化旅游

年末全区拥有文化馆（含省、市）1个，公共图书馆（含省、市）3个，区属非物质文化遗产馆2个，剧场（含省、市）6个，区属博物馆、纪念馆4个，全国重点文物保护单位9处。建成品质文化生活圈90个、邻里阅读空间22个、文艺赋美演出点位683个。

全年推动整合重大文旅项目15个，实际投资完成额92.52亿元，完成率121.6%；“微改造、精提升”项目总投资8.48亿元，同比增长234.0%，完成率100%。全域旅游总人数4917万人次，增长64.6%。

（四）卫生健康

年末全区拥有各类医疗卫生机构795个，其中综合医院22个，专科医院24个，区属疾病预防控制中心和卫生监督所各1个，门诊部238个，诊所262个，卫生所、医务室93个，社区卫生服务中心14个，社区卫生服务站110个。拥有各类专业卫生技术人员43208人，其中执业（助理）医师16547人，注册护士20307人。拥有床位25567张，其中医院床位25243张。全区医疗机构完成诊疗人数4533万人次。

（五）体育

全年，圆满完成8场亚运会足球比赛保障、16个水球训练日保障任务，服务观众近7.5万人次。全年运动员获得全国性奖牌97枚，其中金牌36枚，银牌28枚。运动员创造佳绩，获得1枚亚运会金牌。建成百姓“家门口”的嵌入式体育场地设施127处、面积超6万平方米，丁兰体育公园、城东体育网球训练中心建成开放，艮山柒号共富球场入选杭州市嵌入式体育场地标志性成果。

公报注释：

1. 本公报所列各项数据为年度初步数据。

2. 本公报中地区生产总值、各产业增加值绝对数按现行价格计算，增长速度按不变价格计算；三次产业划分执行国家统计局2018年修订的《三次产业划分规定（2012）》。

3. 本公报中的“增长（减少、下降）”除特别说明外，均指与2022年比较。

4. 本公报中的数据来源除区统计局外，还来自区发改经信局、区教育局、区科技局、区公安分局、区民政局、区财政局、区人力社保局、区住建局、区商务局、区文广旅体局、区卫生健康局、区退役军人事务局、区应急管理局、区市场监管局、区金融办、区综合行政执法局、区投资促进局等相关部门。

·说　明·

一、本类目设条目索引、图照索引、表格索引3个分目。

二、条目索引和图照索引中文标目按第一字汉语拼音顺序排列，同音字按笔画数从少到多排列。第一字相同，按第二字汉语拼音顺序排列，依次类推。数字开头的标目按数字0～9顺序排列。

类目、分目用黑体字标示。标引词后的阿拉伯数字表示内容所在页码。数字后的拉丁字母a、b、c分别表示从左到右第一、二、三栏。

本年鉴的“特载”“大事记”“人物与荣誉”“附录”中的内容均未做索引。

三、表格索引按序号排列。

条目索引

0～9

A

B

C

D

H

J

T

X

Y

图照索引

表格索引